설탕, 커피 그리고 폭력

The World That Trade Created 4th edition
by Kenneth Pomeranz and Steven Topik
ⓒ 2018 Taylor & Fancis
All rights reserved.
Authorised translation from the English language edition published by
Routledge, a member of the Taylor & Francis Group LLC.
Korean translation copyright ⓒ 2021 by Simsan Publishing Co.

이 책의 한국어판 저작권은 PubHub 에이전시를 통해 Routledge, a member of
the Taylor & Francis Group LLC와 독점 계약한 심산출판사에 있습니다.
저작권법에 의해 한국 내에서 보호를 받는 저작물이므로 무단 전재와 무단 복제를 금합니다.

설탕, 커피 그리고 폭력 [개정판]

초판 1쇄 발행일 | 2003년 07월 15일
개정판 1쇄 발행일 | 2021년 12월 15일

지 은 이 | 케네스 포메란츠・스티븐 토픽
옮 긴 이 | 박광식, 김정아
발 행 인 | 최원필
발 행 처 | 심산출판사
주   소 | 서울시 은평구 불광로 13가길 18, 101호
전   화 | 02-357-0633
팩시밀리 | 02-357-0631
E-mail | simsan21c@hanmail.net
등록번호 | 제1-2114호(1996년 11월 28일)

ISBN 978-89-94844-78-7 03900

＊책값은 뒤표지에 표시되어 있습니다.

교역으로 읽는 세계사 산책

설탕, 커피 그리고 폭력

[개정판]

케네스 포메란츠 · 스티븐 토픽 지음
박광식 · 김정아 옮김

심산

개정판에 부쳐

이 책은 무역의 역사와 역사 속 인물들에 관한 이야기를 생동감 넘치게 풀어낸다. 우리가 당연하게 여겼던 것들에 대한 통찰력과 놀라운 사실로 가득 찬 짧고 가독성 좋은 일련의 글에서 저자들은 경제적 세계화의 깊은 역사적 뿌리를 밝힌다.

  700년이 넘는 역사를 다루는 이 책은 현재 4판이 나와 있으며, 아편 무역의 역사부터 해적의 탄생, 기업의 설립과 신대륙으로의 이주에 이르기까지 전 세계를 아우르는 교역의 역사 속으로 독자를 안내한다. 주제별로 나뉘어 있는 각 장의 도입부에는 친숙하고 생소한 주요 주제를 종합하고 자세히 설명하기 위해 총론 격의 소개 글이 들어가 있다. 4판에는 근대 초기 인도양의 상아무역과 노예무역에서부터 유럽과 동아시아의 노동 습관을 변화시키는 데 새로운 소비재가 어떤 역할을 했는지, 그리고 껌과 희토류 금속의 역사에 이르기까지 다양한 주제에 대한 10개의 새로운 글과 에필로그가 추가되었다. 이 책의 서문과 각 장의 소개 글 그리고 기존의 글 일부도 수정 및 업데이트되었다.

  이 책은 세계사, 세계 문명, 국제 무역의 역사를 가르치는 모든 사람에게 요긴한 자료가 될 것이다.

차례

서문 • 10

1장 시장 규범의 형성   21

  1 푸젠성 화교들 • 34
  2 조공제도, 외교 혹은 장사? • 39
  3 동전이 지폐보다 나았던 시절 • 43
  4 아시아가 곧 세계 경제였을 때 • 48
  5 '허풍선이' 마르코 폴로 • 53
  6 자갈더미 속 진주, 취안저우(泉州)의 황금시대 • 58
  7 아스테카 무역상들의 몰락 • 67
  8 '뻔뻔한 인디언'은 없었다 • 71
  9 브라질의 영국 무역상들 • 76
  10 아시아 여자 무역상들이 사는 법 • 80
  11 무역 분쟁, 맷집으로 풀다 • 85
  12 세금징수 대행업자들 • 88
  13 면화를 상아로 바꾸는 연금술 • 94
  14 상인 귀족들의 시대는 저물고 • 102
  15 위험한 동거 • 106

2장 교통과 교역　　　　　　　　　　　　　　113

    1 왜 중국은 바다를 지배하지 않았을까 • 126
    2 콜럼버스, 똑똑한 놈 위에 있던 운 좋은 놈 • 130
    3 나라의 수도, 그 거대한 밥통들 • 134
    4 창고가 밀어준 서부 개척 • 138
    5 아메리카 대륙 이주는 신화? • 142
    6 스탬퍼드 래플스와 싱가포르 • 146
    7 무역과 무질서, 진보, 상하이를 만들다 • 155
    8 수에즈운하가 분열시킨 인도네시아 • 158
    9 인도 철도, 무너진 기대 • 164
    10 수 세기에 걸친 짧은 여행 • 168

3장 마약과 세계 교역　　　　　　　　　　　　173

    1 초콜릿, 화폐에서 상품으로 • 184
    2 찻잔 밖의 태풍 • 188
    3 모카의 쓸쓸한 종말 • 193
    4 커피 일대기 • 198
    5 미국인들이 커피에 중독된 까닭 • 203
    6 달콤한 혁명? • 207
    7 죄악세와 현대 국가의 부상 • 212
    8 아편, 세계 경제를 굴리다 • 219
    9 마법의 잡초, 담배의 흥망성쇠 • 226
    10 파이프에서 궐련으로, 흡연의 현대화 • 236
    11 코카와 코카인은 종이 한 장 차이? • 244

4장 1차 상품의 세계화   251

1 브라질의 대서양림 파괴사 • 267
2 통통 튀는 고무 이야기 • 272
3 황금이 가져다준 불행, 캘리포니아의 개척자 존 서터 • 276
4 술과 돈이 흐르는 땅, 캘리포니아 • 281
5 역사의 물결 속에 사라진 엘도라도 • 286
6 아름다운 벌레 • 293
7 똥벼락? 돈벼락! • 298
8 설탕의, 설탕을 위한, 설탕에 의한 • 302
9 소가 목동을 잡아먹은 이야기 • 307
10 선인장 끈에 묶인 사람들 • 312
11 면화 밭을 사수하라! • 316
12 유럽을 정복한 감자 • 321
13 카카오에 얽힌 자유노동의 진보와 후퇴 • 328
14 오르락내리락 고무의 시대 • 335

5장 폭력과 교역, 그 끈끈한 결합   341

1 노예무역과 전염병 • 358
2 은으로 만든 도시, 포토시 • 362
3 해적, 대영제국 건설의 첨병 • 369
4 시대를 앞서간 초기 근대의 여행자들 • 373
5 로빈슨 크루소의 사치 생활 • 380
6 아편이 등장하기 전 태평양에서는 • 383
7 주식회사와 전쟁 • 388
8 해적보다도 못한 • 393

9 노예제 이후 차악(次惡)을 찾아서 • 398
10 피문은 상아탑 • 402
11 검게 그은 얼굴 에티오피아 • 405
12 로젠펠더가(家)의 몰락 • 415

6장 표준화와 근대 시장　　　　　　　　　　　421

1 노란 벽돌길과 도로시의 은구두 • 433
2 미터 혁명, 세계를 재다 • 443
3 로스차일드, 근대 세계 시장을 주름잡다 • 448
4 곡물은 세계로 세계는 곡물로 • 455
5 국제 표준시 • 466
6 미국의 '메이즈 리그' 입성기 • 470
7 국채 시장의 문지기는 누구인가 • 474
8 기술이 바꿔놓은 식성 • 481
9 옷이 날개? 포장이 날개! • 485
10 상표가 뭐길래 • 488
11 청결을 앞세운 메시지 마케팅 • 494
12 멕시코의 치클레가 미국의 껌이 되기까지 • 499
13 코카콜라의 유럽 정복기 • 508
14 장자생존? • 511
15 필요는 발명의 나쁜 어머니 • 514
16 국제법의 허점을 파고드는 위치의 힘 • 518

7장 국제 교역과 산업화　　　　　　　　　　529

1 세계 최초의 공장은? · 548
2 사치품 교역의 확대와 보통사람들 · 553
3 면화와 산업혁명 · 565
4 목화를 찾아서 · 568
5 황금 거위 죽이기 · 573
6 설탕 붐의 명암 · 578
7 봄베이의 역설 · 582
8 농부들이 만든 근대 일본 · 586
9 운 좋은 식민지, 뉴잉글랜드 · 589
10 석탄에서 석유로 가는 굽은 길 · 593
11 아메리카를 흐르는 석유의 역사 · 599
12 모래밭에서 일어나 석유로 달리다 · 606
13 희토류는 어떻게 중국의 무기가 됐을까? · 612
14 상점과 공장의 동상이몽 · 618

에필로그 : 21세기의 세계 경제 · 624
참고 문헌 · 654
옮긴이의 말 | 박광식 · 664
옮긴이의 말 | 김정아 · 668

서문

15세기 들어 중국은 평가절하된 지폐와 구리 화폐를 은으로 대체하기 시작했다. 이 조처는 이렇다 할 관계없이 살아가던 다섯 대륙의 주민들에게 영향을 미치는 변화의 진원지가 됐다. 처음에 중국은 대부분 일본에서 은을 들여왔지만(동남아시아에서도 소량을 수입했다) 1500년대에 들어 유럽인들이 등장하면서 상황에 변화가 생긴다. 중국인들은 포르투갈과 영국, 네덜란드인들에게 비단을 팔았고, 그 대금은 스페인 페소화로 결제했다. 이 페소화는 지금의 멕시코와 볼리비아에 해당하는 지역에서 아프리카 노예들이 주조했던 것이고, 그 원료로 쓰인 은은 스페인인들이 끌고 온 남아메리카 원주민들의 강제 노역을 통해 채굴된 것이었다. 당시 중국으로 유입된 은의 일부는 스페인 범선에 실려 멕시코를 출발해 필리핀을 경유하는 좀 더 직접적인 경로를 택하기도 했다. 그리고 유럽의 해적들은 은이나 자신들이 사들인 비단, 향신료 등에 군침을 흘리던 아랍과 인도의 사략선들을 상대로 아메리카 대륙의 카리브해와 태평양 연안, 지중해, 아프리카 동부 해안 등지에서 해전을 벌였다.

　은은 예멘의 모카(홍해에 위치한 이 항구 도시는 거의 한 세기 이상 세계의 커피 생산을 독점하고 있었다)에서 커피를 구입했던 무슬림들, 그리고 나중에는 기독교도들을 통해서도 중국으로 흘러들어 갔으며, 반면 커피는 메카 순례자들에 의해서 모로코와 이집트를 넘어 페르시아, 인도, 자바 그리고 오스만 제국에까지 퍼졌다. 마침내 프랑스의 루이 14세는 이 무슬림들의 음료를 아프리카 대서양 연안의 섬 상투메의 노예 플랜테이션에서 생산된 (나중에는 브라질에서 생산된) 설탕으로 단맛을 낸 뒤, 중국 도자기에 담아 무도회에 모인 가톨릭 귀족들에게 소개했다. 커피를 마신 뒤에는 미국의 버지니아에서 재배한 담배가 제공됐다. 일부 귀족들은 원산지에서는 워낙 귀해서 열매가 화폐로도 이용되었던 아스테카 귀족들의 음료인 초콜릿을 더 좋아했다. 반면 영국에서는 중국산 차를 선호했는데, 차 역시 시베리아와 아시아의 여러 지역에서 화폐로 사용되었다. 결국 영국은 인도, 실론(스리랑카), 케냐 같은 아프리카 식민지에서 차를 재배하기 시작했다.

참으로 많은 지역과 문화가 세계 경제라는 회오리 속에 빨려들어 갔지만, 그렇다고 해서 반드시 세계 경제의 요구를 수동적으로 받아들이기만 했다는 의미는 아니다. 1770년 세네갈을 방문했던 한 프랑스 노예무역상은 현지의 아프리카 상인들 때문에 분통을 터뜨려야 했다. 이들은 그가 가져간 목걸이와 그 밖의 잡동사니들에는 콧방귀도 뀌지 않았을뿐더러 심지어는 프랑스산 가구를 내놓았는데도 노예와 교환하려 들지 않았다. 아프리카 상인들은 당시 유행의 첨단을 달리던 네덜란드나 영국의 의자며 옷장 등을 요구했던 것이다. 비슷한 시기에, 캐나다의 영국 상인들은 이로쿼이족(族)에게 버지니아산(産) 담배를 팔 수 없었다. 그들은 이미 아프리카 노예들이 재배하는 브라질산 담배에 맛을 들였기 때문이다. 이들은 또 비버 가죽을 북유럽에서 만든 세련된 외투 외의 다른 어떤 것과도 교환하려 들지 않았다. 중국으로는 북아메리카산 모피가 들어갔고, 북태평양산 바다표범과 수달 가죽의 유입 물량 또한 증가했다. 이 가죽은 러시아 극동지역에서 육로로 운송된 가죽과 중국에서 경쟁을 벌였다.

한편 나폴리에서는 성난 소비자들이 배에 가득 실려 있던 감자를 바다로 던져 버린 사건이 있었다. 그들은 이 페루산 덩이줄기 식물에 독이 들었다고 믿고 있었다. 하지만 거의 같은 시기에 런던 상류층의 신사, 숙녀들은 음식에 곱게 으깬 감자를 얹어 먹고는 했다. 그들은 감자를 최음제로 여겼던 것이다.

확실히 세계 경제는 광범위한 지역에서 엄청나게 많은 사람들을 연결해 왔다. 지금의 세계화가 이전 어느 때보다도 진전된 것은 사실이지만, 이른바 새로운 세계질서에 정말로 새로운 것은 없는 셈이다. 다양성이라는 개념 역시 최근에 등장한 것은 아니다. 이 책의 목적은 일련의 이야기들을 통해 세계가 아주 오랫동안 서로 연결되어 왔음을 보여주는 데 있다. 우리는, 각 지역은 지구적 차원의 전후 관계 속에서 이해해야만 한다는 세계체제론의 인식을 바탕에 깔고 주변부의 변화 및 작용이 어떻게 전체를 형성해 갔는가 하는 점에 초점을 맞추려고 한다.

10년 이상 『세계 무역』(World Trade)에 기고했던 칼럼들이 이 책의 밑거름이 되었다. 이 칼럼은 세계 경제의 형성과 역사를 주로 다루고 있다. 스티븐 토픽(Steven Topik)과 케네스 포메란츠(Kenneth Pomeranz)가 이 칼럼을 담당했고, 줄리아 토픽(Julia Topik)도 객원으로 글을 쓰곤 했다. 하지만 이 책은 단순한 칼럼 모음집이 아니다. 오히려 이 책의 이야기들은 세계 경제의 몇몇 중요한 특징과 세계 경제를 형성한 세력들을 중심으로 통일되어 있다. 우리는 유럽인들을 제일의 동력으로 보면서 다른 지역은 이들의 요구에 나름의 방식으로 대응했다는 유럽 중심의 목적론을 거부한다. 그보다는 세계 경제는 긴 역사를 갖고 있으며, 세계 경제의 발전 과정에서 비유럽인들이 중요한 역할을 했다는 관점을 견지하고 있다. 유럽인들이 다른 지역에 비해 우월했다면 그것은 유럽의 전염병이 신세계 원주민 사회를 거덜냄으로써 엄청난 땅덩어리를 쉽게 정복할 수 있었던 것처럼 폭력이나 행운에서 비롯된 경우가 많았다. 유럽이 다른 지역에 비해 월등하게 우수한 생산 기술을 갖게 된 것은 우리가 살고 있는 근대의 후반기였다. 그리고 유럽이 과연 세계 경제의 발전에 기여할 만한 고유한 기업가 정신이나 사회적 유연성을 갖고 있었는지도 확실하지 않다.

결과적으로 국제 상거래의 틀을 잡는 과정에서는 경제만큼이나 정치도 핵심적인 역할을 했다고 할 수 있다. 시장 구조는 우리가 사는 세계에서는 가장 기본적이라고 할 수 있지만, 그렇다고 해서 그것이 자연발생적이거나 필연적인 것은 아니다. 다시 말하면 시장은 어느 곳에서나 이미 그 단초가 형성되어 있어서 누군가 그것을 '열어주기만' 하면 되는 그 무엇이 아니라, 사회에 이롭든 해롭든 특정 사회에 의해 형성되어 사회 속에 자리 잡는 것으로 보아야 한다. 시장이 만들어지려면 도량형, 가치, 결제 수단 등에 대한 합의가 있어야 했고, 그때까지 보편적이었던 것도 아니고 또 영원하지도 않을 계약들도 맺어야 했다. 게다가 어떤 물건을 팔아야 하고 누구에게 그 물건을 판매할 자격을 줄 것인지, 누가 가격을 조정하고, 또 분쟁이 발생했을 때는 서로 칼을 빼들지 않으면서도 다른 사람들 앞에서 체면을 구기지 않고 분쟁을 해결하는 역할은 누가 맡을 것인지 따위의 좀 더 기본적인 사항들에 대한 합의가 있어야 했다. 이렇게 새로운 행동 규범을 둘러싸고 옥신각신하는 와중에, 사고파는 그 물건 자체가 신분을 나타내는 새로운 상징이 되거나, 이전과는 다른 의미를 갖게 되는 경우가 종종 있었다. 이 때문에 수백만 명의 사람들이 감자의 수입에 저항했던 것처럼 물건의 '타고난' 쓰임새나 장점이 사람이 부여한 의미와 충돌을 빚기도 했으며, 서로 너무나 긴밀히 결합돼 있어서 당연한 것으로 여겼던 관계가 역전되는 사례도 있었다. 이를테면 초콜릿은 오랜 시간이 흐르면서 전투를 앞둔 전사들이나 종교의 황홀경보다는 어린이나 달콤함과 한묶음으로 취급되기에 이르렀다. 즉, 물건들은 그 자체로 "사회적 삶"을 갖고 있으며, 그 안에서 의미나 쓰임새, 가치 등이 변하게 된다. 따라서 '수요'와 '공급'은 "시장의 법칙"으로 구체화된 무엇이 아니라 사랑하고 증오하며 때로는 무언가에 중독되기도 하는 사람들에 의해 문화적으로 결정되는 것이다.

또 사람들이 부리는 허세나 재는 행동이 이보다 좀 더 원초적이라고 평가되는 실용적인 행위와 분명하게 구분된다는 생각 역시 그릇된 것이다. 예를 들어 중국을 중심으로 한 조공은 상류 계급의 생활양식을 규정했을 뿐더러, 다양한 형태의 교역이 이루어질 수 있는 규칙을 세웠다. 이런 거래에서 조공국의 통치자가 손에 넣게 된 물건에는 매우 큰 가치가 부여되었고, 통치자는 이 물건을 귀족 계급의 구성원들에게 선물함으로써 자신의 권위를 한층 더 강화할 수 있었다. 당시 조공은 지금의 세계무역기구나 유엔과 결부되어 있는 일부 기능, 즉 통치자를 한 국가의 원수로 인정해 줌으로써 권력의 안정화에 기여하는 기능을 수행했다. 조공이 이런 역할을 할 수 있었던 것은 지금은 유명 패션 디자이너나 일류 대학과 같은 두뇌집단, 그리고 국제적인 언론 매체들이 나눠 갖고 있는 기능들까지 조공이 담당했기 때문이다. 조공이라는 이 복잡한 사회적, 정치적, 경제적인 행위의 결실은 출세한 사람들이 독점했다. 그것은 이들이 특별히 많은 덕을 쌓아서도, 근면해서도, 혹은 현명해서도 아니고 무엇보다도 이미 출세한 사람들이었기 때문이다. 다시 말하면 세계 경제는 특별히 도덕적인 영역이 아니었다. 노예무역이나 해적질, 마약 판매 따위가 식품이나 다른 작물들의 생산보다 이문이 훨씬 더 많이 남았다는 것은 결코 새삼스러운 일이 아니다. 결국 어떤 물품의 거래나 사건이 갖는 중요성을 제대로 평가하려면 그것의 지역적 특수성과 함께 국제적인 상황을 같이 고려해야 한다.

우리는 유럽 중심의 시각을 거부하지만 그렇다고 해서 단순한 반제국주의적 관점도 피하려고 한다. 다시 말하면 유럽과 북미인들을 특별히 유능하다고도, 그렇다고 특별히 야비하다고도 생각하지 않는다. 우리는 유럽이 세계의 다른 지역과 했던 무역에만 초점을 맞추거나 한 지역에 집중하기보다는 될 수 있는 한 많은 지역과 그들 사이의 상호작용에 주목했다. 우리는 호모 에코노미쿠스나 자본 그 자체가 아니라 다양한 문화를 가진 사람들이 세계 경제를 만들어내는 과정에서 보여주었던 흥망과 성쇠에 관한 이야기를 하고 있다. 이 책에서는 무역 규범의 형성을 비롯해서 지식이 쌓이고 목표가 바뀌는 과정, 정치와 경제의 상호 연계, 사회 체제 그리고 문화 등에 골고루 관심을 쏟았다.

모든 것이 서로 연결되어 있다고 주장할수록 그것들을 하나의 전체로서 기술하는 일은 점점 불가능해진다. 따라서 여섯 세기에 걸친 세계 경제의 발전 과정 전체를 다루는 불가능한 일을 시도하기보다는 일곱 개의 중요 주제를 선택해서 이를 중심으로 각 장을 구성했다. 그리고 각 장의 주제와 관련된 중요한 문제들과 토론거리들을 각 장의 처음에 서문의 형태로 정리해 놓았다. 각 장은 그리 길지 않은 일련의 사례 연구들로 구성되어 있는데, 한 분야에 대한 완벽한 분석을 제시하기보다는 실례를 통해 이해를 돕는 데 목표를 두었다. 사례 연구들은 다른 학자들의 연구 결과를 빌려온 경우도 종종 있지만 우리들이 직접 연구하거나 격렬한 토론 속에서 건져 올린 것들이 대부분이다. (책의 말미에 참고 문헌을 간단하게 소개했다.) 여기에 실린 글들은 어떤 주제에 대해 '최종 결론'을 내리기보다는 지금까지 당연하게 생각하거나, 항상 존재했기 때문에 그저 언제 '발견'하느냐가 중요할 뿐이라고 여겼던 우리 세계의 다양한 단편들에 대해 다른 방식으로 생각해 볼 수 있게 하고자 쓰어졌다. 또 (비록 암묵적이기는 했지만) 일반적으로 통용되어 온 인식, 즉 근대 초기 유럽에서 시작된 새로운 제조 및 교환 방식이 이전까지는 독자적이고 고립된 사회들로 구성돼 있던 세계를 (좋든 나쁘든) 하나로 묶게 됐다는 관점에 문제를 제기하는 데도 목적이 있다. 우리는 여러 개의 중심을 가진 복잡한 문화 간 네트워크가 이미 존재했다는 점을 강조하고, 이 네트워크가 어떻게 이용되고, 바뀌었으며, 또 때로는 파괴되었는지를 이해하는 것이 지금 암스테르담과 런던, 뉴욕, 도쿄 등에 중심을 두고 있는 새로운 네트워크를 이해하는 데 필수적이라는 점을 보여주려 했다.

각 장은 주제별로 구성했고, 장을 이루는 각 절은 시대 순으로 정리했다. 각 장은 시대상으로 겹치는 부분들도 있지만, 전체적으로는 점차 근대로 초점이 옮겨간다. 1장은 근대 초기의 시장들과 이것들이 제대로 기능하는 데 필요했던 제도와 규약들에 대한 이야기이다. 2장에서는 원거리 시장이 연결되고 교역이 강화되는 데 교통의 발달이 어떤 역할을 했는지를 짚어 본다. 3장은 커피와 담배, 아편 같은 약물들을 다루고 있으며, 이 약물들이 원거리 교역을 활성화하는 데 어떻게 기여했고, 생산자와 소비자에게는 어떤 영향을 미쳤는지를 주로 다룬다. 그다음 장에서는 지금은 일상품이 된 물건들, 예를 들면 감자와 옥수수처럼 평범한 것들과 사람들이 갖고 싶어 하는 금과 은, 비단 같은 것들을 다루게 된다. 그리고 산업용 원자재에 대해서도 살펴볼 텐데, 고무처럼 흔하지만 쓸모가 많은 물건에서부터 연지벌레처럼 공업에 이용될 것 같지 않은 재료들까지 등장하게 된다. 5장에서는 자본의 축적과 시장의 형성 과정에서 폭력이 어떤 역할을 했는지를 다루었다. 여기에는 국가 기구의 억압책과 민간이 주도한 폭력, 해적들 같은 '무법자'도 포함된다. 그런 다음 6장에서는 화폐·도량형·시간의 표준화와 무역 규범의 형성, 주식회사의 등장 등으로 요약되는 현대 세계 경제의 특징들에 대해 이야기하고 있다. 그리고 마지막 장에서는 산업화에 얽힌 일화를 주로 다루되 탈산업화 이야기도 살짝 짚어 볼 것이다.

포메란츠는 중국 역사를 연구했고, 토픽은 라틴아메리카 역사를 전공했다. 두 사람이 두 지역을 넘어서는 분야에 관해 저술 활동(학술서든 일반 대중을 위한 글이든)과 강의를 시작한 것은 비교적 최근의 일이다. 이 책의 저술 과정에서 우리는 각자가 가장 잘 아는 주제들을 제출하게 한 뒤 자신이 쓸 부분에서 무엇을 강조할지를 자유롭게 결정하도록 했다. 그런데도 책의 내용을 보면 대체로 견해가 일치되어 있음을 알게 될 것이다. 물론 우리들이 공동으로 쓴 각 장의 서문들에서는 되도록 두 사람의 합의를 끌어내려고 했지만, 그렇다고 해서 모든 사례 연구에서 완벽한 의견 일치를 요구하지도 않았으며, 책에 꼭 포함시켜야 할 사례들을 선정할 때도 역시 마찬가지였다. 그 결과 따로따로 읽어도 생동감을 느낄 만한 책을 얻을 수 있었다. 그러나 이 책 속의 이야기들을 단순히 합쳐놓은 것 이상의 것을 얻고 싶다면 이 책의 체계적인 구성을 따라 처음부터 읽어갈 것을 권하고 싶다. 그것은 세계 경제가 그 자체로 충분히 연구할 가치가 있는 다양한 부분으로 구성돼 있는 것은 사실이지만 어쨌든 세계 경제는 그것들의 총합 이상인 것과 같은 이치다. 한 지역과 지구 전체를 오가며 책을 읽다 보면 각각의 의미가 더욱 풍부해지는 경험을 하게 될 것으로 믿는다.

우리는 지리적, 연대기적 폭을 확장하기 위해 『설탕, 커피 그리고 폭력』의 네 번째 판을 쓰고 있다. 이번 판에서는 전 세계를 배경으로 한 열 개의 이야기를 새로 추가하고 한 개의 이야기를 대폭 수정했다. 또한 기존 항목들을 조금씩 수정하고 보완했으며 에필로그를 업데이트했다. 새로 들어간 이야기는 다음과 같다. 먼저, 초기 근대에 지중해 세계를 더 넓은 세계와 연결한 두 명의 유럽인 모험가 앤서니 셜리(Anthony Shirley)와 페드루 테이셰이라(Pedro Teixeira)에 관한 것이다(5장 4절 참조). 다음으로, 월터 롤리(Walter Raleigh) 경의 화려한 가이아나와 전설적 허구의 세계인 엘도라도의 다문화 현실 이야기가 나온다(4장 5절 참조). 아메리카에서 유럽, 중국, 아프리카로 담배가 급속히 확산되고(롤리 경의 노력이 여기서 한몫했다) 그 결과 담배가 다양한 용도로 쓰이게 된 이야기도 언급된다(3장 9절 참조). 한편 오스만 제국에서 이집트로 이어지는 담배의 단일 공급자가, 변화하는 소비문화를 반영하고 형성하는 동시에, 담배의 부상에 핵심적인 역할을 한 브리티시 아메리칸 토바코 같은 회사와 경쟁한 이야기도 나올 것이다(3장 10절 참조). 우리는 인도의 섬유 생산지인 구자라트의 힌두교 상인들이 이동한 광범위한 교역망을 따라 인도양으로도 가 볼 것이다. 이 교역망은 면화를 상아로 바꾸고 모잠비크 사람들을 노예로 삼아 그들을 마스카렌 제도의 설탕과 커피 플랜테이션에서 일하게 한 동인이기도 하다(1장 13절 참조).

담배를 비롯한 일상적인 사치품(대부분 기분에 영향을 주는 중독성 물질)은 16~19세기 교역에서 큰 비중을 차지했으며, 사실상 교역을 벗어난 많은 부분에서도 영향력을 행사했다. 담배와 술, 아편과 같이 흔히 악덕으로 여겨지는 상품들에 대한 '죄악세'는 전 세계적으로 국가를 확장하는 데 필수적인 수입원이었음이 입증되었고(3장 7절 참조), 일부 지역에서는 아직도 그 역할이 유지되고 있다. 그러나 역설적이게도 죄악을 낳는다고 하는 이러한 상품들은 일부 학자들이 '산업혁명'이라고 부르는 시기에 중요한 역할을 한 것으로 보인다(7장 2절 참조). 16, 17세기 들어 세계 곳곳에서는 더 열심히, 더 오래 일하는 사람들이 생겨났고, 그 일의 더 많은 부분은 (자신의 가족이 소비할 물건을 생산하는 대신) 시장을 위한 생산에 집중되기 시작했다. 이러한 변화가 일어난 이유를 한 가지로 단정할 수는 없지만, 상당히 가난한 사람들 사이에서도 설탕과 담배 같은 이국적인 필수품에 대한 수요가 늘어난 것이 큰 역할을 한 것으로 보인다.

그러나 인간은 중독성 있는 것들만 먹고 살 수는 없다. 어떤 의미에서 밀이나 쌀 같은 곡물은 인간이 소비하는 영양분의 대부분을 제공하고, 예산에서도 많은 부분을 차지하기 때문에 세계에서 가장 중요한 상품으로 남아 있다. 그러나 19세기까지도 곡물 시장은 대체로 지역의 범위를 벗어나지 않았고, 기껏해야 한 나라 안에서 이뤄지는 수준이었다. 6장 4절에서는 그러한 지역적 한계를 벗어난 변화가 이루어졌을 때 어떤 일이 일어났는지를 다룬다. 곡물 시장은 19세기 중반 이후 세계로 확대되어 농부와 소비자, 그리고 곡물 자체에도 크게 영향을 미쳤다.

현대 자본주의의 확산은 19세기 말 이후로 새로운 상품을 탄생시켰다. 우선 껌(6장 12절 참조)은 노동자의 작은 사치품이 되었다. 실제로 많은 사람들은 껌이 씹는담배 같은 품목의 대용품이 되기를 바랐다. 머지않아 껌은 브랜드화되어 세계로 퍼졌으며, 미국적 정체성을 널리 자랑하는 상품으로 자리매김했다. 그와 동시에 멕시코 유카탄반도에서는 이 현대적인 상품 때문에 현지 마야인과 멕시코 노동자들이 엄청난 노동력을 들여 고무나무에서 수액을 받아내는 수고를 감당해야 했다.

우리 세계에 훨씬 더 근본적으로 영향을 미친 또 다른 새로운 상품은 석유였다(7장 12절 참조). 19세기 중반에 주로 조명에 쓰이기 시작한 석유는 20세기에 이르러 가장 중요한 에너지원이 되었다. 석유는 또한 수많은 20세기 발명품(플라스틱을 포함한 석유화학제품)의 원료가 되었으며 산업계의 전략적 원료였고, 외딴 사막을 세계에서 가장 부유한 땅으로 만들기까지 했다. 마지막으로는 최근 들어 탐나는 전략적 재료가 된 소위 '희토류 금속'을 다룰 것이다. 희토류는 19세기 후반에야 몇 가지 용도로 사용되기 시작했지만, 20세기 들어 중요성이 커졌고 20세기 후반에 이르러서는 그보다 훨씬 더 중요해졌다. 희토류는 컴퓨터를 비롯한 정교한 전자 장비에 사용하기에 이상적이었기 때문이다. 7장 13절에서 희토류가 무엇이고, 중국이 희토류 시장을 지배하게 된 이유는 무엇이며, 이 문제에 대한 우려가 있었음에도 지속적이고 대규모로 희토류를 생산하는 다른 지역이 나타나지는 않는 이유를 살펴볼 것이다.

　이러한 사례들과 다른 사례들에서 분명히 알 수 있듯이, 교역과 그로 인한 국제적인 변화를 더 폭넓게 다루는 이야기는 계속 쓰이고 있다. 에필로그에 이 이야기를 살짝 추가했다. 2012년 이후, 세계에는 놀라운 사건이 많이 일어났다. 역사의 특정 패턴은 그 어느 때보다 지금 큰 의미를 던진다.

1장
시장 규범의 형성

푸젠성 화교들 | 조공제도, 외교 혹은 장사? | 동전이 지폐보다 나았던 시절 | 아시아가 곧 세계 경제였을 때 | '허풍선이' 마르코 폴로 | 자갈더미 속 진주, 취안저우의 황금시대 | 아스테카 무역상들의 몰락 | '뻔뻔한 인디언'은 없었다 | 브라질의 영국 무역상들 | 아시아 여자 무역상들이 사는 법 | 무역 분쟁, 맷집으로 풀다 | 세금징수 대행업자들 | 면화를 상아로 바꾸는 연금술 | 상인 귀족들의 시대는 저물고 | 위험한 동거

| 인간은 명석한 동물일 수 있다. 그러나 인간이 나면서부터 '경제적으로 합리적'이라는, 다시 말하면 인간의 본성이 사람들로 하여금 개개인의 행복을 극대화하기 위해 가능한 한 많은 재화를 축적하도록 만든다는 주장을 뒷받침하는 증거는 찾아보기 힘들다. 우리는 '교환하고 거래하는' 것은 인간 본성의 기본적인 일부분이라는 애덤 스미스의 언명을 기억하고 있다. 그에 따르면 교환하고 거래하려는 경향은 너무 기본적이어서 말하는 능력과 함께 발전해 왔다. 사실 근대경제학은 이 언명을 인간 행위를 분석하는 기본 원리로 삼아 왔다. 그러나 말과 교역을 나란히 놓고 있는 애덤 스미스의 주장을 보노라면 오늘날 그의 후예들은 교역이 말처럼 **표현적인** 목적으로 이용될 수 있다는 사실을 잊고 있음을 깨닫게 된다. 특정한 물건을 손에 넣거나 다른 사람에게 보내는 행위는 순전히 물질적 안락을 극대화하는 방편이기도 했지만, 동시에 (지금도 그런 것처럼) 그 사람 혹은 집단이 어떤 사람들인지, 그들이 어떤 사람이 되고 싶어 하는지, 또 그들이 다른 사람들과 어떤 사회적 관계를 맺고 있으며, 어떤 사회적 관계를 원하는지를 알리는 수단이 되기도 했다. 그리고 경제 활동은 사회적 행위이기 때문에 종종 생산과 소비, 교역을 문화적으로 아주 다르게 이해하는 집단들끼리 관계를 맺게 하기도 했다.

　사람들은 수천 년 동안 물건을 교환하거나 사고파는 행위를 해 왔다. 조개껍데기와 화살촉, 그 밖의 다른 물건을 아주 멀리 떨어져 사는 사람들끼리 교환했고, 이에 따라 유사 이전 시대부터 한 지역에서 특정한 물건만을 전문적으로 생산했던 흔적이 발견된다. 그러나 교역이 어떤 동기에 의해, 어떤 방법으로 이루어졌고, 물건들 사이의 교환 비율을 어떻게 정했는지에 대해서는 대부분의 경우 추측만 가능할 뿐이다. 고대에도 다수의 구매자와 판매자가 경쟁을 하고, 가격이 수요와 공급에 의해 결정되

던 시장이 상당수 존재했다는 증거들이 남아 있다. 하지만 이와는 전혀 다른 원칙에 따라 상당히 큰 규모의 교환이 이루어진 사례들 또한 대단히 많다. 공급과 수요가 가격을 결정했던 곳, 이를테면 상당수 물건의 가격이 공급과 수요의 법칙에 따라 정해졌던 고대 그리스와 (거의 같은 무렵의) 중국에서는 물건의 교환가치 ― 그 물건으로 다른 물건들을 살 수 있는 가치 ― 가 그 물건 고유의 유용성(사용 가치)이나 지위보다 더 중요했다. 그러나 당시에는 경쟁이 가격을 결정하던 이런 시장들도 그저 다양한 교환 방식 중 하나로 여겨졌고, 이런 인식이 시장의 작동 방식에도 영향을 주었다. 기원전 2세기경 중국 황제는 소금과 철 같은 중요한 물품의 거래를 정부가 독점하는 것과 상인들의 경쟁에 맡기는 것 중 어느 편이 국가(와 백성들) ― 사실 백성들에 대해서는 많은 신경을 쓴 것은 아니지만 ― 에 이로울지를 결정하기 위해 대신 회의를 소집한 일이 있다. 비록 국가가 이런 물품들의 거래를 실제로 완전히 독점할 수 있었던 적은 한 번도 없었지만 이런 논의는 수 세기 동안 계속되었다. 어쨌든 이런 논의를 통해 규제받지 않으려는 상인과 이들을 규제하려는 관리, 이 두 집단이 해도 되는 행위와 해서는 안 되는 행위에 대한 대강의 개념이 잡히게 되었다.

어디서든 수요와 공급이 가격을 결정한다는 관념이 좀 더 전통적인 생각들을 극복하는 데는 꽤 오랜 시간이 걸렸다. (대등한 사람들끼리 재화와 선물을 교환하는) '호의적 교환'이나, 공식적으로 지위가 다른 사람들이 (조공 같은) 의례적 교역을 통해 '지위를 거래'하던 방식, 또 아리스토텔레스의 주장처럼 시장에서 이루어지는 교환이 아니라 '도덕적 경제'니 '정의로운 교환'이니 하는 따위의 윤리적 원칙에 따라 결정되는 '정의로운 가격' 같은 개념들은 아주 오래 살아남았던 것이다.

어떤 민족들은 브라질의 발 빠른 우에타카족과 닮은 경우도 있다. 이 장 8절에서 볼 수 있는 것처럼 우에타카족은 오늘날 우리가 '뻔뻔한 인디언'이라고 잘못 부르고 있는 사람들이다. 이들에게는 거래 자체보다 거래가 끝난 다음 벌어지는 추격전이 훨씬 더 중요했다. 거래 당사자들은 서로 믿지 않았을뿐더러, 그들 사이에서는 물건을 소유한다는 관념도 대단히 희박했다.

또 후손들에게 물려줄 부를 축적하려고 대양을 건너와 힘들게 일하는 프랑스 상인들을 '단단히 미친 사람들'이라고 생각했던 브라질의 투피남바족과 같은 사람들도 있었다. 한 예수회 신부에 따르면 투피남바족은 일단 필요한 물건들을 충분히 갖고 나면 일을 하는 대신 "마을에 모여 술을 마시거나 전쟁을 하는 등 많은 소동을 일으키며" 시간을 보냈다. 그리고 태평양 북서부의 콰키우틀족 사이에서는 엄청난 양의 물건을 사람들에게 나누어주는 것이 부족 안에서 더욱 높은 지위에 오를 때 입회해 줄 사람들을 확보하는 방법이었으며(이는 사람들에게 넉넉하고도 빨리 나눠 줄 수 있을 만큼 충분한 물건을 모을 수 없는 사람들이 그 자리를 아예 넘보지 못하도록 기를 꺾는 방법이기도 했다), 경쟁자를 짐짓 방해하는 수단이기도 했다. 그러나 이 행위가 연대감을 표시하기 위한 것이든 아니면 적대감을 드러내기 위한 것이든, 여기서는 주는 사람이 승자였고, 물건은 적당한 때 없애 버리려고 모으는 것이었다.

이보다 더 크고 세련되었던 문명 중에서도 시장 원리를 따르지 않았던 사례들을 흔하게 볼 수 있다. 페루의 잉카인들은 부유하고 강력한 국가 기구를 통해 수천 마일이 넘는 거리에 걸쳐 수백만 명의 사람들을 단단하게 결속시켰다. 그러면서도 잉카 제국에는 시장이나 돈, 자본 따위는 전혀 없었던 것으로 보인다. 사실 잉카 제국에서는 아일루(ayllu)라는 혈연 집단을 기초로 교역이 이루어졌으며, 교역은 국가가 감독했다. 이들에게는 이윤을 얻거나 부를 축적하기보다는 서로에게 이익을 주고 부를 재분배하는 것이 교역의 기본 철학이었다. 사람들은 부자가 되기 위해서가 아니라 생존을 유지하고 사회적, 문화적인 의무들을 지키려고 열심히 일했던 것이다.

멕시코의 아스테카인과 마야인이 세운 대제국 역시 원거리 교역에 적극적이었다. 아스테카인들은 수도였던 테노치티틀란(Tenochtitlán: 지금의 멕시코시티)에 거대한 시장을 갖고 있었다(이 장 7절 참조). 이 시장에서는 1만 명 이상의 구매자와 상인이 동시에 거래할 수 있었다. 반면 마야 문명에서는 꽤 큰 도시들에도 시장이 전혀 없었다. 그러나 이 두 제국은 뉴멕시코에서 니카라과에 이르는 넓은 지역에 걸쳐 물건들을 거래했다. 이 거리는 유럽의 북쪽 끝에서 남쪽 끝에 해당한다. 아스테카의 경우 원거리 교역은 지방 도시의 시장들과는 완전히 분리되어 있었다. 원거리 교역을 담당했던 사람들은 일종의 사절단으로 아스테카 제국의 귀족들에게 바칠 사치품들을 취급했기 때문이다. 따라서 이들은 본질상 국가 관료들이었다. 대단히 세련됐던 이들 원거리 교역상들은 두 제국이 무너지고 유럽의 상인들이 도착하면서 완전히 사라지고 말았다.

물건을 운반하기 어려운 육로를 이용했던 페루와 멕시코와는 달리 분주한 해상 네트워크로 연결되어 있던 아시아는 민간인들의 교역이 훨씬 활발했다. 이 장 4절에서 보이는 것처럼 본국을 떠나 교역을 하던 이주민, 예를 들면 화교들이나 이슬람교도, 인도인들은 거대하고 복잡한 상업 네트워크로 결합되어 있었다. 이들 이주민에 대해서는 잠시 후에 다시 이야기할 것이다. 중국의 '조공제도'(이 장 2절 참조)는 동아시아와 동남아시아라는 거대한 지역에서 이루어지는 교역의 기본 구조를 제공했다. 물론 조공의 일차적인 목적은 경제보다는 정치적이고 문화적인 데 있었지만, 조공을 통해 '국제' 통화 체계가 자리 잡았고 넓은 지역의 사람들이 사치품에 대해 같은 취향을 갖게 되었다(즉, 사치품 전문 생산자가 욕심을 낼 만큼 충분히 큰 시장이 만들어진 것이다). 또 수많은 상품의 품질 규격이 만들어졌고, 예의 바른 행실은 최소한 이러이러해야 한다는 인식을 공유하게 되었다. 같은 민족으로 구성된 교역 집단(이 장 1절 참조)의 우두머리 역시 공통의 교역 체계가 형성되는 데 어느 정도 기여했으며, 여기에는 긴 역사를 가진 여러 중개항을 중심으로 축적된 교역 관행도 일정한 역할을 했다. 이들 중개항은 보통 도시국가를 이루고 있었으며 계절풍 때문에 동아시아와 남아시아의 교역상들이 만나기에 편한 장소였다(2장 1절 참조). 이 교역망은 여러 방식으로 국가와 연결되어 있었지만, 고유의 영역도 분명히 확보하고 있었다. 교역망과 연결되어 있던 몇몇 국가들은 잉카나 아스테카인들의 국가처럼 쉽게 무너지지 않을 수 있었다.

16세기에 마침내 인도양의 세계에 들어온 유럽인들이 이 지역의 교역 체계를 흔들어 보려고 했지만 아시아의 경쟁자들은 의외로 상당한 탄력을 갖고 있었다. 이 장 4절에서 보게 될 테지만, 이곳에서 유럽인들은 오래도록 복종해야 할 대상이 아니라 그저 어쩔 수 없이 같이 지내야 할 또 다른 경쟁자로 여겨졌을 뿐이다. 신세계의 교역상과 달리 아시아의 상인들은 국가에 훨씬 덜 의존하고 있었고, 덕분에 유럽의 대포 앞에서도 살아남았고, 때로는 번영을 누리기도 했다.

그러나 아시아 상인들이 잉카나 아스테카의 동업자들에 비해 국가로부터 독립적이었다고 해서 이들이 정치나 문화와는 아무 상관없이 순전히 경제 영역에서만 활동했다는 의미는 아니다. 오히려 이들 '상인들'은 영리한 경영이나 상거래를 통해서보다는 국가로부터 넘겨받은 이권이나 독점권에서 훨씬 더 많은 이문을 남기는 경우가 많았다. 무하마드 사이드 아르데스타니(이 장 12절 참조)는 세금 징수 대행업자로서, 그리고 조정 조달품의 계약권자로서 막대한 부를 축적했다. 조정 관료들과 좋은 관계를 유지하는 것이 얼마나 중요한지는 영국 동인도회사의 현지 대표들도 잘 알고 있었다(이 장 14절 참조). 자기들과 거래하는 인도의 제후들에게 강렬한 인상을 남기기 위해 동인도회사의 현지 대리인들은 흥청망청 돈을 써가며 제후들처럼 호화판 생활을 즐겼고 심심찮게 무력도 과시했다. 성공한 교역업자가 되려면 모으는 것만큼이나 쓰는 것도 잘해야 했던 것이다. 비용을 줄이는 것이 항상 우선이었던 것은 아니다.

 유럽인들은 아시아에서 성공하려고 현지 주민과 결혼하는 일도 서슴지 않았다. 네덜란드 동인도회사의 현지 대리인들은 현지 시장과 사회에 파고들려고 말레이, 자바, 필리핀, 특히 발리 여자들을 아내로 맞았다(이 장 10절 참조). 이들 영국과 네덜란드인들은 사실상 최초의 근대자본주의적 기업인 합자회사를 대표하고 있었으면서도 사업상의 결탁이라는 전통적인 수단, 즉 결혼에 의존했던 것이다. 유럽 상류층의 결혼은 여성을 상품처럼 거래함으로써, 보통 돈줄을 남성이 쥐고 사업을 경영하던 두 '가문'을 하나로 결합시키는 수단이었다. 그러나 동남아시아에서는 유동 자금을 관리하면서 사업 수완을 발휘했던 쪽이 오히려 신부인 경우가 더 흔했다(신부 쪽 집안의 지체 높은 남자들은 옥신각신하며 흥정을 해야 하는 장사를 천하게 여겼기 때문이다). 유럽인 남편들 중에는 동업자와 '마누라'를 한 번에 얻게 되어 짐짓 흡족해 하던 사람들도 간혹 있었으나, 대부분은 이들 독립성 강한 여자들에게 진저리를 쳤다. 그러나 성공하려면 현실을 받아들이는 수밖에 없는 시절이 한동안 계속되었다. 사실 유럽인 남편들(그리고 이들을 따라갔던 선교사들)은 불평을 늘어놓으면서도 본의 아니게 이런 여성들의 지위를 더욱 높여주는 경우가 많았다. 열대 기후에 익숙하지 않았던 유럽인 남편들의 수명이 '현지인' 부인들보다 훨씬 짧았기 때문이다. 남편들의 유산까지 물려받음으로써 현지인 부인들은 다음 사업 또는 결혼에서 더 많은 협상 카드를 쥐게 되었던 것이다.

 아시아에 발을 디딘 첫 몇 세기 동안에는 유럽인들이 '원주민화할' 수밖에 없었다. 그것은 유럽인들의 힘이 아직 약했기 때문이기도 하고, 상

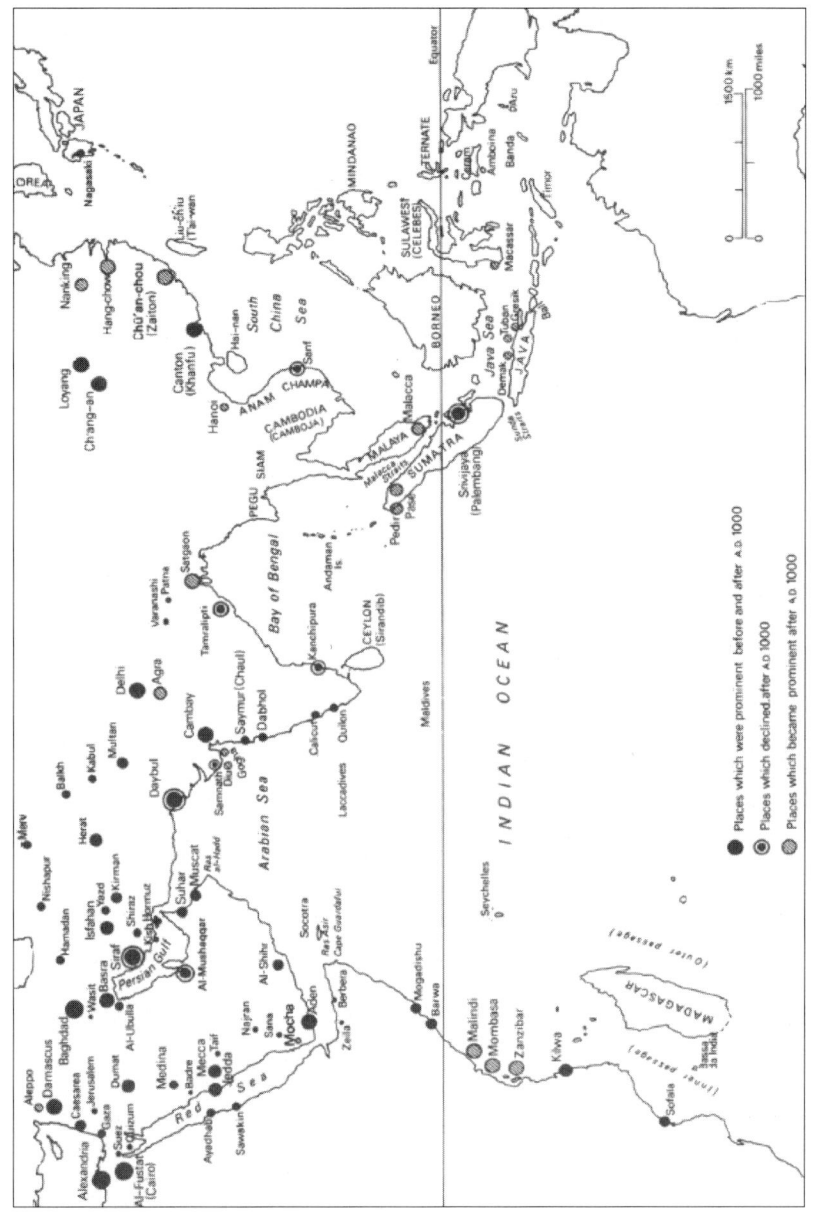

618~1500년 인도양의 교역항과 도시 지도
출처: 〈인도양의 교역과 문명: 경제사〉, 케임브리지 대학 출판부, 1985, 키르티 N. 차우두리 각색

거래에 적용되는 현지 법률이나 전통이 워낙 가지각색이었기 때문이기도 했다. 대체로 다양한 국가와 종교, 이주민 상인 집단들이 거래를 하는 데다 합의된 통상 규정 따위도 없었기 때문에 폭력을 동반한 분쟁은 교역의 일부이기도 했다. 이 장 11절에서 이야기하는 것처럼 16~17세기에 교역이 부쩍 활기를 띠면서 수많은 접촉이 일어났고, 이에 따라 교역 관례에 관한 일종의 협정이 하나둘씩 생겨나기 시작했다. 이 무렵 아시아에 전파된 이슬람교도 분쟁 해결에 도움을 주는 윤리적 기반이 되어주었다. 그러나 이 같은 상거래 관습의 수렴이 불가역적인 것은 아니었다. 사실 17세기 말과 18세기 초에 불황이 닥치면서 적어도 오늘날의 인도네시아에서는 상황이 역전된다. 상거래 규범이 다시 지방화되었고, 이전의 공통점이라고는 찾아볼 수 없게 된 것이다.

더욱이 여기에서 말하는 '원주민'은 상대적인 개념이다. 전형적인 아시아 항구라면 대개 구자라트인을 비롯해 푸젠성 출신의 화교, 페르시아인, 아르메니아인, 유대인, 아랍인들이 뒤섞여 있었다. 마치 유럽의 교역 중심지들에 제노바나 피렌체, 네덜란드, 영국 그리고 한자동맹 소속의 상인들이 자리를 잡고 있었던 것과 같다. 따라서 유럽인이라고 해도 어지간히 둔하지 않고서는 이들 집단이 서로 다르다는 것쯤은 알고 있었다. (그러나 19세기에 들어서 유럽의 힘이 급격히 커지자 집단 간의 차이를 구별할 필요가 없게 되었고, 그러고도 많은 유럽인들이 별문제 없이 잘 지낼 수 있었다. 그러나 제국주의의 도움을 받을 수 없었던 초기의 유럽 상인들이 이렇게 무뎠다면 아마도 살아남을 수 없었을 것이다.) 이런 '이주민 상인 집단'을 구성했던 개인들은 모두 언젠가는 다른 곳으로 떠날 마음을 먹고 있었을 것이다. 그러나 교역을 하면서 축적된 지식과 수많은 연고 관계, 그리고 각 집단이 만들어낸 고유의 사업 방식 따위는 이들 개인보다 훨씬 더 오래 지속되었으며, 때로는 강력해 보였던 '현지' 권력의 법률보다도 더 큰 영향력을 행사하며 끈질기게 살아남기도 했다.

따라서 이주민 상인 집단이 앞선 몇 세기 동안 그래왔던 것처럼, 19세기에도 아프리카와 유라시아 지역에 걸쳐 교역을 조직하는 가장 효과적인 방법이었던 것은 놀랄 일이 아니다(이 장 1절, 4절, 6절, 12절, 14절 참조). 상인들이 민족을 중심으로 뭉쳤던 것은 여러 가지 측면에서 합리적인 선택이었다. 억지로 계약을 강요하기가, 특히 정치적 경계를 넘어서면 더 어려웠던 시대에는 같은 지방에서 온 사람들과 거래를 하는 것이 여러모로 유리했다. 무엇보다 낯선 곳에서 온 사람들보다 상대방을 잘 이해할 수 있었다. 즉, 어떤 것이 좋은 물건인지에 대해 의견이 일치했고, 어떨 때 거래를 취소할 수 있는지(혹은 취소할 수 없는지)를 서로 잘 알고 있었으며, 파산이나 사고 따위의 낭패스럽지만 불가피한 상황에서 어떻게 해야 하는지에 대해서도 쉽게 합의할 수 있었다. 만약 이런 이해를 공유하지 않는 사람과 거래를 한다면, 성가신 사건에 휘말릴 위험성이 그만큼 더 컸을 것이다. 거기에는 문화적으로 낯설고 때로는 변덕스럽기까지 한 원칙이 적용되는 현지 법정에서 시비를 가려야 하는 경우도 포함된다. 그리고 거래 상대가 자신을 속이려고 할 때도, 고향에서는 양쪽의 친척들이 가까운 곳에 살고 있다는 사실이 많은 도움이 되었다. 그리고 기어코 상대가 자신을 속였을 때도, 대신 화풀이를 해줄 사람들이 고향에 있었다. 그러나 대부분의 경우 같은 고향 출신이라는 점 때문에 훨씬 덜 물리적인 방식으로도 신의를 강제할 수 있었다. 언젠가는 고향으로 돌아가 부모의 가업을 물려받으려는 사람이라면, 자기 자식들이 고향 명문가의 자제와 결혼하기를 바라는 사람이라면 고향에 있는 가문의 평판을 손상시키기 전에 한 번 더 생각할 것이기 때문이다. 이런 사정 때문에 둘 다 외국에 있는 무역상끼리 거래를 할 때, 예를 들면 구자라트 상인 두 명이 말라카에서 거래를 할 때도 상대방에게 신의를 지킬 수밖에 없었다. 그리고 타지에서 일하는 상인이 고향에 있는 동업자나 고용주에게 손해를 입혀 가면서 혼자만 부를 축적하지 못하게 하는 데는 더욱 효과적이었다. 푸젠성 출신 화교들이 해외에 나와 일하는 사람이 정직하게 거래를 하도록 만들려고 고향의 연고를 이용했던 방법은 '해외 주재원' 관리의 장점을 보여주고 있다. 대상인 가문은 주로 강제 노역 계약을 맺은 하인을 보내 광범위한 해외 사업을, 특히 동남아시아에 집중돼 있던 사업을 경영하도록 했다. (다른 무엇보다도 친아들을 고향에 머무르게 하려고 이런 방법이 동원되었던 것 같다. 회사를 위해서나 신변 안전을 위해서나 친아들이 고향에 남아 자식을 낳고, 가문의 다른 이해관계를 보호하기 위해 토지를 관리하거나, 아예 관료로 나서도록 공부를 시키는 편이 더 유리했던 것이다.) 하인들은 이윤을 남겨서 고향으로 돌아가면, 아니 이윤을 남겨야만 하인 신분에서 해방되어 아들로 입양될 수 있으며, 새 부모가 골라준 명문가의 딸과 결혼할 수 있다는 점을 잘 알고 있었다. 성공하기 전까지는 고향으로 돌아가는 것이 아무런 의미가 없었던 것이다.

항구 도시의 지배자들에게는 무역이 이들 이주민 집단의 수중에 있는 편이 한결 편리했다. 부가 권좌를 노릴 만한 혈통과 연줄을 갖고 있는 현지 귀족들에게 집중되는 것보다 거류 외국인들에게 집중되는 편이 덜 위험했기 때문이다. 그리고 같은 지방에서 온 외국인들이 많을 경우 자체적인 치안 유지를 위임할 수도 있었기 때문에 이주민 집단은 여러모로 쓸모가 많았다. 스스로를 영국 계몽주의의 아들이라고 자처하며 사람이 아닌 법의 지배가 신념이라고 공언했던 스탬퍼드 래플스조차 (자신이 1819년에 건설한) 싱가포르를 인종별 거주지역으로 나누고, 각 거주지역에서 유력한 상인 몇몇을 뽑아 이들의 관습에 따라 거주지역을 다스리게 했을 정도였다(2장 6절 참조). 결국 25년이 지난 후, 상하이 국제 정착촌을 일군 사람들이 처음에 꿈꾼 것은 치외법권의 순수 백인 정착촌이었다. 그러나 중국에서 내전이 일어나 부유한 중국 난민들이 유입되면서 집세가 폭등했고, 인종을 분리하려는 시도는 무산되었다. 상하이 국제 정착촌에는 그렇게 서구의 통치하에 중국인이 주류를 이룬 공동체가 형성되었다.

가장 이상적인 경우에는 '대인'에 지명해 주는 대가로 자신에게 거금을 바치도록 이주민 상인 집단의 거물급 인사를 설득할 수도 있었다. 이 때 적임자를 선택했다면 손쉽게 세금을 거둬들이는 것은 물론, 충직한 (더구나 돈까지 많은) 추종자를 얻을 수도 있었다. 또 아무런 비용도 들이지 않고 상인 거주지역을 통치할 수 있었다. 이렇게 많은 장점 덕분에 이주민 상인 집단은 19세기 지구 전역에서 제국주의 체제가 (서양의 통상법과 함께) 완전히 확립되기 전까지 교역을 관리하는 불가결한 수단으로 남을 수 있었다. 그리고 그때조차도 (그리고 사실상 지금도) 이들의 교역망은 세계 무역에서 결코 무시할 수 없는 비중을 차지하고 있다. 대부분의 서구 사회 이론들이 정실주의에다 비이성적이며 '전통적'이라는(그래서 새로운 것에 적대적이라는) 등의 온갖 비난을 퍼부었지만, 푸젠성 화교들과 레바논인들을 비롯한 이주민 상인 집단들은 이에 아랑곳하지 않고 같은 민족을 통해서만 교역을 수행했고, 그들이 뉴욕이나 암스테르담과 같은 '현대적인' 장소에서 일하더라도 이른바 훨씬 이성적이라는 경영 방식들과 훌륭하게 경쟁을 계속했다. '과거'가 현재에도 건재하다면, 그것은 현실이 경제학자나 사회학자의 칠판 속 도표보다는 훨씬 더 복잡하다는 것을 말해주는 확실한 증거가 되는 것이다.

마침내 세계 대부분의 지역이 유럽의 법과 가치 체계를 따르게 되었는데도 여전히 많은 장애물이 남아 있었다. 이 장 9절은 1822년 독립 직후 몇 년 동안 브라질의 사업 환경이 영국 상인에게는 얼마나 불리했는지 잘 보여주고 있다. 이 무렵이면 유럽인들은 막강한 군사력을 이용해 아직도 시류에 저항하는 사람들(그리고 그들의 땅과 소유물)을 자신들이 원하는 종류의 시장에 강제로 편입시킬 수 있었다. 더욱이 유럽인들은 (직물 같은) 몇몇 상품을 싼값에 만들 수 있는 획기적인 제조법을 개발해, 이런 상품을 원하는 사람들 누구와도 아주 유리한 조건으로 거래할 수 있었다. 그러는 사이 유럽에서는 이윤 극대화라는 목표에 잘 들어맞는 무역 규범들(과 사고방식)이 이미 자리를 잡았다. 따라서 유럽인들은 브라질을 비롯한 다른 곳에 어떤 시장 규칙을 강요해야 하는지 좀 더 분명하게 알게 되었다. 그러나 세계 경제의 창조가 마무리되려면 아직도 한참을 기다려야 했다. 도대체 얼마나 더 시간이 걸릴지는 근대 세계 무역 제도들을 다룬 6장에서 분명해질 것이다.

1 푸젠성 화교들

장사꾼이라면 누구나 개인적인 연줄이 중요하다는 점을 잘 알고 있다. 그러나 지금처럼 원거리 통신이나 강제력 있는 무역 규칙, 표준화된 도량형 따위가 없던 시절에는 다른 항구에 있는 동업자나 대리인, 혹은 동료들과 사업 외적인 인연을 맺는 것이 지금보다 훨씬 더 중요했다. 그러므로 세계 어디에서나 교역은 고향이 같은, 따라서 같은 방언을 사용하고 같은 신(혹은 신들)을 믿으며 서로 믿을 만한 연고가 있는 사람들의 네트워크를 통해 조직되었다. 제노바인과 구자라트인, 아르메니아인 그리고 유대인(비록 이들이 공유하던 '고향'은 아주 오래전에 사라져 버렸지만)을 비롯한 여러 지역의 사람들이 세계 곳곳에 흩어져 자리를 잡았고, 세계의 도시를 서로 연결했다.

중국 남동 해안 푸젠성 출신의 해외 이주민들은 이들 중에서도 가장 수가 많았고, 가장 끈기가 있었다(1984년 푸젠성 푸장현의 인구는 100만 명이 조금 넘었는데, 이곳 출신으로 알려진 해외 이주민은 무려 110만 명이 넘는다). 이 푸젠성 출신 이주민들에게는 흔치 않은 특징이 있다. 상업에 종사하는 대부분의 다른 이주민들이 모두 도시에 집중되어 있는 반면 푸젠성의 경우에는 수백만에 이르는 사람들이 중국 내륙 지방과 동남아시아, 카리브해 연안, 캘리포니아 등지로 이주해서 땅을 개간하고 농작물을 길렀다. 그리고 더욱 이상한 것은 상업과 농업의 두 분야 이주민 사이에 19세기 말까지는 거의 교류가 없다가 19세기를 지나면서 주로 서양 식민주의자들의 후원으로 관계를 맺기 시작했다는 점이다.

푸젠성은 원래 인구가 많은 데다 산악 지역이어서 한 중국 관리의 말처럼 "바다를 땅으로 만들어서" 살아야 했다. 이 지역은 천 년이 넘게 선박 건조와 어업, 교역의 중심지였다. 나무를 너무 많이 베어내 선박 건조업이 태국 등지로 자리를 옮겨간 뒤에도 푸젠성 사람들은 여전히 동남아시아 일대에서 중요한 화주(貨主) 겸 무역업자로 남아 있었다. 그리고 상당수는 세금 징수관이나 항무관, 그리고 인근 왕국의 재정 고문으로 일했고, 훗날 이 지역에 유럽 식민지들이 건설되었을 때도 비슷한 일을 했다. 19세기에 교통수단이 개량되면서 푸젠성의 네트워크는 훨씬 더 멀리까지 뻗어나갔다. 실제로 골드러시 때 캘리포니아로 몰려간 중국인의 대부분은 가난과 폭력에 찌들어 살던 지역 출신들이 아니라, 기존 상업망을 통해 젊은 사람들에게 고급 정보와 창업 자금을 대줄 능력을 갖고 있던 푸젠성과 이웃 광둥성 사람들이었다. 이 같은 해외 상업 활동을 관리하던 회사들은 보통 가문을 중심으로 설립되었으며, 이들은 이 끈을 전략적으로 이용했다. 잘만 하면 고향으로 돌아가 신중하게 고른 신붓감과 결혼할 수 있다는 점은 종종 해외에 체류 중인 가족 구성원이 일정한 수준의 이문을 얻어 집으로 송금하게 하는 동기가 되었다. 실제로 가족이 없는 일부 젊은이들에게 성공해서 돌아올 경우 정식 양자로 받아들이겠다고 약속하고 어려운 사업거리를 맡기기도 했다. 한 가문이 특정 분야의 교역만을 전문적으로 수행하는 경우가 흔했고, 여기서 쌓은 소중한 교역 기법이 가족에게 전해졌다. 그리고 가족에 대한 애정과 충성심 때문에, 그렇지 않았으면 엄격하게 지켜졌을 개인 자산과 회사 자산 사이의 경계가 모호해지는 경우도 있었다.

한편 푸젠성에서는 중국과 동남아 전역으로 흩어져 자리를 잡은 농업 이민자들도 많이 나왔다. 여기서도 역시 고향의 가족이 갖고 있는 수완은 사업을 시작하는 데 많은 도움을 주었으며, 이들의 이민을 통해 중요한 농업 기술이 새로운 지역으로 이전될 수 있었다. 푸젠성은 수백 년 동안 사탕수수를 재배해 왔으며, 푸젠성 사람들이 이 작물(또는 그것의 새로운 재배 방법)을 중국 내륙의 장시성과 쓰촨성, 타이완, 자바, 필리핀 일부 지역 등 여러 곳에 처음 소개했다. 실제로 푸젠성 사람들의 사탕수수 재배 기술은 꽤 이름이 나 있어서 유럽인들이 스리랑카와 쿠바, 하와이 등지의 사탕수수 플랜테이션에서 일꾼으로 부리려고 푸젠성 사람들을 일부러 찾아다녔을 정도였다.

푸젠성 출신 농업 노동자들이 가는 곳에는 보통 약간의 푸젠성 출신 상인들이 따라다녔다. 이들은 (쌀과 양념, 때로는 아편 등을 포함한) 일상용품들과 함께 신용을 제공했으며, 고향으로 돈을 부칠 수 있도록 도와주었다. 그러나 중국인 상인 집단이 동남아의 상권을 휘어잡을 만큼 강력했고, 농지로 이용할 수 있는 엄청나게 넓은 미개간지들이 널려 있었으며, 푸젠성의 인구 밀도가 상당히 높았던 사실을 감안하면 두 이주민 집단이 좀 더 단단하게 손을 잡지 않았다는 사실은 놀랄 만한 일이다. 특히 중국 상인들이 (타이완을 제외한 지역에서는) 푸젠성의 노동력을 이용해 해외 농지를 개발하려고 한 적이 거의 없다는 점이 눈길을 끈다. 사실 1600년경에 이미 마닐라는 1770년대의 뉴욕이나 필라델피아와 비슷한 크기였고,

인근에는 농사를 짓지 않는 농지들이 충분히 있었다. 그런데도 눈에 띌 정도의 중국인 농업 이민은 없었다. 왜 그랬을까?

아주 단순하면서도 중요한 한 가지 이유가 있는데, 그것은 중국 조정이 이런 종류의 사업을 지원하지 않았기 때문이다. 중국 조정은 상업 덕분에 중국 남부 지역이 계속해서 부를 누리고 있다는 점은 인정하고 있었지만, 문명의 중심인 중국을 오랫동안 떠나는 것은 탐탁하게 여기지 않았다. 결국 백성들이 1년 이상 해외에 거주하지 못하게 하는 선에서 절충안이 나오게 되었다. 이 조치는 상인들에게는 그저 성가신 정도에 지나지 않았지만(교역 철을 두 번 보내고 중국으로 되돌아오기 위해 상인들은 가끔 관리들에게 뇌물을 줘야 했다), 이익을 남겨 (해외 체류자들이 보통 바라는 것처럼) 부자가 되어서 고향에 돌아오려면 상인들보다 훨씬 더 오래 해외에 머물러야 하는 농민들에게는 대단히 완강한 방해물이었다.

또 중국 조정이 식민지 건설에 관심이 없었다는 것은 결국 나라 밖 중국인이 그다지 안전하지 못했음을 의미하는데, 이것 역시 중요한 요인으로 작용했다. 실제로 반중(反中) 폭력 사태가 드물지 않았는데, 청나라는 잠시 동안만 해외에 나가 있는 '착한' 백성들을 보호하려는 제스처는 가끔씩 취했지만, 그보다 더 오래 나라 밖에서 머무는 '나쁜' 백성들을 위해서는 그나마도 하지 않았다. 결국 해외의 중국인들에게 위험이 닥쳤을 때 최선의 보신책은 도망을 가거나 아예 사업을 청산하는 것이었다. 어느 쪽이든 농부보다는 상대적으로 움직이기 쉬웠던 상인에게 훨씬 쉬운 방법이었다. 이런 사정은 크게 성공한 농부와 비교해도 별로 다르지 않았다.

중국 조정은 나라 밖에 있는 백성들을 위해 법과 치안을 확보하려고 영향력이나 압력을 행사하려 하지도 않았을뿐더러 상인들이 자구책을 마련하는 데도 도움을 주지 않았다. 반면 유럽 국가들은 (이를테면 동인도회사와 서인도회사 같은) 민간 기업들이 자체적으로 무력을 사용해 외국의 영토를 점령하고, 정부를 세워 정착민을 이주시킬 수 있도록 허가를 내주었다. 물론 (17세기에 나가사키에서 말라카까지 제국을 확장한) 정 씨 가문의 사례에서처럼 중국 상인들도 그럴 만한 능력과 기술을 갖고 있었다. 다만 그들에게는 그렇게까지 해야 할 동기가 없었다. 식민지 개척에 상당한 초기 자금을 들여야 했던 유럽 회사들은 그것이 담배나 설탕, 또는 다른 어떤 것이든 식민지에서 생산한 수출품을 소비해 줄 확실한 시장이 본국에 있었기 때문에 그 비용을 벌충할 수 있었다. 비록 높은 세금이 부과되고 이윤폭이 고정돼 있었다고는 해도, 유럽에서 이들 상품과 경쟁할 수 있는 다른 상품은 거의 없었다. 그도 그럴 것이 세금에 목말라 있던 유럽 정부들은 다른 나라 식민지에서 생산한 상품의 수입을 즐거운 마음으로 금지해 주었고, 또 유럽에서는 기후와 토질이 달라 설탕이나 차를 생산할 수 없었기 때문이다. 그러나 중국 조정의 경우에는 세수를 늘려야 하는 부담이 상대적으로 적었다. 중국에 필적할 만한 힘을 가진 주변 국가도 없었고, 더군다나 1700년대 대부분의 기간에 중국의 재정은 큰 폭의 흑자를 누렸다. 그리고 설사 중국이 높은 세금을 매긴 식민지 수입품을 들여오기 위해 중국의 해외 교역상들과 손을 잡으려고 했더라도 그 일이 쉽지는 않았을 것이다. 중국 영토 안에는 열대 지방이 포함되어 있어서 상당한 양의 설탕을 비롯해 해외에서 생산하는 다른 작물들을 재배하고 있었기 때문이다. 이미 국내에 경쟁 상품이 있었기 때문에 중국으로 역수출을 하는 상인들은 이문이 남을 정도로 가격을 높게 붙일 수 없었다. 경비만 더 들어가는 해외 정착지를 만들려고 많은 자금을 날릴 이유가 없었던 것이다.

그러나 유럽의 식민지 지배가 안정화되어 가고, 한창 산업화가 진행 중이던 유럽에서 설탕과 차 등에 대한 수요가 치솟게 되는 1850년 이후에는 사정이 달라졌다. 거의 대다수가 백인인 '신세대' 투자자들이 나타나 농사 기술은 뛰어났지만 고향에는 농사 지을 땅이 없었기 때문에 싼값에 부릴 수 있었던 중국인(과 인도인)들을 막 물이 빠진 메콩강 삼각주와 하와이 같이 사람이 별로 살지 않는 열대의 넓은 땅에 대규모로 이주시키기 시작했다. 여기서 푸젠성 출신 상인들이 이주 노동자 모집인이나 잡화상 주인, 전당포 주인, 편지 대필자 등으로 다시 등장한다. 그러나 이 대규모 이주 사업에서 이들이 주연을 맡은 것은 아니었다. 그렇다고 고향 사람들이 흘린 땀방울 덕분에 가장 많이 이득을 본 사람들도 아니었다. 직접 새로운 '조국'을 건설할 기회를 놓쳐 버린 결과, 중국 출신의 두 이주민 집단은 자신들보다 훨씬 더 과감했던 사람들의 조력자로서 가장 중요한 역할을 하면서도 대가는 충분히 받지 못한 채로 다음 한 세기를 보내야 했다.

2 조공제도, 외교 혹은 장사?

19세기 유럽인들이 중국의 문을 두드리고 있을 때 이들이 가장 소리 높여 요구했던 것은 '조공제도'의 철폐였다. 이것은 대외 교역이 베이징에서 이루어지던 일련의 정교한 외교적 교환, 즉 조공의 일부였기 때문에 여기에 참여하려면 허가를 받아야만 했던 사정과 관련이 있다. 유럽인들이 조공제도에 대해 적개심을 가졌던 데는 조공 외교가 서로 대등하다는 전제 아래 진행되는 외교적 거래와는 사뭇 다른 방식으로 이루어졌던 까닭도 있다. 미국의 6대 대통령이었던 존 퀸시 애덤스는 외국의 대신들에게 무릎을 꿇으라고 요구했던 것이 아편 전쟁의 '진짜 원인'이라고까지 주장했을 정도였다. 그들은 또 조공제도가 실질이 앞서야 하는 교역을 관례라는 구속에 가두어 놓았다고 비웃기도 했다. 인간은 본성상 다른 무엇보다도 경제적 이익을 추구한다고 믿고 있던 19세기 서유럽인들이, 중국은 인간의 자연스러운 욕구를 억누르고 있으며, 따라서 폭력을 동원해서라도 중국을 자유방임의 세계에 '개방' 시키는 것이 중국에게도 이로울 것이라고 확신하는 데는 조공제도 말고 다른 근거가 필요하지 않았다.

그러나 정말 조공제도는 화려한 외양이 실질과 충돌하는 모순적인 제도였을까? 사실 조금만 더 자세히 들여다보면 이 둘은 서로 보완 관계에 있었다는 것을 알게 된다. 하지만 이런 사실은 우리가 경제는 항상 문화나 사회적 관습과 맞물려 있다는 것을 인정해야만 눈에 들어오게 된다.

당시 중국 조정은 '대외' 교역과 '국내' 거래를 오늘날과는 다른 방식으로 구분했다. 중국인들에게 세계는 각각 고유한 법과 풍습이나 안정된 국경을 갖고 있어서 분명하게 독립되어 있는 주권 국가들로 이루어진 무엇이 아니었다. 그들의 눈에는 오직 하나의 진정한 문명, 즉 자신들의 문명이 있을 뿐이며, 더구나 이 문명은 어느 나라에서 왔든 모든 사람들에게 잘 맞는 원칙 위에 세워진 것이었다. 그리고 세상에는 하나의 통치자, 즉 중국 황제, 다시 말하면 하늘 앞에서 전 인류를 대변하는 '천자' 가 있을 뿐이었다. 이 황제가 직접 통치하거나 아니면 그가 임명하고 파면하는 관리가 다스리는 사람들이 인류의 중심을 이루고 있었다. 이들 역시 (원칙적으로는) 자발적으로 황제에게 '공물' 을 바칠 수 있었지만, 그보다는 의무적으로 세금을 내고 있었다. 그 바깥에는 (중국 산악 지대의 계곡마다 자리 잡은 중국인 촌락과 수비대에 둘러싸인 채 분명히 중국 안에 살고 있으면서도) 중국에는 부분적으로만 동화되어 원주민 족장이나 왕이 따로 있고 어느 정도까지는 자신들만의 관습과 법률도 갖고 있던 사람들이 있었다. 이들은 빈번히 사절단을 보내 조공을 바쳤고, 사실상 모든 품목의 민간 교역이 장려되었다. 이들보다 중국에 덜 동화된 세 번째 집단의 통치자들은 드물게 조공을 했고, 그 대가로 받는 하사품도 적었다. 사절단을 따라온 민간 상인들에게도 더 많은 제한이 따랐다. 가장 변방에 있는 야만인들, 즉 '오랑캐' 들은 입에 발린 말로라도 중화주의에 경의를 표하는 일이 없었고, 조공에서 아예 제외되었다. 이들의 교역권은 극히 제한돼 있어서 (18세기에 영국이 광둥에서만 중국과 교역을 할 수 있었고, 러시아인들에게는 소도시 캬흐타만 개방되었던 것처럼) 국경 지대의 한두 곳에서만 교역이 허락되었다. 이들은 자신의 상품을 다른 나라의 조공품에 포함시키는 방식으로 중국과 간접 교역을 하기도 했다. 예를 들어 시암(지금의 타이 – 옮긴이)의 국왕이 구입한 포르투갈 상품이 그의 조공 물품에 포함되었을 수도 있다.

조공 사절과 하사품을 교환함으로써 중국 황제는 그들을 통치자로 승인하는 한편 이 관계에서 누가 우월하며, 누가 아래에 있는지를 분명히 했다. 외국의 사절단들은 왕이 직접 온 경우에도 황제에게 절을 했다. 그러나 황제가 절을 하는 법은 절대로 없었다. 그리고 조공에서 교환되는 물품에는 상징적으로 대단히 중요한 의미가 담겨 있었다. 외국인들이 바치는 조공품들은 해당국의 특산물로 이국적이어야 했다. 다시 말하면 실제 사용가치보다는 그것을 소유함으로써 황제의 권위를 드러낼 수 있느냐로 가치가 매겨졌다. 예를 들어 명나라의 황제들은 동물원에 외국의 신기한 동물을 들여놓음으로써 자신이 만인의 군주라는 주장을 뒷받침했다. 반면 서적(특히 유교 경전)과 악기, 비단, 자기, 지폐(1100년대에 처음 등장한 뒤 수 세기 동안 세계에서 유일하게 중국만 발행했다) 등 황제가 내린 하사품은 세련과 문명의 상징이었다. 하사품의 대부분은 조공국의 통치자들이 자신의 신하들에게 다시 하사품으로 줄 수 있었기 때문에 대단히 유용했다. 하사품을 내림으로써 충직한 신하들을 확보할 수 있었고, 자신이 예법의 기준이 되는 중국 조정과 특별한 관계를 갖고 있다는 것을 다른 귀족들에게 환기시켜 통치권을 확고히 할 수 있었기 때문이다.

조공제도의 외양이나 기본 동인은 분명히 이윤의 극대화보다는 문화와 정치, 사회적 지위 등에 대한 관심이었다. 그러나 조공 무역은 교역이 활발하게 이루어질 수 있는 기본 구조를 동시에 제공했다. 청나라가 광둥 지방으로 (설탕 같은 보잘것없는 물품이나 훗날의 영국처럼 아편이 아닌) 쌀을 실어 보낸 '예의 바른 행실'을 한 시암 왕국에 조공 무역을 확대해 주었던 것은 — 이 조치는 시암 왕국이 보낸 쌀의 가치를 보상하고도 남았다 — 일차적으로 정치적 충성에 대한 포상이었다. 그러나 한편으로는 이를 통해 남부 지역의 식량 가격을 낮게 유지할 수 있었다.

그리고 조공 사절단 자체를 뜯어봐도 윤리적 도의와 경제적 이윤 추구가 여러 측면에서 결부돼 있음을 발견하게 된다. 사절단에는 항상 상인들이 동행했는데, 이들은 베이징에 머무는 동안 개인적으로 가져온 교역 물품을 팔았다. 또 황제의 하사품도 곧바로 시장에 유통되곤 했다(실제로 중국 상인들은 황제가 외국인들에게 하사품을 충분히 내리지 않는다고 일부 외국인들과 함께 조정에 불평을 해댄 적도 있다. 중국 상인들은 빨리 현금화할 수 있었던 하사품이야말로 외국인들이 다른 중국 물품을 살 때 쓰는 지불 수단이라는 점을 잘 알고 있었던 것이다). 또 조공 거래는 많은 중국산 물품의 가치를 높이는 역할도 했다. 황제가 직접 하사한 물품과 같은 종류라는 **이유만으로** 상당수 물품이 최고급의 대접을 받았던 것이다.

이런 물품에는 상아 젓가락(손으로 음식을 먹는 나라들에서도 상아 젓가락을 귀하게 여겼다) 같은 물건뿐만 아니라 돈 자체도 포함돼 있었다. 지폐가 너무 많이 발행되었을 때(이런 사례는 실제로 빈번했지만) 이를 하사품으로 받았을 경우 이 돈으로 중국 내에서 물건을 구입하는 것은 남는 장사가 아니었다. 그러나 조공 사절의 본국에서는 중국 지폐가 여전히 높은 명성을 누리고 있었고, 그에 따라 (지폐의 액면가와는 상관없이) 가치 또한 상당했다. 그러면 과연 누군가 황제한테서 받은 지폐를 본국으로 그냥 가져갔다고 해서 그가 실속 없이 지위만 추구했다고 비난하거나, 아니면 영악한 장사꾼처럼 중국에서는 가치가 별로 없었기 때문에 쓰지 않았던 것뿐이라고 말할 수 있을까? 그러면 비단을 가져간 경우는 어땠을까? 분명히 날염(捺染)한 중국 비단은 지금의 달러만큼이나 위조하기 어려운 공인된 가치의 축적물이었다. 이 때문에 비단은 지배 집단의 직물로, 동시에 일종의 화폐로 자리를 잡았다. 실제로 꽤 많은 지역에서 비단으로 (어떤 경우에는 비단으로만) 세금의 일부를 낼 수 있었다(대략 1600년경까지는 중국에서도 비단이 화폐 역할을 했다. 그리고 명나라 황제들은 종종 상당한 양의 비단을 주고 몽골을 비롯한 잠재적인 침략자들로부터 평화를 '사오기도' 했다). 조공제도는 분명히 경제적 이익 추구를 다른 요인들보다 하위에 두었지만, 동시에 광범위한 공동 시장을 창출해냈다. 즉, 화폐를 제공하고 새로운 취향을 만들어냄으로써, 그리고 (유행과 행동의) 기준을 세워 지배 엘리트들이 품위를 떨어뜨리거나 약속 불이행에 따르는 위험 부담 없이도 거래할 수 있는 사람을 한눈에 알아보도록 함으로써 시장을 만들어낸 것이다. 오늘날 이런 기능은 국제통화기금(IMF) 같은 국제기구나 이브 생로랑 같은 유명 패션 디자이너처럼 언뜻 보기에는 아무 관련이 없어 보이는 기구와 사람들이 나눠서 수행하고 있다. 하지만 이런 기능들을 누군가는 항상 수행해왔다는 점만은 분명하다. 이런 기능을 베이징에 집중시켰던 것이 바로 조공제도다. 의식으로서 진행되었지만 분명한 상업 활동이었고, 상업 활동이었지만 의식으로 자리 잡았던 것이 바로 조공이었다.

3 동전이 지폐보다 나았던 시절

이제껏 정부가 돈을 너무 많이 찍어낼 때의 위험을 지적하는 책들은 무수히 많았다. 그러나 몇 세기 동안 정반대의 문제가 더 자주 일어난 때가 있었다. 즉, 정부가 백성들에게 필요한 만큼 충분한 (혹은 제대로 된) 주화를 주조해 주지 못하는 경우가 종종 있었던 것이다. 전근대 경제 중에서 가장 역동적이었던 당대(645~907)와 송대(960~1127)의 경제가 화폐 부족으로 크게 흔들렸을 때, 중국인들은 한편으로는 납이나 도기로 주화를 만들고, 다른 한편으로는 세계 최초의 지폐를 발행하는 혁신을 단행했다. 그리고 놀랍게도 이때 만든 돈 같지도 않은 주화들이 현대적인 느낌을 주는 지폐보다 더 오래 살아남았다. 바로 여기에 복잡한 경제가 필요로 하는 것이 편리한 단일 화폐만은 아니라는 놀라운 교훈이 숨어 있다.

근본적인 문제는 아주 단순했다. '중세'의 중국 경제가 정치 제도나 금속 공급에 비해 너무 빨리 성장하며 상업화하고 있었던 것이다. 중국인들은 수 세기 동안 구리와 청동, 그리고 (아주 드물게) 금으로 만든 주화를 사용했다. 그러나 눈이 빙빙 돌 정도로 경제가 빠르게 바뀌면서 주화 공급량에 비해 너무 많은 거래가 이루어지게 되었다. 11세기에는 정부 화폐 주조소의 연간 주조량이 20배가량 늘어나고, 여기에 다량의 사주전(私鑄錢)까지 가세했지만 그것으로도 충분하지 않았다. 납이나 철이 풍부한 지방에서는 불편하기는 했지만 이들 금속으로 주조한 주화를 사용했으며 큰 거래에는 비단과 차, 그 밖의 사치품들이 '화폐'로 사용되었다. 그리고 이런 실물 '화폐'를 운송하는 비용과 위험을 피하려고 징세관과 원거리 무역업자들은 어음을 발행하기 시작했다. 예를 들어 항저우로 소금을 배달하는 사람이 있다. 그는 대금으로 비단이나 구리를 고향으로 가져가는 것이 아니라 고향에 도착했을 때 비단이나 구리로 교활할 수 있는 종잇조각을 받아가는 것이다. 마침내 중국 조정도 (너무 많은 종류의 화폐 발행에 따른 혼란과 사기, 높은 거래 비용 등을 우려해서) 지폐를 발행하기 시작했다. 중국 정부는 이 지폐를 어떤 물품과도 교환할 수 있게 하는 한편, 상인들에게도 다른 지폐를 발행하는 대신 정부 지폐를 쓰도록 강요했다. 서구에서는 그 비슷한 것도 없었던 1024년경에 이미 중국 조정은 실제로 통용되는 지폐를 발행하기 시작했던 것이다.

여기서 한 걸음만 더 나아갔다면, 즉 액면가가 작은 표준 지폐를 발행해 엄청나게 다양했던 주화들을 대체했더라면 지금 우리에게도 익숙한 것과 같은 통화 제도를 만들 수도 있었을 것이다. 그런데 이런 일은 일어나지 않았다. 왜? 문제는 당시만 해도 '화폐'는 최소한 뚜렷이 구별되는 세 가지 기능을 갖고 있었고, 이 기능들이 종종 충돌을 빚었다는 데 있다. 화폐는 우선 지방에서 수도로 세금을 보내거나, 군대의 식량을 조달하고, 희귀한 사치품을 구입하는 경우처럼 액수가 큰 원거리 거래에서 계정을 청산하는 데 사용했다. 그리고 한창 때의 유럽보다 훨씬 더 시장이 발달했던 중국 사회에서 이루어지는 수백만 건의 일상 거래에서 없어서는 안 될 윤활제, 즉 거래 수단으로도 사용되었다. 마지막으로 (지폐 인쇄와 주조 기술이 한참 못 미쳤던) 동아시아와 동남아시아의 여러 나라들보다 훨씬 뛰어난 기술을 갖고 있던 중국인들이 만든 물건으로서, 외국에서 수요가 많았던 수출품이기도 했다.

지폐는 대규모 국내 교역에 이상적이었기 때문에 다른 모든 종류의 주화보다 훨씬 많이 사용되었다. 반면 고품질의 구리 주화는 (그리고 약간의 금 주화도) 외국인들이 지폐보다 훨씬 쉽게 그 신뢰도를 검사할 수 있고 경우에 따라서는 재주조할 수 있었기 때문에 수출하기에 좋았다. 그 결과 **지역** 유통에서는 지폐를 비롯한 금·구리 주화가 모두 계속 사라지는 경향이 있었다. 특히 (소금 같은) 필수품을 중국 내의 다른 곳에서 들여오는 지역이나, 세금을 내는 데 어려움을 겪던 지역에서는 이런 경향이 더욱 심했다. 이런 지역들은 유동성 위기에 자주 시달렸고, 손에 잡히는 것은 무엇이든 주조하는 것으로 상황에 대처해 나갔다. 사실 이런 지역에서는 납이나 철, 도기 등으로 만든 이상한 화폐들이 제격이었다. 왜냐하면 이렇게 거추장스러운 화폐들은 다른 지역으로 가져가 봤자 별로 이문이 없

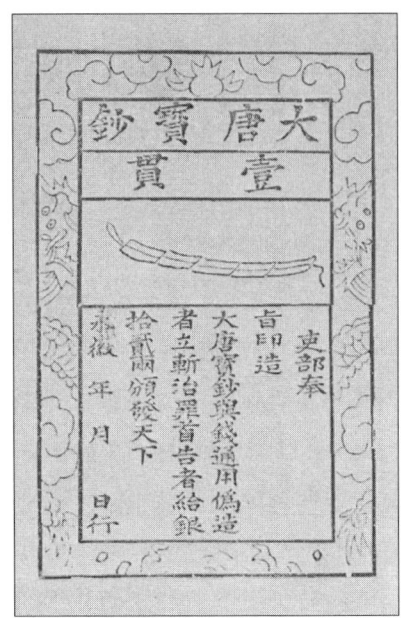 

당나라와 북송 왕조의 지폐의 예

었기 때문이다. 이런 시장에다 물건을 파는 상인으로서는 오히려 현물을 가져가는 편이 훨씬 유리했다. 따라서 이 보잘것없는 화폐들 때문에 가난한 지역에서도 현지 거래망을 돌릴 얼마간의 화폐는 항상 확보할 수 있었다. 더구나 상인들이 현지 화폐 대신 현물을 수입 대금으로 가져갔기 때문에 '수출입' 균형을 맞춰야 하는 지역에서는 이 화폐들이 보이지 않는 수출 보조금의 역할도 했다(소금 같은 필수품을 수출하는 지역에서는 '질이 낮은' 화폐까지는 필요하지 않았기 때문에, 이런 화폐들이 흔하지는 않았던 것으로 보인다). 수많은 개혁가들이 나타나 이런 지방 화폐를 억제하려고 했지만 결국 누구도 성공하지 못했던 것은 결코 우연이 아니었다(사실 성공했더라면 오히려 재난만을 불러왔을 것이다). 대신에 이런 지방 화폐를 좀 더 표준적인 화폐와 제한된 양만 교환해 주는 복잡한 시장이 발달하게 된다. 이 시장은 중국이라는 거대한 상호 의존적 경제의 요구와 가난한 지방들의 '보호주의적' 요구 사이에서 균형을 맞춰 주는 타협점이었다.

그리고 결국에는 지폐가 볼품없는 주화들보다 더 취약한 것으로 드러난다. 아주 넓은 지역에 걸쳐 유통되려면 지폐는 충분한 신용을 확보했어야 했다. 그러나 통화 남발에 따른 인플레이션이 주기적으로 발생해 지폐의 효용성이 크게 떨어졌다. 이는 특정 지역에서 주화를 너무 많이 만들었을 때 지역 화폐들이 입었던 타격보다 훨씬 심각했다. 그리고 원래 대규모 원거리 교역을 위해 만들어졌던 지폐는 정치적 혼란(특히 1300년대 중반 몽골 제국의 붕괴와 동시에 일어났던 일련의 전쟁) 때문에 교역이 방해를 받게 되자 더욱 쓸모가 없어졌다. 몽골 제국의 붕괴 이후 원거리 교역은 점차 회복되어 1500년대에는 절정을 이뤘지만 당시에는 이미 은이 새로운 매개자가 돼 있었다. 은은 처음에는 일본과 베트남, 미얀마 등지에서 유입되었고 이후에는 유례가 없을 정도로 엄청난 양이 신세계로부터 들어왔다. 그 다음 300년 동안 세계 은 생산량의 25~30퍼센트가 중국의 화폐 제조를 위해 수입되었다. 은은 원거리 교역의 표준 화폐로 자리 잡게 되었지만, 기존의 지방 화폐에 합류한 것이지 이들을 대체한 것은 아니었다. 한편 그러는 사이 세계의 다른 지역에서는 중국의 지폐 실험이 실패하지 않았다면 손에 넣어볼 수 없었을 비단이나 도자기를 비롯한 진귀한 물건을 향유하고 있었다.

중국 정부가 지폐를 다시 찍어 내기 시작한 것은 19세기 아편 무역으로 은이 새나가면서부터였다. 그리고 가난한 지역에서도 은과 구리가 다시 귀해지면서 청동과 쇠 따위로 만든 지방 주화가 급격히 늘어났다. 이런 사태는 중국과 교역하던 외국인들에게도 큰 낭패가 아닐 수 없었다. 서구인들은 신뢰할 수 있는 화폐를 발행해 교역을 활성화시키는 것 따위는 조금도 안중에 없었던 중국 정부가 이런 통화 혼란을 묵인했다고 생각했지만 실상은 전혀 달랐다. 그것은 한때 대단히 복잡한 경제의 다양한 층위들을 중개했던, 단일 통화만으로는 도무지 가능하지 않았던 메커니즘이 다시 부활한 것이기 때문이다.

4 아시아가 곧 세계 경제였을 때

콜럼버스가 아메리카 대륙을 우연히 '발견'했을 때 그가 찾고 있던 것이 사실은 인도였다는 것은 초등학생도 알고 있는 일이다. 그러나 포르투갈 사람들은 1490년대에 실제로 뱃길을 통해 진짜 인도에 도착했다. 포르투갈인들은 스페인이 신세계에서 그랬던 것과는 다르게 자신들이 도착한 세계를 완전히 제압하지는 않았지만, 인도양을 중심으로 펼쳐져 있던 거대한 상업망의 약화를 촉진시켰다.

아시아 중심의 세계 경제는 7세기에 이슬람교가 등장하면서 꼴을 갖춰 가기 시작했다. 아랍의 첫 이슬람 개종자들은 서쪽으로는 비잔틴 제국(특히 이집트와 시리아)을, 동쪽으로는 사산 왕조가 지배하던 지역(이란과 이라크)의 대부분을 점령했다. 하지만 경제적으로는 몇 가지 원칙만을 강요했을 뿐이다. 이에 따라 개종자든 비개종자(주로 유대인과 기독교인)든 카이로를 비롯한 다마스쿠스, 바그다드, 타슈켄트 등지의 상인들은 예전과 다름없이 장사를 계속할 수 있었다. 이슬람의 정복은 칼리프라는 단일 권력의 보호 아래, 로마 제국의 몰락 이후 관계가 끊어졌던 지중해와 인도양의 두 세계를 안전하게 항해할 수 있게 되었다는 것을 의미했다.

이후 이슬람이 스페인, 소말리아, 서아프리카, 자바로 정복지를 넓혀 가면서 인도를 비롯한 다른 상인들의 네트워크가 옛 비잔틴 제국 및 근동 지역의 상인 네트워크에 결합되었다. 그 결과 상업 활동이 폭발적으로 늘어났다. 이 거대한 제국의 경계에서 교역상들은 훨씬 더 큰 세계와 거래를 하게 된 것이다. 교역상들은 광둥성과 말레이시아에서 중국 도자기와 비단을 구입했다.

유럽인들은 홍해와 지중해를 거쳐 인도네시아산 향신료를 운반했다. 그리고 동유럽과 터키, 사하라 이남 아프리카에서는 금(주로 주화를 만들기 위해), 철, 목재, 흑인 및 백인노예 같은 주요 수입품이 들어왔다.

교역이 이렇게 급속히 팽창한 데는 칼리프에 의한 통합, 특히 화폐의 통합이 제한적이었던 점이 결정적인 역할을 했다. 그리고 도시 지배 계층이 이국적인 물건들을 끝없이 사들였던 것도 중요한 요인이 되었다. 그러나 아무래도 이슬람의 지배가 느슨했다는 점이 더욱 중요했다. 공물을 제대로 바치기만 하면 각 지역의 통치자들은 원하는 것은 거의 다 할 수 있었다. 대부분의 이슬람 통치자들은 종교에 따른 차별 없이 상인들이 항구에서 항구로 자유롭게 여행할 수 있게 허용했다. 전쟁이 자주 일어났지만 보통은 육지에만 국한되었기 때문에 바다는 항상 개방돼 있었다. 교역업자들은 한 항구에서 문제가 생기면 간단하게 다른 항구로 옮겨 다녔다. 해적 행위도 흔히 있었지만 통제할 수 없을 정도는 아니었다. 보통 같은 민족이나 종교를 중심으로 형성되었던 상인 단체들은 구성원이 바다에서 납치되었을 때 몸값을 치르기 위한 예비 자금을 비축해 놓고 있었다. 상인들의 납치가 하도 자주 일어나다 보니 1200년대에는 지중해 연안 전체에 걸쳐 표준 몸값이 정해져 있을 정도였다.

이 국제주의적인 세계 안에서 상업은 아주 넓은 지역으로 확대되었다. 수 세기가 지난 후 카이로의 유대교 회당에서 발견된 한 유대인 상인 집단의 편지에는 인도와 이란, 튀니지, 이집트 등지에 지사를 두었던 한 가족 기업이 언급되어 있다. 그리고 상업과 함께 복잡한 국제 노동 분업도 발달했다. 십자군과 싸웠던 병사들은 캅카스 지역에서 만든 사슬 갑옷을 입고, 지금의 탄자니아에서 채굴해 인도에서 제련한 철로 만든 강철 검으로 무장하고 있었다. 사치품뿐만 아니라 밀가루, 땔나무처럼 부피가 큰 필수품도 엄청나게 먼 지역 사이에 거래되었다. 이 같은 교역의 활성화는 새로운 지식과 물품의 확산에도 유리하게 작용했다. 동아시아에서 인도와 메소포타미아 일부 지역으로 천천히 퍼져나가 있던 쌀 재배는 이제 이집트와 모로코, 스페인 남부까지 전해졌다. 사탕수수는 아프리카에서 시작해 지중해까지 보급되었다. 면화의 경우 이미 600년대에 인도에서 이라크에 전래되었고, 여기서 다시 교역로를 따라 시리아와 키프로스, 시칠리아, 튀니지, 모로코, 스페인 등지까지 퍼졌으며, 마침내 나일강 유역에까지 다다랐다. 그리고 그리스의 의술은 이슬람의 교역로를 통해, 완전히 그것을 잊고 있었던 유럽으로 다시 돌아갈 수 있었다.

그러나 포르투갈인들이 도착했을 무렵, 이 체제는 이미 탈이 나 있었다. 노예들의 반란이 이어지는 가운데 농촌은 무거운 세금에 짓눌려 있었고, 도시는 빈민 문제를 안고 있었으며, 외부의 침공이 잇따랐고, 여기에 환경 문제까지 겹치는 바람에 경제는 위축되고 분열된 상태였다. 하지만 교역량은 여전히 엄청났으며 교역의 기본 원칙들도 여전히 유지되고 있었다. 포르투갈 정부는 바다는 누구에게도 속하지 않는다는, 그 지역 전체가 공유하고 있던 원칙을 처음으로 깼으며, 교역의 방향을 바꾸려고 역시 처음으로 무력을 사용했다. 아시아의 바다로 항해해 들어온 지 20년이 채 되기도 전에 포르투갈인들은 서쪽으로 가는 주요 교역로들을 막을 수 있는 세 지점 중 두 곳에 요새를 건설했다. 한 곳은 인도양과 태평양을 잇는 해협에 면해 있는 말라카였고, 다른 한 곳은 페르시아만의 입구에 있는 호르무즈였다(그들은 홍해 어귀의 아덴을 점령하는 데는 실패했지만, 1년에 한 번씩 찾아오는 항해철에 이곳을 봉쇄하는 데는 성공했다). 그들은 또 많은 요새를 지었는데 대부분 인도에 있었다. 포르투갈인들은 후추 교역의 독점권뿐만 아니라 카흐타즈(cartaz), 즉 자신들의 통행 허가를 받지 않고 이

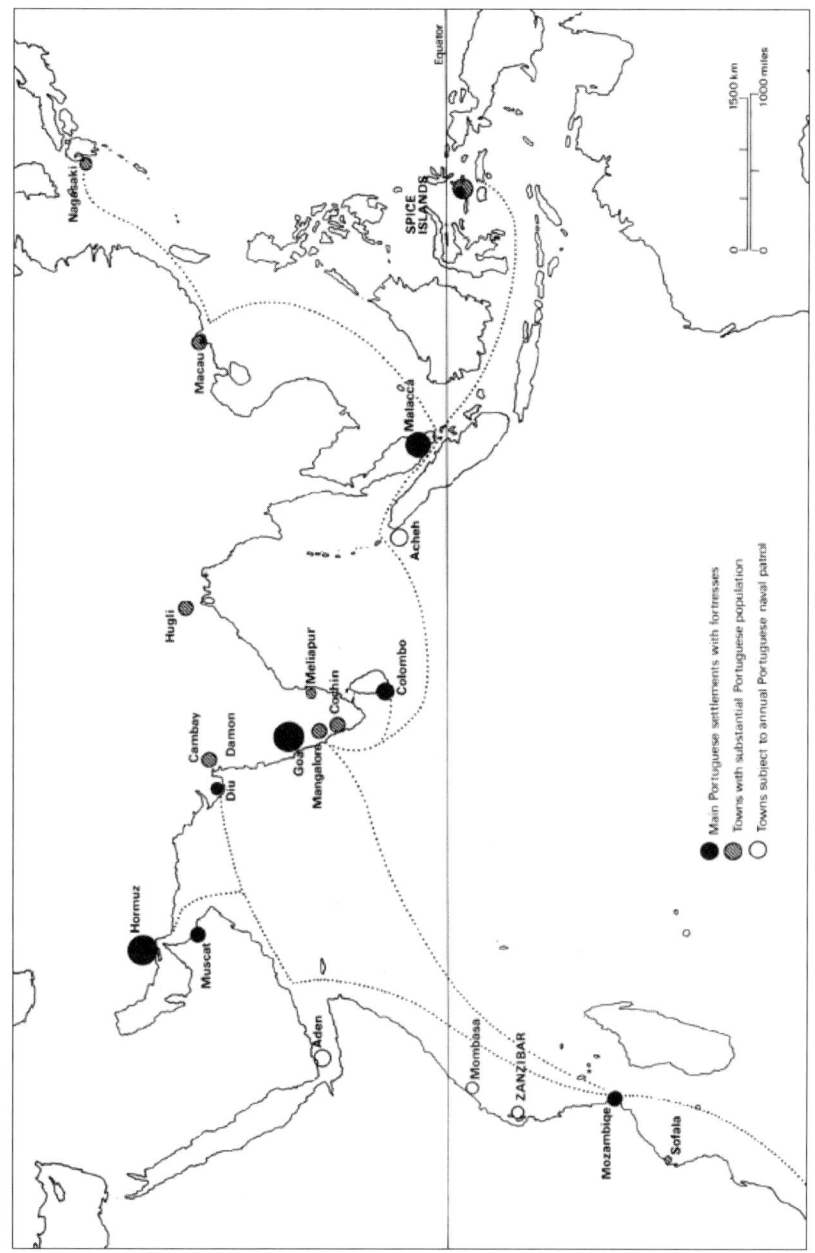

인도양의 포르투갈 제국 지도, 1580
출처: 〈인도양의 교역과 문명: 경제사〉, 케임브리지 대학 출판부, 1985, 키르티 N. 차우두리 각색

지역을 통과하는 경우 어떤 배에든지 승선해 화물을 압수하거나, 경우에 따라서는 배를 격침시킬 권리를 갖고 있다고 주장했다. 카흐타즈는 비싸지는 않았지만, 특정 물품은 거래하지 않으며 포르투갈이 정한 항구에도 기항하지 않는다는 데 동의해야만 구입할 수 있었다.

그러나 이런 주장은 포르투갈의 실제 능력을 훨씬 뛰어넘는 '허풍'이었다. 포르투갈이 세운 정착지들은 자급자족할 수 없었기 때문에 항상 취약했다. 사실 대부분의 포르투갈 정착지들이 살아남을 수 있었던 것은 그 정착지들이 주요 육상 세력을 위협하기에는 너무 약했기 때문이었다. 따라서 정착지 주변의 왕국들은 카흐타즈와 해상의 안전을 얻는 대가로 포르투갈인들에게 식량을 대줬던 것이다. 그리고 포르투갈 함선들이 포르투갈의 독점권을 침해하다 나포된 배를 침몰시키거나, 항구를 포격하고, 곡물에 불을 지르는 식으로 난폭하게 굴었다고는 해도 인도양을 진짜로 지배하지는 못했다.

1500년대 중반에 드디어 반격이 시작되었다. 아체(Acheh)의 술탄이 육상과 해상에서 공격을 주도했다. 그는 인도 상인들의 도움으로 1540년대에 홍해 교역로를 다시 열었으며, 1500년대 말에는 (터키의 도움을 받아) 말라카를 몇 번이고 포위했다. 그러나 오래지 않아 포르투갈보다 더 강력한 유럽인들이 등장했다. 바로 네덜란드인과 영국인들이었다. 1600년대 초에 이르러 포르투갈의 아시아 제국은 회복할 수 없을 정도로 쇠약해져 있었다. 그러나 중상주의와 교역 전쟁의 시대, 그리고 유럽이 주도하는 세계 경제의 시대는 이제 막 시작되고 있었다.

5 '허풍선이' 마르코 폴로

유럽이 아시아에서 무언가를 수입하기 시작한 것은 최소한 고대 그리스 시대까지 거슬러 올라간다. 로마 윤리학자들의 저술 중에 귀족들이 중국 비단으로 옷을 해 입으려고 귀중한 금과 은을 '낭비'하는 것을 통렬하게 비판하는 대목이 자주 눈에 띄는 것으로도 이를 쉽게 확인할 수 있다. 오늘날 대부분의 사람들은 1500년 이전의 동서 교역하면 다른 무엇보다도 마르코 폴로(Marco Polo, 1254~1324)라는 이름을 먼저 떠올리게 된다. 베네치아 출신의 상인이었던 마르코 폴로는 무려 25년을 중국과 아시아의 다른 지역에서 보냈다. 그러나 동시대인들은 마르코 폴로를 선구자라기보다는 약간 '맛이 간' 사람으로 보았다. 마르코 폴로와 그의 아버지, 숙부가 막대한 이문을 남겨 귀국했기 때문에 아시아에서 장사를 제대로 한 것만은 틀림없었다. 하지만 마르코 폴로의 이야기는 너무 많은 부분에서 당시 유럽인들이 생각하고 있었던 것과는 달랐기 때문에 쉽게 믿어지지 않았다.

오늘날 마르코 폴로의 여행기인 『동방견문록』은 지금까지 나온 국제 교역에 관한 기술 중 가장 많이 알려져 있다. 『동방견문록』은 수백 권이 책으로 나왔고, 영화로도 많이 제작되었다. 최근에 『동방견문록』에 대한 연구들을 정리한 목록이 발표되었는데 분량이 354페이지가 넘을 정도다. 마르코 폴로가 중국과 페르시아, 수마트라에 관해 당시의 독자들에게 들려줬던 이야기들은 대부분 사실로 밝혀졌다(일본과 자바 등지에 대해 기술한 부분은 신뢰성이 떨어지는데, 그것은 그가 풍문에 의지했기 때문이다). 그러나 『동방견문록』은 아주 오랫동안 중세판 포도르* 여행 가이드북 정도도

---

* 유진 포도르(Eugene Fodor, 1902~1991): 헝가리 태생의 미국 여행 작가로 대중적인 여행 가이드북 시리즈를 만들었다. - 옮긴이(이하 각주는 모두 옮긴이 주)

예술적으로 묘사한 마르코 폴로의 모습

되지 못하는 환상문학으로 취급 받았다.

마르코 폴로는 제노바가 베네치아와 해상 교역 지배권을 놓고 거의 1세기에 걸쳐 전쟁을 벌이는 와중에 제노바에 포로로 잡혀 있으면서 '감방 동료'들에게 자신의 여행담을 들려주었다. 그의 이야기를 글로 옮겨『동방견문록』으로 펴낸 것은 그의 감방 동료 중 하나였던 모험소설 작가였다. 그로부터 족히 200년 동안『동방견문록』은 보통 모험소설로 분류되었다. 마르코 폴로가 세상을 떠난 직후 베네치아에는 '허풍선이 마르코'(Marco of the Millions: 마르코 폴로의 별명이기도 하다)*라는 광대가 축제 주인공으로 등장하기도 했는데, 그의 역할은 말도 안 되는 이야기들로 군중을 웃기는 것이었다. 그리고 '마르코 폴로의 이야기'라는 말은 영어에서 거짓말을 가리키는 관용어로 굳어질 정도였다.『동방견문록』은 푸

---

*『동방견문록』의 원제는 'Divisament dou Monde'로 '세계에 관한 이야기'라는 뜻이다. 하지만 당시 이탈리아에서는 '100만 가지 이야기'라는 뜻의 'Il Milione'라는 이름으로 더 많이 알려졌다. 'Il Milione'는 마르코 폴로의 별명이기도 했는데, 그가 몽골 제국에서 보았던 엄청나게 많은 물건과 사건들에 대한 이야기를 담았다고 해서 붙여진 이름으로 추정된다. 이 별명에는 그가 터무니없는 이야기를 하고 있다는 빈정거림도 담겨 있다. 일반적으로 그의 별명을 '백만'이라고 번역하고 있지만 '허풍선이'가 원래의 뉘앙스를 제대로 전달한다고 하겠다.

대접을 받았지만, 한 번도 유럽 밖으로 나가본 적이 없는 14세기의 학자 존 맨더빌(John Mandeville)이 쓴 '여행일기'는 오히려 『동방견문록』보다 훨씬 더 많이 인쇄되었고, 심지어는 콜럼버스와 마젤란이 세상을 떠나고 한참 뒤까지도 마르코 폴로보다는 맨더빌의 이야기를 믿는 사람들이 더 많았다. 맨더빌은 (마르코 폴로를 포함한) 수많은 여행자들의 이야기 가운데 정확한 것들을 신중하게 골라 책으로 묶었다. 하지만 그의 책에는 키가 24미터나 되는 식인종이나 사람을 위해 금을 캐는 거대한 개미들 따위의, 사람들이 잘 알고 있던 터무니없는 이야기들도 상당수 포함돼 있었다.

그렇다면 왜 당시의 유럽 사람들은 폴로의 이야기를 믿지 않았을까? 마르코 폴로의 동시대인들이 믿지 않으려 했던 얘기들은 대부분 오히려 한참 앞 시대의 유럽인들이 알고 있었던 것이라는 점에서 이 질문은 엉뚱하기까지 하다. 유럽은 여러 세기 동안 동아시아와 교역을 해 왔지만 실은 항상 중개자를 통한 것이었고, 정치 상황이 계속 바뀌면서 유럽인들의 역할은 갈수록 주변부로 밀려났다. 동로마 제국이 무너지고 아랍과 페르시아가 패권을 잡으면서 중앙아시아를 가로질러 운반하던 비단과 향신료의 양은 줄어들었다. 대신 이들 상품은 해로와 육로를 통해 이집트의 알렉산드리아로 수송되었다. 10세기 이후에는 베네치아가 알렉산드리아에서 유럽으로 가는 향신료의 수송을 줄곧 독점했다. 따라서 다른 유럽인들이 알렉산드리아를 대체할 다른 경유지를 개발할 경우 베네치아로서는 조금도 이득이 될 것이 없었다(아랍인 교역상들과 친밀한 관계를 유지한 덕분에 십자군 전쟁 때도 베네치아인들은 일종의 예외를 적용받아 교역을 계속할 수 있었다. 베네치아인들이 급기야 '알라신과 무하마드의 이름으로' 이집트인들과 계약을 맺기 시작할 정도로 막 나가자 교황이 개입했다. 하지만 교황의 개입 때문에 이런 종류의 계약 체결을 중지한 베네치아인은 거의 없었다. 대신 대부분의 상인들은 임종에 앞서 자신들이 남긴 이익을 교회에 헌납하는 것으로 '죄를 회개' 했다). 기존의 북쪽 교역로가 다시 열린 것은 중앙아시아에서 몽골의 힘이 강력해지면서였다. 마르코 폴로를 비롯한 다른 유럽인들은 이 교역로를 통해 중앙아시아에 비로소 발을 디딜 수 있었고, 최초로 중국과 접촉할 수 있었다.

물론 고대 로마인들은 지금의 아르메니아에 있던 바쿠 유전 따위의, 마르코 폴로가 묘사한 신기한 산물 중 상당수를 실제로 사용했었다. 그러나 석유를 이용한 난방은 로마 제국과 함께 잊혔고 1700년대까지는 지중해 지방에서 다시 등장하지 않았다(그리고 석유를 이용해 만든 폭탄도 전쟁에 사용됐었는데 너무 잔인하다는 이유로 1139년 이후에는 사용이 금지되었다. 이후 우리가 살았던 20세기에 네이팜탄이 등장하기 전까지 이 금지 조치는 대체로 잘 지켜져 왔다). 그러나 마르코 폴로의 시대에는 석유에 대해 알고 있는 사람이 거의 없었다. 이 때문에 태워서 열을 얻을 수 있는 검은 돌(석탄) 따위에 관한 마르코 폴로의 기술은 대부분의 사람들에게 도저히 받아들여질 수 없는 이야기였다. 그러나 사람들이 가장 의심스러워했던 대목은 당시 몽골 제국의 중심부였던 중국에 관한 이야기였다.

칭기즈 칸의 군대가 1222년 (본국에서 왕위 계승권 문제가 생겨) 철군하기 전에 폴란드와 헝가리까지 정복한 적이 있기 때문에 유럽인들은 몽골의 군사력에 대해 확실하게 알고 있었다. 유럽의 상인과 선교사들도 인도와 페르시아, 중앙아시아의 상당 부분을 지배하고 있던 한국(汗國)의 통치자들을 만난 적이 있다. 그리고 대량 학살이 벌어진 몽골의 초기 원정 이후 아시아 대부분의 지역은 몽골 지배 아래서 상대적으로 평화롭게 살고 있었기 때문에 마르코 폴로를 비롯한 유럽의 상인들은 육로 교역을 부활시킬 수 있었다. 그러나 대부분의 유럽인들에게 부와 경이로움으로 가득 찬 동쪽의 땅이라고 하면 그것은 인도를 의미했다. 그들은 마르코 폴로가 중국의 풍부한 물자와 세련됨에 관해 이야기했을 때 그것을 받아들일 준비가 되어 있지 않았던 것이다. 인구가 200만 명이 넘는 도시(지금의 항저우), 천 마일이나 되는 운하, 종이돈을 사용하는 경제 등은 (마르코 폴로가 여행 중일 때에야 비로소 첫 화폐 주조소를 건설했던) 베네치아인들에게는 너무나 엄청난 이야기였다.

마르코 폴로의 이야기 중에서 유럽인들을 가장 당혹스럽게 했던 것은 기독교라는 윤리적 기반이 없는데도 중국이 유럽보다 훨씬 안전하고 상거래에서도 정직하다는 대목이었다. 유럽인들은 아주 오랫동안 극동에는 부유한 지상 낙원이 있고, 이 왕국은 세계 여러 곳을 편력하던 프레스터 존(Prester John)이라는 기독교도가 세웠다고 믿고 있었다. 하지만 마르코 폴로가 얘기한 중국처럼 훌륭한 비기독교 왕국의 존재를 인정하는 것은 또 다른 얘기였다(프레스터 존의 전설은 마르코 폴로를 비롯한 다른 유럽인들에 의해 가짜라는 것이 드러난 뒤에도 끈질기게 살아남았다. 유럽인들은 아직 발견되지 않은 아프리카의 어딘가에 이 유토피아가 있다고 믿기 시작했던 것이다).

어쨌든 마르코 폴로를 믿고 중국까지 갔던 일단의 상인들과 선교사들은 (인도와는 달리) 무슬림들과 거의 경쟁을 하지 않아도 되는 경기장을 만나게 된다. 그러나 마르코 폴로가 묘사했던 기회들은 그리 오래가지 않았다. 마르코 폴로가 죽은 지 채 한 세대도 지나기 전에 몽골 제국은 으르렁거리며 전쟁을 일삼는 몇 개의 국가로 분열되었고, 중앙아시아를 가로지르던 교역로는 다시 위험해졌다. 그리고 그가 유라시아를 통과하는 길에 보았던 거대한 도시들도 가뭇없이 사라져 버렸다. 한편 중국에서는 명 왕조가 새로운 질서를 세워가고 있었다. 하지만 새 질서에서는 몽골 제국의 국제주의적 기운을 찾아보기 힘들었다. 그들 자신이 국외자, 즉 '화외(化外)'의 사람들이었던 몽골인들은 다른 비중국인들과 교제하는 것을 매우 즐겼다. 이 때문에 마르코 폴로는 아시아에 머무는 동안 관직에 올라 쿠빌라이 칸을 섬기기도 했던 것이다. 그러나 명나라는 외국인 관료가 전혀 필요 없었고, 오래지 않아 모든 종류의 대외 접촉을 금하는 조치를 취하기 시작했다.

유럽인들의 무지와 아시아의 정치적 격변 사이에서 태어난 마르코 폴로의 『동방견문록』은 어쩌면 비즈니스 가이드보다는 기서(奇書)로 남을 운명이었는지도 모른다. 그와 같은 시대를 살았던 베네치아인들은 심지어 그가 귀국하는 길에 들른 수마트라에서 보낸 편지들도 무시해 버렸다. 그는 편지에서 바로 수마트라가 유럽인들이 그토록 탐내던 후추 같은 향신료가 나는 곳이며, 이곳에서는 베네치아인들이 알렉산드리아에서 사오던 가격의 몇 분의 일도 안 되는 싼값에 향신료를 살 수 있다고 적고 있다.

정작 마르코 폴로의 귀띔을 제대로 이용한 것은 베네치아의 경쟁자들이었다. 마르코 폴로의 정보를 이용해 지도를 처음 제작한 곳은 카탈루냐였고, 훗날 '항해왕'으로 알려진 포르투갈의 엔리케 왕자는 『동방견문록』을 핥듯이 읽어댔다. 지금도 스페인의 세비야에는 한 제노바인이 여백에 이것저것을 가득 적어놓은 『동방견문록』 한 권이 보관되어 있는데, 이 제노바인의 이름은 크리스토퍼 콜럼버스다.

6 자갈더미 속 진주, 취안저우(泉州)의 황금시대

오랜 역사 동안 중국의 수도는 대부분 북쪽에 있었다. 북쪽에 위치한 수도는 타지역에서 들어오는 사치품들이 거래되는 거대한 시장이자 중국 밖에서 원하는 상품들을 구할 수 있는 장소로서 상인들에게 매력적인 곳이었다. 그러나 중국 북부에는 교역에 적합한 자연 항(자연적 입지 조건에 기반한 항구)이 거의 없었다. 설령 있다고 해도 광대한 평야가 수도로 가는 길을 가로막고 있었으며, 그 평야는 걸핏하면 진흙탕이 되어 통행이 어려워졌다. 이러한 이유로 중국의 대규모 해양 항구는 남쪽 멀리, 양쯔강이 바다와 만나는 상하이 인근부터 주강이 바다와 만나는 광저우 인근 사이의 접근성 좋은 해안에서 발달했다(대규모 내륙항은 주요 지류가 양쯔강과 만나서 대운하를 따라 흐르는 곳에서 발달했는데, 대운하는 서기 600년경부터 양쯔강과 수도 지역을 이어주었다). 지속적으로 수익을 낼 수 있는 지형적 특성 탓에 주강과 양쯔강의 삼각주에는 언제나 큰 항구 도시들이 있었다. 그 항구 도시들 가운데 광저우는 지난 1300년 동안 주요 국제 교역항 구실을 할 때가 많았다.

그러나 양쯔강과 주강 사이 수백만 마일에 걸친 해안의 그 어떤 곳도 다른 곳에 비하여 결정적인 자연적 이점이 있는 곳은 없었다. 따라서 여러 항구가 정치적, 사회적, 문화적인 이유로 융성하거나 쇠퇴했다. 푸젠성 해안에는 취안저우보다 더 다채로운 역사를 가진 곳이 별로 없다. 오늘날 푸젠의 3대 도시 가운데 한 곳인 취안저우는 대략 1000년~1400년까지 세계에서 제일 큰 항구 중 하나였다. 1345년에 이곳에 왔던 아랍인 여행자 이븐 바투타(Ibn Battuta)는 당시 자이톤(Zayton)이라고도 불렸던 취안저우를 "세계에서 가장 큰 항구 도시"로 꼽았다. 1292년에 취안저우를 떠난 마르코 폴로(이 장 5절 참조)는 이곳을 알렉산드리아와 더불어 세계에서 제일 큰 항구 중 하나라고 하며, "전부 언급하기 불가능할 정도로 많은 상인이 모여들었고 그곳에 쌓여 있는 상품 또한 어마어마했다"라고 말했다. 그러나 이 유명한 두 여행자가 이곳을 방문한 시기는 이 항구의 황금기였던 1100년대보다 한참 뒤였다. 취안저우의 전성기는 이슬람교도, 힌두교도, 소승불교도와 대승불교도, 기독교도와 네스토리우스교도, 유대교도와 파르시교도의 상인들이 항구에 들어오곤 했다. 취안저우에서는 지금도 시바와 비슈누의 이미지와 페르시아 만에서 온 상인이 기부한 12세기 이슬람 묘지 유적, (중국의 문헌들에서 석조 죽순이라고 품위 있게 바꿔 지칭한) 10~11세기의 힌두교 남근석을 쉽게 발견할 수 있다. 타밀어와 중국어로 된 종교 비문도 눈에 띈다. 가르침은 힌두의 것이지만, (두 개의 언어로 된 문구의 상대적 품질로 판단하건대) 조각가는 분명 중국인이었기 때문일 것이다(힌두교는 인도의 다른 수출품인 불교의 몇 분의 1로도 중국에서 인기를 끌지 못했지만, 그럼에도 불구하고 중국 문화에 흔적을 남겼다).

당나라 시대(645~908년)의 최대 항구는 광저우였다. 반면 푸젠성 해안은 이 시기에 대체로 미개발 상태였다. 8세기에 이 지역을 지난 바 있는 시인 한유(韓愈)는 푸젠성 해안을 안개와 말라리아, 악어로 뒤덮인 황량한 땅으로 묘사했다. 그러나 중국 인구의 대다수가 여전히 북쪽에 분포해 있었기 때문에 이곳은 북쪽으로 물품을 운송하기에 광저우보다 실질적으로 유리했다. 특히 당나라 후기에 정치적으로 불안한 상황이 계속되면서 푸젠성의 필요성은 더욱 부각되었다. 취안저우는 당대와 송대 북송 시기 (960~1127년, 이후 1127~1279년까지 남송 시기가 이어진다) 사이의 어수선했던 몇 년 동안 크게 번성했다. 취안저우는 이 북송 시기 동안 상대적으로 안정돼 있었던 지역 제후국의 보호를 받았다. 송 왕조는 정권을 장악한 후에 취안저우에서 이뤄지는 교역을 감독할 기관을 만드는 일에 소홀했고, 그 결과 취안저우에서의 교역은 불법이 되었다. 이는 중앙 정부가 대외 교역이 합법인 곳에 부과한 15퍼센트의 세금을 취안저우에는 부과하지 않았다는 것을 의미한다. 1087년, 마침내 조정이 취안저우를 공식 항구로 인정하자, 취안저우는 송나라에서뿐만 아니라 세계에서도 가장 분주한 곳이 되었다. 진주와 향, 면직물, 후추, 희귀 목재, 선박용품 그리고 (해삼과 제비집 같은) 이국적인 음식과 의약품이 아라비아에서 보르네오에 이르는 다양한 곳에서 취안저우로 들어왔다. 대신 도자기와 비단, 주화 그리고 기타 금속 제품들이 취안저우에서 흘러나갔다. 인도양에서 남중국해로 (또는 그 반대의 경우도) 가는 교역은 워낙 규모가 커서 말레이반도를 가로지르는 다수의 운하를 그냥 건너가 버리는 것이 정당화될 정도였다. 어쨌든 그 결과 신속하게 운송한 상품을 특정 항구에 내릴 수 있었고, 여러 왕국의 재정 기반을 마련해 줄 수 있었으며, 숫자는 분명치 않지만 해적의 은신처들이 존속될 수 있었다. 취안저우를 떠나 스리랑카와 인도, 동아프리카까지 갔던 중국인 여행가 왕다유안은 1330년경 방문했던, 말레이인과 중국인이 공유한 그러한 은신처 중의 하나를 가리켜 싱가포르의 가장 오래전 모습이라고 말했다.

이러한 대규모 교역 덕분에 많은 사람이 부자가 되었다. 그 가운데 상당수가 외국인이었지만, 외국 국적은 부와 권력을 얻는 데 아무런 장애가 되지 않았다. 어느 곳 출신이든 부유한 상인들은 저마다 아들 중 일부에게 중국 고전을 가르쳐, 시험을 치르고 관직에 오르게 했다. 이런 이들이 최고 수준의 시험에 합격하는 숫자로 보면, 취안저우는 대략 300개의 현 가운데 6위를 차지했다. 이론상으로는 송나라 최고위 계급은 사대부였고 상인은 최하위 계급이었지만, 사실 부유한 상인들은 사대부 집안과 자유롭게 어울렸고 사돈 관계를 맺기도 했다. 가장 성공적인 혈통은 두 직업 간의 결합(반드시 같은 세대일 필요는 없었다)으로 만들어졌다. 또한 송나라 궁중에서는 교역 사절단을 후원하고 민간 상인들을 엄선하여 지원하기 시작했다. 그리하여 취안저우 출신이면서 상인들과 관계가 있는 많은 관리들이 상인들의 집안과 도시 전체를 보살피기에 이르렀다. 한편 취안저우의 상인들은 새로운 성벽을 비롯해 많은 절과 회교 사원, 교회 그리고 기타 도시 공공사업도 도왔다. 그들은 또한 푸젠 남부의 제한된 농업 잠재력을 최대로 활용하기 위한 계단식 경작지 조성에도 자금을 지원했다.

그럼에도 불구하고 정치와 안전에 관한 문제는 여전히 반복해서 발생했다. 취안저우의 쇠퇴는 여진족의 침략으로 중국 북부에서 쫓겨난 한 왕족이 이곳에 정착하여 호화로운 지원을 요구하면서 시작된 것으로 보인다. 그러나 결과적으로 보면 이 문제는 일시적인 선에서 끝을 맺었지만 해적들의 위협은 끊임없이 계속됐다. 이 무렵 선박들은 수많은 산호초와 섬들을 피해서 해안을 항해하기 위해 취안저우를 지날 수밖에 없었는데, 바위가 많은 해안에는 해적들이 쉽게 숨을 수 있는 작은 만이 여럿이었다. '정크(사각형 돛을 단, 바닥이 평평한 중국 배)'라고 불리는 외항선 상인들의 배는 비용을 최대로 줄이고 사고 시 피해를 최소화하기 좋게 설계되었지만 느리고 기동성도 떨어지는 탓에 해적들의 먹잇감이 되기 쉬웠다. 송나라 정부는 (몽골인들을 포함하여) 유목민의 거듭되는 침략을 격퇴하기 바빠서 거의 도움을 주지 못했다. 정부는 국고 수입의 80퍼센트 이상을 군대에 썼지만, 그 대부분은 해적이 아닌 내륙의 침입자들과 싸우도록 북부 국경 지역에 배치한 백만여 병력의 군대에만 들어갔다. 사정이 이렇다 보니 스스로 무장하는 상인이 있는가 하면 비용이라도 예측할 셈으로 해적과 거래를 시도하는 상인도 있었다. 그러나 그 누구도 이 문제를 완전히 해결하지는 못했다.

상인들은 안보 문제도 점차 떠맡게 되면서 강력한 군대를 조직하고 유지비용을 댔다. 여기서는 페르시아 상인들이 특히 적극적이었던 것 같다. 가장 큰 용병 부대는 '이시파(yisipa)'로 불렸는데, 페르시아어의 단어를 차용한 듯한 이 말은 오랜 시간이 지난 뒤 인도에 간 영국인들에 의해 '세포이(sepoy)'로 사용됐다. 군인들은 물론 그들의 급여 수령자들이 모두 외국 태생인 경우가 많았다는 사실은 이들이 안보를 담당하는 한, 한동안 취안저우의 주민들이나 외국인 혐오증이 있는 송나라 궁정까지도 그들을 신경 쓰지 않았다는 사실을 뒷받침한다. 실제로 포수경(蒲壽庚)은 가족과 함께 참파(오늘날의 베트남 남부)에서 취안저우로 온 아랍계 중국인 무슬림이었다. 그는 (그의 선조들 몇이 그랬던 것처럼) 해적을 소탕한 공로로 조정의 훈장을 받았다. 그의 사설 군대(해병)는 수도(지금의 항저우)가 몽골족에 함락되자 1276년에 송나라를 취안저우로 옮기며 남송 궁정을 구했다. 그러나 포수경은 실용적인 사람이었고, 송나라의 잔재들은 절망에 빠져 비이성적으로 행동하는 탓에 그들의 동맹국까지도 멀어지게 만들고 있었다. 불과 몇 달 뒤, 포수경은 송나라에 등을 돌렸다. 그는 대략 3,000명에 달하는 황실의 친인척을 대학살 하는 한편, 취안저우를 평화적으로 이양하고자 준비했다.

이제 두 번째 왕조에 의해 보상을 받은 포수경은 1296년 사망할 때까지 푸젠성에서 높은 직위를 역임했다. 그의 아들과 손자도 마찬가지였다. 그의 딸 한 명은 바레인 원주민과 결혼했는데, 그는 (셰익스피어가 "아라비아의 향수"라고 지칭했던) 향긋한 중동 향을 80척의 상선에 실어 중국으로 운반하는 일에 깊이 관여한 사람이었다(포수경 자신은 400척이 넘는 배를 가지고 있었던 것 같다). 확실히 중국 내 외국인들에게 혐오감이 전혀 없었던 몽골인들은 취안저우에서의 무역을 장려했다. 몽골족의 통치 아래 취안저우는 (비록 첫 번째에는 못 미쳤지만) 두 번째로 상업 전성기를 누렸다. 마르코 폴로와 이븐 바투타는 여기서 강한 인상을 받았다. 인도양과 그 너머까지 가는 가장 수익성 좋고 거리가 먼 경로 중 일부는 몽골 왕자와의 후원 관계에 갇혀 있었고, 반(反)중국 성향으로 크게 기운 상인협회 차지였다. 그런 와중에 중국의 상인들은 근신의 자세를 유지하는 듯했지만, 여전히 동남아시아와의 무역에서 큰 수익을 내고 있었다.

1300년대는 유라시아 대부분에 걸쳐 격동의 시기가 이어졌다. 부분적으로는 기후가 더 추워지고 계절풍이 더 약해진 탓도 있었다. 취안저우도 예외는 아니었다. 몽골의 통치는 점점 더 불안정해지고, 반란이 시골 지역을 뒤흔들었으며, 쪼들린 정부가 끊임없이 종이 화폐를 찍어내 극심한 인플레이션을 촉발했다. 무역도 대개는 축소되었다. 시원찮게 유지되던 제방이 무너져 홍수를 일으켰다. 그리고 1345년, 머지않아 유럽과 중동을 초토화할 흑사병이 취안저우를 먼저 강타했다(학자들은 여전히 유럽의 흑사병이 중국에서 발원했다는 주장에 동의하지 않지만, 크림반도에서 벼룩이 들끓는 쥐들이 상선들로 유입된 뒤 그 배들을 통해 흑사병이 유럽으로 들어갔고, 그 직전에 이 치명적인 유행병이 중국의 여러 지역을 강타했다는 데는 의심의 여지가 없다). 중국에서는 1354년경 원 왕조(1273~1368)가 해체되고 지역 군벌들이 점차 부상하고 있었다. 일부는 여전히 몽골족에 충성하고 있었지만, 또 다른 일부는 다양한 반군을 지지하거나 직접 왕위를 노리기도 했다.

1357년 취안저우의 용병들도 반란을 일으켰다. 4년 후 이 도시는 몽골 제국에서 완전히 분리되어 1366년까지 자치를 이어갔다. 분리 독립 과정에서는 포수경의 가족 중 한 명 이상을 포함한 외국 상인들이 중추적인 역할을 했다. 취안저우의 엘리트 계급이 몽골족과 단절되면 지역에 기반을 둔 반란 세력(결국 명 왕조[1368~1644]를 탄생시킨)과 타협함으로써 다른 왕조로의 이행 과정을 견딜 수 있으리라 생각한 사람도 있었겠지만, 상황은 전혀 예상과 달랐다.

1366년 지역 군벌로서 여전히 원나라에 충성하고 있던 진우정(陳友定, 1330~1368)이 취안저우를 정복한 것이다. 그 후 3일 동안 그의 병사들은 무슬림을 비롯해 (중국에서 평생을 살았고 외국인 뿌리하고는 전혀 관계가 없지만 불행하게도 외국인처럼 보이는 외모의 사람들을 포함한) '외국인들'을 대량 학살했다. 2년 후, 더 많은 살해와 약탈이 벌어지는 가운데, 진우정의 군대는 막 탄생한 명 왕조에 의해 축출되었다. 아이러니하게도 진우정은 분명한 배외주의자였지만, 자신이 섬기는 몽골의 상급자들에게는 깊이 충성했다. 그는 패배 후 명 황제로부터 높은 지위를 제안받았지만, 차라리 죽음을 택하겠노라고 답했다.

취안저우의 문제는 진우정으로 끝나지 않았다. 외국인에 대한 산발적인 폭력 행사는 관용을 베풀라는 공식 포고령에도 불구하고 이후 40년 넘게 반복되었다. 자료가 제한된 탓에, 몽골족을 위해 복무했던 이들에 대한 분노 또는 기타 지역적 불만이 얼마나 심각했는지와는 별개로 무슬림이나 일반적인 외부인에 대한 적대감이 여기서 얼마나 큰 원동력으로 작용했는지는 분명하지 않다. 그 후 여러 세대에 걸쳐 외국인의 자손들은 취안저우에서는 저자세를 유지하는 편이 현명하다는 것을 알게 되었다(이제 그 일부는 자신이 외국인 혈통임을 다시 주장하고 있다).

여러 면에서 이러한 태도는 가능한 한 표준화되고 동질적이며 신 유교적인 왕국을 구상했던 명나라 통치자들의 입맛에 제격이었다. 많은 상업 분야가 위축되고 (완전히 중단된 적은 없지만) 한동안 대외 교역도 금지되었다. 취안저우에서는 범세계주의적인 징후들이 많이 사라졌다. 예를 들면, 힌두의 신들을 상징하는 수백 개의 석상이 건축 자재로 재활용되었고 20세기 도시 재생 사업을 통해 발굴되기까지 그것들은 다시 발견되지 않았다. 대외 교역은 16세기에 들어서면서 다시 호황을 누렸지만, 다른 항구들로 비중이 옮겨갔다. 취안저우는 교역과 이주를 통해 외부 세계와 강하게 연결되어 있었다. 오늘날 이곳의 몇몇 지역을 기준으로 보면, 그 옛날 외국인의 후손들은 이곳에 남아 있는 경우보다 해외로 나간 경우가 많다. 취안저우는 이민자들을 다양한 매력으로 끌어들였던 이전의 명성이나 지위를 되찾지 못했다. 사실 많은 사람들은 현대의 발굴품들과 학문에 나타나는 명백한 증거에도 불구하고 취안저우는 본래 다양성이 공존한 지역이었다는 사실을 믿기 어려워했다. 비록 취안저우 초기의 국제주의를 드러내는 뚜렷한 징후들은 많이 지워졌지만, (가끔은 보이지 않는다고 해도) 취안저우의 영광의 시절은 도시만이 아니라 드넓은 중국 대륙에 생생한 흔적으로 남아 있다. 중국 토종 품종보다 더 빨리 여물고 가뭄에 더 강한 동남아시아 품종 참파 쌀은 아마도 취안저우를 통해 중국에 들어왔을 것이다. 그것은 중국에 엄청난 영향을 미쳤다. 여러 새로운 곳에서 벼를 재배할 수 있을 뿐 아니라 성장 기간이 짧았기 때문에 농부들은 같은 땅에서 1년에 두 번(어떤 곳에서는 심지어 세 번) 벼를 재배할 수 있었다. 이러한 관행은 인구가 늘고 농장의 평균 규모가 줄어들면서 수 세기에 걸쳐 더욱 중요해졌다. 또 다른 변형 작물인 면화도 (인도에서) 취안저우를 통해 처음 중국에 들어왔을 수 있지만, 증거는 모호하다. 서기 500년경의 중국 기록에서 인도의 면화 제품은 많은 사람이 탐내는 사치품으로 등장한다. 1300년대 중반까지도 고품질 면화는 여전히 중국 비단 가격의 몇 배에 달했다(중국 비단이 인도에서 아주 높은 가격에 팔리자, 차익거래[재정거래] 바람이 불었다. 이제는 비단이 면보다 '당연히' 더 가치가 떨어졌다는 것을 뜻한다). 그러나 1300년대에 들어서자 면화는 해안의 여러 지역에서 토착 식물이 되었고, 곧 방적 및 직조 기술 면에서 획기적인 발전이 이루어졌으며, 제국 전역에서 일반 사람들의 옷감이 되어 가고 있었다. 이제 면화는 이모작으로 거두는 벼만큼 중국적인 것이 되었다.

외부 세계와의 교역이 폭발적으로 늘자, 10세기 무렵 상인들은 서로 종이 화폐를 사용하게 되었다. 거기에 금속의 수출이 이루어지자 정부는 세계 최초로 지폐를 만들어 냈다(이 장 3절 참조). 서기 100년경 중국에서 발명된 종이는 1,000년 만에 간신히 남유럽에 도달했고, 알프스 북쪽으로는 가는 데는 이후 300년이 더 걸렸다. 물론 푸젠성의 상인과 노동자들이 해외로 진출하거나 '해외 중국인'들로부터 투자금을 회수하는 것이 이렇게 끝나 버린 것은 아니었다(이 장 1절 참조). 심지어 명나라는 문화와 종교에서 해외에서 유입된 '불순물'의 흔적을 없애기 위해 특별히 노력했지만, 그럼에도 불구하고 그 영향은 사그라지지 않았다. 취안저우에서 가장 유명한 불교 유적지인 카이위안사에는 아직도 중국 영웅 손오공 또는 '원숭이 왕'의 모태 중 하나인 힌두 원숭이 신 하누만의 이미지가 남아 있다. 원숭이 신 하누만은 인도로 가는 순례자들에 관한 명나라의 고전 소설 서

유기(육로로 여행한 원숭이 한 마리가 바다를 통해 고향에 돌아온 이야기에 기반을 두고 있다)로 유명해졌고, 원숭이는 많은 오페라와 민화, 만화, 텔레비전 쇼 등 중국 문화의 다양한 분야에서 영웅으로 받아들여진다. 손오공은 외국을 여행하고 언제나 권위에 저항하며 무례한 모습을 보인다는 점을 감안할 때, 주로 상인들의 기부로 재단장된 취안저우의 수도원에 그의 인도인 조상들이 숨어 있다는 사실은 의미심장한 메시지를 던진다. 특히 현대의 공학이 해안의 지리를 더욱 유연하게 만들면서 중국의 여러 항구는 결국 취안저우를 능가했다. 그러나 오늘날 시각으로 보아도 1,000년 전 취안저우만큼 진정으로 국제적인 곳은 드물다.

7 아스테카 무역상들의 몰락

마침내 인도양과 남중국해에 도착한 유럽인들이 발견한 것은 활기차게 약동하고 있던 아랍과 인도, 중국 상인들의 교역망이었다. 유럽인들은 몇 세기가 지나서야 아시아와 중동, 아프리카 등지에서 이들이 점하고 있던 우위를 깨뜨릴 수 있었다. 그러나 아메리카 대륙에서는 스페인과 포르투갈 사람들이 곧바로 원거리 교역을 장악해 버렸다. 왜 아메리카의 원주민들은 그토록 쉽고 빠르게 유럽인들에게 교역을 넘겨줬을까?

인디오들이 교역에서 뒷전으로 밀려나게 된 원인을 유럽인들은 이렇게 설명했다. 인디오들은 인종적으로 열등하며, 게으르고, 무엇보다도 영리에 관심이 없다는 것이다. 또 이들에게는 공동 소유라는 개념이 강하며 자급자족을 원하기 때문에 유럽의 상품이나 더 넓은 세계에도 무관심하다는 것이다. 이런 설명이 유럽인들의 양심에는 그럴듯하게 들렸을지 모르지만 역사적 사실은 이와는 전혀 다른 얘기를 하고 있다.

사실 콜럼버스 이전에는 인디오들도 대단히 넓은 지역에서 교역을 했다. 그런 면에서 콜럼버스가 첫 원정 초반에 들렀던 한 섬에서 목격한 사실은 결코 우연이 아니었다. 콜럼버스 일행이 섬을 떠나자마자 원주민들은 그들에게서 얻은 스페인 물건들을 카누 한 척에 싣고 이웃 부족과 교역을 하기 위해 노를 저어 가고 있었던 것이다. 카리브해 연안의 섬들에 살던 주민들은 이처럼 활발하게 교역 활동을 하고 있었다.

그러나 메소아메리카의 상업에 비하면 그것은 아주 작은 규모였다. 뉴멕시코에서 캐낸 터키석과 은은 테노치티틀란(현재의 멕시코시티)까지 운반되어 술잔과 나이프, 빗, 담요, 깃털 장식 등 이곳에서 생산된 물건이나 아스테카를 비롯한 이웃 국가들이 모은 교역품과 교환되었다. 이 교역품에는 베라크루스산 고무, 치아파스산 초콜릿, 유카탄반도에서 온 재규어 가죽과 꿀, 니카라과의 금, 온두라스나 엘살바도르에서 온 카카오 열매와 흑요석, 코스타리카의 금 등이 포함돼 있었다. 스페인 남부에서 핀란드에 이르는 거리와 맞먹는 광대한 지역에 메소아메리카의 상인들이 흩어져 있었던 것이다.

교환하고 거래하려는 욕구는 2,000마일이나 멀리 떨어진 곳으로 물자를 밀어낼 정도로 강력했다. 메소아메리카에는 멀리 떨어져 있는 주민들을 묶어줄 만한 강이 거의 없기 때문에 세계에서 유례를 찾아보기 힘든 엄청난 일을 한 셈이다. 대부분의 사람들은 해안에서 멀리 떨어진 대륙 중심부의 높은 계곡에 살고 있었다. 물론 유카탄반도의 경우에는 코수멜 섬이 가장 중요한 교역 중심지였던 것으로 보이지만, 이를 제외하면 다른 연안 중계항은 발견되지 않고 있다. 오히려 교역 중심지는 내륙에 있었다. 그리고 가파른 바위투성이 협곡과 10,000~12,000피트 높이의 산이 이 교역 중심지들 사이에 놓여 있었다. 인구가 조밀한 세계의 다른 지역들과는 달리 메소아메리카에는 터키석이나 면 담요, 카카오 열매를 실어 나를 만큼 커다란 짐승이 없었던 것도 운송을 더욱 힘들게 만들었다. 바퀴 달린 수레도 사용할 수 없었다. 결국 수천 명의 사람들이 등에 짐을 지고 좁고 위험한 산비탈을 오르내릴 수밖에 없었다(2장 10절 참조).

그런데도 아스테카인들은(아마 마야인들도) 상업만을 전담하는 계급을 두었을 정도로 교역이 활발했다. 아스테카의 경우에는 귀족들이 살던 테노치티틀란에서 아주 가까운 틀라텔로코(Tlateloco)섬에 포치테카(pochteca), 즉 상인 계급이 모여 살았다. 그들은 종교와 병역, 공물을 면제받는 특권을 누렸고, 사람들의 존경을 받으며 부유한 생활을 했다. 이들은 그것을 처음 본 스페인 콩키스타도르*들의 혼을 빼놓을 정도로 웅장했던 도시 테노치티틀란의 시장에 물건을 공급했다. 에르난 코르테스(Hernán Cortés)는 다음과 같이 적고 있다.

> 이 도시에는 시장이 열리고 거래가 이루어지는 여러 개의 광장이 있다. 그 중에는 살라망카보다 두 배 정도 큰 광장이 있는데, 아치로 이어진 회랑이 사방을 둘러싼 이곳에서는 매일 6만 명 이상이 물건을 사고판다. 그리고 이 일대에서 생산된 온갖 종류의 상품들을 전부 볼 수 있다.

그의 동료였던 베르날 디아스(Bernal Diaz)는 자못 감격적인 어투로 이렇게 말하고 있다. "우리는 사람과 물건이 그토록 많은 것에 놀랐다. 그리고 시장이 질서정연한 데다 물건들의 배치가 대단히 훌륭한 점도 놀라웠는데, 이런 것은 일찍이 한 번도 본 적이 없었다."

눈이 부실 정도로 훌륭한 상품들이 그토록 많았고, 수도를 중심으로 얽혀 있는 복잡한 교역로를 갖고 있었던 데다, 교역에 대해 잘 알고 다양한

---
* 콩키스타도르(Conquistador): '정복자'라는 의미의 스페인어. 16세기에 아메리카 대륙, 특히 멕시코와 페루를 정복했던 원정대의 대장을 일컫는 말이다.

언어를 구사할 수 있는 특화된 상인 계급까지 있었는데, 왜 아스테카의 상인 계급은 스페인인들의 도착과 함께 완전히 사라져 버렸을까? 왜 아시아나 중동, 아프리카에서처럼 교역을 계속하지 않았던 것일까?

그 대답은 두 가지이다. 우선 넓은 지역에 걸쳐 잘 발달해 있긴 했지만, 아스테카와 마야의 교역은 사실 상품 교역이 아니었다. 화폐와 사유 재산의 사용은 아직 시작 단계에 머물고 있었다. 상업은 통치 행위의 연장이었고, 따라서 상인은 본질적으로는 국가 관리였다. 그리고 교역은 무력이나 무력 사용의 위협을 통해 얻어낸 공물 거래였다. 공물은 이윤을 얻으려고 만들어낸 사유 재산이 아니었다. 따라서 이들의 상업망은 정치적 제국의 요구를 충족시키기 위한 것이었고, 그런 만큼 국가 기구에 대단히 의존적일 수밖에 없었다. 아스테카나 마야 제국의 힘이 없었다면 공물도 없었을 것이고, 공물이 없었다면 교역도 없었을 것이다.

스페인 정복이 불러온 철저한 파괴는 아스테카와 마야 제국의 정치권력만 끝장낸 것이 아니었다. 제국의 대도시들(테노치티틀란의 인구는 최소한 50만 명으로 당시 스페인에서 가장 큰 도시보다 10배나 많았다)이 사라져 갔고 농촌 지역에 살던 대부분의 주민들까지 목숨을 잃었다. 살아남은 주민들은 스페인인들을 위한 노역에 동원되거나, 철저하게 통제된 지역 경제를 유지하며 스페인인들이 지배하는 세계와 접촉하려 하지 않았다. 사실 깃털 장식이나 짐승 가죽 같은 원주민들의 사치품은 스페인 사람들의 관심을 끌지 못했다. 이들이 관심을 보인 것은 카카오와 금 같은 물건들이었는데, 얼마 안 가 스페인인들이 생산과 교역을 모두 장악하게 된다.

채 몇 년이 지나지 않아 한때는 활발하게 움직였던 거대 시장이 사라져 버렸다. 그리고 인디오들은 경제적으로 무능하다는 낙인이 찍힌 채 경제 활동에서 밀려나고 말았다. 세계 교역은 상업망을 만들어냈을 뿐만 아니라 파괴하기도 했던 것이다.

8 '뻔뻔한 인디언'은 없었다

브라질만큼 세계 경제가 만들다시피 한 나라는 찾아보기 힘들다. 브라질은 교역품에서 국가 이름을 따온 몇 안 되는 나라 중 하나이다. 예를 들어 그리스와 터키는 한 번도 라드(lard)*나 칠면조(turkey)를 수출해 본 적이 없다. 물론 나라나 지역 이름이 상품명이 된 경우는 더러 있다. 제일 먼저 떠오르는 것이 '차이나(china, 도자기)', 즉 중국이다. 그러나 브라질은 염색에 사용되던 교역 상품인 브라질우드(Brazilwood, 브라질나무)에서 나온 이름이다. 파우 브라지우(pau Brasil), 곧 '브라질나무'가 처음 유럽인들의 관심을 끈 곳이 바로 아대륙(亞大陸) 브라질이었기 때문이다. 그러나 브라질우드의 붐은 아주 짧았고, 벌목은 어려웠다.

문제는 찌는 듯한 열대의 밀림에서 염료를 얻기 위해서는 거대한 나무들을 베어내야 하고 이것을 다시 해안까지 수송해야 한다는 것이었다. 이것은 당연히 상당한 노동력을 요구했다. 그러나 이런 고된 일을 하려고 열대 지방으로 오려는 유럽인들은 없었다. 그리고 현지 주민들에게 일을 시키는 것 역시 쉽지 않았다. 1500년 브라질에는 600만 명이 넘는 원주민들이 살고 있었지만 이들은 해안과 강가에 몰려 있었다. 원주민 남자들은 힘들게 일해 본 적이 없었고, 여자들은 나무를 베어서 운반할 만한 힘이 없었다.

포르투갈인들이 만난 투피족은 반유목민이어서 주로 사냥과 낚시, 채집 등으로 살아가고 있었다. 투피족 여자들은, 유럽인들이 보기에, 아주 원시적인 방법으로 농사를 짓고 있었다. 노동은 거의 분화되지 않았고, 자본 축적 또한 없었다. 투피족은 너무나 '미개했기' 때문에 세금도 내지

---

* 라드(lard): 동물의 지방을 뜻하는 'grease'의 일종으로 돼지비계를 정제하여 하얗게 굳힌 것을 말한다. grease는 나라 이름 그리스(Greece)와 발음이 같다.

않았고, 남의 밑에서 일을 하는 법도 없었다. 무계급 사회를 이루고 있던 투피족은 좀처럼 교역을 하지 않았고, 스스로를 위해 만드는 것이라고는 간단한 공예품 정도였다.

이들 투피계 언어를 사용하는 부족들 중 일부에게는 교역이 거래라기보다는 일종의 싸움이었다. 1550년대에 브라질을 방문했던 장 르리(Jean Lery)라는 프랑스 위그노 교도는 호전적인 우에타카족의 특이한 거래 행위에 대해 기록하고 있다. 다른 부족, 이를테면 투피남바족이 우에타카족과 거래를 하고 싶으면 우선 멀리서 거래 물품을 보여주어야 한다. 물론 우에타카족도 그렇게 한다. 이렇게 해서 만약 양쪽이 거래에 동의하면 투피남바 쪽에서 한 사람이 나와 교환할 물건, 예를 들어 녹색 돌을 200걸음쯤 떨어진 바위 위에 올려놓고 원래 자리로 돌아간다. 다음에는 우에타카 쪽에서 한 사람이 바위까지 걸어와 돌을 집어든 다음 깃털 장식을 올려놓고 다시 자기 자리로 간다. 이제는 투피남바 쪽에서 깃털 장식을 가져가려고 다시 바위로 간다. 이때부터 거래는 흥미로워진다.

양쪽이 교환한 물건을 갖고 처음 장소로 돌아가는 순간 휴전 협정은 깨지게 된다. 지금부터는 누가 상대방을 붙잡아 그가 갖고 있는 물건을 빼앗느냐 만이 문제가 된다.

보통은 그레이하운드처럼 빨리 달리는 우에타카족이 싸움에서 이기는 경우가 많았다. 이 장면을 목격한 르리는 유럽의 독자들에게 이렇게 충고하고 있다. "그래서 뒤뚱거리는 통풍 환자처럼 발이 느린 유럽인들이 물건을 빼앗기고 싶지 않다면 우에타카족과 물건을 교환하거나 거래하는 일은 삼가라고 말하고 싶다."

그러나 우에타카족은 확실히 예외에 속했다. 대부분의 투피족은 흔쾌히 얼마간의 물건을 거래했으며, '뻔뻔한 인디언'들은 아니었다. 그러나 그들에게는 많은 물건이 필요 없었다. 그리고 사유 재산이나 상품, 욕심 같은 개념도 없었다. 르리는 포르투갈인들이 이렇게 먼 곳까지 브라질우드를 찾아온 이유를 알고 싶어 하는 한 나이 든 원주민과 대화를 하면서 이런 점을 깨닫게 되었다. 그 원주민은 "당신들 나라에는 나무가 없소?"라고 물었다. 르리가 브라질우드는 땔감이 아니라 염색에 쓰려는 것이라고 설명하자, 이번에는 나무가 왜 그렇게 많이 필요한지를 물어왔다. 르리는 "우리나라에는 당신이 상상할 수 없을 만큼 많은 옷과 칼, 가위, 거울 따위를 가진 상인들이 있다."고 대답했다. 이 투피족 원주민은 그의 말을 한동안 생각하더니 이렇게 말했다. "당신이 말한 그 부자 말이오. 그 사람은 죽지 않소?" 프랑스인들 역시 죽는다고 믿었던 노인은 상인이 죽은 다음 재산이 어떻게 되는지를 궁금해 했다. 르리는 재산은 상속자들이 물려받게 된다고 인내심을 갖고 설명했다. 그러자 모든 것이 분명해졌다.

당신들 프랑스인은 단단히 미친 사람들이라는 걸 이제 알겠소. 당신들은 바다를 건너와 불편하게 생활하면서, 당신들 자식이나 당신들보다 오래 살 사람들에게 재산을 물려주려고 그렇게 힘들게 일을 하는구려. 당신들을 기른 땅은 후세도 먹일 만큼은 기름지지 않소? 우리한테도 사랑하는 아버지와 어머니, 그리고 아이들이 있소. 하지만 우리는 우리가 죽은 다음에도 땅이 우리가 사랑하는 사람들을 먹여 준다는 걸 알고 있소. 그래서 우리는 아무런 걱정 없이 쉴 수 있소.

이제 포르투갈의 신흥 상업 자본가들은 후진적이라고 경멸하던 이 원주민들의 문화와 충돌하게 된다. 그들은 브라질의 원주민들이 여유를 중시하며 환경을 생각하는, 자신들보다 더 진보적인 가치관을 갖고 있다는 것을 알지 못했던 것이다.

  투피족은 브라질우드가 나무로서 그대로 서 있는 편이 훨씬 낫다고 믿고 있었다. 이런 투피족 사람들이 비지땀을 흘리며 힘들게 통나무를 옮기게 하려고 포르투갈과 프랑스 사람들은 원주민의 전통을 교묘히 이용하는 한편 적극적으로 수요를 창출해내는 방법도 동원했다. 우선 유럽인 중 일부가 원주민화 했다. 자신이 표착한 브라질의 한 무인도를 유럽의 형상대로 개조하려 했던 로빈슨 크루소(5장 5절 참조)와는 달리 몇몇 포르투갈과 프랑스 사람들은 원주민 복장을 하고(다시 말해 나체가 되고), 그들의 말을 배웠으며, 원주민 여인과 결혼해 원주민 사회 속으로 파고들었다. 이후 그들은 브라질우드 숲을 유럽으로 실어보내기 위해 원주민들의 전통인 품앗이 노동을 이용했다. 유럽의 상인들은 호전적인 투피족 사람들이 육박전을 벌일 때 유용하게 사용할 만한 강철 칼과 도끼 따위를 선물로 주었다. 포르투갈인들은 몇몇 마을을 골라 동맹을 맺고 무기를 제공함으로써 폭력의 수위를 높여 무기에 대한 수요를 만들어내려 했다. 그러자 프랑스인들은 포르투갈 무기로 무장한 마을의 위협을 내세워 상대편 마을과 동맹을 맺는 것으로 대응했다. 이곳 멀리 떨어진 남반구의 열대 밀림에서 염료를 둘러싼 다툼이 유럽의 전쟁을 그대로 흉내 내고 있었던 것이다.

  그러나 유럽인들은 브라질 원주민의 머릿속에 축적과 부라는 미덕을 심어 놓지는 못했다. 존 헤밍(John Hemming)은 자본주의 문화의 선도자였던 한 예수회 사제가 늘어놓은 불평을 이렇게 적고 있다.

> 투피족의 집에는 금속 연장이 가득하다. …… 주변의 들판을 개간할 도끼가 없어서 항상 굶어 죽어가던 원주민들이 원하는 만큼 연장과 농지를 갖게 되었고, 게다가 쉬지 않고 먹고 마셔댈 수도 있게 되었다. 이 사람들은 마을에서 항

상 술을 마시고 있으며, 툭하면 전쟁을 하고 엄청난 말썽을 일으키곤 한다.

강철 도끼를 갖게 되면서 원주민 촌락들 전체가 마치 유럽의 귀족처럼 살 수 있게 되었다. 일단 욕구가 충족되고 나자 투피족을 착취하기가 어려워졌다.

이제 포르투갈인들이 건강한 생계유지 이상의 것, 그러니까 증식하는 자본을 원한다면 다른 형태의 노동에 의존해야만 한다는 점이 분명해졌다. 투피족 노동 시장의 법칙은 원주민들에게 지나치게 유리하게 정해져 있었다. 그렇다고 얼마 되지도 않는 포르투갈 인구 중에서 대서양을 건너와 열대 지방에서 농사를 짓느라 등골이 휘고 싶어 안달하던 사람들이 있었던 것도 아니었다. 결국 브라질의 포르투갈인들은 자신이 살던 땅의 주인인 원주민을 노예로 만드는 수밖에 없었다. 그러나 이 방법 역시 만족스럽지 않기는 마찬가지였다. 대부분의 투피족 남자들은 여자의 일인 농사를 경멸했다. 따라서 이들은 땅을 파느니 차라리 죽는 쪽을 택했다. 그렇지 않은 경우라도 지리를 잘 알고 있었기 때문에 도망을 가 버리곤 했다. 마침내 포르투갈 상인들은 열대의 기후에 잘 적응할 수 있고, 농사에 대해서도 잘 알고 있는 사람들, 즉 아프리카 노예들을 원하게 되었다. 그러나 노예를 구입하려면 브라질우드를 팔아서 버는 것보다 훨씬 많은 돈이 필요했다. 그 결과 포르투갈인들은 설탕 플랜테이션으로 눈을 돌렸다. 브라질우드의 시대가 끝나면서 브라질의 '황금시대'가 시작된 것이다. 브라질우드는 하찮은 교역품이 되었고 원주민들은 훨씬 더 깊은 내륙 지대로 밀려났다. 오늘날 브라질우드 시대의 유일한 흔적은 이 나라의 이름, 브라질뿐이다.

9 브라질의 영국 무역상들

이제부터 당신은 리버풀 출신으로 밑천이 별로 없는 젊은 상인이다. 당신은 출세해서 세상에 이름을 날리고 싶다. 지금은 1824년. 당신은 남아메리카에 대한 영국의 상업적 점령에서 선두에 서게 될 것이다. 당신은 설탕과 금으로 가득 찬 전설의 보물 상자 브라질이 아주 최근 외국 상인에게 항구를 개방했고, 이 나라가 3년 전에 독립했다는 것도 알고 있다. 당신은 다른 동료 상인들이 이 새로운 기회를 잡기 위해 브라질로 떠나려 한다는 얘기를 많이 들었다. 이제 포르투갈 중간 상인을 통하지 않고도 무역을 할 수 있는 것이다.

사실 영국인으로서 당신은 포르투갈 사람들이 가질 수 없었던 특혜를 누릴 수 있다. 1810년 포르투갈 왕은 자신을 포함한 왕실이 나폴레옹 군대를 피해 대서양을 건널 수 있도록 영국이 도와준 것에 보답하는 협정을 체결했다. 이에 따라 당신은 영국인으로서 영국이 운영하는 특별 법원의 보호를 받는 것은 물론 특별히 낮은 관세를 적용받게 된다. 공공연하게 드러내지만 않는다면 신교를 믿을 수도 있다. 더욱이 리버풀 출신이기 때문에 상인들을 많이 알고 있고 영국 기업의 현지 대리인들과도 안면이 있다. 언어와 관습이 같기 때문에 이들은 당신을 믿고 있다. 영국 제품의 위탁 판매상이나 운송 대리인으로 일할 수도 있으며, 영국의 수출 금융을 좋은 조건으로 이용할 수도 있다.

이처럼 새로운 기회는 많은 것을 약속하는 것처럼 보이지만, 당신은 당신을 둘러싸고 있는 위험 요인들에 대해서도 알고 있다. 이제 막 독립한 이 나라는 내부의 알력으로 어수선한 상태다. 더욱이 설탕의 국제 시장 가격이 폭락하고 미나스제라이스(Minas Gerais)주의 그 유명한 금광도 말라 버리면서 거의 10년 동안 브라질의 경제는 침체 상태를 벗어나지 못하고 있다.

하지만 브라질과 어쩌면 당신까지 구할 수 있는 전도유망한 새로운 상품이 하나 있다. 유럽인들은 1세기가 넘게 커피를 마셔왔고, 그 수요는 계속해서 늘고 있다. 지난 한 세기 내내 세계 최대 커피 생산국이었던 아이티는 피로 얼룩진 혁명 이후 이전에 누렸던 압도적 우위를 회복하지 못하고 있다. 이 틈에 쿠바와 자메이카가 아이티를 대체하며 어느 정도 약진했지만 두 나라 중 어느 곳도 브라질만큼 넓고 기름진 땅과 많은 노예를 갖고 있지는 못하다. 거의 1세기 전에 처음 소개된 커피는 이제 리우데자네이루 주변의 산악 지대로 퍼져 가고 있다.

그렇다. 당신은 브라질이야말로 야심에 찬 영국인에게 딱 맞는 곳이라는 결론을 내렸다. 브라질은 여러 면에서 유럽화되어 있다. 3세기가 넘게 포르투갈 식민지였기 때문에 브라질은 포르투갈의 법률과 관습을 따르고 있다. 또 수출품을 생산하는 식민지로서 브라질 경제는 오랫동안 외국 시장을 지향하는 쪽으로 변모해 왔다. 게다가 브라질은 100만 명이 넘는 노예가 살고 있는, 세계에서 가장 큰 노예 사회이다. 당신의 조국 영국이 대서양 노예무역을 금지했고 당신의 동포들이 이에 반발하고 있지만, 당신이 노예 국가에서 장사를 한다고 해서 도덕적으로 거리낄 것은 없다. 하지만 이 이국적인 땅의 노예 문화가 당신이 사업을 하는 데 혹시라도 문제가 되지는 않을까?

브라질에는 은행이 전혀 없다. 이 때문에 주로 정부에 대출을 해주는 국영 브라질은행을 제외하면, 대출은 개인적 친분 따위를 통해 이루어진다. 그리고 대체로 단기에 이자율도 높으며, 노예를 담보로 잡거나 플랜테이션 소유자의 신용을 보고 돈을 빌려준다. 물론 커피를 재배하는 사람들은 대단히 넓은 땅을 갖고 있지만 농촌의 부동산은 담보가 될 수 없다. 왜냐하면 토지 사이의 경계가 불분명하고, 토지 소유증서는 결점투성이 이며, 플랜테이션 소유자들이 법을 하도 교묘히 이용해서 저당물을 회수하기가 사실상 불가능하기 때문이다. 이런 상황에서는 누구든 개인적으로 안면이 없으면 커피 재배업자에게 쉽게 돈을 빌려주지 않을 것이다. 더군다나 내륙으로 갈수록 교통이 엉망이라 몇백 마일을 가는 데만도 몇 주가 걸릴 수 있고, 또 도착해서도 좀체 농장주들을 만날 수가 없다.

그러나 이제 일단의 중개인들이 나타나 신용을 제공하고 커피를 항구로 옮기는 일을 해주기 시작한다. 이들은 일종의 도매상이면서 금융업자다. 대부분 포르투갈 사람인 이 중개인들은 당신을 비롯한 다른 수출업자들에게 돈을 빌려 그 돈으로 자신이 거래하는 플랜테이션 소유자 명의로 계좌를 개설한다. 일단 리우데자네이루에 도착한 커피는 중개인들에 의해, 커피를 배합해 자루에 담는 일을 하는 업자들에게 팔린다. 중개업자들은 커피를 되사서 수출업자에게 파는데, 당신은 이들에게 산 커피 자루를 꼼꼼하게 검사해야 한다. 왜냐하면 커피의 품질을 감시하는 정부 기관이나 커피 거래소 같은 것이 아예 없기 때문이다. 사실 커피를 따는 인부들이나 플랜테이션 소유주들은 커피 자루에 돌이나 나무토막을 끼워 넣는 것으로 악명이 높다. 더욱이 품질에 관한 기준이나 허용 가능한 이물질의 양에 대한 대강의 합의도 없다. 정보 역시 부족하기는 마찬가지다. 브라질 정부는 내륙까지 들어가 작황을 살피는 일이 거의 없고, 농장주도 장부를 제대로 기록하지 않기 때문에 커피 생산량에 대한 정보는 대단히 빈약하다. 하지만 커피는 작황이 1년 사이에도 50퍼센트 이상 차이가 나는 일이 빈번하기 때문에 이는 심각한 문제가 아닐 수 없다. 그리고 창고라고는 손바닥만 한 것도 없기 때문에 가격이 공급 과잉일 때는 폭락할 수도, 공급 부족일 때는 천정부지로 치솟을 수도 있다.

당신은 영국에 고객을 몇몇 확보하고 있는데, 이들은 커피를 사면서 90일짜리 어음을 끊어줄 뿐이다. 당신은 이 어음으로 비용을 지불하고 중개인들에게 돈을 빌려줘야 한다. 브라질이 오랫동안 식민지였고, 약 300만 명에 이르는 아프리카 노예들을 수입하는 데 엄청난 비용이 들었기 때문에 브라질 현지에서 조달할 수 있는 자본은 거의 바닥난 상태다. 따라서 해외에서 돈을 빌려야 한다.

물론 이것은 당신에게 유리한 상황이다. 당신의 강점이라면 국제적 연줄을 갖고 있다는 점이니까. 하지만 해외에 커피를 판매하는 데는 결코 무시할 수 없는 문제들이 도사리고 있다. 우선 리우 현지의 커피 공급량과 가격을 예상할 수 없는 것처럼 국제 커피 시세도 불안정하기는 마찬가지다. 아직 유럽이나 미국에는 커피거래소가 없다. 가격은 리우의 거리에서 그때그때 상황에 따라 결정된다. 쾌속 범선이 가장 최근의 커피 가격 동향을 전해오는 데는 몇 달의 시간이 걸린다. 그리고 리우에 정기적으로 기항하는 배편이 없기 때문에 항구에 언제 배가 들어와 당신의 커피를 실어갈지도 확실하게 알 수 없다. 결국 부정기 화물선에 의존하는 수밖에 없다. 그나마 산업혁명 때문에 쿠바와 자메이카, 자바 등지의 경쟁자들은 물론 당신도 결코 그 수요를 충족시킬 수 없을 정도로 커피 시장의 규모가 엄청나게 커지고 있는 점은 다행스러운 일이다.

하지만 더 불확실한 쪽은 당신이 수출과 함께 손대고 있는 수입 무역이다. 브라질 거주자의 3분의 1가량은 노예이고, 나머지 인구의 대부분을 차지하고 있는 농촌 주민들은 화폐 경제 바깥에 머물고 있기 때문에 시장이 아주 작다. 공급 역시 불안정했는데, 물건을 실은 배가 언제 도착할지 몰라서이기도 했지만, 부두 시설이 형편없어 거룻배로 짐을 나르는 통에 수입품들이 운송 과정에서 못쓰게 되는 경우가 많았기 때문이다. 세관은 아예 구제불능이다! 적당히 뇌물을 쥐어 줘도 몇 주가 지나서야 통관이 된다. 더욱이 운송이 느리고 돈이 잘 돌지 않기 때문에 브라질과 포르투갈 소매상들은 자그마치 6개월 뒤에나 물건 대금을 주겠다고 뻗대고 있다. 그리고 이 새로운 시장에서는 특정 상품에 대한 수요를 잘못 예상했을 경우 아예 돈을 받지 못할 수도 있다. 이곳의 법률 체계 때문에 저당 잡은 물건을 회수하는 것도 어렵다.

상황이 이렇다면, 당신과 당신의 동료 영국인들이 장차 19세기 내내 커피 무역을 장악하게 된다는 점이 아니라, 커피 시장을 창출하려고 그토록 많은 초기 위험을 감수했다는 것이 놀라울 따름이다.

10 아시아 여자 무역상들이 사는 법

오늘날의 기업들도 해외에 파견한 직원들의 기강을 잡는 데 애를 먹는 경우가 자주 있다. 그러면 17~18세기 네덜란드 동인도회사(VOC)라는 초기의 다국적기업은 어땠을지 한번 되돌아보자. 이 회사가 근거지를 마련한 인도와 동남아시아, 일본, 타이완은 네덜란드 여성들이 기꺼이 살겠다고 할 만한 곳은 아니었다. 다행히 이 회사의 직원들은 기쁜 마음으로 원주민 여성 중에서 짝을 찾으려 했다. 하지만 이러한 결혼에도 만만치 않은 문제가 끼어들었다. 이런 부부들 사이의 문화적 차이를 감안하면, 네덜란드인 남편들의 사적인 편지에 현지 여성들을 '길들여' 자기들이 바라는 아내로 만드는 일이 얼마나 어려운지를 토로하는 내용으로 가득 차 있었던 것도 이해가 간다. 하지만 정작 놀라운 것은 네덜란드 동인도회사와 네덜란드 개혁 교회 그리고 동남아시아에 거주하던 다른 유럽인들이 다 달라붙었는데도 대부분 스스로도 유력한 상인이었던 현지인 아내들의 **상권**(商權)을 도무지 어떻게 해볼 수 없었던 점이다.

유럽인들이 도착하기 아주 오래전부터 (지금의 말레이시아와 인도네시아, 필리핀을 포함하는) 동남아시아의 해양 국가들 사이에는 상당한 규모의 원거리 무역이 이루어지고 있었다. 무역상의 상당수는 여자였는데, 이들 중에는 상업이 상류층 남자들의 직업으로는 너무 천하지만 또 가문 전체가 손을 대지 않기에는 돈벌이가 너무 잘 됐기 때문에 여자들이 나선 경우도 있었다(일부 상류층은 이 같은 위선을 한 걸음 더 밀고 나갔다. 상류층 가문의 여성들은 시장에서 직접 거래를 하거나 원거리 무역이 이루어지는 중국인 거주지에 들어가기에는 너무 고결하지만, 그렇다고 이런 사업을 대신 수행하는 하인들을 관리하지 못할 정도로 고결하지는 않다며 여자들을 내세웠던 것이다). 실제로 1500년대 말레이의 격언 중 상당수는 딸들에게 계산법과 이문을 남기는 법을 가르치는 일이 얼마나 중요한지 강조하고 있다.

일반적으로 이들 지역에서는 여자가 자기 재산을 직접 관리하는 것이 허용되었으며, 남편을 선택할 때 상당한 발언권을 가질 수 있었다. 더구나 여성들의 혼외정사에 대해서도 꽤 너그러운 경우가 많았다. 그리고 집을 떠나 긴 여행을 해야 했던 여자 무역상도 있었기 때문에, 비록 위험하기 짝이 없는 방법이 동원되었지만, 여성이 출산 여부를 직접 결정하는 것도 허용되었다(낙태를 시키기 위해 약초를 달여 마시거나 바위에서 뛰어내리는 등 다양한 방법이 사용되었으며, 심지어는 영아 살해도 그 방법 중 하나였다). 1400년대에 이 지역을 휩쓸고 지나갔던 이슬람 선교사들은 말할 것도 없고 100여 년 뒤에 들어온 기독교인들도 이런 상황에 경악해 이 여성들을 덜 독립적이고 더 순종적이게 만들려고 했다.

이렇게 못마땅한 것이 많았지만 이 지역에서 처음으로 자리를 잡은 첫 유럽인인 포르투갈인들은 돈벌이도 좋고 방어도 튼튼한 식민지를 건설하려면 이런 여성들과 국제결혼을 하는 것이 불가피하다는 사실을 깨달았다. 네덜란드 동인도회사는 마침내 네덜란드 여자들의 수입을 포기하고(사실 고아원, 심지어는 매춘굴에서나 '기꺼이' 아시아까지 가려는 신붓감을 가끔씩 찾아냈을 뿐이고, 그나마 신랑감들 사이에서는 이런 신붓감에 대한 불만이 대단했다), 앞서 포르투갈 남성과 아시아 여성 사이에서 태어난 여자들에게 눈을 돌렸다. 이들은 최소한 서양 말을 할 수 있었고, 명목상으로나마 기독교인이었기 때문이다. 게다가 이들 중 상당수는 점점 더 국제화되고, 종종 폭력적이기도 했던 무역 분야에서 사업상의 이해관계를 보호하는 데 유럽인 남편이 얼마나 쓸모가 많은지에 대해서도 어머니로부터 배워 알고 있었다. 특히 바타비아(지금의 자카르타)에 있던 네덜란드 총독부의 참의원들은 그들 자신이 부자인 경우는 거의 없었지만, 동인도회사가 법률이나 독점권을 내세우며 현지인 아내의 사업에 끼어드는 것을 막아 주기에는 더 없이 좋은 자리를 차지하고 있었다. 이 때문에 이들은 가장 돈이 많은 축에 들던 현지인 여성들이 특히 선호한 남편감이었다. 따라서 엘리트들의 국제결혼을 성사시키기는 상대적으로 쉬웠다. 그러나 이렇게 탄생한 가정이 애초 암스테르담에서 계획했던 대로 움직이도록 만드는 것은 꽤나 어려웠다.

  네덜란드 동인도회사의 가장 중요한 목적은 당연히 이윤을 남기는 것이었다. 그리고 이윤을 남기는 가장 확실한 방법은 (후추에서 도자기에 이르는) 모든 아시아 상품의 유럽 수출을 독점하는 것이었다. 동인도회사는 원칙적으로는 대유럽 교역보다 훨씬 규모가 컸던 아시아 내부의 교역에 참여하는 모든 배들에게 인가를 내주고 세금을 걷을(혹은 침몰시킬) 권리도 갖고 있다고 (최소한 가끔씩이라도) 주장했다. 물론 여기에는 동남아시아 여자 무역상의 배도 포함되었다. 그러나 바다는 넓고 수많은 경쟁자들이 얽히고설켜 있던 상황에서 이런 체제를 강요하는 것은 불가능했다. 그리고 동인도회사는 강력한 내부의 적까지 상대해야 했다. 대부분의 동인도회사 직원들이 얼마 안 가 네덜란드로 물건을 밀수하는 것이 위험하고 어려운 반면, 아시아 대륙 안에서 불법(또는 반합법)적으로 교역을 하면 공식적인 봉급은 상대도 안 되는 큰돈을 만질 수 있다는 점을 깨닫게 된 것이다. 현지인 아내는 이런 방식으로 돈을 버는 데 완벽한 동업자였다. 이들은 튼튼한 연고를 갖고 있었으며 현지 시장 사정도 훤히 꿰뚫고 있었다. 거기에다 상당한 양의 자본금을 갖고 있었고, 남편이 갑작스럽게 전근을 가게 되더라도 아무런 영향을 받지 않고 가업을 계속 경영할 수 있었다.

그리고 일부 특별히 파렴치한 네덜란드인들에게는 일종의 문화적 사기를 칠 수 있는 기회도 열려 있었다. 현지인 아내의 상대적으로 높은 지위를 이용해 돈을 번 다음, 네덜란드 법체계에서는 여성의 지위가 낮다는 점을 이용해 재산을 혼자 독차지할 수 있었던 것이다. 그 다음에는 네덜란드로 돌아가 '정숙한' 아내를 맞아 아주 정착할 수도 있었다(하지만 법이 남자 편에 서 있었다고는 해도 여자가 자신의 비공식적 영향력을 동원해 영악하게 대처하거나, 재산을 숨겨 놓았다면 이런 과정은 매우 복잡해지기 십상이었다. 실제로 한 네덜란드 남성이 이런 방법으로 현지인 아내가 벌어들인 대부분의 재산을 수중에 넣기는 했지만, 법적 절차가 자그마치 19년이나 걸렸다).

남자에게 네덜란드 법과 교회라는 강력한 동맹자가 있었다면, 여자들에게는 기후가 편이 되어주었다. 인도와 동남아시아 등지에서는 외국인 남편이 젊은 나이에 죽는 경우가 많았다. 그 결과 돈 많은 과부가 남게 된다. 이런 여자들은 뒤이어 들어오는 유럽 모험가들이 눈에 불을 켜고 찾아다니는 신붓감이었다. 덕분에 이들 과부는 최소한 얼마간의 독립이라도 보장해주는 결혼 협상을 할 수 있었다. 이들 중에는 심지어 세 명에서 네 명의 유럽인 남편을 먼저 보낸 여자들도 상당수 있었다. 아주 드물게 바타비아에서 오래 살아남는 네덜란드 남성들도 있었는데, 이럴 경우 네덜란드 동인도회사에서 상당히 높은 자리까지 올라 많은 재산을 모았고, 그들 스스로도 한 번 이상은 결혼을 했다. 그러나 이런 남자들은 (이미 높은 지위에 올라 있어서 특별한 연줄이 있거나 돈이 많은 신붓감을 고를 필요가 없었기 때문에) 마지막 부인은 자기보다 훨씬 젊은 여자들을 택하게 된다. 이렇게 해서 대단히 돈이 많은 소수의 미망인들이 남게 되었는데, 이들의 행실은 칼뱅주의를 깊이 신봉하고 있던 네덜란드 남자들을 자주 분개하게 만들었다.

바타비아가 건설되던 1619년부터 1800년대 말까지 네덜란드의 도덕주의자들과 독점주의자들은 이 여성들을 '길들이려고' 끊임없이 전쟁을 치렀고 적어도 부분적으로는 성공을 거뒀다. 뒷세대의 현지인 아내들은 앞 세대 여인들보다는 유럽의 성도덕을 훨씬 더 충실히 따르는 것처럼 보였기 때문이다. 그리고 원거리 무역을 성공적으로 수행하는 데 필요한 자본과 외국 접촉선의 규모가 커지면서 유럽 기업과 이들의 중국이나 인도 쪽 파트너 — 이들은 모두 남자였다 — 는 현지인 아내가 움직일 수 있는 공간을 점차 줄여 나갈 수 있었다.

19세기 말 여러 가지 혁신(수에즈운하 건설을 비롯한 전신, 냉동 운송, 백신 등의 개발) 덕분에 동남아에서도 진정한 의미의 유럽식 생활을 하는 것이 가능해지자, 신세대 네덜란드 관리들은 파견 근무에 부인을 데려오거나, 가능한 한 빨리 본국으로 돌아가 거기에서 결혼하는 쪽을 택하게 되었다. 하지만 이런 상황에서도 유라시아계 여성들이 주도하는 교역은 현지 경제에서는 여전히 절대적인 비중을 차지하고 있었다. 이를테면 상당수의 현지인 아내들은 상업용 부동산 거래나 대부업 따위를 하면서 남편이 벌어들인 돈을 동남아시아 주요 상업 도시 주변을 개발하는 데 사용했던 것이다(역설적이지만 이런 틈새는 부분적으로는 대부분의 유럽인 남편들이 갖고 있던 인종주의 때문에 여성들의 몫으로 남을 수 있었다. 유럽인들은 가능한 한 현지인들을 직접 상대하지 않으려고 했기 때문이다).

19세기에서 20세기로 넘어갈 때까지도 이 분야와 이 분야를 쥐고 있던 여인들은 사라지기를 거부하고 있었다. 인도네시아의 소설가 프라무댜

투르(Pramoedaya Toer)는 이들 중 한 명을 주인공으로 해서 아주 인상적인 작품을 남기기도 했다. 이 여성은 아주 오랫동안 자기가 관리해 온 사업(과 아이들)을 지키려고 반쯤 미친 네덜란드인 남편과 그의 '법률상의' 네덜란드 가족들에 맞서 싸웠던 인물이다. 그와 비슷한 처지에 있던 현실 속의 여성들이 그랬던 것처럼 소설의 주인공도 끝에 가서는 싸움에서 지고 만다. 그러나 거의 3세기 동안 이 여자와 비슷한 여자들이 외국인 남편이 자기 소유라고 주장하던 세계의 대부분을 실제로 건설하고 지켜왔던 것이다.

11 무역 분쟁, 맷집으로 풀다

얼마간이라도 게임의 규칙을 공유하지 않으면 사람들은 교역을 할 수 없었다. 그러나 상품이 못쓰게 되거나 가격이 갑자기 바뀌고 하는 문제들이 생겼을 때 누가 그에 따르는 비용을 물어야 하는지는 지역에 따라 생각이 다르기 마련이다. 오늘날에는 꼼꼼한 계약서와 상업 협정, 국제법 따위를 따라 대부분의 우발적 사태를 처리하고 있다. 그러나 16세기 동남아의 항구에는 이런 것들이 거의 존재하지 않았다. 이후 인도와 유럽 그리고 무엇보다도 중국에서 동남아산 향신료의 수요가 급격히 늘어나고, 결제 수단인 은 — 주로 일본과 페루에서 유입된 — 까지 쉽게 구할 수 있게 된 덕에 동남아 전역에 걸쳐 교역이 일대 호황을 누리고 상법이 급속히 발전했지만, 언제나 우리가 기대하는 방식을 따랐던 것은 아니었다.

대부분의 동남아 항구에서 무역상들은 같은 민족끼리 집단을 형성하고 있었으며, 각 집단에는 규율을 유지하는 우두머리가 있었다. 예를 들어 구자라트 출신 상인과 네덜란드 상인 사이에 다툼이 생기면 이를 해결하기 위해 우두머리들이 먼저 만나게 된다. 그러나 상인들의 입장에서 보면 여기에도 문제는 있었다. 왜냐하면 직접 자신을 변호할 기회를 갖지 못할 때가 많았고, 집단 전체의 이익이나 아니면 우두머리의 정치적 야심 때문에 개인의 이해가 희생될 수도 있었기 때문이다. 물론 대안 — 현지 통치자의 법정을 찾아가는 따위 — 이 있었지만 오히려 훨씬 더 위험할 수도 있었다. 이 법정에서는 양측의 증인들이 고문을 당할 수도 있었고, 진실한 쪽이 하늘의 도움으로 시련을 더 오래 견딜 것이라고 생각해서 종종 시죄법으로 엇갈리는 주장의 진위를 가렸기 때문이다. 예를 들어 아체에서는 분쟁 당사자들이 녹인 납 속에 한쪽 손을 집어넣고 신성한 문자가 적혀 있는 도자기 조각을 찾게 하는 방법이 일반적으로 사용되었다.

그렇다고 이런 방법이 유럽에서 쓰이던 것보다 반드시 더 '후진적'이지는 않았다. 당시 유럽은 마녀를 화형에 처하고 있었고, 많은 지역에서 정직한 증언을 끌어내려고 고문을 하는 것이 일상적이었기 때문이다. 사실 밀수 혐의로 중국에서 체포되었던 — 나중에 포르투갈의 항의로 풀려나긴 했지만 — 한 포르투갈 선원은 중국 재판이 자기 나라의 재판보다 훨씬 공정하다는 사실에 엄청난 충격을 받았다. 그는 특히 증인에 대한 반대 신문이 공개적으로 이루어지고(그는 이 때문에 뇌물을 주고받지 못할 것이라고 생각했다), 증인이 스스로 신성하다고 여기는 책에다 대고 증인선서를 하는, 포르투갈에서는 상상도 하지 못할 일에 깜짝 놀랐다.

하지만 여러 나라 사람들이 모여들었기 때문에 종교적 차이가 용인되었던 교역 중심지들에서는 진실을 밝히는 데 신에 대한 맹세나 시죄법, 아니면 초자연적인 현상에 의존하던 관행을 없애 버렸다. 동남아시아에는 독립적 지위를 갖고 경쟁하는 항구들이 많았고, 이런 항구들은 무역업자들에게 중개항으로 선택되었을 때 따라오는 수입에 목말라 있었기 때문에, 16~17세기의 교역 붐은 이 항구들이 (시죄법 등과는) 다른 종류의 사업제도를 도입할 강력한 동기를 제공했다.

 교역 붐의 결과 동남아 지역에서 이슬람으로 개종하는 사람들이 엄청나게 늘어났기 때문에 새로운 법률 조항들은 코란에 기초를 두게 되었다. 중국과 특히 유럽의 무역업자들은 하필이면 이슬람에 감화되는 사태가 못마땅했겠지만, 덕분에 훨씬 개선된 분쟁 해결 절차가 만들어졌다는 점은 부인하지 못했다. 이에 따라 사전에 검토할 수 있는 성문법이나 판례 등에 기초해 판결을 내리는 경우가 늘어났고 증인에 대한 공개 심문도 자리를 잡아 갔다. 그리고 분쟁에 휘말린 당사자들에게는 가장 안심이 되는 일이었을 텐데, 주요 항구에서 시죄법을 사용하는 일이 줄어들게 되었다. 이 새로운 법체계는 외국인이 개입되지 않은 사건에도 적용되었고, 내륙의 농촌 지역에서도 여기에 맞춰 재판을 진행하는 사례가 생겨나기 시작했다.

 그러나 18세기에 들어서면서 재판 절차는 원래의 상태로 퇴보하고 만다. 많은 도시에서 시죄법이 다시 일상화되었고, 무법과 인종 간 폭력 사태를 개탄하는 목소리도 높아져 갔다. 도대체 무슨 일이 일어난 것일까?

 여기서도 다시 한번 교역 패턴이 핵심적인 역할을 했다. 17세기 중반 중국과 유럽은 심각한 경기 침체에 빠져들었다. 그러자 동남아시아 물건에 대한 수요가 갑자기 시들해졌고, 세관 수입도 적어졌다. 이에 따라 상당수 왕국이 점차 상업에서 훨씬 덜 세계주의적인 농업으로 돌아섰다. 설상가상으로 군대까지 동원하며 독점을 추구하던 유럽 상인들(특히 네덜란드 동인도회사)의 힘이 커지면서 그나마 유지되던 무역이 유럽인들의 배와 요새화된 도시로 점점 더 집중되어 갔다. 이제 동남아시아의 다른 항구들은 한편으로는 유럽의 대포에 직접 파괴되기도 하고 수입이 줄어들기도 하면서 움츠러들었다. 이제 권력자들에게 이들 항구 도시는 이전만큼 중요하지 않게 되었고, 그 결과 항구의 상징이었던 상대적으로 세속적이고 관용적인 분위기 역시 사라지게 되었다. 역설적이지만 이런 상황은 유럽인들이 사실상 현지의 왕권을 좌지우지하던 곳에서 훨씬 심각했다. 행정에 따르는 비용을 최소한으로 유지하려다 보니 유럽인들 생각에 집행이 가장 쉬울 것 같은 '현지 관습'을 따라 지배하는 경우가 많아진 것이다. 이런 와중에 아주 오래전 관습들이 부활하였고, 유럽인들은 도시에서 시행되던 비교적 세련된 최근의 관습은 외부에서 영향을 받은 것으로 그런 '원시적'인 환경에서는 가식이라고 치부해버렸다(이 유럽인 지배자들은 현지 관습을 너무 '존중'하는 바람에 가장 '야만적인' 관습이 진정한 '정통성'을 갖고 있다고 믿는 지경까지 가고 말았다. 그리고 일부 지역에서 이런 관습들이 성행하도록 내버려둬서, 이를 피해 유럽인들의 근거지로 교역이 집중된다면 그것 역시 나쁠 게 하나도 없었다). 유럽 제국주의가 자리를 잡아 가면서 대외 교역이 동남아시아 전역에 걸쳐 사법제도 개혁의 촉매가 되는 시절은 완전히 끝났다. 오히려 국제 교역은 '선진적인' 사법제도와 '후진적인' 사법제도 사이의 골을 더욱 벌려놓은 장본인이 되고 말았다.

12 세금징수 대행업자들

우리는 보통 우리가 살고 있는 지금이 특히 경제적인 면에서 가장 국제주의적인 시대라고 생각한다. 금융과 생산, 소비 취향이 국제화되고 국경의 중요성이 줄어드는 등의 현상이 우리 시대의 특징이라는 식으로 말이다. 그러나 어떤 사업가들에게는 (대략 1500년에서 1750년에 이르는 기간의 중동과 남아시아, 동남아시아처럼) 앞선 시대와 장소들이 지금보다 훨씬 더 국경 없는 세계에 가까웠다. 그리고 이들 떠돌이 무역상들의 상당수는 (국경 없는 시장의 창출이 아니라) 체류국의 정치에 깊이 개입함으로써 최대의 이익을 낼 수 있었다.

대부분 페르시아와 중국 출신인 이 사업가들은 인도양으로 연결된 세계 전역에 진출해 지금의 모잠비크에서 인도네시아까지 자신들의 근거지를 건설했다. 이들은 직물과 곡식, 금과 다이아몬드에 이르기까지 사실상 구할 수 있는 거의 모든 상품들을 사고팔았다. 그러나 이들이 수많은 왕국의 국경을 마음대로 넘나들 수 있었던 것은 오늘날에는 보통 자국인에게만 허용되는 특별한 종류의 용역을 제공했기 때문이다. 그것은 바로 세금을 거둬들이는 일이었다. 이들은 세금 징수 대행업을 하는 사람들로, 자신을 비롯한 자기 고용인들이 자유롭게 행동하는 조건으로 , 주어진 지역 안에서 거래되는 일정한 물건에서 세금을 거둬 일정액을 왕에게 떼어주기로 계약을 맺고 일했다.

1500년 이후부터는 인도양 일대의 거의 모든 나라가 상인들에게 최소한 조금이라도 세금 징수권을 공매했다. 중국 출신의 대행업자들은 동남아 지역 대부분의 경매에서 징수권을 따냈고, 반면 페르시아 대행업자들은 이곳에서는 많이 재미를 못 봤지만 다른 곳에서는 경매를 거의 휩쓸었다. 일단 세금 징수 대행업자로 자리를 잡고, 그런 지위에 딸려오는 중요한 권리들 − 예를 들면 자신이 관세를 걷는 항구에 들어오고 나가는 모든 화물을 검사할 권한 따위 − 까지 갖게 되면, 좀 더 전통적인 사업 분야인 해운과 도매, 금융, 중개 등에서도 꽤 많은 혜택을 볼 수 있었다. 그리고 상당한 양의 세금을 바치겠다는 약속을 제대로 지키거나 현금에 굶주린 왕에게 선금을 지불한 경우에는, 근대 국가라면 외국인에게는 거의 맡기지 않을 직책을 수행하기도 했다. 이를테면 이들은 장군이나 제독에 임명돼 특정 지역이나 무역에 대한 '자기' 나라의 권리를 보호하려고 군대를 일으키기도 했다. 인도양 세계에 처음 도착한 유럽인들 역시 이들 정치 상인을 없어서는 안 될 중개인이나 무역 동업자로 여겼다.

무하마드 사이드 아르데스타니의 사례를 한번 살펴보자. 1591년 페르시아에서 태어난 그는 1620년대에 무슬림 술탄의 영지였던 인도 골콘다(Golconda)에 홀연히 나타나 말 교역상으로서 큰 재산을 모았다. 지금은 '말 장사'라고 하면 말 몇 마리를 끌고 다니는 행상이 먼저 떠오를지 모르지만 17세기의 남아시아에서는 사정이 전혀 달랐다. 1400년대 이후 줄곧 인도에서는 전쟁의 규모가 급격히 확대되고 있었는데, (페르시아에서 시작한) 무굴 제국이 지금의 인도와 파키스탄, 방글라데시, 아프가니스탄까지 가능한 한 넓은 지역을 정복하려 하고 있었고, 다른 나라들(그리고 그 동맹)은 자기들대로 저항의 근거지가 될 만큼 넓은 지역을 장악하려고 했기 때문이다. 이런 상황에서 말은 군사력의 가장 중요한 두 축 중 하나였다. 그러나 인도에서는 말이 한 마리도 나지 않았다. 결국 아라비아와 페르시아 아니면 중앙아시아 등지에서 막대한 비용을 치르고 군마를 사와야 했다(군수품으로서 중요한 또 한 가지 수입품은 신형 대포였는데, 1500년 이후에는 유럽의 상인들에게서 살 수 있었다). 사실 말은 (더 많은 말을 사기 위해 대부분이 재수출되었던 은을 계산에 넣지 않을 경우) 단일 품목으로는 인도가 가장 많이 수입한 상품이었다. 그리고 1500년에서 1700년까지 인도가 아마도 세계 최대의 수출국이었다는 점을 감안하면, 말 교역은 세계 무역에서 굉장히 중요한 고리였다. 이 같은 전략적 중요성이 있었기 때문에 거의 모든 국가가 말 교역에 깊이 개입했고, 아예 독점하는 경우도 많았다. 결국 큰 규모로 말 교역을 하려는 상인에게는 보통 말 수입국의 관리 자리를 받아들이거나 궁정 정치에 발을 담그는 두 가지 길이 있었다. 둘 다 싫으면 다른 사업을 할 수밖에 없었다.

궁정에서 자리를 확보한 뒤(골콘다의 술탄들은 현지 인도 상인보다는 페르시아 출신 무슬림을 더 좋아했다) 아르데스타니는 교묘한 책략으로 엄청난 돈벌이가 되는 또 다른 이권을 재빨리 손에 넣었다. 바로 골콘다의 전설적인 다이아몬드 광산 중 한 곳의 경영권을 따낸 것이다. 이렇게 해서 거대한 부를 쌓게 된 그는 술탄이 전쟁 수행에서 가장 필요로 하던 것, 바로 군자금의 조달을 도울 수 있게 되었다.

군대가 커지고 장비가 고급화되면서 전쟁 비용은 치솟았고, 왕들은 무역과 농업에서 더 많은 세금을 뽑아내야 했다. 몇몇 왕들은 직접 교역에 나서기도 했지만 대부분은 기존 무역상들에게 교역 면허를 내주고 그 중 한 명에게 면허세와 관세를 징수하는 자리를 파는 편이 훨씬 더 효율적이라는 점을 알고 있었다. 그렇게 최고 자리에 앉은 사람은 화물선들이 무엇을 운반하고 있는지 손쉽게 파악할 수 있었다. 따라서 일단 징수관이 되고 나면 정보를 독점함으로써, 또 자신의 물건을 파는 사이에 경쟁자의 화물을 붙들어 놓음으로써, 심지어는 경쟁자에게 '밀수' 혐의를 덮어씌움으로써 쉽게 이익을 챙길 수 있었다.

1630년대에 아르데스타니는 당시 인도의 동쪽 해안에서 가장 큰 항구 마술리파트남(Masulipatnam)이 있는 안드라프라데시주의 주지사 겸 세금 징수 대행인이 되었다. 이 지방은 직물을 사려고 아시아와 유럽 사람들이 몰려들면서 전 세계의 부를 끌어들이고 있었다. 인도의 직물은 동남아에서는 향신료, 동아프리카에서는 금, 서아프리카에서는 노예, 신세계에서는 담배와 설탕, 유럽에서는 은 따위와 거래되고 있었다. 항구 제일의 세금 징수관으로서 아르데스타니는 비록 격렬한 다툼을 벌이는 일도 잦았지만 얼마 지나지 않아 영국과 네덜란드, 포르투갈 사람들과 손을 잡게 된다. 네덜란드 동인도회사는 아스데니타니의 환심을 사려고 대부분의 다른 화물선에는 자신들이 장악한 해역의 통행을 금지하면서도 그가 소유한 배에 대해서만은 통행 허가를 내주었다. 이를 통해 아르데스타니의 개인 왕국은 금방 동쪽의 미얀마와 인도네시아까지 확장되었다. 골콘다 현지 경제에는 정부 관리로서 개입할 수 있었고, 국제 거래에서는 외국인들의 도움을 받아 우위에 설 수 있었던 덕에 그의 일인 복합기업은 엄청난 시너지 효과를 누릴 수 있었다.

인도양의 항구에서 무역을 하는 외국 상인들에게는 한 가지 문제가 있었다. 계절풍 때문에 언제쯤 항구에 도착할 수 있고, 또 언제 항구를 떠나야 하는지는 이미 정해져 있었던 데 반해, 상당한 이윤이 보장되어 있던 인도의 정교한 직물만은 몇 달 앞서 주문을 해 놓아야 했던 것이다. 외국 회사들은 상당한 액수의 선금을 조달하느라 큰 압박을 받고 있었고, 직물을 짜는 직조공이나 중개인이 돈만 받고 줄행랑을 쳤을 경우 파산해 버릴 수도 있었다. 바로 이 대목에서 아르데스타니 같은 현지인 동업자가 절실히 필요해졌던 것이다. 그는 현금이 풍부했을 뿐만 아니라 직물을 짜는 상당수의 촌락에서 토지세를 비롯한 다른 세금을 징수할 권리를 갖고 있었기 때문이다. 골콘다의 술탄은 아르데스타니에게 세금을 징수하게 함으로써 (왕실보다는 마을 주민들과 훨씬 친밀했던) 촌락의 지배층에게 일을 맡겼을 때보다 더 많은 세금을 거둬들이고 있었다. 비록 술탄에게 약속한 세금이 너무 많았기 때문에 자신을 위해 가외로 세금을 더 짜낼 수는 없었지만, 어쨌든 술탄에게서 사들인 세금 징수권 덕분에 그는 농민과 직조공, 현지 중개인을 대단히 효과적으로 장악하고 있었다. 그는 자신과 단골 고객을 위해 최상급 직물의 대부분을 묶어 놓을 수 있었다. 영국과 네덜란드인들은 상당한 대가를 치르고서야 아르데스타니 같은 중간 상인을 거치지 않고 생산자들과 직거래를 하는 것이 얼마나 어려운 일인지를 깨달을 수 있었다.

아르데스타니의 승승장구는 한동안 계속되었다. 1640년대 골콘다의 술탄이 인도 해안 지역에 영토를 더 넓히기 위해 수많은 전투를 벌일 때 장군으로서 전투에 한 차례 참가했는가 하면, 세금을 징수하는 지역은 점점 더 넓어져 갔고, 완전히 유럽산 무기로만 무장한 5,000명이 넘는 개인 호위대가 있을 정도였다.

 그러나 마침내 그도 몰락하게 되는데, 그의 몰락은 예상할 수 있었던 유일한 시나리오를 따라 진행되었다. 아르데스타니가 궁정의 파벌 싸움에서 패배하자 새 술탄은 그가 도를 넘는 강력한 권력을 갖고 있는 점을 우려해 그를 체포했다. 그러나 그 패배는 일시적이었다. 그는 거대한 재산의 일부를 써서 석방될 수 있었고, 곧바로 무굴 제국으로 망명했다. 그곳에서 그는 귀족 작위를 받았고, 골콘다에서 하던 일을 이 새로운 땅에서도 다시 시작할 수 있었다. 이런 전향은 드문 일이 아니었다. 세금 징수 대행업을 하던 상당수 상인들은 일생 동안 여러 왕실을 섬겼다. 이들을 체포했다가 돈을 받고 석방시켜 주는 것은 이제는 용도 폐기된 정치 상인에게서 마지막 동전 한 닢까지 긁어내려고 자주 사용하던 방식이었기 때문이다. 이런 사람들의 자리를 빼앗고 내쫓을 때도 가혹하게 다루지는 않았다. 이 성공한 정치 상인 대부분은 어디에선가 똑같은 일을 하는 친척이 있었기 때문에, 다른 나라의 궁정에서 권력을 쥐고 있는 사람들을 적으로 만들 필요는 없었던 것이다. 그리고 새 세금 징수 대행업자에게 필요한 기록들 대부분이 옛 업자의 개인 수중에 있었던 것도 한 이유가 되었다(사실 장기적으로 봤을 때 세금 대행업자들이 인도양 연안 국가들의 통치술에 가장 크게 기여한 대목은 바로 이들의 회계 기법이 세금 명부 관리에 그대로 이전되었다는 점이다). 실제로 외국 출신 세금 징수 대행업자들은 남아시아의 상업과 정치에서 없어서는 안 될 존재였고, 세금 징수가 이들을 거치지 않고 이루어진 것은 아주 긴 시간이 지난 다음이었다. 실례로 1757년 벵골 지방을 점령한 영국 동인도회사는 새로운 정치 체제를 수립하지 않았다. 그들은 원래의 통치자는 그대로 두고 대신 그 통치자가 법인 형태의 신종 상인, 즉 동인도회사에게 최고 세금 징수 대행인이라는 유서 깊은 직위를 맡기도록 했을 뿐이다.

13 면화를 상아로 바꾸는 연금술

면화를 상아로 바꾸려면 어떻게 해야 할까? 이번엔 더 난처한 질문인데, 면화를 노예로 바꾸려면 어떻게 해야 할까? 비교적 수가 적었던 인도 상인 집단은 16세기부터 이 연금술의 비밀을 알고 있었다. 그들의 마법이란, 아시아와 아라비아, 아프리카 일부 지역을 포괄하는 대양 횡단 교역이었고, 결과적으로 유럽과 아메리카 대륙의 중개상들이 이 마법이 이뤄지는 과정에서 한 축을 담당하게 된다. 이는 단순한 교환으로 보이지만 사실 정치적, 종교적, 문화적 경계뿐만 아니라 대양과 바다, 강을 넘나드는 복잡하고 국제적인 거래였다. 어떻게 그런 일이 일어난 것일까?

가장 먼저 떠오르는 답은 '교역'이다. 교역은 일반적으로 생산자(판매자)와 구매자(소비자) 간의 합의를 통해 '수요'와 '공급'의 상호작용으로 이루어진다. 우리는 이러한 거래가 상품의 판매가, 즉 판매자와 소비자의 합의에 의해 결정되는 상품 가격에 의해 주도된다고 생각하는 경향이 있다. 그러나 합의에 기반한 약속이라는 생각은 강압이 자주 작용하는 국제 비즈니스 거래에 있어 일반적이지 않을 뿐만 아니라, 상업회로에 포함된 많은 사람과 많은 교환을 지나치게 단순화하는 것이다. 또한 거래자가 사회적, 정치적, 문화적 목적으로 다양한 관계를 구축하는 계기와 거래의 목적을 단순하게 이해하는 것이기도 하다.

이 이야기는 인도와 예멘, 동아프리카(특히 모잠비크), 마다가스카르, 마카레나 제도에서 눈에 띄는 성과를 낸 인도양의 그러한 교역 회로 중 하나에 관한 것이다. 이 교역 회로는 남아프리카와 앙골라, 브라질, 리오 데 라플라타까지 확대되었고, 인도 서부의 구자라트와 포르투갈, 프랑스, 스페인 사람들, 그리고 스와힐리와 말라가시, 기타 아프리카 상인들뿐만 아니라 나중에는 영국 식민지 체제의 사람들까지 발을 들였다. 이 회로에 몸담은 사람 중에 대륙을 넘나드는 자신의 역할을 깨닫는 이는 없었지만, 그럼에도 불구하고 그들은 수십만의 사람들과 동물들에 영향을 주는 교역망에서 없어서는 안 될 역할을 했다. 결과적으로 이러한 상업 체제 속에서 구자라트의 인도인 생산자와 상인들은 번성을 누렸고, 인도인들은 결혼식에서 아프리카의 보석을 주고받았다. 동아프리카에서는 추장들이 아름다운 가운을 두르게 됐으며, 천을 교환의 수단으로 사용하게 됐다. 또한 마카레나 제도와 브라질에서는 설탕과 커피 재배가 확대되었고, 유럽의 제국주의가 확산됨에 따라 사람과 죽은 코끼리에 대한 상업 거래가 증가했다.

200년 넘게 번성했던 대륙 횡단 네트워크에 대한 우리 이야기의 중심에는 작지만 널리 흩어져 있었던 인도인 상인 그룹인 '바니아(Banias)'가 있다. 인도 구자라트 출신으로 힌두교와 자이나교의 한 계급인 바니아들은 구자라트주의 도시인 수라트에 집중되어 있었고, 특히 포르투갈의 지배를 받던 소수민족 거주지인 디우섬에 많이 살았다. 디우섬은 인도 북서부 카티아와르반도와 다만(Daman) 해안에서 떨어져 있었다(나중에 인도의 여러 지역에서는 '바니아' 또는 '바니안'을 종교와 별개로 상인들만을 지칭하는 말로 사용했지만, 이 이야기는 힌두교도와 몇몇 자이나교도 무역상에 대한 것이다). 역사학자 필립 커틴(Philip Curtin)은 바니아를 일컬어 영토 밖에서 교역을 행하며 이주 집단을 형성한 '문화 간 중개인'으로 불렀다. 힌두교도와 자이나교도 상인들인 이들 바니아가 현지에 정착하여 현지인과 결혼하여 자식을 낳음으로써 이주민인 바니아의 문화와 현지의 문화가 어우러지는 결과를 낳았기 때문이다.

역동적인 중위 계급의 구성원들인 이들 바니아는 상인으로 활동했다. 왜냐하면 그들의 상위 계급인 힌두인들은 현지 관습에 따라 계급적 지위를 상실할 수 있다는 이유로 바다를 건너는 여행이나 상업을 하려 들지 않았기 때문이다. 반면 그들보다 '더 낮은' 계급들은 상업에 참여할 수단이 없었다. 결국 수출품과 수입품의 거래를 주선하고, 운송을 계획하고, 자금을 조달하는 역할을 담당하며 이익을 창출하는 일은 바니아 계급, 그리고 이들과 이웃한 무슬림들의 몫이 되었다.

구자라트 출신 사람들 가운데 상당수는 자신들의 위치 덕분에 국제 무역 전문가가 되었다. 구자라트에는 인도양에서 가장 분주한 항구들이 있었다. 구자라트는 북쪽과 서쪽으로 페르시아만과 아라비아반도, 홍해, 동아프리카에 근접해 있었으므로, 구자라트의 상인들은 인도 남부와 인도 동부, 향료 제도(몰루카 제도의 옛 이름), 그리고 동쪽으로 중국과도 교역을 했다. 우연히도 구자라트 사람들은 면직물 공업에 전문화되어 있었다. 풍부한 면화가 자생했고 숙련된 노동자도 있었기 때문이다. 그들은 전 세계적으로 가장 유능한 방적공이자 방직공이었으며 날염공이자 염색공이었다. 그들은 세상에서 제일 값싸고 질 좋은 천을 생산했으며 스타일의 변화에 발 빠르게 적응했다. 그들은 또한 선원과 조선사로서도 경험이 많았다.

구자라트 출신 교역상들은 기원전 4세기에 이미 예멘 남부의 소코트라 섬까지 과감하게 진출했으며 서기 9세기부터는 아라비아의 끝 아덴에서도 교역 활동을 했다. 14세기에는 남쪽의 인도 남부 지역과 동쪽의 향료 제도에서 후추와 정향, 계피, 카르다몸(생강과의 향신료)을 공략한 향신료 교역에 참여했다. 그러나 포르투갈에 이어 네덜란드의 무장 병사들이 인도양으로 들어와 바니아들이 향신료에 접근하지 못하게 하자, 교역은 방향이 달라져야 했다.

이에 대응하여 수라트와 뭄바이의 주요 항구 근처에 있는 디우와 다만 출신 몇몇 모험심 충만한 힌두교 상인들은 홍해로 이주했다. 1520년대에 이 지역들이 포르투갈령 인도의 일부가 된 후에 포르투갈인들은 자신들이 요구하는 세금을 내는 것을 전제로 이 힌두교 상인들의 대외교역을 허가했다. 인도 출신 상인들의 상업적 수완과 성공은 결국 인도양 북부의 포르투갈 제국에 재정적으로 크게 기여하게 된다.

우리의 이야기에서 중요한 부분은 오스만 제국의 지배를 받으며 성장 중이던 예멘의 주요 수출입항 모카에서 바니아 계급이 강력한 상업적 지위를 차지했다는 것이다(3장 3절 참조). 한 유럽 방문자는 바니아들에 대한 그곳의 평판을 이렇게 적었다. "바니아들은 계산과 경제 관련 분야에서 능력과 재주가 뛰어나서 무슬림을 위해 세금과 관세를 거둬들이는 데 있어 상당한 신뢰를 받고 있었다." 이러한 사실은 현재의 이슬람-힌두 간 긴장을 고려하면 놀라워 보일지 모르나 당시에는 그렇지 않았다. 이슬람교도와 힌두교도 사이에 이따금 폭력적 충돌 사태가 일어나는 인도에서도, 그리고 무슬림이 아니면 일반적으로 불신을 사거나 종종 적대시되기도 하는 예멘에서도 이 두 종교의 추종자들은 사업이라는 것을 할 수 있었다. 비록 인도 사람은 경제적으로는 중요해도 사회적으로는 열등하다는 모순에 직면하기는 했지만 말이다. 이것은 동남아의 중국 상인이나 유럽의 유대인 상인들이 그랬듯, 예멘의 인도인 상인들도 현지에서 인정받을 것은 돈 버는 능력뿐이었음을 의미한다.

17세기의 한 여행가는 다음과 같이 언급했다. "그들 가운데는 매우 부유한 상인들도 있었고, 금과 은의 무게를 다는 사람들도 많았다. 간단히 말해, 그들은 온갖 종류의 교역에 몸담고 있었다." 그러나 그들은 시민권이 없는 이방인이었다. 그들은 젊은 나이에 예멘으로 와서 재산을 모을 때까지 머물다가 때가 되면 신부를 맞고, 고향에 정착하기 위해 영구 귀국했다.

본국으로의 귀환은 매력적이었다. 왜냐하면 예멘에 거주하는 한 그들은 권리가 거의 없었고 차별대우를 받아야 했기 때문이다. 이를테면 바니아들은 여러 신을 믿는 다신론자였기에 일신론자인 무슬림을 배척했다.

예멘에서 힌두교인 바니아는 특별 거주세를 내야 했으며 그 결과 정부 관리들에게 돈을 빌려주도록 강요받았고 빌려준 돈을 돌려받지 못 하는 일도 종종 있었다. 그리고 은밀한 장소에서 종교 생활을 해야 했으며 (복장 규정 같은) 윤리 규제 법령으로 고통을 받았다. 또한 이들은 결혼이 금지되었으며, 죽어서 예멘에 묻힐 수도 없었다. 설상가상 바니아들이 예멘에서 죽으면 그들의 재산은 예멘 관리들이 압류했다. 그리고 한술 더 떠서, 경제적으로 중요한 중개인 역할을 하던 바니아들은 종종 개종을 강요당하기도 하고 살해당할 위협까지 받았다.

많은 외국 상인들처럼 바니아들도 그들이 교활하거나 정직하지 못하다고 생각하는 많은 무슬림들에게 박대를 받았다. 그러나 이들은 예멘의 시장을 동양과 연결하는 과정에서 핵심적인 역할을 했다. 인도양의 상업 항구와 여러 예멘 시장에는 그들과 종교가 같은 인도 사람들이 집단 이주해 살고 있었는데, 바니아들은 그들에게 상업 관련 정보를 제공했고, 나아가 은행 서비스도 공급하게 된다. 커피 무역으로 모카 지역이 번성했던 것과 같이 바니아들 역시 처음에는 튀르크인들, 나중에는 유럽인들의 상업 중개인 역할을 하면서 번성했다. 터키 튀르크인들과 유럽인들은 멀리 동쪽에서 온 예멘의 커피와 향신료, 직물, 그리고 아메리카 대륙에서 온 은을 구입하기 위해 이 항구 도시로 들어갔다. 그러나 불행히도 바니아들은 그 수익성 좋은 무역에서 핵심적인 역할을 계속할 수 없었다. 이들은 늘어가는 세금과 치솟는 가격, 예멘인들의 불신으로 인해 결국 쫓겨나기에 이른다.

그러자 바니아들 중에는 자신들에 대한 저항이 상대적으로 적었던 아프리카 동부 해안의 포르투갈령 소수민족 거주지로 이동하는 이들이 생겨났다. 그들은 특히 포르투갈의 힘이 세지고 있었던 모잠비크로 모여들었다. 1498년 포르투갈인들이 인도양에 처음 도착한 지역 중 하나인 모잠비크섬은 포르투갈 함대에 식량을 제공하고 소형 선박을 수리하는 요충지가 되었다. 이곳이 상업 중심지가 된 것은 나중에 잠베지 계곡에 있는 대규모 코끼리 떼의 상아를 해안으로 가져오면서였다. 포르투갈인들이 찾던 상아는 대부분 포르투갈에 의해 느슨하게 지배받던 아프리카 내륙의 추장들이나 (포르투갈인과 현지인의 혈통이 섞인) 루소 아프리카인들이 제공했기 때문에 상아를 확보하는 일은 이들을 힘으로 누르기만 한다고 될 일이 아니었다. 상아와 교환할 무언가가 있어야 했다. 유감스럽게도 포르투갈에는 아프리카인들이 원하는 것이 아무것도 없었다. 그러나 이 무역은 리스본이 아닌 인도 남부의 식민지인 고아주의 포르투갈령 인도에서 통제했다. 이러한 연결성을 근거로, 구자라트 출신 바니아들은 코끼리 도살을 감시하는 아프리카 추장들에게 직물을 갖다 바쳤다.

그런데 왜 아프리카 추장들이 구자라트산 직물을 원했을까? 어쨌든 면화와 직물은 동아프리카에서도 구할 수 있었는데 말이다. 구자라트산 상품들은 어떤 점이 특별했을까? 재능 있는 구자라트 방적공과 방직공, 염색공들은 아프리카 추장들과 다른 교역상들의 구미를 당기는, 알맞게 비싼 천들을 생산했다는 데 그 이유가 있다. 패션은 이러한 교역에서 접착제 역할을 했다. 통치자들은 의례용, 과시용으로 인도산 직물을 사들여 통치 계급과 그 아래 계급을 구분 지었다. 아프리카의 엘리트들은 정치적으로 중요한 위치에 있어서 옷을 잘 차려입었고, 옷을 잘 차려입어서 중요한 사람이 되었다. 수요는 계절에 따라서도 변하는 법인데, 인도인 수출업자들이 인도양 건너편에 필요한 품목을 어떻게 알 수 있었을까? 바로 이 부분에서 모잠비크섬과 아프리카 내륙에 있던 바니아들이 중요한 역할을 했다. 그들은 판매량과 고객들의 요구를 면밀히 분석했고, 아프리카의 거물들로부터 대출을 연장했으며, 복잡하고 접근이 어려운 강기슭과 육지의 교역로를 통해 상품이 운송되는 것을 알아냈다. 역사학자 페드로

마차도는 다음과 같이 말했다. "구자라트 직물에 대한 높은 수요는 직물의 다양한 용도와 아프리카 소비자에게 각인된 무수한 사회적, 문화적 의미에서 비롯되었다." 18~19세기에 노예를 사기 위해 아메리카에서 아프리카로 은이 들어오면서 직물의 경제적 의미는 점점 더 커졌다. 이에 따라 직물은 상아와 노예, 은과 같은 주요 교역 물품의 가치를 평가하는 중심수단이 되었다. 실제로 직물은 효과적인 통화의 구실을 했다. 유용하고 장식적 가치가 높은 만큼 교환 가치로 사용하기도 좋기 때문이었다. 예를 들어 모잠비크에 있는 포르투갈 군대는 급여를 직물로 받기도 하였다.

그러나 왜 인도인들이 그렇게까지 상아를 원했는지에 대해서는 여전히 의문이 남는다. 인도에도 코끼리는 많았다. 하지만 인도의 코끼리는 종류가 달랐던 것 같다. 우선 인도의 코끼리들은 전쟁에 사용되었다. 따라서 인도의 왕자들은 코끼리의 일부를 보호해야 했다. 또한 인도 사람들이 찾는 상아는 주로 장식용이었다. 사람들이 세상에서 제일 큰 육상동물을 보석을 만들기 위해 살상했던 것이다. 구자라트에서는 결혼식에 쓸 팔찌와 반지를 만들어야 해서 상아의 수요가 높았다. 결혼을 앞둔 여성이라면 누구나 팔과 손가락을 장식할 반짝이는 하얀 보석을 찾았기 때문이다.

모잠비크의 코끼리떼에게는 안타깝지만, 이는 예비 신부들은 인도코끼리의 누런 상아보다 아프리카코끼리의 밝은색 상아를 선호한다는 것을 의미했다. 대양 횡단 교역은 인도 소녀와 소녀의 어머니가 선호하는 패션을 위해 동원되었고, 그 결과 1750년 이후 80년 동안 모잠비크에서만 약 3만 마리의 코끼리가 도살되었다. 근사하고 똑똑한 매머드(멸종한 코끼리과의 포유동물)와 그 엄청난 수송력은 가치가 줄어버려서 이제는 상아 값이 곧 코끼리 값이라고 할 수 있었다. 코끼리 고기는 거의 팔리지 않았다. 실제로, 세상에서 가장 큰 육지 포유류의 고기는 무역의 관심 대상이 아니었다. 코끼리는 무역 상품이 될 수 없었지만, 코끼리의 상아는 상품이 되어 파운드 단위로 판매되었다.

따라서 포르투갈령 인도 고아주에서 후원받는 특정 인도 계급은 구자라트인 방직공과 모잠비크 왕자, 루소아프리카인, 아프리카 추장들 사이에서 중개자 역할을 했다. 그러나 양방향 상거래로 이루어지는 '교역'이라는 말로는 당시에 이뤄지던 상품 순환의 복잡성을 다 설명할 수 없다. 아프리카 추장들은 상아 말고도 전쟁 포로나 채무가 있는 사람, 범죄를 저지른 사람들을 교역 물품으로 팔았다. 이미 14세기와 15세기에 수천 명의 아프리카인들이 교역을 통해 인도로 보내져 집안일을 하거나 군 복무를 했다.

프랑스 식민지 개척자들이 인도양의 섬인 모리셔스와 레위니옹에 정착하면서 이 오랜 무역(이 장 4절 참조)은 더욱 다양해지고 대륙 횡단 무역으로 확대되기에 이르렀다. 프랑스인들은 사탕수수와 카리브해의 커피 재배에서 배운 교훈으로 이전까지는 무인도였던 이 섬에서 노동을 담당할 노예들을 찾아 나섰다. 근처에 있는 마다가스카르섬에서 처음으로 노예를 산 그들은 곧 노예무역에서는 모잠비크의 포르투갈인들이 더 믿을 만한 소식통이라는 것을 알게 되었다. 1700년대 중반에 바니아는 다시 커피 무역에 뛰어들었지만, 이제는 파리에 커피를 공급하는 레위니옹의 밭에서 일할 모잠비크 출신 노예를 수천 명 팔고 있었기 때문에 보다 직접적으로 커피 무역에 뛰어들었다고 볼 수 있었다. 모리셔스와 레위니옹의 사탕수수 밭에도 아프리카 노예들이 와서 일을 했다. 노예무역은 1780년대에 최고조에 이르렀고 매년 8,000~10,000명의 노예가 모잠비크에서 프랑스 영토로 이주했다.

그러나 바니아의 커피 디아스포라와 섬유 무역의 이와 같은 변질은 또 다른 변화로 이어진다. 18세기와 19세기 초, 브라질과 미국, 스페인의 운송업자들이 남아프리카와 그보다 먼 브라질의 커피 플랜테이션이나 사탕수수 플랜테이션에 판매할 목적으로 모잠비크에서 노예를 사기 위해 동아프리카로 왔다. 이 상인들은 사탕수수나 당밀과 교환하는 조건으로 쿠바에서 모잠비크 노예들을 팔았다. 이들의 노예 거래는 우루과이와 부에노스아이레스 그리고 페루 북부의 은광으로도 이어졌다. 남아메리카 상인들은 플랜테이션과 광산에서 일할 노예와 교환하고 그들에게 옷을 입힐 목적으로 인도의 직물을 구해야 했다. 구자라트 출신의 방직공과 디우나 다만 출신의 바니아들은 2개의 대양과 3개의 대륙에서 없어서는 안 될 존재들이었다.

이 무역은 일부 상인과 운송업자, 아프리카 추장 그리고 유럽인 플랜테이션 소유주들에게 풍부한 혜택을 가져다주었다. 이들만큼은 아니지만, 인도의 면화 재배자와 방직공, 방적공, 염색공, 잠베지 계곡의 코끼리 사냥꾼도 이러한 대양 횡단 교역 회로에서 수익을 올렸다. 그러나 마스카레나스섬과 케이프타운, 브라질, 우루과이, 아르헨티나로 팔려 와 일한 노예들은 이 대륙 횡단 교역의 혜택을 전혀 누리지 못했다. 실제로 이들은 수많은 아프리카코끼리들처럼 고통을 받거나 죽임을 당했다. 구자라트의 예비 신부와 잠베지 계곡 추장들을 기쁘게 하기 위해 면화를 상아로 바꾸는 마법과 유럽의 소비자를 위해 아프리카 출신 노예를 커피와 설탕으로 바꾸는 마법은 세계 경제를 움직였지만 상당한 비용을 치러야 했다. 면화와 상아, 커피, 설탕 외에 대양 횡단 교역을 일구어낸 마법의 재료는 교역과 땀, 그리고 피였다.

14 상인 귀족들의 시대는 저물고

기업들은 항상 직원의 교제비 지출을 억제하고 싶어 한다. 그렇지만 그것이 언제나 말처럼 간단한 문제는 아니었다. 사실 지금의 다국적기업들의 선조격인 17~18세기의 영국 동인도회사(EIC)는 이를 관철하기가 결코 쉽지 않아 골머리를 앓아야 했다.

동인도회사의 경리 부서에서 마드라스(Madras: 지금의 첸나이) 현지 대표가 기르던 호랑이 사육비 청구서 같은 항목의 결제를 갑자기 중단했던 것은 당시로서는 상식적인 업무 집행이 아니었다. 사실 동인도회사는 당시에는 충격적이기까지 했을 현대적인 경영 방식을 도입하고 있었지만, 그나마 경영 원리라기보다는 훌륭한 영국 사업가가 가져야 할 인종적 우월감이나 청렴한 태도, 명예 따위의 포괄적인 세계관 속에 뭉뚱그려져 제시되었던 것이다. 따라서 이런 방침은 동인도회사 직원들에게나 먹혀들었을 뿐이다.

동인도회사에서 또 하나 새로웠던 점은 주식회사였다는 것이다. 이에 비해 광범위한 네트워크를 가졌던 초기 기업들은 사원들이 무한책임을 지는 다양한 형태의 합명회사(合名會社)였다. 따라서 먼 외국에 파견된 직원에게도 사업으로 이윤을 내는 것은 자기 지분에 따른 이익 배당과 직결된 문제였다. 설사 아직은 공동 경영자가 아니더라도 회사의 장기적인 안정에 얼마간의 이해관계가 걸려 있었고, 아니면 최소한 본국에서 자신의 평판이 어떨지에 대해서는 신경을 썼다. (예를 들어 중국의 상인 가문들은 젊은 조카나 하인을 얼마 동안 해외에 보내 사업을 경영하도록 했다. 얼마간의 실적을 올리고 돌아와야만 이들은 회사의 지분을 살 수 있었고, 그런 연후에야 결혼을 할 수 있었다.) 그러나 동인도회사의 직원들은 회사의 주식을 거의 갖고 있지 않았다. 그럴 만큼 충분한 자본을 갖고 있는 사람들은 보통 돈을 벌기 위해 인도까지 가려고 하지 않았기 때문이다. 따라서 동인도회사의 새로운 조직 형태 때문에 해외 파견 직원과 회사가 충돌할 가능성은 그만큼 높아져 있었다.

그러나 이보다 더 중요했던 것은 동인도회사(그리고 네덜란드와 프랑스, 덴마크를 비롯한 유럽의 다른 나라들이 세운 그 사촌들)는 그저 단순한 주식회사가 아니었다는 점이다. 이 회사는 아시아의 대영 수출을 합법적으로 독점하고 있었고, 아시아 이외의 시장에서도 필요하면 무력까지 동원해 독점이나 전매권을 따내도 좋다는 면허를 갖고 있었다. 사실 당시로서는 어마어마했던 선행 투자비 — 요새를 짓고, 다른 유럽 열강들로부터 회사 소속 상선들을 보호해줄 호위 함대를 운영하는 따위의 비용 이외에도 일상적인 사업비까지 여기에 포함되었다 — 를 회수하기 위해서라도 동인도회사는 다른 곳에서 독점권을 확보해야만 했고, 이 과정에서 무력을 공격적으로 사용했다. 그러나 이런 상황은 얼마 지나지 않아 동인도회사를 상호 모순되는 두 방향으로 밀어붙였는데, 이것은 현대적인 경영 방식과 식민지 개척, 이 두 가지 모두에 치명적인 결과를 가져왔다.

우선 계속 독점을 유지하려면 회사의 현지 대표들이 회사 자금을 정치에 쓸 수 있도록 상당한 재량권을 주어야 했다. 즉, 큰 돈벌이가 되는 현지 이권 사업을 넘겨줄 가능성이 있는 지방 제후들의 비위를 맞추고, 원하는 상품의 유통을 장악하고 있는 현지 상인이나 귀족(이 둘이 같은 사람일 경우가 많았다)과 교제하거나, 기존 제후보다 더 좋은 거래 조건을 제시할 수 있는 현지 실권자를 설득해 결탁 관계를 맺기 위해서는 상당한 정치 자금을 마음대로 쓸 수 있어야 했다. 결국 성공한 상인은 장군도 또 동시에 아첨꾼도 돼야 했다. 마드라스의 현지 대표가 호랑이 사육비 청구서를 본사로 보낸 것은 자신을 제후나 고급 관리들과 상대할 만한 상류층 인사로 보이도록 만드는 데 필요한 비용은 당연히 회사가 부담해야 한다고 생각했기 때문이다. 그리고 영국 상인들은 자기는 기독교도였지만 현지의 힌두교 여성을 아내로 맞을 때는 — 이들 중에는 유럽에 부인이 있는 사람들도 상당수 있었다 — 현지 종교의 색체를 강하게 띤 축제 따위를 베풀기도 했다. 물론 그것은 스스로 즐기기 위한 것이기도 했지만, 그럴 필요도 있었기 때문이다. 영국 동인도회사가 인도에 근거지를 마련하고 활동하던 처음 100년 남짓한 동안에는 런던의 본사도 이런 관행을 내버려두었다. 현지 사회에 깊숙이 파고드는 것이 사업을 하는 데 필수적임을 인정했던 것이다.

그러나 다른 한편으로는 넓은 지역에 걸친 사업, 특히 독점 사업을 할 경우에는 바로 이 해외 파견 고용인들을 철저하게 관리할 필요도 있었다. 문제는 이들 중에서 회사의 봉급만으로 부자가 될 수 있다고 믿는 사람들은 거의 없었다는 점이다. 결국 이들은 자신의 명의로 광범위한 거래를 하기 시작했다. 그리고 고용인의 개인 사업 중 일부는 동인도회사의 이윤 극대화와 불가피하게 충돌할 수밖에 없었다. 이에 따라 런던의 본사에서는 해외 파견 고용인들이 호화스러운 생활을 하며 현지 엘리트들과 어울리면서 도대체 누구의 이익을 챙기고 있는지 의심스러워졌던 것이다.

세련된 회계 기법이 도입될수록 런던 본사는 경비 지출에 관해 점점 더 까다로운 규칙을 적용하려고 무던히 노력했다. 그러나 마음만 먹는다면 빠져나갈 구멍을 찾기는 하나도 어렵지 않았다. 그저 호랑이나 연회의 시종들 같은 항목을 회계 장부에 다른 식으로 기재하면 되었기 때문이다.

이처럼 장부를 통한 원거리 감독이 여의치 않자 마침내 도덕까지 동원되기에 이르렀다. 비용 지출에도 점점 더 빡빡한 규정을 적용하는 한편, '원주민'들과 너무 친해지면 진정한 영국인(또는 스코틀랜드인, 아니면 뭐가 되었든 진정한 유럽인)으로 남아 있을 수 없다는 점을 인식시키려고 포괄적인 도덕 교육이 병행된 것이다. (이런 변화들은 1700년대에 들어 유럽인들의 인종주의적 경향이 전반적으로 강화되고 유럽인의 우월성에 대한 믿음이 커져가던 추세와 궤를 같이하면서 더욱 가속화되었다. 그리고 냉정한 사업가는 질펀한 귀족들과는 달라야 한다는 인식이 확산된 것도 이런 변화를 촉진한 원인이 되었다.) 1700년대 말이 되자 현지인 '부인'들은 '첩', 심지어는 '창녀'로 재분류되었다. 현지인 부인들, 그리고 그들과 함께 사는 남자들은 18세기 말 전쟁과 공포가 휩쓸고 지나가던 무렵 요새화된 유럽인들의 정착지에서 쫓겨나기까지 했다. 연회 따위를 열어 원주민 엘리트들을 접대하던 관례는 한 번도 중단된 적이 없지만 점점 필요악으로 여겨지게 되었고, 여기에 탐닉하면 유럽인들의 영혼(과 국가적 정체성)에 위협이 된다는 생각이 자리를 잡게 되었다. 이런 인식의 변화는 원주민들과 어울리는 것이 회사의 이익에도 손해를 끼친다는 견해를 한층 더 강화했다. 국제 귀족으로서 어디를 가든 현지 상류층의 생활 방식에 합류하던 위대한 상인들의 시대는 가고 있었다. 이제 높은 언덕 위에 저택을 따로 지어 놓고 본국의 관습을 따라 살면서 현지의 풍습과는 교묘하게 거리를 유지하는 서양 상인들 또는 식민지 관료들의 시대가 밝아오고 있었다.

15 위험한 동거

'자본이 풍부한 나라의 투자자들에게 기회를 주어라. 그러면 이들은 자본이 충분하지 않은 나라에서 높은 수익을 올릴 수 있는 기회를 덥석 물 것이다.' 이것은 수요와 공급의 법칙만큼이나 기초적인 경제 이론이다. 이 이론은 지금도 브라질의 리우그란데(Rio Grande)에서 유럽 연합의 주변지역까지, 부자 경제와 가난한 경제가 만나는 곳에서는 어디든 희망과 두려움을 몰고 다니고 있다(사실 1980년대 라틴아메리카의 외채 위기 때처럼 자본이 이와는 다르게 이동했던 경우가 자주 있기는 했다). 돈은 이러이러하게 흘러야 한다는 기대는 200년 전 영국 동인도회사가 마드라스와 봄베이(뭄바이), 윌리엄 요새(Fort William, 캘커타[콜카타])에 새 식민지를 건설할 때도 지금처럼 강렬했다. 이미 이 지역들에서는 교역이 활발하게 진행되고 있었고, 영국은 이 거점들을 통해 투자가 유입될 것이라고 기대하고 있었다. 특히 캘커타에 가장 큰 기대를 걸었는데, 상대적으로 윤택했던 벵골 지역에 쉽게 접근할 수 있었기 때문이다.

그렇다면 그로부터 100년 가까운 세월이 흘렀을 즈음 캘커타에서 영국과 벵골 간 교역이나 증기를 이용한 인도 최초의 근대 공업, 또 영국 총독부 등에 돈을 대고 있던 사람들은 누구였을까? 람 고팔 고시, 모틸랄 실, 드와르카나트 타고르, 아슈토시 데이 등으로 이들은 모두 벵골 지역의 상인들이었다. 사실 1860년대 이전까지 영국인들은 이렇다 할 만큼 인도에 투자를 하고 있지 않았다. 바로 이 무렵 영국에서 시작된 금융공황 때문에 벵골의 대상인들(그리고 이들이 설립한 다국적 수출입 대행업체들과 은행들)이 파산했을 때에야 비로소 영국인들이 개입할 자리가 생겨났다. 그 결과 벵골 대상인들의 자손들은 다른 분야로 진출할 수밖에 없었다. 하지만 그로부터 얼마 지나지 않아 몇몇 유럽인들은 인도인들을 사업에서 몰아내기가 결코 만만치 않다고 푸념을 늘어놓기 시작했다.

이들 인도인 금융업자 겸 교역상들이 겪은 흥망성쇠의 드라마는 영국이 인도에 진출하기 전 무굴 제국의 조세 제도와 함께 시작되었다. 무굴 제국은 상대적으로 가난한 인도의 북쪽 지방을 기반으로 했기 때문에 쌀 농사에 적합한 환경에 해상 운송까지 쉽게 이용할 수 있었던, 따라서 훨씬 풍요롭고 상업화되어 있던 남부 지역에서 가혹하게 세금을 짜내야 했다. 그러나 세금의 상당 부분은 델리(Delhi)와 아그라(Agra)의 지배층들이 사치품을 구입하는 과정에서 다시 남부로 흘러들어 갔다. 이 사치품 거래는 (주로 중동과 동남아시아 지역을 상대로) 인도 직물과 다른 상품들을 대규모로 수출하고 있던 상인들이 주도했다. 오래지 않아 이들 중 좀 더 큰 손해를 감수할 수 있을 만큼 많은 돈을 갖고 있던 부자 상인들은 금융업에도 손을 대, 제국 조정과 귀족들의 세입을 늘려주었다.

　1700년대에 무굴 제국이 허망하게 무너지고 나자 사치품 교역은 많이 줄어들었지만 그렇다고 완전히 말라 버린 것은 아니었고, 또 이들 상인들은 계속해서 이후에 들어서는 국가들의 재정을 다룰 수 있었다. 실제로 여러 국가와 동시에 거래를 하면서 이 상인들의 협상력이 커졌고, 제후국들은 전쟁을 계속해야 했기 때문에 항상 돈이 필요했다. 이 때문에 '정치권력의 상업화'는 18세기 인도 성장 산업 가운데 하나가 되었다. 영국이 해안에 세운 마드라스나 봄베이, 캘커타 같은 식민지들도 사실 처음에는 현금이 달리는 또 다른 제후국에 지나지 않았다. 다만 필요로 하는 것이 무굴 제국의 붕괴로 등장한 아요디아(Oudh)나 로힐칸드(Rohilkhand) 따위의 제국들과는 조금 달랐을 뿐이다. 또 이들 식민지가 지급하는 (8~12퍼센트의 이자가 붙은) 어음이 다른 제후국들의 것보다 별반 신용도가 높은 것도 아니었다. 그리고 수익을 영국으로 송금하는 절차가 복잡했기 때문에 캘커타의 어음 교환업자들은 송금 업무만으로도 큰돈을 벌 수 있었다. 이들로서는 기존의 광범위한 거래처에 런던에 있는 은행 하나를 더 추가하면 되었기 때문에 조금도 어려운 일이 아니었다.

　영국인들이 **달랐던** 부분적인 이유는 바로 이 송금에 있었다. 대부분의 영국인들은 인도 궁정의 기품 있는 후원자가 되기보다는 큰 재산을 모아 본국으로 보내고 싶어 했다. 그 결과 그들은 인도 직물이나 보석을 팔아 번 돈을 왕에게 빌려주는 대신 화폐 그 자체를 수출했다. 이는 큰 문제가 아닐 수 없었다. 인도에서는 귀금속이 부족해 수 세기 동안 금괴나 은괴를 수입해 왔다. 그런데 갑작스럽게 주화가 유출되면서(인도 전역에서 1년에 500~600만 파운드 가량이 빠져나갔다) 만성적인 유동성 문제가 발생한 것이다. 그것도 교역이 늘어난 데다 신기술들이 엄청난 가능성을 예고하면서 투자 자금이 간절했던 때에.

캘커타의 벵골 출신 상인들은 영국 체류자들과 합자로 다국적 '대행 상사'를 설립해 이처럼 다양한 이 지역의 금융 수요를 충족시키려고 했다. 벵골 상인들은 자본과 현지 정보를 제공했고, 갠지스강을 따라 펼쳐진 광활한 내륙 지대에 선을 대는 역할도 했다. 영국인들 중 일부는 기술자들로, 증기 엔진과 면방적 기계 등 당시의 첨단 기술을 이전했다. 하지만 그 밖의 다른 영국인들은 그들의 주장대로라면 영국의 유력 인사들과 알고 있다는 정도 말고는 이 회사에 내놓은 것이 별로 없었다. 결국 영국인들 중에는 제법 큰 상인은 거의 없었던 셈이다. 게다가 동인도회사는 어떨 때는 새 사업을 지원하다가 또 어떨 때는 방해를 하는 등 일관성이 없었을 뿐만 아니라 회사를 둘러싼 부패설이 꼬리를 물면서 인도에 대한 영국 본토의 장기 투자는 거의 이루어지지 않고 있었다.

이러는 중에도 이들 중개 상사들은 정부 재정과 교역 자금을 계속 조달하면서 전망이 밝은 새 사업 분야들, 예를 들면 증기 펌프로 채굴하는 탄광업에서부터 새로운 제염법(製鹽法) 개발, 예인선 건조, 철교 건설, 차 플랜테이션 개발, 설탕 정제업, 심지어는 철도 건설(비록 서류상으로만 검토되었지만)에까지 손을 댔다. 이들은 해외 사업에도 관여했는데, 이를테면 당시 계획 단계에 있던 캘커타와 수에즈 간 증기우편선 운영 사업의 입찰에도 참여했다. 그러나 이 사업들을 하기에는 항상 자본금이 충분치 않았다. 한꺼번에 그렇게 많은 분야로 사업을 확장하다 보니 자본이 부족한 것도 이유가 되었지만, 캘커타의 유럽인들에게서 끌어 모을 수 있는 자본은 언제든 회수될 가능성을 안고 있었기 때문이다. 더욱이 대행 상사들은 상대적으로 수는 적었지만 이해를 둘러싼 분쟁은 많이 일으켰다. 예를 들어 타인 소유의 기업을 대신 경영하는 대행 상사가 자신(아니면 공동 경영자 중 한 사람)이 지분을 많이 갖고 있는 기업과 수상쩍은 거래를 하는 경우가 흔히 있었다.

그리고 가장 심각한 문제는 이 대행사들이 하나같이 사업 확장보다는 영국으로 수익금을 보내는 데 더 혈안이 되어 있던 영국인들 때문에 사업에 지장을 받고 있었다는 점이다. 대행 상사들을 통해서 원하는 만큼 돈을 빼낼 수 없었던 영국인들은 아편이나, 인디고, 면화, (조금 뒤에는) 차처럼 쉽게 교섭이 가능한 수출 상품들을 찾아 나섰다. 그나마 수요 변화(주로 다른 곳의 작황 상태에 따라 결정되었다)가 있어서가 아니라 주로 당장 영국으로 보낼 **돈을 벌** 수단이 필요해서 이런 상품들을 수출했기 때문에 모든 수출품들이 주기적인 불황과 활황에 휘둘릴 수밖에 없었다.

1840년대에 극심한 불황이 인디고 시장을 강타하자, 이들 대행 상사들이 다양한 분야에 투자했던 것은 겉모습뿐이었다는 점이 드러나게 된다. 인디고를 선매했던 대행 상사들은 자본 회전이 빠른 사업들을 계속 유지하려면 어느 정도의 현금이라도 벌어야 했기 때문에, 인디고 가격이 떨어졌는데도 플랜테이션을 계속 운영했다. 이렇게 해서 가격이 떨어졌는데도 공급이 계속되면서 도산하는 플랜테이션들이 생겨나기 시작했다. 불똥은 탄광들에까지 튀었다. 인디고 플랜테이션에서는 인디고를 삶는 데 석탄을 사용했기 때문에 이들은 탄광의 가장 큰 고객이었다. 그런데 바로 이 고객들이 석탄 대금 지불을 중단하기 시작한 것이다. 이에 따른 세금 체납은 대행 회사들이 돈을 빌려주었던 제후국들의 재정까지 약화시켰다. 인디고와 아편은 사실상 화폐 대용품의 기능을 하고 있었기 때문에 인디고 가격의 폭락으로 거의 모든 사람의 돈줄이 말라 버렸다. 상황이 절박해지자 대행 상사의 이사들 ― 인도인과 영국인이 섞여 있던 ― 은 '창의적인' 회계 운용을 생각해내, 그들이 사업을 대행하는 회사들에서 막대한 자금을 빌린 뒤 가격이 다시 오를 때까지 기다렸다. 그러나 인디고를 팔지 않고도 버틸 수 있을 만한 자금을 가진 사람은 아무도 없었기 때문에 악순환은 계속되었다. 마침내 런던의 한 은행이 캘커타에서 가장 큰 유니언은행(Union Bank)의 어음 인수를 거부하자, 카드로 만든 집은 결국 무너지고 말았다. 비판적인 영국 신문들은 공황 마지막 단계의 추문들과 "벵골 지역의 상도덕 결여"에만 초점을 맞췄을 뿐 본국, 영국이 제공한 좀 더 근본적인 원인들은 지나치고 말았다.

파산한 벵골 상인들은 다시는 상업에 손을 대지 않았다. 상당수가 토지 임대업이나 (1858년 인도 전체가 대영 제국에 병합되면서 조만간 급격히 팽창하게 될) 공직 따위가 제공하던 상대적인 안정성을 택했고, 나머지 상인들은 교육이나 의학, 예술 등의 분야로 진출했다(시로 노벨문학상을 받은 라빈드라나트 타고르가 바로 드와르카나트 타고르의 손자다). 마침내 새 회사법에 따라 순수 영국 자본에 의한 은행들의 설립이 촉진되었고, 이 은행들은 비유럽인들에게는 거의 대출을 하지 않았다. 그리고 1860년대에 (산업화된 국가가 아니고서는 감당할 수 없었던 지속적인 대규모 자본 투자가 필요한) 철도 건설이 시작되면서 전에는 투자를 꺼렸던 영국인들이 돈을 풀기 시작했다. 이렇게 인도의 신경제에서 최상층을 독차지하게 된 영국은 바야흐로 참된 기업가 정신이 무엇인지를 '가르치기' 시작했다.

2장

교통과 교역

왜 중국은 바다를 지배하지 않았을까 | 콜럼버스, 똑똑한 놈 위에 있던 운 좋은 놈 | 나라의 수도, 그 거대한 밥통들 | 창고가 밀어준 서부 개척 | 아메리카 대륙 이주는 신화? | 스탬퍼드 래플스와 싱가포르 | 무역과 무질서, 진보, 상하이를 만들다 | 수에즈운하가 분열시킨 인도네시아 | 인도 철도, 무너진 기대 | 수 세기에 걸친 짧은 여행

| 교역을 하려면 파는 사람한테서 사는 사람에게 물건을 보내야 한다. 물건을 싸게 보낼수록, 그 양이 많을수록 이윤은 커지게 된다. 사람들은 아주 오랜 기간에 걸쳐 온갖 수단을 동원해 운송비를 낮춰 왔다. 그리고 많은 경우 그 변화는 눈에 잘 띄지 않는 방식으로 진행되었다. 로마 시대 때 올리브유를 수송하는 데 썼던 도기 항아리들을 면밀히 관찰해 보면 느리기는 하지만 꾸준히 두께가 얇아져 갔다는 점을 확인할 수 있다. 올리브유를 운반하는 데 불가피하게 수반되는 추가 중량이 점점 줄어들었던 것이다. 그러나 증기력을 이용하기 전까지는 더 어떻게 해볼 수 없는 근본적인 한계가 있었다. 하지만 그 후에도 새로운 기술이 등장해 거리의 장벽을 일거에 뛰어넘었다는 식으로 단순하게 얘기할 수 있게 사태가 진행된 것은 아니었다. 하물며 교통의 발달로 사람들이 더 가까워졌다거나 교역이 늘었다고 말할 수 있게 된 것은 더더욱 아니었다.

*

철도가 발명되기 전까지는 수상 운송이 육로 운송에 비해 에너지 효율 면에서 훨씬 뛰어났다. 청나라 말기에 곡식 한 자루를 육상으로 운반할 경우 가격이 1마일마다 거의 3퍼센트씩 올라갔다. 그리고 석탄의 경우에는 4퍼센트씩 올라갔다. 따라서 화물이 무거울 경우에는 수상 운송이 비용 면에서 엄청나게 유리했다. 또 1828년 무렵까지도 미국 대서양 연안의 도시들에서는 내륙 쪽으로 불과 몇 킬로미터만 들어가면 되는 광대한 산림에서 땔나무를 끌어오는 것보다 바다 건너 영국에서 석탄을 사와 난방을 하는 편이 더 쌌을 정도였다.

그럼에도 톤마일(ton-mile: 수송량의 단위로 1마일 운반된 1톤의 화물에 해당 – 옮긴이)의 측면에서 보면 훨씬 많은 화물이 수상보다는 육로로 운반되었다. 여기에는 지리적인 요인이 가장 크게 작용했다. 대부분의 생산과 소비가 수로 바로 옆에서 이루어진 것은 아니기 때문이다. 따라서 무엇이든 한곳에서 다른 곳으로 운반되었다면 일부분은 육로를 이용했다. 그리고 에너지 면에서 효율적이라고 해서 반드시 경제적으로도 그런 것은 아니었다. 이를테면 짐을 운반하는 짐승들은 꼭 무언가를 먹어야 하긴 했지만 길가를 따라 풀만 충분히 나 있으면 운반자로서는 비용이 하나도 들지 않았을 것이다. 또한 이 짐승이 목초지를 찾아 어차피 이동해야 하는 경우라면 (이 장 3절에 소개되는 인도의 거대한 황소 행렬처럼) 상당한 장거리 운송이라고 해도 비용은 놀랄 만큼 쌌을 것이다. 게다가 굳이 길을 낼 필요도 없었다. 땅만 편평하고 농사 따위를 짓고 있지 않았다면 짐승들이 이동하면서 자연스럽게 길이 생겼다. 물론 인구 밀도가 높아서 (그래서 땅값도 비쌌기 때문에) 짐승들에게 풀을 뜯기면서 갈 수 있는 길이 없었던 지역에서는 산업화 이전에는 감당하기 힘들 정도로 육상 운송료가 비쌌다. 그러나 이런 지역들은 보통 수로가 잘 발달된 곳들이었다. (예를 들어 네덜란드와 중국 양쯔강 삼각주에서는 자금과 교역량이 충분했고 토목 기술도 뒷받침되었지만 도로 사정은 참담할 정도였다. 이들 지역에서는 아무리 노력을 해 봤자 수상 교통과 경쟁할 수 있을 정도로 육상 운송료를 낮출 길이 없었기 때문이다.) 하지만 인구 밀도가 낮은 지역을 여행하는 것도 나름대로 어려움이 있었다. 가령 그레이트 실크로드 행렬에서는 방호에 가장 큰 비용이 들어갔다(이 책의 5장 참조).

메소아메리카의 경우 발달된 수로나 짐을 질 커다란 짐승 따위는 없었지만 마야와 아스테카인들은 험산준령을 오르내리며 엄청나게 먼 거리에 걸쳐 화물을 운반했다. 교역은 사람의 등에 얹혀 수천 마일의 거리를 뛰어넘었다. 수백 명의 타마메스(tamames: 짐꾼) 행렬이 멀리 떨어져 있는 지배 집단들을 연결시켰다. 그러나 여기서 길을 채웠던 것은 이윤을 목적으로 생산된 상품들이 아니라 강제 노역과 공물이었다(1장 7절 참조). 이러한 운송 방식은 제국주의가 막을 내린 후에도 인간을 짐승처럼 부리는 사적 강제 노역을 통해 계속되었다(이 장 10절 참조). 경제적 이해타산이 아니라 지위와 권력이 교역을 자극했던 것이다.

육상 운송이든 수상 운송이든 자연적 제약이 항상 문제가 되었다. 지리적 조건이 특별히 좋았던 지역을 빼고는 장거리 운송을 할 만큼 가치가 있는 물건들은 대부분 부피 대비 가격이 높은 것들이었다. 비단이나 금, 은, 설탕, 커피, 약초 등이 여기에 해당했고 밀이나 석회석, 나무 따위는 그럴 만한 가치가 없었다. 결국 지역 간 노동 분업을 만들어내고 수요의 성격을 결정했던 것은 바로 운송이었다. 원격 노동 분업이 이루어져도 좋을 만큼 수요가 충분한 곳에서도 성패의 열쇠는 역시 운송이 쥐고 있었다. 부피가 많이 나가는 쌀을 양쯔강을 따라 내려 보내고, 값비싼 직물들을 거슬러 올려 보내는 것은 경제적으로 그런대로 수지가 맞았지만, 반대의 경우에는 사정이 분명히 달랐을 것이다. 정교한 검이나 고급 린넨(아마로 짠 직물)류 따위를 스페인에서 아르헨티나를 거쳐 볼리비아의 포토시(Potosí)로 실어갈 때는 이문이 남았지만, 밀이나 노새, 포도주 같은 물건들을 아르헨티나 북부에서 스페인까지 싣고 가는 것은 생각도 할 수 없는 일이었다(5장 2절 참조).

운송비용은 도시의 크기까지 제한했다. 보통 음식이나 연료처럼 부피가 큰 물건들은 비용 때문에 운송할 수 있는 거리가 거의 정해져 있었기 때문이다(이 장 1절 참조). 산꼭대기 은광 위에 세워진 덕분에 주민들이 입이 벌어질 정도의 비싼 값도 거리낌 없이 치를 수 있었던 포토시 정도가 여기서 예외가 될 수 있었다.

19세기 이전에도 교역에서 경쟁력 우위를 계속 지키기란 쉬운 일이 아니었다. 육상 교역의 중심지들, 이를 테면 저 유명한 중국의 실크로드를 따라 서 있던 도시들은 정치적으로 평화로울 때에나 군인들과 도적떼에게 약탈을 당하지 않을 수 있었다. 다른 곳에서도 전쟁은 육상 교통로의 운명을 좌지우지했다. 하지만 해상 교역에도 역시 위험이 따랐는데, 그것은 운송비를 낮추는 데 가장 핵심적인 역할을 한 것이 바로 가라앉을 수도 있는 선박이었기 때문이다. 그리고 배에는 덩치가 크고 운반도 어려운 나무로 만든 돛대도 필요했다. 베네치아나 중국의 샤먼(아모이)섬, 그리고 아메리카 대륙에서도 운송과 무역을 장악했던 세력들은 수상 운송이 수월하고 큰 목재가 나는 지역들을 확보하기 위해 점점 더 먼 곳을 찾아다니거나, 선박 건조를 다른 지역에 맡기거나 둘 중 하나를 선택해야 했다. 18세기 무렵 중국 남부 지역에서는 상당수 정크선의 건조를 동남아시아에 맡기고 있었다. 그리고 미국 독립혁명 직전까지 영국 상선의 3분의 1 가량은 신세계에서 만들어졌다. 그러는 사이 영국 해군은 돛대를 만드는 데 필요한 목재를 독점하기 위해 퀘벡과 마드라스처럼 먼 지역에까지 가서 안간힘을 쓰고 있었다(이 장 1절 참조). 그리고 유럽과 아프리카, 아메리카를 잇는 삼각무역을 수행했던 포르투갈 상선의 상당수는 브라질의 바이아(Bahia)에서 건조되었으며, 스페인은 에콰도르 과야킬(Guayaquil)에서 선박을 건조했다.

   자연은 수송 자체를 제한함으로써 교역의 주기는 물론 교역 장소까지 결정했다. 아시아 해양 지역(광둥에서 모카에 이르기까지)의 모든 교역 일정은 계절풍에 맞춰 짜여졌다. 이곳에서는 바람이 몇 달 동안 한 방향으로만 불다가 멈춘다. 그 다음에는 또 몇 달 반대 방향으로만 분다. 따라서 계절풍에 맞서 봤자 아무런 실익이 없었다. 무역상은 한 방향으로 될 수 있는 한 멀리까지 갔다가 바람의 방향이 바뀔 때까지 그곳에서 머문다. 그가 싣고 간 화물은 먼저 와 있던 상인들이 구입하게 된다. 이런 상인들은 그곳에서 얼마나 더 머물 수 있는지, 또 고향으로 돌아갈 수 있을 만큼 강한 바람은 언제까지 불어줄지 정확히 알고 있었다(이 장 1절 참조). 따라서 중국 상인들의 경우 계절풍이 두 번이나 그 이상 바뀌도록 페르시아까지 비단을 싣고 가기보다는, 한 번의 계절풍을 타고 나가 중간 지점에서 중개인들과 거래를 하고, 유향과 양탄자를 싣고 돌아오는 편이 훨씬 현명한 방법이었다. 말라카(지금의 말레이시아), 수라트(인도 서해안), 무스카트(지금의 오만) 같은 곳에 거대한 시장들이 잇달아 들어서는 데는 그 지방에서 생산하는 물건들보다는 그곳을 떠나 한 번의 항해 시즌에 갈 수 있는 거리가 더 크게 작용했다. 계절풍 덕분에 아시아의 해안을 따라 대단히 활기차고 국제주의적 기풍이 충만한 항구들이 줄지어 생겨났던 것이다. 그러나 대부분의 경우 이 도시들은 가까운 내륙 지역들과는 미미한 관계를 유지했을 뿐이다(이 장 11절 참조).

이 시스템은 대단히 효율적이기는 했지만 항해술이나 교역 제도가 아무리 발전해도 증기선이 등장하지 않고서는 도저히 뛰어넘을 수 없는 분명한 자연적 한계를 안고 있었다. 바람의 방향이 바뀌기 전에는 아무도 고향으로 돌아갈 수 없었기 때문에 본국을 떠나 있는 시간을 일정 수준 이하로 줄일 방법(따라서 그동안 승무원을 먹여 살리는 비용이나 자본의 회전 기간을 줄일 방법)이 전혀 없었던 것이다. 반면 대서양에서는 교역이 바람의 패턴에 크게 제약받지는 않았다. 쿠바의 아바나나 멕시코의 베라크루스, 콜롬비아의 카르타헤나 같은 주요 항구들은 중상주의 시절의 스페인이 독점 중개항으로 지정했거나, 영국이 자유방임주의를 표방하면서 자연스럽게 성장한 곳들이다. 스페인이 지배했던 항구들에서 출항 시간을 결정했던 것은 바람이 아니라 정부의 허가였다. 반면 영국이 영향력을 행사했던 항구들에서는 출항 여부가 운송업자 자신에게 달려 있었다. 즉, 항구에서 물건을 싣거나 배를 수리하는 시간만 줄일 수 있다면 자본 회전 기간은 물론 인건비도 충분히 줄일 수 있었다.

18세기 스코틀랜드 무역상들이 창고를 지은 다음 대리인을 시켜 물건을 미리 사 놓고, 또 여러 가지 무역 관행을 개선함으로써 신세계의 항구에서 머무는 시간을 한 번 항해당 몇 주씩 단축했던 것이 대표적인 사례라고 할 수 있다. 어쨌든 이 같은 혁신은 엄청난 변화를 몰고 왔는데, 그 파장은 이들 무역상을 훨씬 뛰어넘었다. 이렇게 해서 대서양 횡단 운송비가 떨어지자 신세계 이주민들은 내륙으로 더 깊숙이 들어갈 수 있게 되었고(그 결과 신세계 안에서는 운송비가 올라갔지만), 그러면서도 자신들이 생산한 담배나 쌀을 비롯한 물건들의 가격 경쟁력을 떨어뜨리지 않고 유럽 시장으로 운반할 수 있게 되었다. 사실 대부분의 정착자들이 (신대륙으로 오기 위해, 농장을 차리기 위해, 유럽의 공산품들을 사느라) 빚을 지고 있었기 때문에, 깊은 내륙에서도 밑지지 않고 수출을 할 수 있게 되고 나서야 비로소 해안에서 멀리 떨어진 지역에까지 들어가 살기 시작한 것이다. 그런데 이런 변화는 장차 이들 유럽인 정착자들에게나 이들에게 밀려난 원주민들에게나 중요한 의미를 갖게 된다(이 장 4절 참조).

*

산업화 이전에는 지리적 조건이나 기상이 운송의 양상(그리고 그에 따른 경제 활동)을 결정한 것이 사실이지만 그렇다고 그것이 절대적이었다고까지는 할 수 없다. 앞에서 얘기한 운송료의 대혁신이 일어나기 위해서는 대서양의 무역풍들이 어느 정도 필요했을 수도 있다. 그러나 무역풍 자체만 갖고는 충분하지 않았다. 우선 비용 문제에 예민했던 스코틀랜드 무역상들이 있어야 했고, 여기에 더해 교역 역시 얼마간은 단일 품목을 중심으로 이루어져야 했다. 예를 들어 볼티모어에 있는 현지 대리인에게 물건을 미리 사 놓도록 책임을 위임하는 것은 그다지 어려운 일이 아니었다. 이 경우 현지 대리인이 체서피크에서 사야 할 물건은 담배밖에 없고, 유럽의 담배 시장이 엄청나게 커졌기 때문에 아무리 많이 사 놓아도 가격이 폭락하는 일은 없을 것이라는 점만 알고 있으면 되었기 때문이다(그리고 훗날 상품에 등급을 매기는 기준이 표준화되면서 이 일은 더욱 쉬워지게 된다[6장 참조]). 반대로 말라카 같은 곳에서는 대리인에게 싣고 돌아갈 물건을 먼저 사 놓도록 하기가 훨씬 까다로웠다. 여기에서는 상선들이 보통 약간의 비단이나 차, 자기, 향료, 설탕 그리고 그 밖의 물건들을 조금씩 싣고 돌아갔기 때문이다. 즉, 무엇이든 적당한 가격의 상품들을 본국의 시장을 공급과잉 상태로 만들지 않을 만큼만 사가야 했던 것이다.

그리고 자연과 인간 중 어느 쪽을 더 잘 통제해서 혁신을 이뤄냈는지가 분명치 않았던 경우도 있다. 1600년 직전부터 네덜란드인들은 발트해를 오가는 항해에 플라이칩(fluitschip)이라고 부르던 새로운 종류의 선박을 사용하기 시작했다. 비록 둔하고 느렸지만 플라이칩은 당시 가장 많이 사용하던 화물선들보다 훨씬 적은 승무원만으로 항해가 가능했고, 덕분에 운항비용도 굉장히 적게 들었다. 그러나 네덜란드인들은 지중해에서 화물을 나르는 데는 이 값싼 배를 전혀 사용하지 않았고, 대서양이나 태평양, 인도양 등의 해상 교통로에서는 말할 것도 없었다. 발트해에서는 해적(그리고 경쟁국 정부 – 사실 이들은 동일한 대상일 때가 많았다)이 이미 제거되었고, 대서양 등의 다른 운송로에서는 그렇지 않았기 때문이다. 느린데다 함포도 최소한만 장착하고 있던 플라이칩의 몇 안 되는 승무원들은 알을 품고 앉아 있는 오리나 마찬가지였던 것이다.

항구의 자연적 조건이 유리하다고 해서 그것이 성공을 계속 보장했던 것은 아니었다. 홍해의 항구 도시 모카는 한편으로는 유럽과 이집트를, 또 한편으로는 페르시아와 인도를 잇는 중요한 중개항이었지만 침적토가 쌓이면서 나중에는 거의 육지로 변하고 말았다(3장 3절 참조). 모카처럼 자연이 운명을 결정하지 않고 사람들이 지리적 조건이 좋은 곳을 물려받거나 산 다음, 그것도 아니면 훔친 다음 지나치게 쥐어짜내려다 그 이점을 잃게 된 경우도 있었다. 다른 사람들이 한 지역이 갖고 있는 위치상의 이점을 독점하려고 할 **가능성**이 있다는 이유만으로 선수를 친 경우도 있었다. 네덜란드가 아시아의 예전 식민지들을 다시 지배하도록 내버려두면 인도양과 대서양을 잇는 말라카 해협을 통과하는 교역이 위축될 것이라는 우려만으로 행동에 나선 영국 동인도회사의 스탬퍼드 래플스가 그 대표적인 예이다(그러나 당시 네덜란드는 나폴레옹 전쟁이 끝난 뒤 영국에 필사적으로 매달리고 있던 터라 사실은 대단히 취약한 상태였다). 어쨌든 래플스는 세계 교역의 유일한 관문인 이곳에 자유무역에 기초한 대체항을 만들게 되는데, 그것이 바로 싱가포르다(래플스는 바로 이 때문에 외교적 고려를 우선했던 소심한 상관들의 '응징'을 받게 된다[이 장 6절 참조]).

*

19세기가 되면 증기선과 철도가 세계의 교역 지도를 완전히 뒤섞게 된다. 증기력을 이용하게 되자 자연에 대한 인간의 통제는 엄청나게 강력해졌지만 거기에도 분명한 한계는 있었다. 증기선은 물살을 따라 갈 때처럼 쉽게 물살을 거슬러 항해할 수 있었고, 연중 어느 때든 대양을 가로지를 수 있었다. 물론 날씨가 험악할 때는 아무리 증기선이라도 위험을 무릅써야 하기는 했다. 그리고 증기삽을 이용하자 운하를 파고 항만을 준설하는 등의 일들을 이전 어느 때보다 빨리 효율적으로 해낼 수 있게 되었다. 덕분에 평시의 화물요금은 거의 자유낙하를 했고, 그렇지 않더라도 최소한 자유낙하를 하는 것처럼 보였다. 그도 그럴 것이 1815년에서 1850년 사이에 대서양을 건넌 화물 대부분의 운송료가 파운드당 80퍼센트쯤 떨어졌고, 1870년부터 1900년 사이에 다시 70퍼센트쯤 내려가, 모두 95퍼센트가 떨어졌기 때문이다.

땅 위의 변화는 이보다 더 컸다. 철도 덕에 육상으로는 처음으로 무거운 화물을 값싸게 대단히 먼 곳까지 옮길 수 있게 되었던 것이다. 그러나 경사가 가파른 곳에서는 사정이 달랐다. (기차는 공기를 주입하는 바퀴를 사용하기에는 너무 무거워서 매끄러운 쇠바퀴를 쓸 수밖에 없었다. 이 때문에 기차 바퀴와 선로 사이에는 마찰이 거의 없었고, 따라서 가파른 경사를 올라가는 것은 거의 불가능했던 것이다. 지금도 노면과 잘 맞물리는 타이어를 단 승용차나 트럭은 쉽게 올라갈 수 있는 경사인데도 철로를 깔 수 없는 경우가 많다.) 그리고 철도 건설에는 막대한 비용이 들어가는 탓에 저개발 지역의 경우 운송비용은 제법 낮아지겠지만 수익은 계속 신통치 않을 수 있었다(이 장 9절 참조).

철도 운송은 그 자체로 고유한 특성이 있었다. 예를 들어 역에서 화물을 싣고 가는 동안 기차의 증기기관을 계속 돌리고 있어야 했는데 이 비용이 꽤 비쌌다. 기관을 꺼 놓을 수 없었던 이유는 다시 돌리는 데 엄청난 시간이 걸렸기 때문이다. 결국 짐을 싣는 시간을 줄여야만 했고, 이렇게 해서 곡물을 한 자루씩 싣는 것이 아니라 폭포처럼 화물칸으로 쏟아 넣는 양곡기(grain elevator)가 등장하게 되었다. 그러나 양곡기를 사용하게 되자 더는 존스네 밀을 스미스네 밀과 분리할 수 없게 되었다. 이것은 대단히 중요한 의미를 갖는데, 여기에 대해서는 근대 세계 경제 체제에서 상품의 변화를 다룬 6장 4절에서 더 자세히 다룰 것이다.

운반 속도와 양은 크게 늘리고, 운송비용은 그만큼 줄여줌으로써 철도와 증기선은 시간과 공간, 상품 제조의 개념을 혁명적으로 바꿔 나가고 있었다. 증기선 덕택에 대서양과 태평양은 작은 호수로 줄어들었고, 대륙들은 작은 공국들로 바뀌게 되었다. 먼 곳에 있던 사람들이 비록 물리적 거리는 가깝지만 교통망에 접근할 수 없는 사람들보다 훨씬 가까워지게 된 것이다. 교통상의 병목(bottle neck)들이 없어지자 시간은 곧 돈이 되었다. 많은 양을 생산했다는 것은 이제 이윤이 그만큼 더 커진다는 의미이지 더는 공급과잉으로 이어지지 않았다. 시간과 거리의 제약이 가뭇없이 사라져 버리면서 판매자와 구매자 사이에 끼어 있던 중개인은 중요성을 잃게 되었다. 제조업자와 금융업자들이 상인들보다 우위에 서게 된 것이다. 그리고 물리적 거리보다 천천히 줄어들게 마련인 문화적 거리를 메우는 일을 하는 광고업자들도 덩달아 중요해졌다. 전 지구를 포괄하는 초시장(supermarket)이 19세기에 형성되고 있었던 것이다. 사치품이 원거리 무역을 지배하던 시절은 이제 가 버렸다. 아르헨티나나 우루과이, 미국에서 들여온 쇠고기와 양고기가, 또 호주나 미국, 인도 등지에서 생산된 밀이 굶주린 유럽인들을 먹여 살리고, 일본의 방적 공장에서는 미국·인도·중국산 면화로 옷감을 만드는 시대가 온 것이다. 이처럼 여러 나라 제품들이 세계 시장에서 경쟁하게 되자 표준화와 1차 상품 시장이 필요해졌다(6장 4절 참조).

운송이 교역의 성패와 규모만을 결정한 것은 아니다. 운송은 새로운 이웃을 만들어냈고, 시간 감각을 탄생시켰으며, 지도를 다시 그렸고, 오늘날 '상품화'와 '세계화'라고 알려진 개념들도 모두 여기에서 비롯되었다. 그러나 운송 혁명이 많은 것을 변화시키기는 했지만 일부에서 예상했던 (그리고 지금도 예상하고 있는) 것과는 달리 지리적인 구별을 무의미하게 만들지는 못했다.

사람들은 기회를 잡고 싶어 하지만 아무리 이윤에 민감하다고 해도 주어진 기회를 전부 쫓아다녔던 것은 아니기 때문이다. 예를 들어 19세기 말의 미국인들은 새로 점령한 대륙을 개발하느라 바다 쪽으로는 거의 눈을 돌리지 않았다. 그 결과 대단히 강력했던 미국의 상업 해운이 거의 죽어 버렸고, 심지어는 지리적으로 미국에 유리했던 해상 교역로(예를 들어 브라질로 가는 바닷길)조차 다른 나라들이 차지해 버렸다.

물리적 거리는 좁혔지만 문화적 거리는 더 벌려 놓은 사례도 볼 수 있다. 네덜란드 동인도 제도(오늘날의 인도네시아)에서는 19세기 말 일련의 변화가 잇따랐는데, 이것이 본국과 식민지의 관계를 더욱 강화시켜 줄 것으로 예상했었다. 수에즈운하의 건설로 채 10년이 안 되는 기간에 항해 시간이 거의 3분의 2가량 줄어드는 등 대양 운송은 한층 개선되었다. 그리고 대양을 횡단하는 해저 케이블이 놓이면서 비로소 (그것도 화물을 보낼 때와 비교하면 엄청나게 적은 비용으로) 새로운 소식들을 거의 실시간으로 전할 수 있게 되었다. 그러나 19세기 말의 인종주의와 네덜란드의 식민정책이 결합되면서 분열은 오히려 더 깊어졌다.

유럽 물건을 쉽게 구할 수 있게 되자(또 의학도 발전한 결과) 동인도 제도의 식민지들을 다스리던 네덜란드 남성들은 그때서야 비로소 네덜란드의 중산층 출신 여성들을 아내로 맞아 식민지로 데려올 수 있게 되었다. 이에 따라 네덜란드 남자와 현지 여성들의 국제결혼이 급감했고, 결국 긴장이 존재하긴 했지만 실질적으로 두 사회를 이어주던 가교도 사라져 버렸다. 그리고 본국으로 돌아가는 것이 훨씬 쉬워지면서(잠시 다니러 가는 것은 물론 해외에서 모은 재산을 갖고 아예 본국으로 돌아가는 것도 쉬워졌다), 네덜란드 관리나 사업가들이 이전에 '동인도 제도' 사회에 가졌던 소속감도 많이 희박해졌다. 유럽인들과 전체 인구의 대다수를 차지하던 원주민, 이 둘에게서 차별을 받던 중국 출신 노동자들과 상인들 역시 전신 덕분에 중국과 접점을 계속 유지할 수 있게 되었다. 이에 따라 중국어 학교가 늘어났고, 중국 내 상황을 좀 더 알게 되면서 본국의 정치운동을 지원하기 위한 모금 활동 따위도 증가하게 되었다.

그리고 (아프리카 남단을 돌던 기존의 교역로 대신) 수에즈운하가 교역로로 사용되면서 대부분 무슬림이었던 인도네시아 원주민들도 개혁 성향 '신이슬람운동'의 발흥과 같은 중동 지역의 변화에 훨씬 수월하게 보조를 맞출 수 있게 되었다(이 장 8절 참조). 적어도 이곳 동인도 제도에서는 운송과 통신의 발달이 사람들을 결합시키기보다는 (식민지 안에서는 물론 식민지와 본토도) 갈라놓는 쪽으로 나아갔다. 기술이 사람의 이동은 말할 것도 없고 물건을 다른 곳으로 보내는 것 역시 쉽게 만들었다는 데는 이론의 여지가 없다. 그러나 결국 자기 자신과 상대방을, 그리고 물건들을 바라보는 방식을 결정하는 것은 기술 그 자체가 아니라 인간일 수밖에 없다.

1 왜 중국은 바다를 지배하지 않았을까

빨리 대답해야 하는 퀴즈다. 산업 혁명 이전에 가장 큰 배는 무엇이었을까? 신세계에서 은괴를 싣고 대서양을 건너던 스페인 갤리언선도 아니고, 결국에는 대서양에서 이 갤리언들을 몰아낸 영국 전함들도 아니다. 이런 배들도 중국 해군의 '보물선'(treasure ship) 앞에서는 크기 자랑을 할 수 없었다.

유럽 상선이나 전함들보다 몇 세기나 앞서 첫 항해를 시작했던 보물선들은 1300년대부터 1400년대 초반까지 엄청나게 멀고 넓은 거리를 항해했다. 동아프리카 해안에 기항했던 것은 물론, 일부 주장에 따르면 아프리카 최남단 희망봉을 넘어서까지 항해를 했으니 당시로서는 유례가 없던 항해거리였다. 이 보물선들 중 가장 컸던 것은 7,800톤급으로 1800년대 영국 해군이 보유했던 가장 큰 전함보다 3배 이상이나 컸다.

선박 건조에 관한 한 이렇게 압도적 우위를 차지했으면서도 중국이 훗날의 영국이나 스페인, 네덜란드, 포르투갈처럼 해양 강국으로 군림한 적이 없었다는 것은 신기한 일이다. 그러나 역사를 면밀히 살펴보면 그럴 만한 이유가 있었다.

해양 강국으로서 중국의 시대는 명 왕조가 1433년 이후 보물선 운항에 대한 지원을 철회하면서 완전히 끝나고 말았다. 이때부터 중국 배들은 지금의 싱가포르 동쪽 안에만 머물렀다. 이로부터 채 20~30년이 지나지 않아 원거리 탐험(그리고 나중에는 원거리 무역)의 주도권은 유럽인들에게 넘어갔다.

이 같은 정책 선회는 명나라 조정에서 새로운 파벌이 실권을 장악하면서 시작되었다. 이들은 대륙 내부의 문제에 더 집중할 것을 주장하며 농업 생산 증대, 국내 정치 안정 등을 강조했다. 이와 함께 중앙아시아 대초원 지대의 변경에 군사력을 증강하고 식민지를 건설하는 한편, 외적의 침공을 물리치기 위해 건설한 만리장성을 보수해야 한다고 역설했다.

이로써 적어도 중국 조정이 후원하던 보물선 항해는 막을 내렸다. 그리고 중국 조정과 함께 중국 전체가 나라 안으로 눈을 돌렸다고 흔히들 생각하고 있지만, 실상은 이와는 전혀 다르다. 민간 차원의 대양 항해까지 크게 줄어든 데는 상당히 복잡한 요인들이 작용했다. 사실 동남아시아의 해상 운송로에서는 중국 민간 상인들이 전보다 더욱 활발하게 움직였다. 물론 보물선들이 갔던 만큼 멀리까지 항해하는 일은 결코 없었다. 그러나 명나라 조정과는 달리 이 상인들은 시장 상황을 보고 이 같은 결정을 내렸던 것이다.

우선 대형 선박 건조에 필요한 목재가 비쌌다. 이런 현상은 분주한 교역 중심지에서 더욱 두드러졌는데, 인구가 많아 땔감이나 건축용 목재를 대량으로 소비했기 때문이다. 물론 목재가 부족했던 것은 비단 중국만이 아니었다. 석탄이 조리나 난방 연료로 널리 사용되기 전까지는 유럽인들도 같은 문제 때문에 애를 먹어야 했다. 유럽 전체는 물론 일본과 인도 일부 지역에서도 국가가 직접 나서서 목재의 가격과 공급을 조정했을 정도였다. 베네치아의 조선소들은 판재 부족 때문에 소리 없이 사라져 갔고, 영국은 군함을 건조하는 데 쓸 목재를 비축하려고 뉴잉글랜드 삼림에서

명나라 장군 정화(Zheng He)의 보물선과 콜럼버스의 산타마리아호 비교

일정한 높이와 강도를 가진 모든 나무를 베지 않고 보존하도록 하는 법률을 통과시키면서까지 안간힘을 썼다.

반면 중국 조정은 시장에 모든 것을 맡겨 버렸다. 많은 돈이 들어가던 육중한 보물선을 더는 건조하지 않게 되자 명나라는 목재 가격에 별로 신경을 쓰지 않았다. 명의 뒤를 이어 1644년부터 1912년까지 중국을 지배한 청나라의 경우 건국 초반 궁궐 건설이 활발했던 잠깐 동안은 목재 가격을 통제하려고 했지만, 그 뒤 곧바로 가격 결정을 다시 시장에 맡겼다.

그러자 수상 운송이 가능한 곳에서는 어디서나 민간인들의 목재 거래가 굉장히 활발해졌다. 이제 통나무들은 내륙의 삼림 지대에서 큰 강이나 운하를 따라 수백 마일을 떠내려와 지금의 상하이, 광둥, 베이징 등 인구가 조밀했던 지역이 목재 수요를 충당하게 된다. 이런 지역의 중심지들에서는 대신 의류와 철제 제품을 비롯한 다른 제조품들을 내륙 지대로 실어 보냈다. 목재는 만주와 푸젠성, 심지어는 지금의 베트남과 타이에서도 바다를 통해 운반되었다.

이런 방법들은 수상 교통로에 가까운 지역의 목재를 베어다 팔 때만 수지타산이 맞았는데, 해변과 강가의 삼림들은 금방 고갈되었다. 결국 깊은 내륙의 삼림에까지 들어가야만 했고, 여기서 통나무를 옮기는 데는 노동력이 너무 많이 들었다. 이에 따라 18세기가 되면 중국 중부 해안에서 배를 건조하는 데 드는 비용이 세 배가량 치솟게 되는데, 이는 중국인들의 주식이자 평균 생활비를 가장 잘 반영하는 경제지표 중 하나인 쌀값의 상승률과 맞먹는 것이었다.

결국 중국의 운송업자들은 시장 상황에 맞추어 논리적인 해결책을 찾아냈다. 이들은 동남아시아의 여러 지역과 계약을 맺고 선박 건조를 발주했는데, 친척들이나 다른 중국인 이민자들이 운영하는 조선소가 이 일을 맡는 경우가 흔했다. 결국 인위적인 요인들 때문에 중국이 문을 닫아 건 것도, 시장이 멈추었던 것도 아니었다. 시장이 덩치만 커다랗던 '보물선들'을 더는 찾지 않게 된 것일 뿐이다. 중국 무역업자들은 인도와 중동까지 먼 거리를 항해할 대형 선박에 돈을 쓰는 대신 도자기나 비단을 실을 수 있는 작은 배들로 중간 지점까지 갔다가, 그곳에서 인도의 면화와 인디고를 사왔던 것이다.

짧아진 항해 거리는 기후와도 잘 맞아떨어졌다. 계절풍 때문에 오도 가도 못 하게 될 수도 있는 먼 항구까지 갈 일이 없어졌기 때문이다. 결국 이윤을 극대화하자면 계절풍 때문에 상인들이 만나기 편했던 곳에서 발달한 중개항들을 이용하는 것이 가장 좋은 방법이었다. 이러한 일련의 중개항들 덕분에 누구든 계절이 한 번 이상 바뀌도록 본거지를 비우지 않고서도 지중해에서 일본, 중국, 한국에 이르는 그 먼 거리에 걸쳐 교역을 할 수 있는 대단히 효과적인 거래망이 생겨났던 것이다.

이처럼 자연에 순응했던 것은 사업적으로는 훌륭한 선택이었다. 그러나 선박 건조 기술과 대양 항해술의 발전에는 해를 끼쳤던 것 또한 사실이다. 대형 선박을 건조하고 긴 항해를 하는 데 필요한 막대한 비용을 투자하려면 선교를 하거나, 군사적 경쟁 관계에 있는 세력을 제압하겠다는, 혹은 바다를 완전히 독점해 중개항마다 도사리고 있는 경쟁적 시장들을 무력화하겠다는 따위의 강력한 동기가 있어야 했다. 중국인들은 이런 원대한 계획들을 유럽인들에게 넘겨주고 말았다. 결국 시장 원리를 기꺼이 무시하고 새로운 교역 양식을 만들어냄으로써 세계 교역에서 새 시대를 연 것은 유럽인들이었다.

2 콜럼버스, 똑똑한 놈 위에 있던 운 좋은 놈

아주 어렸을 때부터 우리는 크리스토퍼 콜럼버스가 대단히 선견지명을 가졌던 대표적인 인물이라고 배웠다. 그는 혈혈단신으로 유럽을 중세에서 떼어내 현대로 밀어 넣은 사람이었다. 유럽밖에 보지 못하던 유럽인들을 세계의 지배자로 만들고, 마침내 세계 경제를 지배하게 만든 사람이 바로 콜럼버스였다. 뛰어난 통찰력으로 세계가 실제로 어떻게 생겼는지, 또 이 세계가 유럽인들에게 어떤 가치를 갖게 될지를 꿰뚫어 볼 수 있었기 때문에 가능한 일이었다. 그러나 과연 크리스토퍼 콜럼버스는 정말 위대한 인물이었을까? 그는 정말 무지와 미신을 극복하고 세계를 다시 만들어낸 열정적이고 진취적인 유럽 사업가였을까?

크리스토포로 콜롬보(Cristoforo Colombo) — 그는 자기를 이 본명보다는 스페인식 이름인 '콜론' (Colón)으로 불러주는 것을 더 좋아했다. 그러나 '콜럼버스' (Columbus)라는 이름은 생전에는 한 번도 사용하지 않았다 — 는 무엇보다도 지중해 상업권에 속했던 인물이다. 제노바에서 양모 직조 및 판매업을 하던 아버지를 둔 콜럼버스는 열네 살의 나이에 항해에 나서 지중해 대부분의 지역을 돌아다녔다. 당시 제노바는 이제 막 모습을 갖춰 가던 자본주의 세계 경제의 무역 중심지였을 뿐만 아니라 아프리카 노예와 금괴 무역에서도 핵심적인 역할을 하고 있었다. 따라서 콜럼버스가 훗날 신세계 최초의 노예무역상이 된 것은 우연이 아니었다. 그는 어린 나이부터 남다른 열정으로 부를 추구했고, 그것을 어떻게 손에 넣었느냐에 대해서는 그다지 신경을 쓰지 않았다. 사실 그는 잠시 동안이기는 하지만, 배들을 약탈하던 해적선에서 일하기도 했다. 1476년 포르투갈 해안에서 난파를 당했을 때, 그는 베네치아 동포들의 상선을 털고 있던 중이었다. 그는 이후에도 자신의 이익을 추구하기 위해 충성의 대상을 바꿔치는 데 뛰어난 능력을 과시했다.

운명은 콜럼버스를 지도 제작과 선박 건조, 항해술 등에서 엄청난 진보가 이뤄지고 있던 세계 최대 해양 국가 포르투갈 해안으로 내던졌다. 포르투갈인들은 15세기 초반부터 큰 삼각돛이 달려 조정이 쉽고 속도가 빨랐던 캐러벨선을 개발했으며, 세계의 바다와 기후를 기록한 지도를 작성했고, 위도 측정기인 사분의(四分儀) 같은 항해 장비들을 만들어 냈다. 이런 진보들은 추상적인 지식욕 따위가 아니라 전설에서나 나올 법한 아프리카와 동방의 '황금' 시장에서 부를 축적하겠다는 욕구에서 비롯된 것이었다. 콜럼버스가 우연히 포르투갈에 닿은 것이라면, 포르투갈인들이 대서양의 마데이라 제도, 아조레스 제도, 카나리아 제도 등을 발견해 이곳에 사람들을 이주시키고, 서아프리카 해안의 중간 지점을 넘어서까지 항해했던 것은 모두 계획에 따라 이루어진 일이었다.

당시 포르투갈은 새로운 땅을 발견하기 위한 항해 열기에 휩싸여 있었고, 콜럼버스는 여기에 감염돼 서쪽으로 항해하겠다는 생각을 하게 된다. 그는 지도를 파고들었다. 그러나 더욱 중요한 것은 그가 마데이라 제도의 섬 하나를 다스리던 총독의 딸과 결혼을 했는데, 마침 마데이라 제도가 유럽의 서쪽 끝에 있었다는 것이다. 해안에 밀려온 이상한 새들과 나뭇가지들 그리고 현지의 전설들은 이 제노바인의 마음을 사로잡아 버렸다.

그러나 그의 대담한 서쪽 탐험 여행에 돈을 대려는 사람은 아무도 없었다. 자신이 승인했던 서쪽 항해가 한 차례 실패했던 경험 때문에 포르투갈 국왕은 그의 요청을 거절했다. 미신이 아니라 경험이 그에게 불리하게 작용했던 것이다. 무어인들에게서 이베리아반도를 되찾기 위한 800년간의 긴 싸움에서 막바지 전투를 지휘하고 있던 카스티야의 이사벨 여왕 역시 콜럼버스의 신념이나 개인적 매력에는 끌렸지만 끝내 도움을 주지는 않았다. 그는 형과 같이 프랑스와 영국의 국왕들도 찾아다녔지만 빈손으로 돌아왔을 뿐이다.

얼마 뒤 이사벨 여왕은 생각을 바꿔 콜럼버스의 계획을 검토하기 위해 전문가들을 불러 모으게 된다. 그러나 워낙 속내를 잘 드러내지 않았던 데다 '산업 스파이'를 경계했던 콜럼버스는 계획의 일부만을 밝혔다. 4년간의 심의 끝에 (서둘러 결정을 내릴 이유는 없었다) 전문가들은 그의 제안을 기각했다. 그러나 그것은 이들이 지구가 평평하기 때문에 끝까지 가면 아래로 떨어질 거라고 걱정할 정도로 무지하거나 미신에 사로잡힌 아첨꾼들이어서는 아니었다.

사실 이사벨 여왕의 자문관들은 상당히 박식한 사람들이었고, 당시 유럽의 거의 모든 지식인들처럼 지구가 구형이라는 것을 잘 알고 있었다. 그들은 콜럼버스가 지구의 둘레를 잘못 계산했다는 결론을 내렸던 것이다. 나중에 콜럼버스가 여왕에게 보낸 편지에서 밝혀지지만 그는 지도나 천문학이 아니라 성경을 근거로 항해 계획을 세웠다. 콜럼버스는 자신의 계획을 받아들이지 않았던 자문관들보다 전근대적인 사람이었다. 서쪽 항로에 대한 확고한 확신이 바로 성경의 예언에 기초한 것일 정도로 그는 중세의 종교적 세계관이 뼛속까지 박힌 사람이었던 것이다. 성경에서 단서를 얻었을 뿐만 아니라, 계산에 적합했던 아랍 단위를 쓰지 않고 그보다 길이가 짧은 이탈리아 마일을 사용했기 때문에 콜럼버스가 계산한 지구의 크기는 실제보다 3분의 1가량이 작았다. 그는 서쪽으로 2,400마일만 가면 거기에 인디스(Indies), 즉 인도가 있을 것이라고 믿었다. 오늘날 우리는 그곳이 사실은 인디애나주에 훨씬 더 가깝다는 것을 알고 있다. 이사벨 여왕의 자문관들은 인디스까지는 거리가 워낙 멀기 때문에 대양 항해가 불가능하다는 것을 알고 있었다. 당시로서는 그렇게 긴 항해를 할 만큼 충분한 식량을 실을 수 없었기 때문이었다.

포르투갈 국왕이 콜럼버스를 불러들여 다시 그의 계획을 들어보려고 했다. 그러나 그는 이번에도 실패하고 말았다. 그가 궁전에 도착할 무렵, 바르톨로뮤 디아스(Bartholomeu Dias)가 리스본에 돌아와 아프리카의 희망봉까지 갔다고 선언했다. 인디스로 가는 길이 열린 것이다. 그것도 동쪽으로. 결국 콜럼버스의 위험스런 모험이 필요 없게 되어 버렸다.

마침내 이사벨 여왕이 그를 다시 궁전으로 불렀고 그 자리에서 그의 계획은 비로소 승인을 받는다. 바로 얼마 전 그라나다에서 무슬림들을 몰아낸 감격에 젖어 있던 이사벨 여왕은 남편 페르난도 왕마저 콜럼버스가 요구하는 액수가 비교적 작다며 부추겨 대자, 여전히 성공 여부에 대해서는 의심하면서도 대부분의 탐험 비용을 대는 데 동의하게 된다.

우리가 잘 아는 것처럼 콜럼버스는 자신의 작은 배 세 척을 이끌고 대서양을 건넜다. 카나리아 제도를 떠난 지 33일 뒤 그는 바하마 제도에 도착한다. 지구의 크기를 혼동하고 있었기 때문에 그는 자기가 실제로 어디로 가고 있는지 모르고 있었다. 게다가 그곳에 도착했을 때도 거기가 어딘지 알지 못했다. 인도와 교역을 해서 부자가 되고 싶은 생각이 너무 절실했던 탓에 그는 쿠바가 시팡고(Cipango, 일본)일 것이라는 믿음을 버리지 않았다. 이제 '인디언'이라고 불리게 될 이 '새로운 땅'의 거주자들은 콜럼버스의 실수 때문에 많은 고통을 겪어야 했다. 10년이 조금 넘는 기간에 콜럼버스는 인디스로 가는 네 차례의 원정을 더 지휘했는데, 베네수엘라와 온두라스 해변까지 항해를 하기도 했고, 자메이카와 히스파니올라, 쿠바에서는 오래 머물기도 했다. 그런데도 그는 끝까지 자기가 정말로 동인도(East Indies)를 발견했다고 믿었다. 세계 지도를 다시 그린 이 사람은 지구가 조금 길쭉한 서양배 모양으로 생겼고, 지상 낙원이 있는 지구의 꼭대기에서는 네 개의 강이 흘러내린다는 중세의 생각을 그대로 갖고 있었기 때문에 오리노코강의 거센 물살을 보고 그것이 이 강들 중 하나라고 생각했다. 몇 차례의 원정을 통해 세계 경제를 근본적으로 바꿔버린 이 사람을 움직였던 것은 바로 금괴였는데, 예루살렘을 재탈환하는 데 필요한 자금을 마련해야 했기 때문이다. 크리스토퍼 콜럼버스는 어쩌다 근대 세계와 맞닥뜨리게 되었지만 그게 뭔지 알아보지 못했다. 어떨 때는 똑똑한 것보다는 운이 좋은 편이 나을 때가 있다.

3 나라의 수도, 그 거대한 밥통들

오늘날 '큰 정부'에 대해 불평하는 사람들에게 정부의 고용인들이 어디에 사느냐는 중요한 문제가 아니다. 이를테면 국세청 토피카(Topeka) 지부의 직원은 비록 워싱턴에서 멀리 떨어져 있지만 그래도 '워싱턴'의 일부이기 때문이다. 그러나 철도가 없던 시절, 사람들을 종종 폭발하게 했던 것은 수도의 크기 그 자체였다. 런던이나 파리가 커졌을 때는 왜 그렇게 폭동이 많이 일어났던 것일까? 반면 베이징과 델리의 경우에는 왜 폭동이 거의 없었을까?

대부분의 도시들은 식량이나 목재 부족 때문에 무한정 커질 수 없었다.

일단 농부들이 먹을 것을 떼어놓는다면 수확의 20퍼센트 이상을 팔 수 있는 농업 지대는 별로 없었다. 그리고 아주 거대한 배후지가 있더라도 거기에 의존하는 것 역시 어려웠다. 육상 교통이 그나마 남는 것조차 말 그대로 먹어치웠기 때문이다. 말이 끄는 수레로 20마일 이상을 가야 할 경우에는 싣고 가던 곡식의 상당 부분을 말들이 먹어 버려서 도시까지 가 봐야 오히려 밑지는 때가 더 많았다. 따라서 한 도시가 너무 커지면 식료품 값이 치솟았고, 임금도 따라 올랐다. 결국 도시에서 만드는 제품들의 경쟁력이 떨어지고, 성장이 멈추게 되었던 것이다.

그러나 수도는 달랐다. 우선 수도가 제공하던 용역에 관한 한 다른 경쟁자가 없었고, 수도의 주민들 중에는 칙령을 내려서 수입을 올리는 방식으로 높은 생계비를 감당할 수 있는 사람들이 있었기 때문이다. 1500년에서 1800년 사이 유럽의 제국과 군대, 관료 조직이 커지면서 수도도 커지게 되었는데, 이것이 주변 지역에서는 실로 끔찍한 문제들을 낳았다. 런던의 경우 근교에 보기 드물게 비옥하고 시장 지향적인 경작지가 많았고, 수상 교통도 대단히 좋았기 때문에 그렇게 큰 문제가 되지는 않았다. 그렇지만 여기에서조차 식량을 충분히 확보하기 위해 여러 가지 법률을 새로 제정해야 했다.

그러나 주변 환경이 런던보다 호의적이지 않았던 파리는 재앙 그 자체였다. 파리 근교의 농부들은 보통 수확의 80퍼센트 이상을 스스로 소비했고, 남는 것만 시장에 내다팔고 있었다. 따라서 수확이 예를 들어 10퍼센트 가량 줄었을 경우(이는 사실 흔한 일이었다), 곡물 시장은 오늘날 수확이 50퍼센트 줄었을 때와 비슷한 타격을 받았다. 그러면 곡물 상인들은 사람들이 높은 가격도 치를 수 있는 수도로 보낼 식량을 사느라 전보다 더 넓은 지역을 샅샅이 훑고 다녔다. 이 때문에 마을의 기술공들이나 임노동자, 또 포도나 아마 따위의 비곡물 작물을 기르던 농부들은 굶주리게 되었다. 파리가 몰고 온 한 차례의 범상치 않은 파도 때문에, 그렇지 않으면 아주 잔잔했을 수도 있었던 바다에 빠져 죽게 생긴 것이다. 마차들이 곡식을 싣고 떠나지 못하게 하려다 보니 이들에게 남은 선택은 폭동밖에 없었다. 그러나 파리 역시 유럽 최악은 아니었다. 마드리드는 이보다 더했다. 아메리카 대륙에서 온 은괴는 넘쳐났지만 주로 양을 기르던 대단히 건조한 지역에 있었기 때문이다.

농촌 곡물 반란들을 진압하고, 수도에 사는 가난한 사람들을 위해 곡물 가격을 낮게 유지하는 데 들어가는 비용 때문에 유럽 수도들의 성장에는 제동이 걸릴 수밖에 없었다. 이런 이유로 유럽에서는 인구가 20만 명이 넘었던 도시들은 더러 있었지만, 50만 명을 넘어섰던 곳은 하나도 없었다. 그런데 어떻게 다른 곳에서는 인구 100만 명 이상의 도시들을 먹여 살릴 수 있었을까?

다른 지역의 수도들은 상당수가 수확이 많거나 수상 교통이 아주 편리한 지역에 자리를 잡고 있었다. 물론 두 가지를 다 갖춘 경우도 드물지 않았다. 카이로는 나일강 삼각주에 얹혀살았고, 필요할 경우에는 바다로 식량을 수입할 수 있었다. 이스탄불은 주요 운송로뿐만 아니라 비옥한 평야까지 옆에 끼고 있었다. 그리고 18세기에는 세계에서 가장 컸던 도시였을 에도(지금의 도쿄)는 거의 모든 국민이 해상 운송과는 엎드리면 코 닿을 거리에 살던 나라의 수도였다. 그리고 이 도시는 국민들이 밀보다 단위 면적당 잉여생산량이 많고 보관, 운송도 훨씬 편한 벼를 재배했다는 점에서도 운이 좋았다. 그러나 여기서도 에도를 먹여 살리기 위해서 광범위한 지역에 도로를 새로 건설해야 했고, 거대한 상업망을 가동해야 했다. 그리고 작황이 좋지 않았던 농부들에게서 세금으로 쌀을 너무 많이 징수하다 보니 무력을 사용해야 할 때도 상당히 많았다.

그러나 가장 경이로웠던 곳은 아마 청나라의 수도 베이징과 무굴 제국의 수도 델리였을 것이다. 두 제국 모두 벼농사를 짓는 지역이 많았지만, 수도는 이런 지역에서 수백 마일이나 떨어진, 남는 곡식이라고는 전혀 없는 건조한 평원에 있었기 때문이다. 그리고 두 도시 모두 산업혁명 이전에는 세계에서 가장 큰 축에 들던 곳들이다. 그렇다면 이 도시들은 도대체 어떻게 마드리드보다 몇 배 더 심각한 문제를 일으키지 않았던 것일까? 두 경우 모두 기발하면서도 독특한 운송 방식을 이용해 먼 곳의 잉여 생산물을 빨아들일 수 있었기 때문이다.

베이징은 세계에서 가장 긴 운하망을 이용해 쌀을 북쪽으로 운반했다. 이 운하망에는 가히 토목공학의 기적이라고 할 1,000마일 길이의 대운하도 포함돼 있었는데, 이 운하는 중국의 큰 강들과 베이징을 연결했다. 600년대에 건설이 시작된 이래 조금씩 공사가 진행된 대운하는 1420년대에 와서야 완성되었다. 1700년대에는 이 대운하로 1년에 적어도 100만 명에서 200만 명까지를 먹일 만큼의 쌀이 운반되었다. 더욱이 청나라에는 국영과 민영의 자선 곡물 창고망이 전국에 퍼져 있었다. 이 곡물 창고들은 작황이 좋은 해에 쌀을 비축했다가 흉년이 들었을 때 시장 가격 이하로 쌀을 팔았다. 이 방식은 비용이 만만치 않게 들었지만 제 역할을 다하기는 했다. 18세기에 최악의 흉년이 닥쳤을 때도 중국의 곡물 가격은 100퍼센트 이상 올랐던 적이 거의 없었다. 반면 프랑스에서는 식량 가격이 300퍼센트에서 400퍼센트 이상 치솟기 일쑤였다.

무굴 제국은 운하를 파지도 않았고 곡물 창고를 많이 짓지도 않았다. 물론 수도 인근의 사원들이나 돈 많은 명문가들이 우물 파는 일에 돈을 좀 투자하도록 독려해, 평야가 덜 건조해지고 수확량이 조금 늘어났던 것은 사실이지만, 사실 진짜 해결책은 반자라(banjara) 계층이 제공했던 육로 운송이었다.

반자라 계층은 조상 때부터 유랑하며 가축을 기르던 사람들이었다. 이들은 이 마을 저 마을 돌아다니면서, 새로 태어난 수소 중 일부는 쟁기 끌 짐승이 필요한 농부들에게, 가장 늙은 동물들은 가죽이 필요한 사람들에게 파는 생활을 수 세기 동안 해 왔다. 당연히 이들은 곧 운송에도 관여하게 된다. 이들의 행렬은 수소가 1만 마리 이상 되는 경우도 많았다(반자라 계층이 갖고 있던 수소는 아마 900만 마리쯤 되었을 것으로 추정된다). 수소 한 마리가 보통 275파운드의 무게를 실어 나를 수 있었으니까 부피가 큰 짐을 싣기에는 안성맞춤이었다. 무굴 제국 시대에는 곡식을 수도로 운반하는 일이 보통 이들의 몫이었다. 이들에게 이 일을 시키려고 보통 소금이나 직물처럼 이문이 많은 물건들을 운반할 수 있는 기회를 덤으로 얹어주기도 했고, 심지어는 다이아몬드 운반이 미끼로 제공될 때도 있었다.

더욱이 반자라들의 운송 방식은 비용도 많이 들지 않았다. 반건조 기후의 평야에 널려 있는, 농사도 짓지 않고 울타리도 없는 넓은 초원 지대를 십분 활용할 수 있었기 때문이다. 수레 끄는 말들을 먹이려면 보통 돈을 내야 했던 유럽의 마부들과는 달리, 이들의 소 떼는 길을 따라 걸으면서 공짜로 풀을 먹었던 것이다. 이 때문에 행렬은 상당히 느렸다. 만약 유럽인 여행객이 봤다면 이상하게도 보였을 것이다. 하지만 이 방식은 상당히 효율적이었다. 그리고 그 유럽인 여행객이 파리나 마드리드 근교에 사는 대장장이였다면 이 행렬의 미덕을 제대로 볼 수 있었을 것이다.

4 창고가 밀어준 서부 개척

서부 개척 당시의 이야기는 아마 미국에서 가장 인기 있는 주제일 것이다. 그리고 여기에 등장하는 인물들은 악당이든 선인이든 가장 생명력이 강한 문화적 아이콘이다. 아메리카 원주민, 모피상인, 벌목꾼, 농부, 군인들, 카우보이들 …… 그리고 창고 관리인까지. 창고 관리인? 그렇다. 적어도 유럽인이 미국에 정착한 첫 200년 동안, 정착지를 서쪽으로 얼마나 더 확대하느냐는 상당 부분 정착민들이 환금성 작물을 유럽 시장에 팔 수 있느냐, 그리고 한 걸음 더 나아가 대서양 연안에 도착한 다음에도 계속 경쟁력을 가질 수 있느냐, 이 두 가지에 달려 있었다. 결국 점점 더 깊은 대륙으로부터 물건을 운반하면서도 운송비를 일정 수준 이하로 줄일 수 있느냐 문제였던 것이다. 그런데 1700년부터 미국 독립혁명이 일어날 때까지 약 70년 동안 운송 기술에서는 이렇다 할 변화가 없었는데도 운송비가 절반가량 떨어졌다. 여기에는 여러 가지 요인이 작용했지만 가장 결정적인 역할을 한 것은 미국 동부 해안을 따라 세워졌던 창고들이었다.

우리는 보통 펜실베이니아나 노스캐롤라이나주의 서쪽 지역을 개간한 농부들이 자급자족을 했기 때문에 주로 자신들이 먹을 곡식만을 길렀다고 생각한다. 그러나 아주 간단한 두 가지 이유 때문에 이들 대부분은 유럽에 무언가를 팔아야만 했다. 우선 이들 대부분은 신세계로 오기 위해서, 아니면 이곳에서 땅을 사기 위해서 빚을 지고 시작한 사람들이었다. 그리고 두 번째로는 완벽한 자급자족이 오히려 비효율적이었을 뿐만 아니라, 산업화된 생산을 감당하기에는 이곳 식민지의 시장이 너무 작고 또 너무 넓게 퍼져 있었던 것이다. 따라서 (거울이나 시계, 차처럼 신분을 과시하는 물건들은 말할 것도 없고) 못이나 직물을 비롯한 필수품들을 보통 유럽에서 수입해야만 했다. 대신 펜실베이니아와 뉴욕에서는 곡물을, 두 캐롤라이나주는 쌀과 해군용 군수품, 그리고 나중에는 면화를, 버지니아와 메릴랜드는 주로 담배를 유럽으로 보냈다. 문제는 대부분의 경우 시장이 불안정하고 경쟁이 심했다는 점이다. 따라서 다른 곳에서 비용을 줄일 수 없다면, 시장과 멀리 떨어진 내륙 지역에서 물건을 생산하는 데는 위험이 따랐다.

결국 두 가지 중요한 변화 때문에 아직 증기선이나 개량된 선박이 등장하기 전인데도 운송비가 낮아졌고, 따라서 서부 개척 역시 가능해졌다. 첫 번째 변화는 영국 쪽에서 생겼다. 18세기에 들어서면서 해적들의 준동을 상당 부분 억누를 수 있게 된 것이다. 이에 따라 보험료가 낮아졌고, 무장을 하지 않은(아니면 경무장만 한) 배로도 대서양 건너편으로 화물을 보낼 수 있게 되었다. 이런 배들은 건조 비용도 더 싸졌지만, 적은 승무원으로도 충분히 돌아갈 수 있었기 때문에 운항비용은 훨씬 더 싸졌다. 그러나 이것으로 모든 게 설명된 것은 아니다. 더구나 해적이 줄어들면서 이득을 본 것은 북미의 정착민들만이 아니었다. 몇몇 경우에는 북미 지역의 식민지들과 경쟁을 했던 카리브해의 식민지들과 브라질도 최소한 그만큼은 혜택을 받았기 때문이다.

운송비가 낮아지게 된 또 다른 이유는 바로 배들이 항구에 머무는 시간이 줄어들었기 때문이다. 배가 항구에 정박하고 있어서 선원들이 쉬고 있을 때도 급료는 지급해야만 했다(그렇지 않았다면 선원들은 생계를 이어갈 수 없었을 것이다). 이 때문에 화물을 기다리는 동안에도 많은 비용이 새나갔다. 보통 상인들이 농장들을 일일이 찾아가 작황을 확인하고 가격을 흥정해야 했기 때문에 이 시간은 아주 길어질 수도 있었다. 1700년에 영국에서 체서피크만 일대의 담배 산지를 오가던 배는 제임스강 어귀를 돌며 짐을 실어야 했기 때문에 보통 한 번 항해에 100일이 넘게 걸렸다. 다른 항구를 운항하는 배들도 정박 기간은 이와 비슷했고 비용 역시 비슷하게 들었다. (인도양과 남중국해에서는 계절풍의 방향이 바뀔 때까지는 항구를 떠나는 게 아예 불가능했기 때문에 정박 기간이 훨씬 더 길었다. 이 때문에 북미 지역과는 근본적으로 다른 해결책을 찾아냈다. 즉, 급료를 받는 선원들을 고용하는 대신 선주들은 상인들에게 화물칸을 얼마쯤 사용하게 해주고 그 대가로 그들이 선원 노릇을 하도록 했던 것이다. 이 같은 상인 선원들은 항구에 머무는 동안 장사를 해서 체류 비용을 조달했다. 덕분에 선주는 이들을 먹여 살릴 필요가 없어졌다.)

　북미의 해결책은 지금으로서는 대단히 간단해 보이는 것이었다. 선주는 우선 자신이 원하는 곡물을 미리 사 놓을 현지의 대행업자들과 계약을 맺는다. 그러면 이 업자들이 곡물을 창고에 보관했다가 유럽에서 배가 도착하면 바로 실을 수 있도록 준비해 놓는 방식이었다. 당시에는 이것이 대단히 혁신적인 해결책이었다. 그때까지 상인들은 이런 계약을 수행할 만큼의 신용을 제공해 본 적이 별로 없었고 창고에 보관할 상품을 대신 고르는 큰 책임을 떠맡는 데도 익숙하지 않았기 때문이다. 이것이 가능했던 것은 북미에서는 특정 지역에서 살 수 있는 물건이 거의 정해져 있었기 때문이다. 반대로 알렉산드리아나 캘커타, 광둥 같은 곳에 간 유럽의 배는 수많은 물건을 앞에 놓고 훨씬 복잡한 선택을 해야 했다. 비단을 사는 것이 좋을지, 아니면 차가 더 나을지, 또 돌아가는 길에 수라트(Surat)에도 들러야 하는 걸 감안해서 면화를 샀다가 거기서 유럽으로 가져갈 다른 물건과 교환하는 방법까지 고려해야 했다. 그러나 볼티모어에 도착한 선주는 담배를 샀고, 다른 것은 거의 사지 않았다. 찰스턴에서는 쌀, 면화 아니면 해군 군수품을, 킹스턴에서는 거의 설탕을 샀을 것이 분명하다. 더욱이 물건을 산 배들은 바로 유럽으로 갔다. 구세계 상업과는 달리 대서양 횡단 항로에는 화물의 일부를 다른 물건과 바꿀 수 있는 중간 기착점이 하나도 없었기 때문이다. 따라서 신세계에서는 대신 결정을 내리기가 더 간단하고 쉬웠다. 그리고 이 사실을 일찍 간파한 사람들은 정박 기간을 크게 줄일 수 있었던 것이다.

　한 가지 흥미로운 것은 확고한 우위를 누리고 있던 영국의 무역 상사들이 이 사실을 깨닫는 데는 꽤 오랜 시간이 걸렸다는 점이다. 창고를 짓고 관리해줄 미국인들에게 자금을 대주는 이런 방법이 갖고 있는 잠재력을 처음 발견한 것은 스코틀랜드의 민간 무역업자들이었다. 그러나 이렇게 하면 돈과 시간을 얼마나 아낄 수 있는지가 점차 분명해지자 다른 무역업자들도 곧 뒤를 따랐다. 1770년 체서피크만의 경우 정박 기간이 50일로 줄어들었다. 그리고 이 50일의 대부분은 어차피 배를 고치는 데 필요한 기간이었다. 대서양 횡단 운송비가 내려가자 유럽에서 미국 상품에 대한 수요가 늘어났다. 그러나 미국으로 수출하던 영국 배들은 부분적으로 비어 있었다. 상당 부분이 사치품이었던 영국의 수출품들은 부피가 큰 신세계의 농산물이나 임산물보다 공간을 훨씬 덜 차지했기 때문이다. 따라서 일단의 유럽인 이주자들을 위한 공간이 항상 남아 있었다. 이제 이들은 좀 더 수월하게 사람들이 별로 없는 식민지의 더 깊은 내륙으로 옮겨갈 수 있었다. 그것은 부분적으로는 부두를 새롭게 이용할 방식을 찾아내고, 해안을 따라 창고를 지었던 숨은 개척자들 덕분이었다.

5 아메리카 대륙 이주는 신화?

콜럼버스의 뒤를 따라 다른 유럽인들이 왔다. 많은 다른 곳에서도 그랬겠지만 상당수의 유럽인들에게도 땅과 자원, 그리고 기회는 항상 부족했다. 따라서 문이 활짝 열린 텅 빈 두 대륙은 유럽인들을 강렬하게 끌어당겼다. 1800년 (그러니까 미국이 영국에서 떨어져 나오고, 라틴아메리카의 대부분이 스페인에서 독립하려던) 무렵 유례를 찾기 힘들 정도로 많은 사람들이 모험에 뛰어들어 새로운 사회를 건설했고, 한편으로는 구세계의 인구 압력을 한결 줄여주었다.

이제 이런 얘기들은 다 잊어버리자. 고등학교 교과서에는 혹시 이렇게 나와 있을지 몰라도 대부분 잘못된 것이기 때문이다. 사실 1800년 이전까지 유럽인들의 신세계 이주는 적어도 수적으로는 그렇게 눈에 띌 정도가 아니었다. 1500년에서 1800년 사이에 100만에서 200만 명의 유럽인들이 신대륙으로 온 반면 노예무역으로 끌려온 아프리카인은 무려 800만 명에 이르렀다. 그런데도 북미에 유럽 출신들이 압도적으로 많은 것은, 벤저민 프랭클린이 '미국식 곱셈법'이라고 불렀던 대단히 높은 출산율에서 비롯된 것이다. 반면 아프리카인들의 경우 생활환경이 워낙 비참했던 데다 여자까지 절대적으로 부족했기 때문에 인구가 늘지 않았다. 사실 신세계의 일부 지역에서 노예가 필요했던 것은, 좋은 땅은 거의 대부분 힘 있는 특권층들이 차지해 플랜테이션을 만들었기 때문에 플랜테이션 노동자 같은 하찮은 일자리를 보고 여기까지 오려는 유럽인들이 그렇게 많지 않았기 때문이다. 정작 사람들이 임자 없는 땅을 찾아 엄청나게 먼 곳으로 옮겨 간 (그리고 증기선이 등장하기 전 자발적 이민으로는 규모가 가장 컸던) 사례는 거의 같은 무렵의 중국에서 찾아볼 수 있다. 사실 중국인이라면 조상들이 묻힌 땅에 대한 애착이 너무 강해 여간해서는 고향을 떠나지 않는 사람들이라고 생각해 왔다는 점에서 뜻밖일 수도 있다.

이제 이들에 대해 조금 더 살펴보자. 1500년에서 1800년 사이 중국 남서쪽 변경 지대(쓰촨성)로 이주해 간 중국인만 대략 400만 명이다. 이들은 이전까지 농사를 짓지 않던 땅을 개간하고 그곳에 살던 토착 부족들을 밀어냈다. 이 가운데 100만 명이 넘는 사람들이 (일부는 자발적으로, 일부는 강제로) 1600년대 중반 무렵 다시 만주로 이주해 갔다. 1700년대에는 만주 지역에 대한 추가 이주는 금지되었지만, 1779년 실시된 한 조사에서 중국인들이 경작하고 있는 것으로 나타난 땅의 면적을 보면 최소한 100만 명 이상이 더 이 지역으로 흘러든 것으로 추정된다. 그리고 다른 사람들은 해협을 건너 타이완으로 가거나, 또 다른 변경 지대로 이주했다. 우리가 쓰촨 이주에 관해 알고 있는 몇 가지 사실 중 하나는 (새로운 변경 지대가 아닌, 1600년대 중반 전쟁과 전염병이 휩쓸고 가 다시 한번 주인 없는 땅이 된) 쓰촨성 지역이 약 200년 동안 가장 인기 있는 이주지였다는 점이다.

고향을 떠나는 사람이 왜 그렇게 많았을까? 적어도 중국인들이 같은 시대의 유럽인들보다 더 가난했거나 혹은 절박했기 때문은 아니다. 오히려 중국인들은 산업혁명 이전의 서양인들보다 조금은 더 운이 좋은 사람들이었다고 볼 수도 있다. 그리고 이들이 찾아갔던 땅이 더 비옥했던 것도 분명 아니고, 대서양을 건넜던 사람들보다 고생을 덜 했느냐 하면 그것 역시 아니었다.

몇몇 경우에는 조정의 정책이 해답이 되기도 한다. 예를 들어 남서쪽으로 갔던 이주민 중 약 100만 명가량은 크고 작은 싸움이 끊이지 않았던 지역에 중국의 지배력을 좀 더 확실히 하려고 파견된 군인과 그 가족들이었다. 또 전쟁이나 기근, 질병 따위로 인구가 줄어든 변경 지대에 **재**정주하는 경우가 있었는데, 중국 조정은 이런 자발적 이주를 적극 지원했다. 보통 종자나 (쟁기 따위를 끌) 가축을 무상으로 지급하고, 관개 및 홍수 예방 사업 등을 통해 이주민들의 정착을 도와주었다. 가장 결정적인 지원책은 버려졌거나 새로 개간한 땅에 대해서는 이주민들에게 소유권을 인정해주고, 아예 세금 명부에 올리지 않는 것이었다.

그러나 진짜 새로운 변경 지대로 이주하는 경우에 대해 중국 조정은 별로 편의를 제공하지 않았으며 어떨 때는 이를 억제하기도 했다. 타이완과 만주에 대한 이주가 아주 오랫동안 금지되었던 것은 중국 조정이 이들 지역에 사는 원주민들을 보호하려 했기 때문이다. 최소한 대규모 이주로 반란이 일어나 이를 진압하면서 치러야 하는 희생을 피하고 싶었기 때문이다. 만주의 경우는 그곳이 청 왕조(1644~1912)의 중국 정복을 가능하게 했던 기마술과 상무 정신이 싹트고 꽃을 피웠던 땅, 곧 자기 조상들의 고향이었기 때문에 이주를 막았던 것이다. 더욱이 이 지역의 산림은 중국 조정이 교역을 독점해 큰돈을 벌고 있던 인삼의 원산지였다. 정착민들이 기르는 콩이나 밀이 사람들의 배는 몰라도 조정의 금고를 채워주지는 않기 때문이다(그러나 신세계에서는 원래 이 지역에서 나던 모피나 가죽 따위보다는 설탕이나 담배, 커피처럼 이주민들이 기르던 곡물들이 대량으로 외국에 팔려 훨씬 더 많은 세입을 제공했다).

타이완 역시 산림에서 나는 수출품들 — 이곳의 원주민들은 사슴 가죽을 비롯한 임산품들을 1600년경부터 네덜란드 상인들에게 팔고 있었다 — 이 있었고, 청 왕조는 농부들이 너무 많이 이주해 이런 산림들을 개간해 버릴 경우 자칫 폭발성을 가진 반중 동맹이 결성될 수도 있다는 점을 우려했다. 이 때문에 중국인들의 타이완 이주를 더는 막을 수 없게 되자 중국 조정은 이번에는 원주민들이 그나마 모든 것을 잃는 사태만은 막으려고 안간힘을 썼다. 예를 들어 중국 조정은 중국인 농민들이 개간한 땅이라도 그들이 그 땅을 소유하지는 못하게 했다. 중국인 농부들은 지표의 적토에 대해서는 항구적인 권리를 가질 수 있었고, 이 권리를 팔거나 임대할 수도, 또 양도할 수도 있었다. 그러나 표면 아래 심토의 소유권은 여전히 전부터 이곳에 살던 사람이 갖고 있었다. 때문에 원주민들은 숲이 줄어든 데 따른 손해를 지대로 어느 정도 벌충할 수 있었다. 그리고 이주민들이 원주민들을 너무 심하게 몰아붙여 안정이 흔들리고 있다고 판단되면 중국 정부는 이전 상태를 회복하기 위해 원주민들을 무장시키고 이들과 한편에 서기까지 했다. 신세계에서는 있을 법한 시나리오가 아니다.

그러면 왜 유럽보다 중국에서 고향을 떠나는 사람들이 훨씬 더 많았을까? 다른 곳으로 이주하자마자 거의 곧바로 농사를 지을 자기 땅을 가질 수 있었던 점이 부분적이지만 분명한 이유가 되었을 것이다. 사실 상당수의 유럽 식민지에서는 지배 집단이 모든 땅을 게걸스럽게 집어 삼키는 것이 그대로 용인되었다. 따라서 보통사람들은 일정 기간의 계약 노역을 버텨내야만 땅을 가질 꿈이라도 꿀 수 있었다. 그리고 고정관념과는 달리 중국 농민들이 대부분의 유럽인들보다 훨씬 자유로운 상태에서 새 삶을 시작할 수 있었던 것도 또 하나의 이유가 되었다. 프랑스 혁명이 일어나기 전까지 상당수의 유럽인들은 말 그대로 손바닥만 한 땅이나 봉건 영주(혹은 둘 다)에 법적으로 묶여 있었다. 그리고 떠날 수 있는 권리를 가진 사람들도 경작권 따위를 팔 수 없어 이주비용을 마련하지 못하는 일이 흔했다. 그러나 중국 농민의 압도적 다수는 독립적 소규모 자작농이든지, 아니면 지주와 법적인 종속 관계가 아니라 대등한 계약 관계에 있던 차지농이었다. 경제적인 측면에서 중국 농민들은 유럽의 농민들보다 훨씬 자유로웠고, 따라서 그만큼 자유롭게 거처를 옮길 수 있었다. 유럽 농민과 기술공들이 '자유' 쪽에서 중국의 농민들을 '따라잡고' 나서야 (또 이들 중 상당수가 19세기의 격랑 속에서 생계수단을 잃게 된 뒤에야) 비로소 중국 농민들처럼 자유롭게 원하는 곳으로 갈 수 있게 되었다. 그리고 그때서야 비로소 우리가 앞에서 이야기했던 이주민 '신화', 즉 신세계에 식민지가 건설되고 나서 300년 동안 개척열에 불타는 유럽의 이민자들이 꼬리를 물고 몰려들었다는 식의 이야기가 쑥스럽지 않을 만큼 새로운 땅을 찾아나서는 유럽인들이 많이 생겨날 수 있었다.

6 스탬퍼드 래플스와 싱가포르

아시아에서 영국 동인도회사를 위해 일했던 15년 동안 스탬퍼드 래플스(Stamford Raffles)는 자바를 점령했고, 세 권의 책을 썼으며, 런던 동물원에서 사육했던 최초의 동물들 대부분을 모아들였다. 그리고 무엇보다도 싱가포르를 건설했다. 그러나 동인도회사는 그에게 연금도 지급하지 않앉고, 한술 더 떠 그가 동남아시아에서 가장 큰 교역 중심지를 만드느라 지출한 경비를 받아내려고 그의 미망인을 닦달하기까지 했다.

아시아에서 영국의 무역 거래를 활성화시키는 데 스탬퍼드 래플스보다 더 많은 기여를 한 사람은 별로 없다. 그리고 19세기 이른바 제국주의의 '유화' 국면에서 대영제국이 추구해야 할 목표를 재정립하는 데 그보다 큰 역할을 한 사람은 아마 없을 것이다. 그는 1781년에 태어나(그가 태어나고 세 달 뒤 영국이 요크타운 전투에서 패함으로써 13개 식민지의 독립이 결정되었는데, 이 사건은 백인 정착민 식민지들로 이루어진 제국이 갖는 한계를 분명히 보여주었다), 14살 때부터 달라진 대영제국의 기수임을 자임하던 동인도회사에서 일하기 시작했다. 당시 동인도회사는 오랜 역사를 지닌 남아시아 국가들과 교역을 하고 있었으며, 어떤 경우에는 이들 국가를 지배하고 있었다. (래플스는 아버지가 빚을 진 채 갑자기 세상을 떠났기 때문에 아주 어렸을 때부터 일을 해야 했다. 바로 이 점 때문에 래플스는 19세기 대영제국에 딱 맞는 표상으로 자리 잡게 된다. 가난뱅이가 일거에 부자가 되는 일은 현실에서는 좀처럼 찾아보기 힘들다. 하지만 당시의 영국인들은 영국의 교역이 확대되어 외국에서 새 시장을 확보하는 데 기여하기만 하면 어떤 젊은이든 출세할 수 있다는 식의 환상을 굳게 믿고 있었다.)

10년 동안 래플스는 대단히 평범한 직원으로 동인도회사의 런던 사무소들을 오가며 열심히 일했다. 마침내 1805년 말레이반도의 페낭(Penang)에 갈 기회가 오자 그는 이를 놓치지 않았다. 항상 몽상에 가까운 야심을 갖고 있던 래플스(그는 여러 통의 편지에서 자기를 나폴레옹과 비교하고 있었다)는 비교적 길었던 이 페낭 여행에서 말레이어를 배워 자신을 절대 없어서는 안 될 사람으로 만들었다. 동인도회사의 직원 가운데 말레이어를 할 줄 아는 사람은 사실상 아무도 없었기 때문이다. 이 지역의 모든 것이 그를 매료시켰지만(언젠가 런던으로 휴가를 왔을 때는 무려 30톤이 넘는 스케

치와 묘목, 짐승들 그리고 그 지역의 유물들을 가져올 정도였다), 래플스는 처음부터 더 웅대한 것들, 그리고 더 동쪽의 지역들에 관심을 갖고 있었다. 나폴레옹 전쟁은 그가 기다리던 기회를 가져다주었다. 오늘날의 인도네시아를 통치하고 있던 네덜란드가 나폴레옹의 지배 아래 떨어지면서 관리가 허술해진 네덜란드의 식민지들을 가로챌 기회가 생긴 것이다. 사실 래플스가 생각했던 것은 이보다 훨씬 더 원대한 것이었다. 그는 동남아시아 상황을 보고하는 첫 연락문에서 벌써 네덜란드령 동인도 제도에 새로운 영국 정착지를 건설할 경우 중국과 교역을 확대하는 기지로서 엄청난 가치를 갖게 될 것이라고 강조하고 있었다. 그는 1811년 네덜란드로부터 자바를 빼앗은 12,000명 규모의 원정군에서 서열 2위의 문관(겸 수석 전략가)로 복무했다. 그리고 그 뒤 4년 반 동안 자바 총독으로 일했다.

래플스는 자유무역을 주춧돌로 해서 자바에 자유주의적이면서도 동시에 권위주의적인 제국을 세우겠다는 열망에 사로잡혀 있었다. 그는 이것이 영국은 물론 원주민들에게도 이로울 것이라고 믿었다. 래플스는 원주민들이 자신들이 먹을 벼농사를 계속 짓게 해주는 조건으로 일정 기간 수출용 작물을 강제로, 그것도 무임으로 경작하게 했던 네덜란드의 강제 노역 제도를 서류상으로나마 폐지했다. 대신 농지를 경매해 여기에 세금을 부과하는 것만으로도 설탕과 커피를 비롯한 기타 수출 작물들을 안정적으로 확보하는 데 충분할 것이라고 판단했다. 그는 또 이 조치가 농민들에게 시장에 참여할 기회도 줄 것이라고 믿었다. 래플스에게 노예제도는 없어져야 할 것이었고, 세금으로 거둬들이는 돈은 도로를 내거나 그 밖의 기반 시설을 개선해 교역에 유리한 환경을 만드는 데 써야 할 것이었다. 이처럼 하룻밤 사이에 자본주의적 경제 제도를 도입하느라 빚어진 혼란과는 완전히 별개로 래플스는 자바에서 또 다른 문제와 마주쳐야 했다. 그의 고용주, 즉 동인도회사와 영국 외무성 모두 영국식 원리를 자바에 적용하는 것을 탐탁지 않게 여기고 있었던 것이다. 당시 영국 정부는 나폴레옹 이후의 유럽에서 네덜란드를 동맹으로 끌어들이려고 한창 구애 중이었던 터라 네덜란드에게서 빼앗은 식민지들을 돌려주려 하고 있었다. 동인도회사의 처지에서 볼 때 만약 이렇게 된다면 래플스가 주도한 도로 건설이나 다른 개혁 조치들은 변변한 이득도 기대할 수 없는 곳에 막대한 돈만 쏟아 붓는 '값비싼' 투자가 될 공산이 컸던 것이다. 나폴레옹 전쟁이 끝나고 채 1년이 지나지 않아 래플스는 (역시 말레이반도에 있는) 벵쿨렌(Bencoolen)이란 벽지로 좌천되었고, 이 무렵부터 그에 대한 동인도회사의 평가는 엇갈리기 시작했다. 그나마 래플스가 런던(이곳에서 그는 전쟁 영웅이면서 탐험가, 박물학자, 인류학자로서 높은 평가를 받고 있었다)에 휴가차 들른 길에 사귄 왕세자를 포함한 고위층 친구들 덕분에 엇갈린 평가라도 받을 수 있었던 것이다.

 출셋길에서 우회로로 접어들어야 하는 것만큼이나 래플스를 화나게 했던 것은 대영제국이 절호의 기회를 놓치고 있는 것이었다. 영국은 동인도 제도를 네덜란드에 다시 돌려줬을 뿐만 아니라 네덜란드가 이 광활한 지역에서 이루어지는 거의 모든 교역을 다시 독점하는 사태를 묵인하고 있었다. (그러나 영국 정부의 처지에서는 이 같은 묵인은 오히려 필요한 것이었다. 인도네시아에서 짜내는 부는 전쟁으로 큰 타격을 입은 네덜란드를 재건하고 안정시키는 데 핵심적이었기 때문이다.) 네덜란드는 독점을 지키기 위해 관할 수역에서 외국 배들을 계속 공격했고, 자신들의 항구에 기항한 선박들에게 일절 편의를 제공하지 않는 경우도 잦았다. 더군다나 인도네시아가 인도양과 태평양을 잇는 유일한 해상 교통로상에 있었기 때문에 네덜란드는 중국과 일본에서 큰돈을 벌고 싶어 하던 비네덜란드 상인들에게는 완강한 장애물이 아닐 수 없었다. 동인도회사 같은 거인에게는 단순히 짜증이 좀 날 상황이지만, 작은 규모의 현지 무역상들에게 이것은 재앙이나 마찬가지였다. 이들의 상선은 작았기 때문에 인도와 중국을 오가는 중간에 더 자주 보급을 받아야 했다. 그리고 이 상인들은 자금 문제에도 역시 어려움을 겪고 있었다. 동인도회사보다 자본이 훨씬 적었던 탓에 화물이나 선원, 선박 장비 따위에 투자한 운전 자본에서 이윤을 회수할 때까지 대양을 항해해 중국에 다녀오는 그 몇 달을 더 기다리는 것이 이들로서는 여간 고역이 아닐 수 없었다. 이들은 상품을 빨리 회전시켜야 했고, 무엇보다 계절풍의 방향이 바뀌기 전에 돌아오지 못하는 사태를 피해야만 했다. 그렇지 않으면 배가 꼼짝을 못하게 돼서 몇 달을 더 기다려야 비로소 항해에서 남은 이윤을 갖고 고향으로 돌아갈 수 있었기 때문이다. 유럽인들이 나타나기 전까지 몇 세기 동안은 중국에서 오는 상선들과 인도와 중동에서 오는 상선들이 말라카 해협 어디에선가 만나는 방식으로 이 문제를 해결해 왔다. 이곳에 있는 많은 도시들은 탐욕스런 해적이나 군주들에게 보호비 명목으로 돈을 너무 많이 뜯겨 결국 무너질 때까지 몇십 년 (또는 몇 세기) 동안은 전성기를 구가할 수 있었다. 그러나 이제 중개항이 들어서기에 천혜의 자리인 이곳을 네덜란드가 독차지하고 있었다. 다른 어떤 유럽인보다 이 지역 상업의 역사를 잘 알고 있었을 래플스는 마침내 이 지역에 자유 무역을 위한 전초 기지를 세우기로 작정했다.

　래플스는 네덜란드가 영국 동인도회사의 가장 큰 돈줄(주로 아편 판매를 통한)이던 캘커타-광둥(지금의 콜카타-광저우) 간 교역의 목을 조여 오고 있다는 연락문으로 자신의 감독관이던 캘커타의 인도 총독을 궁지로 몰았고, 마침내 무력 개입을 허락하는 것으로 해석될 수도 있는 모호한 훈령을 받아냈다. 이것이 그가 바라던 전부였다. 술탄이 죽은 뒤 두 형제 사이에 계승권 분쟁이 일어난 것을 빌미로 래플스는 1819년 1월 29일 장차 싱가포르가 될 땅에 발을 들여놓았다. 그는 계승권 싸움에서 진 쪽을 술탄으로 승인하는 한편, 새 술탄(과 술탄 가문의 실세였던 그의 삼촌)을 설득해 1년에 은화 8,000달러로 싱가포르를 조차했다. 그리고는 혹시라도 네덜란드가 이 새 도시에 개입할 경우 이를 저지한다는 명목으로 일단의 영국 군인들을 진주시켰다. 이 모든 것이 일주일 만에 끝났다.

하지만 이를 둘러싼 논란은 훨씬 더 오래갔다. 네덜란드는 처음에는 격렬하게 반발했지만 끝내 아무것도 하지 않았다. 하지만 동인도회사와 영국 외무성은 새로운 비용 지출이나 다른 나라를 자극하는 사태를 우려해 새 식민지의 승인을 질질 끌고 있었다. 그러나 래플스가 생각했던 대로 시간은 그의 편이었다. 캘커타와 런던의 민간인 무역상들은 그와 생각이 같았던 것이다. 이들은 엄청나게 많은 편지와 사설, 전단 등을 통해 새 식민지에 대한 영국 정부의 지원을 요구하고 나섰다. 그리고 더욱 중요한 것은 이들 상인이 발로, 자신들의 배로, 그리고 자본으로 자신들의 의견을 개진했다는 것이다. 2년 반 뒤 이 작은 어촌의 인구는 1만 명(대부분 중국 상인들이었다)을 넘어섰으며, 상선 2,839척(이중 383척을 제외하면 모두 아시아인들이 소유하고 있었다)이 이곳의 항구를 모항으로 삼고 있었다. 그리고 다음 해의 수치는 앞선 2년 반을 합친 것보다 더 커져 있었다. 싱가포르를 차지하고 나자 영국은 동인도회사가 독점권을 갖고 있던 영국과 아시아 사이의 직접 무역보다 규모가 훨씬 컸던 아시아 내부 교역에까지 끼어들어 이런저런 부가 이익을 챙길 수 있게 되었다. 그리고 네덜란드가 지배하고 있던 인도네시아의 수출품 대신 향신료와 인디고처럼 오래된 것에서부터 아편처럼 근자에 각광을 받기 시작한 인도의 극동 지방 수출품들을 적극 밀어주는 식으로 아시아 내부 교역을 입맛에 맞게 주무를 수도 있었다. 마침내 1824년 3월 영국과 네덜란드는 싱가포르라는 북적거리는 자유무역항이 영국의 소유라는 현실을 받아들이게 된다.

새 도시의 성공은 동남아시아뿐만 아니라 영국에도 중대한 변화를 예고하는 것이었다. 그리고 래플스의 상관들이 그를 신임하는 데 왜 그렇게 인색했는지도 이 도시의 성공으로 설명할 수 있을 것이다. 200년 전 동인도회사를 설립할 때는 독점 인가를 받은 기업이 정부와 밀접한 관계를 맺고 활동하면 아시아에서 영국의 지위를 강화하는 데 도움이 될 것이라는 판단이 깔려 있었다. 그리고 이런 기업은 통제가 쉬울 것이기 때문에 런던의 정책과 상충하는 목표를 추구하지는 않을 것이라는 점 역시 회사 설립의 중요한 이유였다. 동인도회사가 인도 본토에서 진행된 일련의 군사 행동에 점점 깊숙이 관여하게 된 뒤에도(그래서 1755년 이후에는 벵골 지방의 실질적 지배자가 된 뒤에도) 이 논리는 계속 살아남았다. 영국 의회는 동인도회사를 포기하거나, 이 회사가 독점하고 있는 인도 상품의 영국 수송권을 박탈하기보다는 오히려 감독을 한층 더 강화하는 쪽으로 나아갔던 것이다.

더욱이 동인도회사가 새로 차지한 지역들을 다스리던 방식은 적어도 초기에는 네덜란드가 자바에서 했던 방식, 바로 래플스가 분노를 터뜨렸던 그 방식과 어느 정도까지는 닮아 있었다. 본질적으로 동인도회사는 귀족과 대상인, 대지주 연합의 대표처럼 거만하게 굴었다. 동인도회사가 그렇게 강력한 권한을 갖게 된 것도 사실 이 때문이었지만 그래서 현지의 지배 엘리트들과 협의를 거쳐 정책을 결정하는 일이 상당히 많았고, 동인도회사의 초기 현지 대표들 중 상당수는 그 지방의 귀족들처럼 자기를 연출하기도 했다(1장 14절 참조). 동시에 동인도회사는 현지 주민들의 자의에 따른 계약이 아니라 (원주민 엘리트들처럼) 노골적으로 무력을 행사해 상당수의 교역 물품을 확보했다(7장 5절 참조).

그러나 래플스는 다르게 움직였다. 싱가포르에는 지배 방식을 같이 논의할 원주민 지배 집단이 거의 없었고, 설사 있었다 하더라도 래플스는 신경 쓰지 않았을 것이다. 그는 자신을 비롯한 유럽인들이 가장 똑똑하다고 생각했기 때문에 식민지 총독이 모든 실질적인 권력을 장악하는 정부

체제를 수립했다. 따라서 총독은 누구와도 협의를 할 필요가 없었다. 또 싱가포르는 많은 상품을 생산하는 곳이 아니라 중계항이었기 때문에 자바와 인도에서처럼 강제 노역을 시키기 위한 장치들을 따로 마련하지 않아도 되었다. 이렇게 탄생한 자유로운 시장과 비민주적인 정부라는 통치 방식은 이후 싱가포르에서 일종의 전통으로 굳어졌다.

그렇지만 이런 방향으로 일을 밀어붙이면서 래플스가 자기 이익만 대변한 것은 아니었다. 사실 유럽인들이 아시아에서 진짜로 실속을 챙기려면 아시아 내부 교역을 직접 수행해야 한다는 점이 점차 분명해지고 있었다. 그러나 정작 이런 기회들을 잡은 유럽인들은 동인도회사처럼 국가의 후원을 받는 기업들이 아니라 민간 상인들일 때가 더 많았다. 동인도회사 같은 기업들은 법으로 독점권을 보호해주는 본국 시장에만 신경을 쓰고 있었기 때문이다. 이들 '시골 무역업자' 들 — 영국인이 약간 포함돼 있고 주로 인도와 중국인이었던 — 은 영국의 새 제국 싱가포르에 없어서는 안 될 경제적 활력을 불어넣어 주었지만 대신 통제하기가 그렇게 녹록하지는 않았다. 이들에게 런던의 유럽 중심적인 계획을 와해시킬 힘이 있다는 것은 네덜란드가 뭐라고 주장하든 또 무얼 하든 싱가포르를 계속 소유해야 한다고 영국 정부에 압력을 넣었을 때 이미 분명하게 드러난 바 있다. 이제 이들 중 상당수는 중국과 일본의 항구 — 영국 정부와 동인도회사는 조금 더 천천히 일을 진행시키고 싶어 했던 곳 — 들을 힘으로라도 열어야 한다고 영국 정부를 압박하고 있었고, 이는 곧 현실화되었다. (무관세 정책을 굳게 지켜왔고 세금을 매길 땅도 거의 없었던 싱가포르 정부가 유일하게 한 상품의 교역만 자유무역에서 제외시켜 독점하고, 여기에 정부 세입의 거의 전부를 의존하고 있던 사태도 후일의 사건을 예고하는 또 하나의 징조였다. 그 상품은 바로 아편이었다.)

이 새로운 '자유무역' 제국은 유례없는 이윤을 가져다주었지만, 유례

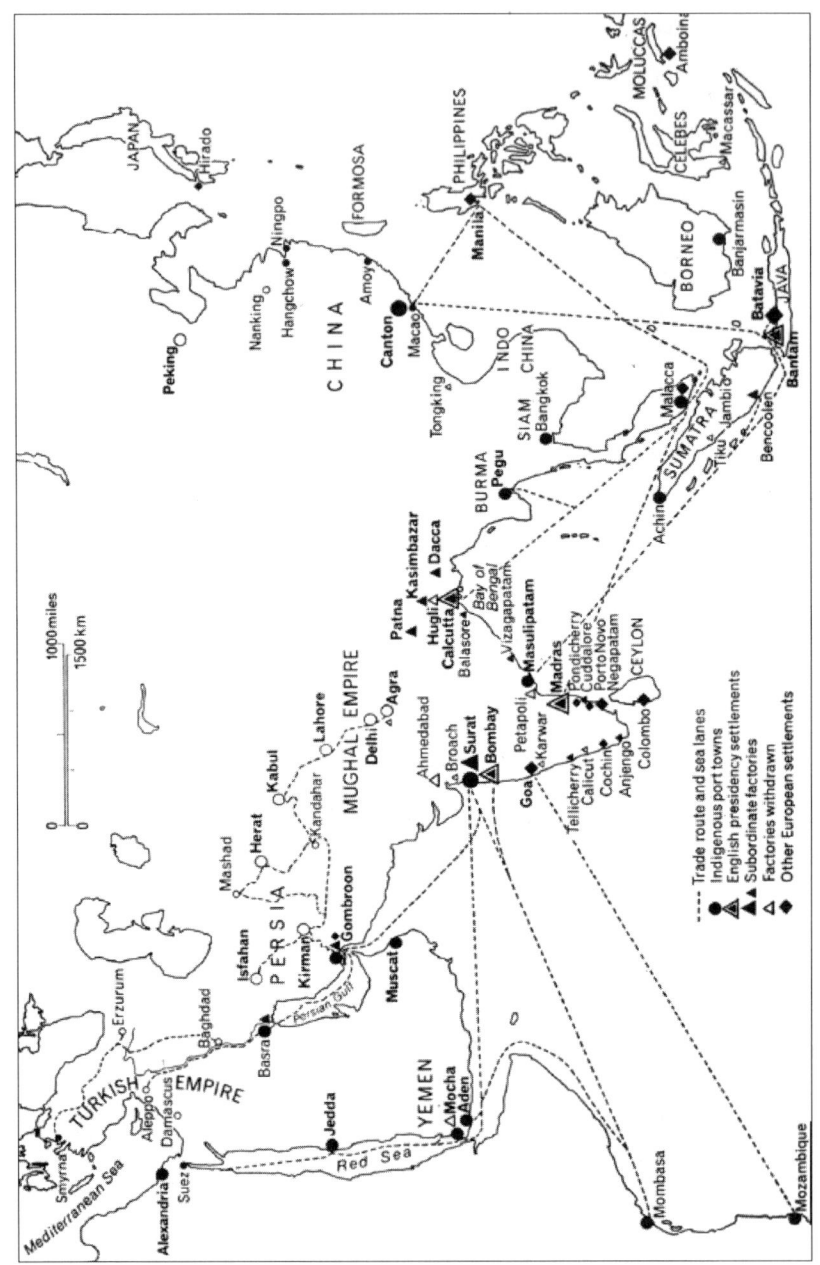

17~18세기에 영국 동인도회사와 인도양의 다른 유럽 국가들의 정착지를 보여주는 지도
출처: 〈인도양의 무역과 문명: 경제사〉, 케임브리지 대학 출판부, 1985, 키르티 N. 차우두리 각색

없는 변화도 몰고 왔다. 이 소용돌이를 일으킨 장본인으로서 래플스는 정작 이런 변화를 주도할 자리에 있던 사람들을 대단히 불편하게 만들었다. 사실 이들 대부분은 런던이 모든 상황을 적절히 통제할 수 있을 만큼 천천히 돌아가는 세계에서 좀 더 안전하게 돈벌이를 하는 방식을 선호했던 것이다.

7 무역과 무질서, 진보, 상하이를 만들다

상하이를 만든 주역은 상업이었다. 상하이는 주도조차 돼 본 적 없는 곳으로서는 가장 큰 도시였고, 상업이 기계화되기 전이던 1920년대에 세계에서 여섯 번째로 큰 도시였다. 그 외에는 우리나 상하이를 건설한 사람들이 상하이의 성장에 관해 생각하거나 기대했을 만한 정보가 거의 없다.

아편전쟁 이후 상하이를 조약항으로 개방시킨 외국인들은 상하이는 '어촌'일 뿐이라고 주장하곤 했다. 영국의 영업장이 되고 나중에는 도시의 중심이 된 상하이는 외국인들이 처음 상점을 열던 때만 해도 거주민이 500명 정도에 불과했다. 그러나 상하이 인근에는 당시 중국 내 무역 중심지로 호황을 누리던 인구 25만의 다른 중국 도시가 있었다. 상하이는 양쯔강 계곡(중국 인구의 3분의 1 이상이 이곳에 살았다)이 바다를 만나 삼각주를 이룬 번화한 곳으로, 3천만 명이 넘는 주민들이 수공예품(특히 비단과 면직물)을 생산했으며, 이것들은 강 상류와 해안을 따라 올라가 쌀, 목재, 설탕, 밀, 대두 등 인구가 많은 삼각주에서는 자급자족할 수 없는 상품들과 교환되었다. 1830년대에도 몇몇 외국인들은 상하이의 연간 무역량이 런던의 교역량에 버금간다고 추정했다. 어쨌든 양쯔강 하구 삼각주의 상하이는 영국보다 더 많은 사람들이 사는, 영국처럼 특정 세계의 영업장 노릇을 하는 곳이었다.

물론 외국인들이 그 세계에 무례한 충격을 가하고 있기도 했지만, 상하이는 국가적 재앙 때문에도 충격을 받았던 것 같다. 1820년대와 1830년대에 아편 무역이 붐을 이루면서 상하이는 그 중심지 중 하나가 되었고, 아편전쟁 이후에는 그 입지가 더 강화되었다. 마약이 확산되면서 수백만 명이 고통을 겪었지만, 상당수 상하이 상인들과 선주, 은행가들은 부자가 되었다. 그리고 훨씬 더 큰 재앙, 즉 1850년대에 중국을 뒤흔든 내전은 상하이에 엄청난 활력을 불어넣었다.

태평천국의 난(1851~1864)은 2천만 명 이상의 목숨을 앗아간 역사상 가장 파괴적인 내전이었다. 그러나 상하이는 그 와중에도 실속을 챙겼다. 우선 전쟁은 베이징 사람들과 북부의 군대를 먹이기 위해 남중국에서 대운하를 이용해 북쪽으로 엄청난 양의 쌀을 보내던 수 세기 동안의 관행을 끝냈다. 대신 곡물은 이제 상하이를 출발하여 바다를 통해 운반되었다. 그러자 북쪽으로 갈 때는 절반도 채우지 못한 채 배를 운항해야 했던 — 상하이에서 내보내는 천 등의 물품이 북쪽에서 들어오는 목재와 대두, 밀 등의 화물보다 훨씬 공간을 덜 차지했으므로 — 선주들이 안정적으로 큰 수익을 보장받게 되었다. 이렇게 북쪽으로 곡물을 운송하여 벌어들인 수익은 부두나 선박 등을 실질적으로 현대화하는 데 사용되었다. 그리고 이전에 걱정했던 스텝 지대 사람들보다 외국인이 훨씬 더 큰 위협이라는(그러나 잠재적인 현금 및 신기술의 원천이기도 하다는) 사실을 인식하기 시작하면서, 정부는 상하이를 비롯한 여러 항구를 대상으로 새로운 개발을 시도하기 시작했다.

무엇보다도 내전으로 인해 조약항구 및 중국 도시와의 관계에 대한 정부의 계획이 바뀌었다. 애초에 청나라 정부는 난징조약으로 개방된 항구들이 외국인들을 중국 도시로 들어오지 못하게 하는 방편으로 쓰이리라고 생각했다. 반면 외국인들은 자신들의 정착지를 중국인은 거주할 수 없는 곳으로 만들 계획이었다. 그러나 충돌의 순간이 다가오자 중국인들은 조계지 안에서 자신들과 자신들의 돈을 지키려 했다. 인구는 500명에서 20,000명으로 급증했고, 영국 관리들이 이주민들을 쫓아내려고 계획하자, 이주민들의 동포인 상인들이 들고 나섰다. 중국인들이 유입되면서 임대료가 치솟았고 집주인들은 이러한 임대료 수입을 포기하려 하지 않았다. 탐욕은 인종 차별을 수그러지게 했고 영국 당국은 결국 중국인들이 자신들의 조계지에 정착하는 것을 허용하기에 이르렀다.

이제 과거로는 돌아갈 수 없었다. 중국인은 외국인 조계지만이 아니라 다른 중국 도시에도 물밀 듯 들어왔다. 머지않아 그 지역들은 하나로 합해져 대도시가 되었지만, 1940년대까지는 통일된 정부가 없었다. 상황이 이렇다 보니 관할권을 놓고 빈번하게 분쟁이 발생하면서 상하이는 밀수업자와 사기꾼들의 천국이 되었지만, 동시에 이곳은 놀라울 만큼 개방된 장소가 되기도 했다. 모든 사업과, 정치적 급진주의자들(중국과 영국 당국 모두 이러한 급진주의자들을 혐오했지만 그들은 종종 영장이 작성되기 전에 다른 지역으로 건너가 버리면 그만이었다)은 물론 세계 곳곳에서 도망쳐 온 난민들(1917년 이후 5만 명의 러시아 백인, 나치 시대에는 2만 명이 넘는 유럽 유대인)에게도 상하이는 천국이었다. 그리고 좋은 요소든 나쁜 요소든 상하이는 근대 문화가 꽃피는 최고의 장소가 되었다. 상하이는 중국 최초의 신문, 백화점, 영화의 본거지였으며 서구식 시민 단체와 중국식 시민 연합회의 창의적인 조합을 탄생시켰다. 증기력과, 전신, 보험을 비롯한 여러 분야에서 서구식으로 이루어진 혁신은 도시의 상업적 성장에 박차를 가했다.

그러나 개방이 전적으로 좋기만 한 것은 아니었다. 상하이의 여러 정부는 대체로 무법에 맞서기보다는 무법을 감수하며 명맥을 유지했다. 1920

년대 상하이는 세계에서 슬롯머신 수가 가장 많았고, 1인당 매춘 여성 수도 가장 많았으며, 마약 거래가 횡행했다. 악이 도시 재정 기반의 핵심이었고 불평등이 너무 심각한 나머지 하인에게 손님의 조간신문을 다림질시키는 호텔도 몇 곳 있었다. 중국과 중국 바깥의 수백만 사람들에게 상하이는 모든 것을 팔지만 그 무엇도 계획대로 되지 않는, 신세계의 가능성과 공포를 대변하는 가장 중요한 상징이었다.

8 수에즈운하가 분열시킨 인도네시아

1869년 수에즈운하가 개통되면서 수 세기 동안의 숙원, 즉 유럽과 아시아 사이의 지름길이 뚫리게 되었다. 개통 석 달 만에 런던-봄베이 간 운송비가 30퍼센트 떨어졌고, 10년 뒤에는 개량된 증기선까지 가세하면서 마르세유에서 상하이까지 가는 데 걸리는 시간은 110일에서 37일로 줄어들었다. 물건과 사람, 사상과 지식이 유례없는 규모로 이동할 수 있게 된 것이다.

그러나 콜럼버스 시절에는 향신료가 나는 섬들로 불렸고, 지금은 인도네시아라는 이름으로 부르는 네덜란드령 동인도 제도(East Indies)에서만큼 혁명적인 변화가 일어난 곳은 어디에도 없었다. 동인도 제도가 유럽과 더 긴밀하게 결합된 만큼 이곳에서 서구의 풍습 역시 종국에는 승리를 거둘 것이라고 많은 유럽인들이 자신 있게 장담했다. 점차 상호 의존적이 되어 가던 이곳의 섬들로 공통의 문화, 바로 유럽 문화가 전해지면서 불안하게 동거하고 있던 말레이인, 인도인, 중국인을 비롯한 다양한 인종들도 같은 정체성을 갖는 공동 사회로 새롭게 (물론 유럽인의 인도 아래) 태어날 것으로 생각되었다. 그러나 수에즈운하는 정반대의 결과를 가져왔다.

20세기 초 인도네시아는 물리적으로는 통일되었지만 계급과 민족, 종교를 따라 극심하게 분열돼 있었다. 네덜란드의 지배가 느슨해지면서 아시아인 사이에 적개심이 싹트게 된 것이다. 그리고 이 적대감은 오늘날에도 그대로 남아 있다.

지도가 아주 빠르게 변해 갔다. 운하 개통 1년 뒤 바타비아(지금의 자카르타)에 전신이 들어왔다. 그로부터 2년 뒤(1872년) 네덜란드는 다른 유럽인들이 투자할 수 있도록 식민지를 개방했다. 이에 따라 전에는 사람이 별로 살지 않던 동인도 제도 외곽 지역의 섬들에 담배, 커피, 코코아, 고무 플랜테이션이 앞을 다투어 들어서게 되었다(그리고 조만간 주석 광산과 유정까지 생기게 된다). 외곽의 섬들 중 가장 큰 가치가 있었던 섬 수마트라를 차지하려고 네덜란드는 1873년 아체 전쟁을 일으켰다. 30년에 걸친 피비린내 나는 싸움 끝에 훗날 인도네시아가 독립할 당시의 국경선이 확정되었다. 그리고 이 국경선 안에서 기존의 식민지 경영 방식보다는 현대적인 농산업과 훨씬 비슷한 새로운 형태의 사업이 꼴을 갖춰 가기 시작했다.

1870년 이전까지만 해도 동인도 제도의 수출품 대부분은 자바산으로서 농민들이 생산한 것들이었다. 돈을 많이 들이지 않고 자바를 통치하고 싶었던 네덜란드는 옛 생활 방식을 대체로 인정해주었다. 농부들은 원래 살던 마을에 계속 살면서 농사를 지었고, 기존의 제후와 추장들이 이들을 다스렸다. 그때까지 이곳 농민들이 생산한 설탕과 다른 수출품들은 공납 제도에 따라 별도의 강제 노역을 통해 재배된 것들이었다. 당시의 공납 제도는 제후가 '소유'한 토지와 농민의 규모에 따라 제후에게 일정량의 강제 노역을 할당하고 있었다. 그러나 국제 교역이 발달하면서 새로운 가능성이 열리기 시작했다. 프랑스와 영국이 베트남 남부 메콩강과 이라와디강 삼각주에서 물을 빼내고 벼농사를 짓기 시작하면서 영국의 코번트리(Coventry)에서 중국 광동성에 이르는 광활한 지역에서 이 두 곳의 쌀을 먹을 수 있게 되었다. 이제 동인도 제도의 노동자들이 먹을 쌀을 수입할 수 있게 되자 유럽인들은 동인도 제도 외곽의 섬들을 거대한 플랜테이션 단지로 바꾸고, 임금을 받는 노동자들이 수출용 작물만을 생산하게 했다. 저임금을 유지하기 위해 인구가 많은 중국과 인도, 자바에서 엄청난 수의 '쿨리'(cooly: 중국과 인도 출신 노동자들 - 옮긴이)들이 수입되었다. 그리고 부유한 중국인들이 옮겨 와 쌀 소매업이나, 전당업, 아편 거래 등의 분야를 꿰차게 된다. 이렇게 형성된 이민 사회의 최상층에는 당연히 유럽인 플랜테이션 소유자들이 자리 잡고 있었다. 자바에서는 그렇게 떠받들던 원주민 제후나 추장들이 이곳에서는 십장이나 채무 징수인, 법관, 경찰, 사설 경비대 따위의 좀 더 '현대적인' 관리들에 밀려 헌신짝처럼 버려졌다. 그리고 이제는 자바에서도 쌀 수입이 늘어나면서 수출용 작물 재배에만 매달릴 수 있게 되었고, 이에 따라 더 많은 농민들이 화폐 경제에 직접 편입되기에 이르렀다.

그러나 수에즈운하가 유럽과 동인도 제도를 결합시키는 역할만 한 것은 아니었다. 수에즈운하는 부분적으로 이곳 유럽인들의 생활과 지배 방식을 바꿔 놓음으로써 유럽과 동인도 제도를 한층 더 소원하게 만들었다. 본국에서 물건(심지어는 얼음까지)을 훨씬 쉽게 실어올 수 있고 소식 역시 빨리 전달되면서 이전과는 다른 부류의 유럽인들이 동인도 제도로 오게 되었다. 이전의 블레이버르(blijver, 정착자)들과 분명히 구별하기 위해 트레커(trekker, 일시 체류자)라고 불렀던 이들은 동인도 제도를 종국에는 유럽으로 다시 돌아가기 전에 잠깐 머물며 직업상의 경력을 쌓는 곳으로만 여기고 있었다. 이들은 동인도 제도에 머무는 동안에도 유럽에서 살던 그대로 살고 싶어 했다. 그리고 결국 그것이 가능해졌기 때문에 새로운 유럽인들은 유럽인 부인들을 동인도 제도까지 데려왔다. 반면 블레이버르들은 현지 여성과 결혼했고, 이들을 통해 현지 지배 계층에 편입되었다.

이 새로운 네덜란드인들은 현지인들과 직접 접촉하기를 꺼렸으며, 대부분 말레이어를 배우는 것도 거부했다. 다른 말도 아닌 (유럽인들이 도착하기 훨씬 전부터) 수 세기 동안 이 지역의 공용어이면서 동시에 수마트라에서 루손에 이르는 거의 모든 지역에서 교역어로 사용해 온 말레이어를 말이다. 상당수의 독신 트레커들은 '원주민들'을 너무 경멸한 나머지 일본인 첩을 수입하기까지 했다(노골적인 인종주의와 사회적 다원주의가 지배하던 당시만 해도 일본인들은 '한 등급 높은 아시아인'으로 여겨졌다). 초기의 국제결혼으로 태어난 '유라시안'들은, 이전에는 얼마간은 동등한 대우를 받았지만, 이제는 '순종' 유럽인들보다 열등한 다른 카스트로 분류되고 있었다. 그리고 이들 중 상당수는 '인도네시아' 방식과 결별하고 자신들의 아시아 쪽 혈통을 부정하는 것으로 달라진 현실에 대처했다.

그러나 갈수록 강화되고 있던 인종적 배타주의가 반드시 유럽인들의 전유물이었던 것은 아니다. 새로 몰려든 중국 이민자들도 이전에 비해 본국과 자신들 사이의 접점을 계속 유지하기가 훨씬 쉬워졌다는 것을 알게 된다. 이들도 역시 유럽인들처럼 분리된 주거 지역을 만들고, 본국의 문화를 집중적으로 가르치는 학교들을 세웠으며, 인종적으로 배타적인 교역 및 생활 집단을 형성하게 된다. 위에는 자신들을 경멸하는 유럽인들, 아래에는 적대감을 품고 있는 말레이 사람들이 있다는 것을 잊은 적이 없었던 — 중국인들이 전당업과 세금 징수 대행, 약제 교역 따위를 독점하고 있었던 사실에 비춰보면 이상한 일도 아니지만 — 중국인들은 급기야 동인도 제도에서 처음으로 '민족주의' 단체들을 결성하게 된다. 그러나 여기서 민족은 어디까지나 중국에 있는 동포들을 의미했다. 이들 단체의 초기 활동은 (1911년 혁명을 포함해) 본토에서 벌어지는 정치적 운동을 지원하기 위해 자금을 모으거나, 일본인들에게 그랬던 것처럼 중국인들에게도 '유럽인'의 지위를 허용해 달라고 식민지 정부를 상대로 청원을 하는 따위였다.

얼마 뒤 압도적 다수였던 동인도 제도의 원주민들도 행동에 나서게 된다. 하지만 자바인, 아체인, 미낭카바우(Minangkabau)족을 포함하는 엄청나게 다양한 인종 집단이 유럽인과 중국인에 맞서 공통의 이해관계를 전면에 내세우려면 당시까지 존재하지 않았던 일체감이 형성되어야만 했다. 여기서도 도움의 손길을 내민 것은 수에즈운하였다. 이제 유럽과 아시아 사이의 주요 운송로가 남아프리카를 돌아가지 않고 중동을 관통하게 됨에 따라 대부분이 무슬림이었던 이곳 원주민들은 멀리 떨어져 있던 그들 종교의 심장부에 더 가까워지게 되었다. 과거에는 거의 불가능했던 메카 순례가 도시에 거주하는 정통 이슬람교도들인 산트리(santri) 무슬림 사이에서는 흔한 일이 되고 있었다. 때마침 중동에서는 '신이슬람' 운동이 그 일대를 휩쓸고 있었다. 이슬람의 근대화를 주장하던 이 운동은 코란을 따르는 정통 이슬람이 신식 생활과 양립할 수 없는 것은 아니라고 역설하고 있었다. 이 주장에 따르면 근대 세계에 이슬람은 어울리지 않는다는 그릇된 생각은 이슬람에 다양한 현지의 관습들이 섞여든 데서 비롯된 것으로, 종교적 진리를 추구하기 위해서뿐만 아니라 경쟁적인 현실에서 살아남기 위해서도 이런 요소들은 솎아내야만 했다. 당연히 이 논리에 공감한 동인도 제도의 산트리들은 코란과 함께 서구의 자연과학과 사회과학을 가르치는 학교들을 세우는 한편, 담배와 바틱(batik) 제조 분야까지 잠식해 들어오던 중국인들에 맞서기 위해 무슬림 상인들의 협동조합을 설립했고, 무슬림들의 정치적 권리를 획득하기 위한 조직적인 운동도 벌여 나갔다. 증기선과 전신을 도입함으로써 동인도 제도가 외부의 영향에 더욱 더 노출되도록 만든 장본인인 유럽인들은 그제서야 외국의 사상이 반드시 유럽의 사상은 아닐 수도 있다는 점을 깨닫게 된다. 1911년 신이슬람 운동 노선을 따르던 무슬림 상인들이 만든 민족주의 정당 사레카트 이슬람(Sarekat Islam)은 이후 유럽 지배에 대한 저항 운동을 이끈 주요 선동가 대부분을 배출하게 된다.

그러나 '무슬림'으로서의 정체성이 강화되었다고 해서 유럽인과 대별되는 '인도네시아' 사람으로서 느끼는 정체성이 자동적으로 강화된 것은 아니었다. 우선 그 과정에서 중국인들이 배제되었을 뿐 아니라, (오늘날에도 종종 그러는 것처럼) 중국인들은 당시 동인도 제도가 안고 있는 문제들의 원흉으로 지목돼 모든 비난을 뒤집어쓰기까지 했다. 또 신이슬람 운동은 부유하고 종교적이며 교육을 많이 받은 산트리와, 원주민 인구에서 상당 부분을 차지하던 농촌 지역의 아방안(abangan) 무슬림들 사이의 분열도 더욱 심화시켰다. 아방안 무슬림들은 잡다하다고 할 정도로 많은 원주민들의 관습을 이슬람 신앙에 결합시키고 있었다. 하지만 산트리들은 바로 이런 것들, 예를 들면 모권 중심의 가족제도(한때는 광범위하게 퍼져 있었지만 이 무렵에는 수마트라의 일부 지역에만 남아 있었다), 느슨한 성 풍습, 신비주의적 의식, '낭비적인' 축제, '미신적인' 예배 따위의 '코란에서 인정하지 않는' 것들을 뿌리 뽑으려 하고 있었다. 산트리는 아방안보다 훨씬 잘 조직돼 있었고 교육을 많이 받았기 때문에 유럽인들이 이 지방의 '관습법'이라고 기록하고 있는 것들은 사실 산트리의 관점인 경우가 많다. 그러나 비록 관습법이란 이름으로 불리기는 했지만 모든 사람이 여기에 따랐던 것도 아니고, 그렇다고 무슬림들의 일치를 가져온 것도 아니었다. 아방안 무슬림들은 당연히 산트리 무슬림들의 간섭에 분노를 터뜨렸고, 메카에 다녀온 것이 산트리 무슬림들에 어떤 권위를 부여한다는 식의 논리도 단호히 거부했다. 그리고 한 걸음 더 나아가 메카 순례 비용은 아방안 소작인이나 채무자, 소비자들에게 인색하게 굴어서 긁어모은 것으로 이는 부도덕할 뿐만 아니라 종교적으로도 용납되지 않는 일이라고 주장했다(그리고 지금도 주장하고 있다). 산트리 무슬림들이나 중국인 같은 조금 더 약삭빨랐던 인도네시아인들이 각각 메카와 중국에 정신적 뿌리를 두고 상호 적대적인 집단을 형성하게 되자 조직화되지 않은 압도적 다수의 농촌 인구는 이 낯설고 거친 세계에 홀로 남겨졌다. 따라서 훗날 상당수의 아방안 무슬림들이 수카르노(Sukarno)의 급진적 민족주의에, 그리고 또 하나의 외래 사상인 공산주의에 이끌렸던 것은 우연이 아니었다. 결국 1965년 수에서는 우세했지만 조직은 빈약했던 이들의 대중 운동이 탄탄한 조직을 갖고 있던 산트리와 군대, 그리고 이들의 동맹국들과 충돌하면서 50만 명가량이 목숨을 잃는 사태가 발생했다. 부분적으로는 교통이 편리해지면서 시작된 분열이 여전히 치유되지 않고 있음을 피로써 증언한 셈이다.

9 인도 철도, 무너진 기대

19세기 세상이 변하고 있음을 가장 분명하게 보여주었던 것은 바로 철도였다. 철도의 등장으로 육상 운송비는 자그마치 95퍼센트가 줄어들었고, 이에 따라 교역은 몇 배가 늘어났다. 또 멀리 떨어진 사람들이 일분도 어긋나지 않고 정확하게 손발을 맞춰야 했기 때문에 표준화된 시간이 생기게 되었다. 철도는 상품을 표준화시켰다. 존스네 농장에 가서 밀 부대를 싣고, 조금 가다가 스미스네 농장에서 또 밀 부대를 싣고 하는 동안 기차가 증기기관을 돌리면서 기다리려면 시간이 너무 많이 걸렸고 비용도 엄청나게 들었다. 그 결과 등장한 것이 양곡기를 갖춘 곡물 창고였다. 사람들은 철도의 세상에서 살아가려면 사고방식이 달라져야 한다는 것을 깨닫게 되었다. 이곳에서는 치밀하고 합리적인 계산이 강조되었으며, 낡고 '부정확한' 습관들이 더는 발붙일 자리가 없었다. 실제로 19세기 말 사회적 다원주의자들은 어떤 민족이 과연 근대를 살아가기에 유전적으로 '적합한지'를 결정할 때 철도를 건설해서 운영하고, 이를 이용할 능력이 있는지 여부를 일반적인 기준으로 사용했다.

이 때문에 (1910년경 아시아 전체 철도 길이의 85퍼센트를 차지하며 세계에서 네 번째로 긴 철도망을 갖고 있으면서도) 인도가 신속하게 근대화된 사회로 바뀌지 않고, 철도 그 자체도 만족할 만큼 수익을 올리지 못하자 도대체 '이놈의' 원주민들한테 무슨 문제가 있는지를 밝히기 위한 연구가 진행되기도 했다. 그러나 철도가 어떻게 건설되었고, 어떤 일을 했는지를 조금만 더 꼼꼼하게 살펴봤다면 수수께끼는 금방 풀렸을 것이다.

우선 철도망이 확대될수록 그에 따르는 예상 수익은 낮춰 잡아야만 했는데도 정반대의 사태가 벌어졌다. 사실 (변경 지대까지 뻗어갔던 몇몇 초장거리 노선을 포함해) 대부분의 노선들은 화물이 아니라 군인들을 수송하려고 건설된 것들이었다. 그리고 나머지 노선들은 잦은 흉작으로 고통을 받고 있던, 그리고 다른 공공 교통수단은 거의 들어가지 않던 인도에서도 가장 가난한 지역들을 운행했기 때문에 '기근 철도'(famine lines)라는 이름이 붙을 정도였다. 이들 지역은 워낙 가난했기 때문에 외부에서 사람들의 목숨을 구하기 위해 (그리고 기근에 따른 사회적 동요를 막기 위해) 식료품을 실어 나를 때를 제외하고는 철도를 이용할 일이 사실상 거의 없었다. 게다가 영국 정부는 인도 식민지 정부가 투자 이익을 보장하도록 함으로써, 수익을 낼 수 있을지 의심스러웠던 이들 노선에 영국 민간 투자를 유치했던 것이다. 이에 따라 공식 노선이 연 5퍼센트의 수익을 올리지 못했을 경우 인도의 납세자들이 차액을 메워야 했다(터키와 라틴아메리카를 비롯한 다른 몇 곳에서 철도를 건설할 때도 이와 비슷한 투자 이익 보장 조치가 있었다). 그 결과 혜택은 런던의 금융업자들, 그리고 (선로와 철도 차량, 숙련 노동자 거의 전부를, 그리고 심지어는 석탄도 상당 부분을 공급했던) 영국 기업들에게 돌아갔다. 이렇게 한 번 거품이 일자 상업적 잠재력은 여전히 낮았는데도 철도 건설은 더욱 늘어났다. 투자 이익이 보장되면서 자본을 긁어모으는 것만으로 금융업자나 증기기관 제조회사들은 이득을 볼 수 있게 된 것이다. 이에 따라 가히 선로에 금을 입힐 수 있을 정도로 철도 건설붐이 일게 되었다. (투자 이익이 보장된 데 따른 또 하나의 결과는 다른 곳과는 달리 인도에서는 철도가 건설되는데도 현지의 제강업이나 토목업, 심지어 석탄 채굴업도 전혀 활성화되지 않았다는 것이다. 그리고 다른 산업 분야에 기술을 이전해줄 현지인 기술자들도 전혀 배출되지 않았다.)

물론 거대한 철도망이 건설되면서 육상 화물의 운송비용은 많이 떨어졌다. 그러나 일부 지역(특히 갠지스강을 끼고 있는 지역)에서는 전통적인 교통수단이 여전히 철도와 맞설 정도의 경쟁력을 갖고 있었다. 그리고 상업 거래가 크게 늘어난 것은 사실이지만, 거래 규모의 확대나 전통 교통수단의 퇴출이 사람들이 기대했던 것만큼 빨리 이루어지고 있었던 것은 아니다. (건설 30년이 되던) 1882년 인도의 철도는 대략 40억 톤킬로미터(ton-km)의 화물을 운반하고 있었다. 그러나 이미 1800년에 소가 끌던 마차들이 인도 북부에서만 실어 나른 화물량이 30억 톤킬로미터가 넘었고, 그 사이 인도 인구는 곱절로 늘어났다. 그리고 운송비가 싸졌다고는 해도 여전히 인도 국민들의 지출 능력에 비해서는 높은 상태였다. 1890년 인도에서 화물 200킬로그램을 1,500킬로미터 떨어진 곳으로 보내려면 개인 평균소득의 22퍼센트를 지불해야 했다. 그러나 미국에서는 같은 무게의 화물 운송비가 평균적인 개인의 소득에서 1퍼센트밖에 차지하지 않았다. 그리고 항구들로 이어지는 간선들의 화물 운송비가 지선들보다 훨씬 쌌는데, 그렇지 않아도 활발했던 인도의 수출에는 유리한 조건이었지만 국내 시장의 발달이란 측면에서는 불리한 요금 체계가 아닐 수 없었다.

인도의 철도는 여러 측면에서 실망스러웠지만 영국인들의 처지에서 가장 두드러졌던 것은 대부분의 노선이 거의 돈을 벌지 못하고 있는 점이었다. 1900년 인도 철도의 70퍼센트에 해당하는 노선들이 5퍼센트의 이윤을 남기지 못해 인도 납세자들로부터 보조금을 받아야 할 처지에 있었다. 이들 노선의 대부분은 채 3.5퍼센트의 수익도 내지 못하고 있었다. 1881년 인도 철도 전체 수익의 56퍼센트는 단 두 개의 노선에서 나오고 있었다. 철도 덕분에 아낄 수 있게 된 운송비용에 비하면 아주 적은 액수였지만, 그래도 인도 국민들은 보조금에 진저리를 치고 있었다. 그리고 한때 "철도는 사람들을 눈 뜨게 해줄 것이며 …… 시간은 돈이나 마찬가지라는 사실을 가르칠 것이며 …… 다른 생각을 가진 사람들을 만나게 해주고 …… 무엇보다도 인도인들이 자립하는 습성을 갖게 해줄 것"이며 또한 "한 시간에 30마일을 주파함으로써 우상 숭배와 미신에 괴멸적 타격을 줄 것"이라고 예언했던 영국인들은 이제 "철도 양쪽으로 100야드만 넘어서면 문명의 흔적 같은 것은 눈을 씻고 찾아볼 수 없게 되었다."며 이죽거리고 있었다.

하지만 철도는 많은 것을 바꿔 가고 있었다. 다만 영국인들이 생각했던 만큼 빠르지 않았고, 또 원래 기대했던 만큼 많이 바꾸지 않았을 뿐이다. 1920년대가 되자 운송비는 개인소득 대비 80퍼센트가 내려갔으며(이는 같은 기간 미국에서 운송비가 떨어진 비율과 같다), 1882년에서 1947년 사이에 운송 물량은 무려 1,000퍼센트나 치솟았다. 환금성 작물을 재배하는 변경 지역이 늘어나면서 주로 군사용으로 건설했던 노선들이 민수용으로 사용되는 경우들이 하나둘 생겨났다. 각각 쌀이나 밀만 재배해 먹던 지역들이 쌀과 밀을 섞어 먹게 되면서 흉작의 영향도 그만큼 줄어들게 되었다. 그리고 아마 가장 중요했던 것은 이른바 '기근 철도'들이 구호품 수송 수단으로서 존재가치를 거듭 증명해 보였다는 점일 것이다. 이 노선들이 생겨나면서 변경 지역에서는 흉년이 들어도 이전만큼 파괴적인 영향을 받지는 않게 되었다. 결국 철도가 인도 전역을 거미줄처럼 뒤덮긴 했지만, 일부 외국인들이 기대했던 것만큼 인도 경제는 개조되지 않았고, 인도의 문화는 더더욱 바뀌지 않았다. 하지만 철도는 강력한 사회적 안전망이 되어주었다. 수요가 적어 수익이 변변치 않았던 지역에서도 안전망으로서 철도의 효과는 실로 강력했다. 식민지 인도에서 철도는 애초 영국의 장군들과 투자자, 제강업자들을 위해 건설되었으며, 새로운 것들의 시대가 열렸음을 보여주기 위한 것이었다. 하지만 오히려 없어져야 할 낡은 것들이 살아남도록 도와주는 쪽에서 **더 큰** 기여를 했는지도 모를 일이다.

10 수 세기에 걸친 짧은 여행

운송이라고 하면, 이곳에서 저곳으로 상품을 옮기거나, 주로 생산자가 소비자에게 그것을 전달하는 수단으로만 생각하는 경향이 있다. 운송은 지리적 변화와 연결되곤 한다. 그러나 사실 운송 수단은 서로 다른 물리적 영역만이 아니라 서로 다른 사회적 영역, 심지어 완전히 다른 역사적 시대를 아우르곤 한다. 멕시코 치아파스(Chiapas)의 플랜테이션에서 재배한 원두커피가 미국에 있는 로스팅 공장으로 가는 과정이 그 좋은 예이다.

커피는 1870년대부터 멕시코 치아파스주 남쪽에 있는 외딴 지역 소코누스코(Soconusco)에서 재배되었다. 소코누스코는 인구가 적고, 지형이 가파르고 험한 데다, 강도 별로 없고, 늦게까지도 도로 시설이 빈약하고 철도가 없다는 상당한 단점이 있었다. 심지어 이곳에는 말조차 접근하기 힘들 만큼 고립된 지역도 있었다. 그러나 소코누스코의 땅은 커피를 재배하기에 이상적이었고 무엇보다 그런 땅은 구하기도 쉽고 값도 쌌다. 문제는 돈을 벌기 위해서는 그곳에서 자란 커피를 수출할 수 있어야 한다는 것이었다. 이곳에서 재배된 커피가 커피를 마시는 근대인들에게 가는 데는 가장 구식이라 할 석기시대의 노동 방식이 동원되었다. 인류학자 잔 루스(Jan Rus)의 계산에 따르면 5,000명에 달하는 마야 인디언이 부채 탕감 노동인 아빌리타시온(habilitacion)에 강제로 동원되어 110파운드의 커피를 등에 짊어져야 했다. 이렇게 강제 노역에 동원된 마야인들은 커피를 등에 진 채 가파르고 미끄러운 길을 걷고 밧줄로 된 수십 개의 다리를 건너 하천이 있는 항구로 갔다. 커피는 그곳에서 배에 적재되어 바다로 향했다. 여행은 편도로 최소 3~4일이 걸렸다. 커피의 운송 형태를 결정짓는 것은 자본이나 지형, 가용 전력과 같은 단순한 기술적 문제가 아니라, 폭력을 동반한 노동 시스템이었다. 이러한 강제 노동은 19세기 말까지도 계속되었다. 전문가들은 이것을 '노예제도'라고 지칭했다. 치아파스 고원 지대의 부유한 지주들은 마야 인디언들에게 노동을 요구할 수 있었다. 마야 인디언 공동체는 약간의 자치권을 허락받는 대가로 세금 격의 노역을 감당해야 했다. 마야의 인디언 짐꾼들이 받는 보수는 매우 적어서, 이들을 이용하면 노새를 쓸 때보다 싼 값에 짐을 나를 수 있었다. 그러나 여기까지는 그나마 나았다. 인디언은 빚에 발목 잡힐 우려가 있었고, 그 빚은 가족에게 대물림되었다. 마야 인디언들은 아라비카 커피자루를 등에 지고 균형을 잡으며, 거대한 행렬을 이루어 열대 계곡을 지나곤 했다.

이 구식 노동은 20세기까지 지속되었다. 그리고 1901년부터 1908년까지 이어진 공사 끝에 팬아메리칸 철도(Pan American Railroad)가 완공되면서 치아파스와 걸프 해안이 연결된다. 새로운 운송수단인 기차가 등장하자 커피 재배가 촉진되었고, 1900년과 1910년 사이에 커피 생산량은 두 배가 되었다. 그러나 사실 이 현대적인 교통수단은 농장에서 항만으로 커피를 운반하는 마야인 짐꾼들에 대한 수요도 증가시켰다. 1925년까지 치아파스주에는 전체를 통틀어도 트럭은 7대뿐이었다!

마야인 짐꾼들이 항만으로 날라 온 커피자루는 항만 노동자들의 등을 거쳐 배에 실렸다. 반면 커피자루들이 뉴욕에 도착하면 그때부터는 다른 세상이었다. 여기서 커피자루들은 증기선에 실려, 브루클린에 있는 뉴욕 부두회사의 부두로 갔다. 4킬로미터에 걸쳐 펼쳐진 뉴욕 부두회사는 34개의 부두를 보유했으며 6,500만 입방피트(약 184세제곱센티미터)가 넘는 저장 용량을 자랑했다. 이 부두에는 20개의 증기선이 정기적으로 정박했다. 하역할 때 쓰는 슬링(무거운 것을 들어 올리는 장치 - 옮긴이)은 132파운드(약 60킬로그램)나 되는 커피자루들을 한 번에 10~15개씩 내릴 수 있었다. 그런 뒤 4륜 트럭 여러 대가 각각 25개씩 커피자루를 실어다가 전기 부양기에 실어주면, 다시 전기 부양기가 이것들을 세 층 중 한 곳에 내려놓았다. 그런 뒤 커피는 등급 판정 및 판매 과정을 거쳐 열차에 실렸다. 모든 주요 간선도로에는 부두 회사로 가는 선로가 있었다.

커피 원두는 기차에 실려 로스팅 공장으로 운반되었다. 오하이오주 톨레도에 있는 울슨 향신료 회사(The Woolson Spice Co.)의 공장은 1910년에 세계에서 가장 현대적이고 가장 큰 공장 중 하나였다. 공장의 컨베이어 벨트가 전용 레일의 측면에서 커피 원두를 가져다 번스 로스터(Burns roaster)의 호퍼(hopper: 석탄, 곡물, 모래 따위를 저장하는 큰 통으로, 밑에 달린 깔때기 모양의 출구를 열면 내용물을 내보낼 수 있다 - 옮긴이)로 옮기면 거기서 커피가 로스팅됐다. 로스팅이 끝나면 원두는 활송 장치를 통해 냉각기로 배출되고 거기에서 커피 세척용 체와 거름망이 장착된 호퍼로 배출된 뒤, 자동 계량 및 포장 기계로 옮겨졌다. 5층짜리 공장에서 근무하는 500명의 근로자는 자동화에 힘입어 일주일에 100만 파운드의 커피를 로스팅할 수 있었다. 그곳에서 로스팅된 커피는 41개 주 약 20만 개 매장에서 판매되었다. 1910년까지 기차에서 소매상 사이를 오가며 로스팅된 커피를 운반한 것은 대규모 트럭 행렬이었다.

빚을 노동으로 갚아야 했던 마야 인디언들이 멕시코의 열대 지방에서 등에 지고 옮겼던 커피자루는 증기와 석탄, 전기 컨베이어벨트, 가솔린 엔진을 통해 항해를 마쳤다. 커피자루는 대륙과 대륙, 나라와 나라, 시대와 시대를 넘나들었다. 뉴욕의 공장이나 부두가 치아파스의 밀림과 달랐던 만큼, 두 지역은 국제 무역을 통해 단단히 연결되었다.

3장
마약과 세계 교역

초콜릿, 화폐에서 상품으로 | 찻잔 밖의 태풍 | 모카의 쓸쓸한 종말 | 커피 일대기 | 미국인들이 커피에 중독된 까닭 | 달콤한 혁명? | 죄악세와 현대 국가의 부상 | 아편, 세계 경제를 굴리다 | 마법의 잡초, 담배의 흥망성쇠 | 파이프에서 궐련으로, 흡연의 현대화 | 코카와 코카인은 종이 한 장 차이?

| 오늘날 '마약'이라는 말은 불법화된 상품을 가리킨다. 그래서 암흑가의 시장을 떠돌며 사회적으로 해악을 끼치고, 범죄에 관련되어 있는 물건을 연상시킨다. '마약류'는 국민 총생산에 포함되지 않는다. 실제 마약류는 한 국가에서 생산하는 재화 및 용역의 총합을 오히려 갉아먹는 것으로 간주되는데, 마약류를 복용하는 소비자들은 열심히 일하거나 합법적이고 '건전한' 일부 제품을 소비해서 경제 성장에 기여하는 것이 아니기 때문이다. 마약은 자본주의 입장에서는 골칫거리가 아닐 수 없다. 마약을 복용한다는 것은 부르주아적 윤리와 소비 패턴이 자리 잡기 이전의 원시 시대로 퇴보하는 것이다. 불법 마약 조직의 두목들은 그들이 마치 중세의 군주이고, 그들의 조직은 '왕국'이라도 되는 것처럼 '황제'니 '왕'이니 하는 호칭으로 불리고 있다. 흔히 자유무역은 가장 효율적인 생산자에게는 높은 이윤이 돌아가고, 가장 현명한 소비자는 지출을 줄일 수 있기 때문에 관련 당사자들 모두에게 큰 이득을 준다고 말들 한다. 그러나 마약의 세계에는 이런 얘기가 적용되지 않는다. 거래와 그에 따른 이윤을 **줄이려고** 정부의 감시와 통제가 필요한 흔치 않은 세계가 바로 이곳이기 때문이다. 마약의 수급은 시장 메커니즘이 아니라 마약조직 간의 '전쟁'을 통해서 결정된다. 그러나 마약이 정말로 그렇게 예외적인 존재일까? 마약은 정말로 다른 규범이 적용되는 경제적 국외자인 것일까?

사실 마약으로 취급되었던 물건들, 즉 다른 존재감을 맛보려고 마시거나 피우거나 또는 코로 들이마셨던 것들은 역사적으로 교환과 소비에서 언제나 핵심적인 역할을 해왔다. 변한 것은 이런 물건들의 상업적, 사회적 가치가 아니라 '마약'의 정의였다. 역사적으로 낯선 땅에서 들어온 새로운 식품들은 그 사회적 생애에서 일정한 단계를 거쳐 왔다. 보통은 기분을 좋게 만드는 약리 효과를 내는 마약으로 생애를 시작한다. 마약으로

서 이 식품들은 약품인 동시에 종교적 예식에 사용하는 성물로 간주되었다. 이런 식품들을 먹으면 마치 육체가 없어져 버린 것 같은 무아의 상태에 빠지거나, 또는 반대로 최음제처럼 작용해 육체적 감수성이 대단히 예민해진다고 생각했다. 이처럼 새로운 식품들은 감각을 예민하게도, 무디게도 만들었는데, 어쨌든 두 경우 모두 단조로운 일상 세계에서 벗어나게 해주었다는 점에서는 차이가 없다. (사람들이 성욕에 불을 당겨 준다고 생각했던 식품들을 보면 별의별 게 다 있다. 이를테면 별 볼일 없게 생긴 감자나 즙이 많은 토마토도 한때는 최음제 목록에 올라 있었다. 그 무렵 토마토는 '사랑의 사과'라는 야릇한 이름을 갖고 있었다.) 낯선 식품이 들어와 이런 사회적 용도로 사용되곤 한 것은 벌써 수천 년째 계속되어 온 일이지만 16세기 교통 혁명이 일어나고서야 이들 식품은 비로소 국제 교역에서 중요한 자리를 차지하게 된다. (그러나 유향과 몰약 같은 향료 등은 예외였다. 향료는 먹을 수는 없지만 흡입함으로써 기분을 바꿀 수 있었는데, 이것들은 고대에도 수천 마일 이상 떨어진 곳을 오가며 거래되었다.) 세계 경제는 이들 식품에 긍정적 가치를 부여했고, 그 결과 이것들은 정신적 또는 육체적 위안을 주는 그 무엇에서 세속적인 부의 원천으로 바뀌게 된다.

17세기에 들어 세계 전역의 부유층들은 대단히 먼 곳에서 온 낯선 식물들을 마시고, 피우고, 먹기 시작했다. 커피와 차, 카카오, 담배, 설탕 따위를 사람들이 좋아하게 된 시기는 거의 같았다. 유럽과 아시아의 소비자들이 공히 이들 아메리카 대륙과 아시아, 아프리카에서 생산된 제품들에 중독되었던 것이다. 3세기 동안 이들은 세계 교역에서 가장 값비싸게 거래되는 농산품군을 이뤘다. 지금은 자유무역을 옹호하는 사람들조차 상품의 자유로운 유통에서 마약류는 제외시키고 있지만 사실 근대 세계 경제를 탄생시킨 이 식물들도 한때는 마약으로 취급되었다. 물론 커피나 담배처럼 초기에는 수입국에서 판매나 소비가 금지된 경우도 있었다. 그러나 이들 식품이 워낙 강력하게 사람들을 사로잡았기 때문에 '마약 중독'을 막느라 엄청난 돈을 쓰느니 차라리 이 골칫거리들을 사는 사람들에게 세금을 물리거나, 소비를 묵인하거나, 심지어는 직접 재배하는 편이 훨씬 낫겠다고 마음을 고쳐먹는 정부들이 하나둘 늘어갔다.

그러나 대부분의 마약류 식품들이 특정한 지역에서만 난다는 점을 이용해 생산자들은 자연이 허락한 독점을 계속 유지하려고 했다. 에티오피아가 원산지인 아라비카(arabica) 커피는 예멘으로 건너가 농작물로 바뀌었고 또 꽤 오랫동안 여기서만 재배되었다. 그리고 카카오는 멕시코, 코카는 안데스산맥 일대, 차는 중국, 담배는 아메리카 대륙에서만 자라고 있었다. 중국, 오스만 제국, 아스테카 제국, 잉카 제국 등은 거래를 틀어쥐고 씨앗이나 묘목의 수출을 금지하고 있었다. 그러나 유럽인들이 교역이라는 회유책과 전쟁이라는 강경책을 동원해 시장을 개방하도록 만들면서 이런 시도들은 실패하고 말았다(이 장 8절 참조). 얼마 뒤 대부분의 '마약' 식품들은 유럽인들이 이미 식민지로 만들어 버린 멀고 낯선 땅에서 생산되고 있었다. 이 이국적인 식물들의 묘목을 길러낸 식물원이야말로 유럽 제국주의의 전위부대였던 셈이다. 결국 유럽의 제국들은 마약 거래를 기반으로 건설된 것이다. 대다수 유럽 국가들의 관료제나 군대도 마찬가지였다. 차나 설탕, 담배 등에 매겼던 관세가 17~18세기 유럽 국가들의 세입에서 상당한 부분을 차지했기 때문이다. 사실 마약에 매기는 세금은 오늘날에도 국가 재정에서 주요 수입원이 되고 있다. '죄악세'로 알려진 담배나 알코올 소비세가 학교와 공공의료 프로그램을 운영하는 재원이 되고 있기 때문이다(이 장 7절 참조).

유럽인들에게 큰 인기를 얻게 되면서 이들 마약류 식품의 사회적 의미와 용도, 그리고 생산지까지 바뀌는 사례가 종종 있었다. 예를 들어 차와 커피가 중국과 중동에서 맨 처음 사랑을 받기 시작한 것은 카페인 성분이 종교 수양 과정에서 각성 상태를 유지할 수 있게 해주었기 때문이다. 이 두 음료는 한동안 수피(sufi) 무슬림들과 불교 승려들의 수양을 돕다가, 이들에 의해 일반인들 사이로 퍼져 나갔다(이 장 2절 참조). 카카오의 경우에는 신정 국가였던 아스테카의 귀족들과 멕시코의 지배집단들만 마시던 음료였다(이 장 1절 참조). 그러나 유럽으로 건너오면서 이들 세 음료는 종교 세계와는 결별하게 된다. 그리고 시간이 흐르면서 소비층 또한 바뀌어 갔다. 처음에는 귀족들의 전유물에서 부르주아의 소일거리로 하향 확산되었고, 보통사람들이 즐겨 마시는 음료로, 마침내는 일상적인 필수품으로 소비층이 확대되어 간 것이다(이 장 4절 참조). 종교적 명상의 보조제로 출발한 이 마약류 식품들은 마지막에는 산업 노동자들이 하루하루를 버티게 해준 '일용할 양식'이 되었다. 이 과정에서 먹는 방법도 달라졌다. 감미료를 넣지 않고 뜨겁게 마시던 음료가(아스테카인들은 카카오에 칠레고추를 넣어 마셨고, 아랍인들은 커피에 육두구[nutmeg: 열대 지방의 상록수] 열매와 카르다몸[cardamom: 생강과 식물 종자에서 채취한 향신료] 따위를 가끔씩 섞어 먹었을 뿐이다) 지금은 너무 많은 첨가제가 들어가 원래 그 음료가 어떤 것이었는지도 알아보기 힘들 정도가 되었다.

한번 사람들이 좋아하게 되자, 그리고 그에 따라 장사꾼들과 국가의 돈 주머니를 채워주기 시작하자 대부분의 마약들은 당당한 상품으로 복권되었다. 그리고 세계 교역의 주변부에서는 이들을 화폐로 사용하기도 했다. 중앙아메리카에서는 카카오가, 서아프리카에서는 담배가, 중국 남서부에서는 아편이, 러시아의 시베리아에서는 차 꾸러미가 각각 화폐 노릇을 했다. 그러나 대부분의 경우 이들 마약을 금이나 은으로 바꾸는 것이 거래의 목적이었다. 한편 유럽에서는 마약이 중상주의적 제국들을 건설하는 데 기초가 되었다. 스페인은 초콜릿에만 매달렸는데, 그것은 카카오의 원산지로서 훗날 무역상들이 아프리카로 들여가기 전까지 카카오 생산을 독점하고 있던 라틴아메리카의 대부분을 지배하고 있었기 때문이다. 유럽인으로는 맨 처음 커피에 미쳤던 영국인들은 중국, 인도 등과 교역을 하면서 차가 더 유리하다는 것을 깨닫게 되자 차로 돌아선 경우다(이 장 7절 참조). 그러나 라틴아메리카에 이해관계를 갖고 있던 프랑스와 미국 사람들은 커피에 중독되어 갔다.

   이들 이국의 마약들은 음습한 지하의 무법자 생활을 청산하고, 이제 막 유럽에서 꼴을 갖춰가던 부르주아 생활 방식의 주인공으로 화려하게 등장했다. 아메리카 원주민들이 부족회의에서, 아니면 서아프리카 사람들이 집단적 종교 의식에서 피우던 담배처럼 공동체의 물건이었던 이들 마약이 개인주의의 동력원으로 자리 잡게 된 것이다. 유럽에서 커피하우스(커피하우스에서는 물론 다른 음료도 팔았다)는 교역과 정치 활동의 중심지였다. 커피와 찻잔이 놓여 있는 테이블을 가운데 놓고 최초의 신문들과 남성 전용 클럽, 정당들이 만들어졌고, 혁명이 계획되었다(이 장 4절 참조). 흡연은 남자들을 의기투합하게 만들었고, 이들은 마침내 매캐한 담배 연기 속에서 시민 사회를 탄생시켰다. (사실 커피하우스는 당시 세계 경제의 축소판이었다. 자바와 예멘, 아메리카 대륙에서 들어온 커피와 중국의 차가 만나고, 아프리카 대서양 연안이나 카리브해 연안의 섬들에서 실어온 설탕과 럼주가 가세하고, 북미와 브라질에서 재배한 담배가 합류하는 국제 시장이었던 것이다.)

   19세기에 들어 워낙 대중화되다 보니 이들 상품을 따라다니던 가슴 떨리는 혁명의 냄새나 신분을 과시하는 기능 따위는 이제 완전히 사라져 버렸다. 고상한 코담배나 멋들어진 시가는 천박하게 질겅거리는 씹는담배로 모양새가 구겨졌다. 베르사유 궁에서 우아하게 코담배를 피우던 파리의 귀족들은 아마 미국 야구 선수들이 '초(chaw)'라고 부르며 찍찍 내뱉는, 아니면 십대들이 학교 화장실에서 몰래 피우는 그 물건이 사실은 같은 담배일 거라고는 상상도 하지 못할 것이다. 실제로, 일하는 동안 더 쉽게 피울 수 있는 담배를 만드는 것은 시장을 확대하는 데만이 아니라 (중동 엘리트들은 니코틴을 흡입하는 데 정교하고 무거운 파이프 담배를 선호했는데 그러한 이유로 파이프가 궐련으로 대체됐을 때와 같이) 흡연에 대한 사회적 이미지를 바꾸는 데도 필요한 일일 수 있었다(이 장 9절과 10절 참조). 한때 마치 예술품처럼 화려한 디저트에나 들어가던 설탕은 노동자들이 음료에 타먹는 주된 칼로리 공급원으로, 또 케첩 같은 하찮은 음식에 들어가는 산업용 첨가제로 전락했다. 고급 살롱에서 마시던 커피와 차는 군용 레이션이나 카페테리아 따위에서도 찾아볼 수 있는 인스턴트커피와 아이스티로 각각 '대중화' 되었다.

마약류 식품들은 인기와 합법적 신분을 얻는 대신 원래의 역사를 잃어버렸다. 과거에는 식품을 보면 원산지가 떠올랐지만, 이제는 주요 소비국의 문화를 상징하게 된 것이다. 주요 소비국들의 무역상들이 이들 마약 작물을 세계 전역에 옮겨 심으면서 원산지들은 자연이 내린 권리를 빼앗겨 버렸다. 결국 100여 개 국가에서 커피를 재배하고 있는 마당에 맨 처음 커피를 작물로 만든 곳이 예멘이라는 사실이 도대체 무슨 상관이란 말인가. 사실 예멘의 주요 항구였던 모카(Mocha)는 오히려 커피보다는 **초콜릿**에 따라붙는 이름이 되었다. 반면 커피 작물을 들여다 심은 네덜란드 식민지 '자바'(Java)는 커피와 동의어가 되었다. 담배는 유럽 사람들이 손대기 무섭게 터키와 중국, 적도 아프리카 전역에서 재배되기 시작하여 아메리카 대륙과의 독특한 연관성을 상실했다(약물로 쓰일 수 있는, 이 책에서 언급되는 다른 식물들과 달리 담배는 남유럽에서도 자랄 수 있지만, 유럽에서 재배되는 품종은 아메리카 식민지에서 노예가 재배하는 제품과 경쟁이 안 됐다).

북반구의 소비국들에서 마약류 식품들은 **문화**, 즉 사회적 습관을 만들어냈다. 차 없는 영국인을 상상할 수 없는 것처럼 카페오레 없는 프랑스 사람들, 에스프레소를 마시지 않는 이탈리아 사람들, 커피 없는 미국인을 생각할 수 없게 된 것이다. 이처럼 마약류 식품들은 소비국의 국민적 정체성 형성에도 기여했지만 한 나라 안에서 다른 계층, 계급을 구별하는 역할도 했다. 이를테면 초콜릿은 여자나 아이들이 마시는 음료로 취급되었고, 커피와 담배는 남자들의 기호품으로 자리 잡았다. 코담배와 훨씬 뒤에 나온 시가는 귀족용, 씹는담배는 평민용으로 확실히 구분되었다. 부자들은 고급스런 살롱에서 멕시코산 은주전자에 든 차를 중국산 자기 잔에 따라 마셨고, 평민들은 길거리 좌판에서 빌린 더럽고 투박한 잔에 담긴 차를 후루룩거렸다.

동시에 원래 산지에서는 대단히 풍부한 종교적, 공동체적 의미를 담고 있던 마약들은 차츰 단순한 상품이 되어 갔다. 여러 민족 고유의 정체성을 상징하는 것이 아닌 다른 물건을 사거나, 자본을 축적하기 위해 돈을 버는 수단이 된 것이다. 국제적으로 처음 거래되었던 1세대 마약들이 대량 생산에 들어갈 즈음 차세대 마약들이 세계 시장에 진입했다. 19세기에 처음 국제적 수요가 생긴 코카(화학적 처리를 거치면 코카인이 된다)와 아편은 처음에는 합법적인 대량 생산품이었다. 사실 안데스산맥 일대에서는 허기와 추위를 눅이기 위해 수천 년까지는 아니더라도 최소한 수백 년 동안 코카를 씹어 왔다. 미국의 노동자들이 커피를 마시고, 영국 노동자들이 차를 마셨던 것과 같은 이유에서였다. 잉카 제국에서는 국가가 코카 교역을 관리했으며, 종교 의식에서도 코카를 사용했다. 19세기에 개발된 코카인은 맨 처음에는 진통제로 사용되다가 나중에는 유례없는 인기를 누린 음료수 코카콜라의 첨가제가 되었다(이 장 11절 참조). 그러나 아편의 경우에는 사정이 조금 달라서, 중국 황제들은 백성들을 보호하려고 1729년 이후로는 판매와 사용을 금지했다. 그러다가 영국 전함이 중국의 항구들을 강제로 개방시키고 나서야 미친 듯한 기세로 퍼져 나간 것이다. 당시 영국 국민들은 중국산 차에 중독되어 있었고, 영국 정부는 차와 바꿔

올 물건이 필요했던 것이다(이 장 8절 참조). 19세기에 아편은 세계 경제 성장의 원동력이었다. 아메리카 대륙에서 중국과 인도로 흘러들어 간 금과 은이 아편 무역을 통해 영국으로 다시 유출되었고, 영국은 서유럽을 산업화시키는 데 필요한 자본을 여기에서 충당했기 때문이다(이 장 8절 참조).

20세기에 알코올 소비 금지 운동이 시작되고서야 아편과 코카인은 불법의 범주에 포함된다. 마약 중독이 사회에 끼치는 해악이 판매에 따르는 이득보다 더 크다고 여기게 된 것이다. 처음으로 도덕 캠페인이 이윤 추구를 상대로 승리한 것이다. 그러나 이것 역시 과거에 그랬던 것처럼, 돈의 매력이 마약의 사회적 영향에 대한 우려를 눌러 버리기 전에 잠깐 동안 쉬는 시간일 뿐이다. 결국 지금 우리 눈앞에서는 네덜란드에서처럼 마리화나를 합법화시키려는, 그리고 캘리포니아 주법처럼 마리화나를 의학적 용도로는 허용하려는 쪽과 계속 불법화시키려는 사람들 사이에 '싸움'이 벌어지고 있다. 물론 다른 쪽에서는 담배를 지금처럼 아무런 규제

커피하우스의 내부 모습을 묘사한 판화
출처: 클로드 프랑수아 포티어(Claude Francois Fortier)

도 받지 않는 식품으로 놔두기보다 미 식품의약국(FDA)의 관리를 받는 마약의 하나로 포함시키려는 사람들도 있다.

과거에 돈이 걸려 있을 때는 도덕적인 가책 따위는 무시해 버렸다. 유럽의 가톨릭 신자들은 (비록 이른바 기독교화된 자기네 식민지들에서 재빠르게 생산을 시작하긴 했지만) 커피처럼 무슬림들이 마시던 이교도들의 음료를 거리낌 없이 마셔댔다. 프랑스 혁명가들은 신세계의 노예들이 재배한 담배를 파이프에 쟁여 넣고 역시 노예들이 기른 설탕을 넣은 커피를 마시면서 그 위대한 인권선언을 작성할 때 어떤 자가당착도 느끼지 않았다. 중국에 있던 영국 무역상들은 배 한편에서는 중국 사람들을 중독시키기 위해 아편을 팔고, 다른 한편에서는 구원의 소식을 전하는 성경을 나눠줬다. 이들은 '종교는 인민의 아편' 이라는 마르크스의 말을, 그리고 이제는 '아편이 인민의 종교' 가 되었다고 되받아쳤던 20세기의 촌평을 몸소 확인해주고 있었던 것이다.

유럽과 북미의 소비자들은 북반구에서는 그렇게 커다란 여유와 안락감을 가져다주고 있던 이 마약류 식품들 때문에 남반구와 아시아에서는 생산자들이 땅을 빼앗긴 채 착취를 당하고 헤어날 수 없는 가난 속으로 빠져들고 있다는 사실에 대해서 조금도 개의치 않았다. 이들 마약류 식품은 모두 부유한 나라들에서 쓰려고 가난한 나라에서 생산하고 있었고, 그 과정에서 부자들만 더욱 부자로 만들어주고 있었다. 또 생산하는 나라와 소비하는 나라에서 마약류 식품들은 엄청나게 다른 결과를 가져왔다. 유럽과 북미에서는 부를 축적하게 해주고, 화폐 경제의 발달을 촉진하고, 임노동의 확대를 가져왔지만, 생산국에서는 노예제의 확대만을 불러왔던 것이다(이 장 6절 참조). 이런 작물들을 기르려면 보통 강제 노동이 수반되었기 때문이다(4장 13절 참조). 그리고 보통은 국가가 개입해 아프리카 노예무역을 주도하고, 마약 생산을 조직화했다. 그러나 19세기의 중국 남서부 지방과 요즘의 미얀마나 콜롬비아에서는 금지된 물건들을 생산하다가 산지에서 폭력 사태가 갈수록 잦아지고, 국가가 아닌 범죄조직의 영향력이 더 커지는 사례도 있었다. 마약은 어떤 경우에는 국가의 튼튼한 기반이 되어주었지만, 어떤 경우에는 몰락의 원인이 되기도 했다. 따라서 처음에는 '천국에 간 기분'을 맛보게 해준다는 이유로 소비되었던 식품들이 정작 대부분의 생산자들에게는 '악마가 보낸' 상품이 되고 말았던 것이다. 그러나 마약류 식품들은 결코 정도를 벗어난 그 무엇이 아니라 그 위에서 세계 경제가 자라난 토양으로서 정당한 평가를 받을 자격이 있다.

1 초콜릿, 화폐에서 상품으로

1502년 크리스토퍼 콜럼버스는 마야인들의 커다란 교역 카누와 우연히 마주친다. 그는 거기서 뭔지는 모르지만 대단한 가치가 있는 것만은 분명한 물건을 보게 된다. 몇몇 마야 교역상이 실수로 아몬드 비슷하게 생긴 물건을 떨어뜨렸는데, 마치 "자기들 눈알이 떨어지기라도 한 것처럼" 그것을 줍느라 북새통이 벌어졌던 것이다. 이 신기한 열매는 마야 말로는 **카카와**(ka-ka-wa)라고 했는데, 아스테카인들이 **카카오**로 바꿨고 스페인어에서는 다시 **초콜릿**으로 변했다.

메소아메리카에서는 2천 년 이상 카카오 열매를 대단히 귀중하게 여겨왔다. 아메리카 대륙의 첫 문명인 올메크(Olmec) 문명이 이미 카카오를 사용했고 이것이 다시 마야인들에게 전해졌다. 열대의 저지대에서만 자라는 카카오는 테오티우아칸(Teotihuacán)과 그 뒤에 등장한 마야 등 고원 지대의 문명과 저지대 사이의 교역품이었다. 카카오 열매는 맛도 맛이었지만 약리적 효과와 희소성 때문에 갈망의 대상이었다.

카카오는 흥분제와 마취제, 환각제, 최음제 따위로 사용되었다. 카카오의 카페인 성분은 전장에 나가는 전사들에게 강철 같은 용기를 불어 넣었다. 환각을 경험하려고 발효시킨 초콜릿을 마시거나 열매를 먹기도 했는데, 특히 덜 익은 열매의 효과가 좋았다. (그리고 환각 성분이 있는 실로시빈 버섯을 같이 먹으면 환각 효과는 한층 더 강해졌는데, 종교적 축제가 있을 때는 이런 방법이 자주 사용되었다.) 그리고 남자들은, 이를테면 목테수마 (Moctezuma) 황제 같은 남자들은 여러 명의 아내와 잠자리를 갖기 전에 최음제로 카카오를 복용하기도 했다. 카카오 음료는 불안감을 없애고, 열을 내리고, 기침을 멎게 하는 데도 사용되었다.

물론 맛도 중요했다. 사람들은 카카오에 다양한 향신료를 섞어 먹었는데, 그중에는 요즘 사람의 비위에는 잘 맞지 않는 것들도 있었다. 보통은 카카오 가루에 물을 부어 마시는 것이 일반적이었다. 하지만 여기에 후추와 비슷한 칠레 고추나 석회수를 섞어 마시는 경우도 흔했다. 또 옥수수 가루를 섞어 되게 해서 먹기도 했다. 마야인들이나 아스테카인들이 카카오에 꿀이나 바닐라를 넣어 마시고 나서야 카카오 음료는 지금 우리가 마시는 것과 비슷해지게 된다.

아스테카의 시장에서 초콜릿은 독특한 지위를 갖고 있었다. 수요는 대단히 많았지만 공급은 거의 없는 것과 마찬가지였기 때문이다. 열대의 저지대에서는 자생적으로 자라는 카카오나무들이 제법 있었지만, 이 지역에 살던 마야인들은 대부분 자급자족하던 농부들이었다. 또 마야 제국에 대도시들이 있었다는 것은 밝혀졌지만 그 도시 안에 시장이 있었다는 증거는 아직까지 발굴되지 않고 있다. 아스테카의 지배 집단은 공물의 형태로 약간의 남는 카카오 열매를 손에 넣을 수 있었을 것이다. 귀중품들의 경우 원거리 교역이 이루어진 몇몇 사례가 있기는 하지만 마야인들 사이에 중요한 상인 계급이 있었다는 증거도 없다. 따라서 멕시코 고원 지대에서 카카오의 수요는 대단히 컸지만 그에 비해 생산은 턱없이 모자랐던 것으로 추정된다.

카카오 열매는 워낙 가치가 컸던 데다 희소성까지 있어 화폐로도 사용되었다. 아스테카에서 대부분의 경제 행위는 거래를 하는 사람들이 직접 만나 물물교환을 하는 방식이었기 때문에 카카오의 등장은 화폐 경제가 비로소 시작되었음을 상징하는 중요한 사건이었다. 당시 아스테카에서 카카오 열매를 진짜 화폐로 생각했다는 사실은 카카오 열매를 위조하는 일이 종종 있었다는 데서도 확실히 드러난다. 빈 카카오 껍질에 진흙을 채운 이 위조 화폐는, 초대 스페인 총독에 따르면 "진짜와 너무 똑같아서, 진짜 카카오처럼 알이 실한 것도 있고 부실한 것도 있었다."

돈이 나무에서 자란다니 이상하게 들릴지도 모르겠다. 그러나 스페인인들은 멕시코 중부 지역에서는 수십 년간, 중앙아메리카 일부 지역에서는 수 세기 동안 이 전통을 유지했다. 그리고 코스타리카에서는 18세기까지도 총독이 물품을 구입할 때 카카오 열매를 사용하고 있었다. 카카오를 유럽에 소개하는 데 큰 역할을 했던 몇몇 가톨릭 수사들은 스페인에서도 카카오 열매를 화폐로 사용하자고 제안하기도 했다. 자본주의와 고리대금에 비판적이었던 이 수사들에게 썩어 없어지는 돈이 썩 마음에 들었던 것이다.

스페인과 이웃 나라들에서 초콜릿을 대중화시킨 것은 금욕주의적 사제들이었다. 커피가 처음에는 무슬림들의 음료였다가 개신교도들의 음료가 된 것처럼 초콜릿은 가톨릭의 음료로 여겨졌다. 특히 예수회 수사들은 직접 카카오 생산에 관여할 정도로 초콜릿에 빠졌다. 심지어 이들은 세속의 경쟁자들에게서 카카오 교역을 독점하려고 한다는 비난을 받은 적도 있다(비슷한 동기는 파라과이의 예수회로 하여금 마테 차를 상업화하게 했다).

초콜릿은 금욕을 상징하는 종교적 음료로 스페인에 소개되었지만 얼마 가지 않아 멕시코에서처럼 귀족들이 여유와 사치, 기품 따위를 과시하는 음료가 되었다. 16세기 초 스페인에서는 초콜릿에 물과 설탕, 계피, 바닐라 등을 섞어 마셨다. 이로부터 두 세기가 지나자 마침내 뜨겁게 데운 우유에 가루를 타서 먹는 '핫 초콜릿'이 만들어진다. 유럽에서 인기를 끈 최초의 흥분제이기도 했던 카카오는 이제 스페인령 아메리카의 대표적인 수출용 농산품으로 자리 잡는다.

아스테카인들 같은 콜럼버스 이전의 제국주의자들과는 달리 유럽의 제국주의자들은 카카오의 생산과 분배를 자기들 마음대로 할 수 있었다. 자본주의적 세계 경제의 요구에 따라 카카오 생산은 멕시코의 야생 군락지가 아니라 플랜테이션 농업이 떠맡게 되었다. 처음에는 베네수엘라와 중앙아메리카에서 재배되던 카카오나무는 필리핀, 인도네시아, 브라질까지 건너갔고, 마지막에는 아프리카에도 이식되었다. 이제 카카오 열매는 화폐보다는 상품이 된 것이다. 18세기까지 식민지에서 자라던 작물일 뿐이었던 카카오는 이렇게 식민지의 원주민 귀족 집단이 유럽인들에게 주요 소비층의 자리를 내주고 나서야 대규모로 재배되기 시작한다. (1828년 반 호텐이란 네덜란드인이 개발한) 코코아가 나오고, 19세기 후반에는 밀크 초콜릿까지 개발되면서 초콜릿 과자류도 많이 등장했다. 이런 식품들을 주로 여자와 아이들이 먹게 되면서 초콜릿은 얌전히 길들여져 가정의 식탁에서 새 자리를 찾게 된다.

오늘날 초콜릿은 단순히 달콤쌉싸름한 기호품일 뿐이다. 그러나 초콜릿이 왕과 전사들의 음료로서 자못 씩씩하고 당당하던 시절, 바로 나무에서 돈이 열리던 시절만은 기억하자.

2 찻잔 밖의 태풍

콜럼버스의 항해에서 산업혁명에 이르는 300년 사이에 세 가지 상품의 대륙 간 교역이 붐을 이루었다. 하나는 아프리카에서 신세계로 가는 노예무역이었다. 또 다른 하나는 아메리카의 광산에서 유럽과 아시아로 수출되던 엄청난 양의 금과 은이었다. 마지막 세 번째는 (산업화 이후에도 여전히 교역이 활발했던 유일한 상품으로) '마약류 식품'들이었다. 여기에는 커피와 차, 설탕, 초콜릿, 담배 등이 포함되며 나중에는 아편까지 추가된다.

약간의 중독성을 갖고 있으면서 또 어느 정도는 사치품이었던 이들 식품의 대부분은 유럽으로 흘러들어 갔다. 그리고 대부분 나중에 보통 사람들이 살 수 있을 만큼 값도 싸졌는데, 그것은 이들 작물이 (원산지가 어디였든) 값싼 땅과 값싼 노예노동이 결합된 광활한 신세계의 플랜테이션에서 재배되기 시작했기 때문이다.

오직 차 생산만이 신세계로 이전되지 않고, 거의 400여 년 동안 아시아 농부들이 기르는 작물로 남아 서양인들의 직접적인 지배를 피할 수 있었다. 그러나 차 역시 소비만큼은 유럽에서 많이 이루어졌는데 특히 영국에서는 '국민 음료'가 될 정도였다. 당시 영국은 근대 산업 면에서나 식민지 개척 분야에서나 초강대국으로서 국내 산업에 필요한 원료의 생산을 직접 통제하기 위해서라면 어떤 일도 서슴지 않고 있었다. 그러면 도대체 무엇 때문에 차가 그렇게 중요해졌고, 사촌격인 다른 '마약류 식품'들과는 그렇게 다른 경로를 밟게 되었을까?

차가 중국에 알려진 시점은 최소한 서기 600년 무렵이었고, 얼마 뒤에는 일본과 한국에까지 전해진다. 새 음료를 처음 전파시킨 사람들은 불교 승려들이었다. 깨달음을 얻으려고 중국의 사찰들을 찾았다가 일종의 각성제로서 차를 갖고 돌아온 것이다. (사실 차와 승려는 밀접한 관련을 갖고 있다. 전하는 바에 따르면 출가한 사람들이 승려가 되는 시험을 준비하면서, 즉 구족계를 받기 전의 수행 단계에서 차를 마시고 정신이 맑아지는 것을 경험하고부터 승려들이 차의 주요 소비자가 되었다는 것이다.) 차는 싼 음료가 아니었고, 중국이라고 해서 어디에서나 차를 마실 수 있었던 것 역시 아니었다. 예를 들어 중국 북부의 가난한 사람들은 차 대신 그냥 물을 끓여 마셨다. 그러나 여전히 많은 사람들이 차를 원했기 때문에 중국 남부의 상당수 산악 지대(차는 이 지역에서만 자란다)가 금방 차밭으로 덮이게 되었으며, 여기서부터 중국 중세의 상업혁명이 시작되었다. 차는 또 손님을 접대할 때나 학문을 쌓은 엘리트들이 토론을 할 때 반드시 있어야 하는 음료로 자리 잡으면서 중국 문명과 광범위하게 결합된다. 이렇게 해서 차에는 단순한 음료 이상의 의미가 부여되었고, 덕분에 동아시아, 동남아시아, 중앙아시아 등지로 비싼 값에 수출되기에 이른다. (차를 앞에 놓고 이루어지는 사회적 교제는 동경의 대상이 될 정도였다. 실제로 중국 북부의 가난한 사람들은 그냥 끓인 물을 마시면서 남쪽에서 차를 마실 때 따르는 절차를 그대로 흉내 냈으며, 맹물을 '차'라고 부르며 위안을 삼기도 했다.)

나라 밖에서도 차의 인기는 상당했기 때문에 차는 곧 중국 조정이 이권을 챙기는 전략 상품이 되었다. 특히 몽골족과 칼미크(Eleuths)족, 튀르크(Turks)족 등 중앙아시아의 유목 및 반유목 민족들은 차를 대단히 탐냈기 때문에 차는 얼마 지나지 않아 이들이 기르던, 당시에는 세계 최고였던 군마(軍馬)와 맞바꾸는 가장 중요한 상품으로 떠올랐다. 군마 교역에 필요한 차를 이들 민족이 살 수 있을 만큼 적당한 가격으로, 그것도 충분히 확보하기 위해 중국 정부는 간혹 차의 생산과 운반을 국가 독점 아래 두려고도 했다. (1100년대에 돈에 쪼들린 중국 조정이 차 수매 가격을 너무 많이 내리는 바람에 일부 차 생산지가 결딴나 버리자, 이후의 왕조들은 직접 교역에 나서기보다는 이를 감독하는 쪽으로 돌아서게 되는데, 결과는 이쪽이 훨씬 더 성공적이었다.)

　차를 마시는 습관은 이곳 중앙아시아에서 다시 러시아와 인도, 중동이라는 새 시장으로 전해진다. 여기에서는 차에 단맛을 가미해 (동아시아에서는 차를 이렇게 마시지는 않았다) 포도주 대용으로 대단히 즐겨 마셨는데, 이들 지역에서는 포도주를 아예 마실 수 없거나(이슬람권), 포도를 기르는 것이 불가능했기(러시아의 경우) 때문이다.

　그러나 부분적으로는 차의 전략적인 기능 때문에 차를 경작하는 지역은 차를 마시는 지역보다 대단히 느리게 늘어났다. 이에 따라 19세기 중반까지도 중국은 세계 차의 대부분을 생산하고 있었다. (일본은 이럭저럭 자급을 하고 있었지만 수출을 할 만한 정도는 아니었다.) 아시아 대부분의 나라들이 차 공급의 대부분을 중국에 의존하고 있는 상황에 그런대로 만족하고 있던 반면, 1600년대부터 차를 수입하기 시작한 유럽인들은 중국의 독점이 계속되는 상황을 탐탁지 않게 여기고 있었다.

　포르투갈인들은 동남아시아에 진출한 1500년대에 이미 중국산 차가 팔리고 있는 것을 보았다. 하지만 그것들은 대부분 질이 좋지 않았다. 그도 그럴 것이 최상품의 경우 품질을 떨어뜨리지 않고 중국에서 멀리 떨어진 곳까지 운반하기가 어려웠기 때문이다. 그리고 1600년대가 되면 영국과 프랑스, 네덜란드에까지 차가 알려지게 되지만 시장이 그렇게 크지는 않았다. 서유럽인들은 차를 일상 음료보다는 의약품으로 여기고 있었기 때문이다. 1693년 영국이 수입한 차는 국민 일인당 10분의 1온스가 채 안 되는 수준이었다.

　그러나 18세기가 되면 이야기는 완전히 달라진다. 1793년 영국은 국민 일인당 1파운드가 조금 넘는 차를 수입했는데, 그 사이 영국의 차 수입량은 무려 4만 퍼센트가량 늘어나 있었다. 어떤 요인들 때문에 영국인들의 취향이 이렇게 갑자기 바뀌었는지는 분명하지 않지만, 감미료를 값싸게 구할 수 있게 된 것이 한 요인이었던 것만은 확실하다. 신세계의 노예 플랜테이션 덕분에 유럽의 대중들이 처음으로 부담 없이 설탕을 구입할 수 있게 된 것은 17세기 말에서 18세기 무렵이다. 그리고 사회생활의 변화도 중요한 요인이 되었다. 집을 떠나 워크숍*에서(아니면 일부는 초기의 공장에서) 일하는 기술자들이 점점 더 늘어나면서 노동시간의 통제도 강화된다. 결국 한낮에 집에 가서 길게 점심을 먹는 경우는 갈수록 줄어들었다. 상황이 이렇게 되자 잠깐씩 쉬면서 설탕 친 카페인을 한 잔 마시는 일이 중요한 일과의 하나로 자리 잡았다. 그리고 산업화 초기의 이런 변화들이 반드시 영국인들이 차를 좋아하게 된 원인은 아닐 수 있지만, 거꾸로 차가 산업화에 도움을 준 것만은 사실이다. 어쨌든 차는 진(gin)과 맥주를 제치고 영국에서 국민 음료가 되었고, 초기 공장들은 노동자들이 술에 취해 비틀거리지 않아도 그 자체로 충분히 위험한 곳이었기 때문이다. 차와 설탕이 일상 음료로서 (그리고 추가 열량의 공급원으로서) 알코올을 대체하지 않았더라면 공장의 상황은 훨씬 더 끔찍해졌을 것이다.

차에 의존하게 되자 당연히 그에 따른 대가를 치러야 했다. 그러나 문제는 영국이 이 비용을 계속 치를 의사가 전혀 없었다는 점이다. 수입이 치솟자(모두 은으로 결제되었다) 영국은 차 수입 물량만큼 중국에 팔 수 있는 물건을 찾았지만 결과는 신통치 않았다. 영국인들이 마침내 찾아낸 해결책은 인도의 식민지에서 자라고 있던 아편이었다. 훗날 이 아편 때문에 중국에서는 전쟁과 엄청난 혼란이 일어났을 뿐 아니라 국민들의 심각한 아편 중독으로 골치를 앓아야 했다.

어쨌든 이렇게 '해결책'을 찾아낸 유럽인들은 자신들이 소유한 식민지에서 차를 재배하려고(차를 유럽에서 재배하기는 불가능했다) 차나무 확보

---

* 워크숍(workshop): 현대적 공장의 전 단계 생산 형태로 노동자들이 한 작업장에 모여 분업적 협업을 하던 수공업적 공장을 말한다.

에 나서게 된다. 1827년 마침내 차나무가 네덜란드령 자바에 전해졌고, 1877년에는 영국이 지배하던 실론(Ceylon)에까지 퍼지게 된다. 그러나 이 섬들만으로는 유럽의 수요를 충족시키는 데도 충분하지 않았다.

훨씬 더 넓은 땅이 있어야 했다. 결국 인도 북동부의 사람이 거의 살지 않는 아삼(Assam) 지역이 모자라는 양을 훌륭히 채워주게 된다. 아삼 차 회사(Assam Tea Company)가 설립된 것은 아편전쟁이 막 시작되던 1839년이었지만 수십 년이 지난 1880년대까지도 차 생산은 크게 늘지 않았다. 그리고 1854년에는 '아삼 차 경지법'(Assam Tea Clearance Act)이 통과되어 어떤 유럽인이든 수출하기 위해 차를 경작할 사람에게는 땅을 3,000에이커까지 지급할 수 있었다. 그러나 이곳 원주민들의 입장은 전혀 달랐다. 차 플랜테이션(또는 다른 형태의 사유 재산)을 만들려고 숲을 개간할 경우 이들의 반유목 생활은 끝장날 수밖에 없었기 때문이다.

이들을 내쫓기 위해서 결코 적다고 할 수 없는 폭력 ― 노골적인 전쟁을 벌이는 것은 물론, 가혹한 세금 징수로 이들을 빚더미에 올려놓았는가 하면, 새로운 법 제정으로 어느 날 갑자기 외국인들의 소유가 된 숲을 '침범' 하거나 이곳에서 '밀렵' 행위를 했다고 끌어다 처벌을 하는 ― 이 동원되었다. 그리고 엄청난 보조금을 들여 철도를 놓는 등 이 변경의 산악지대에서 많은 양의 차를 운반하기 위해 교통망을 건설하는 데도 상당한 수고가 따랐다.

마침내 이런 '노력'이 빛을 보기 시작했다. 대략 1870년부터 1900년 사이에 아삼 지역의 차 수출은 20배나 늘었고, 히말라야산맥의 다른 지역에서도 차 재배가 빠르게 늘어 가고 있었다(그중 가장 유명한 다르질링 [Darjeeling]에서는 에베레스트산도 보인다). 이로써 서양인들은 최소한 자신들의 갈증을 채울 만큼의 차를 확보하게 되었다. 그것도 커피와 설탕 그리고 다른 '흥분제'들처럼 차의 생산과 운반을 확실하게 직접 관리하면서 말이다. 그러나 차나무가 중국에서 인도까지 가는 길이 결코 순탄하지는 않았다. 차라리 중국과 인도 사이에 있는 아찔한 고봉들을 걸어서 넘는 편이 더 쉬웠을 것이다.

3 모카의 쓸쓸한 종말

1708년 고도프로이 드 라 메르베유(Godofroy de la Merveille)와 프랑스 동인도회사 소속 선박 세 척이 예멘의 모카항에 도착했다. 이들은 프랑스인으로는 처음으로 아프리카를 남쪽으로 돌아 홍해까지 항해한 것이다. 이들이 1년여의 위험한 항해를 무릅쓴 이유는 하나였다. 바로 커피를 직접 구입하는 것.

커피가 라틴아메리카와 한 묶음이 된 것은 이미 오래된 일이지만, 적어도 약 300년 동안, 그러니까 커피가 상품으로 취급되기 시작한 이래 그 절반에 해당하는 기간에 코페아 아라비카(coffea arabica)는 아라비아의 '전매품'이었다. 당시 상업적으로 생산되던 커피는 전부 예멘의 산악 지대에서 재배했을 뿐 아니라 생산된 커피의 거의 전부를 소비했던 것도 중동과 서남아시아였다. 이 골(Gaul: 프랑스인들을 가리키는 옛 이름 – 옮긴이)족의 후예들을 더 미치게 만들었던 것은 중간 상인들이 거의 아라비아인이나 이집트인, 인도인이었다는 점이다. 그러나 이런 상황은 곧 바뀌게 된다. 드 라 메르베유는 아라비아의 독점을 일거에 쓸어 버릴 거대한 조수의 첫 파도였고, 조수가 지나가고 났을 때 남은 것은 희미한, 그나마 왜곡된 기억뿐이었다.

코페아 아라비카는 에티오피아가 원산지였던 것으로 알려져 있지만, 커피를 음료로 개발해 마시기 시작한 것은 1400년 무렵 예멘의 도시 모카에서였다. 1500년이 되면 아라비아반도 어디에서나 커피를 마실 수 있게 된다. 무슬림들은 커피를 예배에 사용했고, 여기에서 커피는 인도와 인도네시아처럼 멀리 떨어진 곳까지 이슬람 세계 전체에 퍼지게 된다. 메카 순례를 왔던 순례자들이 커피 열매를 가져간 덕분이었다. 커피는 이슬람 사회 내 세속 부분의 성장과도 밀접한 관련을 갖고 있었다. 카페가 태어난 곳이 중동이었던 것이다. 이 지역에는 음식점이 거의 없었고, 게다가 무슬림들은 술집에도 들어갈 수 없었다. 이에 따라 커피하우스는 사람들이 모일 만한 곳이 거의 없는 이슬람권에서 몇 안 되는 세속적인 공공장소로 자리 잡게 된다.

커피를 마시는 습관이 유럽인들 사이에서는 느리게 퍼졌는데, 거기에는 몇 가지 이유가 있다. 우선 무슬림들의 음료인 커피를 마시는 것은 이교도적이라고 여겨졌다. 두 번째로 아주 진하고 뜨거운 커피를 감미료를 넣지 않고 그대로 마시는 터키 방식이 유럽인들의 입맛에는 잘 맞지 않았다. 그리고 귀한 카페인을 함유하고 있는 이 음료는 값도 대단히 비쌌다. 이런 이유들 때문에 18세기 후반까지 유럽인들은 커피를 거의 마시지 않고 있었다.

사교의 매개체로서, 또 신분의 상징으로서 유럽에서 커피의 역할이 강화된 것은 1665년에서 1666년 사이 오스만 제국의 사절단이 프랑스와 오스트리아를 방문하면서부터였다. 호사스러운 연회 자리에서 사절들이 유럽의 귀족들에게 이 이국의 음료를 따라준 것이 계기가 되었던 것이다. 이후에도 터키인들은 한 차례 더 뜻하지 않게 커피를 유럽에 전하게 된다. 1683년 비엔나를 포위하고서도 끝내 오스트리아인들을 무릎 꿇리지 못한 터키 군대는 결국 퇴각하게 되는데, 이때 커피 자루를 남겨놓고 간 것이다. 이때 비엔나 최초의 커피하우스 주인이 터키 커피에서 앙금을 제거하고 대신 꿀과 우유를 첨가하는 방법을 생각해 냈는데, 이로써 커피는 유럽인들의 입맛에 한 걸음 더 다가서게 된다. 하지만 커피는 여전히 보기 드문 이국의 특산품으로 남아 있었다.

문제는 커피의 비싼 가격이었다. 예멘의 수공업적 커피 생산 공정과 몇 단계씩이나 거쳐야 하는 중간상들, 여기에 비싼 운송비가 겹치면서 커피는 일종의 사치품이 되고 만 것이다. 1690년대까지 커피는 예멘에서만 재배되었는데, 그것도 관개를 해야만 하는 좁고 가파른 산자락에 수백여 명의 농부들이 달라붙어야 했다. 당시 예멘에는 이 같은 커피 생산지구가 세 군데 있었다.

모카에서 내륙 쪽으로 이틀쯤 가면 나오면 베이트 알 파키(Betelfaguy)라는 도시는 당시의 주요 커피 시장 중 하나였다. 농부들은 일 년 내내 커피 생산지구에서 이곳으로 커피 열매를 갖고 내려왔다. 드 라 메르베유에 따르면 수확 시기가 "정해져 있지 않고 언제나 커피를 딸 수 있기 때문에 아라비아인들은 도대체 수확을 얼마나 했는지도 알지 못한다." 커피 재배농들은 보통 일주일에 엿새 정도 조금씩 커피를 시장에 내놓았다. 그러나 가격이 조금 낮을 때는 커피를 그냥 갖고 있었다. 시장에서는 특히 바나라스(Banaras)에서 온 인도 상인들과 아랍인들이 커피 거래를 장악하고 있었다. 네덜란드와 영국의 두 동인도회사는 이미 17세기 초부터 모카에 대리인을 두고 있었지만, 이들 대리인은 드 라 메르베유가 그랬던 것처럼 값을 제일 잘 깎는 것으로 알려져 있던 인도 중개인들을 이용하고 있었다. 이곳에서 유럽인들의 상업적 지위는 별 볼 일 없었는데, 그것은 유럽인들의 정치적 영향력이 여기서는 전혀 통하지 않았던 데다 예멘 사람들이 갖고 싶어 했던 유일한 유럽 제품이 멕시코 은화 — 그것도 현장에서 지불하는 — 뿐이었기 때문이다.

당시 커피는 세계 교역에서 가장 비싼 축에 들던 상품이었지만 여전히 일개 조공국에서 파는 사람과 사는 사람이 직접 만나야만 하는, 그나마

거래 규모도 대단히 작은 상품일 뿐이었다. 따라서 커피 거래를 하기 위해서는 제일 먼저 모카의 총독과 협정을 맺어야만 했다. 그 다음에는 커피가 시장에 나오는 것을 인내심을 가지고 기다려야 했다. 마침내 그는 600톤이 조금 안 되는 커피를 사들일 수 있었는데 여기에 걸린 시간은 6개월이나 되었다. 한때는 이 감질 나는 상황을 타개하기 위해 특별한 거래선을 통해 커피를 한 번에 많이 사줄 수 있다는 한 인도 상인에게 거금을 선불로 줬다가 보기 좋게 사기를 당한 적도 있다.

싣고 갈 커피를 모으려면 오래 머물러야 했던 데다가 프랑스에서 직접 커피를 사러올 만큼 수요까지 폭발적으로 늘어나자 가격이 오르게 되었다. 그리고 유럽인들이 차츰 커피에 맛을 들이면서 이미 지난 25년 사이에 커피 가격은 열 배나 올라 있었다. 이때 드 라 메르베유가 나타나 가격 상승을 더욱 부채질해 터키인들을 자극했고, 급기야 술탄은 예멘의 왕에게 특사를 보내 유럽인들이 커피를 직접 사가는 행위에 대해 불편한 심사를 전했다. 커피 값이 오른 것도 문제였지만 술탄에게 돌아갈 관세가 그만큼 줄어들었던 것이다.

사실 오스만 제국으로서는 걱정할 만한 이유가 있었다. 오스만 제국은 커피 값이 오르지 않았더라도 충분히 비용이 많이 드는 번거로운 운송로로 예멘의 산악 지대에서 이스탄불 등지의 카페까지 커피를 운반하고 있었기 때문이다. 이들은 베이트 알 파키에서 산 커피를 낙타에 실어 10리그(league: 거리의 단위, 1리그는 약 3마일)쯤 떨어진 작은 항구까지 싣고 간다. 그리고 여기서 커피를 배로 옮겨 홍해에 있는 오스만 제국의 주요 항구인 제다(Jeddah)까지 다시 60리그를 운반한다. 이곳에서 커피는 다시 터키 배로 옮겨지고 수에즈까지 항해한 다음, 수에즈에서 또 낙타 등에 실려 카이로나 알렉산드리아까지 간다. 알렉산드리아에 도착한 커피는 다시 배로 옮겨져 이스탄불까지 마지막 여행을 한다. 드 라 메르베유가 모카항에 나타나기 전까지 프랑스인들이 마시던 거의 대부분의 커피는 바로 이곳 오스만 제국의 영토였던 알렉산드리아에서 구입해 마르세유로 실어간 것이었다. 이처럼 커피를 운반하는 데 드는 비용이 엄청나고, 그에 따라 커피 값도 올라갔기 때문에 아프리카 남단의 희망봉을 지나 다시 모카까지 그렇게 먼 거리를 항해해야 했지만 드 라 메르베유는 직거래가 훨씬 더 이문이 남는 장사라는 점을 알고 있었다. 모카까지 한 번 다녀가는 데만 2년 반이 걸렸는데도 말이다.

첫 항해의 성공으로 기세가 오른 드 라 메르베유는 2년 후 모카로 다시 돌아가게 된다. 예멘의 왕을 알현하러 갔다가 커다란 식물원에 커피나무를 가득 심어놓은 것을 본 드 라 메르베유는 예멘 왕에게 한바탕 훈계를 늘어놓는다. 유럽의 왕들은 식물원에 관상용 식물만 심고 "설사 열매가 열리더라도 보통은 신하들이 알아서 처분하도록 내버려 둔다."고 말이다. 물론 예멘 왕의 반응은 시큰둥했다.

그러나 드 라 메르베유가 파리로 돌아와 자신이 루이 14세의 식물원에 대해 잘못 알아도 한참 잘못 알고 있었다는 것을 깨닫게 되면서 이 얘기는 우스운 촌극으로 끝나고 말았다. 이 상인은 모카 여행에 관한 보고서를 이렇게 마무리하고 있는 것이다. "이 보고서를 끝맺는 데는 네덜란드에서 마침내 이곳 프랑스까지 오게 된 커피나무에 관한 이야기보다 더 적당하고 더 그럴듯한 것은 없다."

태양왕의 정원에 있던 이 커피나무에서 아메리카 대륙을 지배하게 될 유럽 제국주의가 탄생하게 될 것이었다. 이 나무의 묘목들이 대서양 너머 아메리카 대륙으로 건너갔다는 점에서 이 나무는 아메리카 대륙에 심게 될 상당수 커피나무의 직계 조상이 되는 셈이다. 프랑스인들은 마침내 아랍인들의 커피 독점을 깨뜨릴 방법을 찾아낼 것이다. 채 50년이 지나지 않아 마르티니크(Martinique)섬에서 재배한 커피가 카이로 시장에서 모카의 커피를 밀어내고 있었다! 예멘은 유럽인들의 식민지와 도저히 경쟁을 할 수 없었다. 1900년 무렵 예멘에서 재배한 커피는 세계 커피 생산량의 채 1퍼센트도 되지 않았고, 한때 장사꾼들로 북적대던 항구도시 모카는 이미 불모의 모래땅이 되어 버려 길 잃은 철새들만 살고 있었다. 이제는 아메리카 대륙에서 재배한 커피에 초콜릿을 타서 마시는 한 음료의 이름에서만 300년 동안 세계 커피 시장을 지배했던 이 도시를 떠올릴 수 있을 뿐이다.

4 커피 일대기

커피는 우리의 아침잠을 깨워주고, 일하다 잠깐 쉴 때도 항상 커피 잔이 손에 들려 있다. 밥을 먹고 난 다음에는 커피를 마셔야 먹을 걸 다 먹었다는 포만감을 느끼게 된다. 세계에서 교역량이 두 번째로 많은 상품으로서 커피는 현대 생활의 필수적인 부분이 되었다. 이 때문에 커피 이전의 세계는 생각할 수도 없다. 그러나 우리의 아침 식탁에 오를 때까지 커피는 무려 500여 년의 여행을 해야 했다. 그 여행길에서 네 개의 대륙을 거쳤고, 몇 번이고 가면을 바꿔 써야 했다.

전설에 따르면 어떤 나무 열매를 먹고 갑자기 기운이 뻗친 양들이 한바탕 법석을 피우는 통에 혼쭐이 난 한 에티오피아 목동이 있었다. 이 목동은 호기심에 이 쓴맛이 나는 열매를 먹었고, 결국 그도 양들처럼 흥분해 껑충껑충 뛰어다녔다고 한다. 이렇게 해서 커피의 효능이 발견되었는데, 커피가 예멘까지 전해져 마침내 사람이 먹는 음료로 다시 태어난 것도 바로 이 약리 작용 때문이었다. 홍해를 건너 예멘으로 이 열매를 가져간 아랍인들은 노예 사냥꾼이었을 가능성이 높다. 이렇게 해서 커피는 처음부터 노예와 뗄 수 없는 관계를 갖게 되는데, 이 끔찍한 결합은 그 후 400년 동안이나 지속된다. 15세기 중반 무렵 커피는 명상으로 신을 만나려고 각성 상태를 유지하고 싶어 하던 아라비아의 신비주의적 수피 무슬림들에게 따뜻한 환대를 받으며 출발했지만, 곧 커피의 중독성 때문에 영적인 탐구가 방해받는 것을 우려한 보수적인 이슬람 신학자들로부터 내침을 당한다. 이미 1511년 메카의 길거리에서는 사람들이 커피 자루를 불태우고 있었다. 이후 터키의 수상은 커피하우스를 운영할 경우 곤봉형에 처한다는 칙령을 내렸고, 재범은 가죽부대에 집어넣어 아예 보스포러스 해협에 던져 버렸다.

지배자들이 이렇게 사람들을 모이게 하는 커피의 능력을 두려워한 데는 그럴 만한 이유가 있었다. 카이로, 이스탄불, 다마스쿠스, 알제(Algiers) 등지의 커피하우스는 정치적 모의의 중심지였을 뿐만 아니라 성적인 타락의 온상이었다. 흥분제에서 중독성 약물, 그리고 체제 전복의 촉매에 이르기까지 커피의 다양한 궤적은 다른 시대, 다른 대륙에서도 계속 되풀이되기에 이른다.

유럽에서는 17세기 상업자본주의의 등장과 함께 커피의 인기가 올라갔다. 중세의 중동에서 처음으로 사람들의 주목을 받았던 한 나무 열매가 서구 자본가들의 상품으로 발전한 것이다. 커피를 맨 먼저 유럽으로 가져온 것은 베네치아의 무역상들이었다. 이 대목에서 신에게 감사하지 않을 수 없는데, 그렇지 않았더라면 에스프레소와 카푸치노는 아예 세상에 나오지 않을 수도 있었기 때문이다. 그러나 베네치아 무역상들은 커피를 눈병이나 수종, 통풍, 괴혈병 따위를 치료하는 약품쯤으로만 여기고 있었다. 어쨌든 런던의 상인들은 커피하우스에서 줄기차게 커피를 마셔댔고, 커피하우스는 상업 중심지의 역할을 겸하게 된다. 조너선(Jonathan)과 게러웨이(Garraway)의 커피하우스는 거의 75년 동안 영국의 주요 증권거래소 노릇을 했고, 버지니아(Virginia) 커피하우스와 발틱(Baltic) 커피하우스는 상업해운거래소로도 사용되었다. 로이드(Lloyd)의 카페는 훗날 세계 최대의 보험회사가 된다. 커피하우스는 사무용 건물이었으며, 새로운 뉴스를 전파하는 '1페니짜리 대학'이었고, 그리고 무엇보다도 남성 전용 클럽이었다. 커피는 상업 쪽에서는 활력제가 되었지만 여자들 쪽에서는 오히려 증오만 불러일으켰다. 남편들이 어두침침하고 시끄러운 커피하우스에만 틀어박혀 있자, 분개한 부인들이 이 '천한, 검은, 진한, 역겨운, 쓰디쓴, 냄새 고약한, 구역질나는 시궁창 물' 커피가 발기불능을 일으키고 있다고 신문 광고까지 내며 대대적인 반격에 나섰다. 한편 카페 손님들이 과연 가정에 책임을 다하고 있느냐보다는 이들 사이의 정치적 토론이 더 걱정되었던 찰스 2세도 커피하우스들을 폐쇄하려고 했지만 실패하고 말았다. 결국 영국인들을 차만 마시도록 만들려면 동인도회사의 설립과 인도 식민지 건설이라는 특단의 조치가 강구되어야만 했다.

하지만 바다 건너 유럽 대륙에서 카페는 자본주의적 번영의 수혜자들을 상징하며 이들의 전유물이 되어 가고 있었다. 이들은 새로운 유한계급으로, 장차 이들에게는 '카페 계급'이라는 별칭이 따라붙게 된다. 그러나 여기에서도 커피의 여행은 순탄하지만은 않았다. 특히 커피의 약효를 둘러싼 논쟁이 치열했다. 결국 스웨덴 국왕 구스타프(Gustav) 3세는 가장 '과학적' 방법인 인체 실험을 하게 된다. 그는 살인으로 사형을 선고받은 쌍둥이 형제의 형량을 경감해주는 대신 한 사람에게는 마실 것으로 차만, 다른 사람에게는 커피만 주도록 했다. 차를 마신 쪽이 먼저 (여든세 살에) 죽었는데, 그 뒤 스웨덴 국민들은 일인당 커피 소비량에서 세계 1위가 되었다. 프로이센의 프리드리히(Friedrich) 대제는 유머감각이 조금 떨어졌고, 백성들의 건강 따위에도 신경을 덜 쓰는 인물이었다. 그의 관심은 백성들의 정치적 움직임이나 무역 수지에 있었다. 그는 평민들이 커피를 마시지 못하게 하려고 커피를 왕실의 전매품으로 만들어 버렸다. 그러나 그 역시 실패하고 마는데, 비록 높은 수입 관세 때문에 널리 보급되지는 않았지만, 어쨌든 몇몇 대도시의 일부 부유층은 커피를 마시고 있었기 때문이다. 프랑스와 오스트리아에서도 비슷한 시도가 있었지만 결과는 같았다.

   당시 유럽의 수도들에서는 카페가 호시절을 누리고 있었다. 파리에서 카페가 큰 인기를 끌었던 데는, 토머스 브레넌(Thomas Brennan)에 따르면 "사회적으로 열등한 무리들과 섞이고 싶어 하지 않던 엘리트들의 결기"가 작용했다. 그러나 여기서 말하는 엘리트들은 노력을 통해 같은 지위에 오른, 다시 말하면 시민사회의 엘리트들이다. 이들에게 커피의 가장 큰 미덕은 알코올과는 달리 몸에 활기를 불어넣어 주고, 정신을 맑게 해 주는 데 있었다. 지식인과 예술가들이 모이던 '프로코프'(Procope) 같은 커피하우스들은 파리의 문화적 중심지로 떠올랐다. 이런 곳에서 볼테르 같은 철학자들은 귀족들의 아픈 곳을 쿡쿡 쑤셔대고 있었다. 비엔나의 '카페 하인리히호프'에서는 브람스를 비롯한 위대한 작곡가들이 악상을 가다듬고 있었고, 그들 사이사이로 돈 벌 기회를 찾는 무역상들도 눈에 띄었다. 그리고 다른 커피하우스들, 이를테면 비엔나에 있는 '카페 모차르트' 같은 곳들에서는 카드 게임이나 당구 따위의 소일거리를 제공하고 있었다. '무허가' 커피하우스들은 시민사회와 '공론의 장'을 탄생시키고, 반(半)봉건적 귀족정치를 민주화하는 데 깊숙이 개입하고 있었다. 따라서 1789년 7월 13일 카미유 데뮬랭(Camille Desmoulins)이, 근대 사회를 여는 신호탄이 될 바스티유 공격 계획을 세우던 곳이 파리의 '카페 포이(Foy)'였던 것은 당연하다고도 하겠다. 커피하우스는 프랑스 혁명이 진행되는 동안에도 변함없이 음모와 선동의 진원지 역할을 계속했다.

   금속성 굉음을 내는 공장들이 산업 시대를 열고 나자 커피는 여유뿐만 아니라 노동까지 상징하게 된다. 미국에서는 자꾸 감기기만 하는 노동자들의 눈꺼풀을 지탱해주고, 가물가물해지는 이들의 의식을 붙잡아주는 약으로 커피의 '민주화'가 이루어졌던 것이다. 무슬림들의 명상, 무역상들의 활기, 지식인과 예술가들의 여유와 결별하고 산업 시대의 자명종이 된 것이다. 19세기 말이 되면 '카페'는 '카페테리아'*에, '카페 계급'은 '커피 브레이크'에 각각 자리를 내주고 만다. 19세기 백 년 사이에 북미 지역의 커피 수입은 무려 90배나 늘어났다. 초기 무슬림들처럼 신을 찾는 대신, 런던의 사업가들처럼 이윤을 추구하는 대신, 유럽 대륙의 예술가들처럼 영감을 끌어내는 대신, 북미의 덥수룩한 노동자들은 살아남으려고 공장의 카페테리아를 찾았다. 그리고 그중에는 앞 시대의 사람들처럼 부르주아 사회를 뒤엎으려고 커피하우스를 찾는 노동자들도 있었다. 그리고 얄궂게도 금주운동 단체들이 커피와 커피하우스를 알코올 중독 치료제로나 술집의 대안으로 치켜세우는 사태도 생겼다. 만약 과거 커피를 불태우는 데 앞장섰던 이슬람 신학자들이 커피가, '포도주'란 뜻을 가진 아랍어 '카와(qahwah)'에서 이름이 비롯된 바로 그 커피가, 산업 시대의 주요 사회 문제였던 알코올 중독의 치료제로 각광을 받는 꼴을 봤더라면 어처구니가 없어 말문이 막혔을 것이다.

요즘은 기운이 나게 해주는 효과로 호평을 받는 대신 심장마비나 위궤양을 일으킨다며 여기저기서 얻어터지고 있는 형편이지만 커피 소비는 20세기에 들어서도 꾸준히 늘어났다. 예전에는 종교적 명상이나 사교를 위해서 여유를 갖고 차분하게 음미하던 커피를 이제는 운전을 하거나 뛰어다니면서 급하게 마시고 있다. 커피는 현대 산업사회의 바쁜 삶에 '일용할 양식'으로 자리 잡았으며, 그것 자체로 산업사회의 상품이 되었다.

---

* 카페테리아: 값이 싼 셀프서비스식 간이식당. 여기서는 부르주아들이 즐겨 찾던 '카페'와 대비되는 개념으로 사용했다.

이런저런 재료들을 '현대적인' 방법으로 뒤섞어 놓고는 뻔뻔스럽게 커피로 위장하고 있는 몇몇 상품들은 농부가 아니라 화학자들의 발명품이다. 커피는 야생 식물에서 작물로 길들여졌고, 상품화 되었다가, 요즘에는 여러 화합물과 뒤섞이는 처지가 되었다. 비록 몇몇 종교에서는 아직도 커피를 배척하고 있지만, 기존 제도와 체제를 뒤엎던 날카로운 칼날은 완전히 무뎌져 버렸다. 에티오피아에서 예멘, 그리고 유럽으로, 다시 라틴아메리카의 들판으로 옮겨가면서 커피는 근대 세계의 발전과 함께 해 왔다. 신비의 물약에서 부르주아의 음료로, 또 공산품으로, 마침내 양조 음료로까지 변신을 계속해 온 것이다.

5 미국인들이 커피에 중독된 까닭

미국인들은 커피를 무척 좋아한다. 미국인들이 세계에서 커피를 가장 많이 마시는 사람들이 된 것은 꽤 오래전 일이다. 사실 차보다 커피를 좋아하는 미국인들의 습성은 이들을 영국인과 구분하는 국민적 특성으로 여겨질 정도다. 미국 역사가들 중에는 커피를 마시는 습관이 고상한 것일뿐더러 심지어는 애국적인 행동이라고 본 사람들도 있다. 그리고 미국을 건설할 때 이 커피를 마시는 습관이 없어서는 안 될 역할을 했다는 데 대부분의 미국인들이 의견을 같이하고 있다. 즉, 식민지 정착민들이 영국에 대한 저항의 하나로 커피를 마시기 시작했다는 것이다.

초등학생들도 미국의 애국자들이 인디언처럼 옷을 입고 중국 차 상자들을 매사추세츠만(灣)에 던져 버린 보스턴 차 사건(Boston Tea Party)을 알고 있다. 이 '의로운' 사건 때문에 커피 마시는 습관은 명예로운 일로 채색되기도 한다. 그러나 이런 종류의 얘기들이 대부분 그런 것처럼 보스턴 차 사건 또한 대단히 왜곡돼 있다. 쉽게 말해 명예나 애국심 따위가 아니라 탐욕과 장삿속 때문에 미국인들은 차 대신 커피를 마시게 된 것이다.

원래 미국의 정착민들은 영국 백성으로서 커피보다 차를 더 좋아했다. 실제로 제임스타운(Jamestown)의 존 스미스(John Smith)라는 사람 — 그는 강압에 의해 1년 넘게 터키의 고관 노릇을 했다 — 이 이미 1607년에 커피 마시는 습관을 미국에 소개한 것으로 전해지고 있다. 그러나 그 뒤에도 식민지 미국인들은 여전히 차를 더 많이 마셨다.

1790년대에 고작 250만 파운드 정도였던 이곳 식민지의 차 수입은 약 100년 뒤에는 9,000만 파운드로 엄청나게 늘어났다. 그러나 같은 기간에 커피 소비는 차보다 무려 일곱 배나 빨리 늘어났다. 1909년이 되면 일인당 차 소비는 1.25파운드로 줄고, 커피는 11.5파운드로 늘어나게 된다. 이때 이미 미국인들은 전 세계 커피 소비량의 40퍼센트를 차지하고 있었다. 1950년대가 되면 미국인들은 미국을 뺀 전 세계 커피 소비량을 합친 것보다 20퍼센트 가량 많은 커피를 마셔대고 있었다.

어떻게 해서 이 같은 커피 '중독'이 발생했을까?

그것은 미국인들의 애국심이나 영국 혐오증으로는 설명할 수 없다. 그보다는 노예제도에 원인이 있었기 때문이다. 미국의 해운업자들은 (당시로는 세계 최대 규모였던) 아이티(Haiti)의 거대한 노예 노동력으로 생산한 물건들을 유럽과 미국으로 실어내는 한편, 노예들에게는 생활필수품을 공급하고 있었다. 아이티의 흑인 노예들은 대규모 플랜테이션에서 엄청난 양의 설탕을 생산해내고 있었다. 하지만 아이티의 자작농(yeoman)이나 해방 노예(freedman)들은 설탕 플랜테이션을 세울 만한 자본이 없었다. 대신 이들 시골의 중산층은 파리의 유행을 흉내 내고 싶어 안달이 나 있던 아이티의 지배 집단을 겨냥해 크기가 작고 돈도 적게 드는 커피 농장을 시작했다. 커피에서 큰돈을 벌 수 있게 되자 얼마 지나지 않아 아이티의 수요보다 훨씬 많은 커피가 생산되기 시작했다.

이때 양키 무역상들이 해결사로 등장했다. 뉴잉글랜드와 체서피크의 무역상들은 이미 오랫동안 아이티와 일종의 삼각무역을 수행해 왔다. 이들 미국인은 아이티의 노예들에게 먹일 식량과 함께 목재나 영국 공산품을 싣고 와서는 설탕이나 럼주 따위와 교환했고, 이렇게 얻은 설탕과 럼주의 일부를 영국에서 팔아 다른 공산품을 샀다. 이러다 보면 가끔씩 다른 시장에서 팔아달라고 위탁한 상품들을 실을 자리가 생길 때도 있었는데, 바다 여행을 잘 견디고 쉽게 썩지 않는 커피가 여기에 꼭 맞는 화물이었던 것이다.

거기다 커피 값이 떨어진 것도 중요한 원인이 되었다. 1683년 아라비아산 커피 값은 파운드당 18실링이었는데 영국 중상주의 정책 아래서 가격이 많이 떨어져 1774년에는 아이티산 커피가 파운드당 9실링에 팔리고 있었다. 그리고 독립 이후의 미국에서는 1실링까지 가격이 떨어지면서 훨씬 많은 사람들이 커피를 마실 수 있게 되었다. 그 결과 1790년 무렵에는 커피 수입량이 차 수입량의 세 배에 이르렀고, 10년 뒤에는 열 배로 훌쩍 늘어난다.

그러나 미국 독립혁명과 프랑스 혁명의 열기를 흠뻑 쐰 아이티의 노예들이 1790년대에 반란을 일으키면서(이 과정에서 이들은 노예제도를 철폐하고 독립을 선포했다) 커피 생산은 엄청나게 줄었고, 가격은 치솟았으며, 미국으로 가던 커피 수출량은 절반으로 떨어졌다. 만약 노예를 사용하던 다른 나라, 그러니까 브라질이 이런 상황을 기회로 삼아, 농사를 지을 수 있는 토지의 대부분을 커피 농장으로 바꾸지 않았더라면 미국인들과 커피의 뜨거운 결합은 여기서 끝났을지도 모른다. 1809년 마침내 브라질 커피가 처음으로 뉴욕에 도착한다. 19세기 중반이 되면 브라질은 미국에서 소비되는 커피의 3분의 2를 공급하게 된다.

사실 과거에는 리스본이 브라질의 교역을 하도 엄격하게 통제하는 바람에 양키 무역상들은 이 광활한 포르투갈 식민지와 교역을 할 엄두도 내지 못했다. 그러나 이 문제도 역시 프랑스 혁명이 해결했다. 서유럽에서 가장 아름다운 항구로 꼽히던 리스본을 포위하기로 작정한 나폴레옹은 포르투갈의 주앙(Joán) 6세를 리우데자네이루로 피난하라고 설득했고, 결국 브라질의 항구들도 개방하도록 했던 것이다. 마침내 미국 선적 배가 아무 문제없이 리우에 들어가 커피를 실을 수 있게 되었다. 그러나 이 미국 배들은 브라질에 팔 만한 물건이 마땅치 않았다. 브라질(이 식민지는 크기로는 하나의 대륙이나 마찬가지였다)은 카리브해의 경쟁자들과는 달리 식량을 자급자족하고 있었다. 다만 부족한 것이 있다면 그것은 노예였다.

1830년대에 들어 전 세계적으로 커피 수요가 빠르게 늘어나면서 브라질의 플랜테이션 소유주들은 커피 농장에서 일할 아프리카 노예들을 더 많이 필요로 하고 있었다. 그러나 노예제 반대 정서(결국에는 의회 입법으로 구체화되었다)가 강해지면서 전통적인 노예무역국 영국은 이 '독특한 제도'에 사실상 손을 대지 않고 있었다. 이에 따라 1840년대 초 대서양을 건너 브라질로 가는 노예의 5분의 1 정도는 미국 배들이 운반하고 있었다. 그리고 노예무역의 마지막 해(1850년)에 브라질에 도착한 운 나쁜 흑인들의 절반가량은 성조기를 휘날리는 노예선의 '신세'를 졌다.

브라질의 노예들은 커피를 기르느라 등골이 휘었고, 미국의 산업도시들에 꽉 들어차 있던 하층민들은 커피에 중독되어 갔다. 결국 커피가 없는 미국인들의 생활은 생각도 할 수 없게 되었지만, 그것은 미국 사람들이 차에서 나는 '영국 냄새'를 싫어해서가 아니라, 커피가 노예제도 덕분에 싸지기도 했거니와 돈벌이도 잘되는 상품이 되었기 때문이다.

6 달콤한 혁명?

지금까지 수만 명의 아이티 난민들이 끔찍한 가난에서 벗어나려고 목숨을 걸어가면서 미국으로 건너왔다. '경이로운' 유아사망률을 비롯해(태어난 지 1년 안에 약 6퍼센트가 죽는다) 63세 정도인 평균 수명, 1년에 1,800달러가 안 되는 개인평균소득, 45퍼센트에 이르는 문맹률 등 아이티는 수치로만 봐도 아메리카 대륙의 '재해 지역'이다.

그러나 3세기 전만 해도 '앤틸리스(Antilles) 제도의 진주'라고 불리던 아이티는 세계에서 가장 부유한 섬으로 누구나 탐을 내던 곳이었다. 노예들이 생산하는 설탕 때문에 아이티는 외부인들에게 달콤하기만 한 곳이 되었지만, 바로 그 설탕 때문에 아이티 사회는 썩어가고 있었다.

근대 초까지도 인류는 달콤한 게 도대체 어떤 맛인지 잘 모르고 있었다. 꿀이 유일한 천연감미료(낙원을 젖과 꿀이 흐르는 땅으로 묘사하는 것은 이 때문이다)였는데 많이 나지도 않았고, 나는 곳도 많지 않았다. 사람들은 이렇다 할 맛이 없는 귀리죽이나 쌀밥, 토르티야(tortillas: 얇게 구운 옥수수 식빵) 따위만을 먹어야 했다. 철따라 열리는 과일 정도가 지루한 식단에 그나마 변화를 주었을 뿐이다.

장차 지구 전역으로 퍼져 나가게 될 사탕수수가 긴 여정을 시작한 곳은 극동이나 남태평양 지역이었던 것 같다. 이 키 큰 풀이 작물로 처음 재배된 것은 기원전 300년 인도에서였다. 그러나 다른 지역으로는 대단히 느리게 전해졌다. 무려 천 년이 지나서야 중국과 일본, 중동 등지에 도착할 정도였다. 사탕수수를 처음 대규모로 재배한 것은 아랍인들이었다. 특히 이집트산 설탕은 세계 최고로 여겨졌다. 이후 아라비아인들이 이베리아 반도를 무자비하게 점령한 뒤 이 달콤한 향신료를 이곳에 옮겨 심었다. 다른 지역의 유럽인들은 십자군전쟁 중 힘겹게 전투를 치르며 예루살렘으로 진군하는 과정에서 이 새로운 식물을 알게 된다. 이렇게 해서 설탕과 폭력이 엮이게 되었다.

베네치아의 상인들은 거대한 상선단과 해군, 그리고 지중해 곳곳에 세운 요새와 교역 거점을 이용해 중세 유럽의 설탕 교역을 장악했다. 그리고 설탕이 아직은 사치품이어서 시장이 작았는데도 이들은 제법 큰 성공을 거두게 된다.

오스만 튀르크의 발흥과 함께 설탕은 서쪽으로 한 걸음 더 나아간다. 15세기 무렵 오스만 제국의 영토가 확대되자 베네치아 상인들은 사탕수수를 기르던 무슬림 지역에 더는 접근할 수 없게 된다. 이에 따라 이들이 처음 눈을 돌린 곳은 그 무렵 다시 정복한 시칠리아와 이베리아다. 이탈리아인들은 여기서 만족하지 않고 포르투갈과 함께 새 땅을 찾아 장차 세계 경제의 재편을 불러올 기념비적인 항해를 시작한다.

포르투갈인들은 오랜 항해를 버틸 수 있고 기동성이 뛰어난 나우스(naus)와 카라벨라스(caravelas)로 마데이라 같은 대서양의 제도들과 아프리카 해안의 상투메(São Tomé) 등을 발견한다. 상투메에서 설탕 생산은 혁명적으로 발전하는데, 혁명치고는 참으로 끔찍한 혁명이었다. 아프리카인들이 노예로 잡혀와 이곳의 설탕 플랜테이션에서 강제 노역을 하게 되었던 것이다. 전에는 무인도였던 이 작은 섬이 포르투갈 귀족들과 이탈리아 상인들에게는 말 그대로 노다지였던 반면 수만 명의 노예들에게는 말 그대로 지옥이었다. 16세기 유럽은 유례없는 호황을 누렸고, 그 결과 꽤 많은 사람들이 단것을 마음껏 먹을 만한 여유를 갖게 되었다.

이렇게 늘어난 수요를 따라잡기 위해 포르투갈은 브라질에도 사탕수수를 심어 설탕 생산을 확대하기로 결정한다. 이로써 아메리카 대륙은 세계 설탕 시장에 끌려들어간 네 번째 대륙이 된다. 설탕은 아시아의 작물과 유럽 자본, 아프리카 노동력, 아메리카의 땅이 결합된 진정한 의미의 국제 작물이었다.

사실 아메리카 대륙으로 설탕을 처음 가져간 것은 장인이 마데이라 제도에 설탕 플랜테이션을 갖고 있던 콜럼버스였다. 하지만 경제적 의미를 가질 정도로 사탕수수가 많이 자란 곳은 브라질이 처음이었다. 이제 한 세기 동안 포르투갈은 세계 설탕 생산을 지배하게 된다. 1513년 포르투갈 국왕은 새로 발견한 영토와 여기에서 얻은 부를 과시하려고 교황에게 선물을 보냈다. 열두 명의 추기경과 길이 4피트짜리 초 300개가 실물 크기의 교황을 둘러싸고 있는 작품이었는데, 재료는 오직 설탕뿐이었다.

그다음은 카리브해의 차례였고 그중에서도 특히 아이티는 전성기를 누렸다. 나무가 우거졌던 이 프랑스령 섬은 하나의 거대한 설탕 플랜테이션이었고 동시에 노예 감옥이었다. 이 섬에는 3만 명이 조금 안 되는 백인과, 비슷한 수의 해방 물라토(mulato: 흑인과 백인의 혼혈 1세대), 48만 명의 흑인 노예가 있었다. 이곳에서 설탕은 노예제라는 원시적 노동 방식과 현대적 산업자본주의 간의 결코 유쾌하지 않은 결합을 주선한 매파였다. 이 설탕 플랜테이션은 아마 최초의 근대적 공장이었을 것이다. 우선 훈련된 대규모 노동력이 있었고, 작업 과정도 공장의 생산 라인처럼 분업과 통합이 적절히 이루어졌다. 정교한 정제 기술이 필요했고, 비싼 장비도 있어야 했다. 그리고 플랜테이션 소유주들은 보통 부재지주들로 무역상이나 은행가 같은 프랑스 부르주아인 경우가 많았다.

그러나 노동만은 고전적이고 잔인한 방식에 의존하고 있었다. 설탕이 '발견의 시대'(즉 제국주의 시대)와 만나 노예제에 새 생명을 불어넣을 이 무렵, 유럽에서 노예제는 사망한 지 오래였고, 아프리카에서도 사라져 가고 있었다. 1500년에서 1880년 사이에 약 1,200만 명의 아프리카인들이 이루 표현할 수 없을 만큼 끔찍한 상태로 배에 실려 대서양을 건넜다(최근에 추산한 바에 따르면 이들은 아메리카 대륙에 도착하기도 전에 약 180만 명이 죽었다). 이들 대부분은 설탕 플랜테이션으로 갈 노예들이었는데, 그중에서도 아이티로 가는 사람들이 가장 많았다(아이티는 미국보다 두 배 정도 많이 아프리카인들을 수입했다). 트리니다드 토바고(Trinidad-Tobago)의 수상을 지냈던 역사학자 에릭 윌리엄스(Eric Williams)에 따르면 "설탕이 없었으면 '니그로'도 없었다." 그는 또 "그렇게 달콤하고 사람의 몸에 꼭 필요한 설탕 같은 물건 때문에 그토록 많은 죄악이 자행되었고, 또 그렇게 많은 사람들이 죽어갔다는 사실을 납득하기 어렵다."고 털어놓았다. 윌리엄스는 설탕의 두 번째 역설에 대해서 얘기했다. 즉, 그는 자못 논쟁적인 주장을 폈는데, 노예무역은 설탕이 촉발했고 노예무역에서 축적된 이윤이 유럽 산업혁명의 재원이 되었다는 것이다.

프랑스에서 혁명이 일어나자 아이티에서도 근대 산업과 원시적 노예제, 부르주아와 노예 사이의 모순을 더는 억누를 수 없게 되었다. 마침내 부르주아지들이 내건 인권선언(Rights of Man)과 프랑스의 식민지 유지 방침이 충돌하면서 아이티는 폭발하고 만다. 파리의 혁명가들은 아이티의 자유 백인, 그리고 해방 물라토들에게까지 참정권을 확대할 의사가 있었다. 그러나 노예제까지 철폐해 프랑스의 주 수입원 중 하나를 망쳐 버리는 짓을 할 생각은 추호도 없었다. 결국 아이티의 흑인들은 직접 스스로를 해방하게 된다. 세계 최초의 민족 해방 전쟁이면서, 역시 세계 최초의 인종 전쟁이 터진 것이다. 1791년부터 1804년까지 계속된 전투를 통해 노예들은 자유민들을 죽이거나 몰아내고 아이티를 장악했다.

한 세기 이상 가혹한 노예제 아래서 시달리다가 자유를 쟁취한 흑인들은 처음으로 휴가를 만끽했다. 이윽고 휴가가 끝났지만 이전처럼 플랜테이션에서 일하려는 사람은 없었다. 대신 그들은 토지개혁을 실시해 거대한 플랜테이션을 작은 구획으로 쪼갰다. 이로써 흑인 혁명가들은 흑인 농부가 되었다. 그러나 이들은 설탕을 생산하려고 하지 않았다. 결국 흑인

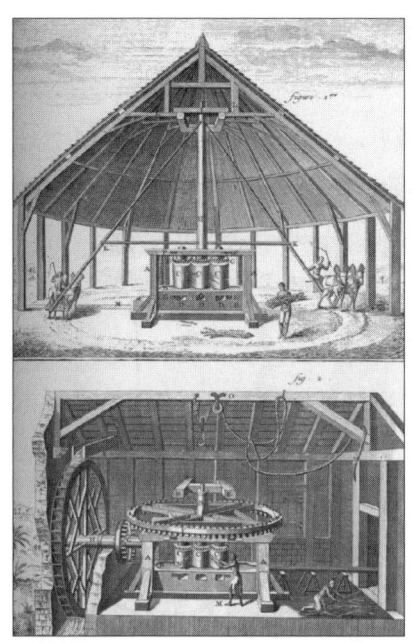
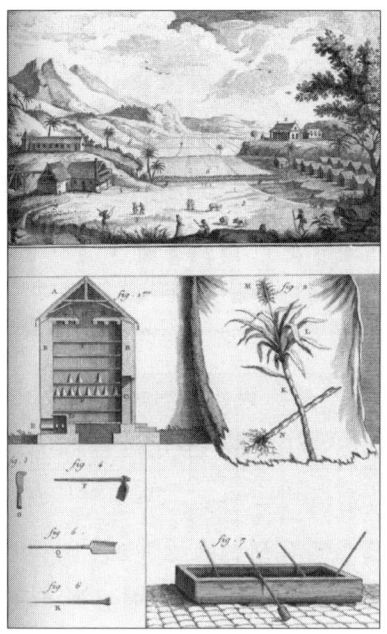

제당소와 설탕 생산
출처: 드니 디드로(Denis Diderot)와 장 르 롱 달랑베르(Jean le Rond d'Alembert) 등이 만든 백과전서 1권, 1777~1779

농부 한 사람 한 사람의 생활 형편은 설탕 경제가 활황을 누리던 노예 시절보다는 분명히 훨씬 좋아졌지만, 아이티는 국제 경제에서 더는 중요한 역할을 수행하지 못하게 되었다. 오늘날 아이티의 일인당 수출은 161위에 머물고 있다. 이 작은 섬에는 사회 기반 시설도 거의 없었고 투자할 만한 자본도 부족했다(설탕에서 축적한 부는 대부분 본국인 프랑스에 투자했기 때문이다). 남은 것이라고는 교육을 받지 못하고 정치적 경험도 전혀 없는 가난한 농부들뿐이었다. 이윽고 물라토들의 소수 귀족정치가 등장했지만 이들은 자신들의 이득을 위해 나머지 주민들을 착취했을 뿐 섬을 발전시키기 위해서는 사실상 아무 것도 하지 않았다. 이들의 지배 체제가 흔들릴 때면 미국이 (1915년에서 1934년까지 아이티를 점령했을 때처럼) '안정'을 유지하고 농부들을 진압하기 위해 개입했다. 1804년 독립 이후 아이티는 인구는 상당히 많이 늘어났지만 설탕을 대체할 마땅한 작물이나 상품은 나타나지 않았다. 야구공이나 혈액 따위를 수출하는 경제에 활력이 있을 리가 없었다. 단것을 찾던 유럽인들의 입맛 때문에 이 열대의 낙원은 헐벗고 초라한 후진국이 되고 말았다. 세계 경제가 진보만을 가져오는 것은 아니다.

7 죄악세와 현대 국가의 부상

모두가 알다시피 정부는 국가를 운영할 경비가 필요하며 국민들은 가급적 그 돈을 내지 않으려고 한다. 수 세기 동안 여러 정부(또는 정부와 구별되지 않는 지배층)는 소유한 것을 그대로 이용하거나 무역을 독점함으로써 국가 운영에 필요한 재정의 상당 부분을 충당했다. 그러나 시간이 지남에 따라 거의 모든 분야에서 그렇게 얻는 수익이 점점 줄기 시작했다(현재 상대적으로 인구가 적은 일부 산유국은 예외이다). 정부 기관인 법원에서 정의를 구현하고 부과하는 수수료도 여러 정부의 재정에 보탬이 되었지만, 그것으로는 충분하지 않았다. 거의 모든 나라가 부족한 국가 재정 문제를 해결하기 위해 선택한 방책은 세금, 즉 개인의 자산과 거래를 평가하여 그것을 바탕으로 부담시키는 돈이었다.

1400년 이후 화약 무기를 기반으로 한 군대가 전 세계로 빠르게 확산되면서 여러 정부는 더 많은 수익이 필요하게 됐다. 더 큰 무기를 들이려면 더 큰 요새를 건설해야 했고, 그러면 또 더 큰 무기가 필요해졌다. 해상에서의 지배력을 의미하는 제해권의 경우 그 소용돌이는 더욱 빠르게 커졌다. 강력한 반동을 가진 대포를 선박에 장치하려면 선박 자체를 개선해야 했으며 여기에는 많은 비용이 들었다. 전쟁에서 지는 것은 좋은 선택이 아니었다. 그래서 근대 초기에는 여러 국가가 더 많은 수익을 얻기 위해 끝없이 경주할 수밖에 없었다. 그것은 마라톤처럼 지구력이 요구되는 경주였지만 갑작스럽게 삶과 죽음이 결정되는 단거리 경주가 중간에 끼어드는 일도 많았다.

다수의 국가, 특히 규모가 큰 국가에서 토지는 분명한 과세 대상이었다. 토지는 숨기기 어렵고 움직일 수 없으며 소유권을 보장받기 위해 돈을 지불할 만큼 가치가 있다. 예를 들어 중국은 1300년대 후반부터 1800년대 중반까지 토지세 의존도가 압도적이었다. 그러나 일부 작은 나라에는 토지가 충분치 않았고, 일부 큰 나라에는 강력한 기득권층(유럽 귀족과 가톨릭교회 등)이 특권을 이용해 자신들이 소유한 대량의 토지를 과세 대상에서 제외시켰다. 그리고 어느 나라에서든 토지세에 의존하여 국가 재정을 확보한다는 것은 장기적으로 볼 때 다른 영역에 비하여 급속한 성장이 어려운 경제 부문에 국가의 운명을 맡기는 것을 의미했다. 결국 성공한 국가가 되려면 대부분의 세입을 상업과 산업 부문에서 해결해야 했다. 상업과 산업은 계속해서 성장하는 경제 영역일 뿐만 아니라 일반적으로 (기본 식량인 곡물을 재배하는) 농업보다는 삶에 덜 필수적인 영역으로 여겨졌기 때문에 정부가 세금을 부과해도 부당하게 간주될 가능성이 적었다.

근대 초기에 세계적으로 급속하게 성장한, 소위 '마약 식품'(다소 완곡하게 말하면 3장의 여러 부분에서 다뤘던 설탕, 담배, 차, 커피 등의 '중독성 있는 소소한 사치품')이라고 불렸던 산업 분야는 훌륭한 조세 징수 대상이었다. 현지에서 재배할 수 없어 수입해야만 하는 품목이라면 더욱 그랬다. 밀수업자들이 문제가 될 수 있었지만, 광범위한 국내 지역을 감시하는 것보다는 몇 개의 항구를 순찰하는 편이 쉬웠다. 이것은 근대 초기 영국의 재정 상태에 특별한 이점으로 작용했고, 곧 영국은 유럽의 나라들 가운데서 세금 징수 챔피언 자리에 등극했다. 예컨대 역사학자들의 계산에 따르면, 17세기 버지니아에서 영국 수출용 담배를 재배했던 노예가 시간당 벌어들인 돈을 따져 보면, 정부에 세금으로 나가는 돈이 자신이나 주인을 위해 번 돈보다 많았다. 이것은 영국 당국이 식민지인 미국으로 수입되는 차(茶)에 대해 세금을 인상하려고 했을 때처럼 안정적인 방법은 아니었지만, 정부에 막대한 수입을 안겨줄 만큼 효과적일 때가 많았다. 1665년부터 1815년 사이에 영국 정부의 수입은 국민 소득의 3.4퍼센트에서 18.2퍼센트로 증가했으며, 그 기간의 끝 무렵에는 담배와 차, 설탕에서 나온 세수가 늘어난 정부 수입의 10퍼센트 정도를 차지했다. 그러나 나폴레옹과의 전쟁이 절정에 이르렀던 1803년에 영국 정부 수입의 최대 44퍼센트를 가져다주었던 주세(酒稅)에 비하면 이 정도는 아무것도 아니었다.

나폴레옹 전쟁이 끝나자, 긴급조치로 용인되던 많은 부과금은 더 이상 부과할 수 없게 되었고 결국 얼마 안 가 사라졌다. 반면 '죄악세'는 지켜내기가 더 쉬웠다. 예를 들어 사람들은 주택에 세금을 부과하는 것보다 음주와 흡연에 대한 세금을 높이는 것에 반발하기가 더 어려웠고, 따라서 죄악세가 존속할 수 있는 가능성은 더 컸다. 더욱이 19세기 들어 대서양 연안의 나라들에서 점점 더 많은 사상가들(thinkers)이 자유무역 원칙을 수용함에 따라 국경을 넘는 모든 상품에 높은 관세를 부과하는 것은 점점 더 어렵게 되었다(그러나 예외적으로 미국은 19세기 동안 계속해서 관세를 인상한 주목할 만한 나라였다). 이렇게 과세 허용 대상의 범위가 축소되자 19세기 여러 국가에서는 소득이 크게 증가했고, 사람들이 소비하는 상품의 종류도 이전과 달리 다양해졌다. 그러나 이는 죄악세가 정부 수입에서 큰 비중을 차지하게 되는 결과를 가져왔다. 예를 들어 국가가 술에 부과하는 주세는 1880년에서 1900년 사이에 영국 정부 수입의 40퍼센트, 1910년에 28퍼센트를 차지했다. 사람들의 예산에서 술이 차지하는 비중이 크게 줄어들기 시작했는데도 말이다. 이런 현상은 영국에만 국한된 것이 아니었다. 1865년부터 1915년 사이 네덜란드에서도 주세가 정부 수입의 15~25 퍼센트를 차지했다. 주류 판매로 네덜란드 정부가 거둬들이는 세입은 1780년에는 총수입의 43퍼센트에 이르렀고 19세기 전반에는 평균 30퍼센트 이상을 유지했다.

주세는 미국의 연방정부 수립 과정에서 훨씬 더 중요한 역할을 했던 것 같다. 미국은 역사적으로 세금 회피 구역이던 곳에서 완전히 새롭게 건설된 나라다. 미국이 1789년 독립 국가로서 새로운 헌법을 만들어 비준할 때 정치적으로 합의한 중요 사항은, 영국을 상대로 한 혁명에서 승리하기까지 대륙 회의(Continental Congress: 미국 독립 혁명 당시 미국 13개 식민지의 대표자 회의)와 개별 주들이 진 전쟁 부채를 갚겠다는 약속이었다. 이를 위해 미국 신생 정부의 초대 재무부 장관이었던 알렉산더 해밀턴은 미국 의회에 증류주에 대한 과세안을 통과시키도록 설득했다. 이 세금은 미국 정부가 상품에 부과한 최초의 세금이었다. 자급용으로 직접 술을 빚던 국경의 많은 농가는 세금 납부를 거부했다. 펜실베이니아 서부의 일부 농가에서는 세금 징수원을 난폭하게 공격하는 사태도 발생했다. 폭동의 규모가 점점 커지자 워싱턴 대통령이 직접 이끄는 군대가 동원되었고 '위스키 반란'은 순식간에 진압되었다. 이 일은 죄악세가 실질적으로 연방정부 수립과 얼마나 밀접하게 얽혀 있었는지를 보여준다.

연방정부가 성장함에 따라 미국은 다른 수입원, 그 가운데서도 수입품에 대한 관세가 중요해졌다. 국가가 서부로 확장됨에 따라 연방 토지의 판매도 중요했다. 그러나 주세 수입의 중요성은 항상 의심할 여지가 없었다. 특히 19세기 후반에는 급속하게 진행되는 산업화 과정에서 연방정부의 책임이 커졌고, 소비자들(특히 농부)은 자신이 구입하려는 상품의 가격이 관세 때문에 높아진다는 사실에 대해 불만을 토로했다. 1870년과 1892

년 사이에 주세는 미국 연방 수입의 25퍼센트를 차지했으며, 연방정부 수입원 가운데 수입품에 대한 관세에 이어 두 번째로 큰 비중을 차지했다. 1892년부터 1916년 사이에는 그 비율이 훨씬 더 높아져 40퍼센트 이상이 되었고 장기적으로는 평균 35퍼센트 정도를 유지했다. 1913년 이후 연방 소득세가 징수됐음을 감안하면 엄청난 수치이다. 사실 많은 국민들이 전국적으로 시행된 금주법을 지지했다(금주 운동은 수십 년 동안 확산되었으며 마침내 1920년 수정헌법 제18조[1933년에 폐지되었다]가 통과되면서 법적인 효력이 생겼다). 금주법을 지지하는 국민들은 주세의 대안이 될 수 있다는 이유로 소득세법 통과를 옹호했다. 한 지도자가 금주법에 대해 '마지막 남은 논쟁거리'라고 말한 주장은 이로써 불식되었다. 따라서 20세기가 시작되고도 한참이 지날 때까지 주세는 연방정부의 중요한 수입원이었다. 그리고 현재까지도 (담배세, 그리고 최근 들어서는 복권과 도박에 부과하는 세금과 더불어) 많은 중앙정부의 중요한 재정적 생명줄로 남아 있다.

이후 죄악세는 유럽의 아시아 식민지, 그리고 시암(오늘날의 태국)이나 중국 같이 스스로 힘을 키워 식민지에서 벗어나려고 노력했던 아시아 국가들에서 반복되었다. 대표 입법부(representative legislatures: 유럽[특히 영국] 식민지의 입법부. 의원 중 절반 이상을 식민지 국민이 선출함 — 옮긴이)를 통해 세금을 걷을 필요가 없었음에도, 일반적으로 (비용을 낮추기 위해) 규모가 작고, 일을 완수하기 위해 현지 엘리트의 협력이 필요했던 식민지 관료제에서는 수요는 많지만 자급은 어려운 상품에 세금을 부과하면 편리하다는 점을 다시 한번 확인했다. 식민지 관료들은 상대적으로 수는 적지만 공식적으로 허가를 받은 무역상을 통해 이러한 상품들에 대해 세금을 징수할 수 있었다. 이 상품들은 또한 백성들을 굶기거나 정부를 냉담하게 보이지 않게 하면서 과세를 통해 더 비싸게 만들 수 있는 상품이기도 했다. 그리고 이 상품들은 (다양한 수준으로) 중독성이 있었기 때문에 가격이 오르더라도 구매를 중단할 사람은 많지 않았다. 한편 아시아의 많은 지역에서는 술과 담배에 대한 과세로 얻는 수익도 적지는 않았지만, 아편 같은 물품에 죄악세를 부과하는 편이 정부에는 훨씬 더 유리했다.

가장 일반적인 관행은 아편세 징수를 '청부' 하는 것이었다. 즉, 아편을 합법적으로 판매할 수 있는 면허를 경매에 붙이는 것이었다. 이로써 정부(식민 정부든 현지 정부든)는 선불로 보장된 수익을 얻을 수 있었고, 실제로 아편을 유통하거나 고용인(부업 삼아 아편을 판매하려는 유혹을 느낀 사람들)을 감시하는 번거로움을 겪지 않아도 됐다. 아편 판매 면허가 있으면 한 지역을 독점할 수 있을 때도 있었고, 여러 아편상 중 한 명이 될 수도 있었다. 두 경우 모두 아편상들은 종종 신디케이트(기업 독점 형태의 하나로, 몇 개의 기업이 하나의 공동 판매소를 두고 가맹 기업의 제품을 공동 판매 또는 공동 구입하는 조직 — 옮긴이) 방식으로 아편 판매 면허를 모조리 사들여 상당히 광범위한 지역에 걸쳐 독점권을 행사했다.

당연히 이러한 경매에서 면허를 낙찰받으려면 비용이 많이 들었고 대개 낙찰자들은 이미 상당한 사업가들이었다. 상당수가 이미 지방 정부에 관여하고 있었고, 종종 (네덜란드령) 동인도와 (프랑스령) 인도차이나, (영국령) 말라야 등지의 중국 지역 사회를 감독하는 '수장' 으로 활동했다. 이들이 비싼 값을 치르고 아편 거래 구역에 대한 법적인 권한을 사들여 얻은 이점은 이미 가지고 있던 지위에 아주 잘 어울렸다. 이와 같은 아편세 징수 청부 제도는 이런 사람들을 훨씬 더 부유하고 유명해지도록 만들었다. 몇몇 아편 사업가들은 나중에 비유럽인이 소유한 초기 산업체에 수익의 일부를 투자했다. 그러한 이유로 '깨어 있는' 민족주의 역사가들은 그들을 영웅으로 받들었다. 그러나 마약상과 식민지 세금 징수인의 역할을 했던 그들의 모습은 가장 끔찍한 악당으로 묘사되기도 한다.

그들이 무슨 일을 더 했든 간에 정부는 그들 덕분에 도산을 면할 수 있었다. 20세기 초반 10년 동안 네덜란드령 동인도에서는 정부 수입의 35퍼센트, 1861~1882년 사이 프랑스 통치하에 있었던 코친차이나(베트남 남부)에서는 프랑스 정부 수입의 30퍼센트를 아편 판매 세입이 차지했다(1900년대 초 아편과 술은 프랑스령 인도차이나 전체 수익의 약 40퍼센트를 차지했다). 독립국 시암(Siam)에서는 그 수치가 대략 15~20퍼센트였다. 인도는 아편의 소비량은 극히 적지만 수출량은 아주 많았다. 인도는 영토가 거대하고 세금을 내야 할 사람들이 많았음에도 불구하고 아편 세입은 1848~1879년까지 정부 수입의 평균 16퍼센트에 그쳤다. 중국은 수치 변동 폭이 컸고, 공식 보고서의 신뢰성도 떨어지는 때가 많았다. 그러나 공식적인 수치에서조차 1930년대에 국민당 정부 수입의 15퍼센트를 아편 판매 수익이 차지했음이 나타나며, 한 저명한 역사학자는 실제로는 그 수치가 50퍼센트에 달했을 것이라고 추정했다. 민족주의자들과 공산주의자들 사이에 내전이 벌어지는 동안 양측은 적어도 간헐적으로는 약물 남용을 제지하려고 노력하면서 결국 아편 판매로 수익을 얻었다. 한편 제2차 세계대전 당시 중국 일부를 통치하며 중국과 협력을 도모했던 일본의 정권은 매우 공격적으로 마약을 판매했으며 수송을 억제하는 시늉을 마다치 않았다.

과세할 토지가 거의 없었던 홍콩과 싱가포르에서 아편은 19세기 말과 20세기 초에 명백히 정부 세입의 절반 이상을 책임졌다. 이로 인해 정부는 대부분의 다른 상품에 대한 관세를 최소화함으로써 '자유무역'에 대한 약속을 지키고 다른 강대국들이 지배하는 인근 항구에서 상인들을 끌어들일 수 있었다. 영국 전함들은 아편 시장을 확대하는 데 중요한 역할을 했는데, 이는 제국주의 시대에 자유와 강압, 독점이 교차하는 또 하나의 기이한 현상이었다(이 장 8절 참조).

요컨대 죄악세는 모든 정부에 매우 매력적이라는 사실이 입증되었다.

규모가 크고 생산성이 높은 산업 부문이 없는 정부와 더 크거나 부유한 경쟁자들과 군사적 경쟁을 할 수밖에 없는 정부만이 아니라 저항할 힘이 없는 정부에도 그 점은 변함이 없었다. 그럼에도 불구하고 죄악세와 관련된 도덕적 모순은 일부 정부에서 매우 심각한 문제를 일으켰다. 예를 들어 20세기 초중반의 중국 정부(그리고 공산주의 운동으로 탄생하게 될 정부)는 아편 수입은 제국주의의 수탈과 부패한 통치세력으로부터 중국을 '부활' 시키고 '해방' 시키겠다고 주장했는데, 아편은 그 두 가지 문제 모두와 동일시되었으므로 아편을 통한 수익은 특히 인정하기가 어려웠다. 분명히 이런 정부들은 자신들의 정치적 성공이 역사적 망각이나 용서로 이어지기를 바랐을 것이다. 특히 아편을 반대하며 십자군을 자처했던 린체스(林則徐)의 동상이 근엄한 얼굴로 (아편에 대한 죄악세에 힘입어 건설된) 도시를 내려다보는 싱가포르에서는 틀림없이 그랬을 것이다.

8 아편, 세계 경제를 굴리다

그다지 아름답지는 않지만 막연하게나마 많이 들어온 얘기 한 자락. 170년 전 영국의 강력한 해군은 중국이 3년간의 아편전쟁을 끝내는 난징조약에 서명하도록 만들었다. 그 결과 중국은 중독성 강한 마약이 대량으로 수입되는 사태를 그저 바라만 보면서 여러 가지 손해를 감수해야 했다. 그러나 조약의 문구나 조약을 옹호하는 사람들은 이를 자유무역을 촉진한다거나 중국을 '개방' 시킨다는 정도로 훨씬 '포괄적' 으로 표현하고 있었다.

당시에는 전쟁 당사국인 영국의 군 장성들은 말할 것도 없고, 서구의 자유주의자와 급진주의자들까지도 아편이 부차적인 문제라는 논지를 폈다. 이를테면 개인적으로는 유럽 제국주의를 탐탁지 않게 여겼던 미 대통령 존 퀸시 애덤스도 전쟁의 원인을 이렇게 설명했다. "영국에게는 정당한 명분이 있다. …… 그러나 나로서는 이 주장을 입증하기 위해 아편 문제가 전쟁의 원인이 아니라는 점을 보여주어야만 했다. …… 즉, 다른 나라의 자존심을 건드리는 모욕적인 제후-봉신 관계 위에서 나머지 인류와 통상 관계를 맺겠다는 거만하면서도 도저히 용납할 수 없는 중국 쪽 주장에 전쟁의 원인이 있는 것이다." 심지어는 카를 마르크스조차도 아편전쟁에서 **정말로** 주목할 만한 사실은 전 세계의 부르주아들이 '만리장성을 부숴 버리고' 이를 통해 '정체 상태인' 중국을 세계 시장은 물론 세계사 속으로 끌어들이려 했다는 점이라고 주장했다.

요즘에는 누구도 총을 들이대며 마약을 파는 짓거리를 감싸고돌지는 않는다. 그러나 아직도 마약 그 자체는 그다지 중요하지 않았다는 것이 일반적인 시각이다. 중국 연구의 권위자인 미국의 존 킹 페어뱅크(John King Fairbank)는 퀸시 애덤스를 생각나게 하는 어법으로 아편전쟁을 이렇게 설명하고 있다. "외교관계에 관한 중국의 입장은 …… 시대에 뒤떨어졌으며 지지할 수 없는 종류의 것이었다. …… 당시 영국이 외교적 평등과 교역 기회를 요구했던 것은 모든 서구 국가를 대변한 것이었다. …… 따라서 중국과의 교역에서 영국이 차뿐만 아니라 아편에까지 상업적 이해관계를 갖게 된 것은 역사적 우연일 뿐이다." 그의 제자 하나는 여기서 한 걸음 더 나아가 설사 아편 때문에 전쟁이 터지지 않았더라도 면화나 당밀을 놓고도 전쟁이 쉽게 일어날 수 있었다고 주장했다.

그러나 사실 아편은 결코 부차적인 요인이 아니었다. 좀 더 면밀히 살펴보면 아편은 세계 무역을 활성화하고 경제 성장을 촉진하는 데 핵심적인 역할을 했다. 물론 중국이 아니라 유럽과 아메리카 대륙이 혜택을 보긴 했지만.

국제 아편 무역이 시작된 것은 1700년대로, 유럽(특히 영국)의 무역 위기에 대한 해결책으로 등장한 것이었다. 유럽은 오랫동안 향신료와 비단을 비롯한 아시아산 제품들을 소비해 왔다. 반면 아시아로 수출한 물건은 대단히 적었다. 그러던 중 스페인의 신세계 정복으로 잠시 숨통이 트였다. 신세계의 금과 은이 엄청난 규모로 아시아에 흘러들어 갔고(아시아에 유입된 은의 3분의 1 정도는 중국 한곳으로 집중되었다), 대신 유럽인들은 실제로 소비할 수 있는 물건들을 살 수 있었다. 그러나 1700년대 중반 무렵 유럽의 아시아 제품 수입은 새로운 단계로 접어들게 된다(특히 영국에서 수입이 많이 늘었는데 차가 국민 음료로 자리 잡았기 때문이다). 한편 신세계 광산들의 채굴량은 갈수록 줄어들고 있었고, 여기에 아메리카 대륙에서 생산한 물건들(주로 설탕과 담배)까지 수입하기 시작하면서 유럽의 현금 보유고는 말라가고 있었다.

이렇게 유럽인들이 새로운 취향을 가지게 되면서 아시아산 물건들을 계속 사들일 재원을 마련하는 문제가 당면 과제로 떠올랐다. 무력의 사용, 즉 아시아의 산지들을 직접 점령해 본국으로 수출하게 하는 방법이 하나의 해결책으로 떠올랐다. 네덜란드(인도네시아)와 영국(인도)이 어느 정도 성공을 거두긴 했지만 아직 충분하지는 않았다. 그리고 중국의 산지들을 점령하기에는 중국은 여전히 너무 강했다. 반면 아열대 지방인 광둥에서 영국산 모직을 팔려던 것을 포함해, 유럽산 제품들을 팔려는 시도는 번번이 죽을 쑤고 있었다. 그나마 영국은 중국의 생태 환경에서는 구할 수 없는 다양한 사치품들(태평양 북서부의 모피, 하와이의 백단향, 상어 지느러미 등(5장 6절 참조))을 찾아내 더 큰 성공을 거뒀지만, 무역 균형을 맞추기에는 역부족이었다.

마침내 영국 동인도회사는 인도의 식민지에서 생산할 수 있는 아편으로 눈을 돌렸다. (이전까지 중국에서는 마약으로는 거의 사용하지 않고 주로 약품으로 썼던) 아편은 처음에 사치품으로 출발했다. 즉, 할 일 없는 정부 관리나 오랫동안 전투가 없는 지역에 주둔한 군인들, 집에만 갇혀 있던 귀부인들 정도가 초기 사용자들이었다. 1729년에서 1800년 사이에 아편 거래량은 20배로 늘어났으며, 이에 따라 영국에서 중국으로 들어오던 금은괴의 흐름도 많이 줄어들었다. 하지만 흐름이 확실히 역전된 것은 아니었다. 중국의 입장에서 보면 이 같은 규모의 아편 수입은 ― 이 정도면 125,000명 정도의 중독자들에게 공급할 수 있는 분량이었는데, 당시 중국의 인구는 3억 명가량이었다 ― 심각한 수준이기는 했지만 파국까지 간 것은 아니었다.

그러나 1818년 값이 훨씬 싸고 효과는 한결 강력한 파트나(Patna) 아편을 누군가가 개발하면서 상황은 예사롭지 않게 돌아가기 시작했다. 파트나 아편의 등장은 훗날 메데인(Medellín) 카르텔이 고가의 코카인을 값싼 크랙(crack)으로 바꿔서 '판매고'를 올렸을 때와 거의 맞먹는 엄청난 결과를 낳았다. 1839년 중국으로 들어오는 아편은 무려 천만 명의 중독자가 사용할 만한 양이었다. 결국 아편을 사느라 중국에서 유출되는 은은 세계 최고 수준이었던 영국 수입 계정의 대부분을 상계할 정도가 되었고, 이에 따라 중국 곳곳에서 통화난이 일어났다.

아편 중독자가 위험할 지경까지 늘어나자 중국 조정은 1839년 단호한 조치를 취하지만, 그 결과는 사뭇 끔찍했다. 아편을 몰아내려고 시작한 전투는 물론 영국 해군과 맞붙었던 전쟁에서도 지고 만 것이다. 중국은 관세 주권을 잃었고, 엄청난 액수의 배상금을 물었으며, 외국인 거주자들에게 중국 법률을 적용할 권리까지 빼앗겼고, 조만간 홍콩이라 불릴 땅까지 내주어야 했다. 그러나 최악의 사태는 아직 시작되지도 않았다. 중국의 군사력이 시원찮다는 사실이 드러나면서 외국의 침략과 소요, 내전 따위로 점철된 참으로 신산한 한 세기가 바야흐로 시작되고 있었기 때문이다. 아편 사용도 급격하게 늘어나면서(1900년에는 대략 4천만 명이 아편에 중독되어 있었다) 중국이 안팎에서 얻어터지게 되는 데 결코 작지 않은 역할을 했다.

아편전쟁을 시작할 무렵이면 이미 영국에게는 아편 무역 — 그리고 아편 무역 때문에 중국이 겪어야 했던 그 모든 수난 — 이 필요 없었던 것 아니냐는 주장이 나올 법도 하다. 1840년대에 영국은 세계 최대의 산업국이었고 제1차 세계대전 전야까지 그 지위를 유지했기 때문이다. '세계의 공장'이었던 영국이 수입 대금을 치르려고 마약까지 팔 필요는 없지 않았겠느냐는 주장에는 나름대로 일리가 있다. 중국이 영국인들이 요구했던 대로 자유무역을 허용했더라면 문명화된 영국으로서는 굳이 아편이라는 제품 하나쯤은 팔지 않고도 그럭저럭 꾸려갈 수 있지 않았을까? 아니다. 영국에게는 여전히 아편이 필요했고, 심지어는 1900년대 초까지도 사정은 별로 달라지지 않았다. 세계의 대부분이 아직도 대량 생산된 공산품을 거의 사용하지 않고 있었고, 외국에서 온 먹을 것들(그리고 원료들)에 대한 영국인들의 식욕도 영국 공업만큼이나 왕성하게 커져 가고 있던 당시로서는, 산업상의 우위가 충분한 대외 교역으로 곧바로 이어지지 않았기 때문이다. 1830~1840년대에 영국이 자유무역으로 돌아서자 문제는 더 심각해졌다. 이제 차와 설탕, 담배, 면화에 이어 신세계의 곡물과 육류까지 거센 기세로 몰려오기 시작했다. 반면 대부분의 유럽 나라들과 북미 지역에서는 보호무역주의를 굳건히 지키는 바람에 세계에서 가장 돈이 많았던 이들 공산품 시장에서 영국 제품의 판매는 영 신통치 않았다. 이들 지역에서는 보호무역이라는 우산 아래서 영국 산업의 경쟁자들을 기르고 있었던 것이다. 1910년이 되면 대서양 세계를 상대로 한 영국의 무역 적자는 걷잡을 수 없이 늘어나, 설사 미국과 유럽의 산업화된 나라들을 상대로 영국의 수출이 두 배로 늘어나도 무역수지 균형을 맞추기에는 턱없이 모자라는 지경에까지 이르게 된다. 그나마 무역외 수지(해외 투자 수익, 운송료, 보험료 따위)가 얼마간 도움은 되었지만 충분하다고 할 만큼은 결코 아니었다. 더구나 영국은 자국이 엄청난 무역적자를 보고 있던 바로 그 나라들에게는 없어서는 안 될 중요한 자본 공급원 노릇을 하고 있었다.

결과적으로는 영국인들의 생활수준을 떠받치고, 다른 서구 국가들의 빠른 경제 성장을 도왔던 적자 무역을 영국이 수십 년간 끌고 갈 수 있었던 것은 순전히 인도와 중국 무역 덕분이었다. 그리고 이 두 나라를 상대로 한 무역에서 아편은 핵심적인 역할을 했다. 1910년경에 영국은 대서양 교역에서 1억 2,000만 파운드의 적자를 보게 되는데, 주로 대 아시아 교역에서 발생한 흑자로 무역수지 균형을 맞추고 있었다. 대영제국은 (인도는 계산에 넣지 않고) 중국 무역에서만 1,300만 파운드의 흑자를 냈다. 여기서 면사를 제외할 경우 공산품의 기여도는 인도 밖에서 재배한 아편을 포함한 농산물 쪽보다 훨씬 작았다.

가장 중요한 것은 영국이 인도와의 교역에서 해마다 6,000만 파운드의 흑자를 내고 있었다는 점인데, 이는 대서양 교역에서 발생한 적자의 절반 가량이었다. 당시에는 직물에서 등유, 기차에 이르기까지 모든 종류의 영국 공산품들이 인도 시장을 완전히 장악하고 있었는데, 여기에는 다른 산업 국가들의 시장 진입을 막아주는 보호 조치와 (직물 분야의 경우) 인도 직물 생산자들의 손발을 묶는 법률들이 도움을 주었다. 인도가 영국 제품을 계속 사들일 수 있었던 것은 대외 교역, 그것도 주로 중국 무역에서 많은 돈을 벌고 있었기 때문이다. 특히 아편 수출이 중요한 수입원이 되었음은 굳이 언급할 필요도 없다.

인도의 가장 큰 고객은 (1870년 인도 전체 수출의 54퍼센트를 차지하고 있던) 영국이었다. 그렇다고 인도의 돈주머니를 채워준 것도 영국이라는 것은 결코 아니다. 유럽 대륙에 원료와 농산물을 수출하여 흑자를 내긴 했지만, 인도의 가장 큰 무역 흑자는 아시아 교역, 특히 대중국 교역에서 나왔기 때문이다. 1870년에서 1914년까지 인도는 중국을 상대로 연평균 2,000만 파운드의 무역 흑자를 기록했다. 1910년경 아시아의 다른 지역과 교역을 해서 남긴 흑자는 4,500만 파운드였다.

그러면 도대체 인도는 어디에서 그만한 무역 흑자를 냈을까? 쌀, 면화, 인디고 등의 판매에서도 흑자가 났지만 역시 아편 무역이 가장 큰 역할을 했다. 1870년 아편 무역에서 발생한 흑자는 최소한 1,300만 파운드로 대중국 무역 흑자의 3분의 2에 해당하는 액수였다. 20세기 초반까지 아편은 중국-인도 교역에서 가장 중요한 품목으로 남아 있었고, 동남아 수출에서도 역시 큰 비중을 차지하고 있었다. 다시 말하면 영국은 아편 덕택에 중국에서 직접 이득을 챙겼을 뿐만 아니라 인도를 상대로 해서도 중국에서보다 더 큰 흑자를 볼 수 있었던 것이다. 아시아에서 발생한 무역 흑자가 없었다면 영국은 그렇게 오랫동안 서구 최대의 구매자 겸 전주(錢主) 노릇을 할 수 없었을 것이다. 그리고 대서양 경제의 성장도 훨씬 느렸을 것이다. 거의 19세기 한 세기 동안 영국이 산업화를 이끈 결과 서구 대부분의 나라가 산업국가로 변모한 것은 사실이지만, 이들이 아시아에 대한 해적질에 기대지 않게 된 것은 그 한 세기가 거의 끝나갈 무렵이었다.

그러나 이 방정식에는 미지항이 하나 더 남아 있다. 당시 중국은 어떤 나라와도 교역에서 큰 흑자를 내지 못했다. 그러면 중국은 어떻게 영국과 인도를 상대로 일방적으로 손해만 보면서, 그것도 세계 경제 성장에 그토록 중요한 역할을 할 정도로 큰 손해를 보면서 무역을 계속할 수 있었을까? 이 질문에 명쾌한 답을 해줄 만큼 충분한 기록은 없다. 지금으로서는 해외의 중국 노동자들과 상인들이 보내 온 돈이 그 차이를 메워주었다는 설명이 가장 타당할 듯하다.

19세기 말 제국주의가 점점 더 넓은 지역을 수출품 생산 기지로 바꿔가면서 안 그래도 동남아 지역에서 상당한 세력을 갖고 있던 중국인 공동체들은 더욱 빨리 성장하게 된다. 캘리포니아의 골드러시로 신세계에서 돈벌이 기회가 많이 생겨났고, 쿠바에서 하와이까지 잇달아 세워진 플랜테이션에서는 임금이 싸고 숙련된 사탕수수 재배농들을 찾고 있었다. 게다가 정보를 전달할 수 있는 경로들이 늘어나면서 어디에 어떤 기회가 있는지를 훨씬 쉽게 알 수 있게 되었다. 이렇게 해서 생겨난 수백만에 이르는 중국 노동자들은 가족을 동반하지 않고 이주했기 때문에 — '수입' 국에서 독신을 요구하는 경우도 많았다 — 도박이나 사창가에 빠져들지만 않으면 비록 쥐꼬리만 한 임금이지만 상당한 액수를 고향으로 보낼 수 있었다. 그리고 전신과 새로운 금융제도들이 등장하면서 송금도 훨씬 쉬워졌다. 구체적인 수치는 알 수 없지만 전체 송금액은 분명 엄청났을 것이다. 따라서 '유니언 퍼시픽'(Union Pacific)에 고용되어 철도를 깔던 중국인 노동자들은 철도 건설에 근육만 제공했던 것은 아니다. 이들의 소득은 중국을 거쳐 인도로, 영국으로, 마침내 미국으로 돌아와 자본 형성에도 기여했을 수 있다.

결과적으로 아편은 사각무역을 통해 중국과 인도, 영국 그리고 미국을 연결했으며, 영국의 산업화 드라이브와 19세기 세계 경제의 혁명적 확장에도 핵심적인 구실을 했다.

9 마법의 잡초, 담배의 흥망성쇠

크리스토퍼 콜럼버스가 1492년 쿠바에 도착했을 때, 내륙을 살피러 들어간 선원 두 명은 길에서 한 손에 불붙은 관솔을 들고 있는 타이노(Taino)족 남녀들을 보았다고 보고했다.

그들은 불타는 나무와 함께 말린 약초를 갖고 있었는데 이것을 어떤 나뭇잎에 말아 한쪽 끝에 불을 붙인 뒤 반대편 끝을 씹거나 빨아서 생기는 연기를 들이마시고 있었다. 그렇게 하면 취한 듯 감각이 둔해져서 피곤함을 느끼지 않게 된다는데, 그들은 이것을 연초(tobacco, 煙草)라고 불렀다.

이것은 콜럼버스의 선원들이 나중에 유럽인들이 신세계라고 부르게 될 곳을 탐험하면서 목격한 매우 놀라운 광경 중 하나일 뿐이었다. 그러나 우리는 나중에 전 세계에 막대한 영향을 미친 이 '연기'에 특히 주목해야 한다. 처음에 담배는 약이나, 마약, 여가 용품, 최음제, 각성제로 이용되다가 나중에는 수익원으로서 숭배되고 금지되었고, 갈망과 혐오의 대상이 되기에 이른다. 카카오와 함께 담배는 국제 시장을 장악한 최초의 아메리카 원주민 작물이었으며, 엄청난 부와 …… 노예제도, 그리고 죽음으로 이어지게 된다.

쿠바를 인도로 착각했던 콜럼버스의 선원들(2장 2절 참조)은 고국 포르투갈에서는 식물의 연기를 흡입해 본 적이 없었다. 담배는 그들에게 아주 새로운 물건이었다. 워낙 새롭다 보니 '담배'에 해당하는 포르투갈어 '푸무(fumo)'는 연초가 아니라 연기를 나타낼 정도다(푸무는 담배의 초창기 속어. 영어에서도 담배를 뜻하는 속어로 여전히 'smokes'를 쓴다). 유럽인들은 담배를 몰랐지만, 아메리카의 여러 민족은 거의 18,000년 동안 야생 담배(Nicotina rustica 품종과 Nicotina tabacum 품종)를 피웠다. 약 5백~7백만 년 전에 안데스 지역인 페루와 에콰도르에서 처음 재배된 연초는 흡연 문화와 함께 아메리카 전역으로 퍼졌다. 담배는 각양각색의 목적을 위해 인체의 여러 구멍을 통해 흡수되었다. 콜럼버스가 목격했듯이 쿠바에서는 시가 형태로 담배를 피웠다. 영국인들이 목격했듯이 북아메리카에서는 파이프 형태로 담배를 피웠으며, 마약이나 최음제로 먹기도 하고, 안약으로 사용하거나 감염을 치료하거나 해충을 막기 위해 연고로 피부에 바르기도 하고, 각성제로서 코로 흡입하거나 들이마시기도 하고, 변비약으로 먹기도 했으며, 관장약으로 항문에 주입하기도 했다. 또한 담배는 치통과 뱀에 물린 상처를 치료하는 데도 사용되었다. 오늘날 우리가 사용하는 것보다 훨씬 더 강한 이 '약초'는 접대용으로도 사용되었고, 엄숙한 평화조약을 체결하는 자리에서 나눠 피웠으며, 군인들의 전투력을 높이기 위해 제공되기도 했다. 연초는 가짓과 식물인데, 같은 과의 식물로는 토마토와 감자뿐 아니라 향정신성 독초인 벨라도나(belladonna)도 있다. 당연히 연초는 그것을 피우거나 깊이 들이마신 주술사(치료사)들을 무아지경에 빠지게 하는 열쇠로 여겨졌다. 담배를 피우면 신성한 환영을 통해 미래를 예견하고 악령을 물리칠 수 있는 초자연의 세계로 이동할 수 있다고 했다. 고대 마야에서는 담배를 피우는 두 신을 숭배했고, 아스테카의 황제이자 사제인 목테수마(Moctezuma)는 저녁 식사 후에 담배 피우는 것을 좋아했다. 담배는 교역의 대상이기는 했지만 다양한 기후에 매우 잘 적응했기 때문에 아메리카 전역에서는 개인적인 용도로 재배되는 경우가 많았다. 담배는 두 대륙과 카리브해의 여러 지역에서 재배되었다.

한편 1550년대에 처음으로 유럽에 들어온 담배는 일상 용품으로 받아들여지지 못했다. 당시 유럽에서 담배는 마법 같고, 놀랍고, 혐오스럽고, 위협적인 것으로 취급받았다. 스페인의 일부 모험심 강한 소비자들은 취한 듯한 기분과 자극을 선사하는 이국적인 식품 겸 마약을 두 팔 벌려 환영했다. 이 식물의 아름다운 자태에 매료된 사람들도 있었다. 그리고 담배는 악랄하고 위험한 이교도 마녀가 만들어낸 것으로 생각하는 사람들도 있었다. 왜냐하면 담배는 스페인 사람들이 야만인이자 이교도로 여겼던 타이노족을 비롯한 여러 비기독교인들에게서 총애를 받았기 때문이다. 시험 삼아 담배를 피워본 일부 가톨릭 선교사들은 환영을 보게 하고 감각과 근육을 자극하며 고통과 공복감을 줄여준다는 이유로 담배를 칭찬하는 한편, 시가와 파이프의 불과 연기가 자신들을 사탄처럼 강타하며 흥분을 일으킨다는 이유로 담배를 비난하기도 했다. 히스파니올라의 한 주지사는 이렇게 말했다. "인디언들에게는 특히 해로운 행위가 있다. 인사불성 상태가 되기 위해 담배라고 부르는 특정한 연기를 들이마시는 것이 그것이다." 일부 스페인 사람들은 원주민 주술사들이 악마와 어울리기 위해 담배를 피운다고 믿었다. 스페인 신부 바르톨로메 데 라스카사스(Bartolomé las Casas)는 담배를 피우는 스페인 사람들이 "담배를 끊는 것은 자기 힘으로는 불가능하다고 했다."라며 경고를 던졌다. 그는 이전과 이후 많은 사람들이 그랬듯이 이 잡초의 특성이 또 다른 사탄의 속성인 '중독성'이라는 것을 알아챘다. 무언가의 '연기를 마신다'는 생각은 일반적인 개념이 아니었다. 유럽의 누구도 (영적으로 쓰이는 향을 제외하고) 식물을 그렇게 다루지는 않았다. 식물은 흡입하는 것이 아니라 먹거나 마시는 것이었다.

스페인 사람들은 1558년에 가장 먼저 유럽으로 담배를 수입했다. 17세기 초에 리스본과 세비야, 암스테르담에서 담배의 상업적 교역이 이뤄졌고, 이곳들은 담배가 유럽 전역으로 퍼져 나가는 기점이 되었다. 담배는 종교적, 의식적 용도를 잃어버렸고 대신 아메리카에서 치료제로 쓰였던 것 같이 유럽에서도 많은 질병을 치료하는 민간용 만병통치약이 되었다. 그리고 옥수수 껍질이나 연초 잎으로 싸서 담배를 피웠던 아메리카 원주민들과 달리 스페인 사람들은 연초를 가루로 만들었으며, 나중에는 여기에 사향이나 호박, 오렌지꽃 같은 재료를 섞어서 코담배를 만들어 사탄의 불을 붙이지 않은 담배를 콧구멍으로 직접 흡입했다. 특히 쿠바산 연초는 향과 맛, 가연성이 좋아서 특별한 제품이 되었다.

많은 사제들이 이러한 이교도적인 습관을 받아들이는 것을 반대했음에도 불구하고, 또 다른 성직자들과 민간인들은 큰 수익을 내기 위해 원주민과 아프리카 노동자들의 강제 노역을 이용하여 아메리카에 담배 플랜테이션을 만들었다. 그렇다. 스페인 군주는 1493년 교황 알렉산데르 6세가 신세계의 원주민들을 기독교화하기 위해 부여한 임무를 진지하게 받아들였다. 그러나 그렇게 하기 위해서는 성직자와 군대, 특히 해군에 자금을 지원해야 했다. 담배 교역과 생산 및 판매에 대한 독점과 그 결과로 거둬들인 세금은 그들의 신성한 임무에 크게 도움이 되었으며, 이교도의 담배와 강제 노역을 통해 이익을 얻는 것에 대한 양심의 가책을 완화해 주었다. 이렇게 해서 담배 독점과 담뱃세는 전 세계적으로 지속적으로 사용되는 주요 수입원이 되었다(이 장 7절 참조).

스페인의 경쟁국인 프랑스와 영국, 네덜란드도 곧 새로 들어온 중독성 풀을 소비하기 시작했다. 그들은 담배를 피울 때 시가 대신 파이프를 사용하는 경향이 있었고, 씹는담배나 코담배도 이용했다. 처음에는 모든 담배가 스페인이나 포르투갈 식민지에서 왔기 때문에 이러한 북유럽 후발 국가들에서는 값이 비쌌다. 부유하고 힘 있는 사람들이 더 세련되고 진귀한 파이프를 찾아 점점 더 많은 돈을 쓰게 되면서 파이프 담배는 그들만의 정체성이 되었다. 코담배와 보석이 박힌 고급스런 코담배 상자는 엘리트를 상징하는 표시와 같았다. 그러나 유럽에서는 담배에 어떤 종교적 의미도 없었다. 실제로 유럽인들이 아는 한 담배는 복잡한 토착 문명이 존재하지 않는 카리브해에서 유래했기 때문에 카카오(아스테카), 커피(오스만), 차(중국)에는 있는 문명의 흔적이 없었다. 그러나 연초와 흡연은 처음 유럽 전역에 퍼지던 무렵 매우 큰 성공을 거뒀다. 마드리드의 프랑스 특사이자 궁정 의사인 장 니코(Jean Nicot)는 여왕이 편두통에 사용할 수 있도록 담뱃가루를 가져왔고, 후에 그의 이름은 담배로 연결되었다. 여왕은 1550년대에 '니코시아 허브'로 알려지게 된 아메리카 잡초를 프랑스 귀족들에게 소개하는 과정을 도왔다. 실제로 스웨덴 분류학자인 린나이우스(Linnaeus)는 이 새로운 식물을 '니코티안'이라고 명명했다. 니코(Nicot)와 이 이국적인 식물의 연관성은 1828년 하이델베르크 대학에서 두 학생이 담배에서 알칼로이드 물질을 추출하고 그것의 이름을 '니코틴'으로 명명하면서 완전히 굳어졌다.

그러나 정부의 모든 당국자가 이를 영광스럽게 생각한 것은 아니다. 영국의 제임스 1세와 찰스 1세 같은 왕들은 담배 소비를 억누르려고 했다. 제임스 1세는 담배가 유럽에 들어온 것을 또 하나의 반갑지 않은 방문객인 매독과 연관 지으면서 백성들에게 다음과 같이 하교했다. "도대체 무슨 영예나 정책을 따르기에 미개하고 신은 알지도 못하며 천한 인디오들의 야만적이고 더러운 풍습을 따라들 하는가? 그것도 하필 그중 가장 불쾌하고 역겨운 관습에 그토록 목을 맨단 말인가?" 또한 제임스 1세는 담배는 죄악이라고 비난했다. "담배가 욕구를 자극해주지 않으면 평범하게 여가를 즐길 수도 없단 말인가? 사창가에서 음탕한 일을 할 수도 없단 말인가?" 그는 담배에 대한 세금을 크게 올리고 수요를 없애기 위해 자국내 담배 생산을 금지했다. 그리고 그의 아들도 이 정책을 계승했다. 러시아의 로마노프 차르와 프로이센의 프레드릭 대왕 같은 다른 유럽 군주들도 그의 뒤를 이었다. 일부 아시아 통치자들도 마찬가지였다. 그러나 소용이 없었다.

담배의 중독성은 왕의 법보다 강했다. 사실 제임스 1세는 실수로 영국의 담배 수요를 늘리고 말았다. 그의 전임자 버지니아 엘리자베스의 이름을 딴 식민지에는 그의 이름을 딴 제임스타운이라는 정착촌이 있었는데 처음에 이곳은 질병과 공격, 굶주림으로 맥을 못 췄다. 그러나 1612년, 이 가망 없는 전초 기지에 구세주가 나타났다. 식민지 개척자인 존 롤프(John Rolfe)가 트리니다드섬에서 담배를 들여온 것이다. 담배 씨앗은 번성했고, 그는 4년 후 아내인 유명한 포카혼타스와 함께 런던으로 첫 번째 상업적 작물을 가져갔다. 그의 버지니아 담배는 영국 시장에 잘 적응했지만, 포카혼타스는 그렇지 못했다. 그녀는 1년 후에 죽었다. 존 롤프는 혼자 버지니아로 돌아왔다. 곧 그는 식민지에서 최초로 아프리카 노예를 수입한 더 많은 식민지 개척자들과 합류했다. 담배는 1622년에 6만 파운드가 생산되었고, 그 뒤 생산량이 급증하여 5년 후에는 5십만 파운드까지 늘었다. 그러나 아메리카 원주민이 재배하고 즐기던 이 식물은 이제 유럽인 주인의 즐거움을 위해 아프리카 출신 노예들의 노동으로 재배되고 있었다. 담배는 확산됐지만 인디언의 수와 영토는 줄어들었다.

당연히 많은 미국인들에게 담배는 포카혼타스나 존 스미스, 존 롤프와 같은 영국 식민지 주민들과 관련이 있다. 그러나 이것은 단지 유럽과 미국만의 이야기가 아니다. 여기서 보았듯, 사실 수천 년 동안 흡연은 아메리카에 국한된 경험이었다. 그러나 콜럼버스가 담배를 이베리아로 다시 들여오자, 아메리카 대륙에서 이베리아, 스코틀랜드 롤런즈, 이탈리아 일부, 인도양 식민지들, 아프리카, 그리고 태평양으로 뻗은 광대한 제국 사이에서 이뤄지던 스페인 무역은 담배를 놀라울 만큼 빠르게 세계적인 마약으로 만들었다. 유명한 프랑스 역사가 페르낭 브로델(Fernand Braudel)은 다음과 같이 썼다. "16세기와 17세기 사이에 담배는 전 세계를 정복했으며 차나 커피보다 더 큰 인기를 얻었다. 하지만 그것은 결코 대단한 성과가 아니었다."

중동에서 이탈리아(제노바와 베네치아)와 네덜란드, 영국 상인들로부터 아메리카산 연초를 얻은 오스만 제국은 커피하우스에서 또 다른 각성제인 커피를 홀짝이며 워터파이프로 담배를 피웠다(이 장 3절과 4절 참조). 그들의 경쟁국인 페르시아도 오스만과 같은 방식으로 담배를 즐겼다. 일부 무슬림 울라마(학자)와 이맘(사제)이 반대하고 일부 술탄과 지방 관리들이 금지했음에도 불구하고, 코란에서 흡연을 금지하지는 않았기 때문에 근동의 대부분 사람들은 이를 이슬람의 의식으로 받아들였다. 커피와 함께 담배는 사회 혁명을 촉진했다. 대중이 모이고, 밤의 유흥이 예술과 음악과 체스 같은 게임을 양산하며, 민주적이고 남성적인 사교성이 정치적이고 전복적으로 변모하곤 했던 커피하우스는 사회 혁명의 중심지였다. 오스만인들은 오스만 제국의 동유럽 발칸 식민지들이 연초를 재배하기 적합했던 덕분에 늘어나는 담배 수요를 감당할 만큼 연초를 확보할 수 있었기 때문에 담배를 많이 수입할 필요가 없었다(이 장 10절 참조).

아메리카에서 동쪽으로 향하는 담배의 여정을 마치기 전에 중국으로 가보자. 중국인들은 담배 열풍에 매우 빠르게 합류했다. 영국, 네덜란드, 프랑스가 스페인의 독점을 침해하던 1631년경, 담배는 이미 베이징에서 확실하게 자리를 잡은 상태였다. 담배는 서부와 동부에서 중국으로 왔다. 포르투갈인들은 브라질에서 중국 남부 해안의 마카오 식민지로 담배 제품과 씨앗을 가져왔으며, 네덜란드인들은 아메리카 대륙에서 일본 나가사키로 담배를 가져왔고, 스페인인들도 뉴 스페인(멕시코)의 식민지에서 필리핀의 식민지(스페인 왕 필립의 이름을 따서 명명되었다)로 연초를 들여왔다. (일본은 도쿠가와가 대외무역을 금지하는 바람에 1633년에 폐쇄되었지만) 이 세 곳 모두 중국 남부와 활발하게 담배를 거래했다. 중국인이 명명한 대로 '연주(燃酒, smoke liquor)'는 매우 빠르게 확산됐고, 중국은 귀족, 평민, 남성, 여성, 어린이 할 것 없이 '흡연'을 하는 천상의 제국이 되었다. 유럽과 중동에서처럼 중국에서도 담배를 처음으로 입에 댄 사람은 군인과 선원, 사제들이었다.

우리가 방문할 마지막 대륙은 담배를 접한 마지막 대륙은 아니지만 담배가 처음 등장한 남반구의 아프리카이다. 포르투갈인들은 16세기에 대서양 양쪽에 식민지 정착촌을 개척하면서 처음으로 서아프리카에 담배를 가져왔다. 포르투갈의 식민지 운영 방식에 따르면, 브라질은 귀금속을 채굴하고 담배와 설탕 같은 열대작물을 재배하는 데 쓰였다. 그러나 이들은 담배를 직접 재배하고 싶지는 않았다. 또한 농작물을 지속적으로 재배하는 관습이 없고 유럽의 질병에 취약한 원주민들은 식민지 개척자들을 위해 일하거나 내륙으로 도망치다가 사망하는 일이 많았다. 그래서 포르투갈인들은 아프리카에 오랫동안 존재했던 노예무역을 이용했는데, 이 무역을 하려면 브라질에서 배를 타고 4주 정도를 가야 했다. 포르투갈인들은 아프리카 부족 간의 전쟁에서 포로로 잡힌 아프리카 노예들을 구입하기 위해 상품을 가져갔는데, 담배가 거기서 큰 비중을 차지했다. 담배는 향정신적 특성으로 인해 유럽과 중동, 아시아에서 새로운 소비자를 유혹한 것처럼 서아프리카에서도 교역 업자들을 끌어당겼다. 아프리카에서도 담배는 영적 의식이나 사회 활동, 오락, 그리고 지위 과시용으로 받아들여졌다. 시스템은 돌고 돌았다. 처음에는 포르투갈 사람들이, 그리고 나중에는 브라질 사람들이 신세계에서 담배를 재배하기 위해 아프리카 노예를 수입했으며, 이렇게 재배된 담배의 대부분은 아프리카 노예를 사는 데 쓰였다. 그리고 이렇게 구입된 노예들은 브라질로 보내져 담배와 사탕수수를 재배했고, 나중에는 커피를 수확하고 금과 다이아몬드를 채굴했다. 비교적 짧은 시간 안에 담배는 거의 모든 대륙에 영향을 미쳤다.

그러나 담배는 19세기와 20세기에야 엄청난 수익을 낼 수 있는 산업 분야가 된다. 이미 16세기에 스페인 사람들은 작은 종잇조각을 돌돌 만 '파펠로테'에 다진 연초를 채워서 궐련으로 쓰기 시작했다. 프랑스 사람들은 곧 이 방식의 흡연 방법을 좋아하게 되었고, 이 작은 종이 튜브를 '담배'라고 부른다. 담배를 종이로 마는 힘들고 느린 작업에는 수천 명의 여성이 고용되었다. 이 문제는 기계화에 의해 겨우 극복될 수 있었다. 1880년 미국의 발명가인 제임스 본색(James Bonsack)은 10시간의 작업으로 12만 개비의 담배를 말 수 있는 궐련 제조기를 특허 냈다. 그리고 노스캐롤라이나 담배 회사의 임원인 제임스 듀크(James Duke)가 이 기계를 임대했다. 그러고는 기계 덕분에 훨씬 저렴해진 담배를 홍보하는 놀라운 캠페인을 시작했다. 곧 그는 다른 담배 제조업체들을 설득하여 아메리칸 토바코 컴퍼니(American Tobacco Company)라는 합병회사를 설립하게 했다. 그 수익 중 일부는 지역 학교를 확장하여 듀크 대학교(Duke University)로 이름을 변경하기 위한 기금으로 쓰였다. 미국의 연간 담배 소비량은 19세기 말 20년 동안 50퍼센트 급증했다. 20세기에는 매스컴과 배급 시스템, 세련된 광고, 그리고 많은 군인들을 흡연으로 이끈 거대한 전쟁으로 인해 미국인들(여성보다 남성이 훨씬 많음)은 세계 최대 담배 소비자가 되었다. 1940년 미국에서 소비된 담배는 189억 개비였고, 1970년에는 5,620억 개비로 숫자가 급증했다. 또한 소수의 다국적기업과 국영 독점 기업이 무역을 장악하면서 전 세계적으로 담배 소비가 폭발적으로 증가했다.

지난 반세기 동안 미국은 담배 판매량(시가와 파이프, 씹는담배의 시장 점유율이 크게 낮아졌다)이 감소함에 따라 세계 담배 생산과 소비에서 선두 자리를 잃었다. 폐암으로 인해 사망자가 증가하고, 연구에서 암 발병을 흡연과 연결시키며, 대부분의 주에서 금연 캠페인이 활발하게 일어나자 미국 남성의 흡연자 비율이 1965년 50퍼센트 이상에서 1990년에는 4분의 1로 감소했다. 흡연 여성의 비율은 같은 해에 3분의 1에서 5분의 1로 떨어졌다. 2016년까지 미국의 담배 판매량은 2,580억 개비로 감소하여 1970년 전체의 절반에도 못 미쳤다. 이는 그동안 인구가 꾸준히 증가함에 따라 1인당 담배 소비량이 하루 7.5개비에서 2.2개비로 급감했음을 나타냈다. 그러나 1991년 이후 폐암 사망률은 4분의 1로 줄었다.

미국과 서유럽의 담배 소비가 급격히 감소함에 따라 담배 회사는 식음료 시장으로 다각화하는 동시에 대부분의 담배를 재배하고 소비하는 저

개발 지역으로 눈을 돌렸다. '악마의 풀'인 담배의 세계화로 인해 중국은 세계 담배의 절반을 생산하게 됐고, 브라질과 인도가 그 뒤를 이었다. 미국은 4위를 기록하고 있다. 담배는 더 이상 부유한 사람들의 특권이나 악덕이 아니다. 1인당 담배 소비율이 가장 높은 곳은 이제 저개발 국가이다. 미국은 1인당 담배 구매량이 57위로 떨어졌고, 담배를 가장 많이 소비하는 30개 국가 중 4개만이 서유럽에 있다. 콜럼버스는 "그들은 불타는 나무와 함께 말린 약초를 갖고 있었는데 이것을 어떤 나뭇잎에 말아 한쪽 끝에 불을 붙인 뒤 반대편 끝을 씹거나 빨아서 생기는 연기를 숨과 함께 들이마시고 있었다."라는 보고를 받을 때만 해도 자신이 세상에 무엇을 전하고 있는지 전혀 알지 못했을 것이다. 그는 자신이 생각했던 인도에 있지는 않았지만, 그가 만난 식물은 인도뿐 아니라 전 세계에 큰 영향을 미쳤다.

10 파이프에서 궐련으로, 흡연의 현대화

담배는 그 어떤 나라보다도 미국과 인연이 깊을 것이다. 카리브해와 남미(이 장 9절 참조)가 원산지인 연초(tobacco, 煙草)는 유럽(그리고 거기서 또 아시아와 아프리카로)으로 먼저 들어갔지만, 이 작물이 전체 식민지의 대들보로 자리매김한 것은 버지니아에서였다. 미국인 제임스 본색이 궐련(cigarette, 궐련에는 썬 연초를 종이로 말아 만드는 지궐련[紙卷煙]과 썰지 않은 연초를 통째로 말아 만드는 엽궐련[葉卷煙]이 있는데, 여기서는 지궐련은 '궐련'으로, 엽궐련은 '시가(cigar)'로 옮겼다 – 옮긴이) 제조기의 특허를 낸 것은 1881년이었고, 그로부터 몇십 년이 지나자 궐련은 연초 소비의 가장 큰 비율을 차지하기에 이르렀다(이전까지는 궐련 형태로 연초를 소비하는 일이 드물었다). 미국인 제임스 듀크를 수장으로 한 브리티쉬 아메리칸 토바코(British American Tobacco)는 버지니아와 노스캐롤라이나의 브라이트리프 연초(brightleaf tobacco, 나중에는 다른 여러 나라에서도 이 품종을 심었다)를 주로 사용했는데, 이 회사는 곧 국제적으로 가장 힘 있는 담배 제조사가 됐다. 흡연은 곧 현대적이고 세련된 것의 상징이던 20세기 중반까지, 미국과 영국, 캐나다의 시민들은 인구당 흡연자 수가 전 세계에서 제일 많았다. 흡연이 그런 인상을 띠게 된 데는 할리우드 영화와 미국의 대중음악, 군인들의 영향이 컸다. 이제 담배는 화려함보다는 사망률을 높이는 불건전한 기호품으로 인식되고 흡연은 점점 더 '제삼 세계'에 국한된 문제로 여겨지고 있지만, 요즘도 말보로 같은 가장 상징적인 브랜드들은 미국산(產)이라는 캐릭터를 걸고 사업을 이어 나간다.

그러나 담배의 역사는 여기서 끝이 아니다. 특정 지역의 뚜렷한 정치 경제와 소비문화를 바탕으로 한, 또 다른 역사가 존재한다. 미국은 그러한 역사로 인해 적어도 한동안은 치열한 경쟁을 감수해야 했고, 그 과정에서 그것들을 발판(맞는 말일지 모르겠지만) 삼아 담배 시장에서 국제적인 승리를 거두기도 했다. 이 가운데 좀 더 중요하고 역사적으로도 흥미로운 한 갈래를 따라가다 보면, 그 끝에는 오스만 제국과 이집트가 있다.

유럽과 아프리카를 거쳐 오스만 제국 곳곳에 연초가 들어온 것은 1500년대가 저물어 갈 무렵이었다. 전 세계 여러 곳에서처럼 여기서도 도시를 중심으로 빠르게 흡연자가 늘어갔다. 부자도 빈민도, 남자도 여자도, 어른도 아이도 담배를 피웠다(그러나 오스만 세계에서는 공적인 자리에서 의례적으로 담배를 나눠 필 때 여자와 아이는 제외됐다).

약초에 불을 붙여 연기를 들이마시는 것은 고대의 관습이었다. 기원전 2000년경의 이집트 무덤에서 파이프가 발견됐고, 헤로도토스는 기원전 400년대에 오스만의 핵심 영토가 될 지역을 배경으로 사람들이 약초의 연기를 들이마시는 장면을 묘사했다. 연초가 들어올 무렵에 오스만에는 이미 다양한 종류의 파이프가 있었고, 서유럽의 모델도 곧 여기에 추가됐다. 일반적으로 오스만의 파이프는 서유럽 것보다 길고 무겁고 단단했다. 개중에는 아주 장식이 많고 값비싼 것들도 있었고, 지위를 나타내는 중요한 상징으로 쓰이는 것들도 있었다(그렇다 하더라도 보통의 파이프는 곧잘 부러지는 물건이었으며, 유적지에서도 어마어마하게 많은 파이프가 발견된다). 고급 파이프를 소유할 수 있는 사람은 보통 그것을 들고 다니는 시종도 있었다. 연초(또는 다른 것)의 연기를 물로 식혀서 깊이 들이마시는 방식의 흡연에 쓰던 워터파이프는 그 무렵까지도 크기가 컸으며, 보통은 집이나 커피하우스(연초와 비슷한 시기에 오스만 세계 및 유럽에 퍼졌던 커피와 커피하우스에 관해서는 이 장 4절 참조)에 두고 쓰는 경우가 많았다. 그런 도구로 담배를 피운다는 것은 그다지 편리한 일도 민주적인 일도 아니었으며, 본래 흡연은 그런 성질의 것이 아니었다. 파이프 담배는 주의를 기울여야 해서 일하면서 손쉽게 즐길 수 없었고, 시종이 없으면 휴대도 어려웠다. 시종 부릴 여유가 있다손 처도, 우아한 수공예품을 뽐낼 때나 한 번씩 하는 일이 파이프로 담배 피우기였다.

그러므로 연초와 휴대 시스템이 합쳐진 데다, 가볍고 싸고, 웬만하면 불이 꺼지는 일도 없으며, 다 쓴 뒤에는 미련 없이 버릴 수 있는 궐련이 등장한 것은 잠재적으로 혁명과 같은 일이었다. 그러나 궐련은 여러 세기가 지나도록 유행을 타지 못했다. 스페인 병사들은 1500년대에 이미 담배를 말아 피웠고 민간에서도 그들을 따라 하는 이들이 있었지만, 이 방식이 곧바로 보편화된 것은 아니었다. 전해 내려오는 이야기에 따르면, 프랑스 라크로이(LaCroix, 나중에 담배 마는 종이를 만드는 업체로서 세계에서 제일 큰 회사가 된다) 가문 사람 하나가 스페인 병사 몇 명한테 샴페인 한 병을 주고 담배 마는 종이 몇 장을 얻었다는 말도 있다. 그러나 라크로이는 1660

년이 돼서야 공장을 세웠고, 1800년경에야 나폴레옹의 군대를 상대로 첫 번째 대형 계약을 성사시켰다. 프랑스 혁명과 그 후의 시대가 낳은 새로운 대중과 시민, 군대는 자연스럽게 담배의 기본 소비층이 되었다. 군대란 95퍼센트의 따분함과 5퍼센트의 지독한 공포로 이뤄진 곳이라는 유명한 말이 있듯, 멀티태스킹과 양립할 수월한 휴대 시스템이 있다면 군 복무 기간은 담배가 있어야 말이 되는 시간이었다. 정복자들은 새로운 땅으로, 제대한 병사들은 민간의 삶으로 담배를 들여갔다. 담배는 중독성이 워낙 큰 데다 그 무렵 사람들은 담배의 해악을 알지 못했기 때문이었다. 1840년대에는 프랑스에서도 궐련이 보편화됐지만, 여전히 연초 소비의 큰 비율을 차지하던 형태는 파이프 담배와 코담배, 씹는담배였다. 궐련이 오스만 제국 곳곳에 퍼져 들어가기 시작한 것은 그 얼마 후부터였다(궐련보다 크고 비싸서 그만큼은 아니었지만 파이프보다는 이점이 컸던 시가는 일부 대륙에서 궐련보다 먼저 유명해졌다. 그러나 시가는 궐련이 들어간 모든 나라 또는 모든 인구 그룹에서 궐련만큼 인기를 끌지는 못했다. 예컨대, 시가가 여자들 사이에서 크게 유행한 적은 한 번도 없었다).

오스만 세계에서 궐련의 기본 소비자는 대다수 인구보다 조금 더 여유가 있고 실소득이 많은 도시 사람들이었다. 예컨대, 군인과 사무직 노동자(많은 정부 관료 포함), 술탄(sultan: 이슬람의 정치 지배자 − 옮긴이)의 하렘(harem: 군주의 첩 − 옮긴이)을 비롯한 엘리트 여성이 그들이었다. (그러나 하렘에게는 흡연을 통해 뚜렷한 지위를 드러내는 것이 여전히 중요한 문제였으므로 궐련의 편리함은 여간해서 중요한 매력으로 작용하지 못했다. 하렘 중에는 흡연을 위해 최대 다섯 명의 시종을 부리는 이들도 있었다. 이 다섯은 각각 종이를 마련하고, 연초를 준비하고, 담배를 말고, 하렘에게 건네고, 점화용 뜨거운 석탄을 부젓가락으로 집어 드는 역할을 했다.) 흥미로운 점은 이보다 반세기 앞서 중국에서 아편이 빠르게 확산하기 시작할 때도 이들과 유사한 계층(이

장 8절 참조)이 주축을 이뤘다는 사실이다. 그러나 결국 담배는 아편보다 훨씬 널리 퍼졌다. 궐련과 연초가 파이프와 대마보다 일(특히 힘든 일)과 양립하기 좋았기 때문이다. 세기의 중반에 이르러 특히 담배가 빠르게 확산한 한 곳은 이집트였다. 누구도 예상하지 못했지만, 이렇게 된 데는 정치적 이유가 컸다.

19세기 들어 오스만 제국이 유럽의 경쟁국들에 점점 뒤처지자, 관료들은 여러 야심 찬 개혁안에 사용할 수입을 찾아 고군분투했다. 여러 주변국에서처럼, 그들도 담배같이 중독성이 있고 불필요한 물자에 세금을 매기면 필요한 물자에 세금을 매길 때보다 받아들이기도 강제하기도 쉽다는 사실을 알아냈다. 게다가 다른 곳에서는 주류나 공창 등에 추가 부담금을 물리는 식으로 '죄악세'(이 장 7절 참조)를 걷기도 했지만, 이슬람 국가인 오스만 제국은 그런 수입이 변변치 않았다. 그러나 제국이 담배 판매 허가권을 걸고 체제 안에서 최대한 돈을 긁어내려고 하자, 상인들(특히 그리스 상인과 소수의 아르메니아 상인들)은 오스만을 떠나기 시작했다. 그들이 간 곳은 1800년경 이후 사실상 오스만 제국의 통치에서 벗어나 있던 이집트였다. 그러나 연초의 주산지는 그리스와 발칸반도였다. 이 지역에서는 본래 지역 시장을 보고 담배를 생산했지만, 그때부터는 시장이 확대되기 시작했다. 이집트는 점점 더 영국의 영향권으로 들어갔고, 1882년에는 실질적으로 영국의 식민지가 되었다. (1869년에 개통된) 수에즈운하는 세계 해운의 거점이 되었고, 이집트의 국내 담배 시장 및 그와 관련된 해외 시장은 같이 성장세를 이어갔다. 오스만 제국 외에 이집트산 담배의 가장 큰 시장이 형성된 곳은 영국과 독일이었고, 미국과 중국이 그 뒤를 이었다.

재미있는 건 이집트 담배를 광고하는 데 외국의 승인 마크와 고대 '전통'의 이미지를 부각했다는 점이다. 담배 포장에는 국제 박람회에서 받은 상 이름이 기재됐고, 영국군 같은 명망 있는 고객의 이름이 올랐다. 승인을 받아 외국 유명인의 이름을 브랜드 이름으로 쓰기도 했는데, 영국 왕 조지 5세의 경우가 그랬다. 또한 그 시기에는 피라미드와 스핑크스를 비롯해 고대 이집트(때로는 그리스) 문명을 상징하는 것들도 담배 포장에 자주 등장했다. 정교한 머리 장식을 하고 도발적인 자세를 취한 여자들의 모습으로 퇴폐미를 암시하며 호기심을 자극하는 포장도 있었다. 1913년에 선보인 미국의 담배 브랜드 '캐멀(Camel)'은 이러한 이미지를 연상시킴으로써 오래전 품질 좋던 이집트 담배의 이국적인 매력과 명성을 자본화하려고 했다.

한편 1902년에는 무시무시한 경쟁자가 등장했다. 브리티쉬 아메리칸 토바코(British American Tobacco, 이하 BAT)는 아메리칸 토바코 컴퍼니(American Tobacco Company, 가격 경쟁을 피할 목적으로 여러 회사를 합병한 결과물)와 임페리얼 토바코(Imperial Tobacco) 사이의 가격 전쟁을 피하기 위한 협정의 일환으로 만들어진 회사였다. BAT는 설립되기 무섭게 이집트 시장에 뛰어들었으나 몇 년이 지나도록 큰 진전을 보지 못했다. BAT가 미국 공장에서 사용하던 버지니아산 브라이트리프 연초는 비교적 맛이 부드러워서, 강한 맛의 '터키' 담배에 익숙한 소비자들을 끌어당기지 못했던 것이다. 또한 BAT는 이집트 현지의 담배 생산 업체들을 사들인 뒤 미국에서처럼 담배 마는 기계를 도입하여 임금을 절감하려고 했지만, 노동자들의 거센 반대에 부딪혔다(이집트는 인건비가 미국보다 쌌지만, 기계를 사용할 때와 비교할 정도는 아니었다. 1920년대에 마침내 BAT 이집트 공장에 기계가 도입되자 기계 한 대는 노동자 70명가량을 대체할 수 있었다). 제1차 세계대전이 끝난 뒤 오스만 제국이 몰락하고 제국의 담배 독점 또한 쇠락의 길을 걷게 되자, 이집트는 담배 제조 근거지로서의 중요성이 더욱 커졌다. 이제 유럽의 영토가 된 요르단, 팔레스타인, 시리아, 레바논, 이라크 같은 이웃 나라들을 바로 옆에 두고 담배를 팔 수 있게 되었기 때문이다. 그러나 이 상태가 공고해진 것은 BAT가 애초에 설립된 전략대로 가장 큰 경쟁사와 손잡고 이스턴 토바코(Eastern Tobacco)를 설립하고, 그 뒤 다른 경쟁사들을 사들이면서부터였다. BAT는 곧 독점에 가까운 형태로 이집트 담배 시장의 90퍼센트를 점유하며 생산을 통제했고, 그러는 동안 현지의 협력사들은 마케팅을 통제했다.

당대 대중문화의 유행과 발맞춘 마케팅 메시지에서는 궐련을 도시적이고 현대적인 것으로 연결했고, 여자와 젊은이들을 공략해서는 다소 반항적인 이미지를 부각했다. 반면 파이프 담배에는 보수적인 이미지를, 시가에는 아주 부유하고 보수적이며 전복 가능한 대상의 이미지를 연결했다. 이는 미국과 영국에서 일어난 현상과 다르지 않았다. 다만 이집트에서는 시가 태우는 '뚱뚱한 고양이(fat cat: 1920년대 이후 미국에서 부유한 정치 후원자를 뜻하는 말로 쓰기 시작했다. 보통 뚱뚱한 몸에 중절모를 쓰고 시가를 든 중년 남성의 모습으로 묘사됐다 – 옮긴이)' 그림을 '외국인과의 결탁'을 암시하는 부정적인 의미로 쓰기도 했다. 1948년에는 이집트에서 팔리는 연초의 4분의 3이 궐련 형태였고, 버지니아 연초가 마침내 시장에서 널리 받아들여지기 시작했다. 이렇게 된 것은 제2차 세계대전 기간에 많은 연합군이 이집트에 들어와 있었기 때문이기도 하고, 영국의 중동 공급 센터(Middle East Supply Center)가 연초를 '필수물자'로 지정했기 때문이기도 하다. 중동 공급 센터는 그렇지 않아도 부족한 화물 적재 공간과 대외 채권을 담배 산업에 먼저 몰아준 혐의로 기소되었다. 지금도 그렇지만, 당시에도 이것은 이례적인 일이었다. 전후 유럽에서 마셜 플랜을 통해 받은 '식량' 지원금의 3분의 1에 해당하는 금액을 이집트에서는 연초 수입에 썼으니 말이다. 하지만 이것은 민간의 사기를 진작하고, 정부의 중요 수입원(담뱃세를 무섭게 올린 뒤로)을 마련한다는 의미에서 중요한 일로 여겨졌고, 정치적으로 영향력 있는 미국 담배 제조사들의 이익을 챙겨 준다는 의미에서도 유의미한 일이라고 했다. 1990년대에 이집트 정부는 국내 소비가 높다(일 년에 성인 한 명당 50갑)는 점을 들어 다시 연초를 전략 물자로 지정하며, 가격 인상이 경제 불안을 야기할 것을 우려했다.

제2차 세계대전이 끝나자, 이집트 정부는 전체적으로나 부분적으로 외국 소유인 회사들에 대해 '이집트화'를 종용했다. 1956년에 제2차 중동 전쟁(수에즈 위기)이 일어나 영국과 프랑스, 이스라엘이 이집트에 대해 단기 전쟁을 벌이는 동안, 이스턴 토바코는 이집트 정부로 넘어갔다. 그러나 나중에 수입 자유화(이 일을 계기로 필립 모리스[Philip Morris]가 시장의 11퍼센트를 점유할 수 있게 된다)가 이뤄진 뒤에도 이스턴 토바코는 여전히 이집트 담배 판매 시장의 80퍼센트 독식을 이어갔다.

1990년 이후로는 효율적인 생산을 독려하는 차원에서 이집트 정부 소유의 다른 회사들처럼 이스턴 토바코도 사유화되리라는 소문이 거듭되었다. 그러나 이스턴 토바코는 정부의 주요 수입원이고, 정부는 이스턴 토바코의 최고 고용주이자(또한 다들 사유화는 곧 폐업을 뜻한다고 입을 모은다) 담배라는 수요 높은 제품의 가격을 저렴하게 유지하고 있다. 그래서인지 지금껏 이 회사는 정부의 영향력 안에서 유지되고 있으며 금연 운동도 크게 확산하지 못하는 모양새다. 이집트 담배가 세계 시장에서 인기를 구가하던 시절은 이제 끝난 것 같지만, 이집트 담배 제조사들은 여전히 국내 정치와 문화에 깊이 관여하고 있다. 과거의 제조사들이 힘들여 만들어 둔 '필수물자'라는 희한한 명목이 아직도 유효하다는 증거일 것이다.

11 코카와 코카인은 종이 한 장 차이?

우리는 기술과 근대성을, 근대성과 진보를 같은 것으로 보는 경향이 있다. 따라서 종교 예식에서 마법 물약처럼 쓰이던 코카(coca) 잎이 그보다 훨씬 복잡한 약용 추출물인 코카인(cocaine)으로 탈바꿈한 것도 진보를 이룬 것처럼 보일 수 있다. 그저 단순한 잎사귀가 정교한 화학의 힘을 빌려 근대적 약품으로 다시 태어난 것이다. 호혜적 교환의 대상이나 조공물로 사용되었고 그렇지 않을 경우에는 원산지를 벗어나는 일이 거의 없이 종교 의식에 쓰이곤 하던 천연 물질이 국제적으로 사고 팔리는 대단히 값비싼 상품이 된 것이다. 코카의 사회적 의미와 쓰임새는 세계 경제 때문에 엄청난 변화를 겪게 되는데, 유감스럽게도 그 방향은 나쁜 쪽이었다. 코카의 가치는 훨씬 커졌지만 그만큼 더 위험해졌고 사회적으로 더 파괴적이 되었다.

코카나무는 볼리비아와 페루의 높은 고원을 가로지르는 저지대 열대 계곡에서 자생한다. 잉카인들은 안데스산맥에 코카를 들여와 이 지역 문화에 큰 공헌을 했다고 단언했지만, 사실 사람들이 코카 잎을 먹기 시작한 것은 그보다 수천 년 전부터일 것이다. 잉카인들보다 600년 앞선 시대의 티아우아나코(Tiawanaku) 사람들은 이미 코카 잎의 효능을 알고 이를 활용했다. 코카 잎을 씹어 죽처럼 만든 다음 라임 페이스트를 조금 넣고 더 씹으면 카페인과 비슷한 효능을 내는 알칼로이드가 나왔는데, 이 성분이 허기와 갈증, 피로 따위를 덜어주었던 것이다. 여기서 코카는 환각제가 아니었고 아마 중독성도 없었을 것이다.

스페인 사람들이 나타나기 전까지만 해도 코카 소비가 널리 퍼지지는 않았던 것으로 보인다. 재배나 수확은 간단했지만 코카나무는 제한된 지역에서만 자랐기 때문이다. 더구나 안데스산맥 일대에서는 화폐를 사용하지 않았기 때문에 코카는 사고파는 상품이 아니었다. 대신 이곳 사람들은 물물교환을 했고, 보통 혈족 집단 안에서 교역이 이루어졌다. 코카 거래에서 중요했던 것은 교환가치가 아니라 사용가치였다. 따라서 코카가 만들어낸 것은 시장이 아니라 사회적 네트워크와 의식(儀式)이었다.

잉카인들이 "신이 내린 풀"이라고 부르던 코카는 주로 종교 의식에서 사용했고, 치료제로도 쓰였다. 이곳에서는 주술사들이 코카를 태우는 것으로 종교 의식을 시작했다. 또 중간에 코카를 제물로 바쳤으며, 의식이 밤에 열릴 때면 졸지 않으려고 코카를 먹었다. 코카 잎은 찻잎처럼 앞날을 예언하거나 질병의 원인을 밝혀내는 데도 사용되었다. 코카는 또 치료제로서 소화기 계통에 탈이 났을 때나 상처를 씻을 때 이용했다. 이곳 사람들은 호의를 보이기 위한 선물로 작은 자루에 담긴 코카를 주고받았으며, 지방이나 제국의 지도자들에게 바치는 공물로 쓰기도 했다. 잉카 제국은 공물로 들어온 코카의 일부를 지방의 정치적 지도자들에게 나눠줌으로써 이들의 충성심을 샀다. 이처럼 코카는 안데스산맥 일대를 하나로 묶어주던 여러 가지 종교적, 사회적인 의례의 핵심이었으며, 티아우와나코나 잉카 같은 제국이 형성되는 데도 상당한 역할을 했다.

하지만 스페인 사람들이 은을 캐 가느라 초보적인 시장경제가 생겨나면서 코카의 사회적 의미는 달라지기 시작했다. 16세기에서 18세기까지 포토시(Potosi)의 은광은 광맥을 파고드는 데 한 번에 수만 명의 인디오 노동자들을 필요로 하고 있었다. 광산들은 해발 14,000피트 높이의 춥고 황량한 지대에 있었다. 광부들은 추위와 굶주림, 피로에 시달렸다. 코카가 이들의 가장 좋은 친구였다. 스페인 사람들 밑에서 일하던 인디오 광부들은 (비록 대단히 작은 액수였지만) 화폐로 대가를 받고 있었기 때문에 이들은 상당한 구매력을 가진 코카 시장을 형성하게 된다. 수만 마리의 야마(llama)가 볼리비아와 페루의 계곡들에서 말린 코카 잎을 싣고 좁은 산길을 따라 포토시까지 올라왔다.

많은 스페인 사람들, 특히 신부들이 인디오 노동자들의 '코카 씹기'를 사악한 짓이라며 매도하고 나섰다. 코카 잎은 그들이 뿌리 뽑고 싶어 하던 원주민들의 신들 및 종교 행위 따위와 연결되어 있었기 때문이다. 스페인 왕은 코카를 악마의 풀로 간주했고, 그의 부왕은 코카의 사용을 불법화했다. 하지만 채 1년이 지나지 않아 그는 이 조치를 재검토해야 했다. 제국주의 국가기구의 작동과 확장에 필요한 재원을 대주고, 포토시의 추기경을 먹여 살리고 있던 은을 캐려면 코카에 절어 있는 노동자들이 계속 포토시의 은 광맥을 파내야 했기 때문이다. 이렇게 해서 코카는 신비로운 영약에서 세속적인 약물이 되었다. 서로를 위해주던 공동체적 관계의 든든한 받침대였던 코카는 이제 개인적으로 소비하는 상품이 되었다. 정신적인 교감을 의미하는 대신 고된 노동을 상징하게 되었다. 전통적인 원주민 세계의 거의 모든 영역과 끈끈하게 결합되어 있던 한 토착 식물이 스페인 제국주의 재정의 한 귀퉁이를 떠받치는 신세가 된 것이다. 그러나 그때까지만 해도 '코카 씹기'는 아직도 많은 부분에서 안데스산맥 원주민들의 전통과 강력하게 맞물려 있었다. 신세계에 머물던 스페인 사람들 중에서 코카를 씹는 사람은 극소수에 지나지 않았다. 그리고 코카가 처음 유럽에 수출된 것이 이미 1544년의 일이지만, 당시 유럽인들은 이 식물에서 어떤 신비한 효능도 발견할 수 없었다.

장차 코카를 국제적 교역 상품으로 만들고, 그 결과 코카의 사회적 역할을 완전히 바꿔 버린 것은 현대 의학이었다. 1860년 독일 과학자들이 코카의 알칼로이드를 분리해 '코카인'이라고 이름을 붙였다. 이들은 코카인을 마취제로 쓸 수 있다는 사실을 알아냈다. 지그문트 프로이트(Sigmund Freud)는 코카인을 만병통치약으로 상찬해 마지않았다. '뱅 드 마리아니'(vin de Mariani)처럼 코카인을 함유한 특허 의약품들이 쏟아져

나와 상업적으로 큰 성공을 거두기도 했다. 미국 조지아주 애틀랜타에서 코카인과 콜라(kola)나무 열매를 혼합해 치료용으로 만들었던 한 음료는 훗날 코카콜라(Coca-Cola)가 되었다. 이후 코카콜라에는 코카인 성분을 뺀 코카가 계속 사용되었고, 1948년에 와서야 비로소 코카를 전혀 넣지 않게 되었다. 유럽과 미국에서도 코카인이 마취제로 널리 사용되기 시작했다. 그리고 모르핀이나 아편보다 훨씬 안전한 진통제로도 쓰였다. 외국의 제약회사들이 점점 더 복잡한 코카 처리 과정을 개발해 특허를 얻게 되면서 코카인은 코카와 달리 안데스산맥 일대에서보다 외국에서 더 많이 소비되었다.

미국과 독일, 일본의 대기업들은 정부에 압력을 넣어 코카인 수입을 금지시켰다. 그래야만 천연 코카를 수입해 코카인 시장을 독점할 수 있었기 때문이다. 그리고 독점에 성공하려면 20세기 초반에 막 시작되던 향정신성 약물 반대 캠페인에도 참여해야만 했다. 이제 '약품'(medicine)은 괜찮지만 '약물'(drug)은 안 되는 시대가 온 것이다. 그 결과 '약방'(drug-store)이라는 말은 '약국'(pharmacy)에 밀려 사라지게 된다. 그러나 코카인 역시 1920년부터 미국에서 알코올 판매를 금지시킨 예의 그 중독성 약물 반대 운동에 희생되고 만다. 1922년에는 마침내 코카인 수입이 전면 금지되었다. 그리고 국제연맹(League of Nations) 같은 국제기구들까지 코카인의 비의학적 사용에 반대하는 운동에 동참하고 나섰다. 이윽고 코카인 수요는 땅에 떨어지게 된다.

1970년대에 선진국들을 중심으로 사람들의 취향과 도덕관이 바뀌면서 코카인의 두 번째 전성기가 시작되었다. 처음에는 정신적인 자기완성에 열중하다가 곧 감각적인 쾌락을 추구하는 데 열을 올리게 된 이들 돈 많은 나라들 때문에 코카인의 국제 거래가 급증하게 된 것이다. 1918년 이후 코카인의 비의학적 사용을 불법화하려고 여러 가지 국제협약이 체결되었다. 제약회사들은 코카인의 불법화로 생산에서 손을 뗐고, 대신 나르코 트라피칸테스(narco traficantes)로 알려진 범죄 집단, 즉 마약 상인들이 등장했다.

역설적이지만 찾는 사람이 가장 많았을 때, 그래서 가장 비싸졌을 때 이 코카 파생물은 정상 사회에서 완전히 내쫓기고 말았다. 생산과 판매를 제삼 세계 사람들이 장악하고 있는, 그리고 국제 교역에서 꽤 중요한 비중을 차지하는 코카인 거래는 무역이나 GNP보다는 범죄통계 항목으로 자리를 잡게 되었다. 라틴아메리카(특히 콜롬비아와 멕시코) 출신들로 막강한 자금력과 네트워크를 갖고 있는 마약상들은 코카인 판매로 벌어들인 부를, 군대를 방불케 하는 군사 조직을 갖춘 채 정부와 경찰 관료들에게 뇌물로 먹이는 한편, 지역의 생활환경을 개선함으로써 마약 생산지 주민들의 환심을 사는 데 사용하고 있다. 페루와 볼리비아, 콜롬비아의 세 나라 정부와 국제기구들이 이들 가난한 생산국에서 부유한 소비국들로 코카인이 유입되는 것을 막아 보려고 했지만 아무런 성과도 거두지 못했고, 지금은 마약 판매상들이 나라 전체를 장악해 버린 형국이 되고 말았다. 볼리비아와 페루에서 원주민들은 아직도 코카를 기르고 옛날과 똑같이 코카를 씹고 있다. 그러나 두 나라 정부는 이들이 기른 코카가 코카인 제조에 사용될까봐 코카나무를 없애 버리고, 대신 커피나무를 심도록 하고 있다. 볼리비아의 아이마라(Aymara)족은 지금도 코카를 사용하는 종교 의식을 치르고, 코카에 관해서도 여전히 조상들과 같은 생각을 하고 있지만, 이제는 마약상들과 미국 마약 단속국(DEA) 요원들 사이에 끼여 시달리고 있다. 아이마라족 농부들에게조차 코카는 낯설고 위험한 의미를 내포한 상품이 된 것이다.

그 후 5세기가 흐르는 동안 코카는 제의의 성물로, 또 호의를 드러내는 선물로 출발해서 원주민 노동력 착취를 극대화하는 데 사용된 식민 상품으로, 고통을 잊게 해주는 신비한 약품으로, 그리고 제약회사에게는 막대한 이윤을 약속해주던 노다지로, 마침내 사회의 기초를 위협하는 향정신성 약물로 변해 왔다. 외국의 기술과 외국의 소비자들이 등장하면서 (즉 코카가 근대화되면서) 코카는 사회적으로 훨씬 파괴적인 결과를 가져오게 되었다. 코카인으로 변모한 '근대판' 코카는 사회와 국가를 튼튼하게 만들기보다는 약화시켰다. 치료하기보다는 상처를 냈다. 코카 파생물은 영적인 고양보다는 물질주의와 육체적 방종을 불러왔다. 상품화와 기술적 변화가 항상 나은 쪽으로만 움직였던 것은 아니다.

4장

1차 상품의 세계화

브라질의 대서양림 파괴사 | 통통 튀는 고무 이야기 | 황금이 가져다준 불행, 캘리포니아의 개척자 존 서터 | 술과 돈이 흐르는 땅, 캘리포니아 | 역사의 물결 속에 사라진 엘도라도 | 아름다운 벌레 | 똥벼락? 돈벼락! | 설탕의, 설탕을 위한, 설탕에 의한 | 소가 목동을 잡아먹은 이야기 | 선인장 끈에 묶인 사람들 | 면화밭을 사수하라! | 유럽을 정복한 감자 | 카카오에 얽힌 자유노동의 진보와 후퇴 | 오르락내리락 고무의 시대

| 여기서는 몇몇 동물이나 식물의 교역에 초점을 맞추려고 한다. 카카오나 면화, 차, 고무 따위가 주인공이다. 이런 물건들이 자연에서 났다고 해서 그 쓰임새가 항상 분명했던 것은 아니고, 어디서나 쓰임새가 같았던 것은 더더욱 아니다. 보통은 어떤 물건의 쓰임새보다는 다른 이점들이 사람들의 눈길을 먼저 끌게 되고, 그 다음에야 물건의 용도가 비로소 드러나는 경우가 많았다. 그래서 그 물건 자체의 특성보다는 그 물건과 결합된 사람들이나 장소에 대한 고정관념이 물건의 쓰임새를 결정하기도 했다. 그러나 이런 물건들이 국제적 상품이 되면서 이 물건들은 원래의 생태계에서 수행하던 역할 — 이런 역할들의 '의미'에 대해 이야기할 수 있다면 — 은 물론 원래의 문화나 사회에서 가졌던 가치와 의미가 달라진다. 우리의 관심은 이렇게 상충하는 가치와 의미가 이들 상품이 떠나온 세계의 자연과 사회, 이 두 지역을 어떻게 바꿔 놓았느냐 하는 데 있다.

이를테면 잉카인들은 감자에 대해 이미 몇 세기 동안 알고 있었지만, 유럽인들은 감자를 전혀 모르고 있었다(이 장 12절 참조). 처음 유럽인들은 몇천 피트나 되는 높은 지대에서도 자란다는 점 때문에 감자에 관심을 갖게 되었다. 그러나 포토시에 갑작스런 채광 붐이 일어, 그 높은 안데스산맥 꼭대기에서 수만 명의 사람들을 먹여야 하기 전까지 이런 특성은 그다지 중요한 장점이 아니었다. 그 후 유럽에서 감자를 처음 사용한 것은 최음제 성분을 함유한 이국의 향신료로서였다. 감자와 안데스산맥의 노예 광부들을 묶어서 생각하고 있던 유럽의 서민들은 '노예들의 음식'이라며 감자를 먹지 않았다. 감자가 아일랜드에 뿌리를 내렸던 것은 침략군이 땅 위에서 자라는 곡물들과 헛간을 태워 버리면서, 기르고 보관하고 또 갖고 도망가기 쉬운 감자의 특성이 부각되었기 때문이다. 동남아시아 사람들은 감자 덕분에 고랭지 쌀조차 자라지 않는 구릉 지대로 더 멀리 이동할

수 있게 되었다. 그래서 감자는 제국을 확장하려는 첨병들뿐만 아니라 그러한 제국에서 탈출하려는 사람들에게도 인기가 있었다. 또한 감자는 다양한 권력자들에게 저항하는 계곡의 사람들이 선택한 작물이기도 했다. 결국 땅 주인이나 세금 징수원은 쌀이나 밀, 옥수수 등 수확한 작물의 일부를 요구하기 위해 나타날 시점을 정확히 알고 있었고, 그러려면 1년에 며칠만은 땅을 점령해야 했다. 감자는 훨씬 더 수확 기간이 길었고, 수확하지 않은 채로 오래 두어도 훼손되지 않았다. 오늘날 우리가 감자의 '자연적' 장점이라고 여기는 특성들 — 그러니까 옥수수나 밀보다 비용은 훨씬 적게 들면서도 같은 면적에서 얻을 수 있는 영양분은 훨씬 많다는 점 따위 — 에 사람들이 주목하게 된 것은 인구가 많이 늘어난 18세기 말에서 19세기 무렵의 유럽에서였다.

1849년에는 캘리포니아의 골드러시(이 장 4절 참조)로 세계 시장에 새로 소개된 식물은 하나도 없었지만, 황금을 찾아 가히 전 세계가 캘리포니아로 몰려들면서 전에는 전혀 주목을 받지 못했던 이 주변 지역이 세계 교역과 이주의 중심지로 떠올랐다. 그리고 시에라네바다(Sierra Nevada)에서, 또 얼마 뒤 오스트레일리아와 알래스카의 클론다이크(Klondike)에서, 또 남아공 등지에서 황금이 발견되면서 세계 통화량은 급격히 늘어났고 국제 교역 역시 엄청난 규모로 성장하게 된다. 그러나 캘리포니아의 노다지가 세상을 풍요롭게 하는 동안 명확하고 체계적인 계획에 따라 캘리포니아를 개발하기 시작했던 존 서터(John Sutter)는 한때 자신이 곧 법이었던 이 지역에서 쫓겨나고 말았다(이 장 3절 참조). 금은 주로 자신의 부를 늘리기 위해 변방 지역의 가치를 올리려고 노력했던 모험가들의 상상 속에 주로 존재하곤 했다. 그런데 상상 속의 그 일이 (오늘날 5개국으로 나뉜) 기아나(Guiana)에서 일어났다. 기아나는 영국인 월터 롤리(Walter Raleigh) 경이 탐험한 곳으로, 그가 이곳을 탐험하고 쓴 '엘도라도(El

Dorado)'에 대한 책은 16세기 최고의 베스트셀러가 되었다. 그 책에 따르면 엘도라도는 남미 북부에 있으며, 금가루로 몸을 치장했다가 밤이 되면 씻어내 버리는 왕이 선진 문명을 감독하는 곳이었다(이 장 5절 참조). "역사의 물결 속에 사라진 엘도라도"는 아마존 지역에서 유럽 제국주의자들의 꿈과 실패를 보여준다.

그러나 다른 곳에서는 구아노(guano)처럼 별 볼 일 없는 물건도 갑자기 큰 가치를 갖게 되었다. 칠레 해안을 따라 줄지어 있던 몇몇 섬에 산처럼 쌓여 있던 새들의 배설물 덩어리인 구아노(이 장 7절 참조) — 이곳의 건조한 날씨 때문에 새들이 싼 똥이 그대로 쌓이게 되었다 — 는 아주 오랫동안 아무도 거들떠보지 않았다. 하지만 영국과 미국에서 거의 동시에 두 가지 변화가 일어나면서 이 풍부한 질산염 덩어리들이 갑작스럽게 각광 받게 되었다. 우선 이윤 추구에만 매달리던 농부들이 수확량을 극대화하기 위해 토양을 한계선까지 밀어붙였던 것이다. 두 번째로 이 농부들이 전통적으로 토양 회복에 써 왔던 방법들을 더는 쓰지 않았다는 점이다. 그도 그럴 것이 대단히 넓은 농지에 사람들을 고용해 농사를 짓던 터라 자주 땅을 갈고, 이회토(泥灰土: 진흙, 모래, 석회암의 혼합물)를 뿌리고, 게다가 작물까지 미세 생태계에 맞춰 기르기에는 인건비가 너무 많이 들었기 때문이다. 그리고 유럽 본토의 소작농들에게도 같은 문제가 닥쳐오고 있었다. 이에 따라 전에는 쓸데없는 것처럼 보였던 새똥이 수천 마일 떨어진 곳에서 일어난 변화 때문에 갑자기 큰 가치가 있는 물건으로 변하게 되었다. 그러나 분명히 해야 할 것은, 단순히 인구가 늘어나서 토양을 회복시켜야 했던 것은 아니라는 점이다. 즉, 특정한 사회경제 체제가 전통적인 방법을 쓰는 편보다는 먼 곳에서라도 비료를 사오는 쪽이 훨씬 유리하도록 만들었던 것이다. 더욱 놀라운 것은 나중에는 석유 호황으로 인해 아라비아반도의 사막이 인접한 '비옥한 초승달 지대'보다 더 중요해졌다는 점이다. 비옥한 초승달 지대는 수 세기 동안 부와 권력 면에서 아라비아반도를 한참 앞서 있던 곳이었는데 말이다(7장 12절 참조). 이러한 호황을 이끈 주요 원동력은 전례 없는 기동성과, 더욱더 강력한 군함과 탱크 따위를 필요로 하는 육군과 해군에 대한 미국의 열망이었다.

유럽의 굶주림은 아르헨티나 팜파스(Pampas)의 사회상도 바꿔 버렸다(이 장 9절 참조). 초원을 떠돌며 야생 소 떼를 사냥해 먹고 살던 목동 가우초(gaucho)들은 철조망을 두른 울타리가 세워지고 내륙까지 철도에 점령당하면서 그들 자신 역시 길들여졌다. 결국 소 떼는 늘어났지만 가우초들의 수는 (그리고 그들의 자유도) 줄어들었다.

물론 새로운 작물이 세계 경제에 편입되는 경우도 있었다. 그리고 때로는 '생래적' 특성이나 원래의 쓰임새와는 전혀 다르게 결합 또는 조합되고 나서야 세계 경제에 얼굴을 내밀게 된 작물도 있었다. 예를 들어 코치닐(cochineal, 이 장 6절 참조)은 한때 유럽에서 가장 아름답고 비싼 직물이나 태피스트리(tapestry)를 더욱 우아하게 만들어주던 진홍색 연료의 이름이다. 아마 이 염료가 마야 농부들의 땀 차고 더러운 손으로 수확해 모은 수천 마리의 곤충으로 만들어졌다는 사실을 알았더라면 그렇게 자랑스럽게 직물이나 태피스트리를 내보이던 유럽 귀족들은 꽤나 놀라고 충격을 받았을 것이다.

그러나 작물의 용도가 쉽게 바뀌기도 했다고 해서 사는 쪽에서 뭐든 마음대로 할 수 있었던 것은 아니다. 그 작물의 자연적 특성과 또 그 작물을 재배하던 곳이 어디냐에 따라서 한계가 그어졌기 때문이다. 작물을 소비하던 곳에서는 이러한 한계를 깨려고 (때로는 상업적, 군사적인 공세를 취하기도 하고, 어떨 때는 작물을 옮겨 심으려고도 해보고, 19세기 말 이후에는 대체물을 합성해 보기도 하면서) 갖은 방법을 다 써 봤지만 결과는 별로 신통치 않았다.

주로 사회경제적 요인들이 어떤 작물을 쉽고 안정적으로 공급하는 데 방해가 되었을 때는 다른 지역으로 옮겨 심어 버리면 그뿐이었다. 실제로 유럽인들은 약 3세기 동안 (커피를 홍해의 모카항에서만 살 수 있었기 때문에) 아랍과 인도 상인들의 커피 공급 독점을 깨지 못했다. 그러나 일단 커피 나무가 유럽까지 안전하게 건너가고, 그 '자손들'이 유럽인들의 여러 식민지에서(전부는 아니고 주로 아메리카 대륙에서) 무럭무럭 자라게 되면서 커피 시장의 주도권은 완전히 가공업자들과 유럽 대륙으로 넘어가 버렸다. 남북전쟁의 기미가 보이자 영국은 미국산 면화 공급에 대한 대안을 찾으려 했지만 완전한 성공을 거두지는 못했고, 미국 내 생산이 회복되고 과잉 공급이 일어나자 생산자들은 크게 실망했다. 그러나 잠재적인 문제의 규모(1860년에 미국은 세계 수출량의 3분의 2를 생산했다)를 고려하면 맨체스터는 그 폭풍을 상당히 잘 견뎠다고 할 수 있다(7장 3절 참조).

사탕수수를 신세계에 처음 가져간 것은 크리스토퍼 콜럼버스로, 그가 우연히 발견했던 이곳 카리브해의 섬들에서 기르려던 것이었다. 유럽인들이 설탕의 달콤함에 빠져들면서 노예제가 엄청난 규모로 다시 부활했고, 그 바람에 열대의 낙원 아이티가 집단 수용소로 변해 버렸다. 아이티의 노예들이 혁명을 일으켜 이 비인간적인 제도를 섬에서 몰아내자 설탕은 다른 곳으로 옮겨갔다. 기아나가 18세기에 설탕 생산의 세계 선두주자였고, 드디어 하와이가 미국 시장을 겨냥해 설탕 생산을 시작했다(이 장 8절 참조). 몇몇 사람들은 여기서 큰돈을 벌어들였지만, 하와이 왕은 자신의 왕국을 빼앗겨야 했다. 미국인 설탕 부호들과 미 해병대가 공모해서 섬을 점령하고 미국 땅으로 만들어 버린 것이다. 그러나 설탕이 항상 이렇게 무자비했던 것은 아니다. 중국 정부는 (17~18세기에는 중국 동부 지역도 유럽만큼이나 단것을 좋아하게 되었지만) 설탕 생산보다 쌀농사를 더 장려했고, 그리고 무엇보다도 변경 지대의 안정을 확보하는 데 주력했다.

이에 따라 푸젠과 광둥, 타이완은 1650년에서 1800년 사이에 세계 최대의 설탕 산지였지만 사탕수수는 한 번도 단일 경작 작물로서 이 섬을 정복하지 못했다.

19세기가 되면서 사람들은 비로소 고무(이 장 2절과 14절 참조)의 가치를 깨닫게 된다. (자전거의 열풍과 공기 주입식 타이어 덕분에) 세계 고무 수요가 폭발적으로 일어났을 때도 세계 최대 생산국이던 브라질은 배짱을 부리거나 가격 흥정을 하지는 않았다. 오히려 할 수 있는 한 최선을 다해, 심지어 종종 국민들을 강제로 고무 채취꾼을 만들어 가면서까지 생산을 늘리는 쪽을 선택했다. 고무가 나는 지역에는 원주민들이 별로 없었으며, 그나마 대부분이 자급농들이어서 돈에도 관심이 없었기 때문이다. 그러나 원주민들뿐만 아니라 아마존의 고무나무에서 수액을 채취하는 방식 역시 '합리적인' 자본주의의 기준에는 맞지 않았다. 고무나무는 다른 밀림 식물들 사이에 멀리 흩어져 있었다. 이 때문에 고무 수액 채취꾼들은 한 나무에서 다른 나무로 옮겨 다니면서 많은 시간을 '낭비했고', 이들을 감독하기도 아주 어려웠다. 헨리 위컴(Henry Wickham)이란 영국인이 마침내 약간의 고무나무 씨앗을 브라질에서 런던으로 밀수하고 난 다음 벌어진 일은 불 보듯 훤했다. 이윽고 영국은 말레이반도와 다른 열대 식민지의 새 플랜테이션에 고무나무를 옮겨 심었다. 그것도 가능한 한 바짝 붙여 깔끔하게 줄까지 맞춰가며. 그런 다음에는 인도와 중국인 노동자를 수입하여 막사 안에 수용했다. 이렇게 해서 자본주의적 경영 방식에 맞게 '옮겨다 놓은' 풍경에, 역시 자본주의적 경영 원리를 충실하게 따를 이주 노동자들이 결합되었다. 이제 이곳의 고무 재배는 브라질이 도저히 경쟁할 수 없을 정도로 효율적이 되었다. 그러나 이런 통제 역시 완벽하지는 않았다. 예를 들어 애초 남자들뿐이었던 노동자들이 차츰 여자들을 데려와 가정을 꾸밀 권리를 따내게 되면서 이 같은 생활 개선을 받쳐 줄 수 있을 만큼 임금을 올려주어야 했기 때문이다. 노동자들은 공공연하게 말을 듣지 않는 일종의 태업을 통해, 플랜테이션 소유주들이 태업에 따른 피해보다 안정적인 가정생활을 허용하는 편이 더 싸게 먹힐 거라고 생각하게 만들었던 것이다.

그러나 이 정도의 부침은 시작에 불과했다. 20세기에는 자동차, 트럭, 탱크, 비행기가(즉, 폭주족부터 일반인에 이르는 모든 사람이) 다양한 사양의 고무 타이어에 의존하게 됐다. 그러나 세계에서 고무를 가장 많이 소비하는 나라들(미국, 독일, 일본, 러시아)은 각자 쓰기 적합하고 신뢰할 만한 고무를 재배하고 싶어도 적절한 식민지나 본국의 영토가 없었다. 그 결과 실험실과 플랜테이션, 상인과 관리들이 벌인 쟁탈전은 엄청난 부와 비극적 오류(일본이 동남아를 정복하려고 한 것 등), 환경적 재앙(헨리 포드의 브라질 플랜테이션이 실패한 것 등), 괴상한 동맹(독일의 이게파르벤과 미국의 듀폰, 스탠더드 오일, 제너럴 모터스가 제2차 세계대전을 눈앞에 두고 합성고무와 비행기 연료에 대한 전략적 특허를 공유한 것)으로 이어졌고, 이어서 고무 재배로 번창하는 사람들과 빈곤해지는 사람들이 나타났다. 사실 고무의 흥망성쇠를 겪은 모든 곳에서는 장기적인 안정을 제외한 거의 모든 결과가 일어났다.

작물을 옮겨 심는 데 심각한 자연적 제약이 따르고 거기에 생산지에서 주도권을 놓지 않으려고 격렬하게 저항까지 했을 경우, 싸움은 장기전이 되었고 비열해질 때도 있었다. 이미 1600년대에 유럽인들은 차나무를 다른 곳에서 기르는 문제에 관심을 보였고, 실제로 여러 차례 시도해 보기도 했다. 하지만 차나무가 워낙 환경에 민감한 데다 아직 증기선이 등장하지 않아 유럽까지 반입하기에는 항해 거리가 너무 멀었고, 중국 조정이 씨앗의 수출을 금지하고 있었기 때문에 유럽인들은 1820년대에나 가서야 처음으로 차나무를 옮겨 심는데, 그것도 부분적으로만 성공할 수 있었다.

18세기를 지나면서 영국의 차 수요는 무려 400배나 불어났고 19세기 중에는 이보다 더 늘어나게 되는데(부분적으로는 카카오의 경우처럼 노예 플랜테이션 덕에 설탕 값이 훨씬 싸졌기 때문이다), 중국이 차 생산을 독점하고 있는 한 영국은 엄청난 비용을 고스란히 치러야 했다. 영국의 전략은 참으로 다채로웠다. 대포를 들이대고 중국에 아편을 팔았는가 하면, (인도 북동부의) 아삼 지역을 점령하려고 많은 돈을 들여가며 피비린내 나는 전투를 치렀고, 이 지역의 유목민들을 몰아냈다. 이렇게 해서 마침내 영국은 아삼의 산악 지대에 차나무를 심을 수 있었다. 그러나 이렇게 하고서도 1880년대나 돼서야 차를 웬만큼 손에 넣을 수 있었다. 그리고 그 다음에는 차만 아니었으면 기차가 거의 필요 없었을 바위투성이 땅을 가로질러 긴 철도 노선을 까느라 돈을 더 써야 했다. 이런 조치들 때문에 인도와 중국이 치러야 했던 비용은 실로 계산을 할 수 없을 정도였다. 물론 유럽인들 역시 결코 만만치 않은 대가를 치러야 했다. 사실 차를 찾아 거의 지구를 한 바퀴 돌도록 유럽인들을 몰아댄 그 '광기'는 얼마간은 열등감에서 비롯되었다. 차가 유럽에 처음 도착했을 무렵 유럽인들은 중국 문명을 떠올릴 수밖에 없었는데, 이들에게 중국은 부와 세련됨 그 자체였기 때문이다(3장 2절 참조).

이처럼 어떤 작물의 쓰임새가 달라지거나, 작물의 재배와 공급 따위를 놓고 주도권 다툼이 벌어진 것은 사실 아주 오래전부터였다. 그러나 이런 변화나 다툼이 가장 격렬했던 것은 18세기 말에서 20세기 초에 이르는 기간이었다. 이 기간에 인구는 물론 산업 생산, 개인 소비 역시 같이 늘어났지만(처음에는 유럽에서, 그 다음에는 다른 곳에서) 다른 측면에서 보면 세계는 여전히 맬서스가 말한 한계를 극복하지 못하고 있었다. 즉, 땅은 크기가 정해져 있었고, (특히 합성 물질 이전 시대에는) 식료품과 직물 그리고 건축 자재 등등을 해마다 땅에서 거둬들여야만 했다. 그러나 석유화학을 이용해 에이커당 산출량을 혁명적으로 늘려줄 화학산업은 아직 등장하기 전이었다. 이런 상황에서 근대 산업은 빠르게 늘어났고, 여기에 필요한 원자재가 제대로 공급되지 않자 전혀 엉뚱한 지역과 작물들이 그 엄청난 국제적 수요를 고스란히 감당했던 경우도 있었다. 그리고 이 과정에서 기상천외한 사회적 변화가 일어나기도 했다.

경제사학자 윌리엄 파커(William Parker)가 지적한 대로 기술 혁신으로 생겨난 병목현상을 해소하는 방법은 둘 중 하나다. 또 다른 기술 혁신이 일어나든지, 아니면 낡은 생산 과정에 엄청난 자원을 쏟아 붓든지. 면방적이 기계화되면서 두 군데서 병목현상이 생겼다. 우선 그 많은 면사로 천을 짤 직조공이 모자랐고, 또 면사를 만들 면화가 부족해진 것이다. 첫 번째 병목은 기술 변화를 한 걸음 더 밀고 나가 기계 직포가 등장하면서 해결되었다. 두 번째 병목은 면화를 무작정 많이 심어 해결해야 했는데, 여러 가지 이유로 유럽에서는 이것이 불가능했다. 결국 노예를 동원해 미국 남부에 면화를 심는 것으로 해결하려고 했다. 그러나 이것으로도 공급이 달리게 되자(아니면 정치적인 이유로 공급이 위협을 받게 되자), 유럽의 방적소에서 필요로 하던 면화 품종들을 인도와 이집트, 중앙아시아와 중국에까지 심게 되었다. 하지만 이들 지역에서는 토착 품종들을 선호하던(그리고 수확이나 이삭줍기, 명절 등 대부분의 관습을 이 품종의 생육 주기에 맞춰 오던) 농민들과 새 품종을 보급하려던 사람들의 무장 자경단이 충돌을 빚기도 했다(이 장 11절 참조).

미국에서 흑인 노예들이 심은 면화는 아마 한곳에서 일어난 기술 발전이 다른 곳에서 고통과 재난을 불러온 대표적인 예일 것이다. 하지만 이것 말고도 사례는 충분하다. 매코믹(McCormick)이 발명한 '곡물 베는 기계'가 미국 중서부 전역으로 팔려나가면서(이에 따라 자영농들이 가족 노동력만으로도 어마어마하게 넓은 땅에서 농사를 지을 수 있게 되고, 또 이윤도 그만큼 커지게 되면서) 곡물을 묶는 데 쓰던 끈의 수요도 폭발적으로 늘어났다. 이 끈의 대부분은 유카탄반도에서 건너온 것이었는데, 이곳에서는 끈의 원료인 헤네켄(henequen)을 값싸게 재배하기 위해 사람들이 노예와 다름없는 조건에서 일을 해야 했다(이 장 10절 참조). 또 유카탄반도에서만큼 극적인 사회적 변화가 일어났지만 수치로 나타내기에는 어려운 경우도 있었다. 19세기 말 비단이 많은 인기를 끌면서 일본 농촌에서 여성들의 노동 시간이 길어지자 — 그러나 이 때문에 여자들의 벌이는 거의 남자들만큼 많아졌다 — 이른바 남녀 간의 역학 관계와 생활 방식, 여성을 바라보는 시각 따위도 따라서 변했다. 물론 눈에 얼른 띄는 것은 아니었지만, 결코 작다고는 할 수 없는 변화였다. 그러나 다른 것들에 대한 판단은 아직 이르다. 카카오는 서아프리카에서 주로 유럽과 북미로 수출이 확대됐는데, 처음에는 강제 노역이 많이 동원됐지만 시간이 가면서 자유노동으로의 전환을 촉진하는 기회가 많이 생겨났다. 노예 제도를 근절하기로 약속했던 여러 정부가 만든 기회보다 이런 식으로 만들어진 기회가 분명 더 많았을 것이다.

그러나 당하는 쪽에서 무슨 일이 일어나든 아랑곳하지 않고 세계 무역과 전문화, 그리고 작물의 '(재)개조'는 제 갈 길을 갔다. 예를 들어 면화는 실을 뽑으려고 기르는 여러 식물 중 하나일 뿐이었지만 곧 세계적인 표준으로 자리를 잡았다. 여기서도 작물의 특성이 중요한 역할을 했다. 예를 들어 아마는 대단히 노동집약적이었고, 비료도 아주 많이 들었다. 게다가 기계를 이용해 아마 섬유를 뽑는 방법을 연구하는 데도 시간이 너무 많이 걸렸다. 결국 아마포 산업은 오랜 전통을 갖고 있기는 했지만 공장과 플랜테이션의 시대가 도래하자 거의 모든 방면에서 면화와 경쟁을 할 수 없었다. 아일랜드와 슐레지엔(Silesia)을 비롯한 다른 아마 생산 지역에서는 꽤 많은 비용을 지불하고서야 새 시대의 교훈을 배울 수 있었다

(7장 2절 참조).

그리고 공급 쪽에 문제가 생겨 면화처럼 갑작스럽게 대단한 붐이 일기는 했지만 면화만큼 오래 가지 못한 작물들도 있었다. 화학이 끼어들기도 했고, 기술적인 해결책들에 기존의 노동 및 토지 집약적인 해결책이 밀려난 때문이기도 했다. 고무와 구아노는 이미 소개했지만 다른 예들도 많다. 땅콩은 대부분 농부가 먹으려고나 기르지 그다지 중요하지 않은 작물이었다. 그러나 땅콩기름이 산업용 윤활유로서 꽤 쓸모가 있다는 사실이 밝혀지면서 어느 날 갑자기 인기 상품이 되었다. 그리고 이 때문에 중국 북부에서는 땅콩 말고는 다른 작물을 기를 수가 없어서 소유권을 주장할 가치도 없었던 모래땅을 놓고 새삼스럽게 격렬한 싸움이 일어나기도 했다. 그러나 중국의 땅콩 붐은 한창 일어나는가 싶더니 바로 죽어 버렸다. 값이 훨씬 싼 인도와 아프리카산 땅콩이 결정타를 날렸다면, 마무리는 새로운 화학적 처리 방법이 맡았다. 하지만 이 같은 호·불황 사이클에 더 호되게 당한 곳들도 있었다. 아마존의 고무 붐이 시들해지자(이 장 2절과 14절 참조), 고무 수액을 채취하려고 이곳으로 이주했던 사람들은 대신 그 땅을 개간해 농사를 지으려고 했다. 그러나 토양 자체가 워낙 얇았기 때문에, 지력을 회복시켜 주던 두터운 낙엽층이 사라져 버리자 이 지역 생태계는 곧 끝장이 나고 말았다.

반면 커피는 고무보다 더 오래 호시절을 누렸는데, 이 때문에 브라질의 광대한 대서양림(Atlantic Forest)은 훨씬 파괴적인 결과를 맞았다(이 장 1절 참조). 처음에는 카사바(고구마처럼 덩이뿌리를 먹는 열대의 식용 식물 — 옮긴이)를 기르느라, 다음에는 커피나무를 심느라 나무들을 베어내 버리면서 대서양림은 꽤 심한 피해를 입었다. 그러나 그렇다고 단순히 무지가 문제는 아니었다. 오히려 농부가 기술적으로 세련되지 않을수록 대서양림에 해를 덜 끼쳤기 때문이다. 진짜 비극은 근대적인 커피 재배농들과 철도가 들어오면서 시작되었다. 철도 때문에 사람들은 좀 더 깊은 곳의 대서양림까지 손을 댈 수 있었고, 철도 때문에 그 땅이 사고파는 상품이 되어 버렸던 것이다.

이른바 발전이라는 것이 특히 브라질에서는 공격적인 양상을 띠었다. 처음에는 땅이 무한정 넓은 것처럼 보였고, 투자자들은 보통 열대 우림이 어떻게 되든 상관없는, 그리고 원주민들이 열대 우림 안에서 살아온 방식 따위에는 관심도 없는 외국인들이었기 때문이다. 그러나 이들보다 훨씬 더 조심스럽게 열대 우림을 이용하더라도 여전히 풀기 어려운 문제가 남는다. 근대적 경제발전관은 생태의 안정과는 기본적으로 긴장 관계에 있기 때문이다.

경제는 대체로 노동 분업과 전문화를 통해 진보하게 된다. 그러나 특정한 작물만 집중적으로 생산하다 보면, (다른 무엇보다도) 생태계가 외부의 충격에서 살아남을 수 있게 해주는 생물 다양성을 거스를 수밖에 없다. 작물의 표준화, 다시 말해 수백 가지 밀이나 쌀 품종 중에서 몇 종만 선택해 재배하는 것은 근대적 의미에서는 발전이라고 할 수 있다. 그래야만 물건을 직접 보지 않고서도 거래할 수 있기 때문이다(6장 4절 참조). 하지만 표준화가 생물학적 종의 수를 줄이는 것 또한 분명한 사실이다.

조금 더 근본적으로 파고들어가 보면, 신고전학파는 처음부터 줄곧 '노동가치설'을 주장해 왔다. 즉, 어떤 물건의 가격은 이것을 시장에 내놓을 때까지 들어간 노동시간의 양, 그리고 이 물건을 만들기 위해 소비된 생산물의 양(혹은 휴식처럼 노동력을 유지하는 데 들어간 비용)에 따라 결정된다는 것이다. 사실 이런 주장은 데이비드 리카도(David Ricardo) 같은 경제학자들이 정식화하기 전에도 존 로크(John Locke)의 철학 저술이나 대니얼 디포(Daniel Defoe)의 『로빈슨 크루소』 같은 영국 고전들에서 이미 '자연 상태'나 사유 재산의 **기원** 따위의 개념으로 나타나고 있다. (그리고 마르크스주의는 거의 한 세기 동안 이런 경제 이론들의 가장 강력한 대안이었지만, 노동가치설을 특히 완강하게 고집하고 '자연의 선물'에 대한 비극적인 과소평가를 정당화해 왔다는 점에서 적어도 이 분야에서는 대안이 될 수 없었다.) 그러나 이런 얘기들은 우리가 보통 자연 본래의 '가치'라고 생각하는 것과는 충돌을 일으키는 경우가 자주 있다. 가령 미국삼나무(redwood) 한 그루의 가치가 이 나무를 베는 데 들인 노동의 양으로 결정된다고 하면 이를 그럴듯하다고 받아들일 사람은 별로 없을 것이다. 우리가 '자연'에 부여한 이런저런 가치는 과학적 법칙이 아니라 우리의 취향에 따른 것일 때가 많다. 미국삼나무가 어떤 장점을 갖고 있든, 엄격한 생태학적 관점에서 보면 아주 나이가 많고 우거진 미국삼나무 한 그루가 왜 어린 나무 두 그루보다 더 좋은지를 설명하기란 어려운 일이다. 사실 어리기 때문에 더 빨리 자라는 나무들이 산소를 공급해주는 것 같은 '산림 서비스'를 더 많이 제공하니까 말이다. 여러 사례에서도 볼 수 있지만 어떤 물건의 가치를 평가할 때 현지의 사회적, 문화적인 기준 대신 이른바 보편적인 기준을 들이댄다면 그 결과는 자못 심각할 수 있다. 그러나 우리는 적어도 '이전'과 '이후'를 비교하는 방법쯤은 알고 있다. 따라서 시장에 나온 1차 상품의 가치를 자연에 있을 때의 가치와 비교해 보는 것은 중요한 일이기는 하지만 결론이 무 자르듯 명쾌한 것은 아니다.

보통 상품화나 국제화를 대변하는 쪽이었던 외지인들(대개 유럽인들) 역시 원거리 교역으로 문제를 해결하려다가 아무도 전혀 예상할 수 없었던 결과를 떠안게 되는 경우가 자주 있었다. 결국 이들도 낯선 물건들이 들어오면 기존 자원이나 오래전부터 문제를 해결해 오던 나름의 방식들이 불가피하게 영향을 받을 수밖에 없었던 '고유한' 문화와 사회 속에서 살고 있었기 때문이다. 유럽인들과 미국인들이 수입했던 그 많던 구아노는 바닥이 나 버렸지만(그리고 구아노 붐이 끝나면서 원래 구아노가 있던 지역들은 예전처럼 다시 가난해졌지만) 땅에서 자양분을 파내 농지에 뿌리면 된다는 것만큼은 확실히 알게 되었다. 바로 여기서 (석탄이나 석유를 이용해 만든) 합성비료가 등장하게 된다. 이제 합성비료는 땅의 성격에 맞추어 세심하게 다른 작물을 계속 돌려 심는 방법으로 토양을 보존해 온 전통적 농법을 완전히 압도해 버렸다. 몇 세대를 거치며 신중하게 축적해 온 현장 지식 — 다시 말하면 수백만 명의 농부들이 갖고 있던 중요한 '인적 자본' — 은 하루아침에 구식이 되어 버렸다. 그리고 단일 종자(이 무렵이면 이미 종자는 국제적으로 거래되는 중요한 상품이 되어 있었다)만 심는 '첨단' 농업과 화학비료를 선전해대던 사람들의 눈에는 이 농부들이 '무식한 것들'일 뿐이었다(이 현장 지식의 대부분은 유기 농업에 대한 관심이 높아지면서 최근에야 다시 주목을 받게 되었다). 하지만 유전자 조작 시대가 되면서 똑같은 과정이 반복될 것 같다. 특허를 받은 비료와 살충제 등을 썼을 때 가장 잘 자라도록 형질을 조작한, 역시 특허를 받은 씨앗들이 다시 한번 기존 작물들을 대체할 것처럼 보이기 때문이다.

생물의 표준화를 얘기하는 지금 이 시대에도 사람들은 여전히 생각지도 않았던 '수요'를 만들어내, 얼마 전까지 거들떠보지도 않던 물건들을 새로운 골드러시의 주인공으로 만들곤 한다. 실제로 중국 남부 지역에서 호황이 계속되자 미국의 태평양 해안에서 나는 큰백합조개(geodduck)의 수요가 갑자기 늘어났다. 이 때문에 어렵게 살던 어부들은 제법 큰돈을 만지게 되었지만 이 조개는 멸종 위기에 놓이게 되었다. 그리고 농부라면 이게 무슨 짓이냐고 했겠지만 어쨌든 미국에서는 물 부족과 높은 노동 비용 때문에 느리게 자라고, 나쁜 환경에 잘 견디며 물을 덜 먹는 차세대 정원용 잔디를 연구하기 시작했다. 그 결과 포장이 갈라진 틈새나 철도 버팀목 밑 같은 '험한' 곳에서 아직까지 발견하지 못한 생물학적 다양성의 한 조각을 찾아 한몫 잡아 보려는, 과거 표준화된 면화와 훔쳐다 심은 고무나무를 퍼뜨리려고 나팔을 불어대던 사람들의 후예들이 나타나기도 했다.

1 브라질의 대서양림 파괴사

> "애들아, 이제 사막이 되어 버린 땅에 살고 있는 아이들아,
> 너희들이 물려받아야 할 숲이 어떻게 사라져 갔는지 얘기해주마."
>
> - 워런 딘

거의 500년 전 포르투갈인들이 처음 브라질 해안에 도착했을 때 그들은 브라질 남동쪽 해안을 따라 내륙 깊숙이까지 펼쳐진 광대한 대서양림과 마주치게 된다. 그들 중 몇몇은 숲의 장대한 규모에 넋을 잃고 서 있었지만, 대부분은 이 대서양림을 사나운 짐승들이 우글거리고, 움직이는 데 방해가 되거나, 베어다 쓸 자원 정도로만 생각했다. 사실 이들은 대서양림이 나무로 이루어져 있다는 사실을 똑바로 보지 못했고, 이 나무들이 거의 없어질 때까지도 그 사실을 깨닫지 못했다. 이 때문에 이들의 경제적 셈속은 항상 근시안적이었다. 몇 세기 동안 브라질 사람들은 후손들에게 넘겨줘야 할 유산을 파먹고 살았던 것이다.

　엄밀히 말해 사람은 그렇게 빽빽한 대서양림 **속에서는** 살 수 없다. 그 안에서 살기 시작하는 순간 숲을 베어 버려야만 하기 때문이다. 그러나 나무들과 함께 살 수는 있다. 약 400세대 동안 브라질 원주민들은 숲과 함께 살아 왔다. 이들은 주로 사냥과 채집으로 먹는 문제를 해결했지만 세련된 화전식 농업도 병행하고 있었다. 불을 질러 숲과 관목을 파괴하긴 했지만 이 농법을 쓰면 몇 년마다 새로운 숲으로 옮겨 다녀야 했기 때문에 나무가 다시 자라날 수 있었다. 그렇게 넓은 땅에 원주민 인구라고 해

봐야 300만 명이 채 안 되었기 때문에, 드문드문 흩어져 있던 원주민 정착지들은 숲에 그다지 많은 피해를 주지 않았다. 그리고 먹을 것의 상당 부분을 물고기와 숲 속의 사냥감에 의존했기 때문에, 사냥감이 줄어드는 것으로 한곳에 너무 오래 머물러 있었다는 것을 알 수 있었다. 이렇게 해서 그 지역의 동물군은 조만간 다시 회복됐다.

이윽고 이 땅에 근대적으로 계몽된 포르투갈인들이 나타났다. 첫 한 세기가 거의 다 갈 때까지 포르투갈인들은 원주민들이 하던 방식대로, 그리고 원주민 노동력으로 숲에서 자원을 뽑아냈다. 그러나 그들의 방식은 생산이 아니라 약탈이었다. 몇몇 포르투갈 식민주의자들, 특히 신부들은 신세계에 경건한 정착민 사회를 건설하고 싶어 했다. 그들은 이 식민지의 이름을 '성십자가'(Holy Cross)라고 붙였다. 하지만 다른 나라에서는 이곳 식민지의 실상을 제대로 파악하고 있었고, 그래서 이 식민지는 성십자가라는 이름 대신 대서양림에서 베어낸 교역품의 이름으로 알려지게 되었다. 그 상품은 적색 염료를 만드는 데 사용되는 브라질우드(brazilwood)였다. 처음 한 세기 동안 6,000평방킬로미터에 이르는 대서양림이 브라질우드 교역의 영향을 받았다. 하지만 대서양림이 워낙 넓어서 아직 피해가 심한 것은 아니었다.

16~17세기 동안 포르투갈인들은 조금 비틀린 방식이기는 했지만 대서양림의 복원에 얼마간은 기여하게 된다. 그 무렵이면 이미 대부분의 투피(Tupi)족 원주민들은 질병과 노예사냥 때문에 거의 멸종된 상태였다. 여기서 살아남은 사람들은 보통 깊은 숲 속으로 숨어들었는데, 포르투갈 노예 사냥꾼들에게 발각될까봐 농사짓기를 극도로 꺼렸다. 결국 원주민 농업은 사실상 전면 중단되었고 그만큼 숲이 회복될 수 있었다.

1700년에는 약 30만 명의 포르투갈인들이 브라질 해안가에 바짝 붙어서 살고 있었다. 이들은 토착 작물들을 원주민들의 농법대로 재배하는 대신 대서양 연안 섬에 건설했던 식민지 경제, 즉 노예노동에 기초한 설탕 경제를 그대로 브라질에 도입했다. 이를 위해 정치적 특권 계급에게 땅을 뭉텅이로 나눠주었다. 살바도르 다 사(Salvador da Sa)라는 사람은 무려 1,300평방킬로미터의 땅을 받기도 했다! 그러나 사실 포르투갈 정부는 식민지 토지를 제대로 통제하지 못하고 있었다. 결국 땅을 점령해서 계속 지킬 능력이 있는 사람들에게 소유권이 돌아갔다. 그 결과 식민지에서는 약탈적 계급 사회가 수립되어 소수가 토지를 독차지하고 나머지 다수는 약간의 법적 자격만 가진 채 소수를 위해 일하고 있었다. 그리고 농사는 점차 아프리카 출신 노예들의 몫이 되어 갔다. 포르투갈인들도 본국에서는 꽤 여러 세대 동안 직접 농사를 지었고, 아프리카 노예들 역시 꽤 능숙한 농부들이었는데도 이 신세계의 노예 사회에서는 땅을 존중하지 않았다. 유럽인은 새로운 종교와 언어를 들여왔고, 외국 작물과 외국인 노동자들을 수입해 왔으며, 외국 시장을 겨냥한 상품 생산이라는 개념을 강요했다. 겉으로는 기독교로 원주민들을 '개명' 시킨다는 자못 근대적인 사명감 따위를 내세우고 있었지만, 농법은 원주민들에게서 배운 '베고 불태우는' 방법을 그대로 쓰고 있었다. 땅에서 필요한 것을 빼먹고는 바로 내팽개쳐 버린 것이다. 그러나 나중에는 인구 밀도가 5~6배 정도 늘고 땔나무도 그만큼 많이 필요했기 때문에 해변에 가까웠던 일부 대서양림은 회복될 시간이 없었다. 그리고 유럽인들이 사냥을 하지 않고 가축들을 들여온 것도 대서양림에는 땔나무만큼이나 치명적이었다. 돼지와 소, 염소, 말, 노새 따위에게 숲은 피난처가 아니라 위협일 뿐이었다. 정착민들은 이 가축들을 위해 나무들을 베어내고 목초지를 만들었다. 이 때문에 대서양림 파괴는 한층 더 빨라졌다. 그러나 1822년 브라질이 독립했을 때도 대서양림의 대부분은 아직 남아 있었다. 당시 브라질 전체 인구는 기껏해야 5백만 명 정도로, 현재 상파울루시 인구의 3분의 1도 되지 않는 수준이었다.

　대서양림의 더 깊은 내륙 쪽을 공격한 것은 또 다른 외국 작물인 커피였다. 커피가 들어온 것은 18세기 말인데, 1900년이 되면 브라질의 커피 생산량은 나머지 세계의 전체 생산량을 뛰어넘게 된다. 보통 커피는 '근대적' 작물로, 브라질의 커피 재배농들은 계몽된 기업가로 알려져 있지만 사실 브라질의 커피 재배 방식을 농업이라고 할 수는 없었다. 브라질에서 광부를 가리키는 단어 라브라도(lavrador)가 농업 노동자들을 부를 때도 사용되는 것은 우연이 아니다. 커피 농사를 지으려면 우선 나무들을 되는대로 잘라낸 다음 불을 놓는다. 그리고 그루터기 주변에 커피 묘목을 심으면 된다. 이렇게 하면 그늘도 생기지 않고, 비료를 주지 않아도 된다. 곡괭이만 있으면 다른 연장 따위는 필요도 없다. 20~30년이 지나면 커피나무들이 처녀림의 자양분을 모두 빨아먹는다. 이제 이 커피나무들을 버려두고 다른 곳으로 옮겨갈 차례다. 이렇게 해서 커피 농장은 목초지로 버려지는데, 그나마 완전히 벌거벗은 황무지가 될 때도 많았다. 이것이 경작이라기보다는 땅을 황폐화시키는 편에 더 가깝다는 점은 경작자들 스스로도 인정하고 있었다. 20세기 초 대표적인 커피 생산 지역인 미나스제라이스주에서는 개간되지 않은 삼림지대가 커피 경작지보다 **70퍼센트 정도 더** 비쌌는데, 그것은 숲의 토양이 훨씬 기름졌기 때문이다. 브라질이 세계 저가 커피 시장을 거머쥘 수 있었던 것은 순전히 땅이 싸고 비옥했던 덕분이다. 누구도 이 살아 있는 '자본'의 감가상각이나 교체 비용 따위를 계산해 본 적이 없다. 이런 의미에서 커피 재배농들은 성찬은 자신들이 즐기면서 그 청구서는 미래 세대에게 떠넘긴 것이다.

　대서양림은 재생 가능한 자원이 아니었기 때문에 그 청구 금액은 만만치가 않았다. 남벌은 실제로 엄청난 결과를 낳았다. 리우데자네이루만(灣) 주변의 홍수림이 잘려나가자 먹이가 줄어든 조개류와 물고기의 수가 줄어들었다. 뿐만 아니라 만으로 흘러들던 강줄기들은 침적토 때문에 물길이 끊겼다. 이에 따라 대부분의 해상 교통이 중단되었고 고여 있는 강물 때문에 말라리아의 위협이 더욱 커졌다. 다른 곳에서는 수풀의 파괴로 주기적인 가뭄이 시작되었고 기온도 상상을 초월할 정도로 올라갔다. 이에 따라 상당수의 동식물들이 사라져 버렸다.

약탈을 주로 자행한 것은 무지한 인디오들이나 유럽 식민주의자들이 아니었다. 커피 재배농의 원시적 농법 역시 주범이 아니었다. 그보다는 현대적 기술이 대서양림의 파괴를 가속화했다. 바로 철도가 등장하면서 멀리에 있는 대서양림까지 사람이 들어갈 수 있게 되었던 것이다. 이 때문에 커피 재배농들은 이전보다 빨리 기존 커피 농장을 버리고 더 먼 곳의 처녀림 공략에 나설 수 있었다. 그리고 철도 자체도 침목과 연료로 엄청난 나무를 먹어치웠다. 또 철도는 다른 산업, 특히 제련업의 성장을 촉진했는데, 이는 철도 덕분에 목탄을 구할 수 있는 땅이 더 넓어졌기 때문이다.

브라질 정부는 가난한 데다 취약했고 지주 계급이 장악하고 있었기 때문에 자기 땅에 있는 대서양림을 보호할 의사도, 능력도 없었다. 1930년대에 인민주의적 정권이 들어서면서 이런 상황은 바뀌게 되었고, 1970년대가 되면 대서양림이 무한한 자원이라는 생각도 변하기 시작한다. 이후 자연보호 구역을 만들거나 공유지에 관한 보호 조처 등 얼마간의 움직임이 일기는 했다. 그러나 대서양림의 파괴 속도는 거의 줄어들지 않았다. 브라질의 극심한 사회적 불평등에 대한 처방이라는 것이 부의 재분배가 아니라 경제 성장을 강조하는 쪽으로 가닥을 잡았기 때문이다. 이런 사고 방식에 따르면 대서양림은 조상에게 받아서 후손에게 물려줘야 하는 귀중한 유산이 아니라 '아직 개발되지 않은 자원'일 뿐이다. 대서양림의 모든 동식물은 인간이 이득을 챙기고 약탈하기 위해 존재하는 것이다. 인민주의자들과 심지어 좌파조차도 다른 종에 대해 오만하다는 점에서 보수파와 다를 것이 없었다. 이들은 자연보호란 부자 나라들의 사치품일 뿐이라고 주장했다. 가난한 나라들은 나날이 늘어가는 인구를 먹이기 위해 더 많은 나무를 베어내야 하고, 땅 자체가 피폐해지는 것 따위에는 신경을 쓸 필요가 없다는 것이다.

물론 처음 듣는 얘기는 아니다. 다른 곳에서도 사람이 오랫동안 밀집해 살아온 정착지에서는 오래전에 수풀이 사라졌기 때문이다. 역사가 워런 딘(Warren Dean)은 신랄하게 지적하고 있다. "남아메리카는 산림 사학자들에게는 가장 신선한 전쟁터이다. 싸움에서 진 쪽은 아직도 묻지 못한 채 널브러져 있고, 승리자들이 패자를 약탈하고 불태우며 돌아다니고 있는……." 오늘날 남아 있는 대서양림은 기껏해야 원래의 8퍼센트 정도이다. 우리 아이들에게 돌아갈 그나마 얼마 남지 않은 대서양림이 허술한 식물원으로 처박히기 전에 그 가치를 인정받게 될지가 궁금할 따름이다.

2 통통 튀는 고무 이야기

1876년 3월 28일 이른 아침 브라질의 상타렘(Santarém)에서 헨리 위컴(Henry Wickham)이란 영국인이 런던행 영국 화물선 아마조나스(Amazonas)에 종류를 알 수 없는 씨앗을 실었다. 훗날 이 사건의 전모를 궁금해 하는 사람들에게 위컴 — 갖가지 떳떳하지 않은 일에 손을 댔던 이 무역상은 자기 과시에 남달리 집착하는 사람이었다. 다시 말하면 그다지 믿을 만한 사람이 아니었다 — 이 들려주는 얘기는 이렇게 각색되어 있었다. '브라질 포함(砲艦)이 삼엄하게 경계를 펴는 가운데 국외 반출이 금지된 그 씨앗을 몰래 배에 실었고, 그로부터 얼마 뒤 벨렘(Belém: 파라주의 주도)에서는 브라질 세관원들을 교묘히 속인 끝에 씨앗을 빼내 올 수 있었다.' 어쨌든 씨앗이 런던에 도착하자 식물학자들이 곧바로 씨앗을 큐 왕립식물원(Kew Garden)에 옮겨 심었다. 그 다음은 자연이 알아서 처리했다. 드디어 싹이 텄고, 이렇게 해서 당시까지만 해도 중남미에서만 자라던 고무나무들이 런던에서 태어나게 된 것이다. 이 나무들 중 일부는 말라야(Malaya)에 이식되었고, 나중에는 동인도 제도의 유럽 식민지들에까지 전해졌다. 그리고 제1차 세계대전이 터질 무렵에는 그때까지 브라질이 지배하고 있던 세계 고무 시장을 이 유럽의 식민지들이 접수한다.

위컴의 이야기가 알려지면서 영국은 그에게 기사 작위를 내렸지만, 브라질의 민족주의자들은 끝 모를 분노로 이를 갈았다. 이 영국 '모험가'의 행각이 그가 말한 대로 과연 모험담인지 아닌지는 몰라도, 고무나무가 전 세계에 퍼짐으로써 실로 엄청난 결과를 낳은 것만은 사실이다. 브라질의 고무 왕국이 시들어가다 끝내 몰락한 것은 그중 하나일 뿐이다.

그러나 사람들은 1820년 스코틀랜드의 찰스 매킨토시(Charles Macintosh)가 고무 용매를 발견하고, 1839년 미국의 찰스 굿이어(Charles Goodyear)가 가황처리법을 개발할 때까지는 고무가 도대체 어디서 재배되고 있는지 따위에는 관심조차 갖지 않았다. 고대 마야와 아스테카에서는 종교 제의(祭儀)의 하나로 고무공을 치는 경기가 있었고, 유럽인들도 오래전부터 고무의 특별한 성질을 알고 있었다. 그러나 매킨토시와 굿이어 이전의 고무는 기후에 너무 민감했다. 더울 때는 녹아 버렸고, 추울 때는 쉽게 부서졌다. 매킨토시의 용매처리법과 가황처리법이 개발되자 특유의 불투과성 때문에 고무는 ('매킨토시'라는 이름으로 알려진) 비옷, '러버스'(rubbers)라는 이름의 장화, 그리고 콘돔과 같은 개인용 방수 용품 등을 만들 때 이상적인 재료가 되었다. 그러나 엄청난 고무 수요가 발생해 생산에 혁명을 일으키고 전 세계 사람들을 고무의 영향권 안에 끌어들이기까지는 19세기에서 20세기로 넘어갈 무렵의 자전거 열풍과 존 던롭(John Dunlop)의 공기 주입 타이어 발명, 그리고 좀 더 나중의 자동차 보급 따위를 기다려야 했다.

처음에 고무 생산은 세계 수요를 따라갈 만큼 빨리 늘어나지 못했다. 이에 따라 고무 가격은 아찔할 정도로 폭등했다. 그러나 당시의 고무 무역상들이 공급을 늘리기 위해 할 수 있는 일은 별로 없었다. 고무 채취 과정 자체가 워낙 더뎠기 때문이다. 자연 상태의 고무나무들은 채취가 편하게 밀집해 자라지 않고 그 광활한 아마존 열대우림 전체에 드문드문 퍼져 있었다. 세링게이로스(seringueiros)라고 알려진 고무 수액 채취꾼들은 밀림 사이로 난 좁은 길을 따라 몇 마일씩 돌아다니며 수액을 모으고 있었다. 당연히 채취 과정이 느리고 비효율적일 수밖에 없었다.

생산을 늘릴 간단한 방법은 채취꾼을 더 많이 고용하는 것이었다. 고무 무역상들은 그 방법을 썼고, 혼자서 일하다가 고무 무역상들과 계약을 맺는 세링게이로스들이 갈수록 늘어나면서 더 멀리 떨어져 있는 아마존강의 지류들까지 훑고 다닐 수 있게 되었다. 그러나 채취꾼을 찾는 일도 어려웠다. 기후와 질병 때문에, 그리고 가치 있는 천연 자원이 없었기 때문에 아마존 일대에는 사람들이 거의 살고 있지 않았다. 그나마 이 지역에 살던 사람들은 대부분 원주민이었는데, 이들은 돈에 관심이 없거나 이미 다른 데 고용되어 일하고 있었다. 그러나 고무는 이런 것에 개의치 않았다. 어쨌든 이곳 원주민들은 아마존이 세계 경제에 통합되면서 희생되고 말았다. 콜럼버스 이전 원주민 문화의 마지막 거점이었던 아마존 일대가, 유럽화된 세링게이로스들이 밀림에 들여온 질병이나 무기 앞에 맥없이 쓰러지고 만 것이다. 운이 좋아 죽음을 면한 원주민들 중 일부는 노예 상태에서 강제로 고무 수액을 채취해야 했다. 그리고 나머지 생존자들은 아마존 깊숙이 더 외딴 곳으로 들어가 살았다.

그러나 인디오들이 고무를 채취했던 경우는 대단히 드물었다. 그보다는 인구가 많고 건조했던, 그리고 당시에는 먹을 것을 구하려고 혈안이 돼 있던 브라질 북동부 지역에서 세링게이로스들을 고용할 때가 훨씬 더 많았다. 1878년과 1881년 사이에 모든 걸 말려 버릴 듯한 가뭄이 계속되었고, 1889년에 또 한 차례의 가뭄이 북동부 지역을 엄습하면서 수십만 명이 굶주리거나 굶어 죽었고, 수십만 명이 먹을 것을 찾아 고향을 떠나야 했다. 이들은 마침내 아마존의 고무나무 숲 지대에까지 이르렀다. 굶어죽게 생긴 이들에게는 밀림에 도사리고 있는 말라리아를 비롯한 열대 질병도 무서울 게 없었다.

고무 붐 때문에 많은 사람들이 숱한 고통을 겪었지만 아마존 유역의 주요 도시들은 유례없는 호시절을 구가하고 있었다. 브라질 해안에서 아마존강을 거슬러 900마일쯤 되는 곳에 있는 마나우스(Manaus) 같은 도시에서는 동화에 나올 것 같은 거대하고 화려한 저택들이 불쑥불쑥 솟아올랐다. 그중에서도 제일 환상적인 건물은 개장일 저녁 엔리코 카루소(Enrico Caruso)가 노래를 불렀던 마나우스 오페라하우스였다. 벼락부자가 된 마나우스 대상인들의 낭비벽이 얼마나 심했는지 세탁물을 프랑스에서 빨아 왔다는 얘기가 전해질 정도다.

고무 붐이 가져다준 부는 국경도 바꿔 놓았다. 사실상 사람이 살지 않던 미지의 광활한 열대 우림 지역들이 큰 돈벌이를 안겨 주자 그 주변국들이 잇따라 소유권을 주장하기 시작했다. 가장 유명한 분쟁 지역은 고무가 많이 나던 볼리비아의 아크레(Acre)주였다. 볼리비아 고지 주민들도 이 지역에서는 살지 않았기 때문에 볼리비아 정부는 한 미국 기업에 이 지역을 임대하려고 했다. 임대료를 받는 조건으로 주권을 제외한 모든 권리를 넘겨주려는 것이었다. 이에 대해 이웃의 브라질계 주민들은 격렬하게 반대했다. 그 지역을 실질적으로 점유하고 있던 것은 브라질 사람들이었기 때문에 볼리비아 정부로서는 미국 기업과 맺은 합의를 깨는 것 말고는 달리 길이 없었다. 그러나 이들 브라질계 '무단 거주자'들은 그것으로 만족하지 않고 아예 독립을 선포해 버렸다. 이후 몇 차례의 짧은 군사적 충돌과 외교적 설전이 오간 끝에 이 지역은 브라질에 합병되었다.

위컴(Wickham)의 절도로 광기 어린 '검은 황금' 러시는 조만간 끝나게 된다. 유럽의 자본이 돈을 대고, 유럽 식물학자들이 감독하고, 동남아시아의 풍부한 노동력이 생산을 담당하던 동인도 제도의 플랜테이션들은 얼마 지나지 않아 남아메리카의 생산을 앞질렀다. 브라질의 노동집약적 야생 고무 채취는 산업화된 플랜테이션 생산 방식과는 상대가 되지 않았다. 또 제1차 세계대전과 제2차 세계대전은 오늘날 세계 고무 수요의 대부분을 충당하고 있는 합성고무를 발명하는 데 큰 자극을 주었다. 1960년에 브라질은 세계 고무 생산량의 2퍼센트만을 생산하고 있었고, 사실상 국내 고무 수요의 대부분을 수입하거나 석유에서 합성해 해결하고 있었다.

그렇다고 해서 브라질이 항상 비극의 주인공이었던 것은 아니다. 세계 교역이 결국 브라질로부터 고무 산업을 빼앗아 간 것은 사실이지만, 브라질의 커피와, 설탕, 콩 따위를 내다팔 시장을 제공하기도 했기 때문이다. 후일 고무가 지나다닌 길을 닦은 것은 바로 이 외국 작물들이었다.

3 황금이 가져다준 불행, 캘리포니아의 개척자 존 서터

1803년, 지금의 스위스와 독일의 국경 근처에서 태어난 존 서터(John Sutter)는 뼛속까지 시골 사람이었다. 포목상에서 일하여 네 아이를 부양하면 그럭저럭 안정된 부르주아의 삶을 살 수 있었다. 그러나 상상력이 풍부하고 매력적이며 야망도 있지만 장삿속은 부족했던 그는 결국 바다를 건너 대륙을 가로지른다.

　서터는 채권자들에게서 달아나 가족을 등지고, 1834년 당시 미주리 땅이던 서부 개척지로 향한다. 유럽 혈통이라는 것과 네 가지 언어를 말한다는 것, 그리고 구대륙에서 왔다는 매력은 어디서든 쓸만했다. 그는 그 당시 한창이던 모피 무역 바람을 타 볼 셈으로 돈을 빌려 교역 물자를 마련해서 그때까지 멕시코 땅이던 산타페(Santa Fe)로 출발했다. 그가 평생 기본으로 삼은 삶의 방식을 확립한 것은 거기서였다. 그러던 중, 동업자 하나가 서터를 속이고 모피를 빼돌렸다. 그러나 서터는 서부에서 얻을 수 있는 이점을 포기하지 않았다. 대신 다시 채권자들을 피해, 전에 들어본 적 있는 캘리포니아란 곳을 향해 길을 나섰다.

　그가 캘리포니아까지 간 길을 짚어 보면 그 당시 멕시코가 얼마나 먼 오지에 속했고 지금으로 치면 얼마나 많은 나라에 걸쳐 있었는지가 나타난다. 서터는 육로로 밴쿠버까지 가서 서부 해안에 있던 영국 허드슨 베이 컴퍼니(Hudson Bay Company)의 여러 교역소와 항구로 갔다. 황량한 사막길을 걷지 않기 위해서였다. 그러나 캘리포니아는 아직 멀리 있었다. 그는 몇 주를 기다린 끝에 환태평양 지역에서 왕성하게 세력을 펼치던 하와이 왕국 행 배에 올랐다. 그러고는 목적지까지 가는 동안 배가 멈출 때마다 친구를 만들고 추천서를 받아서 다음 경유지에서 사용했다. 그는 하와이에서 넉 달을 지낸 뒤 그 당시 러시아 땅이던 알래스카 싯카(Sitka)로 돌아갔다. 그리고 미주리를 떠난 지 21개월이 지나서야 마침내 캘리포니아 몬터레이(Monterrey)에 발을 내디뎠다. 비록 빚쟁이 신세였지만, 거기서 그는 멕시코 관리들 앞에 소개장을 내보이며 과거의 위업과 장차의 계획을 늘어놓았다.

　30만 명의 아메리카 인디언과 1만5천 명의 멕시코 사람들이 살던 벽지의 캘리포니아는 오염되지 않은 땅이었다. 사람들은 거의 자연 경제에만 의지해 살아갔다. 우편도 은행도 없고, 소가죽을 팔아 생계를 이었다. 그러나 서터는 포부가 컸다. 금광을 개발하거나 교역을 할 생각은 없었지만, 캘리포니아의 목축 위주 소규모 경제를 농업과 산업 경제로 탈바꿈해보겠다고 했다.

멕시코 정부는 서터의 정착 계획을 두 팔 벌려 환영했다. 영국과 러시아, 미국의 교역자들이 다가와 호시탐탐 땅을 눈독 들이는 탓에 겁을 내고 있었기 때문이다. 정부는 새크라멘토강(Sacramento River) 유역에 있던 5만 에이커(약 6,100만 평)가량의 황무지를 그에게 내주었다. 서터는 미국 시민권자로 아직 멕시코 시민권이 없었지만, 자신의 고향 땅 이름을 따서 이 식민지를 뉴헬베티아(New Helvetia)로 명명하고 유럽 이민자들을 데려오겠다고 했다. 멕시코 사람들은 그제야 경계심을 내려놓았다. 그는 인디언의 습격을 막기 위해 대형 요새를 짓기 시작했고, 기름진 땅에 갖가지 콩과 밀, 옥수수, 포도를 심었다.

서터는 '문명화'라는 멋진 개념을 들여와 새크라멘토강 유역에 관개와 운송을 도입했다. 또한 포트로스(Fort Ross)에서 여러 장비를 사들였는데, 모두 러시아 사람들에게서 온 것들이었다. 그는 멕시코 정부 관할지의 책임자이기도 했다. 여권을 발급하고 결혼을 집행했으며 땅문서를 배포했다. 인디언 보호를 책임졌으며 대위로 민병대를 지휘했다. 그는 영어와 스페인어, 독일어, 서툰 미워크어(Moquelumnan: 인디언 언어의 일종 - 옮긴이)로 225명의 병사를 지휘했다. 병사들은 러시아 사람들이 버린 헌 군복을 입었지만, 그들은 곧 그 땅의 법과 같았다. 그가 (높이 5.4미터, 두께 3미터의) 튼튼한 방책(防柵: 적의 침입을 막기 위해 세운 울타리 - 옮긴이)에 설치한 대포 중에는 모스크바에서 들어온 것도 있었다. 나폴레옹의 군대가 모스크바를 점령하려다 실패한 뒤 두고 간 물건이었다. 사람들은 서터를 행운의 '군인'으로 불렀지만, 그는 평화와 질서를 좋는 사람이었다. 서터는 자신의 땅을 식민지 주민들에게 판 뒤 그들의 농장이 번창하면 그들에게 물건을 팔고 싶었다. 그는 어느 날 갑자기 이뤄지는 성공이 아니라 건실한 개발을 꿈꾸는 사람이었다.

그러나 그런 목표 탓에 그의 입지에는 모순이 생겼다. 그는 멕시코 관리들에게서 얻은 좋은 평판 덕에 땅과 지위를 얻었지만, 멕시코에는 그 땅에서 일할 사람이 충분치 않았던 것이다. 그래서 그는 그 당시 물밀듯 미국으로 들어오던 유럽과 하와이 이주민이 필요했다. 서터가 그랬듯, 모피를 얻기 위해 서부 해안으로 밀려드는 미국인도 점점 늘고 있었다. 그러나 그들이 꿈꾸는 건 개발이 아니라 일확천금이었다. 이런 불안정한 상황이 혼재되면서 새로운 정착촌이 생겨나고 있었다.

그러나 서터는 거기서 멈추지 않았다. 그는 제분소를 세우고 러시아 사람들한테 밀을 팔았다. 포도주와 아구아르디엔테(aguardiente: 포르투갈과 스페인의 브랜디 - 옮긴이) 제조용 포도를 심었다. 그리고 자신이 계획하는 여러 새로운 정착촌에서 쓸 자재를 대기 위해 아메리칸강(American River)에 제재소를 세웠다.

제임스 마셜(James Marshall)이 사금파리를 찾은 것은 이 제재소에서였다. 마셜은 서터에게 그것들을 가져갔다. 그러나 서터는 금을 알지 못했다. 금에 대해서는 생각해 본 적도 없던 서터는 가지고 있던 《아메리카나 백과사전(Encyclopedia Americana)》을 펼쳐 들고 '금'이란 것을 찾아보았다.

서터는 기쁘지 않았다. 그는 '그것에 걸린 저주'를 깨달았고, 금은 곧 자신의 '계획을 무참히 방해할' 존재임을 알아보았다. 그리고 이윽고, 금의 발견은 곧 자신의 몰락을 뜻한다는 생각을 굳히게 되었다. 그러나 금을 찾기도 전에 서터의 정착촌은 무너지고 있었다. 미국이 1848년에 알타 캘리포니아(Alta California)를 점령했기 때문이었다. 사실 이것은 서터가

1850년경 캘리포니아 콜로마의 서터 제재소 앞에 선 제임스 마셜
출처: 미국 의회 도서관

바라고 바라던 상황이었다. 그러나 서터의 정치적인 영향력은 몰라보게 줄어 버렸고 새로운 정부는 서터가 가지고 있던 땅의 소유권을 거의 인정해주지 않았다. 거기서 끝이 아니었다. 서터는 금이 발견된 사실을 비밀에 부치려고 했지만, 1849년이 되자 사람들은 벌떼처럼 캘리포니아로 모여들었고, 상황은 완전히 달라져 버렸다. 사람들은 서터의 땅에 눌러앉았고, 금을 찾아 그의 땅을 파헤쳤으며, 그가 돌보던 가축들을 도살했고, 그가 데리고 일하던 인디언 노동자들을 학대했다. 서터의 요새는 사람들로 발 디딜 틈이 없었고, 서터는 급기야 요새를 포기했다. 견고하던 요새는 목재가 필요하다는 이유로 해체되었다.

서터는 적기에 적소에서 선견지명을 펼쳤지만, 정작 그 모든 일의 주인공이 될 수는 없었다. 그는 개척지의 경계는 넓혔지만, 새로운 사업 환경을 잘 이용하지는 못했다. 장사꾼답게 광부들을 발굴해냈어야 했지만, 동업자들은 끊임없이 그를 앞질러 갔다. 자신의 땅에 도시를 계획하며 '서터빌(Sutterville)'이란 이름도 지어 뒀지만, 그 땅이 넘어가 다른 사람 손에서 개발되어 '새크라멘토(Sacramento)'로 불리는 것을 두 눈으로 확인해야 했다. 서터는 파산 직전에 무너진 가슴을 안고 캘리포니아를 떠나 동쪽으로 가서 펜실베이니아에 정착했다. 그리고 거기서 얼마 안 되는 연금을 받으며 근근이 생계를 이어갔다. 물론 그가 캘리포니아 드림 앞에 좌절한 마지막 사람은 아닐 것이다.

4 술과 돈이 흐르는 땅, 캘리포니아

애초 제임스 마셜(James Marshall)이 동료들에게 존 서터(John Sutter)의 제재소를 짓고 있던 강가에서 금을 본 것 같다고 말했을 때 그들은 그런 일이 있었냐는 듯 어깨를 한 번 으쓱하고는 하던 일을 계속했다. 그뿐이었다. 그러나 다음번에는 전 세계가 그의 말을 경청했고, 얼마 지나지 않아 캘리포니아 ─ 마셜이 금을 발견한 지 9일 뒤 멕시코가 미국에 할양한 ─ 라는 변경 지대로 사람들이 물밀듯 몰려들었다.

1848년 초 비원주민 거주자가 약 1만5천 명뿐이던 캘리포니아가 2년 뒤에는 10만여 명, 4년 뒤에는 25만 명이 사는 벌집처럼 붐비는 곳으로 변해 간 얘기는 잘 알려져 있다. 잊혔던 바다, 태평양 연안에서 꾸벅꾸벅 졸고 있던 인구 850명의 샌프란시스코 이야기도 이와 비슷하다. 이 도시는 야한 화장을 한 창부가 되었다가 우아한 요조숙녀로 변해 갔다. 그 사이 도시의 여러 언덕과 해안은 3만 명 이상의 새로 온 이주자들로 가득 찼다. 캘리포니아는 존 서터가 성공한 이상으로 번창했다. 그러나 마셜의 금 몇

조각이 세계 경제에 어떤 영향을 미쳤는지는 많이 알려지지 않았다. 할리우드가 세계인의 상상력을 자극하기 훨씬 오래전에, 디즈니랜드 그 이전에, 히피들과 여피들 그리고 서퍼들 이전에 '캘리포니아 드림'은 전 세계를 사로잡았던 것이다.

사실 캘리포니아에는 외국인들이 먼저 도착했다. 서터의 제재소에서 노다지가 터졌다는 소식은 미국 동부해안이 캘리포니아발 황금 열병에 감염되기 훨씬 전부터 외국인들에게 알려졌다. 거리가 멀었던 데다 교통도 좋지 않아 캘리포니아는 미국의 대서양 연안보다는 태평양의 다른 나라들과 더 가까웠다. 유명한 정찰병 키트 카슨(Kit Carson)처럼 거칠 것 없는 여행가도 워싱턴에서 이 소식을 듣고 캘리포니아까지 오는 데 세 달이나 걸릴 정도였다. 초기 미국 동부해안에서 서쪽의 캘리포니아로 떠났던 대부분의 사람들은 배를 타고 남아메리카의 혼 곶(Cape Horn)을 돌아가거나 포장마차를 타고 평원을 건넜는데, 어느 쪽이든 카슨보다 시간이 두 배쯤 더 걸렸다. 따라서 마셜이 금을 발견한 지 열 달이 다 되어 갈 때까지도 뉴욕에서는 황금 열병이 발생하지 않았다. 그 소식이 뉴욕에 전해질 무렵에는 소노라(Sonora)주를 출발한 약 5천 명의 멕시코인들이 이미 사막을 건너고 있었다. 혼 곶을 지나느라 남아메리카 해안을 항해하던 배들로부터 그 소식을 들은 칠레와 페루에서는 수천 명이 골드러시에 합류했다. 하와이나 타히티에서도 수백 명의 탐광자들을 캘리포니아로 보냈다. 당시 호놀룰루의 한 신문은 캘리포니아에 대해 이렇게 적고 있다. "캘리포니아가 젖과 꿀이 흐르는 땅은 아닐지 모르지만 술과 돈이 넘쳐나는 것만은 사실이다. 그리고 어떤 사람들은 이 편을 더 좋아한다."

더 먼 곳에서는 당연히 이 소식을 늦게 들었다. 그러나 이들조차도 재빨리 움직인 덕분에 서쪽으로 몰려가는 동부해안의 미국인들과 합류할 수 있었다. 금이 발견되고 1년 사이에 36척의 배가 2천 명 이상의 프랑스인들을 실어 날랐다. (루이 나폴레옹은 실업 상태에 있던 위협적인 프롤레타리아들을 캘리포니아의 금광으로 내쫓고 싶어 했다. 그는 그 비용을 마련하기 위해 국민복권을 발행했고 마침내 거의 4천 명에 이르는 백성들을 미국으로 보냈다.) 오스트레일리아 노동형을 선고 받았던 수십여 명의 영국인 기결수들도 오스트레일리아 대신 샌프란시스코만으로 실려 갔는데, 그들은 이곳에서 악명을 떨치는 범죄 집단을 형성했다. 미국인을 제외하고 단일 민족으로 수가 가장 많았던 것은 중국인들이었다. 중국은 대양 건너편에 있는 나라였지만, 대양은 장애물이 아니라 일종의 고속도로였다. 당시의 쾌속 범선들은 30일 정도면 태평양을 건널 수 있었기 때문이다. 5년 사이에 약 4만 명의 광둥 출신 중국인들이 (일종의 강제 노역 계약인) 크레디트-티켓제(credit-ticket system)를 통해 미국으로 건너왔다. 1860년대가 되면 이들은 캘리포니아의 금광들을 통틀어 가장 강력한 민족 집단을 형성하게 된다. 이렇게 해서 25개국에서 온 외국인들이 캘리포니아 전체 인구의 4분의 1을 차지하게 된다.

이들 '포티나이너'(forty-niners)*들은 이 1848년에서 1860년 사이에 앞선 150년 동안 전 세계에서 채굴한 것보다 더 많은 금을 캐냈다. 그러나 캘리포니아의 금은 빠르게 외국으로 흘러나갔다. 골드러시 초기 캘리포니아는 필요한 거의 모든 것을 동부해안 가격보다 열 배 이상 비싸게 주고 수입해서 썼기 때문이다. 캘리포니아에서 흘러나온 금 덕분에 30년 동안 계속되어 온 세계 경제의 디플레이션이 완전히 역전되었다. 화폐 주조는 6~7배가량 늘어났다. 이에 따라 1850년에서 1870년 사이에 전 세계 교역량이 거의 세 배나 늘어나면서 역사상 유례없는 국제 교역 열풍이 일어났다. 세계 여러 통화들의 본위화폐로 은을 몰아내고 금을 등극시키는 데

---

* 포티나이너: 1849년 금이 발견되면서 캘리포니아로 이주한 사람들을 가리킨다.

도 캘리포니아산 금이 큰 역할을 했다.

　캘리포니아처럼 이전에는 무시해 버렸던 지역이 드디어 엄청난 구매력을 갖게 되자 교통 쪽에서도 혁명이 일어났다. 미국만을 놓고 보면 당연한 것이지만 서쪽 해안의 매력은 미 대륙 횡단철도의 건설을 크게 앞당겼다. 마침내 1869년 미국 동부와 유타주의 로건(Logan)시를 잇는 철도가 완성되었다. 그러나 캘리포니아의 부는 해운 쪽에 더 큰 영향을 미쳤다. 아메리카 대륙의 태평양 해안은 18세기 페루의 은이 말라 버리면서 사실상 세계 교역과 단절된 상태였다. 1년에 고작 배 몇 척 정도가 남아메리카와 중앙아메리카 해안을 오르내렸을 뿐이다. 그러나 이제는 일곱 편의 증기선 노선이 파나마(파나마에는1855년 철도가 이어져 지협을 건너는 시간이 다섯 시간 안쪽으로 줄어들었다)와 뉴욕, 캘리포니아, 남아메리카, 서인도제도, 유럽 사이를 운항하고 있었다. 니카라과와 멕시코, 혼 곶을 비롯해 다른 아메리카 대륙 횡단로들을 이용하는 수상 운송도 대단히 많이 늘어났다. 칠레와 페루는 캘리포니아라는 거대한 시장에 밀을 내다팔고 있었고, 얼마 전까지 졸고 앉아 있던 엘살바도르도 활발하게 교역에 나서고 있었다. 이렇게 운송이 확실해지고 요금도 내려가면서 엘살바도르와 코스타리카, 과테말라 서쪽 해안의 커피 재배농들은 유럽과 미국 동부해안으로 커피 수출을 시작할 수 있었다. 힐스 브로스(Hills Bros.)와 폴저스(Folgers)는 샌프란시스코에서 커피 로스팅을 시작했다.

　남미의 갑작스런 수출 붐 때문에 애꿎게 코피가 터진 쪽도 있었다. 중앙아메리카 동쪽 해안의 항구들이 폐기 처분당한 것이다. 그러나 더 심각한 것은 수출 붐으로 이득을 본 나라들에서 땅값이 올라가고 노동력 수요가 많이 늘어나면서 토지 소유의 집중과 억압적 노동관계, 원주민 수탈 따위의 일들이 이어졌던 것이다.

　서터의 제재소에서 발견된 금은 미국을 환태평양 지역으로 끌어들였다. 하와이가 미국 상업의 영향권 안으로 더 확실히 들어왔고, 이에 따라 양키 무역상들이 태평양 지역으로 과감하게 진출하는 일이 잦아졌다. 그로부터 반세기도 지나지 않아 하와이는 미국의 영토로 편입된다. 비록 미국 상인들이 그렇게 군침을 흘렸던 '중국 시장'은 이들의 기대를 충족시켜 주지 않았지만, 어쨌든 중국도 점차 미국인들과 거래를 늘려 나갔다. 오래전부터 외국인을 믿지 않고 교역을 꺼려 왔던 일본조차 1854년 페리 제독에 밀려 항구를 미국 상품에 개방했다.

골드러시는 미국이 바야흐로 새로운 국제적 지위를 갖게 되었음을 선포하는 신호탄이었다. 13개 식민지(영국과 독립전쟁을 벌인 13개 주 - 옮긴이)가 대서양 쪽에 몰려 있었기 때문에 아무래도 당시까지 미국은 유럽에만 신경을 쓰고 있었다. 그러나 이제는 동서 양쪽 해안이 공히 중요해지면서 미국의 경제적, 전략적인 관심사가 자연히 확대되었다. 또 중앙아메리카를 관통하는 운하가 미국의 국가적 통합에 중요한 문제로 떠올랐다. 그런 가운데 1857년 캘리포니아의 실패한 금광업자인 윌리엄 워커(William Walker)가 인기 있는 지협 통과 지점 중 하나인 니카라과의 대통령이 되었다. 그로부터 50년이 채 되지 않아 파나마운하 구역은 미국의 영토가 되었고 그 상태가 거의 100년 동안 지속되었다. 이와 함께 그 운하의 길목인 카리브해도 전략적으로 대단히 중요해졌다. 태평양(하와이, 괌, 일본)이 갑자기 미국 해안 쪽으로 바짝 다가선 형국이 되면서 태평양에서 벌어지는 일들에 미국도 각별한 관심을 갖게 되었다.

제임스 마셜은 그때 차라리 입을 다물고 있을 걸 하고 후회했을지도 모른다. 그가 지은 제재소는 한 번도 사용되지 않았고, 서터의 농업 제국은 황금에 눈이 뒤집힌 이주자들로 완전히 엉망이 되었다. 마셜은 파산해 무일푼으로 죽었고, 서터는 반대편인 북동쪽의 펜실베이니아주에서 세상을 떠났다. 그리고 스페인 식민지 개척자들의 후손들은 캘리포니아주의 남쪽으로 도망쳤고, 아메리카 원주민은 대부분 몰살당했다. 이렇게 마셜은 제재소를 짓는 대신 캘리포니아의 얼굴을 바꿔 버렸고, 새로운 세계 경제의 건설에 일조했던 것이다.

5 역사의 물결 속에 사라진 엘도라도

잉글랜드에 담배를 들여갔고 버지니아를 식민화하려 한 것으로 유명한 월터 롤리(Walter Raleigh) 경은 1595년에 《거대하고 풍요롭고 아름다운 기아나 왕국의 발견, 위대한 황금의 도시 마노아와 관련하여(*The Discovery of the Large, Rich, and Beautiful Empire of Guiana, with a Relation of the Great and golden City of Manoa*)》를 펴내고 큰 반향을 일으켰다. 롤리는 놀라울 만큼 섬세한 묘사로, 제국에는 "많은 백성이 살고 훌륭한 도시와 마을, 사원, 보화가 차고 넘친다."라고 서술했다. 또한 제국을 "현재 다스리는 황제는 위대한 페루 [잉카] 군주들의 후손"이라고 했다. 롤리는 믿기지 않을 만큼 큰 부(富)를 보고도 신이 났지만, 기아나 제국이 엘리자베스 여왕(Elizabeth I)에게 기회를 내렸다고 믿으며, 그것을 이용할 생각에 몹시 흥분해 있었다. 누구든 이 땅을 손에 넣는 자는 아스테카와 잉카를 정복할 때 "코르테스(Cortes)가 멕시코에서 한 것이나 피사로(Pizarro)가 페루에서 한 것보다 훨씬 더 많은 일을 이룰 것"이라고, 그는 책에 적었다. "그리고 그 땅의 주인이 되는 군주는 스페인 왕이나 위대한 튀르크가 가진 것보다 더 많은 황금과 아름다운 제국, 도시, 백성을 갖게 될 것이었다."

이 책은 롤리가 썼다는 이유로 많은 관심을 받았다. 그는 비범한 사람으로, 이름난 전사이자 탐험가에 잉글랜드의 '처녀 여왕(Virgin Queen, 엘리자베스 1세는 평생 독신으로 생활하며 '처녀 여왕' 신화를 만들었고, 잉글랜드 사람들은 그런 여왕을 자랑스럽게 여겼다 – 옮긴이)'이 총애하는 신하이기도 했으니 말이다. 롤리는 기아나가 지정학적으로 대서양의 중심에 있다고 생각했다. 기아나만 있으면 스페인 합스부르크 왕가(Hapsburg Empire)를 이길 수 있었다. 그가 그렇게 확신했기에, 30년 뒤 유럽의 가장 부유한 은행가 집안인 아우크스부르크의 벨저(Welser) 가(家)는 독일인 최초로 남아메리카(베네수엘라)에 투자를 결정했다. 그리고 엘도라도(El Dorado)를 찾겠다는 희망으로 150명의 독일인 광부를 그곳으로 데려갔다. 그러나 여기서 알아둘 점은, 엘리자베스 여왕의 후임자인 제임스 왕(James I)은 그만큼 롤리를 신뢰하지 않았다는 사실이다. 제임스 왕은 결국 롤리를 해적으로 몰아 그를 처형시킨다. 그러나 기아나에 승부를 걸었다가 목이 잘리고 운명을 다한 사람은 롤리가 끝이 아니었다.

적도의 열대 지방에 위치한 기아나에 막대한 부가 숨어 있다는 롤리의 환상은 낙관론에서 비롯된 것이 아니었다. 오히려 그 바탕은 가톨릭에 대한 순전한 증오에 있었다. 롤리 가문은 충실한 개신교도였는데, 엘리자베스 여왕의 전임자로 가톨릭 신자였던 메리 여왕(Mary I, 적들에게는 '피를 부르는 메리[bloody Mary]')이 그들을 사형에 처하려 했던 것이다. 롤리는 가톨릭에 대한 깊은 증오심을 품고 아일랜드 스머윅(Smerwick)의 전장에 나가 스페인과 이탈리아의 병사 600명을 참수시켰다. 그러므로 초기 근대 사람들은 환상적으로 꾸며진 거짓말만이 아니라 종교적 잔혹성 때문에 기아나에 대한 상상력을 키워간 것이라 할 수 있다. 이러한 바탕에서 나온 것이 토머스 모어의 《유토피아(*Utopia*)》나 볼테르의 《캉디드(*Candide*)》(둘 다 기아나를 배경으로 한 작품)에 나오는 엘도라도와 반대되는 개념의 '디스토피아적 식민지'(dystopian colony)이다. 롤리를 비롯한 유럽의 모험가들은 본래 이 열대 지역에서 부를 창출하거나 이곳을 개발할 의도가 없었다. 오히려 그들은 이 천혜의 풍요를 자신들이 가진 것과 맞바꾸거나 훔쳐낼 생각이었다. 나중에 이 지역의 플랜테이션에서 막대한 이윤이 발생하자, 현실의 기아나는 한 세기 반 동안 지구상에서 가장 잔인한 지역 중 한 곳이 되었다.

무역을 위해(영토를 정복하기 위해서가 아니라) 기아나에 들어온 첫 번째 북유럽 사람들은 북으로는 스페인의 베네수엘라 식민지를 두고 남으로는 포르투갈의 브라질을 둔 이 위험한 지역을 '와일드 코스트(Wild Coast: 사람의 발길이 닿지 않은 해안이라는 뜻 – 옮긴이)'라고 이름 붙였다. 반유목 생활을 하는 거친 기질의 카리브(Caribs)족과 아라와크(Arawaks)족이 살아가고, 지형도 험하며, 숨 막힐 듯 덥고 습한 데다 무섭게 비가 내리는 적도의 기후는 이곳이 황금의 땅이 아니라 외국인에게는 더없이 잔인한 곳임을 입증하는 듯했다. 하지만 일부 잉글랜드와 프랑스 사람들은 눈 깜짝할 사이에 교역소를 세웠다. 그들은 다시 눈 깜짝할 사이에 실패를 맛봤음에도 기아나에 있다는 엘도라도의 꿈을 완전히 접지는 않았다. 그러나 세계 최고의 자본가들과 선진국들이 달려들어 기아나를 식민지로 만들고자 했음에도 그런 노력은 결국 대부분 수포가 되었다.

그렇지만 아무도 모르는 이 머나먼 땅은 세계의 주변부에만 머무르지 않았다. 미국과 아프리카, 유럽 그리고 마지막으로 아시아에서까지 일어난 사건들로 인해 '더 기아나스(The Guianas)'가 탄생한 것이다(결국 기아나는 세 개의 식민지로 분리되었다. 그러나 기아나의 일부 산악 지대는 베네수엘라와 브라질 땅으로 남아 있었다). 이 일로 이 지역은 세상에서 가장 크게 다양성이 혼재하는 장소가 되었다.

한편 네덜란드는 조금 다른 세력과 사건을 등에 업고 기아나에 들어갔다. 네덜란드는 (1580년부터 1640년까지 포르투갈과 그 식민지들까지 점령했던) 스페인으로부터 독립하기 위해 유럽에서 80년 동안 전쟁을 치른 뒤,

남부 대서양 양편에서 포르투갈을 공격했다. 그러고는 1630년에 브라질의 설탕 생산 중심지인 페르남부쿠(Pernambuco)를 공격하여 24년간 그 땅을 점령했다. 그 뒤 서아프리카의 노예 무역항을 손에 넣었고, 마지막으로 1641년에는 앙골라 루안다(Luanda)를 차지했다. 몇십 년 사이에 네덜란드는 대서양 노예무역의 최강자가 되었고, 당시에 가장 귀한 수출 물자였던 설탕의 최대 생산국이 되었다. 그러는 사이에 암스테르담은 유럽에서 가장 중요한 상업 중심지이자 제당 중심지가 되었다.

그러나 네덜란드는 각지의 중심부까지 세력을 미치지는 못했다. 항구와 해군 군함을 통해 해안 지역만 통제하는 정도였고, 서아프리카의 항구들은 대부분 유지하지 못했다. 그런데 여기서 더 중요한 점은 1654년에 브라질 농장주들과 포르투갈 군인들의 봉기가 일어나 네덜란드가 브라질에서 축출됐다는 점이다. 네덜란드인 중에는 자본을 들고 뉴 암스테르담(New Amsterdam, 오늘날의 뉴욕)으로 간 사람들도 있었지만, 어쩌다 보니 노예와 자본, 브라질과 서아프리카에서 배운 제당 기술을 들고 기아나 해변을 따라 북쪽으로 간 사람들도 있었다.

이제 식민지에서는 세계 최초 다국적기업 중 한 곳인 더치 웨스트 인디언 컴퍼니(Dutch West Indian Company, 이하 WIC)가 주인 노릇을 했다. 식민지의 책임자들은 1667년에 브레다조약(Treaty of Breda)에 응할 때 롤리의 말을 염두에 두었을 것이다. 이 조약에서는 무엇보다 잉글랜드가 뉴욕을 차지하는 대신 네덜란드는 기아나를 차지한다는 확약이 포함되었기 때문이다. 지금 보기에는 네덜란드에 무척 불리한 거래 같지만, 당시에는 그렇지 않았다. 내륙에서 금이 나온 일은 드물었지만, 해안가에 지어진 외수 플랜테이션들은 WIC 밑에서 한 세기 동안 번창했다. 네덜란드 당국은 해적을 만(bay)에 묶어 두고, 토착민인 아라와크족과 카리브족을 견제하며, 노예들의 봉기를 막을 목적으로 기아나에 여러 요새를 건설했다.

그런 뒤 현지 노동자와 아프리카에서 들여온 노예들을 종용하여 운하와 제방을 짓기 시작했다. 유럽 저지대에서 아주 성격이 다른 노동자들을 통해 갈고 닦은 네덜란드의 공학 기술을 이용해서였다. 그리하여 그들은 열대 노예무역에서 배운 지식의 총체를 노예를 기반으로 한 설탕, 담배, 카카오, 커피 플랜테이션과 제당 공정에 도입했다. 그리고 네덜란드의 자본과 재산권, 기술을 노예 농업과 결합했다. 이는 수출용 농지를 개척하기 위해 대륙 너머로 대규모 자본을 끌어와 투자한 최초의 사례였다. WIC는 독점으로 무역을 담당하며 모든 노예와 선편을 제공했다. 땅은 개인들이 나눠 가졌고, 이로써 WIC는 처음부터 수송과 재정, 노예매매 그리고 마지막 공정 같은 비교적 안전한 부분에서만 재미를 보면 됐다. 그러나 허리케인과 홍수, 작물과 사람의 질병은 농장주들의 문제였다.

   네덜란드의 상인들과 WIC의 투자자들은 18세기 기아나에서 이뤄진 무역이야말로 진정한 엘도라도임을 깨달았다. 그들은 노예를 거래하고 농장주들에게 돈을 빌려주고, 설탕과 담배, 카카오, 커피를 팔면서 어마어마한 이윤을 챙겼다. 그러나 시간이 흘러 수출 시장 한쪽이 큰 호황을 맞이하면서 내수 시장에서 경쟁력이 떨어지는 다른 분야에 투입되던 자금과 노동력을 끌어가 버리자, 식민지는 '네덜란드병(the Dutch disease)' 또는 '상품의 저주(commodity curse)'로 알려진 첫 번째 고비를 겪는다. 네덜란드령 기아나의 농장주들이 상당한 이윤이 쌓이자 본국 네덜란드로 돌아가기로 한 것이다. 그들은 관리인에게 열대의 플랜테이션 운영을 맡기고 부재지주(不在地主)가 되기로 한다. 그러나 관리자들도 오지의 플랜테이션을 좋아하지는 않았다. 그래서 그들은 주로 식민지의 주도인 파리마리보(Paramaribo)에서 지내면서 경험 없는 사람들한테 플랜테이션을 맡겼다. 플랜테이션은 성가신 존재가 됐다. 식민지로 인한 부채가 늘고 생산에 대한 무관심이 이어지자 결국 1773년에는 불황이 일었고, 많은 농장주와 암스테르담 무역회사들은 파산을 면치 못했다. WIC는 20년이 못 돼서 문을 닫았다.

기아나의 호황과 불황은 비효율적인 농업과 재정 악화만이 아니라 극도로 난폭한 노예제를 낳았다. 역사가 거트 우스틴디(Gert Oostindie)의 말처럼, "식민지는 쉽게 부를 얻을 수 있으리라는 비현실적인 기대의 묘지가 되었다." 식민지는 진정 그 땅에서 고통스럽게 살아가다 단명한 수십만 노예들의 묘지였다. "노예의 삶과 농장주의 자본을 모두 집어삼킨 터무니없이 잔인한 현상은 거기서부터 일어났다." 우스틴디의 말이다.

네덜란드 식민지의 노예제에는 처음부터 약간의 모순이 있었다. 칼뱅을 따르던 부르주아 네덜란드인들이 본국에서는 유럽 최초로 노예제를 반대하면서, 브라질과 기아나, 특히 카리브해에서는 앞장서서 사람의 몸을 조달하고 있었기 때문이다. 기아나에서도 특히 지형이 험한 곳에서는 인적이 드문 내륙으로 도망하는 것만이 혹독한 관리자로부터 자신을 지키는 길이라고 생각하는 노예들이 많았다. 노예들은 이미 16세기부터 도망을 시작했고, 1873년에 뒤늦게 노예제와 '계약' 노예가 사라질 때까지 상황은 그대로 계속되었다. 주로 아프리카에서 나고 자라서 기아나에 왔다가 탈출한 노예들로 이뤄진 '갈색(Maroon)' 공동체는 내륙 곳곳에 번지기 시작했고, 그들은 오늘날까지도 아메리카 대륙의 그 어느 곳보다 아프리카의 관습과 전통을 가장 온전한 모습으로 지켜내고 있다. 도망하는 노예와 풍토병으로 죽어가는 노예가 무섭게 늘어가자, 네덜란드 사람들은 더 많은 노예를 들여왔다. 그들과 이웃한 식민지의 영국, 프랑스 사람들이 서아프리카에서 데려온 노예는 약 45만 명에 달했다. 단위 면적당 이렇게 많은 노예가 있었던 지역은 전 세계 어느 곳에서도 찾아볼 수 없다.

그러나 결국 네덜란드 자본가들은 노예제에서 더 얻을 것이 없어졌다. 1791년부터 1804년 사이에 일어난 아이티 혁명으로 아메리카 대륙에서 번영했던 대부분의 노예 식민지가 사라지게 되자 유럽과 북아메리카에서는 노예해방운동이 일어났고, 마침내 1824년에 이르러 기아나에 대한 대서양 노예무역이 막을 내린 것이다. 기아나 현지의 경제적인 상황 또한 플랜테이션에서의 강제 노역을 어렵게 만들었다. 네덜란드령 기아나는 사망률이 높고, 라틴아메리카와 카리브해 열대 지역의 더 규모가 큰 생산자들에 비해 경쟁력이 떨어지며, 1869년에 수에즈운하가 완공된 뒤로 네덜란드의 식민 주도가 인도네시아로 이전되자, 기아나의 농장주들은 노동자를 찾아 다른 곳으로 눈을 돌린다. 노예제가 폐지된 뒤, 지구 반대편 동인도에서 40만, 포르투갈, 중국, 자바에서 그보다 적은 수의 계약 노예가 훨씬 싼 값에 영국과 네덜란드령 기아나로 들어왔다. 운하와 증기선 덕분에 운송비가 혁명적으로 줄어든 덕분이었다. 그러나 그 정도로는 가이아나(Guyana) 플랜테이션의 노동력 부족이 해결되지 않았다. 그 결과, 규모가 큰 땅의 소유주들은 대부분의 토지를 거기서 일하던 노동자들에게 팔아 버렸다. 지금도 그런 지역의 농장들은 몇 안 되는 가족으로 운영되는 경우가 많으며, 이런 농장에서는 보통 내수용 작물을 재배한다. 인구가 희박한 내륙 넓은 지역의 주축인 아프리카계 흑인 공동체와 토착 인구까지 생각하면, 네덜란드, 프랑스, 영국령 기아나는 수십 개의 언어와 종교, 지역 공동체가 놀랍게 혼재하는 곳이다.

전 세계 최고의 자본가들과 선진국들이 기아나를 식민화하고 그곳의 부를 이용하려 했지만, 결국 그들의 노력은 대부분 실패했다. 그러나 머나먼 곳에 숨겨진 이 지역은 주변부로만 여겨지지 않았다. 크리스토퍼 콜럼버스가 지질학적인 세계의 중심을 기아나 근처로 짚은 것은 실수였지만, 네 개의 대륙에서 일어난 사건들로 인해 '와일드 코스트'가 생겨나고 세계가 그리로 모여들었으며 그 땅은 세계에서 가장 크게 다양성이 혼재하는 지역 중 한 곳이라는 의미에서, 상징적으로는 그가 옳았는지도 모른다.

6 아름다운 벌레

돈 많은 네덜란드의 부르주아들은 질펀한 연회를 벌일 때마다 연회장을 꾸미고 있는 세련되고 사치스러운 장식물들을 보여주며 은근히 자랑스러워했다. 그들은 특히 사방의 벽을 장식하고 있던 대단히 정교한 플랑드르산 태피스트리를 아꼈다. 양털이나 비단으로 정교하게 짜서 은으로 테두리를 두른 다음 화사한 빨강색이나, 보라색을 띤 짙은 빨강색으로 물들인 이 벽걸이는 부를 과시하는 장치였다. 그러나 그것들은 무엇보다 세계 무역의 창조물이었다. 하지만 2세기 동안 이 아름다운 창조물에 어떻게 색깔을 들이는지 알고 있던 유럽인은 거의 없었다. 물론 멕시코를 점령하고 나서 에르난 코르테스가 이 신비스러운 염료를 스페인으로 보내왔다는 정도는 알고 있었다. 그러나 그들은 무엇으로 염료를 만들었는지는 정확하게 알지 못했다. 다른 식물성 염료와 마찬가지로 무슨 씨앗 같은 것이라고 추측할 따름이었다. 17세기 말 이탈리아 화학자들이 진실을 발견해낼 때까지는, 즉 그것이 사실은 씨앗 비슷한 것도 아니고 곤충의 시체였다는 사실을 알아냈을 때까지는. 그렇게 품위 있고 우아한 태피스트리가 죽은 벌레를 처발라 만든 물건이었다니!

그러나 멕시코 남부와 중앙아메리카의 인디오들은 오래전부터 이 사실을 알고 있었다. 이미 아스테카인들은 치아파스(Chiapas)와 오아하카(Oaxaca) 같은 남부 지역에 이 코치닐 염료를 조공으로 바치도록 강요했었다. 그러나 문명화된 유럽인이 다른 것도 아닌 자연과학과 관련된 문제를 인디오들에게 물어본다는 것은 상상도 할 수 없는 일이었다. 그 결과 유럽인들은 200년 동안이나 무지 속에 머물러야 했다. 미스텍(Mixtec)족과 마야의 인디오들이 유럽인들보다 월등한 지식을 갖고 있었다는 것은 원주민들이 몇 세기 동안 염료의 생산을 계속 장악하게 된다는 의미였다.

대부분의 미스텍인들은 코치닐 염료를 연지벌레(cochineal: 학명은 Dactylopius coccus) 암컷으로 만든다는 것을 알고 있었다. 이 벌레는 제한된 지역에서만 자라는 노팔레아 속(屬)의 한 선인장만 먹고 살았다. 인디오들은 야생 선인장에서 이 벌레를 잡아 뜨거운 물이나 찜통 따위에 집어넣어 염료를 만들었다. 1파운드의 코치닐 염료를 얻으려면 약 7만 마리의 죽은 벌레가 필요했으니까 상당한 시간과 수고가 드는 정교한 작업이었다. 암컷으로만 염료를 만들 수 있었지만 암컷이 수컷에 비해 150~200 대 1 정도로 많았기 때문에(남자에 목마른 세상이었다!) 그다지 큰 문제는 아니었다. 그러나 강렬한 색깔을 내는, 한 번도 교미를 하지 않는 성숙한 암컷은 수확 철 초반에 훨씬 많았다. 따라서 때를 맞추는 것이 굉장히 중요했다.

암컷을 잡으려고 농촌을 돌아다니는 일은 자식들과 다른 농사가 있는 인디오들로서는 시간이 너무 많이 들었다. 이에 따라 좀 더 집약적인 형태의 '경작법'이 개발되었다. 새끼를 밴 '종자' 벌레들을 옥수수 잎으로 만든 주머니에 넣은 다음, 나무로 만든 못 따위로 선인장 잎사귀에 고정시켜 놓는다. 얼마 지나지 않아 암컷들이 새끼를 낳기 시작하고 새끼들은 기어 나와 선인장 잎사귀에 달라붙는다. 대략 3개월이 지나면 (날씨에 따라 차이는 있었지만) 수확할 만큼 자라난다. 기후가 좋을 때는 1년에 세 번까지도 수확할 수 있었다. 보통 5년 정도가 되면 '손님'이 '주인'을 먹어 치우기 때문에 새 선인장을 찾거나 다시 심어야 했다. '종자'를 뿌리고 '수확'을 하는 것 때문에 농사로 불리긴 했지만 이것은 사실은 목축이었다. (벼룩 서커스 대신 인디오들은 벌레 떼를 길렀던 것이다.)

그러나 이 가축의 크기가 아주 작았다는 것은 그 사회적 의미가 소 따위를 기르는 것과는 아주 달랐음을 뜻한다. 이를테면 소를 길렀던 곳에서는 보통 유럽인들의 수중에 땅이 집중되었다. 인디오들은 유럽인들에게 내쫓기고 목초지에는 사람이 거의 살지 않게 되었다. 그러나 연지벌레는 쉽게 상상할 수 있겠지만 아주 작은 공간만 있으면 되었다. 따라서 다른 일이나 기존 생활환경에 별로 영향을 주지 않았다. 선인장은 보통 옥수수나 콩 따위 주요 식용 작물 사이사이에 심었다. 집 주변 채마밭에 심을 때도 많았다. 과테말라에서는 수도였던 안티구아(Antigua)가 1773년 화산 폭발로 폐허가 되어 버리자 무너진 고급 주택이나 마구간에서 연지벌레를 기르기도 했다.

다른 경우와 달리 인디오 공동체들은 연지벌레 때문에 해를 입지 않았으며, 오히려 더 강화된 경우도 있었다. 우선 연지벌레 농사에는 규모의 경제 같은 것이 없었다. 노동력과 이를 관리할 사람이 부족한 넓은 땅에서보다, 좁은 채마밭 같은 곳에서 더 질 좋은 염료를 생산해냈기 때문이다. 더군다나 실패할 가능성이 대단히 높아서, 상당한 전문 지식을 갖고 있어야만 했다. 그리고 적당한 선인장에, 날씨까지 좋아야 염료를 만들 수 있었다. 하지만 때 아니게 비가 많이 내리거나 메뚜기 떼라도 몰려오면 이 조그만 벌레들은 그날로 끝장이었다. 등골이 휘고 목이 빠질 것 같은 이 벌레 '재배'는 결코 해보고 싶은 일이 아니었다. 이런 이유 때문에 인디오들의 농사 비법을 빼내려고 했던 스페인 사람들은 거의 없었다. 그 결과 인디오들은 이 '콜럼버스 이전' 작물의 주도권을 계속 쥘 수 있었다.

코치닐 염료 붐이 이어지던 대부분의 기간에 이곳의 스페인 총독부가 공물로 보낼 연지벌레를 모으는 책임을 지고 있었다. 식민지 시대가 끝나갈 무렵에는 생산을 늘리려고 레파르토 데 메르칸시아스(reparto de mercancías: 강제 할당)라는 방법을 동원했다. 이것은 일종의 강제 판매로, 총독부 관리들이 (가끔씩은 성직자들까지 나서서) 인디오들이 원하지 않더라도 물건을 사도록 강요했다. 대신 인디오들은 연지벌레로 값을 치렀다. 이처럼 연지벌레는 돈을 받고 팔기도 했지만 사실상 화폐로 사용되기도 했다.

독립 이후 국가의 강제가 공식적으로 끝난 뒤에도 일부 지역을 제외하고는 인디오들이 연지벌레 '사업'을 계속 장악하고 있었다. 이들은 보통 땅을 빌려 선인장을 길렀다. 따라서 대부분의 수입은 마을금고로 들어가 집단적 제의나 마을 사람들이 같이 쓰는 건물을 짓는 데 썼다. 완전히 유럽화되어 스페인 말을 쓰던 라디노들(ladinos: 중남미 여러 나라의 혼혈 스페인인)이

코치닐 재배 초기의 모습
출처: 뉴스페인과 페루의 다양한 가톨릭 교구의 역사, 조직 및 지위에 관한 보고서, 1620~1649

무단으로 땅을 점유해 염료 생산을 틀어쥔 곳도 있었지만, 이런 곳은 얼마 되지 않았다.

라틴아메리카에서는 카카오를 비롯해서 고무나 섬유 원료인 헤네켄 같은 토착작물의 경우 수출이 늘어나면 열이면 열 인디오들이 노예 상태로 전락해, 갖고 있던 모든 것을 다 빼앗기고 말았다. 그러나 이곳에서는 항상 잘될 거라는 보장도 없었고, 노동집약적이며, 수확에 특별한 기술이 필요했던 사업의 특성 때문에 원주민들이 연지벌레의 양식을 계속 쥐고 있을 수 있었다. 그 결과 유럽의 최상급 휘장이나 비단옷, 태피스트리 대부분은 그 눈부신 붉은색을 얻기 위해 멕시코와 과테말라, 이후에는 페루에 의존해야만 했다. 미국 독립전쟁 당시 영국의 유명한 '레드코트'

코치닐을 재배하는 모습
출처: 호세 안토니오 데 알자 테이 라미레스(José Antonio de Alzate y Ramírez), 자연, 문화 및 곡물의 이점에 대한 보고서, 1777

(redcoats) 즉 군인들이 입었던 붉은색 웃옷도, 『주홍글씨』의 모델이 된 헤스터 프린(Hester Prynnes)이 실제로 가슴에 달고 다녔던 주홍색 글씨들처럼 이 벌레 염료로 염색한 것이었다.

이후 4세기 동안 세계 경제는 인디오들의 염료 독점을 깰 수 없었다. 1850년대가 지나서야 독일과 영국의 화학자들이 아닐린(aniline) 염료를 개발해 코치닐 염료를 대체하게 된다. 처음에는 천연 염료처럼 화사하지도 않았고 잘 바랬지만, 어쨌든 새 염료들은 값이 쌌고 면직물 혁명이 요구하던 만큼의 엄청난 양을 생산할 수 있었다. 풀 한 포기 나지 않는 공장들이 벌레 채집을 마침내 대체한 것이다. 이렇게 해서 빛나던 몸을 바쳐 암스테르담 고급 저택들의 식당과 다른 유럽의 대도시들에, 선인장으로 덮인 신세계를 확실하게 소개했던 '영웅적인' 연지벌레는 세계 경제에서 사라져 갔다. 결국 산업 염료들도 코치닐 염료만큼 화려해졌지만 유감스럽게도 연지벌레에 얽혀 있는 그 많은 얘깃거리들이 거기에는 없다.

7 똥벼락? 돈벼락!

이 이야기는 배는 고팠지만 돈이 많았던 유럽인들이 어떻게 지구 반대편 멀고먼 불모의 섬에 쌓여 있던 거대한 똥 덩어리를 금 무더기로 바꿨는지, 그리고 벼락부자가 되었던 한 나라를 어떻게 파국으로 몰고 갔는지에 관한 것이다.

페루 해안에서 조금 떨어져 있는 친차(Chincha) 군도는 태평양 전체로 보면 불모의 작은 점들에 지나지 않았다. 비가 거의 오지 않아 사람이 살 수 없었기 때문에 이곳의 섬들은 가마우지나 펠리컨, 그리고 다른 새들의 낙원이 되었다. 이 새들은 훔볼트(Humboldt) 해류가 차가운 바닷물을 계속 공급해주었기 때문에 지구에서 가장 물고기가 많은 바다에서 엄청나게 번식할 수 있었다. 항상 안초비를 배불리 먹을 수 있었고 천적도 없었던 덕분에 친차 군도 전체를 자신들의 영토로 만들어 버렸다. 새들로 만든 거대한 융단이 생겨난 것이다. 이 조그만 섬들에는 1평방마일 당 최소한 560만 마리의 새가 살고 있었다. 이 녀석들의 울음소리도 엄청났지만, 배설물도 굉장해서 수백 피트 높이의 산들이 생겨날 정도였다. 비가 오지 않기 때문에 세대를 거듭하면서 거름은 높게 쌓여만 갔다.

이 섬들에 산 적은 한 번도 없지만 사람들이 새들의 배설물에 대해 알고 있었던 것만큼은 분명해 보인다. 잉카인들이 이 배설물에 후아누(huanu)라고 이름을 붙였던 데서도 확인할 수 있는데, 그 뜻은 똥이었다. 이 말은 나중에 '구아노'로 전와되었는데 아직도 영어에서 사용되고 있는 몇 안 되는 케추아(Quechua)족 말 중 하나다.

놀라운 농업 기술을 갖고 있던 잉카인들은 해안가 계곡 사이사이마다 개간해 놓은 농지에 구아노를 비료로 사용해 그 많은 인구를 먹일 수 있었다. 그러나 스페인의 정복 이후 구아노 사용은 중지되었다. 질병 때문에 인디오 인구가 멸종 수준으로 줄어든 데다 살아남은 사람들마저 구아노 운반이 불가능한 안데스산맥 쪽으로 밀려났기 때문에 수요가 사실상 사라진 것이다. 제일 기름진 땅을 꿰차게 된 얼마 안 되는 스페인 정착민들은 같이 들여온 소 떼의 배설물로도 충분했기 때문에 다른 비료는 필요 없었다. 그러나 그 사이에도 가마우지들은 하던 일을 계속했고 친차 군도의 보물은 늘어나고 있었다.

스페인의 정복 이후 3세기가 지난 1830년대 말이 되면서 사람들은 다시 한번 구아노의 신비한 능력에 눈을 돌리게 된다. 유럽에서 인구가 급격히 늘어나 농업에 더는 견딜 수 없을 정도의 압력을 주게 되었다. 도시화와 함께 변경 지대는 없어졌고 사람들은 가장자리까지 퍼져 나갔다. 여기에 돈까지 많이 흘러 다니면서 식품 수요는 그 어느 때보다도 커졌다. 그러나 늘어난 수요를 맞춰 줄 자원은 줄어든 상태였다.

굶주림이 많이 작용하기도 했지만 유럽인들이 구아노에 주목하게 된 것은 과학의 발달 때문이기도 했다. 유럽의 과학자들은 18세기 말에야 비로소 식물의 양분 흡수 메커니즘을 이해하기 시작했다. 장 바티스트 부생고(Jean Baptiste Boussingault)가 일련의 첫 현장 실험을 한 것이 1834년이었고, 유스투스 폰 리비히(Justus von Liebig)가 식물들이 부식토에서 양분을 흡수한다는 이론이 틀렸다는 것을 밝혀낸 것은 1840년이었다. 이 무렵부터 농학자들은 기존의 똥거름과 석회가 아닌 다른 토양 보충물로 실험을 시작했다.

다른 비료가 필요하다는 것도, 그리고 그게 무엇인지도 알고 있었지만 문제는 '과연 쉽게 구할 수 있느냐'였다. 지구를 반쯤이나 돌아가야 하는 곳에서 타산이 맞을 만큼 경제적으로 비료를 실어오려면 교통에서 혁명적 발전이 있어야 했다. 마침 이 무렵 선박의 크기와 속도에서 비약적인 발전이 이루어진다. 그 결과 1840년대부터는 수상 운송에서 증기선이 중요한 비중을 차지하기 시작했다. 항구 시설들도 한결 효율적으로 바뀐 데다 하역한 구아노를 운반할 새로운 철도까지 가세하면서 개념 자체가 바뀔 정도로 운송비가 떨어졌다.

독립 이후 20년간 계속된 내전으로 나라가 조각나 있던 상태에서 은광마저 거의 모두 고갈되는 바람에 휘청거리고 있던 페루는 어느 날 갑자기 벼락부자가 되었다. 구아노 교역은 투자가 거의 필요 없었다는 점에서 엄청난 금 무더기를 발견한 것과 다름없었다.

완벽한 일꾼을 한 번 생각해 보자. 그는 알아서 먹을 것을 사냥하기 때문에 따로 먹일 필요가 없다. 기꺼이 한데서 사니까 쉴 곳이 없어도 된다. 심지어는 먹잇감을 찾거나 놀 때조차도 생산적이다. 휴가 따위는 아예 가지 않는다. 연장이나 기계도 필요 없다. 사실 이 일꾼 자체가 공장이다. 그는 혼자서 원자재를, 그것도 공짜로 조달해 운반, 가공까지 마친 다음 완제품을 내놓는다. 그리고 제품을 돈도 내지 않고 가져가는 데 친절하게 비켜주기까지 한다. 수천만 마리의 가마우지 일꾼(공장) 말고도 구아노 교역에는 1,000명에서 1,600명 정도의 인간이 필요했다. 강제 노역 계약을 맺은 중국 및 폴리네시아 출신 노동자들과 페루인 기결수들이 땀을 뻘뻘 흘려가며 정박 중인 배의 선창에 구아노를 퍼 담았다. 구아노는 거의 아무런 손길도 거치지 않은 채 그대로 유럽의 들판까지 실려 갔다.

초기에는 페루인들이 교역에 별로 관여하지 않았다. 영국의 깁스(Gibbs) 상사라는 회사가 독점권을 따내 영국 선박들과 계약을 맺었고, 주로 프랑스, 영국, 미국 남부 등지에 팔았다. 여기서 구아노는 순무나 곡물,

담배 따위의 작물에 비료로 사용되었다.

한 가지 놀라운 점은 제국주의 시대에, 그렇게 허약했던 페루 정부가 구아노 교역을 계속 독점했고 한동안은 페루 기업에게 영업권을 내주기도 했다는 것이다. 역사가 셰인 헌트(Shane Hunt)는 최종 판매가의 65~70퍼센트 정도가 페루 정부에 돌아갔을 것으로 추정했다. 이 정도면 본선인도가격(FOB: 원가와 운송비, 적재비, 통관비 등을 합한 화물의 출발지 가격)의 100퍼센트가 넘는 높은 비율이었다.

잠깐만에 페루는 많은 것을 얻을 수 있었다. 구아노 무역에서 발생한 수입으로 페루 정부는 인두세, 내국세, 노예제 따위의 자본주의 발전을 가로막고 있던 장애물들을 걷어냈고 국가 채무도 갚아 버렸다. 그리고 수익금의 일부는 북쪽 해안에 설탕 플랜테이션들을 새로 짓는 데 사용되었고, 그 결과 임금이 50퍼센트 정도 올라갔다.

하지만 '황금 무더기'는 유감스럽게도 오늘날 '네덜란드 병'으로 알려진 문제들을 낳았다. 페루 화폐의 강세로 수입이 엄청나게 늘어났고, 국내 기술자들과 제조업자들은 설자리를 잃어 버렸으며, 어마어마한 건설 계획이 수립되었다. 1856년에는 무려 5만 톤에 이르는 등 구아노 수출이 가마우지가 먹고 배설하는 능력을 훨씬 앞지르고 있음을 알고 있던 정부 관료들은 이 뜻밖의 횡재(또는 '돈벼락')를 경제를 발전시키고 다각화하는 기회로 삼아 구아노가 바닥날 때를 대비하려고 했다.

리마 정부는 구아노를 담보(역사상 가장 별난 담보물이었다)로 유럽에서 미친 듯이 돈을 빌려 왔다. 이윽고 곳곳에서 거대한 철도 건설 계획이 시작되었다. 일부 학자들은 당시는 부정으로 얼룩졌고 거기다 멍청하기까지 했다고 비난하고 있지만 역사가 폴 구텐버그(Paul Gootenberg)는 이런 일련의 노력에는 선견지명이 담겨 있었다고 평가한다. 어쨌든 페루는 구아노 때문에 라틴아메리카 최대의 채무국이 되었고, 급기야 1876년에,

구텐버그의 표현을 빌리자면, '세계를 뒤흔든 채무불이행'을 선언하게 된다.

산처럼 쌓여 있던 구아노가 떨어져 가자 유럽인들은 다른 질소 공급원인 질산염으로 눈을 돌렸다. 바로 그 무렵 페루와 칠레 사이, 당시에는 볼리비아였던 지역에서 친차 군도보다 훨씬 많은 엄청난 구아노가 발견되었다. 처음에는 이것이 또 다른 횡재처럼 보였지만 사실은 또 다른 비극의 시작이었다. 이 땅을 둘러싼 분쟁은 마침내 페루와 칠레 사이의 '태평양 전쟁'(War of the Pacific, 1879~1883)이라는 피비린내 나는 싸움으로 비화되었다. 전쟁에서 진 페루는 남부 지역과 구아노 퇴적지마저 잃게 되었다.

구아노 섬들을 지나치게 파낸 데다 질산염 같은 대체물, 그리고 나중에는 화학 비료가 등장하면서 구아노의 황금시대는 막을 내렸다. 오늘날 페루인들은 그 많은 물고기들을 돈으로 만들기 위해 전보다 훨씬 더 열심히 일하고 있다. 비료가 아니고 가축의 보조 사료로 수출하기 위해 고기를 잡아 어분을 만들고 있는 것이다. 쓰레기에서 페루의 보물로 둔갑했던 구아노를 만들어낸 우리의 영웅 가마우지들은 마침내 실직 상태가 되었다.

세계 경제는 똥 덩어리를 돈으로 바꿨지만 불행하게도 사람들은 그 부의 상당 부분을 허비해 버렸다.

8 설탕의, 설탕을 위한, 설탕에 의한

이번에는 설탕과 한 독일인 식료품 잡화상, 캘리포니아의 새크라멘토(Sacramento)강에서 발견된 황금, 공화당의 보호 관세가 폴리네시아의 낙원을 성조기의 50번째 별로 만들어 버린 얘기다. 1778년 쿡 선장이 재미도 없고 적절하지도 않은 '샌드위치 군도'라는 이름을 붙이기 전까지 국제 교역로에서 멀리 떨어져 있던 하와이 제도는 은둔의 풍요로움을 만끽하고 있었다. 이 영국인은 이 왕국을 천천히 세계 경제로 끌어들였다. 그러나 이곳의 주산물인 빵나무나 샌들우드(sandalwood: 백단향)는 다른 곳에서는 수요가 거의 없었고, 하와이 사람들도 별로 필요한 게 없었다. 하지만 변화의 태풍은 유럽이 아니라 미국에서 불어 왔다.

새크라멘토강에서 발견된 황금은 수십만 명의 소비자들을 서부 해안으로 불러들였고, 상인들도 이들에게 물건을 팔려고 뒤따라 왔다. 이 새 이주민들 가운데 1846년 사우스캐롤라이나에 도착한 클라우드 슈프레켈스(Claus Spreckels)라는 독일 출신 이민자가 있었다. 찰스턴 상점이라는 곳에서 열심히 일해 마침내 주인이 된 그는 남다른 욕망을 가진 사람이었다. 그의 욕망은 몇 년 뒤 그를 뉴욕까지 끌고 갔고, 거기서도 그의 상점은 여전히 손님으로 붐볐다. 골든스테이트(Golden State: 캘리포니아주)의 가능성에 몸이 달았던 슈프레켈스는 1856년 광부들을 파먹으러 다시 배를 타고 샌프란시스코로 달려갔다.

슈프레켈스는 소박한 성공에 만족하며 정말 큰 부를 거머쥘 수 있는 기회를 놓칠 그런 부류의 인간이 아니었다. 그는 장사로 몇 년 만에 제법 큰 돈을 모아 곧 설탕 정제업에도 손을 댔다. 서부 해안에 근거를 두고 있었기 때문에 그는 자연스럽게 미국의 전통적 설탕 공급원이었던 동쪽의 카리브해나 루이지애나가 아닌 서쪽 태평양의 설탕 생산자들에게로 눈을 돌렸다.

하와이에 살고 있던 개신교 선교사들의 후손들 — 확실히 조상들보다는 현세의 문제에 관심이 많았다 — 은 이 새로운 요구에 부응해 사탕수수를 재배하기 시작했다. 설탕은 이곳 섬들의 얼굴을 바꿔 놓았다. 우선 외국인들, 주로 미국인들이 설탕 플랜테이션을 만들려고 땅을 사들이기 시작했다. 쿡 선장이 '어쩌다' 이 왕국에 도착했을 때만 해도 30만 명 안

꽊이던 원주민 인구는 그로부터 100년 뒤 5만 명으로 줄어 있었다. 이에 비해 계약 노동자로 수입된 중국인들은 곧 원주민들보다 많아졌다.

1876년 미국과 하와이가 호혜통상조약을 체결하고 미국 시장에서 하와이산 설탕이 특별대우를 받게 되고 나서 변화는 더욱 빨라졌다. 다음 20년 사이에 하와이의 설탕 생산은 거의 20배나 늘어났고, 사실상 전부 미국으로 수출되었다. 설탕 붐 25년 동안 미국인들은 설탕 플랜테이션의 80퍼센트를 소유하게 되었고, 하와이 원주민 수는 3만5천으로 더 줄어들었다. 하와이 원주민들은 자기 땅에서 이제 이방인이 되어 버렸다. 그들에게는 땅도 없었고(설탕 플랜테이션은 미국인들이, 쌀농사는 중국인들이, 소 사육은 포르투갈인들이 차지하고 있었다), 설탕 경제 덕분에 호황을 누리던 기업들도 없었기 때문이다. 원주민들은 설탕 플랜테이션에서조차 일을 하지 않았다.

이 같은 성장은 모두 슈프레켈스 한 사람의 '탓'이었다. 마우이섬에 세계에서 제일 큰 설탕 플랜테이션을 건설하고, 섬의 관개 시설과 부두 대부분을 장악한 것도, 전등을 들여오고 거대한 사탕수수 압착소들을 지은 것도, 섬에 철도를 놓은 것도 바로 슈프레켈스였다. 그는 하와이의 최대 수출업자 중 한 사람이 되었고, 대부분의 플랜테이션에 돈을 대고 있었다. 그가 설립한 슈프레켈스 대양해운(Spreckels Oceanic Line)은 그의 플랜테이션에서 재배한 설탕 — 물론 다른 플랜테이션의 설탕도 함께 — 을 캘리포니아로 실어 날랐고, 여기서 그의 정제소들이 끝마무리를 했다. 자신의 지위를 확실히 다지기 위해 슈프레켈스는 칼라카우아 왕(King Kalakaua)의 최대 자금 조달원이 되었고, 결국 왕국에서 정치적으로 가장 중요한 사람이 될 수 있었다.

애초 칼라카우아 왕은 미국인들에게 우호적인 사람이었다. 1874년 그는 재위 중인 외국 군주로는 최초로 미국을 방문해 뉴욕에서 공전의 '히트'를 친 인물이기도 했다. 그러나 슈프레켈스의 정치적 영향력과 경제 제국은 칼라카우아 왕과 사이가 틀어지면서 위험에 빠지게 된다. 지금까지 알려진 경위는 이렇다. 슈프레켈스와 왕이 하와이를 방문한 두 명의 영국 제독들과 카드 게임을 하고 있었다. 이 자리에서 슈프레켈스는 이게 만약 포커였다면 자기가 이겼을 거라고 큰소리를 쳤다(그때 그의 손에는 킹 세 장과 끗발이 약한 두 장이 들려 있었다). 에이스 세 장을 쥐고 있던 영국 제독이 이의를 제기했다. 그런데도 슈프레켈스는 자기한테는 킹 **넷**이 있기 때문에 그래도 자기가 이긴 거라고 우겼다. "네 번째 킹이 어디 있소?" 영국 제독이 묻자 슈프레켈스는 불경스럽게도 "**내가** 바로 네 번째 킹이오." 하고 대답했다.

이 전직 잡화상의 시건방진 태도에 격분한 칼라카우아 왕은 자리를 박차고 나갔고, 미국의 영향력을 줄일 방법을 짜내기 시작했다. 그 첫 조치가 1886년 당시 유럽의 중심으로서, 하와이 제도에 대한 관심이 갈수록 높아지고 있던 런던에서 국채 발행에 성공한 것이었다.

런던 국채는 슈프레켈스에게 큰 걱정거리가 되었다. 그러나 더 심각한 문제는 1890년 제정된 미국의 매킨리 관세법이 몰고 올 파장이었다. 라틴 아메리카 및 유럽과 교역을 늘리기 위해 제정된 이 법에 따라 미국과 무역 협정에 서명만 하면 어떤 나라든 설탕을 무관세로 미국에 수출할 수 있게 되었다. 사실상 하와이의 특별 지위를 박탈해 버린 것이다. 설상가상으로 또 다른 상호조약을 체결하면서 미국이 지나치게 가혹한 조건을 내걸자 칼라카우아 왕은 이를 받아들이지 않고 버티고 있었다. 당시 벤자민 해리슨(Benjamin Harrison) 대통령은 이 왕국을 사실상의 보호령으로 만들고 싶어 했고, 진주만 사용권까지 원하고 있었다. 이 무역 협정이 체결되지 않으면 감당하기 어려운 높은 관세 때문에 마우이 설탕은 미국 시장에 발도 들여놓지 못할 가능성이 있었다.

유일한 대안은 합병이었다. 하와이가 미국에 합병되면 사탕수수 재배농들은 설탕을 무관세로 수출할 수 있을 뿐만 아니라 루이지애나의 재배농들을 도우려고 조성했던 정부 보조금까지 받는 횡재를 할 수 있었다.

하지만 역설적이게도 처음에는 대부분의 재배농들이 합병을 바라지 않았다. 캘리포니아에서 그랬던 것처럼 미국의 인종주의 때문에 하와이에서도 중국 노동자들의 수입이 금지될까봐 걱정하고 있었던 것이다. 슈프레켈스 같은 정제업자들은 또 그들대로 합병이 되면 하와이 현지에 정제소가 건설되기 시작할 것이고, 그렇게 되면 자신들이 소유하고 있는 미국 서부 해안 정제소의 독점이 깨지는 사태가 벌어질까봐 우려하고 있었다.

그러나 1891년 완고한 민족주의자 릴리우오칼라니 여왕(Queen Liliuokalani)이 왕위를 물려받자 이들 소수의 외국인 사탕수수 재배농들은 합병에 대한 두려움을 한순간에 '극복' 하게 된다. 한줌의 외국인들이 80~90퍼센트의 부를 소유하고 있었지만, 대신 하와이 원주민들은 유권자의 압도적 다수를 차지하고 있었다. 재배농들은 여왕이 설탕 귀족들의 권력을 축소하기 위해 원주민 백성들과 한편에 설까봐 두려웠던 것이다. 이 합병론자들은 미국 영사 에드윈 스티븐스(Edwin Stevens)와 모의해, 쿠데타가 시작되면 즉시 미국 해병대와 해군들이 하와이에 상륙하도록 계획을 짜놓았다. 이들은 거의 피를 흘리지 않고 여왕을 왕위에서 내몰았다. 새 정부는 선교사 부부의 아들이자 파인애플 왕 제임스 돌(James Dole)의 사촌인 샌포드 돌(Sanford Dole)을 대통령으로 선출하고 미국과 합병을 추진한다.

당연히 초기에는 합병에 격렬한 저항이 있었다. 오아후(Oahu)섬의 여왕 지지자들은 슈프레켈스를 죽여 버리겠다는 위협까지 했다. 그들은 호놀룰루에 있는 이 설탕 왕의 대저택에 빨간 글씨로 크게 이런 글을 적어 내걸었다. "금이나 은으로도 납(납 탄환)을 막지는 못할 것이다." 미국에서도 이런 제국주의 행태를 통렬하게 비판하는 목소리들이 터져 나왔다. 결국 클리블랜드(Cleveland) 대통령도 여론에 밀려 소수의 외국인들이 쿠데타를 밀어붙였다는 이유를 들어 하와이 제도의 합병을 거부하기에 이른다.

그러나 4년 뒤인 1898년 윌리엄 매킨리(William McKinley) 대통령은 하와이를 미국 영토로 만들어 버렸다. 진보적 잡지 『네이션(The Nation)』은 하와이 합병은 '설탕의, 설탕을 위한, 설탕에 의한' 것이었다고 신랄하게 비난했다.

9 소가 목동을 잡아먹은 이야기

맨 처음 팜파스(Pampas)로 알려진 아르헨티나의 초원 지대가 있었다. 초원은 수백 마일도 더 되게 끝없이 펼쳐져 있었고, 비옥했지만 나무가 없었다. 이윽고 귀금속을 찾던 스페인 정복자들의 원정대가 찾아왔다. 그들은 이곳에서 돈이 될 만한 것은 하나도 찾지 못했고, 대신 장차 아르헨티나에 막대한 부를 안겨줄 얼마간의 소 떼를 남겨놓고 돌아갔다. 천적 따위는 없었고 오직 끝없는 목초지뿐이어서 소 떼들은 엄청난 기세로 늘어났다. 반면 팜파스에 살던 스페인 정착민 인구는 좀처럼 빨리 늘어나지 않았다. 은이나 금은 전혀 없고 적의에 차 있는 데다 좀처럼 휘어잡을 수도 없었던 유목민들만 널려 있던 터라, 스페인 사람들에게 팜파스는 이렇다 할 매력이 없었다. 19세기까지 팜파스는 사람이 거의 살지 않는 땅으로 남아 있었다. 원주민들과 얼마 안 되는 스페인 사람들이 이 땅을 놓고 아옹다옹하기는 했지만 아무래도 무섭게 늘어나고 있던 소 떼가 사실상의 지배자였다.

이 땅에서 아르헨티나판 카우보이 '가우초'(gaucho)가 태어났다. 만일 사람이 일을 위해 만들어진 경우가 있다면 바로 혼혈이었던 이들 가우초일 것이다. 이들은 팜파스를 떠돌며(집시처럼 말 여러 마리를 끌고 다녔다) 소 떼를 감시했다. 말 등에서 아예 살다시피 하느라 다리가 활처럼 휘어버렸을 정도니 말 그대로 일이 그들을 만든 셈이다. 또 쇠고기 말고는 다른 것은 거의 먹지 않았으니, 바로 일감을 먹은 셈이다. 오늘날 가우초는 미국의 카우보이처럼 아르헨티나 사람들의 정서 속에 아련한 동경의 대상으로 자리 잡고 있다. 독립적이고 자유로운 존재의 상징으로서, 또 남성성의 상징으로서 가우초는 아르헨티나의 전형이 된 것이다.

그러나 19세기가 되면서 외국인 방문자들이나 아르헨티나의 엘리트들은 가우초들을 게으르고 지저분한 '반마반인'이라며 경멸하기 시작했다. 그들은 경멸과 경외를 한 몸에 받았는데 모두 비길 데 없이 뛰어났던 말 타는 솜씨 때문이었다. 한 외국인 방문자는 이렇게 말했다. "어떤 측면에서 가우초들은 세계에서 가장 실력 있는 기마병들이라고 할 수 있다. 그러나 말에서 끌어내리기만 하면 그들은 아무것도 아니다. 거의 걷지도 못하니 말이다."

실제로 가우초들은 거의 모든 것을 말잔등에서 해결했다. 씻고, 고기를 잡고, 미사에 참석하고, 물을 긷는 것은 물론 심지어 구걸까지도. 그들이 신던 장화는 발가락 부분이 트여 등자를 단단히 디딜 수 있게 되어 있었다. 그러나 이런 장화는 땅 위에서는 별로 쓸데가 없었다.

그래도 19세기 막바지까지 팜파스에 필요했던 것은 말을 탄 사람이었지 농장에서 일할 날품 노동자들은 아니었다. 당시의 축산업은 본질적으로 조직적인 사냥 부대였다. 거의 모든 걸 알아서 '해결하던' 반야생 상태의 소 떼들은 울타리도 없는 무려 80만 에이커에 이르는 땅을 발길 닿는 대로 떠돌고 있었다. 또 사는 사람이 별로 없는 이곳에서 부동산 소유권이란 개념은 일종의 법률적인 허구였을 뿐이다. 목장 주인들이라고 해 봤자 농산업자라기보다는 장사꾼에 훨씬 가까웠다. 이들이 축산업에 기여한 게 있다면 가우초들이 사냥해 온 소의 시체와 가죽을 넘겨받고 이들이 좋아하던 담배나 마테(mate)차, 알코올, 설탕 따위를 대신 준 것뿐이다.

가우초들은 스스로 생산 수단을 갖고 독립적인 삶을 만끽할 수 있었다. 사실 고기의 질 같은 것은 중요하지 않았다. 신선한 고기를 실어봤자 유럽에 도착하기 한참 전에 배 위에서 썩어 버렸을 것이고, 아르헨티나에는 인구가 적어서 국내 시장은 사실 없는 것이나 마찬가지였기 때문이다. 오직 염장 공장 자케리아스(xarquerias) ― 이 말이 와전되어 쇠고기포를 뜻하는 영어의 'jerky'가 생겨났다 ― 에서 처리한, 소금에 절인 고기만 수출할 수 있었다. 하지만 그나마도 품질이 형편없어서, 이것저것 고를 처지가 아니었던 브라질과 쿠바의 노예들이나 먹을 수 있었다. 게다가 그 시장도 별로 큰 게 아니었다. 따라서 사냥한 소들은 그냥 내버려져 썩어 가고 있었다. 가우초들은 나중에 먹으려고 혀만 잘라낸 다음 가죽만 수출용으로 벗겨냈다. 이에 따라 소 한 마리를 잡아 봐야 돌아오는 돈은 당연히 적을 수밖에 없었다. 그래도 비용은 거의 영에 가까웠다.

19세기에 들어서면서 가우초들은 이전에 살던 방식대로 살기가 점점 더 어려워졌고, 마음껏 누리던 자유도 서서히 사라지게 된다. 스페인 식민지에서 독립 국가로 가는 길은 길고 피비린내가 진동했으며 또 아주 지루했다. 그리고 그 길 위에서 많은 지방 군벌들이 탄생했다. 군벌들 사이의 전투는 점점 일상적이 되어 갔다. 이로써 말 타는 솜씨가 뛰어나고 올가미나 나이프, 볼라스(bolas: 양쪽 끝에 돌멩이 따위를 매단 올가미)를 능숙하게 다루던 가우초들은 매우 쓸모 있는 전사로 각광을 받게 되었다. 그러나 이 아르헨티나의 목동들은 진정한 개인주의자들이었다. 조직에 대한 소속감이나 애국심 따위의 문제에는 원래부터 관심이 없었던 탓에 군벌은 이들을 강제로 징집해야만 했다. 주지사들은 이들의 이동을 제한하려고 통행증을 발급하기 시작했고, 부랑자법을 통과시켜 목장에 고용되지 않은 가우초들을 군대로 끌어갔다. 하지만 가우초들의 생활 방식에 사실상의 종지부를 찍은 것은 유럽의 굶주림이었다. 역설적이게도 축산업의 발전이 목동들의 조락(凋落)을 불러온 것이다.

아르헨티나가 세계 최대의 육류 수출국이 된 데는 여러 가지 요인이 같이 작용했다. 우선 도시화가 진행 중이던 유럽에서 고기 수요가 늘었다. 증기선은 대서양 항로를 좀 더 빠르고 안전하게 만들었고, 훨씬 커진 적재량 덕분에 운송비는 줄었다.

소를 산 채로 유럽으로 실어갈 수도 있었지만 이 방법은 아직은 많은 위험이 따랐고 비용도 적지 않게 들었다. 마침내 화학자 리비히가 19세기 식료품 분야 최고의 성과 중 하나로 꼽히는 고기엑스(Liebig's Meat Extract)를 개발하면서 중요한 돌파구가 열렸다. 이 고기 국물 덕분에 수만에 이르는 유럽의 가난한 가구들이 이전에는 구경하기도 힘들었던 고기 맛을 볼 수 있게 되었다.

그러나 더 혁명적인 것은 시카고에서 냉동 열차를 놓고 진행 중이던 실험이었다. 이후 냉장운반 방식을 배에도 적용해, 엄청난 양의 손질한 고기를 냉장이나 냉동 상태로 대서양 건너편까지 실어갈 수 있게 되었다. 프리고리피쿠스(frigoríficos)로 알려진 냉동 화물선들은 19세기의 마지막 20년 동안 빠르게 늘어났고 20세기 초에는 거의 완벽한 상태까지 개량되었다.

하지만 새로운 기술들을 제대로 활용하려면 아르헨티나 쪽에서도 고기의 질을 높여야만 했다. 거친 팜파스에 그렇게 잘 적응했던 기존의 외래종 소들을 칭송하는 사람은 이제 아무도 없었다. 목장주들은 훨씬 살지고 지방질이 많은 유럽산 뿔 짧은 소들을 수입하기 시작했다. 그리고 확실한 선택 육종을 위해 평원을 가로질러 울타리를 쳤다.

구체적인 경계를 표시하는 이 울타리들은 마침내 가우초의 생활 방식을 끝장낸 장본인이 되었다. 이 울타리를 통해 진정한 의미의 소유권이 확립되었기 때문이다. 품종을 개량하느라 시간과 돈을 들인 목장주들은, (가우초들은 단순한 사냥이라고 여기고 있었던) 도둑질을 막으려고 소에 낙인을 찍는 데 훨씬 더 많은 신경을 쓰게 되었다. 가우초들이 마음대로 돌아다니지 못하게 하려

1868년 아르헨티나의 가우초 모습
출처: 미국 의회 도서관

고 노동 계약서를 쓰는 경우도 점점 많아졌다. 강제 징집이나 감옥도 호시탐탐 가우초들을 노리고 있었다.

목장들을 떠돌며 일하는 행위가 사실상 범죄로 취급되면서 가우초들은 평원의 최하층 계급으로 굴러 떨어졌다. 1904년 한 논평가는 이들의 처지를 동정하며 이렇게 말했다. "이제 땅을 가질 권리가 있다는 생각 따위는 완전히 잃어버린 이 불쌍한 혼혈 계급은 땅을 누구도 손댈 수 없는 귀족들의 세습 재산으로 여기게 되었고, 군인이나 농장 노동자, 소도둑이 되는 것 말고는 다른 도리가 없는 채로 밀려 밀려 살아가고 있다." 하지만 농장의 날품팔이 일자리도 결코 많지는 않았다. 울타리를 둘러친 목초지

에서는 소몰이 개 한 마리만 있으면 한 사람이 울타리 없는 초원에서 네다섯 명이 하던 일을 해낼 수 있었기 때문이다. 게다가 팜파스의 일부에서는 가우초들을 한층 더 궁지로 몰아넣은 '천적', 즉 양떼를 기르기 시작했다. 거의 모든 가우초들은 하루에 몇 시간 정도 일하는 시간제 일감 말고는 다른 일자리를 찾을 수가 없었다.

알팔파(alfalfa: 지주개자리라고도 부르는 서남아시아 원산의 사료 작물 - 옮긴이)를 키울 목초지가 필요했던 목장주들은 땅을 얼마간씩 떼어내 공유지를 조성했고, 곧 농부들에게 하청을 줘 땅을 고르게 할 참이었다. 그런데 이 대목에서 쓰러져 숨을 헐떡거리고 있던 가우초들의 숨통마저 조이는 상황이 펼쳐진다. '말이 없는 가우초는 거름더미 지는 일 정도밖에 할 수 있는 것이 없다' 고 믿었던 농장주들은 가우초 대신 이탈리아와 스페인 이주민들을 끌어들여 팜파스를 개간하게 했다. 이 일로 가우초들은 더욱더 외진 곳으로 밀려나게 된다. 축산업이 점점 큰돈을 벌어들이고 사람이 기른 살진 소들이 농촌을 덮어 가면서 가우초들은 완전히 역사 속으로 사라져 갔다. 소들에게 풀을 먹이려고 가우초들은 자유와 생존마저도 희생해야 했다. 이것이 소가 목동을 잡아먹게 된 이야기의 전모다.

10 선인장 끈에 묶인 사람들

혼돈 이론은 아마존에서 나비 한 마리가 그 섬약한 날개를 한 번 팔락이면 인도에서 계절풍을 일으킬 수 있다고 얘기한다. 어떤 행동이 전혀 기대하지도 않던 아주 엉뚱한 결과를 가져올 수 있다는 얘기다. 미국 밀 재배농들이 바로 이런 경우인데, 이들은 최첨단 기술로 미국 중서부의 밀농사를 기계화했다. 이들은 알지도 못했고 의도했던 것도 아니지만, 바로 이 때문에 멕시코의 열대 지방에 살던 마야 인디오들은 원시적 형태의 무자비한 노예제 속으로 끌려들어 갔다.

19세기에 시카고 주변의 '대서부(Great West)'에서 인디언들이 사라지고 난 후 땅을 개간하기 시작하면서 백인 정착자들은 나무도 없이 고르게 펼쳐진 이 대지가 곡식을 기르는 데는 더할 나위 없이 훌륭하다는 점을 새삼스럽게 깨달았다. 비만 충분히 내리면 이 처녀지들은 아무도 들어본 적이 없을 만큼 많은 수확을 돌려주었다. 하지만 철도망이 건설되고 수로가 오대호와 미시시피강, 그리고 그 너머까지 흩어져 있던 농장들을 이어주기 전까지는 동쪽 해안과 바다 건너 다른 나라의 도시 소비자들에게 이곳의 푸짐한 수확물을 실어가는 것이 중요한 과제로 남아 있었다.

서부의 밀농사는 처음부터 자본주의적 농업이었다. 대형 토지회사들이 땅을 측량해 160에이커 안팎으로 땅을 구획지어 팔았고, 새로운 이주민들에게 돈까지 빌려주었다. 빚을 진 농부들은 빚을 갚으려고 시장에 작물을 팔아야만 했고, 자연스럽게 그들은 계산적이고 이문에 밝은 사람들이 되어 갔다. 시카고에서 세계 최초의 농산물 시장과 세계 최초의 선물시장이 탄생한 것은 우연이 아니었다. 이들 자본주의적 농부들은 땅이 워낙 기름진 데다 값은 상대적으로 싸니까 농사짓는 땅만 늘리면 훨씬 더 큰 이윤을 챙길 수 있으리라고 생각했다.

문제는 노동력이었다. 노는 땅이 아직 많았고 쉽게 살 수도 있었기 때문에, 수가 많지 않았던 변경의 농촌 주민들이 남을 위해 일하도록 만드는 것이 결코 쉽지 않았던 것이다. 적절한 임금을 제시해도 사정은 별로 달라지지 않았다. 이 문제를 해결한 것은 기계였다. 그 자신 농부였던 사이러스 매코믹(Cyrus McCormick)이 밀 베는 기계를 발명해 시카고로 가져왔고, 1847년에는 이곳에서 공장을 열었다. 그의 회사에서는 이 기계를 개량했고, 밀 생산이 늘어나면서 판매고도 따라서 올라갔다.

그러나 단순히 베는 것만으로는 충분하지 않았다. 베어낸 밀짚을 모아 탈곡기로 가져가는 데도 여전히 만만찮은 노동력이 필요했기 때문이다. 특히 밀을 그렇게 빨리 벨 수 있게 된 다음에는 더욱 더 그랬다. 또 다른 발명가 존 애플비(John Appleby)가 1878년 이 문제를 해결했다. 그는 짚단 묶는 기계를 발명했는데, 이것이 밀 베는 기계와 결합돼 마침내 수확기가 탄생했다. 이 독창적인 기계는 베어낸 짚단을 그러모아 묶은 뒤, 이것을 싣고 탈곡기로 운반하는 것까지 해주었다. 이제 두 사람만 있으면 하루에 14에이커를 벨 수 있게 되었다. 이에 따라 양키 자영 농가에서는 사람을 사는 대신 노동력을 줄여주는 이 기계에 투자해 생산비를 낮추었고, 싼값에 미국 동부와 유럽의 배고픈 사람들에게 식량을 대주었다.

이곳 미국 중서부의 기업농들은 전혀 모르고 있었지만, 이들이 현대적 기술을 이용해 큰돈을 벌고 있을 때 수천 마일 떨어진 곳에서는 바로 이 때문에 농민들이 가난해지고 있었다. 수확기의 성공 여부는 짚단을 묶는 끈이 값싸게 꾸준히 공급되느냐에 달려 있었다. 이런 조건으로 끈을 공급할 수 있는 최적지가 바로 멕시코의 유카탄반도였다.

약간 건조하고 곡물이 잘 자라지 않는 유카탄반도는 마지막 마야 제국이 무너진 뒤로 700년 정도 힘든 시절을 보내고 있었다. 발전이나 진보 따위와는 상관없는 오지였던 유카탄반도에서 그나마 풍부한 게 있다면 선인장과 가난뱅이들이었다. 그러나 선인장은 그 자체가 헤네켄(henequen)이라는 섬유질 덩어리였고, 여기서 뽑아낸 섬유는 끈을 만들기에 딱 좋았다.

애플비의 발명 뒤 십 년 만에 헤네켄 수출은 무려 여섯 배로 껑충 뛰었다. 그러나 당시로서는 세계에서 가장 현대적인 농업 기계에 들어가던 이 원자재는 아주 낡은 방식으로 생산되고 있었다. 우선 마체테(machete)라는 벌채용 칼로 선인장 잎사귀에서 헤네켄을 떼어낸 다음 외바퀴 수레에 잔뜩 싣고 작업장까지 운반한다. 그러고는 구조가 아주 간단한 강판으로 선인장 과육과 섬유질을 분리했는데, 이런 작업에 성인 남녀는 물론 어린아이도 끌려왔다. 무게가 꽤 나갔던 헤네켄 끈을 만드느라 철도 지선이 몇 개 들어온 것을 빼면 이 끈은 사람의 힘으로만 만들어졌다.

수만 명의 이곳 마야 인디오들이 채무 노역으로, 아니면 군대에 끌어가겠다는 협박에 못 이겨 이 등골 휘는 일을 억지로 해야 했다. 다른 사람들은 플랜테이션 소유주한테 강제로 땅을 빼앗긴 경우였다. 땅이 없어졌으니 플랜테이션에서 일할 수밖에. 또 노동자들이 한 플랜테이션에서 다른 플랜테이션으로 노예처럼 팔려갈 때도 있었는데, 그러면 자식들이 부모의 빚을 대신 갚아야만 했다. 노예의 굴레는 이렇게 세대에서 세대로 이어졌다. 덕분에 북아메리카에서는 밀 수확이 대단히 많이 늘어났지만 옥수수 밭을 빼앗긴 마야 인디오들에게 돌아온 것은 굶주림뿐이었다.

가장 어처구니없는 경우는 멕시코 북부의 소노라주(州)에서 야키(Yaqui)족 인디오들을 노예로 만들어 버린 사건이었다. 미국 중서부에서 미국인들이 인디언들에게 했던 짓을 흉내 내려던 멕시코 농부들과 야키족 사이에 땅을 둘러싸고 분쟁이 일어났다. 멕시코 군대가 개입했고 야키족은 도망을 다니다 결국 붙잡히고 말았다. 그 뒤 이들은 사슬에 엮인 채 (멕시코를 거의 가로질러) 유카탄반도의 선인장 플랜테이션까지 걸어가야 했다.

헤네켄이 만들어낸 '신성 귀족'들은 엄청난 권력을 휘둘렀고, 웅장한 호화 저택을 지었으며 주도(州都) 메리다(Mérida)를 화려하게 꾸몄다. 이들은 인터내셔널 하비스터(International Harvester: 매코믹이 세운 공장을 모체로 발전한 회사로 세계 최대의 농기계 제작 업체)가 절실히 필요로 하던 헤네켄 끈을 공급함으로써 유카탄반도를 진보시켰다고 스스로 흡족해했다. 그러나 위도만 달랐을 뿐 미국에서나 멕시코에서나 '진보'가 원주민들에게 한 짓은 거의 차이가 없었다.

　유카탄과 미국 중서부는 헤네켄 끈이라는 탯줄로 맺어져 있었지만 엄마와 자식의 처지는 전혀 딴판이었다. 미국 중서부의 기계화된 자본주의적 가족농들은 노동력을 절감해주는 기계와 임노동을 이용함으로써 유카탄반도의 넓은 땅을 뒤덮었던 플랜테이션들을 탄생시켰다. 하지만 이 플랜테이션에서는 집약적인 강제 노동과 원시적인 도구들을 사용했을 뿐이다. 미국에서는 밀 덕분에 막 도착한 정착민들도 땅을 가질 수 있었지만 멕시코에서는 헤네켄 때문에 아득한 옛날부터 그곳에 살고 있던 마야 인디오들이 땅을 빼앗겼다. 수확 기계 덕분에 미국 중서부에서는 노동을 덜 수 있었지만 그 비용은 멕시코의 열대 지방에서 대신 치러야 했다. 세계 무역이라는 나비가 날개를 펄럭이기 시작했을 때 도무지 예측할 수 없었던 결과를 낳을 때가 종종 있었고, 심지어는 모순된 결과를 가져올 때도 있었다.

11 면화 밭을 사수하라!

건국 뒤 처음 100년 동안 미국은 수출한 것보다 훨씬 더 많이 기술을 수입했다. 사실, 특히 영국을 상대로 노하우를 훔쳐온 경우도 많았다. 그러나 1900년 무렵에는 사정이 달라졌고, 미국인들은 '양키의 기술'을 수출하며 국제적인 명성과 부를 얻어가기 시작했다.

　특히 농업 쪽 전망이 밝았다. 미국을 세계 농업의 선두 주자로 만든 바로 그 기술들을 이용할 수 있었기 때문이다. 유럽인들의 농업적 확장은 제국의 경계 안에서 끝나는 경우가 많았던 반면(예를 들어 영국은 고무와 차나무를 훔쳐와 자신들이 사실상 장악하고 있던 지역에서만 길렀다) 미국인들은 더 좋은 농사 기술을 모든 곳에 퍼뜨리려고 했다.

이들 과학 농업의 전도사들이 유난히 관심을 가졌던 곳은 중국, 그중에서도 막 알을 깨고 나온 면방적 산업이었다. 제1차 세계대전으로 국제 경쟁에서 보호를 받게 되자 중국에는 상하이와 톈진, 칭다오에 기계화된 방적 공장들이 나타나기 시작했다. 처음에 이 방적 공장들은 외국산(주로 인도와 미국) 면화에만 의존했다. 중국이 세계 최대의 면화 생산국인 것은 틀림없었지만 토종 면섬유는 기계 방적을 하기에는 너무 짧았기 때문이다. '동포들'이 이 기계로 짠 면사를 찾게 되면서 수동 방적기에 면화를 대주던 중국 농부들은 갈수록 시장에서 밀려나고 있었다.

마침내 중국 정부가 개입했다. 중국 관리들은 중국 북부와 중부 지역에서 미국 품종들을 시험적으로 심어 보았는데, 결과는 성공적이었다. 트라이스(Trice), 앨컬러(Alcala), 론스타(Lone Star) 같은 몇몇 품종들은 토착종보다 훨씬 잘 자랐고 (무게로 봤을 때) 에이커당 30퍼센트 정도 많은 면화가 열렸다. 그리고 현대적 방적기에도 사용할 수 있었기 때문에 이 미국 품종들은 파운드당 20퍼센트쯤 비싸게 팔렸다. 미국산 면화는 황하 근처의 황무지 모래땅이나 돈이 될 만한 작물은 아편뿐이었던 지역에서도 건강하게 잘 자랐다.

중국 내수도 내수였지만 이 품종들은 엄청난 수출 잠재력을 갖고 있었다. 중국에서는 이 품종들을 미국보다 20퍼센트가량 싸게 기를 수 있었기 때문이다. 오사카의 일본 방적업자들도 이 사실을 알게 되었다. 1920년 이들은 중국 북부의 수리 사업 참여를 계획하고 있던 일본산업은행(Industrial Bank of Japan)을 찾아가 사업 과정에서 매립하는 땅에 미국 면화를 심는다는 보증을 해달라고 요청했다.

얼마 뒤 미국 선교사들과 농경제학자들, 중국 및 영국계 방적업체들의 대표, 개혁 성향의 중국 관리들이 면화 산업을 위해 이 벌판으로 모여들었다. 이들은 이 사업에 종자와 전문적인 조언, 신용, 판매 시장 등을 제공하던 사람들이었다. 일본 방적업계의 대표들도 — 사실 중국 관리들(그리고 미 국무부)은 이들의 야심을 못내 불안해하고 있었는데 — 이들과는 별개로 같은 종류의 사업에 착수했다. 다만 이들이 심은 면화는 미국 품종을 식민지였던 한국에서 개량했다는 차이가 있었다. 여기에 모였던 다양한 인물들 중에는 펄 사이든스트리커(Pearl Sydenstrcker)라는 여자와 결혼하게 되는 코넬 대학의 농경제학자 존 벅(John Buck)도 끼어 있었다(그리고 그는 이 여자를 자신의 통역으로 쓰기도 했다). 미국인 선교사의 딸로 태어난 사이든스트리커는 중국에서 살았던 경험을 『대지』를 비롯한 여러 편의 인기 소설들로 풀어냈는데, 그 뒤 수십 년 동안 미국인들의 중국관은 이 작품들을 통해 형성되었다.

면화 농업을 바꿔 보려던 미국인들은 자기들이 사회적 편견은 물론 기술적인 어려움들과도 맞서야 한다는 점을 알고 있었다. 하지만 이들은 자신에 넘쳐 있었다. 이들 중 상당수는 이미 같은 품종의 면화로 미국 안의 제삼 세계, 즉 딥 사우스(the Deep South)*에서 농업 개선 사업을 한 적이 있었다. 그들은 교육을 거의 받지 않은 미국인들에게 통했던 것들 — 시범 농장, 새로운 농업 기술을 소개하는 짧은 연극을 보여주던 농산물 공진회, 일종의 초기 4H운동 등 — 이 교육을 못 받은 중국인들에게도 먹힐 것이라고 굳게 믿고 있었다.

하지만 이들의 순진한 생각과 문화까지 바꿔 보겠다는 섣부른 야심이 합쳐져 웃지 못 할 결과를 낳았다. 산둥성의 린이(臨沂)에서 열린 중국 최초의 농업 공진회에서 이 지역의 농업 개선 사업 책임자와 한 미국인 선교사가 이런 줄거리로 촌극 하나를 공연했다. 토종 면화 값이 형편없는

---

* 딥 사우스(the Deep South): 미국 남부의 전통과 문화를 고수하고 있던 조지아, 앨라배마, 루이지애나, 미시시피 등을 중심으로 한 미국 남동부 지방.

데 낙담한 농부들이 그 지역 토착신에게 도와달라고 기원을 올리고 있다. 이때 선교사가 나타나 이런 '우상숭배 행위'가 얼마나 허황된 것인지 설교한 다음, 이들을 농업 개선 사업을 하는 관리에게 보낸다. 이 관리는 농부들에게 새 품종의 씨앗을 나눠준다. 이 작물 덕분에 농부들의 문제가 해결되고, 이제 이들이 섬기던 신은 필요 없게 된다. 그러나 린이는 바로 20년 전 '의화단의 난'이 일어났을 때 기독교 개종자들과 다른 중국인들이 서로를 죽여대던 지역들과 지척인 곳이었다. 새 면화를 홍보하기에 최선의 방법은 아니었던 셈이다.

하지만 이보다 좀 '세속적인' 차원의 문제가 사실은 더 큰 장애가 되고 있었다. 이 새 작물은 오래전부터 내려온 이 지역의 관습을 더는 지킬 수 없게 만들었는데, 이것 때문에 소요가 발생하기도 했다. 산둥성 서부에서는 정해진 날짜가 지나면 가난한 사람들이 농토에 남아 있는 것은 무엇이든 주워갈 권리가 있었다. 그러나 새 면화는 토착종들보다 훨씬 느리게 자랐다. 그래서 한 관리가 말한 대로라면 '수십 명 아니 수백 명의 남자와 여자들이' 자신들의 권리에 따라 면화 밭에 뛰어 들어가 면화의 대부분을 당당히 회수해 갔는데, 그중 약 70퍼센트 정도는 아직 꼬투리도 벌어지지 않은 상태였다. 이에 대응해 종자와 정보를 나누려고 조직되었던 현지의 '면화 조합들'이 무장 자경단으로 탈바꿈했다. 그리고 몇몇 지역에서는 사업 책임자들이 가난한 사람들을 상대로 전쟁을 하라고 농부들을 부추기기도 했다. 심지어는 낯선 종자와 신용을 제공하고 판매를 주선하는 따위를 빌미로 외지인들이 '자기들 소유의' 농부들에게 영향력을 행사하는 꼴을 못마땅해하던 지주 등의 기존 엘리트들과 전쟁을 벌인 경우도 있었다.

새 면화가 제대로 뿌리를 내린 곳에서는 모든 계층의 농부들이 전보다 돈을 훨씬 많이 벌어들였다. 그러나 이 과정에서 치안을 위한 각 지역의 지출 역시 치솟았다. 그리고 전에는 가난한 이웃들을 고용해 수확을 돕게 하던 (그리고 면화 밭을 지키게 하던) 상당수의 농부들이 이제는 축소판 계급 전쟁으로 비화될지도 모르는 이 위험한 '짓'을 더는 하지 않으려고 했다. 대신 부인과 젊은 자식들이 들일을 더 많이 하기 시작했다. 또 외지인들에 의존하게 된 데 따른 위험도 있었다. 현지에서 제법 기반을 잡은 한 일본 쪽 종자 공급인 겸 면화 구매상 집단이 심지어 아편으로 면화 값을 치르려고 했던 일도 있었다.

이런저런 역류가 있었지만 새 작물은 나름대로 성공을 거두었다. 통계 수치로 보면 몇몇 지역의 중국 농부들은 미국 남부의 농부들만큼이나 빨리 새 면화의 부름에 화답했다. 그것도 군벌들의 준동과 불안한 교통편, 그 밖의 다른 문제들까지 겹쳐 장애물이 더 많았는데도. 하지만 이것이 만병통치약은 아니었다. 사회적 갈등에 따른 비용이 높아져만 가면서, 훨씬 전에 좀 더 효율적인 낫의 도입을 반대했던 촌락의 원로들을 새삼스럽게 존경하게 된 미국인들도 생겨났다. 새 낫 때문에 농부들과 고용된 수확 일꾼, 그리고 도둑들 사이에 새로운 싸움이 일어날지도 모르는데, 새 낫을 사용했을 때 돌아올 이득은 그만큼 크지가 않다고 했던 촌로들의 지혜를 그제야 깨달았던 것이다.

이런 노력들을 통해 계급 간의 갈등 없이도 가난한 사람들을 도울 수 있다는 점만 보여주면 공산주의를 피해갈 수도 있으리라는 펄 벅의 바람은 이루어지지 않았다. 역설적이지만 1920년대에 면화 밭을 습격해 '성공적으로' 새 면화 농사를 망쳐 놓았던 가난한 농부들이 더는 새 품종 재배를 방해하지 않고도 살 수 있는 환경을 조성했던 것은 1950년대의 공산 정권이었다. 미국의 식물학과 교육 기법, 세계 시장에 대한 적절한 참여 따위를 통해 가난한 사람들을 '구제'할 수 있다고 믿었던 사례는 이곳 말고도 넘쳐난다. 그리고 근거 없이 부풀려진 희망 때문에 세계 무역이 참으로 다양한 방식으로 현지 사회에 영향을 미칠 수 있다는 사실을 보지 못했던 경우도 최소한 그만큼은 된다.

12 유럽을 정복한 감자

가끔씩은 대단히 중요한 뉴스가 단신으로 처리될 때가 있다. 스페인이 아메리카 대륙의 대부분을 정복했을 때 유럽이 흥분으로 달아올랐던 것은 은과 금 때문이었다. 다른 유럽인들이 스페인을 따라 아메리카 대륙을 찾아들 무렵에는 관심이 이런저런 수출 작물들에 가 있었다. 담배와 커피, 카카오, 설탕. 모두 신세계가 원산지거나 아니면 신세계에서 기를 수 있는 작물들이었다. 그것도 사상 유례가 없는 규모로. 건강에 좋은 작물은 하나도 없었지만 얼마 뒤 유럽인들은 이 작물들을 몹시도 원하게 되었다. 거대한 플랜테이션들이 건설되었고, 노예들을 수입했으며, 회사들이 잇따라 설립되었고, 왕실들은 독점권을 챙기고 나섰다. 엄청난 부가 만들어졌다가는 가뭇없이 사라지기를 반복했다.

그러나 빠르게 늘어나고 있는 세계 주민들의 배를 계속 채워줄 신세계의 작물들은 정작 이들보다는 볼품없는, 거물급 투자가들로부터도 이렇다 할 관심을 끌어내지 못했던 것들이다. 그중 하나가 메이즈(maize)*였다. 메이즈는 옥수수 품종의 하나로 아메리카 대륙 전역에서 자라고 있었다. 몇 세기가 지나도록 메이즈 때문에 새로 생긴 농업 관련 산업은 하나

---

* 메이즈(maize): 대부분의 경우 메이즈는 옥수수로 번역되며 콘(corn)과 특별히 구분해서 사용하지는 않는다. 보통 미국에서는 콘이, 영국에서는 메이즈가 옥수수를 의미한다. 콘이 일상어라면 메이즈는 기술어라는 차이도 있지만, 여기서 메이즈라는 말은 특별히 '인디언 콘'(Indian Corn)을 가리키는 것으로 보인다.

도 없을 정도로 돈벌이 쪽에서는 신통치 않았지만, 이 작물은 믿기 어려울 정도로 추위를 잘 견뎠고 영양분이 풍부했다. 이 때문에 큰 후원자가 없었는데도 얼마 지나지 않아 전 세계의 농부들이 메이즈를 심고 있었다.

메이즈보다 더 보잘것없었던 작물은 스페인 군인들이 1550년대 페루 쪽 안데스산맥에서 '발견한' 감자였다. 고향에서도 2등급 식품 취급을 받았던 감자는 콜롬비아 북쪽을 넘어가 본 적이 없었고, 별로 중요할 것 없는 산비탈 농지 바깥쪽에 그것도 아주 드물게 심었을 뿐이다. 감자 교역을 하려고 회사를 새로 차린 무역상은 런던에서조차 하나도 없었고, 유럽의 대중들도 영양분이 훨씬 적은, 아니 유해하기까지 했던 같은 신세계 출신의 담배보다도 훨씬 냉랭하게 감자를 대했다. 그러나 몇 차례의 심각한 식량 위기가 발생하고 감자가 이를 깔끔하게 해결해주자 감자를 바라보는 눈이 달라졌다. 이렇게 해서 오늘날 감자는 세계에서 네 번째로 많이 먹는 식용 작물로 자리 잡았다.

감자는 네 가지 단순한 이유 때문에 안데스산맥 일대에서 중요한 의미를 가졌다. 우선 감자는 먹을 수 있는 다른 모든 식물들을 죽여 버리는 서리에도 잘 견뎠고, 엄청나게 높은 지대에서도 건강하게 자랐다. 둘째로, 에이커당 산출 열량이 대단히 높았다. 감자의 열량은 쌀보다도 높고, 밀이나 귀리 따위의 다른 작물들은 아예 비교도 안 될 정도다. 게다가 굉장히 다양한 비타민까지 함유하고 있다. 셋째로, 감자를 기르는 데는 노동력이 거의 필요하지 않았기 때문에 고지대 사람들은 나무를 베고, 광석을 캐거나 다른 임산품들을 모을 시간을 벌 수 있었다. 이 물건들은 보통 저지대의 직물이나 그릇, 과일 따위와 바꾸거나, 저지대 사람들이 자기들을 공격하지 않는 대가로 상납했다. 마지막으로 감자는 (특별한 건물이 없어도) 보관이 쉬웠다. 따라서 항상 이곳 사람들을 따라다녔던 흉작이라는 유령으로부터 거의 완벽하게 보호를 받을 수 있었다.

이윽고 스페인 뱃사람들이 감자를 필리핀으로 들여왔다. 그들은 그 먼 거리를 항해하면서도 감자 덕에 괴혈병에 걸리지 않았다. 아시아에서도 사람들이 산중턱까지 올라가 살아야 할 정도로 인구가 계속 늘어나던 지역에서는 어디서나, 안데스산맥 일대에서 '인기'를 끌었던 바로 그 이점들 때문에 감자가 쉽게 뿌리 내릴 수 있었다. 중국의 거대한 양쯔강을 따라 형성된 고원 지대를 개발하는 데 감자와 메이즈는 특히 중요한 구실을 했다. 결국 18세기에 중국 인구가 폭발적으로 늘어날 수 있었던 것도 이들 신세계 작물을 빼놓으면 결코 설명할 수 없다. 그리고 19세기와 20세기에 삼림을 마구 베어내 생태계에 재앙이 닥쳤을 때도 사람들을 먹여 살릴 수 있었던 것은 감자와 옥수수가 있었기 때문이다. 그러나 감자가 마침내 대부분의 인구가 살고 있던 저지대의 도시 지역과 농장까지 정복한 것은 유럽에서였다.

감자의 대서양 경제 진입은 양극단을 통해 이루어졌다. 한쪽에서는 유럽 부유층이 즐기던 사치스런 곁들임 요리로, 다른 쪽에서는 스페인령 페루의 광산에서 일하는 인디오들의 주식으로. 감자가 유럽에서 고급스런 대접을 받을 수 있었던 것은 사람들이 감자를 효과 좋은 최음제로 여겼기 때문이다. 그리고 근대 초기 유럽에 들어온 다른 채소나 약초들처럼 감자를 부자들의 정원에서 적은 양만 길렀던 것도 한 이유였다(17세기의 한 조리법에는, 런던의 큰 부자가 만든 것인데도, 감자가 너무 비쌀 경우 대신 쓸 수 있는 재료들이 소개되어 있을 정도였다). 가장 밑바닥으로 눈을 돌려보면, 광부들에게 감자를 먹였던 것은 당연한 조처였다. 광산 개발에 따라 도시들이 급조되었는데 하나같이 산이 너무 많아 작물을 기르거나 수입하기 힘든 지역에 들어섰던 것이다. 그러나 이 때문에 주곡으로서 감자는 노예들이나 먹는 음식이라는 뿌리 깊은 고정 관념이 생겨나게 되었다. 유럽의 대중들이 몇 세기가 지나서야 감자를 먹기 시작한 것은 바로 이 때문이었다. 심지어 나폴리 사람들은 1770년 대기근이 닥쳤을 때 감자를 식량으로 대체하려는 시도에 반발하기도 했다.

1600년 이후 유럽의 인구가 매우 빠르게 늘어나자 이전에는 경험하지 못했던 규모의 식량 위기가 찾아왔다. 이제 식물학자들이나 개혁가들, 왕립 위원회 등 식량 문제의 해결책으로 감자에 관심을 갖는 사람들이 차츰 늘어나기 시작했다. 그러나 한참 뒤인 1770년 말에 기근 구호를 위해 나폴리로 감자를 실어 보냈을 때도 사람들은 여전히 감자를 먹으려고 하지 않았다. 그리고 프랑스에서는 1800년대 초까지도 감자가 나병을 일으킬 수 있다는 생각이 끈질기게 남아 있었다. 감자가 조금이라도 보급되었다면 그것은 대부분 찬밥 더운밥 가릴 수 없을 정도로 심각한 굶주림에 직면했을 때였다.

아일랜드가 바로 이런 경우인데, 아일랜드는 유럽에서는 최초로 감자를 주식으로 먹기 시작한 곳이다. 전해오는 얘기에 따르면 감자는 1600년이 되기 직전 스페인 무적함대 소속의 한 난파선에 실려 아일랜드에 도착했다. 아일랜드에는 이 기적의 식품을 보급시키려던 귀족 따위는 한 명도 없었다. 그러나 감자를 보급하는 데는 귀족의 호의보다는 이 섬을 점령했던 자들이 저지른 만행이 훨씬 더 '효과적'이었다. 잇따르는 반란을 완전히 짓밟아 버리기로 작정한 영국이 선택한 진압 방법은 초토화였다. 영국군은 완강하게 저항하는 지역에서는 먹을 것을 없애 버려서 아예 사람이 살지 못하게 하려고 곡물 창고나 방앗간은 물론 옥수수, 보리, 귀리 밭을 모두 불태웠고 가축들까지 도륙해 버렸다. 반란군들도 역시 비슷한 방법으로 대응했다. 이런 상황에서 감자의 '미덕'이 두드러졌다. 감자는 도랑으로 둘러싸인 좁고 축축한 땅, 그것도 그 밑에서 자랐기 때문에 불태우기가 어려웠다. 게다가 농부의 오두막 안에 안전하게 꽉꽉 쟁여 넣을 수 있었고, 특별히 빻거나 껍질을 벗길 필요도 없었다. 쟁기를 끌 짐승은 물론이고 쟁기 하나 남지 않은 농가에서도 가래 한 자루만 있으면 감자를 심을 수 있었다. 17세기에 들어서면서 싸움은 더욱 격렬해졌다. 한 기록에 따르면 1641년에서 1652년까지 계속되었던 반란 중에는 전체 인구의 80퍼센트가 죽거나 도망갔을 정도였다. 17세기 말이 되면 감자는 아일랜드 사람들의 가장 중요한 식품 (그리고 음료) 공급원으로 자리 잡게 된다. 성인 남자 한 사람이 하루에 7파운드의 감자를 먹었고, 우유를 제외하면 다른 음식은 거의 먹지 않았다. 아일랜드의 인구가 빠르게 이전 상태를 회복하고 1700년대에 마침내 원래의 인구보다도 늘어날 수 있었던 데는 감자의 역할이 대단히 컸다. 그것은 감자가 에이커당 어마어마한 식품을 생산해 냈을 뿐만 아니라, (창고나 쟁기 끌 짐승도 필요 없고 연장 몇 개만 있으면 될 만큼) 감자 농사를 시작하는 데 자본이 거의 들지 않았기 때문이기도 하다. 아일랜드에서는 보통 땅을 가진 사람의 농지에서 공짜로 농사를 지어주는 대가로 땅 한 뙈기를 빌릴 수 있었다. 따라서 아주 가난한 사람들도 영국이나 프랑스의 농부들보다 일찍 결혼해서 아이를 낳을 수 있었다. 뿌리 깊은 가난과 급격히 늘어나는 인구, 그리고 (1840년대 재앙이 엄습할 때까지는) 결코 실패할 것 같지 않아 보이는 한 작물에 대한 거의 전적인 의존, 이 세 요소가 한 지역에서 결합되자 아일랜드와 감자는 한때 유럽 전역을 휩쓴 치열한 논쟁거리가 되었다. 어떤 사람들은 여기에서 굶주린 대륙 유럽을 구원할 희망을 발견했지만, 다른 사람들은 더 끔찍한 악몽을 보았던 것이다.

계몽주의의 신진 철학자들 — 오늘날의 관점에서 보면 경제학자들이다 — 은 대부분 재앙을 예견하고 있었다. 인구 증가에 감자 자체가 어느 정도의 책임이 있는지에 대해서는 스미스나 맬서스를 비롯한 여러 학자들 사이에 의견이 엇갈렸지만, 인구 증가가 위험하다는 점에서만큼은 한결같이 동의하고 있었다. 농가에는 거의 부담을 주지 않는 작물은 결국 사회적으로 용인될 만한 '최저 생계비'를 떨어뜨리기 때문에 잘해야 본전이었던 것이다. 실제로 1700년대에 감자에서 뭔가 큰 기회를 발견했던 사람들은, 그 많은 가난한 사람들이 먹을 수 있는 값싼 식품을 찾아내야만 했던 사람들이었다. 이를테면 (군대 유지비용이 세입보다 훨씬 빨리 늘어나 골치를 앓고 있던) 유럽 대륙의 군 통수권자들이나, 이제 막 등장해 (수공 숙련공들보다 더 싸게 물건을 만들어) 시장을 확보하려고 갖은 애를 쓰던 영국의 공장 소유주들이 그런 사람들이었다.

영국에서는 상당수의 제조업자들과 개혁가들이 빵을 대신할 값싸고 영양가 많은 식품으로서 감자가 얼마나 훌륭한지 상찬을 늘어놓고 있었다. 1700년대 말이 되면 감자는 부자들의 정원을 벗어나 밭작물로 변신하게 된다. 특히 산업화가 빨리 진행되던 북부 지역에서 이런 현상이 두드러졌다. 그렇지만 수백만 명에 이르는 서민들은 감자를 당당한 작물의 반열에 올리는 데 반대하고 있었다. 당시 대다수의 영국 노동자들은 아일랜드인들을 (짐승처럼 살기를 마다하지 않는) 저임 경쟁자로 여기고 있었다. 이들이 제일 좋아하는 음식이 이를 증명해주고 있었는데, 당시까지 감자는 영국인들이 돼지한테나 주던 음식이었기 때문이다. 그리고 도시 노동자들은 물론, 특히 농촌의 노동자들에게도 '잘난 사람들'이 먹는 것과 똑같은 흰 빵을 먹는 것은 결코 하찮다고 할 수 없는 신분의 상징이었던 셈이다. 이 때문에 감자를 대신 먹이려는 시도에 항상 격렬하게 저항했던 것이다. 그러나 (적어도 자본가들보다는) 영양 문제에 좀 더 관심을 가졌을 개혁가들의 예상과는 전혀 다른 이유에서 감자 소비가 늘었던 적이 있었다. 제대로 연명하기조차 힘들었던 산업화 초기, 빵 값이 생활비에서 점점 큰 비중을 차지하게 되자 사람들은 감자를 조금 더 먹게 되었다. 일단 빵을 사고 나면 쇠고기나 돼지고기, 치즈, 칠면조나 닭을 살 돈이 남지 않았던 것이다. 그러나 그래도 당시 영국에서 감자를 주식으로 삼은 사람들은 고아원이나 구빈원 또는 강제 노역소 등에서 어쩔 수 없이 감자죽을 먹어야 했던 가장 가난한 계층뿐이었다. 결국 한두 세대 정도가 지나 영국인들의 생활수준이 다시 올라가기 시작하고 나서야, 특히 미국산 곡물을 견제하기 위한 보호 조처가 철폐되고 나서야 가난한 사람들은 단백질을 다시 섭취하게 되었다. 이렇게 영국에서 감자는 영원히 보조 식품으로 남게 되었다.

아일랜드에서 그랬던 것처럼 전쟁과 기근은 중유럽과 동유럽에서도 감자가 파고들 틈새를 벌려 놓았는데, 서유럽보다 그 틈새는 훨씬 컸고 또 더 오래 열려 있었다. 이곳에서 감자는 소출이 많고 보관이 쉽다는 점 때문에 군용 식량으로 먼저 선택되었고, 언제라도 전쟁을 치를 태세를 갖추려고 골몰해 있던 정치가들을 사로잡았다. 프로이센의 프리드리히 대제는 지금의 동독과 폴란드의 대부분을 차지하는 지역에서 감자 농사를 매우 적극적으로 독려했다("군대는 배가 차야 진군할 수 있다."는 것이 그의 지론이었다). 바이에른 계승 전쟁(War of Bavarian Succession: 1778~1779년, 미국 독립혁명의 여파로 일어났다)을 치르면서 프로이센과 오스트리아는 군용 식량을 감자에만 의존하다시피 했는데, 사람들이 이 전쟁을 감자 전쟁(Potato War)이라고 불렀을 정도다. 이 전쟁은 보헤미아의 감자 수확고가 다 떨어지면서 끝이 났다. 프랑스 혁명과 함께 시작된 25년의 전쟁 동안 대규모 군사적 동원이 계속되자 유럽 농업은 한 번도 경험하지 못했던 압박을 받게 되는데, 감자는 이 '덕'에 유럽 대부분의 지역으로 퍼져 나갔다. 1831년에서 1832년까지 이어진 기근이 끝난 뒤 정부의 전폭적인 후원 아래 러시아 전역에서 감자를 심는 것으로 감자의 유럽 대륙 정복은 완성되었다. 스페인인들이 '발견한 지' 300년이 지나서, 신세계가 인류에게 베푼 최고의 선물 감자는 결국 고향에서와는 비교도 안 될 규모로 많이 기르고 먹는 식품이 된 것이다. 그러나 감자가 세계에서 가장 풍요로운 대륙을 정복했던 것은 어디까지나 가난한 사람들의 음식으로서였다. 그리고 감자가 여러 가지 장점을 갖고 있었는데도 감자를 먹기 시작한 사람들은 그때마다 그것을 패배로 받아들였을 정도로 감자의 진군은 한 걸음 한 걸음 힘겨운 것이었다.

13 카카오에 얽힌 자유노동의 진보와 후퇴

아무도 강요하지 않는데 다른 사람을 위해서 일할 필요가 있을까? 오늘날 사람들은 대부분 깊이 생각하지 않는 질문이지만, 19세기와 20세기 초의 정치인과 지식인을 비롯한 수백만 사람들에게는 이보다 무거운 질문이 없었다. 한때 자작농이었던 수백만 농민과 장인들은 고용 노동자가 되어 갔고, 한때 노예였던 또 다른 수백만은 자유와 안정을 찾으려 하던 시절이었다. 자잘하게 따지자면 끝이 없지만, 이 질문에 대한 대부분의 답변은 두 가지 기본적인 아이디어 중 하나로(혹은 둘의 결합으로) 귀결되었다. 고용주를 위해 일한다는 건 첫째, 고용주에게 무언가가 있어서였다. 가령 기계, 유달리 좋은 땅, 번뜩이는 아이디어처럼 나는 없는 것들이 고용주에게 있어서 내가 혼자 일할 때보다 벌이가 좋으면 고용돼 일하는 편이 나았다. 둘째, 혼자 일할 수 있다는 선택지가 없을 때도 고용주가 필요했다. 땅이 없을 수도 있고, 생산에 필요한 자원이 없을 수도 있었다. 그렇다면 그것은 자원 자체가 부족한 탓일 수도 있고(예를 들어, 소작농 가족의 여러 자녀 중 한 명이라면), 자원이 풍족할 수 없는 상황 탓일 수도 있었다(예를 들어, 정치적인 힘을 가진 엘리트 계층이 중요한 자원을 독점하고 있다면).

그런데 20세기 초 서아프리카에서는 카카오 호황 덕분에 위의 문제가 깔끔하게 해결되었다. 사실 식민지 열강들이 노예제도를 종식하겠다고 약속한 뒤 실제로는 어찌할 바 모르고 우왕좌왕하는 사이에 카카오 호황이 역할을 대신한 셈이었다. 이 일이 가장 명백하게 일어난 곳은 1898년 이후 영국령 가나의 일부였고 1908년경부터는 주요 카카오 생산국이었던 아샨티 왕국의 전신이었다.

1807년 이후 점진적으로 대서양 횡단 노예무역이 금지되었지만, 아샨티를 비롯한 주요 노예 수출국들은 노예 조달을 멈추지 않았다(노예는 대부분 해안에서 멀리 떨어진 약소 왕국에서 데려왔다). 대신 이런 곳들은 야자유(비누와 윤활유용)와 야생 고무(동남아 플랜테이션이 세계 무역의 전면에 나서기 전이었다), 금 그리고 나중에는 카카오를 수출하는 데 노예를 동원했다. 노예가 된 과정, 무보수로 떨어지는 작업의 양, 노예로 낙인되는 방식, 본인 혹은 그 자녀들의 지위가 고정된 정도 등을 두고 노예들은 각각 다른 조건에서 일했지만, 이 가운데 전적으로 합의된 조건은 하나도 없었다. 사실 노예를 수출할 곳은 사라지는데 아프리카에서 노예제가 성장한 것은 1800년대 후반 유럽의 식민화 정책이 합리화되는 가장 큰 이유로 작용했고, 캐드베리(Cadbury)처럼 잔뜩 겁을 먹은 회사들은 노예가 재배한 카카오에 대해 불매를 약속했다. 그러나 한 번 권력의 맛을 본 유럽인들은 자국에서는 문명화의 척도로서 '자유노동'을 떠벌리면서도 과연 식민국에서까지 그것을 장려해야 하는지는 전혀 확신하지 못했다.

상황이 이렇게 된 것은 직접적인 인종차별 때문이기도 했다. 존경받는 유럽의 사상가들에 따르면, 백인들은 내일 먹기 위해 오늘 일해야 함을 이해하지만, 아프리카인들은 그렇지 못하므로 강제하지 않으면 일하지 않을 것이라고 했다(아프리카인들은 일 년 내내 꽃이 피는 기후에서 살아온 탓에 앞을 내다보거나 자제하는 힘을 기르지 못했다는 이론도 있었다). 그런데 이런 말도 안 되는 과학 너머에는 맞는 부분도 있었다. 아프리카는 아직 주인 없는 땅이 많아서 누구든 각자 알아서 먹고살 수 있었고, 아프리카인들은 다른 사람에게 고용되어 일해야 할 필요성을 이해하지 못했다. 한편 아프리카인들도 다른 사람들처럼 이성이 있다는 사실은 인정하지만, 아프리카인은 현대 서구 사람들보다 사회적 연대에 더 큰 가치를 두고 재화는 신경 쓰지 않았으므로 임금 노동을 매력적으로 여기지 않으리라고 보는 견해도 있었다.

유럽의 여러 식민지 관리들은 이러한 논리를 바탕으로, 지속적인 강제력의 동원이 최소한이라도 용인되지 않을 경우 수출 생산과 도로 유지를 비롯해 자신들과 유럽의 상인들에게 중요한 활동들이 무너져 버릴 것을 우려했다. 테러를 무기로 생산량을 할당하거나(테러가 가장 끔찍하게 일어난 곳은 콩고였다. 수백만 명이 목숨을 잃었고, 할당량을 채우지 못해서 손이 잘린 사람들도 많았다), 현금으로만 징수되는 세금을 새로 만드는 식으로 강제 노동이 확대되는 경우도 있었다. 이런 경우에는 유럽인에게 고용돼서 일하지 않고는 현금을 마련할 길이 차단돼 버렸으므로 아프리카인들은 울며 겨자 먹기 식으로 고용 노동을 택하지 않을 수 없었다. 이런 일은 남아프리카의 광산 지대에서 빈번히 일어났다. 반면 서아프리카의 수출 호황은 다른 방식으로 이뤄졌으며, 여기에는 훨씬 긍정적인 이야기가 있다. 서아프리카에서는 현지 사람들이 수출의 주도권을 잡았으며, 소위 '과학적'이라고 하는 방법으로 플랜테이션을 세우고자 했던 유럽인들보다 항상 한 걸음 앞서 나갔다. 무엇보다 이를 뒷받침하는 숫자를 보면 논쟁의 여지가 없다. 아샨티의 카카오 수출량은 1908년에는 거의 전무했지만, 1919년에는 3만 톤, 1930년대 중반에는 9만2천 톤이었다(독립 후인 1964년부터 1965년 사이에는 31만2천 톤에 달했다). 독립 당시 아샨티의 남자들은 자칭 '카카오 재배 농부' 또는 '카카오와 식량 재배 농부'로 통했다. 이 두 가지 범주에 대해서는 여자들의 비율도 비슷했는데, 23퍼센트는 스스로를 '식량 재배 농부'로 불렀다. 거부들이 탄생했고, 그중 몇몇은 서아프리카 독립운동을 이끈 여러 지도자에게 자금을 지원했다.

그런데 이러한 호황은 강제 노역의 산물이었을까, 아니면 시장의 유인책이 정말로 서구식 노동 시장을 만들어낸 것이었을까? 답은 둘 다이다. 서아프리카는 땅은 한없이 넓었지만, 그 땅을 개간해서 카카오나무를 심는 건 쉬운 일이 아니었다. 일반적으로 숲 1에이커(약 1,200평)당 300톤의 초목이 자랐고, 그 땅을 개간하더라도 새로 심은 나무가 다 자라는 데는 몇 년이 걸렸다. 피할 수 있다면, 이 일을 하려고 나서는 사람은 많지 않았다. 게다가 토지 개간은 끊임없이 계속됐다. 왜냐하면 첫째, 카카오 수요는 계속 증가했고, 둘째, 본래의 숲을 개간하면 토양이 급격하게 황폐해졌기 때문이었다(열대 지방의 토질이 대부분 그렇듯, 이곳의 토양층은 아주 얇았다. 양분은 대부분 30센티미터 높이로 쌓인 낙엽과 여러 썩은 식물에서 나왔는데, 농부들이 땅을 개간해서 이 주기가 무너지면 땅은 양분을 잃게 됐다). 그리고 셋째, 1930년대부터 카카오나무에 스월른 슛 병(swollen shoot syndrome, 바이러스로 인해 카카오나무의 줄기나 뿌리의 마디 사이가 짧아지거나 팽창하게 되는 병으로, 오늘날에도 큰 골칫거리이다 — 옮긴이)이 퍼지자 새로운 땅을 개간할 수밖에 없는 상황이었다. 농부는 카카오나무를 심은 땅이 자신의 추장 소유라면 그 땅을 무료로 쓰며 충성스러운 신하의 의무를 계속할 수 있었다(자유노동과 함께 의례에 대한 책임이 수반됐다). 한편 다른 추장의 관할지에 있는 땅을 개간해야 한다면 농부는 임대료를 지불했고, 일반적으로 이 비용은 나무가 열매를 맺기 시작하면 수확물에 대한 지분으로 평가됐다. 다시 말해, 이 산업에서는 자본(카카오나무)이 끊임없이 교체되고 확장돼야 했고, 그렇게 하는 열쇠는 투자금이 아닌 인력을 확보하는 것이었다.

그렇다면 일은 누가 했을까? 1908년에 노예제도가 불법이 된 후에도 북쪽에서 들어오는 노예는 계속 있었지만(1940년대까지 이 상황은 계속됐다),

이러한 흐름은 점차 줄어들었다. 대신, 채무를 이행하지 못해서 강제 노역을 해야 하는 사람이 어마어마하게 늘었다. 이들은 빚을 갚을 때까지 채권자를 위해 노역을 제공해야 했다. 빚이 생긴 이유는 추장이나 식민지 법정이 부과한 벌금을 갚지 못했거나, 결혼 비용을 충당하지 못해서, 그리고 흔하지는 않았지만 소비재(특히 옷)를 구입해야 해서였다. 사람들은 자진해서 노역으로 채무를 대신하기도 했지만, 친척 중 연장자를 대신해서 노역을 '저당' 잡히는 경우가 훨씬 많았다. 채권자는 선택하기에 따라 이들을 다시 저당 잡을 수 있었다. 채무불이행으로 강제 노역을 하게 된 사람의 수는 20세기 전반에 걸쳐 증가했지만, 노예가 줄어든 만큼은 아니었다. 사실, 대안이 없는 많은 사람은 스스로 땅을 개간하며 고된 노동을 감당했지만, 강제 노역이 없었더라면 확장은 훨씬 더 느렸을 것이다. 카카오 밭에서 임금을 받고 일하는 자유인 집단이 나타나는 데는 아주 오랜 시간이 걸렸다.

그러나 채무로 인해 강제 노역을 하는 사람들만으로는 늘어나는 카카오 수요를 따라갈 수 없었다. 이는 아샨티 남자들이 카카오를 재배하고 현금을 만질 수 있게 되었기 때문이기도 했고, 단기에 벌 수 있는 것보다 더 많은 돈이 필요하다면 어린 친척을 저당 잡히기보다는 카카오나무를 저당 잡히는 편이 더 나았기 때문일 수도 있다. 또한 카카오 값이 충분히 올라가면 노동력은 부족해질 수 있는 반면 카카오 재배에서 나오는 수익은 높아져서, 농부들은 생계형 농업을 비롯해 다른 일을 하는 노동자들을 카카오 재배로 끌어낼 만큼 높은 임금을 줄 수 있게 된다. 그럴 경우, 앞뒤가 맞지 않고 굼뜨기만 한 식민지 통치자들이 그랬던 것처럼 시장이 앞장서서 강제 노역을 줄여야 했다.

그렇게 급등하는 가격이 문제가 되는 때도 있었다. 가격이 요동치는 이유는 수요가 들쑥날쑥하기도 했지만(가령 제2차 세계대전 때는 수요가 곤두박질쳤다), 카카오나무는 한 번 심으면 몇 년간 계속 열매를 맺으므로 공급을 조절하기가 어렵기 때문이기도 했다. 한편 카카오를 심은 땅에 대한 임대료(정부가 소작농에 대해 더 공정한 대안이라는 이유로 임대료는 현금으로만 받도록 규제했다)는 고정돼 있었는데, 일반적으로 이 금액은 호황기에는 수확의 5퍼센트 정도였지만, 불황기에는 60퍼센트까지 치솟았다. 독립 후 가격을 고정하려는 노력도 농민들에게는 불리하게 작용했다. 정부는 가격을 낮게 유지했고, 다른 사업들에 비용을 치르기 위해 세계 시장의 가격과 조금도 차이가 나지 않게 하려고 했다.

그러나 호황 때조차 모두가 이익을 보지는 못했다. 여자들은 식량 작물을 비롯해 꼭 필요하지만 보수는 적은 생산을 도맡는 것이 당연시됐던 탓에 (카카오 재배에 동원된 인원은 많았지만) 카카오로 돈을 벌 기회가 더 적었다. 그런데 채무불이행으로 여성(과 아이들)이 저당 잡히는 상황은 계속되었고 오히려 늘기까지 했다. 남자들이 저당 잡히는 일은 줄어드는 상황에서도 말이다. 비슷한 이유로, 각 가정이 정부에서 부과한 의무 노역에 여자를 바치는 경우가 점점 늘어났다(어떤 식민 권력도 이 부분을 포기하려 하지 않았다). 그 결과 도로 유지(극심한 더위와 폭우로 초목의 생장이 빠른 지역에서는 계속 골칫거리인 일) 같은 일은 점점 더 여자들의 몫이 되었다. 한편 보통은 추장들에게 도로에서 일하는 인부들을 먹일 최소한의 비용이 지급되었지만, 그 돈이 얼마나 꾸준히 인부들에게 들어가는지는 미지수였다. 그리고 북쪽의 사바나는 카카오로 유망한 지역이 아니었는데, 남자든 여자든 현금이 필요했지만 강제 노역 외에는 대안이 없었으므로, 그들은 자유노동자들의 흐름과 더불어 계속하여 남쪽으로 내려갔다.

안타깝게도 20세기의 초반과 중반에 제한적으로나마 나타났던 사회의 진보는 그 뒤 40여 년 동안은 일어나지 않았다. 인구가 증가하고 마침내 땅이 귀해지자 화학 비료와 살충제를 사용하게 됐고, 단위 면적당 수확량은 늘었지만 비용도 같이 올라갔다. 주인 없는 땅이 줄었다는 것은 이민자들이 임금을 절약하고 모아서 자기만의 땅을 소유할 희망을 잃게 됐다는 의미였다. 이제는 임금을 받고 농장에서 일하는 것보다 도시에서 운을 시험하는 편이 훨씬 매력적으로 보였다. 한편 카카오의 수요는 꾸준히 증가했지만 세계 시장의 카카오 가격은 1950년대 이후 실질적으로 약 60퍼센트 하락했다(1970년대 후반에 정점을 찍은 뒤로는 80퍼센트 이상 하락했다). 그 큰 이유는 새로운 공급자들(주로 동남아에서 온)이 시장에 들어오고 정부가 지원하던 가격 위원회 — 무역 자유화 및 '구조 조정'의 일환으로 채권자들이 요구하여 생겨났던 — 가 없어졌기 때문이었다. 비용은 오르고 가격은 내려가자, 농민들은 인건비를 줄이기로 하고 너도나도 강제 노역으로 돌아간다. 강제 노역의 대상은 대부분 어린 인력이었는데, 그 지역 출신도 있었지만 이전처럼 내륙의 더 가난한 지역 출신들도 있었다. 오늘날의 말리(Mali)와 부르키나파소(Burkina Faso)가 출발 거점이었고, 코트디부아르(Cote d'Ivoire: 현재는 세계 최대의 카카오 생산지)와 나이지리아가 주요 종착지였으며, 여러 불법 인력 거래상들이 가장 크게 이익을 봤다. 보통 이들은 이민자들이 불법으로 국경을 넘게 도와준 뒤 수수료를 부과해 노역으로 갚게 했다. 이런 종속 관계가 생기면 훨씬 더 벗어나기가 어렵고, 채무를 이행하지 못해 노역을 저당 잡힌 사람이나 백 년 전에 노예로 살았던 이들보다 훨씬 더 혹독하게 착취를 겪게 된다. 그러나 저당 노역이나 노예 생활은 혹독하기는 했지만 강제력에 한계가 있었다. 그리고 일이 너무 힘들어서 도망간 인부는 어렵지 않게 새 일자리를 구할 수 있지만, 그 사람을 대체하려면 비용이 많이 든다는 것을 농민들도 알고 있었다.

그러나 백 년 전과 달리 희망은 있었다. 농민들은 '공정무역' 기구들의 도움으로 조합을 설립했고, 사회적, 환경적 기준만 맞춘다면 세계 시장 가격의 약 두 배를 받을 수 있었다. 물론 그 기준에는 강제 노역을 쓰지 않는다는 것도 포함됐다('공정무역' 제품으로 인증을 받으려면 조합 전체가 깨끗해야 하므로 농민들은 이웃들의 뒷거래도 막을 수 있다). 초콜릿은 전보다 더 비싸게 팔리지만, 많은 소비자는 깨끗한 양심은 올라간 가격만큼 가치가 있다고 생각한다.

품위 있는 무역을 지향하게 하는 것은 백여 년 전 '문명' 식민주의를 뒷받침했던 반노예 활동가들에게보다 지금 더 효과가 있을까? 아직 단정하기는 이르지만, 노예제 '폐지'의 파란만장한 역사에서 배울 수 있다면, 적어도 우리가 같은 과정을 반복할 일은 없을 것이다. 양심의 가책 없이 맛볼 수 있는 초콜릿이야말로 진정 달콤한 간식이 아닐까!

14 오르락내리락 고무의 시대

자동차가 20세기를 석유의 세기로 만들었다는 것은 모르는 사람이 없다. 그런데 자동차는 똑같은 시간을 고무의 세기로도 만들었다는 사실을 우리는 잊곤 한다. 자동차는 고무로 된 타이어 덕분에 덜컹거림 없이 한 시간에 15마일(약 24킬로미터)을 갈 수 있었고, 그래서 널리 퍼지게 됐다. 그러나 고무 산업은 사람을 정말 험한 길로 끌어들였다.

고무가 처음으로 호황을 맞은 것은 19세기 후반 아마존 열대우림에서였다. 아마존에서는 다양한 라텍스를 만드는 데 가장 쓸모가 많은 파라고무나무(Hevea brasiliensis)가 자생했다. 그러나 그 많은 고무 소비자들은 아마존에서 고무를 수입해서는 성이 차지 않았다. 다양성이 큰 야생의 열대우림에서는 고무 수액을 '효율적으로' 채취하기가 어려웠다. 대부분 지역에서는 1에이커당 한 그루꼴로 고무나무가 자랐고, 수액을 받는 사람은 어마어마한 시간을 들여 이 나무와 저 나무 사이를 옮겨 다녀야 했다. 이렇게 해서는 생산성을 올릴 수 없었고, 수요가 폭발적으로 올라가니 가격도 치솟았다. 명목(nominal: '실질'과 대비되는 개념으로 경제 규모나 산업 구조를 파악하는 데 사용되는 방식 − 옮긴이) 달러로 보아도, 사상 최고치를 기록했던 1910년 가격(1파운드당 5.5달러)은 오늘날 가격보다 몇 배가 비쌌다.

주요 소비국, 즉 오늘날의 모든 산업 강국에서는 파라고무나무가 자라지 않았다. 열대작물인 파라고무나무는 온대 지역에서만 자랐다. 영국은 발 빠르게 움직여 열대에 있는 영국령 말라야(Malaya, 지금의 말레이시아)에 고무나무를 옮겨 심었다. 영국은 말라야를 정치적으로 통제하는 데 그치지 않고 그곳의 열대우림을 개간하여 플랜테이션을 만들고, 깔끔하게 구획을 나누어 최대한 촘촘하게 고무나무만 심었다. 그러자 아마존에서처럼 나무와 나무 사이를 옮겨 다니며 '낭비'하던 시간이 줄었고, 쉴 새 없이 인부를 부릴 수 있었다. 네덜란드도 미국의 투자를 받아 네덜란드령 동인도(지금의 인도네시아)에서 영국의 전철을 따랐다. 그러나 인도 남부의 타밀(Tamils)과 중국 남부의 푸젠(福建省)에서 온 노동자들은 얻은 것이 없었다. 무엇보다도 숲을 뒤덮고 있던 나무들을 베어내자 땅 위 웅덩이에 닿는 햇볕의 양이 늘면서, 전에는 찾아보기 어렵던 말라리아모기가 기승을 부렸다. 병은 도는데 제대로 먹지도 못하고, 치료도 제대로 못 받는데 잔인한 규율까지 더해지자, 처음 몇십 년 동안 플랜테이션의 사망률은 끔찍한 숫자를 기록했다. 대부분 지역에서 매년 5퍼센트의 노동자가 죽어갔고, 최악의 경우에는 20퍼센트에 육박하는 노동자가 죽기도 했다(나중에 보건법이 제정되고 노동조합이 결성되면서 이 상황은 많이 개선되었다). 그렇다고 땅이 빛을 본 것도 아니었다. 단일 작물이 재배되면서 땅속 양분은 고갈됐고, 머지않아 대량의 비료가 필요하게 됐다. 그러나 나무들은 울창하게 자랐고 고무 생산량은 브라질 시절을 훨씬 뛰어넘었다. 두 식민지의 소농들도 곧 플랜테이션의 행보를 따랐다(그들은 고무나무만 심지는 않았다). 이 두 지역은 곧 전 세계 천연고무 생산량의 3분의 2를 생산하게 됐고, 그 흐름은 바로 얼마 전까지도 계속되었다. 사실 두 지역은 지나치게 생산을 잘 해냈다. 고무나무는 충분히 자라기만 하면 그 뒤로 수액을 채취하는 데는 비용이 거의 들지 않는다. 따라서 나무를 많이 심으면 곧이어 공급 과잉이 일어난다. 1913년 무렵 고무 가격은 1파운드당 1달러 아래로 떨어져 있었다. 그 후로 생산자들은 주기적으로 공급을 제한하려고 노력해 왔다.

영국과 네덜란드를 제외한 다른 강국들은 이런 식민지가 없었다. 1920년대까지 전 세계 자동차의 85퍼센트를 생산했고 전 세계 고무의 75퍼센트를 구입했던 미국은 열대 식민지가 한 곳 있기는 했다. 바로 필리핀이었다. 그러나 입법부는 고무나무를 재배할 플랜테이션을 조성하겠다고 토지 소유 제한을 철폐하려 하지는 않았다. 그런데 1920년대 초반에 영국과 네덜란드가 가격 담합을 밀어붙이자, 타이어계의 거물 하비 파이어스톤(Harvey Firestone)은 아프리카 노예의 후손들이 통치하던 서아프리카의 공화국, 라이베리아(Liberia)로 눈을 돌린다. 거기서 파이어스톤은 델라웨어(Delaware) 크기와 맞먹는 1백만 에이커 땅을 임대해서 사회 기반 시설을 짓고 정부의 외채를 빌렸다. 정부는 추장들에게 각각 일정 수의 노동자를 모집하도록 할당했다. 이러한 방식은 노예제로서 국제연맹에 제소되었고, 국제연맹 위원회도 이를 인정했다. 한편, 많은 양의 고무가 생산됐지만 미국인의 요구를 맞추기에는 역부족이었다. 그러는 동안 파이어스톤의 친구인 헨리 포드는 1927년에 브라질로 돌아가서 250만 에이커의 땅을 사들였다. 그러나 '포드랜디아(Fordlandis)' 플랜테이션은 재앙과 같았다. 사실, 자연 상태에서 파라고무나무가 군집해 자라지 않는 데는 이유가 있었다. 서로 떨어져 자라야 해충이 번지는 것을 막을 수 있기 때문이었다(라이베리아나 동남아시아에서 플랜테이션이 성공한 이유는 그 지역에서는 이 해충이 살 수 없기 때문이었다). 포드랜디아는 벌레 천국이 되었고, 결국 1942년에 버려짐으로써 최후를 맞이한다. 고무 부족 사태가 이어지자 미국의 기업들은 캘리포니아 남부에 고무민들레(Kok saghyz)를 심어 보려고 한다. 민들레처럼 생긴 고무민들레는 열대 밖에서도 자랐고 수액으로 고무를 만들 수 있었다. 그러나 수확량이 적고 1931년의 대공황으로 가격이 내려가자(고무 가격은 1932년에 최저점을 찍어 1파운드당 0.03달러 밑으로 거래됐다) 기업들은 고무민들레에서 손을 떼기로 한다. 그러나 역시 열대 식민지를 확보하지 못한 소련은 무엇보다 자급이 위태로운 상황에서 이익까지 염두에 둘 여력이 없었으므로 수십 년 동안 계속하여 중앙아시아 지역에 고무민들레를 심었다.

고무 공장에서 맞닥뜨리는 자연적 한계 또한 합성고무 연구의 계기가 되었다. 이 연구에 가장 앞장선 나라는 독일이었다. 독일은 전쟁이 일어나 영국 해군이 열대 물자의 수입을 차단할 수 있다는 두려움이 있었다. 독일은 제1차 세계대전 중에 일부의 성공을 거뒀고, 1930년대에는 품질을 더욱 향상시켰다(무시무시한 전쟁 속에서도 독일의 이게파르벤(I. G. Farben)은 미국의 듀폰 및 스탠더드 오일과 노하우를 공유했다. 한편 이 거래를 통해 나중에 이 미국 회사들은 파르벤의 비행기 연료 개선에 힘을 보탰다). 그러나 합성고무는 가격은 더 비싸면서 품질은 떨어졌으므로 고중량을 떠받쳐야 하는 타이어로 쓰기는 좋지 않았다(합성고무의 품질이 훨씬 좋아져서 대부분의 자동차에는 합성고무 타이어를 쓰는 요즘도 트럭에는 천연고무 타이어를 많이 쓴다). 따라서 자동차에도 불안한 합성고무가 비행기나 탱크를 떠받칠 수는 없었으므로 군대에서는 여전히 천연고무가 절실했다.

그런데 고무 부족에 대해 다르게 접근한 나라가 있었다. 열대 식민지도 없고 1930년대에는 최고의 화학 실험실도 없던 일본은 열강의 경쟁 속에서 자국의 안정을 확보하려면 네덜란드와 영국으로부터 인도네시아와 말라야를 가로채야 한다고 결론지었다. 이는 미국과의 전쟁을 피할 수 없음을 의미했다.

결국 제2차 세계대전은 고무의 주요 생산자와 소비자를 서로 고립시킨 마지막 전쟁이었다. 한동안 석유 기반 합성고무의 질이 꾸준히 향상되면서 당장 내일이라도 천연고무와 흡사한 합성고무가 탄생할 것 같았지만, 1970년대에 석윳값이 치솟으면서 천연고무값도 반등했다. 천연고무는 그 후 세계 시장의 3분의 1을 점유해 왔다. 산업과 군사의 거물들은 파라고무나무 탓에 잠이 달아나겠지만, 고무 타이어가 떠받치는 자동차를 타고 세상을 달리는 사람은 그 어느 때보다 많아진 지금이다.

5장
폭력과 교역, 그 끈끈한 결합

노예무역과 전염병 | 은으로 만든 도시, 포토시 | 해적, 대영제국 건설의 첨병 | 시대를 앞서간 초기 근대의 여행자들 | 로빈슨 크루소의 사치 생활 | 아편이 등장하기 전 태평양에서는 | 주식회사와 전쟁 | 해적보다도 못한 | 노예제 이후 차악을 찾아서 | 피묻은 상아탑 | 검게 그은 얼굴 에티오피아 | 로젠펠더가의 몰락

| 교역은 보통 문명화를 촉진시키는 열망으로, 즉 폭력을 써야 할 상황을 피하게 해주는 **평화로운 거래**(doux commerce)로 여겨져 왔다. 한정된 자원을 놓고 싸우느라 서로 피를 흘릴 수도 있지만, 각자 상대가 원하는 물건을 열심히 만들어 자기가 갖고 싶은 물건과 교환하는 더 좋은 방법도 있다는 것이다. 파괴를 일삼기보다는 생산의 전문화를 꾀하는 편이 잉여를 늘려줄 뿐만 아니라 생산비도 낮출 것이기 때문이다. 그리고 평화는 재산을 보호하는 데 따르는 비용과 위험은 많이 줄이고 교역은 더 늘려줄 것이다. 스미스와 리카도 같은 고전경제학자들이 꿈꾸던 비교우위의 세계에서는 더 많은 물질적 재화를 획득하려고 노력하다 보면 협력과 경쟁을 동시에 추구할 수 있었다. 이때 시장은 개인의 호전적 충동을 사회적 번영에 기여하도록 전화(轉化)시켜주는 역할을 한다. 탐욕은 칭찬받을 만한 것이 못되더라도 예측 가능하고 잠재적으로 생산적이며 말하자면 전장의 영광을 맛보는 것보다는 훨씬 덜 위험하다.

몇몇 역사가들은 이런 이상이 (최소한 잠깐 동안이라도) 실현된 적이 있다고까지 주장한다. 19세기 초반 진정한 자본주의가 등장하면서 1815년부터 1914년까지 '백 년간의 평화'(Hundred Year's peace)가 이어졌다는 것이다. 그러니까 이 기간에 싸움은 전장이 아니라 시장에서만 벌어졌다는 것이다.

시장경제 확대의 바람직한 결과들만 보여주고 있는 이 아름다운 그림은 유감스럽게도 시장경제가 폭력이라는 역사적 기초를 딛고 서 있으며, 시장경제를 떠받치느라 특히 비유럽 세계에서는 지금도 폭력이 계속 사용되고 있다는 점을 슬며시 가리고 있다. '원시적 축적', 즉 재산을 빼앗고 강제로 노동을 시키는 짓은 수천 년 동안 어디서나 볼 수 있었다. 바빌론과 아시리아, 이집트, 마야 모두 공물과 전리품으로 국고를 채웠다. 얼마간의 교역이 있기는 했지만, 강제(노골적이든 암묵적이든)가 자발적인 교환보다 훨씬 중요한 축적의 동력이었다. 한 국가의 부는 주로 군대와 세금 징수관들의 규모나 힘에 따라 결정되었지, 생산 기술이나 시장 따위는 별 영향을 미치지 못했다. 몽골 원정군이나 바이킹들이 휘두르는 칼 앞에 합리적인 경제적 계산 따위는 한낱 추풍낙엽이었을 뿐이다. 또 '합리적', '경제적'으로 계산해 봤을 때 '주먹'을 쓰는 편이 비용 면에서 효율적이라는 판단이 들면 주저 없이 주먹을 휘둘렀던 사례도 얼마든지 있다. 한편 가장 폭력적인 통치자조차도 적절하게 대우하면 상인이 수입과 정보의 유용한 원천이 될 수 있음을 종종 깨달았다. 한 몽골 칸은 상인들에게 더 큰 존경을 보였고, 자신의 군인들에게 목표를 추구하기 위해 먼 거리를 여행하는 상인들의 강인함과 헌신으로부터 교훈을 배워야 한다고 말했던 것 같다. 유라시아 대부분을 공포에 떨게 할 만큼 강인한 남성들에게 롤 모델로 상인들을 제시했다니 놀라운 일이다.

무역상들과 이들을 나라 밖에서 보호(별로 원하지 않는 '보호'도 포함)해 주던 사람들 사이의 관계는 시간이 흐르면서 계속 바뀌어 왔다. 베네치아에서는 정부의 명령에 따라 모든 무역상들이 정부가 조직한 선단을 타고서만 장삿길에 나설 수 있었다. 정부가 상인들의 보호는 물론 교역의 대부분을 주관했던 셈이다. 포르투갈과 스페인은 이 모델을 지중해에서 대서양, 태평양, 인도양으로 수출했는데, 언제나 결과가 좋았던 것은 아니다. 네덜란드와 초기 영국의 해외 무역상들은 반대로 방향을 잡았다. 사기업들이 정부의 허가를 받아 전쟁과 교역 둘 다를 알아서 했던 것이다. 마침내 국가가 아니라 민간인들의 수중에 있기는 했지만, 여기서도 역시 폭력과 교역은 같이 다녔다. 프레드릭 레인(Frederic Lane)의 말처럼 이 기업들은 '보호 비용을 내면화'하여 합리적 계획과 계산에 이런 보호 비용을 포함시키게 되었다. 결국 폭력을 쓰는 데 들어가는 비용을 이들 독점

기업이 고스란히 떠안게 된 것이다. 그러나 18~19세기에 들어 전쟁 규모와 수행 비용이 늘어나면서 '보호비'가 국가가 아니면 감당할 수 없을 정도로 커져 버렸다. 그제야 유럽인들은 장사는 하지만 싸우지 않는 상인들과 싸우지만 장사는 하지 않는 국가의 '자연스런' 분업이 가능하다는 사실을 깨닫게 되었다. 하지만 국가가 단순히 재산을 지켜주는 '야경꾼'에 머물렀는지, 아니면 새로운 종류의 교역을 위해 새로운 지역을 힘으로 '열어주는' 무장 강도 노릇까지 했는지가 항상 분명했던 것은 아니다. 더군다나 그 후에 이 새로운 분업이 그대로 유지된 것도 아니다. 19세기 말 유럽의 정부들은 아프리카 내륙 지역을 식민지로 만들고 통치하는 데 너무 많은 비용이 들자 또 다시 사기업에 무역 독점권을 내주고 정부에 준하는 기능을 수행할 수 있는 권리도 넘겨주었다. 오늘날에도 많은 기업(특히 외딴 지역에서 활동하는 자원 기반 기업)은 군대와 쉽게 구별할 수 없을 만큼 큰 규모의 사설 경비대를 배치하고 있다. 또한 이라크와 아프가니스탄에 있는 미군 같은 군대는 수만 명의 민간인을 '계약 근로자'로 고용하며 이들 상당수가 무장을 한다. 가끔 동의 아래 이루어지는 평화로운 교역과 물리적 강제가 분명히 분리되어 가는 것처럼 보이는 때가 있기는 하지만, 이 둘이 완전히 갈라졌던 적은 한 번도 없었다. (비율에서는 차이가 있었지만 아시아의 여러 지역에서도 유럽과 똑같은 무역 정책들이 동원되었다. 이를테면 많지는 않았지만 베네치아처럼 국가가 교역과 폭력을 독점했던 곳이 있었고, 넓은 '자유무역' 지대가 있었으며, 영국이나 네덜란드의 경우처럼 기업들이 국가의 허가를 받고 폭력을 행사하며 교역을 하던 몇몇 지역이 있었다.)

그리고 결국 '교환과 거래'의 원칙 아래 고분고분해진 경제적 폭력은 까마득한 과거의 본능적 충동만은 아니었다. '서양인들'은 잊어버리려는 경향이 있기는 하지만, 오스만 튀르크는 4세기 동안 세계에서 가장 큰 제국이었다. 16세기 '화려한 황제' 슐레이만 1세(Sultan Suleiman the

Magnificent)가 통치할 무렵 오스만 제국은 서쪽으로는 비엔나와 독일 레게스 베르크(Regesberg) 어귀에서부터 동쪽으로는 아제르바이잔, 북쪽으로는 폴란드 남부, 남쪽으로는 이집트와 예멘에까지 걸쳐 있었다. 세계에서 가장 큰 규모의 군대와 기독교인 노예가 일부 포진하고 있던 대단히 훌륭한 관료제, 그리고 알라의 말씀을 전파하겠다는 누구도 꺾을 수 없는 강렬한 의지를 갖고 있던 오스만 제국은 유럽과 중동의 정치를 장악해 이 지역에 평화를 가져왔다. 중국과 인도, 페르시아를 유럽과 이어주는 '고속도로'는 아주 안전했고 덕분에 교역이 매우 활발했다. 그러나 부를 축적했던 도구는 바로 정복이었다. 따라서 가장 많은 비용이 들었던 것은 군대였다.

오스만 제국은 군대와 관료제를 유지하기 위해 교역이라는 젖소에서 쉴 새 없이 젖을 짜냈고, 더는 견딜 수 없었던 유럽 무역상들은 동방의 부를 뜯어먹으려고 다른 교역로를 찾아 나섰다. 따라서 포르투갈과 스페인을 내몰아 남쪽으로는 아프리카를 한 바퀴 돌게 하고, 서쪽에서는 자기도 모르는 사이에 신세계와 충돌하게 만든 것은 바로 오스만 제국이었다(2장 2절 참조). 아프리카는 약 천 년 동안 유럽과 접촉해 왔다. 사하라 이남 아프리카와 유럽은 주로 황금과 노예무역을 통해 연결되어 있었는데, 이제 아프리카 북쪽 해안을 장악한 오스만 제국이 이 두 상품의 교역을 지배하고 있었다. 결국 포르투갈인들은 북쪽 해안을 비켜 상아 해안(Ivory Coast)과 황금 해안(Gold Coast)에 교역 거점을 마련했고 상투메 같은 아프리카의 대서양 쪽 섬들에 식민지를 건설했다. 근대 초 유럽의 성장에 결정적 역할을 한 (그리고 미국의 성장에는 더 큰 역할을 한) 이 사람 장사 역시 폭력에 의존하고 있었다.

이 대목에서 폭력과 '기업가 정신' 사이의 관계가 다시 한번 바뀌게 되는데, 그렇더라도 이 둘이 항상 같이 있었다는 점만은 변하지 않았다. 물론 아프리카에서 직접 노예를 잡았던 것은 거의 대부분 아프리카인들이었다. 그러나 유럽인들은 경쟁적으로 노예 값을 올려가며(따라서 노예사냥을 더욱 부추기며), 또 친한 관계를 맺고 있던 노예사냥꾼들에게 총 따위를 제공해 가며 굉장히 중요한 조연을 맡았다. 더욱이 아프리카인들과 유럽 노예상인들이 이처럼 '자발적으로' '재산을' 교환하게 되면서 노예 생활의 성격이 근본적으로 바뀌고 말았다. 비록 주인의 소유물이기는 했지만 아프리카 안에서 대부분의 노예들은 많은 권리를 갖고 있었다. 그리고 시간이 흐르면서 그 권리들은 더 많아져 자신들을 노예로 잡은 사회에 완전히 동화될 수 있었다. 게다가 상당수의 경우 노예의 자녀들은 부모와는 상관없이 자유로운 신분을 얻었다. 그러나 일단 대서양을 건너는 화물 신세가 되고 나면 노예들은 완전한 동산(動産)으로 취급되었다. 사실 인간을 이런 상태로 유지하려면 상당한 강도의 폭력을 사용해야 했다. 이 장 1절에도 잘 나타나 있지만, 비록 거래와 이윤이 교역에서 핵심적인 구성 요소이긴 했지만, 폭력과 국가 권력이 기업가 정신보다 훨씬 더 중요했다. 여기에 사용된 기술은 권력을 행사하고 파괴하기 위한 것이지 생산을 위한 것은 아니었다.

더욱이 노예들이 대부분 처음 잡힌 사회에 남아 있었을 때만 해도, 노예들을 항상 감시해야 했고 또 반란을 일으킬 위험까지 있었기 때문에 노예사냥에는 일정한 한계가 있었다. 그러나 유럽과 아프리카 두 대륙이 각각 노예와 무기 시장으로 개방되고 나면서 이런 한계는 없어져 버렸다. 17~18세기에 노예무역은 어느 때보다 활발했고, 또 큰돈이 되었다. 사실 19세기 말까지도 유럽은 아프리카를 식민지로 만들지 못했다. 따라서 유럽인들이 노예를 사서 이득을 보려면 노예들이 (아프리카가 아닌) 다른 곳에서 일을 해야만 했다. 아프리카산 '동산'들에게는 불행한 일이었지만, 이 무렵 유럽인들은 단것에 빠져들기 시작했다(3장 6절 참조). 그러나 아메리카 대륙의 인디오들은 설탕 플랜테이션에서 일하려고 하지 않았다. 더욱이 카리브해 연안에서는 원주민들이 유럽의 돌림병에 엄청나게 빨리 감염돼 콜럼버스 이전에는 (적어도 500만 명에서 1,000만 명 정도는 되었을) 그렇게도 많던 원주민들이 콜럼버스가 도착하고 채 50년이 되지 않아 거의 모두 죽어 버렸다. 브라질에서도 원주민 남성들은 농사일에 익숙하지 않았다(1장 8절 참조). 이들을 노예로 만들려고 여러 차례 무자비한 원정이 계속되었지만, 인디오들은 열대 농사를 짓느라 오랜 시간 일하는 것을 완강히 거부했다.

몇몇 식민지에서는 가난한 백인들을 강제 노역 노동자들로 들여오기도 했다. 그러나 이들에게는 일정 기간 일을 하고 나면 자유민으로 풀어 주고 땅까지 주어야 한다는 조건이 항상 따라다녔다. 좁은 열대의 섬에서 설탕 플랜테이션을 경영하던 사람들은 이런 조건을 아주 부담스러워했다. 아직 개간하지 않은 땅이 엄청나게 많았던 버지니아의 담배 플랜테이션 소유주들 역시 조만간 담배를 심어 시장을 포화 상태로 만들어 버릴 백인 노동자들에게 땅을 내주기 싫어했던 것은 마찬가지였다. 물론 정착하고 처음 두 세대 동안 열대 지방에서는 (그리고 북미의 남부 지역에서도) 유럽인들의 사망률이 엄청나게 높았기 때문에 땅을 받을 수 있을 만큼 오래 산 백인 노동자들이 그다지 많지 않았다. 그러나 이런 문제들이 조금 나아지면서 플랜테이션 소유주들이 감당하기에는 백인 노동력에 의존하는 데 따르는 비용이 너무 높아지게 되었다. 이에 따라 대부분의 플랜테이션 소유주들은 차라리 처음에 돈이 조금 더 들더라도 평생 부려먹을 수 있고, 땅을 내줄 필요도 없는 노예들을 사는 편이 훨씬 싸다는 계산을 하게 되었다. 이렇게 해서 아프리카 노예들은 타는 듯한 햇볕 아래서 비지땀을 흘려가며 유럽에 부를 안겨주게 되었다. 또 한 번 평화로운 무역상들과 폭력적인 노예사냥꾼들이 단단히 엮이게 된 것이다. 그러나 시간이 흘러 유럽인들이 노예제도에 등을 돌렸을 때도 많은 열대 플랜테이션들은 여전히 — 경쟁력 있는 임금을 지불하지 않거나 지불할 능력이 없었다. 대신 다시 계약 노예가 등장했고, 이번에는 중국인이나 인도인 노동자가 아프리카 노예들의 자리를 대체했다(이 장 9절 참조).

스페인의 경우는 아스테카와 잉카를 비롯해 그들이 만난 다른 문명들을 약탈해 (비록 잠깐 동안이었지만) 훨씬 직접적으로 부를 뽑아냈다. 스페인인들은 금으로 만든 조상(彫像)들과 종교 성상들을 녹여 유럽으로 들어오는 귀금속 공급량을 엄청나게 늘릴 수 있었다(이 귀금속의 대부분은 다시 향신료나 비단 따위의 물건들을 사느라 아시아로 고스란히 새나갔다). 그 다음에는 페루의 인디오들이 포토시라는 거대한 은광에 끌려와 강제 노동을 해야 했다(이 장 2절 참조). 그 깊은 갱도로 사람들을 몰아넣었던 미타(mita)라는 이름의 부역에 동원되면 곧 사망 선고를 받은 것이나 마찬가지였다. 어쨌든 여기서 캐낸 은 때문에 스페인에서는 물가가 치솟았고 북쪽에 있는 유럽 국가들의 상품이 엄청나게 팔려나갔다. 스페인이 얼마나 빨리 수입품들을 사 재꼈는지 얼마 뒤에는 처음 은광을 발견했을 때보다 은 보유고가 오히려 줄어들어 있었고, 이 때문에 내수용 화폐는 구리로 만들어야만 했다. 사실 멕시코와 페루 약탈에서 제일 재미를 본 것은 돈을 주체하지 못하던 스페인 사람들에게 물건을 팔았던 영국과 벨기에, 네덜란드, 독일이었다. 그리고 이들 대부분은 자기들이 벌어들인 돈에 피가 묻어 있다는 사실조차 깨닫지 못했을 것이다. 멀리 중국과 인도에 있던 사람들 역시 상품을 판 대가로 막대한 양의 라틴아메리카 동전을 받았지만 이들은 그 주화를 만든 금속이 어떻게 채굴되는지를 생각할 이유가 훨씬 적었다.

그러나 북쪽의 다른 나라들도 스페인이 어디서 그 많은 은을 들여와 호시절을 보내고 있는지 **알게 되었고**, 이제 이들은 거치적거리는 중개인 스페인을 없애 버리기로 마음먹었다. 공식적으로는 무역회사를 하고 있었지만 영국과 네덜란드, 프랑스 상인들은 약탈도 무역만큼이나 기쁜 마음으로 하는 사람들이었다. 이 장 3절, 4절, 6절에 나오는 것처럼 사략선(私掠船)들은 국가의 명예를 위해 일하고 있다고 주장하며 아시아, 아프리카, 아메리카 대륙에 있는 스페인과 포르투갈 식민지들에 교역을 강요하고 있었다. 그들 중에는 앤서니 셜리(Anthony Shirley)처럼 기꺼이 여러 주인을 섬기려 하는 이들도 있었다. 앤서니 셜리는 부와 정복에 대한 화려한 계획으로 영국과 프랑스, 페르시아, 스페인을 설득했다. 실제로 해외 진출 기업들이 투자 설명서에서 교역 기회에 대해서만 이야기하는 것보다는 다른 나라 선박에 대한 약탈이나 명예, 민족적 자존심 따위를 늘어놓는 편이 자금을 끌어들이기가 훨씬 쉬웠다. 그리고 (이렇게 해서 바다로 나간) 모험가들이 만난 식민지 정착민이나 원주민들이 순순히 교역에 나서지 않았을 때는 간단하게 해적으로 돌변해 물건들을 빼앗고, 여자들을 강간하고, 도시를 불태워 버렸다. 이 사업은 이문이 대단히 많이 남았고, 게다가 스페인과 포르투갈의 자원을 말려 버리고 해상에서 두 나라가 누리던 우위에도 구멍을 낼 수 있었다. 카리브해 연안의 스페인 정착민들은 사략선의 해적질이 너무 두려운 나머지 벨리즈와 쿠라사우, 아이티, 자메이카, 트리니다드 같은 비옥한 땅을 남기고 도망쳤고 이 지역은 영국과 네덜란드, 프랑스의 식민지가 되었다. 한편 포르투갈인들은 홍해와 인도양에서 쫓겨났다. 사실 노예무역이나 아시아와 신세계에서 교역을 하던 '정직한' 상인들은 해적과 거의 구분되지 않았다. 실제로 프랜시스 드레이크 경(Sir Francis Drake)은 (월터 롤리 경의 버지니아와 기아나 정착 계획이 그랬던 것처럼) 엘리자베스 1세에게 선박 나포와 약탈 허가를 받아 스페인의 갈레온 선단들을 약탈해 국민적 영웅이 되었지만, 스페인 사람들의 눈에는 해적과 다를 게 하나도 없는 인물이었다. 1600년대 중반까지 신세계를 식민지화하는 과정에서 대부분 배제되었던 네덜란드인들은 그럼에도 불구하고 최악의 측면에서 몇 가지 이익을 보았다. 브라질 일부를 장악했던 짧은 기간 동안 그들은 노예무역에 깊이 관여했고, 그 후 1세기 동안 노예무역을 확장하여 돈을 벌었다. 영국인 역시 양심은 접어두고 해적과 노예라는 호화로운 무역에 뛰어들었다. 이 장 5절에 나타나 있는 것처럼 무인도에 갇혀서도 열심히 일하여 자급자족했던 유명한 영웅 로빈슨 크루소조차 사실상 노예상인이자 국제 무역업자였다.

그러나 일단 영국과 네덜란드가 바다를 지배하고 두 나라 상선들이 세계 시장을 장악하고 나자 해적들은 상업을 가장한 침략의 선봉 부대가 아니라 없애 버려야 할 골칫거리 신세로 전락했다. 그 결과 이제 영국 해군은 전에는 존경해 마지않던 바로 그 사람들을 찾아 목을 매달고 있었다. 예를 들어 이 장 6절에서는 어떻게 해서 영국 해군이 갑자기 술루(Sulu) 왕국 출신의 해적들 ― 노예사냥을 위해 이들을 무장시켜 주었던 것도, 또 이들이 잡아온 노예들을 시켜 중국에 팔 물건들을 채취했던 것도 영국 상인이었는데도 ― 을 공격하게 되었는지를 잘 보여주고 있다.

대포를 들이대며 무역을 강요하면서도 상인들은 스스로를 가리켜 한 번도 '해적'이라고 하지는 않았지만, 무역상과 해적은 대단히 밀접한 관계를 갖고 있었다. 폭력을 써서 무역을 독점할 수 있던 시절에는 폭력 그 자체가 대단한 비교우위가 아닐 수 없었기 때문이다. 이 장 7절이 보여주는 것처럼, 주식회사가 처음 생겨난 것은 기업이 폭력을 사용하는 데 드는 비용을 조달하기 위해서였다.

상인들은 그들이 그토록 비난하던 버커니어(buccaneer: 스페인령 아메리카의 해적들) 같은 방해꾼들에게서 시장을 보호하려고도 폭력을 사용했다. 이 장 8절에서는, 물론 약간의 농담이 섞이긴 했지만, 18세기의 버커니어들이 같은 시대의 해군이나 요즘의 기업 매수합병업자들보다 훨씬 인간적인 고용주들이었다는 사실을 보여줄 것이다. 보통은 버커니어들이 제공한 '용역'이 경제적으로 바람직한 것은 아니었다고 생각하지만, 이 '흉악한' 살인 집단은 사실 상당히 민주적이었고 사려 깊은 사람들이었다. 다인종, 다국적의 해상 유랑 집단이었던 이들은 나름대로 꽤 엄격한 행동 규범과 도덕을 충실히 지켰다. 그러나 그들 역시 무용담을 떠들며 거들먹거리던, 그리고 작위까지 받았던 선배들처럼 폭력을 써서 먹고 살았고 부를 누렸다는 점은 부인할 수 없다. 비록 노예무역이나 은광 채굴, 상선 약탈 따위를 했던 상인들보다 좀 더 평등하게 부를 재분배했던 것이 사실이지만 폭력에 의존하기는 마찬가지였던 것이다. 근대 초기에는 인간 사냥과 관련하여 다양한 무역이 이뤄졌고, 같은 시기에 고래와 해달, 비버, 그리고 나중에는 버팔로에 대해서도 효율적 도살이 어마어마하게 증가했다. 동물 권리 옹호자라면 마침내 이 둘이 불편한 파멸의 길로 연결되는 것을 보았을 것이다.

많은 학자들이 (유럽과 동남아시아의) 거물급 금융업자들이 근대 초기 일련의 전쟁에 자금을 댔던 것은 부분적으로는 이윤을 재투자할 만큼 매력적인 배출구가 부족했기 때문이라고 지적해 왔다. 보통 현지 상업은 많은 이윤을 남기기에는 경쟁이 너무 심했고, 원거리 무역은 규모가 충분히 크지 않았고(그리고 지금까지 본 것처럼 어차피 폭력과 밀접하게 관련되어 있었고), 아직 기계가 등장하기 전이라 제조업 쪽에서도 대부분 상대적으로 적은 자본만이 필요했을 뿐이다. 이런 상황에서는 전쟁을 치르느라 현금이 달리던 (그리고 필요하면 백성들을 쥐어짜 빌린 돈을 돌려줄 수도 있었던) 왕이나 제후들에게 돈을 빌려주는 편이 상대적으로 안전했고 이문도 컸다. 그리고 여기에는 사회적 존경은 물론 정치적 연줄도 얻게 되는 부수적이지만 자못 중요한 이익도 따라왔던 것이다. 정부에 돈을 빌려준 이유를 이런 식으로 설명하는 것에는 상당한 설득력이 있다. 그러나 기계를 사용하는 산업들이 생겨난 다음에도 폭력에 돈을 대주던 자금줄은 마르지 않았다. 새 기술이 체현된 공장 설비 등의 고정 자본은 유례없이 많은 양의 자금을 투자해도 꽤 높은 이윤을 돌려주고 있었는데도 말이다. 자본가들의 전체 투자액에서 전쟁에 대한 투자가 차지하는 비율은 점차 내려갔을지 모르지만, 동원할 수 있는 자본의 양이 워낙 많아지다 보니 갈수록 규모가 커져가는 국가 폭력에 자금을 대줄 정도의 자본은 항상 남아돌았다. 사실 19~20세기의 군사 예산은 단순히 절대액에서만 늘어났던 것이 아니다. 이 시기 전체 예산에서 차지하는 군사비의 비율 역시 계속 늘어났던 것이다. 나폴레옹 몰락 이후의 한 세기, 이른바 '평화의 세기'를 조금만 자세히 들여다보면 이런 사실이 아주 분명히 드러난다.

보통 18세기 말미에 시작되었다고 주장하는 산업혁명으로 자본과 시장이 드디어 왕위에 올랐다고들 생각하고 있다. 결국 파괴하기보다는 물건을 만들어서, 그것도 어느 때보다 효율적으로 만들어서 돈을 버는 사업에 전쟁이 종속되었다는 것이다. **고상한 자본 경영**이 군림하면서 바야흐로 평화의 세기가 펼쳐지고 있었다. 그러나 이런 관점은 지나치게 유럽 중심적이다. 물론 나폴레옹 전쟁과 제1차 세계대전 사이에 유럽에서 큰 전쟁이나 긴 전쟁이 없었던 것은 사실이다. 그러나 나머지 세계에서 이 시기는 제국의 시대(Age of Empire)로 알려져 있다. '평화로웠다'는 따위의 말만 빼면 어떤 수식어도 갖다 붙일 수 있는 그런 시대로 말이다. 이 기간에 폭력은 자본 축적의 도구로서 뿐만 아니라 세계 경제의 거대한 힘에 맞서는 자기 방어의 무기로도 사용되었다.

사실 때로는 둘 다였다. 유럽인의 후손과 혼혈 엘리트들은 모두 미주 전역의 유럽 식민지에서 멀어졌지만(1775~1825년), 19세기에는 유럽의 새로운 팽창주의 물결이 아시아 여러 곳과 아프리카의 거의 모든 지역을 정복했다. 한편 미국 대서양 연안의 새로 독립된 사회는 유럽 강대국이 이론적으로만 주장했던 넓은 지역에 대한 지배력을 강화하면서 내륙에 대해 피비린내 나는 정복을 감행했다. 토착 강대국들은 공격적으로 내부를 식민화함으로써 이러한 침략에 저항할 수 있었다. 이 장의 11절에서 볼 수 있듯이 현대 에티오피아의 창설이 그런 경우였다. 암하라(Amhara)족과 티그렌(Tigrense)족은 이웃의 영토를 점령하고 사람들을 강제 노역에 동원하여 끔찍한 환경에서 수출용 커피를 재배하게 했으며, 이렇게 번 돈으로 유럽의 무기를 구입하고 영토를 확장했다. 소말리(Somalis)족과 줄루(Zulus)족, 코만치(Comanches)족, 수(Sioux)족에 이르는 다른 민족들도 팽창주의 전쟁을 벌였고 독립을 유지할 수 있는 국가를 건설하기 위해 무역을 통해 (다양한 규모로) 유럽의 무기를 사들였다. 그러나 독립 국가를 위한 이들의 노력은 결국 헛된 시도로 끝났다. 대략 1851년에서 1870년 사이에 세 대륙에서 유례없이 참혹했던 몇 건의 전쟁이 잇따라 터졌다. 미국의 남북전쟁이나, 프랑스의 멕시코 침략, 남미의 파라과이 전쟁, 인도의 세포이 항쟁, 중국의 태평천국의 난이 세계 경제의 압력에 대한 반작용으로 일어났다. 현대적 무기들 덕분에 뿌리 깊은 살인 충동을 훨씬 더 효율적으로 표현할 수 있게 되었고, 군대의 규모와 무기 구입비용이 점점 더 커지면서 돈을 벌 수 있는 기회도 엄청나게 늘어났다.

노예제도는 여러 시대와 장소에서 여러 형태로 존재해 왔으며, 장거리 노예무역과 운송도 오랜 역사를 가지고 있다. 그러나 가장 규모가 컸던 두 번의 노예무역은 모두 아프리카에서 이루어졌다. 그 첫 번째는 무슬림이 주축이었는데, 인도양을 가로질러 북아프리카와 중동으로 포로들을 데려가는 식으로 800년대부터 1800년대까지 지속되었다. 아마도 더 규모가 컸을 두 번째는 1500년대부터 1800년대 후반 사이에 이뤄졌는데 1,200만 명가량의 아프리카인이 유럽의 식민지(그리고 미국과 같은 유럽의 전 식민지)로 움직였다. 이 노예들은 미주의 주요 현금 작물(설탕, 면화, 담배, 커피 등)을 생산하는 데 많은 노동력을 제공했고 광산에도 노동력의 일부를 제공했으며 대서양에서 이뤄진 상업과 산업의 발전에 중요한 역할을 했다. 이것은 한동안 새로운 글로벌 경제의 중심이었다.

폭력은 노예무역이나 해적질, 전쟁에만 그 추악한 얼굴을 들이밀었던 것은 아니다. 어떨 때는 나라 안에서 많은 부를 축적한 집단에게 파괴와 죽음이 찾아들기도 했다. 정치권력을 획득하거나 소수 인종 집단의 재산을 빼앗으려고 민족주의 또는 인종주의적 정책을 전면에 내건 사례들은 어디에나 널려 있다. 유럽 역사에서 가장 자주 그 희생자가 되었던 집단은 유태인들이었다. 이 장 12절은 독일의 한 상인 가문이 국제 교역이라는 거대한 조류를 타고 승승장구하다 그 밑에 숨어 있던 국수주의적 외국인 혐오라는 암초에 걸려 산산조각 나는 과정을 소개하고 있다.

폭력은 세계 경제라는 무대에서 부를 축적하게 해준 중요한 도구였을 뿐만 아니라 발명의 어머니이기도 했다. 니트로 화합물이나 합성고무, 합성섬유(나일론)의 발명 같은 많은 기술적 혁신들이 전쟁 때문에 가능했던 것이다. 사탕무 따위로 만든 설탕이나 가루 커피(Sanka) 같은 새로운 식품과 음식을 깡통에 담아 보존하는 방법 역시 전쟁 상황에서 착안해낸 것들이다. 콜트(Colt) 사가 갈아 끼울 수 있게 규격화된 부품을 생산하는 조립 라인처럼 새로운 제조 기법을 도입하고, 잠수함과 비행기처럼 새로운 교통수단이 등장했던 것은 상당 부분 창조의 기쁨이 아니라 충동 때문이었다. 그 후 매우 단단하고 내열성 강한 무기용 부품과 미사일 유도용 초 자성(super-magnetic) 물질이 필요해지면서 오늘날의 휴대폰과 하드 드라이브, 그리고 GPS 시스템으로 가는 길이 열리기 시작했고, 이것들에 들어갈 '희토류' 금속 탐사에도 불이 붙었다(7장 13절 참조).

마지막으로, 전쟁은 먼 곳의 사람들 및 그들이 좋아하는 소모품과 접촉하게 한다. 이러한 접촉은 간혹 긍정적인 결과를 낳기도 하며 이러한 상

15세기부터 19세기까지의 노예무역

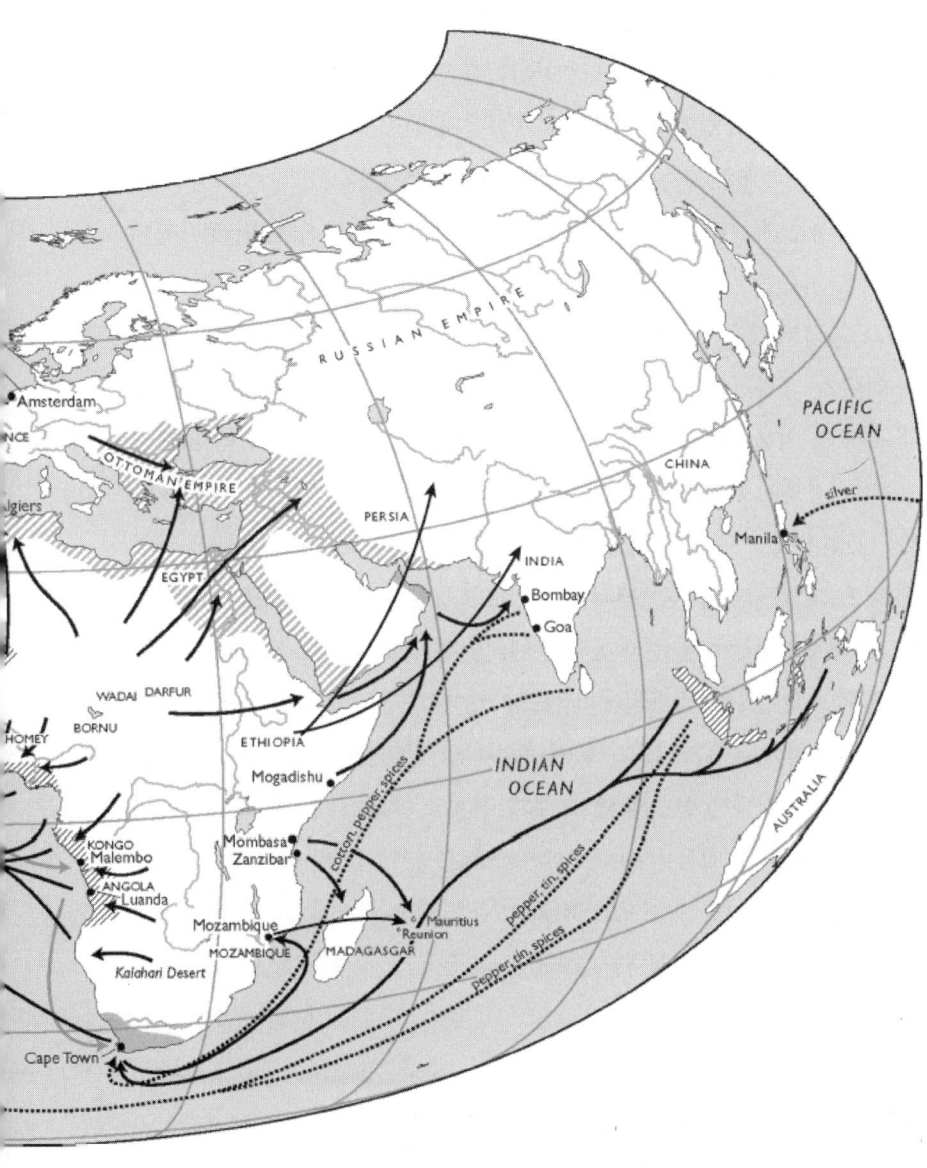

품을 퍼뜨리는 계기가 되기도 한다. 예컨대 서유럽 사람들은 나치로부터 자신들을 해방하는 데 힘을 보탠 미군들과 일반적으로 좋은 경험을 했고, 그 덕분에 전후 유럽에서는 껌과 코카콜라가 종전보다 훨씬 더 쉽게 받아들여졌다.

    전쟁 때문에 치러야 했던 경제적 비용을 모두 합치면 이런 혁신 따위에서 얻은 이윤은 사실 아무것도 아니다. 설사 발명 그 자체만 생각한다고 해도, 그렇게 많은 사람이 죽어 갔고 또 그렇게 많은 사람이 건설적인 일을 하다가 파괴적인 일을 하도록 끌려갔던 점을 감안하면 전쟁 덕에 기술적 진보가 가능했던 경우보다 전쟁 때문에 묻혀 버린 경우가 더 많았을 것이다. 전쟁에 따른 파괴로 세계 전체의 부가 줄어들었다는 점은 분명하다. 그러나 몇몇 전쟁 주체들에게는 자기들이 얻은 것 때문에 누가 무엇을 잃게 되었는지 따위는 생각해 볼 필요도, 신경 쓸 가치도 없는 문제였다. 노예무역상들이나 신세계의 플랜테이션 소유주들이 자기들이 끌고 온 수백만 명의 아프리카인들이 아프리카에 그냥 있었다면 어떤 일을 할 수 있었을지 신경 쓸 이유가 없었던 것처럼 말이다. 역사가로서 우리도 인류가 어떤 것들을 **발명해 냈고**, 부가 실제로 어떻게 **축적되고 재분배되었는지만**을 볼 수 있을 뿐이다. 그러나 이런 얘기들을 할 때 우리는 피 묻은 손과 보이지 않는 손이 보통은 같이 움직였음을 보게 된다. 사실 그들은 같은 몸통에 붙어 있을 때가 많았다.

1 노예무역과 전염병

미국은 이민자들이 창조했다. 우리는 이들이 황무지에서 문명을 일으켜 세웠던 것은 열심히 일하기도 했거니와 남다른 개척 정신이 있었기 때문이라고 배웠다. 그러나 초기 이민자들이 도대체 어디에서 왔는지 시간을 내 파고들어 본 사람은 거의 없을 것이다. 사실 1800년 이전에 대서양을 건너 신대륙으로 온 네 명 중 적어도 세 명은 아프리카 출신이었다. 1,000만에서 1,500만 명의 사람들이 자신들을 사람으로도 취급하지 않던 노예선으로 끌려가 대서양 건너편으로 실려 왔다.

우리는 막연하게나마 대서양 노예무역에 관해 어느 정도씩은 알고 있다. 그렇다. 끔찍했다. 큰 이문이 남았던 것도 안다. 그러나 이 한 가지만은 별로 관심거리가 되지 않았다. 유럽인들은 왜 대서양 건너편 미국으로까지 아프리카 사람들을 끌고 와 부려먹으려고 했을까? 아프리카에서 바로 써먹을 수도 있었는데.

게다가 노예무역은 교환될 '물건'이 운반 중에 '새나가는 비율'도 엄청나게 높았다. 아프리카 대륙에서 노예로 팔린 100명의 아프리카 사람들 중 대서양 횡단과 신대륙 생활 3년을 견디고 살아남는 사람은 30명도 되지 않았다. 또 선원의 5분의 1가량이 항해 도중 죽었다.

확실히 아프리카 식민지에서 노예를 사용하는 편이 훨씬 더 효율적이었을 것이다. 이 경우 노예들은 현지 기후나 작물, 농사법 따위까지 이미 잘 알고 있었다. 게다가 노예제 자체는 아프리카에서도 꽤 오랫동안, 꽤 광범위하게 움직여 온 제도였다. 그런데도 왜 전혀 낯선 세계로 이들을 끌고 가야 했을까?

해답은 아주 간단해 보인다. 즉, 유럽인들은 이미 아프리카가 아니라 신세계에 식민지를 갖고 있었다는 것이다. 그러나 신세계 식민지는 노예무역의 '결과'였지, 신세계 식민지가 노예무역의 '원인'은 아니었다. 그러면 왜 처음부터 아프리카를 식민지로 만들지 않았는지가 궁금해진다. 사실 유럽은 신세계보다 훨씬 오래전부터 아프리카를 알고 있었다. 과거 몇백 년 동안 유럽으로 흘러든 금의 대부분을 공급해준 것은 바로 사하라 사막 횡단 무역이었다. 유럽이 근대에 들어 다른 대륙에 처음 식민지를 건설한 것도 바로 아프리카 세우타(Ceuta: 오늘날의 모로코 옆)에서였다. 포르투갈이 이곳을 정복한 것이 1415년이었으니까 다른 대륙보다 한참 빠른 셈이다. 유럽인들은 아프리카의 바다를 신세계의 바다보다 정확하게 알고 있었고 항해에 나선 것도 아프리카 쪽 바다가 훨씬 앞섰다.

아프리카에도 유럽인들이 써먹기에 안성맞춤인 곳들이 분명히 있었다. 대규모 설탕 플랜테이션이 처음으로 건설된 곳 역시 아프리카의 상투메였다. 16~17세기 동안 약 10만 명의 아프리카 노예들이 이곳의 사탕수수 밭과 정제소에서 일했다. 그리고 이곳의 파젠다(fazenda), 즉 대농장은 후일 브라질에 세워질 그 넓은 '수출 단지' 의 원형이 되었다(그리고 결국에는 대서양 노예무역량의 40퍼센트가 이 '수출 단지' 를 돌리는 데 사용되었다).

지리적인 조건으로 보나 역사로 보나, 또 논리적으로 봐도 아메리카 대륙의 열대 지방에 신세계를 건설하는 것보다 아프리카 현지에서 노예들을 사용하는 편이 현명한 선택이었다. 그러나 노예무역이 철폐되는 1880년 이전까지 아프리카인들이 제법 큰 규모로 현지에서 노예가 된 적은 한 번도 없었다. 왜일까?

부분적으로는 아프리카인들이 유럽 제국주의자들을 상대로 자신들을 충분히 지켜낼 수 있을 만큼 강력한 국가들과 고도의 전쟁 능력을 갖고 있던 데서 해답을 찾을 수 있다. 오랫동안 말과 바퀴, 철을 사용해 왔고 교역을 통해 총기류도 갖고 있었기 때문에 아프리카의 전사들은 기술적인 면에서는 유럽인들과 사실상 거의 같은 수준에 있었다. 유럽인들이 대포 때문에 약간 우세했던 것은 사실이지만 조지프 콘래드(Joseph Conrad)가 소설 『검은 심장』(Heart of Darkness)에서 적나라하게 보여준 대로 19세기 말에도 대포를 갖고는 결코 아프리카 대륙 깊숙이까지 이동할 수 없었다.

하지만 이것만으로는 모든 게 설명되지 않는다. 유럽인들이 정복해 식민화한 아스테카와 잉카의 경우 같은 시대의 아프리카인들보다 훨씬 강력한 국가와 군대를 갖고 있었다. 그러나 그들은 스페인과 포르투갈의 칼과 구식 소총에 훨씬 빨리 무릎을 꿇고 말았다.

그렇다면 가치관의 문제였을까? 사실 유럽인들은 오랫동안 아프리카 사람들과 상업을 통해 접촉해 왔기 때문에 교역으로도 쉽게 원하는 것을 얻을 수 있었다. 반면 아메리카 원주민들은 유럽인들과 큰 규모로 교역을 할 만큼 통하는 구석이 많지 않았다.

이 설명에는 어느 정도 설득력이 있다. 실제로 유럽인들은 아프리카에서 자신들이 원했던 중요한 물건을 교역으로 구할 수 있었다. 그러나 대륙 전체를 열어젖히는 데는 역시 실패했다. 서아프리카 사회는 화폐를 거의 사용하지 않았고, 19세기 말까지는 유럽 물건들을 소 닭 보듯 했다. 그러니까 아프리카 사람들은 대부분의 유럽 물건에 무관심했다는 점에서 아메리카 원주민들과 많이 다르지 않았다.

그렇다면? 왜 1,200만 명이 넘는 아프리카인들이 대서양을 건넜을까? 가장 큰 이유는 질병 때문이었다. 아메리카 원주민들은 전염병이란 것을 아예 모르고 살았다. 당연히 면역도 되어 있지 않았다. 스페인인들과 함께 천연두와 홍역 따위가 들어오자 원주민들의 군대와 제국은 힘없이 무너져 버렸다. 상당수의 지역에서 정복된 지 몇십 년이 지나지 않아 인구의 90퍼센트 이상이 죽어나갔다. 카리브해 지역은 50년 사이에 원주민의 거의 전부가 죽어 텅 비어 버렸을 정도였다. 반대로 아메리카 대륙에는 토착 전염병이 없었기 때문에 스페인 사람들은 훨씬 잘 살아남을 수 있었다. 그러나 살아남는 것과 번성하는 것은 엄연히 달랐다. 스페인 사람들과 이후의 북유럽인들은 이곳에서 자기 손으로 일을 하려고 들지 않았던 것이다. 결국 아프리카 사람들이 그 자리를 채웠다. 유럽과 아프리카 사이에는 교역이 활발했기 때문에 아프리카 사람들은 오래전부터 유럽의 질병과 접촉해 왔다. 따라서 아메리카 원주민들보다는 상대적으로 천연두에 면역이 되어 있었다.

아프리카가 유럽의 식민지로 전락하는 것을 막아준 것도 질병이었다. 아프리카인들은 천연두나 홍역 따위에 얼마간 면역력을 기를 수 있었던 반면 유럽인들에게는 말라리아와 황열병(yellow fever)을 비롯한 다른 아프리카 풍토병들이 여전히 치명적이었다. 이 때문에 유럽인들은 아프리카 식민지 건설을 주저할 수밖에 없었다. 유럽인들은 대신 해안가의 작은 무역지대 안에서만 머무는 쪽을 택했다.

아프리카 노예들은 처음에는 은에, 이후에는 설탕과 담배에 팔려갔고, 팔려간 노예들은 다시 은과 설탕, 담배를 생산했다. 이렇게 해서 아프리카와 북남미 사이에 보완적인 삼각무역이 탄생하게 된다. 아프리카에 식민지를 만드는 것보다는 대개 아프리카 노예들을 아메리카 대륙으로 실어 나르는 쪽이 이윤이 훨씬 많았고, 한결 안전하고 쉬웠던 것이다. 아프리카인 디아스포라*를 만들어낸 것은 질병과 탐욕이었다.

2 은으로 만든 도시, 포토시

리마(Lima)에서 노새를 타고 남미 내륙 깊숙이 10주 정도 들어가면, 좁고 황량한 불모의 풍경을 굽어보는 해발 1만 6,000피트의 세로리코(Cero Rico)봉이 우뚝 솟아 있다. 세계의 끝이었지만 한때 세계의 중심이었던 곳이다. 세로리코는 수만 명의 사람들을 끌어들여 포토시라는 도시를 세운

---

* 디아스포라(diaspora): 원래는 팔레스타인을 떠나 살아야 했던 유태인을 가리키는 말이지만, 요즘에는 고향을 떠나 있는, 혹은 떠나야만 했던 사람들을 가리키는 일반명사처럼 사용하고 있다.

강력한 자석이었다. 이 도시의 건설로 남미의 식민지 세계는 누구도 되돌릴 수 없게 변해 버렸고, 세계 경제의 양상도 완전히 달라졌다. 험준한 땅에 은둔해 있던 이 봉우리는 수백만 명의 사람들은 물론 역사의 행로에도 영향을 미치게 되는데, 그것은 이 봉우리 자체가 거대한 은덩어리, 즉 당시까지 발견된 것 중 가장 풍부한 은 광맥이었기 때문이다.

이미 잉카인들은 오래전부터 돌 곡괭이로 포토시에서 은을 캐내고 있었다. 이들은 신전을 장식하거나 장신구를 만드는 데 은을 사용했다. 당연히 스페인 정복자들에게 이 비밀을 알려주려고 안달이 날 이유가 없었다. 그러나 1545년이면 스페인인들도 이 산에 대해 알게 된다.

처음에 스페인인들은 잉카의 은 채취법과 인디오 노동력을 그대로 사용했다. 대략 20년 동안은 지표 가까이에 상상도 할 수 없을 정도로 풍부한 은 광맥이 네 개나 있었기 때문에 이런 방법으로도 쉽게 원하는 만큼 은을 캐낼 수 있었다. 그러나 스페인의 게걸스러운 식탐 때문에 쉽게 파낼 수 있는 은 광맥은 금방 마르고 말았다. 포토시의 붐이 아주 짧게 끝나버릴 수도 있는 상황이었다.

그러나 스페인의 기술력 덕분에 은광 붐은 다시 살아날 수 있었다. 1570년대 초 포토시의 은 정련(精鍊) 방법은 부왕 톨레도(Viceroy Toledo)의 후견 아래 획기적으로 달라진다. 1565년 페루의 우앙카벨리카(Huancavelica)에서 꽤 많은 양의 수은 광산이 발견되면서, 원광석에 수은을 써서 은을 추출해내는 파티오(patio)법을 사용할 수 있게 된 것이다.

하지만 원광석의 은 함유량이 점점 줄어들면서 원광석을 잘게 빻아야만 했다. 돈 많은 상인들과 전직 정부 관리인 광산주들이 수백만 페소를 들여 대단히 복잡한 급수 시설을 건설했다. 이 건조한 땅에 일 년 내내 물이 돌아야 했기 때문에 거대한 저수지를 네 개나 만들었다. 그리고 30개의 댐과 터널, 운하가 수력 분쇄기를 돌릴 물을 공급했다.

포토시 광산의 노동 환경을 묘사한 16세기 목판화

　톨레도 부왕은 노동력 부족도 해결해주었는데, 이것 역시 수은 광산의 발견만큼이나 중요한 도움이 되었다. 사실 일꾼을 구하는 것이야말로 심각한 문제였다. 포토시가 사람들이 많이 살던 곳들과는 워낙 멀리 떨어져 있었고, 페루와 볼리비아의 인디오들은 임금을 받고 일하는 것을 별로 좋아하지 않았기 때문이다. 이곳 원주민들은 자급과 물물교환에 기초한 자신들의 경제 체제 안에 남아 있고 싶어 했다. 톨레도는 과거 잉카인들이 사용했던 미타라는 이름의 강제 노역 제도를 다시 실시했다. 이에 따라 인디오 촌락들은 스페인 총독부가 정한 대로 일정수의 남자들을 뽑아 광산으로 보내야만 했다.

　인디오들이 위험하기 짝이 없는 광산 일을 두려워했기 때문에 스페인 총독부는 일찍부터 강압적인 방법을 동원해야 했다. 일꾼들은 후텁지근하고 먼지 자욱한 깊은 갱도에서 보통 일주일에 엿새에서 이레씩을 일했

신세계 광산으로 떼 지어 오는 야마를 묘사한 16세기 목판화

다. 그리고 50파운드의 원광을 지고 길이가 무려 250미터쯤 되는 사다리를 기어 올라가야 할 때도 있었다. 사다리 끝에서는 탄광 입구의 매서운 찬 바람만이 이들을 맞을 뿐이었다. 이 강제 노역을 피하려고 정부 관리들에게 뇌물을 쓰는 마을들도 있었다. 뇌물이 통하지 않으면 결국 남자들을 보내야 했는데, 이들이 떠나기 전에 마을에서는 아예 장례식을 치렀다. 사실은 장송 음악 연주라고 해야 하겠지만, 당시 포토시에 막 부임한 한 신부가 힘겹게 걸음을 옮기는 광부들의 행렬을 보고 탄식과 함께 토해낸 말 한마디. "이 지옥의 초상화를 다시는 보고 싶지 않다."

미타를 피하지 못한 인디오들은 포토시까지 그 험한 길을 걸어가서 일 년 동안 머물러야 했다. 광산에서는 보통 한번에 1만4천 명에서 1만6천 명의 인디오들이 일했다. 결혼을 했을 경우에는 남자들에게 음식을 만들어주려고 식구 전체가 따라갈 때도 많았다. 1650년이 되면 포토시 변두리에는 약 4만 명의 인디오들이 살게 된다. 하지만 이들은 도시 전체 인구의 4분의 1밖에 되지 않았다.

거의 아무것도 자라지 않는 외딴 산 위에 아메리카 대륙에서 제일 큰, 아니 세계에서 제일 큰 도시 가운데 하나가 탄생한 것이다. 1600년 무렵 포토시에는 무려 16만 명이 살고 있었다. 인구로만 보면 암스테르담이나 런던, 세비야 등과 맞먹는 규모였다. 1570년대 포토시의 엄청난 성장에 놀란 한 관찰자는 이렇게 말했다. "한 시간마다 새로운 사람들이 은 냄새에 이끌려 도착하고 있다."

그러나 그 많던 포토시 인구 중 광산에서 일하러 온 사람들은 15퍼센트 정도를 넘지 않았다. 나머지는 광부들을 뜯어먹으려고 몰려든 사람들이었다. 포토시에는 목수를 비롯해 모자 상인, 재봉사, 직조업자, 요리사가 수백 명씩이나 있었다. 화폐 주조소를 관리하던 재무담당 관리들은 시내를 돌아다니며 은의 유통을 엄격하게 감시하고 있었다. 여기에 영혼들을 구하겠다고 도미니크 수도회와 프란체스코 수도회, 예수회까지 경쟁적으로 뛰어들면서 으리으리한 성당들이 솟아올랐다. 그렇다고 포토시가 건물들을 볼품없이 마구잡이로 지어댄 그렇고 그런 또 하나의 시끄러운 변경 도시였던 것은 아니다. 포토시의 중심부에는 스페인의 격자형 건축 양식에 따라 가지런히 건설된 석조 건물들이 최소한 30개의 직사각형 블록에 줄을 맞춰 서 있을 정도였다.

물론 술집과 도박굴도 있었다. 한 조사에 따르면 120명의 매춘부까지 있었다. 뜨내기 인구만 3만 명에 이르다 보니 크고 작은 싸움은 말할 것도 없고 범죄 집단 사이의 '전쟁'도 흔한 일이었다. 1585년에는 꼬리를 무는 사건, 사고에 진저리가 난 한 판사가 포토시는 "세계에서 가장 비뚤어진 인간들이 만들어낸" 도둑 소굴이라며 하소연을 늘어놓았다.

이 다양한 인간 군상들이 이 먼 곳에까지 온 것은 포토시가 한 세기 넘게 남아메리카의 경제적 심장부였고, 스페인 수중에 있던 세계에서는 가장 역동적인 곳이었기 때문이다. 그 많던 은 때문에 포토시의 물가는 세계에서 가장 비쌌다. 비싼 물가 때문에 포토시는 상인들을 끌어들이는 강력한 자석이 되었는데, 척박한 환경 탓에 식료품을 비롯한 모든 물건을 수입할 수밖에 없었던 것이다.

임금을 많이 받지 못했던 인디오들은 물건을 많이 살 수 없었다. 하지만 감자와 치차(chicha)라는 이름의 옥수수 맥주, 코카 잎사귀만큼은 상당히 많이 구입했다. 축제라도 열리는 날에는 치차를 얼마나 많이 마셔댔는지 '작은 오줌 개울들'이 포토시의 거리를 적실 정도였다. 잉카 제국 시절에는 코카를 귀족들만 먹을 수 있었다. 그러나 스페인인들이 지배자가 되면서 코카는 한결 '민주화' 되어, 이제는 수천 명의 노동자들이 허기를 눅이고 기운을 차리려고 코카를 씹고 있었다. 코카는 600마일쯤 떨어진 쿠스코(Cuzco)에서 왔다. 500마리의 야마 행렬이 이런 물건들을 싣고 정기적으로 포토시에 도착했다. 이 거대한 광산도시의 운송 수요를 맞추는 데만 모두 10만 마리의 야마가 필요할 정도였다(이 도시의 냄새가 얼마나 향기로웠을지는 쉽게 상상이 갈 것이다).

스페인 물이 든 주민들은 인디오 노동자들보다 더 많은 것을 누리고 싶어 했다. 이 때문에 포토시는 대단히 복잡한 국제 교역망의 중심에 서게 되었다. 칠레에서는 포도주가, 아르헨티나에서는 노새와 소 그리고 밀이, 에콰도르에서는 직물이 들어왔다. 브라질은 아프리카 노예들을 대주었다. 포토시의 백만장자들은 프랑스제 모자와 비단옷, 플랑드르에서 만든 태피스트리와 거울, 레이스 장식, 독일제 칼, 베네치아산 유리 따위의 물건들에 거의 미쳐 있었다. 이런 물건들은 세비야와 파나마를 거쳐 오는 합법적인 스페인 상선단은 물론, 공인된 무역로를 교묘히 피해 다녔던 밀수업자들을 통해서도 수입되었다. 프랑스와 네덜란드, 포르투갈의 무역상들은 아르헨티나의 라플라타(La Plata)강에서 물건을 내려 육로로 포토시까지 실어 나르는 방식으로 밀무역을 하고 있었다. 여기에 페룰레로스(Peruleros)라는 리마의 무역상들까지 덤벼들었다. 이들은 스페인에서 직접 물건을 샀지만, 운송비가 훨씬 비쌌던 공인 선단을 이용하지 않고 (따라서 왕실에 바치는 세금을 내지 않은 채) 물건을 들여오고 있었다. 포토시의 은 중 적어도 4분의 1은 이런 비합법적인 경로로 흘러 나갔다.

포토시는 태평양 너머의 지역까지 품안으로 끌어들였다. 페루 무역상들은 멕시코의 아카풀코로 은을 보냈는데, 이 중 일부는 멕시코의 카카오와 코치닐 염료를 사는 데 들어갔지만, 대부분은 아시아 물건들을 구입하는 데 사용되었다. 마닐라에서 온 갈레온 선단이 아카풀코에서 세로리코의 보물을 스페인령 필리핀까지 싣고 갔다. 당시 필리핀은 중국산 도자기와 비단, 인도와 페르시아의 융단, 말라카산 향수, 자바의 정향, 실론의 계피, 인도의 후추 등 온갖 물건이 모여드는 상업 중심지였다. 세비야나 런던, 암스테르담에서 구할 수 있으면 포토시에서도 살 수 있었다. 물론 훨씬 비싼 값을 치르고. 하지만 은으로 된 거대한 산을 깔고 앉은 마당에 값이나 거리, 그 밖의 이런저런 어려움 따위는 별로 문제가 되지 않았다. 포토시는 가히 전 세계를 불러들였다. 포토시의 부는 전설이 될 정도였다. '포토시처럼 부자가 되는 것'은 그 당시 사람들의 꿈이었다.

이윽고 은이 바닥났다. 한 세기 넘게 부를 누린 뒤 원광석의 질이 갈수록 떨어지고, 은 정련 과정에서 해결하기 어려운 문제들이 계속 늘어나면서 광산들은 끝내 문을 닫기에 이른다. 1800년이 되면 유럽의 '잘나가는' 도시들과 어깨를 겨루며 흥청대던 이 거대 도시는 간신히 '유령 도시' 신세를 면하고 있었다. 그리고 까마득히 먼 곳의 광산주들에게 특급 음식과 사치품을 바치느라 신경을 곤두세우고 있던 세계의 나머지 사람들은 이제 포토시를 잊어 버렸다. 그러나 그 유산은 세계 지도를 재정비하고 세계 경제에 활력을 불어넣었고, 포토시와 멕시코의 은은 이베리아 식민 제국을 빼앗고 모방하기 시작한 영국, 네덜란드, 프랑스의 탐욕을 자극했다.

3 해적, 대영제국 건설의 첨병

1550년에서 1630년 사이에 영국은 장차 세계 최대의 상업 제국 건설로 이어질 중요한 첫 걸음을 내딛는다. 북미 해안을 따라, 그리고 카리브해에 식민지들이 차례로 건설되었다. 그 유명한 동인도 회사 — 흔히 세계 최초의 다국적기업으로 간주되는 — 가 설립되었고, 재빠르게 무수한 거점들이 세워졌다. 아프리카와 레반트 지역(중동), 러시아를 비롯한 여러 지역들과 교역을 하기 위해 다른 회사들도 잇따라 설립되었다. 통틀어 대략 1,300만 파운드가 이들 합자회사에 투자되었다. 그러나 가장 큰 덩어리(1,300만 파운드의 3분의 1 이상)는 일종의 벤처 사업으로 흘러들어 갔다. 바로 정부가 면허를 내주고 직접 관리까지 한 해적 사업이었다. 이 사업은 주로 스페인과 스페인에 딸린 식민지들을 겨냥하고 있었다.

해적질은 영국이 해외 확장을 하면서 그저 가장 많은 돈을 들인 사업에 그치지 않았다. 그것은 가장 이윤이 높은 사업이기도 했다. 한 역사가는 1585년부터 1603년까지 영국의 해적들은 해적선의 의장과 무기 따위를 갖추는 데 들어간 비용의 평균 60퍼센트 정도를 투자자들에게 이윤으로 돌려주었을 것으로 추정했다. (반면 동인도회사에 투자한 사람들은 20퍼센트를 간신히 넘는 배당금을 받았고, 그나마 버지니아 회사[Virginia Company]는 한 푼의 이익도 남기지 못했다.) 그리고 영국 정부가 통상 분야 투자에 회의적이었던 투자가들이 해외 확장에 돈을 대도록 꾀어내는 데 쓴 낚싯밥의 대부분도 해적 사업이었다.

물론 장사꾼들이야 돈이 될 것 같으면 어디에든지 기꺼이 투자를 하겠지만, 대부분의 영국 귀족과 젠트리들에게 상업은 아직도 진지하게 고려해 볼 만한 분야가 아니었다. 따라서 이들은 오로지 교역만 하려는 기업들에는 거의 투자를 하지 않고 있었다. 이 때문에 당시 귀족 계급을 겨냥해 만든 팸플릿은 다음과 같은 이른 바 이미지 광고를 하고 있었다. 그러니까 적은 투자만으로도 영국 사략선들이 스페인을 약화시키도록 함으로써 명예와 이익을 한꺼번에 챙길 수 있고, 또 이교도들의 개종을 비롯해 다른 비상업적 목적을 이루게 해줄 식민지 개척의 발판도 놓을 수 있다는 식으로 투자를 부추겼다. (뉴펀들랜드에 설립할 회사를 홍보하는 한 팸플릿은 대부분의 영국인들은 한 번도 보지 못했을 한 동물을 자세히 묘사해 가며, 이 사업에 투자해 이런 동물을 사냥할 수 있는 '흔치 않은' 기회를 잡아 보라고까지 떠들어댔다. 귀족들의 흥미를 끌려고 동원된 이 동물은 큰 사슴이었다.)

해적질을 가장 잘했던 사람들, 이를테면 프랜시스 드레이크 같은 사람들은 (기사 작위를 비롯해) 대단한 명예를 누리게 되는데, 이들의 '활약상'은 유행가의 소재나 신문 기삿거리가 되었고, 심지어 설교 주제로도 이용되었다. 덕분에 투자가들을 모으기 위해 회사 설립 취지서 따위를 쓰던 작가들은 할 일이 별로 없어졌다. 그래도 비상인 투자자들이 돈을 많이 투자하지는 않았다(보통 많아야 상인들이 투자한 액수의 절반 정도밖에 되지 않았다). 하지만 이들이 그나마라도 투자에 나선 것은 굉장히 중요한 의미가 있었다. 안 그랬으면 땅에만 온통 관심이 있었을 귀족들이 투자를 계기로 해군력을 기르는 데 강력한 후원자가 되어주었기 때문이다. 그리고 결국 스페인과 포르투갈의 시대가 저물게 된 것은 영국과 네덜란드가 교역에서 어떤 식으로든 우위를 누려서라기보다는 이 두 북쪽 개신교 국가의 해적들이 본분에 충실했기 때문이다.

왜 해적질이 그렇게 중요한 역할을 했을까? 그 답은 근대 초기 유럽 교역의 성격에서 찾을 수 있다. 중요한 한 가지 예외 ― 발트해에서 곡물 교역이 늘어났던 것 ― 를 빼면 유럽의 거의 모든 해상 교역에서는 향신료나 금, 은, 모피, 고급 직물, 그리고 나중에는 노예와 설탕 등 사치품만 거래되었던 것이다. 이런 화물들은 특히 값이 나가는 전리품이었기 때문에 딱 한 척만 털어도 해적들은 큰 이익을 남겨서 항구로 돌아올 수 있었다. 그리고 이런 화물들의 경우 최종 판매 가격에서 운송비가 차지하는 비중이 아주 작았기 때문에 이 비용을 최대한 줄이려고 애쓸 이유가 별로 없었다. 대단치도 않은 운송비를 줄이려다 모두 털려 버리느니 선원을 많이 두고, 함포를 더 많이 달아 좀 더 안전하게 항해를 하는 편이 훨씬 나았던 것이다.

이 때문에 해적 행위가 확대 재생산되는 구조가 생겨났다. 모든 상선들이 방어를 위해 무장을 하게 되면서 어떤 배든 정상 교역에서 벌이가 시원찮을 경우 기회만 닿으면 해적질을 **할 수 있게** 된 것이다. 이후 몇 세기 동안 선수만 바꿔가며 이 게임은 계속되었다.

처음에는 제노바와 베네치아가 왕좌를 놓고 경쟁했다. 그 다음 스페인과 포르투갈 쪽 해적들이 전리품을 쓸어갔다. 나중에는 네덜란드와 영국이 등장해 '선배들'이 만든 게임에서 선배들을 눌러 버렸다. (이와는 대조적으로 중국이나 인도, 아랍의 상선들은 부피가 많이 나가는 곡식 따위를 위주로 잡다한 화물들을 싣고 다니는 경우가 많았다. 그리고 인도양이나 남중국해에서 해적질은 연속극이 아니라 특집 단막극이었기 때문에 배에는 무기도 거의 없었다.)

그러던 어느 날 유럽에서 새로운 종류의 교역품이 등장했고, 이와 함께 새로운 종류의 해상 운송이 생겨났다. 1500년대 들어 네덜란드의 도시들이 동유럽의 곡물들을 수입하기 시작하면서, 해적들이 약탈품으로 노리기에는 덩치가 너무 크고 값이 싼 해상 화물들이 갑자기 많아진 것이다.

따라서 이 항로를 정기적으로 오가던 선장들은 배를 보호하는 문제에는 별로 신경을 쓰지 않아도 될 만큼 여유가 생겼다. 하지만 동시에 곡물이나 목재를 비롯한 다른 발트해 교역품들은 이윤폭이 상대적으로 작았기 때문에 운송비용을 조금이라도 **줄이지 않으면 안 될** 정도로 여유가 없어진 것 또한 사실이다.

얼마 뒤 네덜란드는 플라이칩(fluitschip)이라는 새로운 배를 건조하고 있었다. 이 배는 속도도 느렸고 다른 유럽의 배들보다 항해 능력도 떨어졌다. 하지만 필요한 승무원의 수가 다른 배들의 절반이었다. 게다가 전투를 할 필요가 거의 없었기 때문에 발트해를 항해하던 네덜란드 선장들은 플라이칩의 가장 큰 장점, 즉 낮은 인건비를 십분 활용할 수 있게 된다. 이런 배들을 엄청나게 많이 보유하게 된 네덜란드는 조만간 유럽의 다른 바다에도 진출해 경쟁국들보다 훨씬 싼 운송료를 제시하게 된다. 네덜란드는 금방 유럽의 거의 모든 비사치품 해상 운송을 지배하게 되는데, 여기에는 이집트 등지에서 생산한 곡물을 남부 유럽의 몇몇 대도시들로 실어 나르던 운송로들까지 포함되어 있었다. 일단 식료품 운송을 장악하자 네덜란드인들은 이를 발판으로 대부분의 유럽 항구에서 가장 강력한 교역 집단으로 떠올랐다(그리고 어떤 배라도 공격을 받을 수 있는 전시에는 전함들을 동원해 플라이칩을 호위했다. 이 전함들은 오로지 이 용도에만 쓰려고 건조한 것들이었다. 운송용으로 건조된 새 상선에 꼭 맞는 보완 장치였던 셈이다).

유럽 내 교역에서는 플라이칩에 밀리고 대륙 간 교역로에서는 해적선에게 털리다 보니 남유럽의 해양 왕국들, 즉 스페인과 포르투갈은 더는 버티지 못하고 무너져 버렸다. 이제 스페인과 포르투갈을 흉내 내고 있던 영국과 새로운 강자 네덜란드가 해군력과 해상 교역의 제왕 자리를 놓고 격돌하게 된다.

마침내 영국이 승리를 거뒀다. 그리고 운항비용 면에서 훨씬 효율적이었던 비무장 상선들을 위해(또 점차 늘어나던 부피 큰 상품들, 이를테면 신세계 농산물 따위의 원거리 교역을 위해) 바다는 다시 안전해져야만 했다. 이에 따라 영국은 해군을 상비군화하고 지구의 바다에서 해적질 − 이 무렵이면 해적질은 대부분 국제 교역에서 주변부로 밀려난 비유럽인들의 몫이 되어 있었다 − 을 쓸어버리는 데 몰두하게 되었다. 새 질서 아래서는 무장한 상선은 어떤 배든 해적 혐의를 받았고, 프랜시스 드레이크나 마틴 프로비셔(Martin Frobisher) 같은 악명 높은 해적들의 후예임을 자랑스럽게 떠벌이던 영국 해군에게 시달려야 했다. 그러나 실상 영국 해군이 강요하고 있던 세계는 근대 이전 아시아의 그것과 다를 게 별로 없었다. 그리고 영국 해군이 존경해 마지않는 '선배'들은 결국 그들이 범죄자 취급을 하며 닦달하던 비유럽인 해적들과 다를 게 하나도 없는 사람들이었다.

해적들이 없었다면 장차 그 역할을 하나씩 나눠 갖게 될 영국 해군과 영국 상선들 중 어느 쪽도 바다를 지배하지 못했을 것이다.

4 시대를 앞서간 초기 근대의 여행자들

소개

16세기 유럽 사람들은 대부분 태어나서 죽을 때까지 고된 노동과 함께 살아갔다. 그들은 태어난 곳을 떠나서 멀리 가거나, 신분이 상승하거나, 교역에 손대 보지 못한 채 삶을 마감하는 일이 많았다. 특권층에 태어난 소수의 운 좋은 사람들도 크게 다르지는 않았다. 환경 때문에 어쩔 수 없이 거처를 옮기거나 삶의 방식을 바꾸어야 하는 경우가 아니라면, 이들 역시 시작한 모습 그대로 삶을 마무리했다. 그러나 남다른 삶을 산 사람들도 없지는 않았다. 그들은 놀라운 항해를 경험했고, 상업을 통해 이윤을 얻었으며, 나라와 종교, 생활방식이 다른 사람들을 많이 만났다. 그리고 글을 쓰고 교역을 권함으로써, 고향에만 머물며 따분하게 살아가는 유럽 사람들에게 더 넓은 세상과 세상의 풍요로움을 알렸다. 살날은 짧은데 이동은 더디기만 하던 시대에도 그들은 세계의 여행자가 될 수 있었다. 그리고 근대 초기에 부를 얻으려 한다면 때로는 전투를 치르고, 나라와 나라 사이에서 모험을 불사하며, 어디든 스며들 수 있는 지리적, 종교적 경계를 이용해 외교를 벌이기도 해야 함을 사람들에게 알려주었다. 이 보기 드문 사람들은 격동적인 삶을 살며 여러 다른 입지를 경험할 수 있었다.

앤서니 셜리

앤서니 셜리(Anthony Shirley)는 엘리자베스 1세 시대에 가장 다채로운 삶을 산 영국인이었다. 각기 다른 시기에, 그는 스페인을 상대로 전투를 치렀고, 페르시아 왕을 위해 외교에 나섰으며, 영국 상인들을 위해 로비를 벌였고, 스페인을 대표했으며, 카리브해와 지중해에서 해적으로 활동했다. 영국에서는 엘리자베스 여왕의 개신교를, 이베리아반도에서는 가톨릭을, 페르시아에서는 이슬람을 대변했다. 그리고 여러 경로로 부를 얻었다. 우선 유산으로 받은 나폴리 땅 롤런즈(Lowlands)에서는 왕의 힘을 빌리려 했다. 페르시아에서는 외국인을 위한 특별 교역권을 얻으려 했고, 카리브해와 지중해, 대서양의 섬들에서는 그저 흔한 물건들을 약탈하려 하기도 했다. 그의 이야기를 살펴보면, 이미 1600년대부터 놀랄 만한 기동력을 발휘하는 사람들이 있었음을 알 수 있다.

넓은 토지를 소유한 부유한 귀족 가문에 태어난 셜리는 '신사의 장식이라고 할 만한 배움'을 얻고자 옥스퍼드 대학교를 졸업한 뒤, 한동안 올소울스 대학(All Souls College)에서 연구원으로 생활했다. 셜리는 거기서 안락한 삶과 존경받는 자리를 확보했지만, 머지않아 자신은 연구나 전문적인 직업보다는 전투와 외교를 좋아한다는 사실을 깨달았다. 결국 여왕을 위해 싸우고자 집을 떠나는 것이 신분을 끌어올리는 가장 좋은 방법일 때도 있었다. 그는 대학에서의 생활을 마무리한 뒤, 부친과 형과 함께 엘리자베스 1세가 총애하던 에식스 백작 밑으로 들어간다. 그들은 스페인령 네덜란드와 노르망디에서 스페인 군대와 전투를 벌였다. 셜리는 전투에서 승리한 대가로 그 당시에 영국의 동맹국이던 프랑스의 왕에게서 기사 작위를 받는다. 그러나 이 작위 때문에, 그는 궁정 신하들의 사생활을 예의 주시하던 엘리자베스 여왕의 분개를 샀다. 여왕은 셜리의 프랑스 기사 작위만이 아니라 그의 결혼 생활이 내리막을 걷고 있다는 사실도 용납하지 않았다. 그러나 여왕도 이 부부의 파경을 막을 수는 없었다.

다시 왕가의 환심을 사기 위해서였는지 아내로부터 달아나기 위해서였는지, 셜리는 1596년에 상선나포(商船拿捕: 교전국 군함이 적국 또는 중립국의 상선을 사로잡는 일 ─ 옮긴이)에 나섰다(스페인 입장에서는 해적 행위였다). 당시로서는 이례적인 일이었지만, 그의 형 토머스도 악명 높은 해적이 되었음을 생각하면 셜리 가문에서 해적이란 그다지 낯선 개념은 아니었던 것 같다. 먼저 셜리는 400명의 해적을 이끌고 영국을 출발했다. 부유한 아프리카의 섬인 상투메(São Tomé)와 카포베르데(Cape Verde)에 사는 스페인 사람들을 공격하기 위해서였다. 그런 뒤 대서양을 건너 중앙아메리카와 카리브해의 여러 섬(정확히는 그때까지 스페인 영토였던 자메이카)에 사는 스페인 정착민들을 습격했다. 그러나 그는 영예롭게 귀환하지도 못했고 어마어마한 약탈품을 챙기지도 못했다. 데려간 선원들이 자메이카에서 반란을 일으켰던 탓에, 사실 영국으로 돌아간 것만도 다행이었다. 그는 이제 빈털터리였다.

셜리는 영국에 오래 머물지 않았다. 대신 부를 찾아 이탈리아로 가기로 했다. 에식스 백작을 도와 교황(당시 세속의 지배자이자 로마 가톨릭교회의 수장)이 갖고 있던 페라라(Ferrara)의 공작 영지를 되찾으려는 것이었다. 그러나 셜리가 무리를 이끌고 그곳에 도착했을 때는 너무 늦어버린 뒤였다. 분쟁은 이미 교황에게 유리한 쪽으로 결론이 난 상태였다. 부에 목이 마른 셜리는 이번에는 베네치아로 갔다. 그리고 베네치아에 거주하던 영국 상인들과 이야기해 보았지만 거기서는 적당한 자리를 찾지 못했고, 스물여섯 명의 영국 사람들과 통역사 하나를 데리고 페르시아 황제를 설득하기 위해 길을 나섰다. 여정의 경비로는 알레포와 바그다드의 영국 상인들이 에식스 통화를 끌어다 준 돈을 사용했다(에식스 백작은 불쾌하고도 당황스러워했다). 이제 그는 전사나 해적, 모험가라기보다는 외교관과 상인으로 활약하며 다른 영국 사람들을 위해 동쪽에서 교역의 가능성을 찾고 있었다. 셜리가 가장 큰 성공을 맛본 것은 페르시아에서였다. 막강한 권력을 휘두르던 압바스(Abbas) 왕은 그가 군대에서 얻은 경험과 인맥에 놀라워하며 그에게 '머자(mirza)', 즉 군주의 지위를 주고, 기독교 왕들과 동맹을 협상하기 위해 그를 특사로 삼았다. 왕은 기독교 상인들을 회유하기 위해 그들 모두에게 종교의 자유와 페르시아 교역권, 관세 면제권을 주었다. (엘리자베스 여왕을 제외한) 일부 기독교 지도자들이 지중해의 튀르크 및 인도양의 포르투갈과 싸우기 위해 페르시아의 도움이 필요하던 차, 셜리의 원정은 시기상으로 탁월했다. 그 무렵, 압바스 왕도 같은 적을 두고 서구의 도움이 절실한 상황이었다(이것은 분명 제국 정복에서와 같은 성전[聖戰]은 아니었다. 동맹에서 상대의 종교보다 중요한 것이 군대의 규모였기 때문이다). 셜리는 오스만 튀르크에 대항하여 페르시아와 동맹을 맺는 것의 실현 가능성을 기독교 왕들에게 확신시키기 위해 페르시아 사절과 함께 길을 나섰다. 페르시아에는 셜리의 동생 로버트가 남아서 책임지고 왕의 군대를 근대화하기로 했다. 그러나 사실 로버트는 셜리가 확실히 페르시아로 돌아오도록 인질 노릇을 하게 된 것이기도 했다.

셜리는 이 프로젝트에서 성공과 실패를 동시에 맛봤다. 두 명의 사절은 페르시아 왕을 대신해서 유럽 여덟 곳의 권력자들을 만나야 했다. 둘은 프라하의 신성 로마 제국 황제와 로마의 교황, 영국과 스코틀랜드, 프랑스, 스페인, 폴란드, 베네치아의 지도자들을 만났다. (러시아 정교회의 수장 차르가 있는) 모스크바와 (오스트리아 신성 로마 제국의 황제가 있는) 프라하, 베네치아, 그리고 (가톨릭교회 전체 수장인 교황이 있는) 로마에서는 페르시아 왕(페르시아 시아파 교단의 수장)을 대신한 협상이 순조롭게 진행됐다. 그들은 모두 페르시아가 외견상으로나마 기독교 국가에 문을 열고 막강한 오스만에 대항해 동맹을 맺자고 한다는 데 호의를 보였다. 이 시점에서 셜리가 로마 가톨릭으로 개종했다는 점도 그가 이 일을 할 만한 명분이 있는 사람으로 보이게 했다. 그러나 안타깝게도, 개신교도였던 엘리자베스 여왕은 처음부터 셜리의 방문을 허락하지 않았을뿐더러 실패한 반란을 주도한 혐의로 셜리의 후원자인 에식스를 처형케 함으로써 셜리를 더욱더 곤궁으로 몰아넣었다. 더 중요한 것은 여왕은 친(親) 오스만에 셜리가 협상에서 등에 업은 가톨릭을 매도하는 사람이었다는 점이다. 여왕은 셜리의 제안을 거절하고 그를 영국에서 추방했다.

그러나 다른 군주들은 그의 제안에 매력을 느꼈다. 셜리는 신성 로마 제국 황제의 명을 받고 모로코로 갔다. 그런 뒤, 스페인과 맞서는 영국 사람으로서 외국에서 모험을 시작했던 이 남자는 마드리드 궁정에 고용되어 해군 제독과 동등한 자격을 얻기에 이른다. 그는 지중해 상권을 뒤흔들던 바르바리 해적을 무찌르기 위해 적은 돈으로 함대를 구축해야 했다. 그래서 스페인을 위해(사실은 자신의 배를 불리기 위해) 함께 봉사하자며 해적을 설득하고 지중해에서 배를 약탈하여 일부 함대를 꾸렸는데, 이를 이유로 특히 영국을 비롯한 여러 곳에서 경멸을 받았다. 당대 사람 중에는 "나랏일을 하며 계략과 음모를 꾸미는 자"라는 말로 그를 깎아내린 이도 있었다. 그러나 이 스페인 원정은 실패했고, 그는 그 뒤 스페인으로 돌아갔다. 그는 1636년까지도 끊임없이 계획을 세웠지만, 그의 전기를 쓴 작가들에 따르면, "그는 사람들의 시선에서 멀어졌으며, 언제 어디서 죽었는지도 알려지지 않았다."

그러나 그는 잊히지 않았다. 셜리가 마련한 책략들은 페르시아 왕 압바스에게 유리한 쪽으로 결실이 보이는 듯했다. 1603년에는 셜리의 동생 로버트가 훈련한 페르시아 군대가 동쪽에서 오스만을 무찔렀다. 신성 로마 제국의 군대도 같은 시기에 서쪽에서 오스만과 전투를 벌였다. 그리고 유럽은 페르시아를 상대로 교역을 늘려간다.

앤서니 셜리가 유럽 사람들의 지성에 가장 큰 영향을 미친 것은 글을 통해서였다. 또한 다른 작가들이 연극에서 그를 언급한 경우도 있었는데, 사람들은 이런 작품을 통해서도 셜리의 영향력을 접했다. 셜리가 상투메와 카리브해에서 보낸 시간을 회고하며 쓴 글은 1600년에 리처드 해클루트(Richard Haykluyt)가 영국 여행자들의 기록을 모아서 편집한 일람에 수록되었다. 그의 페르시아 여행기 또한 여정의 동반자였던 윌리엄 페리(William Parry)와 함께 남긴 다른 기록과 더불어 서구인들 사이에서 대단한 관심을 불러일으켰다. 특히 그가 페르시아 이스파한(Isfahan) 궁정의 화려한 삶을 묘사하여 쓴 글은 유럽인들 사이에 동방은 부유한 곳이라는 생각을 널리 심어 주었다. 페르시아의 풍요에 관하여 이렇게 전해진 강렬한 인상은 셰익스피어의 작품 《십이야(Twelfth Night, 1602년에 초연되었다)》의 한 문장에도 녹아 있으며, 역시 셰익스피어의 작품인 《리어왕(King Lear)》과 벤 존슨(Ben Johnson)의 《볼포네(Volpone)》에서도 뚜렷하게 나타난다. 사실 셜리의 일부 회고록(또는 그가 지은 이야기들)은 정말로 매력적이어서 그의 전기를 쓴 작가 한 명은 셜리가 셰익스피어의 작품을 썼다고 주장하기도 했다. 누구도 지지하지 않는 상상 속 주장이기는 하지만 말이다.

페드루 테이셰이라

이 시대에는 정복을 위한 원정이 아닌 지적인 발견을 목적으로 개인적으로 세계를 여행한 사람도 있었다. 그 역시 세상은 이미 비밀이 없는, 서로 긴밀히 연결된 곳임을 사람들에게 알려주었다. 포르투갈의 여행자 페드루 테이셰이라(Pedro Teixeira)와 함께 다녔던 통역사 한 명은 그를 "초기의, 또는 최초의 '세계 여행자'"로 일컬었다. 리스본에서 태어난 그는 아마도 의사였던 것 같다. 약에 관심이 많았던 것으로 보이며, 치료법과 치료제에 관한 다른 곳의 연구를 찾아 여기저기를 다녔다. 그는 이제 막 세력을 펼쳐 나가던 태평양과 대서양의 이베리아반도가 지배하던 세계를 거쳤는데, 1585년에 포르투갈을 출발하여 인도, 필리핀, 멕시코, 쿠바 등 포르투갈과 스페인의 식민지들을 다니며 세계를 여행한 뒤 집으로 돌아온 것이 1603년이었다. 그러나 18년으로는 모자랐는지 1603년에 다시 인도로 돌아갔고, 이번에는 배를 타고 페르시아로 갔다가 육로로 바그다드와 동쪽의 레반트, 베네치아, 그리고 앤트워프를 끝으로 조금 더 짧은 경로를 거쳐 귀환길에 오른다. 앤트워프에서는 그때까지 여행을 기록으로 남겼고, 페르시아어로 된 페르시아 역사서 두 권을 번역하기도 했다. 테이셰이라는 세계를 여행한 경험도 있었지만 약에 관한 관심이 컸던 덕분에 아편과 차, 코코아, 후추, 담배, 커피 등 세계에서 가장 자극적인 물자를 직접 글로 다룬 최초의 사람이 되었을 것이다.

당시에 유럽에서는 진에 이어 대륙에 정착한 포도주와 맥주의 숙취를 해결하기 위해 치료제를 찾는 사람들이 있었다(모든 사람이 그랬던 건 아니다). 그들이 찾은 해결책은 커피와 차, 설탕 같은 자극제였고, 이것들은 나중에 '근면 혁명'(industrious revolution, 7장 2절 참조)으로 불리게 된 움직임의 발판이 되었다. 테이셰이라는 자신이 '카오아'(kaoàh)라고 명명한 음료와 커피 농장, 그리고 거기서 쓰이는 기구들에 관한 최초의 구체적인 기록 중 하나를 남겼다. 커피는 술과 달리 장시간 일하고 깊이 집중하는 데 좋았다(3장 소개 참조). 약물의 성격을 띤 이러한 식품의 일부는 18세기와 19세기 국제 무역의 기폭제가 되었다.

설리와 테이셰이라의 삶에서는 의학과 수송, 항해, 전쟁에 관해 커가는 호기심과 탐욕, 선진 지식이 16세기와 17세기 초에 이미 전 세계적으로 사람과 정치 지형에 지대한 영향을 미치고 있었음이 나타난다.

5 로빈슨 크루소의 사치 생활

로빈슨 크루소(Robinson Crusoe)는 사치와는 거리가 먼 사람처럼 보일 것이다. 사실 그는 고된 노동과 절약, 금욕의 상징으로 이야기될 때가 많다. 1719년에 출판된 대니얼 디포(Daniel Defoe)의 소설은 막스 베버(Max Weber)의 프로테스탄트 윤리에 영감을 주었고 숭배와 절약, 투자의 관계를 설명했지만, 여가와 눈에 띄는 소비를 찬양한 것으로 보이지는 않는다. 그러나 이 책과 대니얼 디포의 메시지는 본래 의도와 아주 다르게 해석되는 경우가 많았다. 이 소설은 사실 자급자족이 아니라 세계 무역, 특히 호화로운 물품의 교역과 노예제를 찬양하는 이야기이다.

소설(영어로 쓰인 첫 번째 소설)의 초반부에서 로빈슨의 부친은 아들 로빈슨을 앞에 두고 사치를 부정적으로 말한다. 크루소는 그때부터 소설이 끝날 때까지, 부친의 말을 듣고 영국의 중산층에 속해 살아가는 대신 교역을 하겠다며 바다로 나간 것을 후회한다.

물론 『로빈슨 크루소』에서는 부분적으로 고된 노동을 찬양한 면도 있다. 크루소는 섬에 있는 동안 한 번도 쾌락이나 여가 활동에 빠지지 않는다. 마치 회계사처럼(디포도 한때 회계사였다) 세심하게 저장소를 관리하고 날짜와 연도를 추적한다. 난파선에서 가져온 술은 한바탕 마시고 취하기 위해서가 아니라 특별한 순간을 위해 아껴 둔다. 여유 시간이 나면 섬을 탐험하는 대신 성경을 공부한다. 사실, 섬의 끝까지 걸어가 보는 데만 18년이 걸린다!

그는 게으름을 경멸하고 노동을 찬양하는 데 그치지 않고, 영국의 훌륭한 중산층으로서 사치를 멀리한다. 난파선에 있던 좋은 옷은 단 한 벌도 섬으로 가져가지 않으며, 그래도 햇볕에 그을리는 것은 싫으니 대신 양가죽으로 어설프게 옷을 지어 입는다. 로빈슨은 섬에서 고립된 채 살아가는 동안, 오직 쓸모 있는 것만 가치 있다는 결론을 내린다. 그는 무언가를 만드는 데 쓸 수 있는 목수의 연장 상자가 돈보다 좋았다. 어차피 섬에는 살 것이 없으니 돈은 '바보 같은 것'에 지나지 않았다.

여기서 자급자족과 절약, 절제는 세계 무역의 원동력이 될 만한 가치로는 보이지 않는다. 그러나 사실 로빈슨 크루소는 그를 만들어낸 대니얼 디포만큼이나 사치품을 주요 기반으로 하는 국제 교역에 깊이 관여한 사람이었다.

디포는 작가이기 전에 사업가였다. 그는 향수 산업에서 쓰는 프랑스 사향고양이를 사들였고, 프랑스와 전투 중인 영국 군함들에 보험을 팔았으며, 해저 보물 인양 프로젝트에 투자했고, 가이아나 식민화 프로젝트에 찬성하여 선전(propaganda)을 작성했으며, 악명 높은 남해회사(South Sea Bubble)의 지분을 소유했고, 아프리카 노예무역에 몸담았다. 영국의 성공은 자급자족이 아닌 국제 교역에 달렸다고, 그는 믿었다.

이러한 관점은 실제로 『로빈슨 크루소』의 바탕을 이룬다. 로빈슨이 몇 가지 기술을 갖고 카리브해의 섬에 고립된 건 사실이지만, 그가 거기서 살아남기 위해 사용한 것들은 대부분 아프리카로 가다가 침몰한, 자신이 타고 있던 배에서 온 것들이었다. 총과 화약, 식량, 도구 등 모든 것이 수입품이었던 셈이다. 이러한 물품이 없는 섬은 크루소에게 열대 낙원의 유토피아가 아니라면 '죽음의 땅' 일 뿐이었다.

그렇다면 애초에 이것들이 배에 실린 이유는 무엇이었을까? 로빈슨은 중산층으로 살면서 교역을 하거나 변호사가 되라는 부친의 충고를 무시하고, 이윤이 가장 큰 사업 중 하나인 아프리카 노예무역에 뛰어들었다. 첫 번째 거래는 결과가 매우 좋아서 '장난감이나 하찮은 물건들' 과 노예들을 교환했고, 그는 그렇게 얻은 이윤의 대부분을 투자에 쓴다. 그런데 두 번째 거래차 아프리카로 돌아가는 길에 모로코 해적들에게 붙잡혔고, 거기서 4년을 노예로 지낸다. 하지만 동료 노예와 함께 배를 훔쳐 달아나면서 그의 운명은 다시 전환점을 맞는다. 로빈슨은 그 배와 동료 노예를 포르투갈 노예상한테 팔고, 노예상은 대서양에서 그들을 구한 뒤 브라질에 데려다준다. 그는 거기서 토지에 돈을 투자하고, 그 시대에 아메리카 대륙에서 가장 사치스러운 작물이던 담배와 사탕수수를 재배하기 시작한다. 그가 나중에 섬에 고립된 것은 브라질에서보다 싼값에 노예를 사기 위해 또다시 배를 타고 아프리카로 가려 했기 때문이었다.

그러므로 이 무렵 로빈슨은 교역, 즉 자신을 위해 일할 다른 사람을 사들이는 일에 빠져 있었던 것이다. 그는 노예, 담배, 설탕 등 그 당시에 가장 사치스럽게 여겨지던 것들을 거래한다. 그리고 섬에 살던 28년 동안은 자급자족에 의지한다. 그렇게 목숨을 부지하며 그럭저럭 안락한 삶을 살아간다. 그러나 부를 쌓지는 못한다. 로빈슨은 좋은 수출품이 될 수 있는 자원을 찾지 않는다. 사실, 이전에 알지 못했던 것에 관해서는 여전히 아는 것이 없다. 그 결과 그가 구조될 당시 손에 쥐고 있던 것은 난파선에서 가져온 동전뿐이다. 직접 힘들여 얻은 것은 하나도 없고, 만들어진 것을 사는 데 쓸 돈밖에 없었던 것이다.

로빈슨은 나중에 사람들을 사서 '자신의' 섬으로 들여와 식민지를 연다. 그러나 그 돈은 이 황량한 섬에서 나온 것이 아니라 브라질의 사탕수수 플랜테이션과 첫 번째 노예 거래에서 얻은 이윤을 투자한 데서 나온 것이었다. 그는 세상의 경제, 그리고 그 호화로움과 재회한 뒤, 자급자족과 노동이 아닌 '되는 대로' 세상을 돌아다니며 더 멀리 모험을 떠나던 삶으로 돌아간다. 로빈슨 크루소와 대니얼 디포는 호화로운 교역의 세계

그림 속 로빈슨 크루소
출처: 알렉산드르 샤포니에(Alexandre Chaponnier), 파리: 〈엄격한 사람〉, 1805

에 워낙 깊이 빠져 있었기에 개신교의 절제하는 삶을 찬양한 이 소설에서 조차 사치와 노예제에서 비롯한 유혹과 풍요로움을 물리치지 못했다.

6 아편이 등장하기 전 태평양에서는

차를 사려고 아편을 팔았던 일은 세계 교역사에서 그렇게 아름다운 얘기에 속하지는 않지만 가장 많이 알려진 얘기인 것만큼은 분명하다. 18~19

세기에 영국인들이 중국산 차에 완전히 사로잡히다 보니 그들로서는 중국에 팔 물건이 필요했다. 그러나 중국인들은 유럽 물건들을 사려 들지 않았다. 제법 오랫동안 영국인들은 잠자코 동양으로 은화를 실어 보냈다. 하지만 은 유출을 막아야 한다는 정치적 압력이 영국 안에서 더는 버틸 수 없을 정도로 커져 갔다.

은화를 대신할 물건을 찾느라 골몰하던 영국인들에게 아편이 떠올랐다. 아편이라면 마침 새로 개척한 인도의 식민지에서 대량으로 생산할 수 있을 것으로 생각했다. 마침내 아편의 약발이 먹히기 시작했고, 영국 동인도회사의 골칫거리들이 하나씩 풀려나갔다. 그러나 중국에서는 대규모 마약 중독 사태가 생겨나고 있었다. 1840년대에 중국인들이 아편 무역을 중지시키려 들자 중국으로서는 참으로 치명적이 될 전쟁이 일어났고, 그 결과 중국은 자유무역에 시장을, 선교사들에게 백성들의 영혼을 내어주어야 했다. 그리고 이보다 좀 더 교묘하게 이루어진 이런저런 서구의 간섭에도 침묵을 지켜야 했다.

그러나 사태의 전모는 이보다는 조금 복잡했다. 사실 영국인들이 중국 시장에서 팔릴 만한 상품들을 몇 가지 찾아냈었는데, 이 물건들이 한결같이 원산지에는 대단히 강력한 그리고 대체로 파괴적인 영향을 미쳤던 대목은 잘 알려져 있지 않았다.

동인도회사가 중국에 팔고 싶어 했던 유럽 상품들이 죽을 썼던 것은 분명한 사실이다. 예를 들어 영국산 양모 제품들은 영국 배들이 정박하던 곳이 아열대 지방인 광둥이었던 탓에 큰 환영을 받지 못했다. 그러나 영국 무역상들도 바보는 아니었다. 아편을 팔기 훨씬 전부터 이들은 중국이 전통적으로 아시아의 다른 지역에서 구입해오던 다른 물건들을 찾아내 중국에 팔아 왔다. 상어 지느러미나 바다제비 둥지(둘 다 대단히 비싼 특급 요리 재료였다), 진주, 특히 백단향(sandalwood) 같은 특이한 나무들을 비롯해 인도산 면화(중국에서 면사를 뽑아 직조한 뒤 광둥성 근처의 상인들이 재수출하는 경우가 많았다), 베트남산 설탕처럼 좀 평범한 상품들이 영국인들의 거래 품목에 포함되어 있었다. 그러나 하나같이 나름의 문제들이 있었다.

중국의 면화 시장은 꽤 큰 편이었다. 그러나 그 이상 시장을 늘리는 일은 간단치 않았다. 중국은 필요한 원면을 대부분 직접 생산하고 있었기 때문이다. 설탕의 경우도 사정은 마찬가지였다. 반면 백단향은 중국인들이 끝없이 소비해줄 것 같은 물건이었다. 따라서 문제는 이 나무를 충분히 구해 놓는 것이었다. 백단향은 태평양에 흩어져 있는 섬들 중 상당수에서 자라고 있었다. 계획적인 삼림 보전이나 관리 따위는 들어 본 적도 별로 없었을 당시, (어떨 때는 거의 하와이만큼이나 먼 곳까지 항해해) 백단향이 자라는 섬을 찾아내면 유럽인들은 입목들을 될 수 있는 한 많이 사들였다가, 일하기 편한 곳에 있는 나무들을 모두 베어내고는 또 다른 섬을 찾아가는 식으로 백단향을 확보했다. 이렇게 태평양의 섬들은 하나하나 원거리 교역에 끌려들어가 짧은 교역 붐에 휩쓸렸다가는 내버려졌다. 이 과정에서 생태계가 심각하게 파괴된 섬들도 많았다. 사실 몇몇 섬은 아편 무역이 시작돼 중국 시장에서 백단향을 대체하지 않았더라면, 삼림 파괴 따위는 아랑곳하지 않고 (자신들의 위신을 한껏 높여주던) 외국 물건들을 그러모으는 데만 넋이 빠져 있던 추장들이나 부족장들 때문에 사람이 살 수 없을 정도로 완전히 파괴되어 버렸을 것이다. 한편 다른 열대 수종의 수액이나 상어 지느러미, 바다제비 둥지, 진주 따위를 구하는 과정에서는 이보다 더한 일들도 일어났다.

문제는 이런 물건들 중 경작할 수 있는 것은 하나도 없었다는 데 있었다. 그저 바다나 밀림, 아니면 여간해서는 접근하기도 힘든 자생지에서 채취하는 수밖에 없었던 것이다. 이런 물건들을 구할 수 있는 곳은 대부분 지금의 필리핀 남부와 인도네시아 동부 지역의 밀림으로 뒤덮인 섬들이나 그 가까이에 있는 바다들이었다. 무엇이 되었든 채취 작업은 위험하거나 혐오스러웠고 (특히 진주를 캐는 경우에는) 상당한 기술까지 갖고 있어야 했다. 게다가 채취 작업을 하는 섬들은 물론 이웃의 섬들에도 사람이 별로 살지 않아 몇 안 되는 일꾼들이 얼마간의 협상력까지 가질 수 있을 정도로 노동력이 귀했다. 이 때문에 영국인들이 선뜻 내놓을 정도의 액수를 받고 채취 작업을 해줄 자유로운 신분의 노동자들을 충분히 구하기는 아예 불가능했다.

이러지도 저러지도 못하고 있는 영국인들을 대신해 이 문제를 해결해준 것이 바로 술루(Sulu)라는 술탄령이었다. 몇 개의 섬으로 이루어진 이 왕국은 스페인이 권리를 주장하고 있었지만 사실상 독립국이었다. 스페인을 상대로 한 기왕의 전쟁을 계속하기 위해 항상 동맹(그리고 세원)을 찾고 있던 술탄은 영국인들의 총과 돈, 그리고 (가장 중요한) 추종자들에게 줄 여러 가지 외국 물건들(옷이나 놋쇠 장식물 따위)을 몹시도 원하고 있었다. 스페인과 수십 년 동안 끊어질 듯 이어질 듯 전쟁을 해 오는 사이, 이 나라는 항해와 노예사냥의 두 가지 기술에서는 가히 예술의 경지에 올라 있었다.

무슬림 국가로서 술루 왕국은 이론적으로는 다른 무슬림들을 노예로 잡을 수 없었다. 그러나 필리핀의 기독교도들과 이 지역의 잡다한 토착 종교들을 믿는 사람들은 더할 나위 없이 좋은 사냥감이었다. 그리고 술루 사회에서 노예 소유는 오래전부터 신분을 과시하는 중요한 도구였으며, 부를 쌓아 가는 원천이었다. 영국인들 덕분에 열대의 바다와 밀림에서 채취한 물건들을 소화해줄 중국 시장과 한층 더 튼튼히 연결되고, 영국이 제공한 총으로 군사력까지 강해지면서, 19세기 초 술루 왕국은 이전과는 사뭇 다른 기세로 노예사냥에 열을 올리게 된다.

노예들이 수액 따위를 채취하러 밀림에 들어가서 쓸데없이 딴짓을 하지 않게 하려고 다양한 보상책 — 이익을 나눠 갖거나 다른 노예들의 주인이 될 기회를 주거나, 그리고 마침내는 자유를 얻는 따위의 — 이 동원되었다. 이렇게 해서 주인, 노예, 노예의 노예로 내려가는 거대한 피라미드가 형성되기에 이른다. 과거에도 술루 왕국의 노예사냥이 주변 왕국에 위협이 되기는 했지만 가끔씩일 뿐이었다. 그러나 이제는 지속적이고 심각한 위협이 되었다. 이 서슬에 상당수의 약한 왕국들이 완전히 무너지거나 술루 왕국의 종속국이 되어 버렸다. 스페인은 술루 왕국을 점령하려고 공세를 더 강화하는 것으로 이 새로운 상황에 대응했다. 하지만 상당히 오랫동안 대부분의 전투에서 스페인이 올린 전과는 최악이라고밖에 표현할 수 없을 정도였다. 그래도 마침내 스페인은 1870년대에 술루 왕국을 구성하고 있던 섬들을 정복하게 된다.

그렇지만 만약 스페인보다 훨씬 강했던 영국이 술루 왕국의 노예사냥을 계속 지원했다면 스페인이 과연 전쟁에서 이길 수 있었을까? 여기서 이 이야기의 얄궂은 마지막 반전이 시작된다. 사실 영국은 자신들에게 그토록 필요한 물건들을 팔고 있던 술루 왕국의 몰락을 부추긴 장본인이었다. 1807년 영국 의회는 노예무역을 금지시켰고, 결국 영국 해군은 전 세계에서 이 금지령을 집행하게 된다. 술루 왕국이 갑작스럽게 노예사냥에 더 매달렸던 것은 배후에 있던 영국 상인들의 요구가 있었기 때문이다. 하지만 노예제 폐지를 선언한 영국의 눈에 이 술탄령은 불법 행위를 일삼는 일개 왕국이었을 뿐이다.

만약 동인도회사가 정부가 내준 영국의 대중국 무역 독점권을 계속 갖고 있었다면, 그리고 이 회사가 차 구매 대금으로 아편을 갖고 나타나지 않았더라면, 그들은 영국 해군이 술루 왕국의 노예사냥을 짐짓 모른 척하도록 설득할 수도 있었을 것이다. 그러나 독점은 이미 1834년에 끝났다.

그리고 아편이 등장해 진주나 바다제비 둥지 따위의 물건들이 찬밥 취급을 받게 된 것은 독점 철폐보다 훨씬 앞선 일이었다. 그 사이 술루 왕국의 노예사냥선 선장들은 부업으로 해적질에도 손을 대고 있었는데, 이미 오랫동안 해상 폭력을 전문 분야로 갈고닦아 온 만큼, 이들로서는 조금도 거리낄 게 없었다. 특히 중국과의 교역이 갈수록 시들해지면서 이들에게 해적질은 점점 더 중요해지고 있었다. 하지만 동시에 마닐라나 싱가포르, 그리고 런던에서는 적을 만들고 있었다.

19세기 중반, 이들은 완전히 바다의 부랑자가 되어 있었다. 반면 한때 이들의 암묵적인 동업자였던 사람들은 (이제 마약 거래로 분야를 바꿔) 세계에서 가장 크고 가장 강력한 해군을 동원해 문명의 이름으로 이들의 뒤를 쫓고 있었다.

7 주식회사와 전쟁

왜 17세기의 유럽인들이 세계 최초로 주식회사를 만들었을까? 물론 지금 되돌아보면 이유는 아주 간단해 보인다. 주식회사는 사업, 특히 큰 규모의 사업을 하기에 제일 합리적인 방법처럼 보이기 때문이다. 오히려 왜 유럽인들이 더 일찍 그 방법을 생각지 못했는지가 궁금할 따름이다. 그러나 사실 그 이유란 것이 생각보다는 좀 더 복잡하고, 또 오늘날 주식회사의 이점으로 여기고 있는 것들과도 사실 별 관련이 없었다.

네덜란드와 영국의 동인도회사나 서인도회사 등등을 '최초의 진정한' 주식회사라고는 하지만, 그렇다고 해서 이전에는 대규모 합자회사 같은 것이 없었다는 말은 아니다. 하지만 이 회사들은 여러 면에서 새로웠다. 주식회사들은 우선 익명성을 띠고 있었다. 돈을 대는 사람들이 모두 다

서로 알고 있을 필요는 없었다. 그리고 소유권을 경영권과 분리시켰다. 결정은 선출된 이사들이 내렸고, 대부분의 투자자들은 이런 결정들을 받아들이거나 아니면 주식을 팔거나 둘 중 하나만을 선택할 수 있을 뿐이었다. 그리고 영속적인 성격도 갖고 있었다. 하나나 그 이상의 동업자들이 발을 빼고 싶어 한다고 해서 기왕의 합의를 뒤집고 처음부터 다시 시작할 필요는 없었던 것이다. 마지막으로 주식회사는 법적으로 독립적인 실체였기 때문에 소유자 개개인과는 분리되어 있었고, 이 때문에 수명에 제한이 없었다. 16세기나 그 이전에 교역을 하려고 설립한 큰 합자회사들은 처음부터 해산 날짜를 정하고 시작했다. 즉, 어떨 때는 한 번의 항해가 끝난 다음, 또 어떨 때는 정해진 몇 년이 지나고 나면 그 시점에서 회사의 **모든** 재산을 정리해 동업자들에게 분배하는 것으로 회사가 없어졌다. 그러나 새 회사들은 현대의 주식회사들처럼 스스로 정리를 하지는 않았다. 이 회사들은 자본을 각각의 소유자들에게 나눠주지 않고 계속 **축적해 갔다**. 이러한 특징은 각각 여러 곳에서 상당수 발견되었지만, 이 특별한 조합은 새로웠고 궁극적으로 혁신적이었다.

확실히 훌륭한 혁신이었다. 그러면 당시 주식회사가 필요하다고 생각한 사람들은 얼마나 되었을까? 아주 적었다. 그 뒤 200년이 넘게 제조업이나 유럽 내 교역을 하려고 설립된 주식회사는 거의 없었다. 당시만 해도 무엇을 생산하든 거의 대부분 자본이 아주 조금만 있으면 충분했기 때문에, 낯선 사람들과 사업 관계를 맺는 위험을 무릅쓰지 않고서도 필요한 자본을 쉽게 모을 수 있었다. 산업혁명이 일어나면서 대량 생산 체제를 도입한 공장들 ─ 웨지우드(Wedgwood) 자기나 프랑스 슈네데르(Schneider) 형제가 설립한 크뢰조(Creusot) 철강, 그리고 영국의 거의 모든 면방적 공장들 ─ 조차 가족 기업이었고, 새 경제에 연료를 대주던 석탄 회사들도 마찬가지였다(유료 도로나 운하를 건설하는 회사들만 얼마 안 되는 예외에 속했다). 1830년대 이후 철도 건설 붐이 일기 전까지는, 꼭 주식회사 형태를 갖춰야 할 정도로 자본이 많이 필요하거나 이익이 발생하려면 오래 기다려야 했던 산업 분야는 거의 하나도 없었다.

1600년대에도 유럽을 넘어서서 경제 활동이 이루어지는 분야에서나 대규모의 장기 투자 자본이 필요했다. 당시에는 동남아시아까지 한 번 갔다 오려면 보통 3년 정도가 걸렸다. 그리고 이때 합자회사가 여러 번 항해를 해서 위험을 분산시키려고 할 경우 조합원들은 최종 배당을 받을 때까지 훨씬 더 오래 기다려야만 했다. 그러나 이런 경우에도 회사가 **영속적일** 필요는 없었다. 예를 들어 러시아와 거래했던 잉글리시 머스커비 회사(English Muscovy Company)도 그런 성격을 띠고 있지는 않았다. 더욱이 투자자들도 회사를 영속화한다는 발상에는 상당한 저항감을 갖고 있었다. 주식시장이 아직 완전히 발달하지 않았기 때문에 회사가 정한 날짜에 해산하지 않아도 될 경우 투자자들로서는 투자 원금을 돌려받을 수 있을지 도대체 알 길이 없었기 때문이다. 부분적으로는 이런 이유 때문이었는데, 네덜란드 동인도회사도 애초 충분히 길기는 했지만 어쨌든 기한은 정해진 채로(21년 뒤에는 해산될 예정이었다), 그리고 투자자들에게 높은 배당금을 돌려줘야 한다는 의무를 지고 설립 허가를 받았다. 그리고 거의 유럽인들만큼이나 긴 거리에 걸쳐 교역을 했던, 또 18세기 내내 중국과 중동, 인도, 동남아, 일본 같은 다른 지역들을 잇는 교역로에서 유럽인들보다 우위에 있었던 아시아의 상인들도 주식회사를 필요로 하지는 않았다.

그렇다면 무엇 때문에 영속적인 주식회사가 필요했을까? 한마디로 말해 폭력 때문이었다. 영국과 네덜란드의 동인도회사들은 단순히 교역뿐 아니라 포르투갈과 전쟁을 할 수 있는 면허까지 받았다. 이미 포르투갈은 여러 곳에 요새화된 식민지를 건설해 놓은 상태였고, 아시아 교역 독점권을 주장하기 위해 해군을 동원하고 있었다. 두 나라의 서인도회사들은 아메리카 대륙에서 역시 비슷한 주장을 하고 있던 스페인과 포르투갈인들을 상대하고 있었다(차이라면 이곳의 식민지들이 아시아 쪽보다 더 강력했다는 정도였다). 결국 이 북유럽인들은 경쟁을 하려면 포르투갈과 스페인이 하고 있던 게임을 배워야만 한다는 것을 깨닫게 되었다. 땅을 점령해 그 지역을 요새화하고, 무장 선박으로 바다를 감시하는 게임을. 그러나 이게임을 하려면 요새나 선박 따위의 고정 자본과 식량이나 다른 장비 같은 운용 자본을 마련해야 했고, 여기에는 엄청난 비용이 들었다. (아시아 무역상들은 대체로 이런 게임을 하려 들지 않았다. 유럽인들이 독점권을 갖고 있다며 주먹을 들이댈 수 없는 대양과 해안은 얼마든지 있었고, 실제로 이런 곳에 집중했기 때문이다. 그 결과 아시아 무역상들은 유럽인들보다 경비를 아주 많이 줄일 수 있었고, 어디든 힘으로 독점을 만들어낼 수 없었던 곳에서는 유럽인들보다 물건을 항상 싸게 팔 수 있었다. 그러니까 몇몇 전략적으로 중요한 해협을 빼면 거의 모든 바다에서 이런 일이 벌어졌던 것이다.) 신세계의 경우 교역 거리는 더 짧았지만 더 어려운 다른 문제들이 기다리고 있었다. 아시아에 있던 유럽의 요새화된 식민지들이 상업이 대단히 발달한 현지에서 보급품을 사고 일꾼을 고용할 수 있었던 것과 달리, 신세계의 기지들은 훨씬 많은 것을 자급해야 했다. 결국 생산적인 농업을 갖춘 진짜 식민지가 돼야 했는데, 이런 식민지를 건설하는 데는 시간이 훨씬 오래 걸렸다.

상대방한테서 자기를 지키려면 그렇게 많은 자본이 필요했기 때문에 유럽의 해외 진출은 서로 관계없는 동업자들을 많이 끌어들이지 않고는 일을 추진할 수가 없었다. 그리고 고정 자본이 이렇게 많이 필요했기 때문에, 교역량이 대단히 많아야지만 투자금을 회수할 만큼 충분한 이윤을 남길 수 있었다. 또 교역량이 아주 많아야 한다는 것은 다시 말해 현지에서 보유중인 재고에 엄청난 양의 운영 자본이 잠겨 있어야만 한다는 의미였다. 그래야 적당한 때를 기다리다가 유럽에서 되팔 현지 물건들과 교환할 수 있기 때문이다. 실제로 아시아에 네덜란드 동인도회사의 제국을 건설한 얀 피터손 쿤(Jan Pieterszon Coen)은 암스테르담에서 조금이라도 더 자본을 끌어들이려고 거의 매일같이 전쟁을 치러야만 했다. 암스테르담의 이사들은 해군력에서 확실한 우위를 잡고 있는 만큼, 다른 나라 배들을 약탈하면 많은 추가 자본이 없이도 유럽으로 가는 향신료 교역을 독점할 수 있을 것이라고 계속 권고했다. 그는 사실 그렇게 할 수도 있지만, 약탈이 계속되면 교역 자체가 위축될 것이고, 그러면 설사 독점을 하게 되더라도 이제까지 들어간 비용을 벌충할 수 있을 만큼 물건을 충분히 확보할 수 없을 것이라고 대꾸했다. 몇 년간 갈등을 겪고 나서, 그리고 회사를 더 키우기보다는 접고 싶어 했던 주주들의 무수한 '반항'을 잠재우고 나서, 쿤과 그의 후임자들은 마침내 승리할 수 있었다. 네덜란드 동인도회사는 21년이 지나도 정리되지 않도록 다시 면허를 받았고, 이사들은 자본을 늘릴 필요가 있을 때는 배당금을 낮출 수 있는 재량권을 갖게 되었다. 그리고 네덜란드의 투자자들은 오늘날의 주주들처럼 행동하는 법을 배웠다.

물론 기업들이 스스로를 보호하는 비용을 알아서 해결하던 시절은 오래가지 않았다. 18세기 들어 전쟁 비용이 엄청나게 치솟으면서 영국과 네덜란드의 동인도회사는 그 부담 때문에 비틀거리기 시작했다. 이 회사들이 자기들이 독점하고 있던 상품들에 이 비용을 전가하려고 하자 이 회사들의 '인기'는 싸늘하게 식어 버렸다. 그리고 그나마도 밀수업자들이 물건을 싸게 파는 바람에 별 재미를 보지 못할 때가 많았다(영국 동인도회사가 미국에 차를 팔면서 이런 문제들에 부딪혔던 것은 가장 많이 알려진 사례일 뿐이다). 1830년대가 되면 이런 회사들은 이미 문을 닫은 상태였다. 그리고 이 회사들이 개척한 식민지는 정부가 접수했다. 결국에는 자본집약적 산업이 주도하는 새 시대가 열려, 이 독점기업들이 처음 개척한 주식회사를 좀 더 생산적으로 사용하기 시작할 터였다.

8 해적보다도 못한

해적들에게는 온갖 나쁜 이름이 다 따라붙었다. 그들은 야만인이며 약탈을 일삼는 무법자, 기생충, 방랑자, '사람 꼴을 한 괴물들'로 여겨져 왔다. 그들은 법 바깥, 그리고 일반적인 도덕률 바깥에 존재하는 사람들이었다. 반면 금융업자들은 창의적인 발상으로 충만한 지적인 사람들로, 또 가장 가치 있는 기업들에 투자해 생산성을 더욱 높이는 그런 사람들로 그려져 왔다. 해적들은 이윤과 사유 재산에 바탕을 둔 자본주의 체제에 대한 위협이자 도전이었다. 그러나 금융업자들은 자본주의 체제가 성공적으로 작동하도록 지켜주는 자본주의의 수호천사였다. 하지만 상당수의 경우 이 둘은 흔히 생각하는 것만큼 그렇게 많이 다르지 않았다. 기업 인수합병업자들은 종종 해적들처럼 유에서 무를 창조해낸다. 정성스럽게 쌓아 올린 구조물을 난폭하게 뜯어내 버리고, 궁지에 몰린 희생자들을 절망 속으로 빠져들게 만든다. 해적들처럼 이 합병 전문가들은 다른 사람의 돈을 이용해 자기 이익을 챙긴다.

그러나 해적들과 현대의 인수합병 전문가들을 이런 식으로 비교하는 것은 해적들한테 불공정한 일이다. 지난 몇 년 동안 진행된 구체적인 연구 결과들은 사실 요즘의 금융업자들이 16~18세기의 해적들한테서 무언가 배울 것이 있다는 점을 보여준다. 단지 약탈하는 방법만이 아니라 사람들을 대하는 방법을. 역설적이지만 해적들은 나름대로 상당히 도덕적인 경제 윤리를 충실히 따랐다. 국가의 법률 체계 밖에 있었기 때문에 해적들은 법률을 직접 만들었고, 어떤 바다에서든 어느 대륙에서든 이 법을

1917년에 그려진 스코틀랜드 해적 폴 존스(Paul Jones)의 삽화
출처: 해리스와 어빙 컬렉션, 미국 의회 도서관

지켰다.

해적질은 어떤 형태로든 수천 년 동안 전 세계에 걸쳐 계속돼 왔다. 누가 해적인지는 보통 그때 가장 강력한 해군력을 갖고 있던 강대국들이 정했다. 한 유명한 해적이 알렉산더 대왕에게 했다는 얘기가 지금도 전해지고 있다. "여러 왕국을 통째로 집어삼킨 당신은 위대한 황제로 칭송을 받고 있다. 그러나 고작 배 몇 척을 약탈한 나는 보잘것없는 일개 해적일 뿐이다."

해적 사업은 선박 건조와 항해 기술의 발달에 따라 국제적으로 해외 교역 붐이 일던 16세기 무렵에 늘어나기 시작했다. 그리고 스페인이 아메리카 대륙에서 은과 금을 발견한 뒤에는 특히 카리브해 일대에서 주목을 받을 정도로 성장했다. 아메리카 대륙 해적 1세대는 존 호킨스(John

Hawkins)와 프랜시스 드레이크 같은 사람들로, 이들은 수출입이 금지된 상품(즉 노예 – 옮긴이)을 팔려고 스페인이 장악한 바다를 슬슬 집적거려 봤었다. 그러나 스페인에게 험한 꼴을 당하고 나서 곧 해적질로 돌아섰다. 영국이나 네덜란드와 스페인 사이에 전쟁이 터지면 이들 사략선 선장들에게는 '선박 나포 및 약탈 허가증'(letters of marque)이 주어졌다. 이 허가증 덕분에 이들은 해군에 속한 의용군으로 간주되었다. 따라서 이들 16세기의 약탈자들에게 해적질은 그저 교역과 전쟁의 연장이었을 뿐이다. 다른 대부분의 투기사업들처럼 상인들이 이런 배의 의장을 갖춰 주었고, 주주들이 큰 몫을 챙겨 갔다. 그러니까 해적들은 약탈적인 '교역' 행위를 했을 뿐이다.

그러나 이들 초기의 상인 해적들은 17세기 중반 버커니어*들에게 바다를 넘겨주게 된다. 이들은 상업 분야의 검은 왕자들도, '여왕 폐하'의 해군에 '파트타임'으로 고용된 비정규군들도 아니었다. 버커니어들은 함께 바다를 떠돌며 살던 사람들로 다국적, 다인종의 민주적 공동체를 이루고 있었다. 애초 이들은 표류자나 도망 나온 노예, 탈주한 범죄자, 종교나 정치적인 탄압을 피해 온 난민들이었고, 히스파니올라섬 한편에서 먹을 것을 구걸하거나 훔쳐서, 아니면 사냥을 해서 근근이 살아가고 있었다. 이들은 큰 말썽을 일으키지도 않았고 다른 사람들에게 해를 입히지도 않았지만, 스페인 총독은 이들이 자기의 지배를 받지 않는다는 사실을 참을 수가 없었다. 결국 이들을 잡아들이려고 군대가 파견되었다. 버커니어들은 토르투가(Tortuga)라는 조그만 섬으로 퇴각해 여기에서 '바다의 형제

---

* 버커니어(Buccaneer): 지금은 해적을 의미하는 'pirate'와 별다른 구분 없이 사용하고 있지만, 원래는 특히 카리브해에서 출몰하던 해적들을 가리키는 말이다. 여기서는 원래 의미 그대로 이 단어를 사용했으므로, 따로 번역하지 않고 원음을 살려 적었다. 그리고 버커니어는 '악덕 실업가'의 의미로도 사용된다.

들'(Brethren of the Coast)을 조직했고, 모든 스페인인들을 상대로 전쟁을 치르겠노라고 선포했다. 사략선들과 함께 이들은 실제로 스페인에게 엄청난 피해를 입혔다. 스페인은 이 때문에 어쩔 수 없이 대서양을 건너는 상선단에 호위함을 붙이고 해안가에 요새를 짓는 따위의 상당한 비용이 드는 방어 체계를 구축해야만 했다. 이뿐 아니었다. 이들은 은을 가득 실은 갈레온 선단을 꽤 여러 차례 털었고, 스페인의 중요 항구도시들 중 몇 곳, 예를 들면 카르타헤나(Cartagena)와 포르투 베요(Porto Bello) 등에 쳐들어가 쑥대밭을 만들기까지 했다. 결국 스페인은 카리브해의 대부분을 포기해야 했고, 아메리카 대륙의 해안에서도 해적들의 위협을 피하려고 내륙 쪽으로 최소한 50마일을 들어가서 도시들을 건설했다.

어떻게 해서 버커니어들이 그토록 사나워지고 수가 불어났을까? 일련의 전쟁이 끝나고 제국주의 국가들이 사략선의 활동을 더는 봐주지 않게 되면서 영국과 프랑스 그리고 네덜란드의 사략선 선장들이 일종의 자영 용병들로 전업해 버커니어들과 한패가 되었던 것이다. 사략선을 몰 때나 나중이나 '일하는' 방식은 똑같았지만, 결국 이들은 애국과 명예, 해적질과 오명을 가르는 선을 넘은 것이다. 그러나 달라진 게 이것만은 아니었다.

버커니어들은 각각의 선원들이 지분을 가진 합자회사처럼 움직였다. '영업'을 시작하기 전에 선원들이 함께 행동 강령을 정했다. 선장을 뽑을 때는 해전 능력이나 전쟁 경험을 갖고 있는지, 선원들의 존경을 받고 기강을 세울 수 있는지 따위의 기준을 놓고 선원들의 동의를 받아야만 했다. 영향력 있는 부모나 학연, 투자자들의 압력 덕분에 해적선 선장이 된 사람은 한 명도 없었다. 영국 해군과는 달리 해적선 선장은 결코 폭군이 아니었다. 한 연구자는 이렇게 말했다. "그들은 자신들이 선장을 지휘 (captain)할 수 있다는 조건하에 그가 자신들을 지휘하게 했다." 규칙을 집행했던 것은 일종의 선원 평의회였다. 술을 마시거나 도박을 하고 매춘부를 상대해도 무방했고, 심지어 남색을 하는 것까지 대부분의 배에서 허용되었다. 그러나 몇몇 반사회적 행위들은 대단히 엄격하게 처벌했다. 예를 들어 약탈물의 일부를 숨겼을 경우에는 무인도에 내버리거나 사형까지도 내릴 수 있었다.

버커니어들의 사업은 본질상 조합원들이 무한책임을 지는 합자회사처럼 운영되었고, 이들은 계급에 따라 대가를 받았다. 또 '전리품이 없으면 돌아오는 것도 없다'는 것이 이들의 좌우명이었다. 일단 배 한 척을 나포했으면, 그 전리품은 버커니어들이 사전에 각자가 가져갈 몫을 놓고 투표했던 대로 분배되었다. 보통 선장이 둘을 가져갔다면, 선의(船醫) 같은 고급 선원들은 하나 반을, 그리고 나머지 선원들은 하나씩을 가져갔다. 해적선은 선원들이 공동으로 소유하고 있었기 때문에(보통 다른 사람들한테서 빼앗은 것이었다), 초기 해적들과는 달리 수익을 한 푼도 유럽의 투자자들에게 보낼 필요가 없었다. 버커니어들은 나름의 노동가치론을 적용하고 있었다. 상해나 사망에도 대비하고 있었다. 이에 따라 몸의 일부를 잃었을 때는 금전적 보상이 주어졌고, 가끔씩은 미망인들이 죽은 해적 남편의 지분을 받기도 했다.

나포된 배의 선원이나 승객들이 저항하지 않았을 경우에 버커니어들은 이들을 비교적 호의적으로 다뤘다. 보통 식량과 함께 배에 남겨 두었고, 배까지 빼앗을 때는 안전한 항구로 데려다주곤 했다. 그러나 선장들한테는 경우가 조금 달랐다. 만약 그가 선원들에게 못되게 굴었다면, 사실 대부분이 그랬지만, 해적들은 그에게 기꺼이 '정의를 나눠 주었다.' 포로로 잡힌 선원들이 해적들의 민주적인 삶을 부러워해 해적단에 들어갈 때도 많았다. 400여 척의 배를 나포했던 해적선 선장 바르톨로뮤 로버츠(Bartholomew Roberts)의 설명은 이렇다. "정직하게 일해야 하는 곳에는 깡마른 평민들과 낮은 임금, 힘든 노동밖에 없는데, 해적 생활을 하면 마음껏 쓰고 배불리 먹을 수 있다. 그리고 즐겁고 편안하게 살면서 자유와 힘을 만끽한다. 게다가 위험이라고 해봤자 잡혀서 교수형을 당할 것 같을 때 한두 번 정도 줄행랑을 놓는 것이 고작인데, 도대체 어떤 사람이 해적이 되지 않으려 하겠는가!"

여기에 해적과 인수합병업자들 사이의 또 다른 차이가 있다. 후자는 자기 선원들을 경멸하고 마음대로 잘라 버린다. 나포한 배를 침몰시키고 선원과 승객들을 돌보는 따위의 일도 하지 않는다. 칼이 아니라 만년필 한 자루로 막대한 부를 빼앗을 뿐이다. 법이 자기편이니까 교수형을 두려워할 이유도 없다. 주머니를 가득 채우고는 자기가 갖고 있는 카리브해의 섬으로 휴가를 떠나면 그뿐이다. 아, 해적들의 정의가 숨 쉬던 날들이여!

9 노예제 이후 차악(次惡)을 찾아서

19세기 서구 사회에서는 시장의 자유는 인간의 자유와 보통 함께 간다는 믿음이 그 어느 곳에서보다 강했다. 자유에 대한 이 믿음이 현실로 이루어진 가장 자랑스러운 결과 중 하나는 바로 노예제 철폐였다. 대영제국에서는 1833년부터 1834년 사이에, 미국에서는 1865년부터 1866년 사이에, 그리고 다른 곳들에서는 19세기 전반에 걸쳐 노예제가 막을 내렸다. 그러나 어떤 대가를 치르고라도 노예제를 끝내고 싶어 하는 사람이 많았던 반면, 또 다른 한편에서는 자유민의 노동에 의지하는 것이 훨씬 도덕적일 뿐만 아니라 이익도 크다는 이유 등을 들어 노예제를 끝내야 한다고 생각하는 사람들도 있었다. 그러나 상황이 그렇게 말끔하게 돌아가지 않자, 노예제 폐지(그리고 더 일반적인 노동 정책)는 다소 낯선 방향으로 국면이 전환되기 시작한다.

가장 크게 문제가 된 것은 식민지의 사탕수수 플랜테이션이었다. 영국령 카리브해에서 노예해방이 가까워지자, 엘진 경(Lord Elgin)은 임금이 있으면 노예들은 더 열심히 일하게 될 테고 전 세계의 노예주들은 채찍을 버릴 수 있을 것이라며 호언장담했다. 그러나 그것은 많은 노예가 사실상 얼마나 힘들게 일해 왔는지를 전혀 알지 못하고 한 말이었을 것이다. 미국에 있는 일부 플랜테이션의 노예들은 하루에 5천 칼로리를 먹었다. 에베레스트산을 등반할 때 필요한 것보다 더 많은 칼로리였다. 그러나 그렇게 먹고도 살이 찌지는 않았다. 선택권이 주어지자, 그들은 강제 노역만 아니면 무엇이라도 할 기세였다. 주인 없는 산기슭에서 영세 농업을 할 수도 있었고, 좀 더 괜찮은 땅을 빌려서 지역 시장에 낼 작물을 기를 수도 있었으며, 그냥 농사를 접는 수도 있었다(최근에 노예 신분에서 풀려나 '진짜' 가장이 된 남자들은 특히 기를 쓰며 '자기 가정'의 여자들을 들에 내보내지 않으려 하는 경우가 많았다). 식민지의 입법부에서는 인건비를 낮은 수준으로 유지하기 위해, 이제 노예에서 해방된 사람들을 염두에 두고 플랜테이션에 '견습생 제도'를 두도록 명령했다. 그들에게 사탕수수 자르는 법 따위는 가르칠 필요가 없었는데도 말이다. 당시 사람들은 누구든 사익을 추구할 때 (그렇지 않을 때의 선택지가 굶주림뿐이라면) 더 열심히 일하고 더 적절히 예산을 세우게 되리라고 믿었다. 그러나 식민지 당국자들은 그로부터 10년 동안, 아프리카 사람들과 아프리카에서 온 카리브해 사람들은 보편적이고 합리적인 '사익 추구'에서 제외된다고 거듭 주장했다. 또한, 그러므로 노예였던 사람들은 시장을 중심으로 돌아가는 세상을 살아갈 수 있게 준비될 때까지 노동을 강제 받을 '필요'가 있다고 했다. 이 주장은 제대로 자리 잡힌 뒤, 노예 생활을 한 적은 없지만 새 식민지에 거주하는 모든 아프리카 사람들에게 적용되기에 이른다. 가령 그들은 나타우(Natal)의 광산이나 세네갈의 도로에서 강제 노역을 하는 것이 당연하다고 했다. 사실 많은 아프리카인은 수입을 극대화하는 데만 집중하지 않으려 했지만, 그들 외에는 플랜테이션에서 일할 사람이 없었다. 왜냐하면 다른 사람들은 지역 시장에 공급할 상품을 생산하느라 바빴기 때문이다. 20세기 초반에 남아프리카에 있던 영국 식민지들은 이런 흐름을 잘 알았다. 그들은 백인 정착민들의 이익을 보호하기 위해, 흑인 소농들은 지역 시장에서 거래되는 작물을 재배하지 못하도록 규제했다.

그러나 이런 정책만으로는 역부족이었다. 그리하여 열대 지방의 오래된 식민지와 새로운 식민지에서는 계약 노예를 데려오기 시작했다. 주로 인도와 중국에서 2백만이 넘는 노동자가 카리브해와 인도양, 하와이, 동아프리카의 플랜테이션으로 수송됐다. 상황이 각기 달라서 어디까지를 '계약' 이라고 보아야 할지는 분명치 않으나, 동남아시아로 들어간 계약 노동자는 그보다 더 많았다. 강제 노역 계약을 맺고 북아메리카의 초기 식민지로 들어갔던 백인들처럼, 이들은 보통 5년 동안 고용돼 일하는 대가로 그 땅에 들어가는 데 필요한 경비를 받았다. 그러나 백인들과 달리 계약 기간이 끝난 뒤에 이들이 받는 보너스는 보통 토지가 아니라 집으로 돌아가는 여비였고, 그마저 받지 못하는 경우가 많았다.

어떤 사람들은 처음부터 이를 두고 '새로운 노예제' 라고 했다. 실제로 이는 맞는 말이기도 하고 아니기도 했다. 노동자들은 한정된 책임을 맡았고, 임금을 받았으며, 계약서에 서명했다(내용을 제대로 알고 서명했는지는 확실치 않지만). 그들은 사적인 재산이 아니라 법적인 인격체였으므로, 어떤 나라의 정부에서는 그들의 처우를 의미 있는 방식으로 규제하기도 했다. 대영제국으로 가는 모든 배와 승객은 적어도 최소한의 건강 검진을 받아야 했는데, 그렇게 가는 배에서의 사망률은 기본적으로 규제되지 않는 항로를 거쳐 중국에서 쿠바로 가는 배에서의 사망률의 3분의 1에 그쳤다. 또, 들어오는 노동자의 3분의 1은 여자들이라고 하는 식민지들이 있었는데, 덕분에 그런 곳에서는 고용 노동자들이 또 다른 이주자 공동체를 만들 수 있었다. 무엇보다 중요한 것은 법이 강제되는 곳에서는 고용주들이 불법으로 계약을 연장하거나 임금을 빼돌릴 가능성이 훨씬 적다는 것이었다. 결국 이들의 임금은 유럽의 상대적으로 빈곤한 지역에서 일하는 농장 노동자들의 임금과 같은 수준이 되었고, 인도나 중국의 임금보다는 훨씬 더 높아졌다. 그러나 여전히 법은 고용주의 무기로 작용할 때가 많았다. 예컨대 노동자들은 결근만 해도 감옥에 갈 위험이 있었고, 그래서 이를 '자유민의 노동'으로 부르기는 어려웠다.

그렇다고 해도, 이제 플랜테이션의 주인들은 노예제 밑에서 누리던 것들을 다시 그대로 누릴 수는 없었다. 영국령 카리브해에서는 인도에서 온 계약 노예들의 하루 노동량이 과거에 아프리카 노예들의 그것에 비해 절반밖에 안 된다는 불만이 터져 나오기 일쑤였다. 이를 보면 노예들이 얼마나 많은 일을 쥐어짜듯 해왔으며 강제력이 조금이라도 제한된 상태에서는 다시 그런 상황을 만들어내기가 얼마나 불가능한지를 알 수 있다. 비록 그것 때문에 노예제를 그리워하는 사람들도 있었지만 말이다. 1920년이 되자 중국과 인도는 모두 '막노동꾼 거래'를 금지했으며, 계약 노예제는 사라지고(음지에서는 오늘날까지도 유지되고 있지만), 합법적인 방식으로 노동자가 모집되기 시작했다. 계약 노예제가 유지되던 동안에는 이것을 통해 큰 혜택을 본 사람도 있었고, 계약 노예 중에서도 삶이 더 나아진 이들이 있었다. 그리고 분명히 이 제도는 아프리카와 아메리카, 그리고 다른 여러 곳에서 인종 구성을 바꿔 놓았다 어떤 점에서 계약 노예제는 실패할 운명이었다. 부끄러운 말이지만, 노예제는 '시대를 역행한다'라는 말만으로는 일부 매우 근대적인 산업(그리고 그 고객과 은행, 그리고 거기 얽힌 다른 사람들)의 강제 노역 의존을 해결할 수 없었으니 말이다.

10 피묻은 상아탑

당구는 세계사의 흐름과는 무관한 악의 없는 취미로만 보인다. 그러나 19세기 선수들은 당구대에서 상아로 된 당구공을 썼다. 긴긴 역사를 가진 그 상아 말이다. 2만여 년 전 석기시대 사람들이 장식용으로 처음 사용했던 코끼리의 엄니는 시간이 흘러 이집트와 미노아, 그리스 사람들의 손에서 조각상과 보석, 신상으로 태어났다. 성서의 왕인 솔로몬은 상아로 된 왕좌가 있었고, 중세의 교회와 사원은 장식에 상아의 이미지를 썼다.

그 뒤 산업혁명이 일어나면서 고대의 이 귀한 재료는 당구공, 피아노 건반, 칼 손잡이, 체스 구성품 등 새로운 용도로 쓰이기 시작했다. 상아 무역은 규모도 가치도 모두 커지게 됐다. 20세기에 들어설 무렵에는 매년 런던, 앤트워프, 함부르크, 뉴욕으로 가는 상아의 양이 1천 톤을 넘었다. 잔잔하게 연주되는 피아노를 뒤로하고 우아한 펠트 위로 시원스럽게 당구공을 치는 신사들은 상아의 숨은 이야기는 알지 못했다. 화려하고 고운 결에서 나온 상아의 질감과 특유의 불투명한 색은 수십만 코끼리와 수백만 아프리카인이 피 흘리며 죽어간 결과물이었다. 상아가 곧 식민지를 만든 셈이었다.

중상주의 시대에 식민지를 두지 못했던 작은 나라 벨기에. 이곳의 군주 레오폴드 2세는 식민지를 꿈꾸고 있었다. 영토를 지배하고자 한다면 아프리카로 눈을 돌려야 하리라는 걸 그는 알았다. 아프리카는 유럽 열강의 손이 거의 미치지 않은 유일한 대륙으로, 주인 없는 땅이 대부분이었다. 게다가 전 지역의 8할이 아직 원주민 소관이었으므로 이곳만큼 정복하기 좋은 땅도 없었다. 레오폴드는 콩고 지역을 장악하기 위해 빈틈없는 외교 수법을 하나씩 펼쳐 나갔다. 애덤 호크실드(Adam Hochschild)가 말했듯, "그는 아프리카에서 무언가를 손에 넣기 위해 자신은 오직 이타적인 마음

뿐이라는 것을 모든 사람에게 확신시켜야만 했다." 레오폴드는 역사적으로 더 없이 역설적이고 비극적인 순간에 유럽의 노예 폐지 운동 속에서 협력자를 발견했다. 그는 국제 시장에서 사람을 사고파는 일이 거의 사라진 뒤에 아프리카 노예무역에 활력을 불어넣었다. 즉, 노예 폐지론자들이 꿈꾸던 것과 정반대의 일을 한 것이다.

그는 우선 여러 유럽 강대국 정부의 조약과 선언에도 불구하고 번성을 이어가던 불법 노예무역에 대해 우려의 목소리를 내면서 아프리카에 관심을 보이기 시작했다. 레오폴드는 노예무역이 이뤄지는 지역을 없애고 콩고를 근대화하기 위해 자신의 군대를 보내 아프리카인들을 지키겠다고 했다. 그리고 병원, 과학 실험실, 평화 기지를 만들 목적으로 내륙으로 들어가는 경로를 열기 위해 국제아프리카연합(International Africa Association)을 창설했다. 이 협회는 노예무역을 근절하기 위해 추장들 사이에서 평화를 확립하고 그들을 공정하게 중재하는 역할을 한다고 했다. 레오폴드는 자신이 순전히 박애주의적인 의도로 그런 일을 하는 것임을 만천하에 확신시켰다.

그러나 박애는 돈을 벌어다 주지 못하며 식민지의 취약한 기반일 뿐이다. 레오폴드의 눈은 콩고에 넘쳐나는 상아의 근원, 곧 열대의 숲에서 보호받으며 살아가는 코끼리 떼에 가 있었다. 그러나 그것들을 써먹으려면 먼저 그 지역을 주무를 수 있어야 했다.

1879년 레오폴드는 아프리카 출신 용병들을 이용해 콩고와 피그미, 쿤다 등의 원주민들을 통제하기 시작했다. 이 원주민들은 수천 년 동안 자신들이 거주하던 땅을 다른 누군가가 소유할 수 있다는 사실을 이해하지 못했다. 레오폴드는 1888년에 용병들로 퓨블리크 부대(Publique Force)를 만들었다. 부대는 보통 몇십 명의 흑인 병사와 그들을 지휘하는 한두 명의 백인 장교로 구성된 소규모 수색대로 이뤄졌다. 백인 장교들은 부대로 사람들을 끌어들이고 노동자들을 잡아들였는데, 왕은 그 숫자에 따라 장교들에게 보너스를 주었다. 이 장교들은 보통 '준비돼 있고 적극성을 보이는' 노동자들을 사슬에 묶어 데려갔다.

레오폴드는 주로 군사력을 기반으로 영토를 통치했다. 그리고 작은 지역들을 잘라내 의지가 보이는 유럽인들에게 완전한 통제권을 주고 토착민들을 다스리게 했다. 왕은 한 번에 몇 달 동안 백인들만 지역을 책임지게 했고, 병사들이 콩고 사람들을 괴롭히더라도 웬만해서는 처벌하지 않았다.

원주민들은 잔인한 대우를 받았다. 백인들은 배로 콩고강을 타고 내려와서는 룬다(Lunda)족과 몽고(Mongo)족 사람들에게 놀이 삼아 총을 발사했다. 백인들은 토착민은 동물에 불과하고 열등하며 인간의 감정을 느끼지 못한다고 믿으며 잔인한 행동을 합리화했다. 콩고에서는 토착민을 잡아서 채찍질하거나 땅에 묶은 채 연달아 서른 번 이상 매질하는 체벌이 비일비재했다. 그러다 보면 토착민들은 귀나 팔다리가 잘리는 일도 있었다.

콩고와 룬다의 토착민들이 겁에 질리자, 레오폴드는 빈 땅과 비지 않은 땅을 가리지 않고(그리고 그 위에 있는 모든 것도 함께) 전부 자기 소유로 취급하기 시작했다. 레오폴드의 병사들은 무수한 코끼리를 살육했고, 아프리카인들은 이 코끼리들의 엄니를 등에 지고 날라야 했다. 자칭 노예 폐지론자였던 레오폴드는 노예제를 기반으로 콩고를 움직이며 그곳에 '콩고 자유국'(Congo Free State)이라는 잔인한 이름을 붙였다. 콩고에서 출발하는 배들은 상아와 갖가지 상품을 잔뜩 싣고 벨기에로 향했지만 돌아올 때는 사실상 텅 비어 있었다. 왜냐하면 아프리카의 노동자들은 임금을 받지 않았기 때문이다. 벨기에인들은 당구공과 피아노 건반을 찾아 콩고의 자원을 남김없이 쓸어갔다. 이것은 약탈이지 개발이 아니었다.

레오폴드는 정의의 깃발을 앞세우고 콩고 지역을 정복했다. 그는 시민

고무 생산 할당량을 채우지 못해서 벨기에 식민지의 당국자들에게 손이 잘린 콩고 노동자들

의 권리와 노예제도라는 잔혹 행위의 폐지를 외쳤다. 그러면서 영토를 지배할 때는 채찍을 썼다. 그러나 비참하게 죽어간 500~800만 아프리카인과 수천 마리 코끼리의 피가 콩고의 강둑을 적시는 것을 그는 보지 못했다. 그리고 뉴욕과 런던, 앤트워프의 우아한 저택에서는 그 어느 때보다 많은 당구공이 펠트 위를 구르고 있었다.

11 검게 그은 얼굴 에티오피아

근대 초기에 아프리카는 파괴적인 노예무역이 성행하던 때를 제외하면 세계 무역과 다소 멀리 떨어져 있었다. 그러나 19세기 후반 들어 서유럽 강대국들이 점령해 들어오자, 아프리카와 세계 무역은 거리가 좁혀지기 시작했다. 한편 유럽에서 산업혁명과 수송혁명이 일어나자 수에즈운하(1869)가 생기고 유럽에서는 아프리카 식민지에 대해 갈망이 일기 시작했다. 그리고 1884년에 열린 베를린 회의에서 아프리카 대륙을 분할하며 '아프리카 쟁탈전'을 촉발하자, 그 욕구는 더욱더 무섭게 커진다. 그러나 아프리카에는 유럽의 맹습에도 반식민주의의 보루로 선 나라가 있었다. 바로 에티오피아였다. 이웃 소말리아와 케냐, 수단, 이집트가 오스만 튀르크를 거쳐 이탈리아와 프랑스, 영국의 식민지가 되는 동안에도 에티오피아는 외세에 함락되지 않았다(이집트와 튀르크가 1870년에 하라[Harrar]를 점령하려 했고, 이탈리아가 1936년부터 1941년 사이에 에티오피아 전역을 정복하려 했지만 둘 다 실패했다). 20세기 들어 에티오피아의 황제 하일레 셀라시에(Haile Selassie: 1930년에 황제가 되기 전에는 라스 타파리[Ras Tafari]로 알려져 있었다)는 짧은 기간이나마 이탈리아가 에티오피아를 정복했던 사실을 맹비난하고 국제연맹의 갈채를 받았으며, 잡지 《타임(Time)》은 표지에 그의 얼굴을 싣고 '왕 중의 왕'이라는 설명을 덧붙였다. 그 무렵 결은 다르지만 국제적으로 많은 찬사가 쏟아지기 시작한 가운데, 자메이카를 기반으로 벌어진 라스타파리 운동(Ras Tafari Movement)에서는 그를 신으로 숭배했고, 그것은 지금도 이어지고 있다. 라스타파리 운동에서는 셀라시에를 신 또는 예수로 여기고, 에티오피아를 '바벨론'(유럽의 문명)의 영향력에서 자유로운, 성서의 '시온'으로 여긴다. 셀라시에는 40년 동안 에티오피아를 통치했으며, 유럽의 식민주의에 저항하여 아프리카 여러 국가의 원수들에게서 존경을 받았다. 그리고 마침내 1963년에는 아프리카 통일 기구의 초대 의장으로 선출되었다. 그렇다면 에티오피아와 셀라시에는 아프리카 정복을 꿈꾸며 다가오는 유럽의 돌풍을 어떻게 피할 수 있었을까? 에티오피아는 무엇이 달랐고, 어떻게 자유를 지킬 수 있었을까?

여기에 대한 가장 일반적인 답은 에티오피아는 3천 년 된 왕족의 혈통을 가진, 고대 문명에서 비롯된 나라였기에 독립을 지키기가 특히 유리했다는 것이다. 전통에 호소할 수 있었던 에티오피아는 외국의 침략에 저항하여 나라의 자유를 지킬 수 있었고, 그러므로 셀라시에 황제는 자유와 근대화에 대한 열망을 원동력으로 삼았던, 특별히 재능 있는 지도자였다는 논리다. 그러나 곧 알게 되겠지만, 이러한 설명에는 석연찮은 구석이 있다.

에티오피아 문명이 일찍부터 유럽에 알려져 있었다는 것은 자명한 사실이다. 그리스의 지리학자 헤로도토스가 기원전 15세기에 작성한 지도에는 몇 안 되는 아프리카 지명이 들어가 있는데, 그중 한 곳이 바로 '에티오피아'였다. 또한 호머는 에티오피아인들을 일컬어 세상의 먼 끝자락에 사는 사람들이라고 말한 바 있다. 여기서 두 민족은 서로의 존재를 알았고 상업적인 거래도 했지만, 둘 사이에는 편견도 있었음을 알 수 있다. 에티오피아는 '검게 그은 얼굴'이란 뜻으로, 아프리카 사람들을 상대적으로 밝은 피부의 유럽 사람들과 구별 짓는 말이다. '에티오피아'는 곧 모든 아프리카 사람을 뜻하는 말이 됐다. 마치 아프리카 대륙 전체가 하나의 민족으로 구성되기라도 했던 것처럼 말이다.

에티오피아는 이름만이 아니라 국가적 지위도 고대에서 왔다고 이야기된다. 하일레 셀라시에는 자신이 3천 년 전에 에티오피아를 통치했던 왕 메넬리크 1세의 225번째 직계 후손이라고 말했다. 메넬리크 1세는 성서에 등장하는 솔로몬 왕과 (에티오피아 사람으로 추정되는) 시바 여왕의 아들이다. 에티오피아는 이렇게 유대인 조상을 두기도 했지만, 서기 350년경 왕이 개종함으로써 지구상에서 처음으로 기독교를 받아들인 나라다. 아프리카의 기독교 왕국, 에티오피아에 관한 소식은 약 800년 뒤 그 '거룩한 땅'에서 돌아온 십자군들이 '프레스터 존(Prester John)'에 관해 이야기하면서 세상에 알려졌다. 프레스터 존은 독실한 기독교 군주로, 이국적이고 평화로우며 죄가 없고 단합된 백성이 사는 풍요로운 땅을 다스린다고 했다. 그리하여 유럽 사람들은 아주 오랫동안 에티오피아에 관해 긍정적인 상상을 키워갈 수 있었다.

사실 유럽과 북아메리카에는 고대 문명을 대단찮게 여기는 사람들도 있었다. 식민지 개척자들과 모험가들은 다른 아프리카 민족들과 마찬가지로 에티오피아 역시 '암흑의 아프리카(Darkest Africa)' 라는 서사에 뭉뚱그려 넣는 경향이 있었다. 아프리카의 모든 민족을 역사의 진보적인 물결에서 벗어난 미개인으로 본 것이다. 그러나 고대 에티오피아는 암흑의 아프리카가 아니었다. 오늘날 우리가 에티오피아로 아는 곳을 본거지 삼아 생활했던 사람들은 첩첩산중에서 고립된 채 살아가지 않았다. 그들이 자연에서 얻은 산물로 교역을 벌인 역사는 실로 짧지 않았다. 동물의 가죽과 상아, 사향, 금 같은 것들은 나일강을 따라 내려가기도 하고 홍해를 따라 올라가거나 홍해를 건너기도 했으며, 아라비아해를 따라 옆으로 움직이고, 페르시아만으로 깊숙이 들어가고, 인도양을 훌쩍 건너기도 하며 넓은 지역에서 거래됐다. 에티오피아는 이집트, 그리스, 로마, 아랍, 페르시아, 인도의 상인들과 상업적으로 긴밀한 관계를 맺었으며, 중국과도 간접적으로 교역을 했다.

에티오피아가 일찍부터 지중해와 인도양 교역망에 참여한 것은 사실이지만, 그랬기 때문에 19세기 유럽의 식민주의에 저항할 수 있었다고 말하기는 어렵다. 마호메트(Muhammad)가 태어나고 2세기가 지난 뒤 홍해 반대편 예멘의 이슬람교도들이 아프리카 해안 지역을 점령하기 시작하자 (예멘은 1400년대에 이미 완성된 국가 형태를 갖추고 있었다), 에티오피아의 고지대는 대부분 인도양과 지중해 상권에서 단절되고 말았다. 아비시니아(Abyssinia)로 알려진 내륙 고원 지대의 기독교인들은 그때부터 바깥을 등지고 내부로 활동 영역을 좁힌다.

에티오피아가 독립을 유지할 수 있었던 힘에 대한 통상적인 설명에는 또 어떤 문제가 있을까? 사실 에티오피아라는 이름이 다시 등장하던 20세기 초까지, '에티오피아'는 없었다. 지금 말하는 에티오피아의 경계 안에는 그 당시 70가지 이상의 언어와 80가지 이상의 민족, 수십 가지의 종교가 혼재해 있었다. 이 지역은 크게 세 곳으로 구분할 수 있었다. 중앙과 서쪽의 고원에는 기독교인들이 사는 아비시니아가 있었는데, 이곳도 서로 앙숙인 여러 왕국과 공국(군주가 다스리던 작은 나라 - 옮긴이)으로 나뉘어 있었다. 흔히 오로미아(Oromia)로 알려진 남쪽에는 16세기에 소말리아와 케냐에서 침략해 들어온 많은 유목민이 살았고, 이들은 전통 종교에 근거해 생활했다. 동쪽의 하라게(Hararge)와 에레트리아(Eretria)에는 이슬람교도들이 살았다. 통일된 군주국과는 거리가 멀었던 '에티오피아'는 봉건적 분열 속에 권력은 군부에 가 있었고, 부유한 교회가 공공 분야 대신 교회와 수도원에만 돈을 대려 하여 몸살을 겪었다. 분열되고 약화한 경제도 문제였다. 터키와 이집트, 유럽의 제국 열강 같은 외부 세력의 입김에 내부가 분열되고, 영토가 줄며, 지하드(jihad: 이슬람교 전파를 위해 이슬람교도에게 부과된 종교적 의무로, 종교적 투쟁의 의미가 강하다 - 옮긴이) 및 종교 운동이 계속되는 탓이었다.

고대의 전통을 이어받았다는 것이나 단일 민족으로 인식됐다는 것이 에티오피아가 식민주의에 성공적으로 저항한 이유를 설명하지 못한다면, 부(富)는 어떨까? 유럽 사람들은 프레스터 존이 다스리던 지극히 풍요로운 왕국에 대해 환상이 있었다. 그러나 사실 그 땅에는 은행은커녕 돈도 없었고, 소금이 화폐 기능을 하고 있었다. 게다가 교통수단은 말할 수 없이 느렸다. 느려 터진 포장마차를 타고, 통행료를 물리는 강도 같은 남작(男爵)들을 거치며 기어가듯 움직이다 보면, 내륙에서 해안까지 닿는 데 일 년도 걸릴 것 같았다. 아주 귀한 물건을 수송할 때만 감당할 만한 비용과 시간이었다. 사실상 아비시니아에는 교역이 존재하지 않았다. 이를 입증하는 가장 명백하고도 안타까운 설명은 기독교인 공작 라스 마이클(Ras Michael)의 일화에 나타난다. 1810년, 마이클은 여행가이자 첫 번째 영국 특사인 헨리 솔트(Henry Salt)를 궁정으로 맞아들였다. 그는 "자신이 가진 모든 수단을 동원해, 대영제국과 교류를 성사시키고 싶은 마음이 너무나도 간절하다고 고백했다." 그러나 그는 이 영국 상인이 충분한 보상을 받지 못할 것을 우려했다. "솔트는 사실 불안정한 교역에 발을 담그게 되는 것이기 때문이었다. 무엇보다 아비시니아 사람들은 상업적인 거래를 잘 알지 못했고, 지역의 불안정한 상황 때문에 보통은 금을 비롯한 내륙의 물품들이 원활하게 유통되지 못했다." 게다가 아비시니아 정부가 영토 안에서 일어나는 내전과 약탈 행위를 진압하더라도 이슬람이 홍해를 점령한 상태라 해외 수송은 여전히 어려울 터라고, 마이클은 결론 내렸다.

그렇다면 식민지로 정복되는 것은 시간문제일 듯한 눈에 띄게 어두운 전망 속에서, 에티오피아는 어떻게 민족 국가가 되고 수출 경제를 일으킬 수 있었을까? 답은, 사실은 에티오피아가 식민지였다는 데 있다. 단, 내륙의 원주민인 암하라(Amharas)족과 티그렌(Tigrense)족이 영토의 일부를 차지하고 이집트를 물리쳤으며(1875년, 1876년), 아드와(Adwa)에서 이탈리아를 물리쳤다(1896년). 나머지 영토의 대부분은 오로모(Oromo)와 시다모(Sidamo), 소말리아 같은 이웃 민족들이 차지했다. 1872년 이후에 황제로서 민족 국가를 확립했던 요하네스 4세(Yohannes IV)와 메넬리크 2세(Menelik II), 하일레 셀라시에는 이들을 몰아내기 위해 유럽 국가들과 손을 잡았다. 그러나 유럽인들은 에티오피아를 돕기보다는 정복하는 데 더 마음이 있었으므로 그들과 협력한다는 건 복잡하고도 위험한 움직임이 요구되는 일이었다.

이 협력은 두 가지 형태로 이뤄졌다. 먼저 강력한 군대를 만들기 위해 근대적인 무기와 군수품을 샀고, 이를 위해 수출을 강화하고 교통수단을 개선했다. 다음으로, 유럽 열강들 사이에 싸움을 붙였다. 소말리아의 술탄들도 겪었다시피, 둘 다 위험이 따르고 양보가 필요한 일이었다. 처음에 소말리아에 들어온 유럽인들은 석탄 기지로 쓸 항구를 확보하고, 소말리아(오늘날의 소말리아는 그 당시에 영국, 프랑스, 이탈리아의 영토로 나뉘어 있었다)에서 노예제를 종식해야 하니 군대만 주둔시키면 만족한다고 했었다. 그러나 고무와 커피 같은 새로운 상품들이 중요한 수출품으로 부상하자, 유럽은 목표를 변경했다. 1870년대에 이르자, 소말리아의 술탄국들은 유럽의 우방에서 피보호국으로, 그리고 결국 이탈리아와 프랑스, 영국의 식민지로 전락했다.

이탈리아도 에티오피아에서 똑같은 전략을 시도했지만, 메넬리크 2세는 상황을 잘 피해 갔다. 그는 다소 모순된 두 갈래 작전을 따랐다. 한쪽으로는 봉건 관계를 강화하면서 또 다른 한쪽으로는 근대화에 힘쓴 것이다. 메넬리크 2세는 집권 초기의 영토를 사수하기 위해 인접한 부족과 왕국들을 상대로 전쟁을 계속했다. 근대 유럽의 무기를 사용하고 토지와 신하, 노예를 대가로 군벌을 매수하여 아비시니아의 경계를 남쪽과 서쪽으로 넓혔다. 그러는 한편 하라게 같은 이슬람의 주요 거점들을 정복했으며, 다른 기독교 군주들을 매수하여 반유목 생활을 하던 오로모를 타도했다.

이렇게 외세로부터 에티오피아를 해방하기 위해 힘쓴 결과 광활한 영토가 확보되고 공동 소유의 개념이 사라졌으며, 에티오피아의 군인과 귀족, 그리고 사제들은 피정복민들을 노예로 들이게 되었다. 이렇게 획득한 새로운 땅 곳곳에서는 수출용 커피가 재배되기 시작했다. 에티오피아는 커피의 원산지였지만, 메넬리크 2세와 하일레 셀라시에의 군대가 커피 재배 지역을 정복하여 해외로 커피를 내보내기 전까지 많은 양이 수출된 적은 없었다. 한편 근대식 첨단 무기와 철도는 전보와 함께 제국주의 권력으로부터 나라를 지키는 수단이 되었지만, 역설적으로 처음에는 이것들 때문에 오랜 노예제도의 본질이 강화되기도 하고 변화되기도 했다. 이전까지 에티오피아에서는 노예제에 따라 많은 이가 봉건 영주들에게 예속되고, 해외로 나가서 요리사, 짐꾼, 군인 같은 서비스업에 종사하거나 주인에게 끼니와 장작을 제공했었다. 그러나 '근대'의 노예제가 들어오자, 에티오피아 노예들은 이제 최초로 상품의 생산을 담당하게 되었다. 그리고 그 한가운데 커피가 있었다.

이 철저한 내부 식민주의 프로그램을 반(反)식민주의라고 할 수는 없었다. 수출에서 비롯된 수익의 일부가 유럽에 대항하는 데 쓰였으므로 분명 반(反)유럽적이었다고 말할 수는 있었지만, 그렇다고 해도 그것은 위태로운 반유럽주의였다. 메넬리크는 영토 확장을 목적으로 처음에는 유럽 열강들과 협정을 맺어야 했다. 이탈리아는 이 조약을 빌미로 홍해 연안의 에리트레아(Eritrea)를 손에 넣고 에티오피아 전역을 피보호국으로 선언했다. 그러자 메넬리크는 이탈리아와 경쟁 관계에 있던 또 다른 제국주의 세력인 프랑스로 눈을 돌려, 에티오피아 최초의 철도 건설을 승인했다. 487마일(약 780킬로미터)에 달하는 이 철도가 완공되자, 에티오피아의 새로운 수도인 아디스아바바(Addis Ababa)가 홍해의 지부티(Djibouti)에 있는 프랑스 항구와 연결되었다. 1896년에 이탈리아가 처음으로 아드와를 공격하자, 에티오피아는 프랑스와 영국이 지원한 무기로 이탈리아를 막아냈다. 근대 최초로 아프리카 군대가 대규모 유럽 세력을 물리친 사건이었다. 그러나 40년 뒤, 이탈리아군은 파시즘을 앞세워 재차 침략을 시도한다. 이탈리아는 에리트레아와 동아프리카 해안에 있는 자신들의 식민지를 통해 에티오피아로 진입하여, 에티오피아 전역을 '이탈리아령 소말리아'라는 더 넓은 땅으로 편입하고 메넬리크의 후계자 셀라시에 황제를 임시로 망명시키려 했다. 셀라시에의 망명 생활은 1941년까지 계속됐다. 그러나 영국이 에티오피아와 손잡고 이탈리아를 축출하고자 했고, 셀라시에는 아프리카와 인도에 주둔하던 영국 식민지 군대의 도움으로 에티오피아로 귀환한다.

셀라시에를 '근대화의 주역'이라고들 하지만, 그 자격 또한 의심스럽다. 에티오피아의 해방을 주도한 영웅인 하일레 셀라시에는 통치 후 13년이 지난 1942년에야 법적으로 노예제를 폐지했다. 공식적으로 집행이 이뤄져 실제로 노예들이 자유를 맞이하기까지는 더 오랜 시간이 걸렸다. 노예제를 폐지하라는 압박은 에티오피아 안팎에서 비롯됐다. 유럽인들은 도덕적 명분과 경제적 효율성을 내세워 지난 세기부터 노예제를 반대했지만, 메넬리크와 하일레 셀라시에는 어마어마한 숫자의 노예를 거느리고 있었다. 그러나 노예를 소유한 지주들이 민족 국가의 중앙집권적 권력에 이의를 제기하자, 황제들은 지주들의 자치권을 약화할 묘책이 필요했다.

영국은 에티오피아 원조에 대해 아주 무심하지는 않았다. 사실 영국은 에티오피아를 대영제국의 다음 아프리카 식민지로 만들 셈이었다. 그러나 역사의 물결은 그들의 바람과 다르게 흘러갔다. 제2차 세계대전으로 인한 참혹한 죽음과 파괴, 그리고 대영제국 전역에서 고조된 민족주의는 대영제국과 식민주의의 몰락을 초래했고, 그 틈에 미국과 소련이 세계의 열강으로 부상한 것이다.

하일레 셀라시에는 국가의 주권을 유지하기 위해 강대국들 사이에 계속해 분쟁을 일으켰고 노예제를 폐지했다는 이유로 호평을 받았다. 그는 1960년대까지 에티오피아 역사상 최장기 집권을 이어갔으며 국제적인 명성도 얻었다. 그러나 개혁이 더뎌지자 국내에서는 군사 반란이 일어났고, 이 일로 그는 자리에서 물러난다. 하일레 셀라시에는 이듬해에 사망했다(암살됐다는 설도 있다).

셀라시에가 죽은 뒤, 에티오피아는 에리트레아를 제외한 나머지 땅을 영토로 삼고 주권을 유지했으며, 에리트레아도 30년 전쟁 끝에 1993년에 독립을 이뤘다. 그러나 이 성공의 비결은 애초에 농민을 희생시켜서 지주와 교회, 군대의 힘을 강화한 데 있었다. 수출 부분이 활기를 띠기 시작한 것도 그 뒤 점진적으로 근대의 경제 기관들이 들어오면서부터였다. 특히 수출의 대부분을 차지한 커피는 에티오피아의 국제적인 생존을 책임지는 생명줄이 되었다. 후에 아프리카와 아메리카, 아시아의 다른 커피 재배 지역에서 그랬듯, 에티오피아에서도 커피는 매우 느린 변화와 함께 초창기 근대화를 일궜다. 메넬리크는 노예제를 폐지하겠다고 약속하고도 그대로 유지하면서 봉건주의를 강화하고 제도화하며 귀족들과 동맹을 맺었다. 암하라의 군 장교와 귀족, 그리고 교회의 관리들은 카페(Kaffe)와 오로미아, 시다모 같은 남쪽 땅에 대한 통제권을 받았다. 한편 오랫동안 유지되던 토지 공동 소유의 개념이 사라진 자리에 봉건적 소작 관계가 나타났다. 생산량의 3분의 1 이상이 임대료 명목으로 빠져나가 기생충 같은 지주와 교회 관계자, 정부 관리들 손으로 들어갔다. 그러나 그들은 대다수 농산물에 대해 생산성을 높일 동기가 없었다. 지주도 소작농도 기반 시설에 돈을 들이려 하지 않았다. 커피는 주로 변두리에서 소규모 생계형 농업 형태로 재배됐고, 반(半)야생 커피나무까지 생산에 동원됐다. 역사가 데이비드 맥클렐런(David McClellan)은 자본주의 혼종이 출현했다고 언급하며 이렇게 말했다. "자본주의는 그것이 가장 유용하고 효율적으로 쓰일 곳을 향해 나아갔지만, 결국 '업데이트' 된 봉건 구조 속에서 사용됐다." 끔찍한 기근이 일어나 하일레 셀라시에가 40년의 통치 끝에 권좌에서 내려오는 순간 그것은 사실로 입증됐으며, 에티오피아는 여전히 교육과 건강 부문의 통계에서 낮은 수치를 기록한다. 겉보기에 에티오피아는 식민지를 경험한 아프리카의 다른 나라들과 확연히 다른 듯 보였지만, 다른 곳에서처럼 여기서도 유럽 식민지 세력이 가담했고, 결국 에티오피아

국민들은 다른 곳에서와 크게 다르지 않은 결과를 얻었다. 에티오피아 사람들에게 세계 경제는 호락호락하지 않았다.

12 로젠펠더가(家)의 몰락

주식회사 이전에는 합명회사가 대표적인 기업 형태였다. 몇 개 대륙에 걸쳐 있던 기업들을 하나로 묶어주었던 것은 비인격적인 주식보다는 핏줄이었다. 보통 주류 인종 집단에서 '외국인들' 취급을 받던 소수 인종 집단은 특정 업종에만 파고드는 폐쇄적인 공동체들을 형성했다. 국외자라는 지위 때문에 다른 민족 집단 사이를 비교적 자유롭게 오갈 수 있었지만, 바로 그 때문에 민족주의자와 인종주의자들의 공격을 받을 위험 또한 높았다.

유럽 모피 교역의 수도 라이프치히에서 주로 장사를 해온 '사무엘 로젠펠더 운트 손'(Samuel Rosenfelder und Sohn)이라는 유태계 무역 상사를 한번 예로 들어 보자. 이 회사는 1820년대 독일 노르딩겐(Nordingen)에서 태어난 사무엘 로젠펠더(Samuel Rosenfelder)가 세웠다. 보잘것없는 행상으로 시작한 그는 매일 새벽 세 시도 되기 전에 일어나 주변의 농장들을 돌았다. 농부들이 들로 일하러 나가기 전에 거래를 해야 했기 때문이다. 그는 남는 소가죽은 물론이고 농부들이 내놓은 가죽은 무엇이든 사들여 공장에 팔았다. 농부들은 대부분 자급을 하려고 동물을 기르고 작물을 재배했기 때문에, 아주 없는 것은 아니었지만 농가에서 살 수 있는 가죽은 많지 않았다. 사무엘은 어렵사리 살림을 꾸려갔다. 그는 죽는 날까지도 심하다 싶을 정도로 검소하게 살았다. 기차를 타도 언제나 삼등칸이었고, 좁은 집에 살았으며, 사무실도 빌리지 않은 채 길거리에서 일을 처리했다.

19세기 중반, 사무엘은 인생을 건 도박을 했다. 유럽 모피 교역의 중심지였던 라이프치히로 이사를 한 것이다. 여기서 그는 국제 모피 무역의 세계로 조용히 끼어들었다. 합성 재료나 효율적인 난방 등이 등장하기 전이어서 밍크코트나 비버 모자 따위가 여전히 유행하고 있었고, 이에 따라 온갖 모피와 가죽을 소화해줄 큰 시장이 있었다. 모피를 얻기 위해 동물을 기르는 쪽으로 천천히 옮겨 가는 추세이기는 했지만 아직 귀한 동물들은 대부분 덫을 놓아 잡고 있었다. 사람들이 좋아하는 모피를 가진 동물들은 아직은 자연이 정해준 곳에서 서식하고 있었고, 결국 나라마다 많이 나는 모피가 달랐다. 따라서 국제 교역도 활발했다.

사무엘은 유럽 전역의 무역상들이 모여들던 라이프치히의 거대한 정기시에서 다른 나라의 모피 상인들을 처음 만났다. 여기서 맺은 개인적 친분 덕분에 그는 다른 곳의 시장에서도 외상 거래를 할 수 있게 되었다. 그는 장차 가업을 물려받게 될 대리인 — 그의 아들 막스(Max) — 을 보내 다른 나라들을 돌게 했다. 그리고 다른 아들 아돌프는 파리로 옮겨가 자기 모피 회사를 세웠다. 이 회사는 그 뒤로도 독일의 아버지 회사와 거래 관계를 유지했다(앞으로 보게 될 테지만 핏줄은 자석처럼 강력한 구심력으로 작용했다). 러시아 노브고로트(Novgorod)의 큰 정기시에서는 여우와 흰털발제비, 족제비, 검은담비처럼 아주 고급스런 모피를 구할 수 있었다. 터키의 이즈미르(Ismir)에서는 고양이 가죽(류머티즘 치료제로 알려져 있었다)과 장갑을 만들 개 가죽을 몇천 장씩 사들였다. 토끼 가죽은 이탈리아, 스페인, 오스트레일리아, 아르헨티나 같은 곳에서 들여왔다.

처음에 로젠펠더는 단순히 생산자와 제조업자를 이어주는 중개 상인이었다. 모피나 가죽 사업은 유행이나 기후, 돌림병 따위에 민감했기 때문에 그는 대체로 가죽을 잔뜩 사재기해 놓았다가 가격이 오를 때를 기다려 파는 식으로 돈을 벌었다. 거래량이 많아 가격의 오르내림이 심하지 않은 분야에는 별로 관심을 두지 않았다. 어떨 때는 이런 식으로 아주 많은 돈을 벌기도 했다. 1920년대에는 아프리카에서 원숭이 가죽을 매점했는데 갑자기 수요가 치솟은 덕에 짭짤한 재미를 본 적도 있었다.

그 후로 점차 일꾼 여남은 명을 고용해 모피를 세척하고, 가죽을 분류해 무두질하는 일에까지 손을 대기 시작했지만 그의 회사는 여전히 중간 규모의 무역 상사로 남아 있었다. 20세기 초가 되면 막스와 막스의 세 아들 펠릭스(Felix), 구스타프(Gustav), 오이겐(Eugene)이 회사에서 핵심적인 역할을 하게 된다. 이들은 어린 나이에 유럽 전역의 정기시를 돌아보는 일을 맡게 되었다. 그러나 한 차례 다툼이 있고 난 뒤 세 아들은 각각 회사를 차려 나갔다. 이들이 저마다 자기가 '원조'라며 로젠펠더라는 이름을 그대로 쓰는 바람에 고객들은 한동안 헷갈릴 수밖에 없었다. 이들 중 구스타프는 '로젠펠더 운트 손'과 계속 관계를 갖기는 했지만 일정한 거리를 유지하고 있었다. 그는 1920년대에 아르헨티나로 여행을 갔다가, 이곳에서 한동안 토끼와 파카(paca: 남아메리카에 서식하는 토끼만 한 설치류 동물) 가죽 거래에 손을 댔다. 구스타프는 다시 당시 미국 최대의 모자 생산지였던 코네티컷주의 댄베리(Danbury)로 옮겨갔다(이 도시 외곽의 거대한 광고판은 "댄베리는 모든 이에게 왕관을 씌워드립니다."라고 허풍을 치고 있었다). 그는 여기서 자기 회사를 차렸고, 가발산업에도 진출해 '페더럴 퍼 컴퍼니'(Federal Fur Company)를 설립하게 된다. 그는 가발 따위를 만들고 남은 털까지 팔았는데, 이 털들을 양모와 섞어 실로 자아 꽤 비싼 옷가지들을 만들었다. 구스타프는 처가 쪽 친척 구스타프 로거(Gustav Rogger)를 시켜 1931년 런던에 지점을 냈다. 로거는 나중에 지점을 아들 발터(Walter)에게 넘겨주고 라이프치히로 돌아갔다.

유럽이 위기에 휩싸였을 때 로젠펠더의 회사는 몇 차례 호황을 누렸다.

예를 들어 제1차 세계대전 중에 막스는 러시아산 어린 양고기와 양가죽을 독일 군대에 팔아 꽤 많은 돈을 벌어들였다. 그러나 전쟁은 가족들을 갈라놓기도 했다. 프랑스에 있던 아돌프는 프랑스 귀족과 결혼했고, 유태인이라는 사실을 숨기고 있었다. 그는 이 전쟁에서 프랑스 편에서 싸운 반면, 막스는 독일군을 지지했다. 두 형제는 전쟁이 끝나고 몇 년이 지나도록 서로 말을 하지 않았다고 한다.

그렇지만 독일에서 나치가 권력을 잡고 나서 로젠펠더의 회사에 들이닥쳤던 위기에 비하면 이런 것쯤은 사소한 문제였다. 유태인들에게 나치가 어떤 위협이 될지 알고 있던 펠릭스는 미국으로 건너왔고(오이겐은 벌써 세상을 떠난 뒤였다), 친척 구스타프 로거에게 회사의 재산을 독일에서 빼내오는 일을 맡겼다. 유태인이 독일 밖으로 돈을 가져가는 것이 금지되어 있었기 때문에 결코 만만한 일은 아니었다. 원래 로거가 맡은 일은 최상급 모피를 실제 가격보다 싼값에 미국의 구스타프 로젠펠더에게 보내는 것이었다. 그러면 이문은 미국 쪽에서 쌓이게 될 것이었다. 그러나 로거는 이 비밀스런 계획에 깔린 속셈을 깨닫지 못했고, 타고난 장사꾼이라면 누구나 그랬을 테지만, 한 푼이라도 이윤을 더 남겨보겠다고 질 낮은 모피를 미국으로 보냈다. 결국 더 큰 이득을 본 것은 독일 쪽 회사였다. 나쁜 일이 겹치느라 회사의 재산을 채 정리하기도 전에 로거가 유대인 집단 수용소로 끌려가고 말았다.

하지만 다행스럽게도 미국 연줄이 그의 목숨을 구하게 된다. 회사 직원이었던 조 애커먼(Joe Ackerman, 그 자신도 유태인이었다)이라는 사람이 실로 엄청난 용기를 내 검은색 대형 승용차를 빌려, 미국 국기를 차 앞에 보란 듯이 꽂고는 당당하게 집단 수용소로 차를 몰고 들어갔다. 그는 책임자와 이야기하겠다며 끝까지 물러서지 않았는데, 그의 '뻔뻔함'과 확신에 찬 태도가 빛을 발하는 순간이었다. 마침내 그는 책임자를 만났고, 돈을 써서 로거를 빼낼 수 있었다. 결국 로거도 미국으로 오게 된다. 이제 '로젠펠더 운트 손'은 더는 독일 회사가 아니었다. 가족들은 영국, 이스라엘, 스웨덴, 페루, 아르헨티나, 미국 등지로 뿔뿔이 도망가 있었다. 사업 때문에 시작된 이산이 인종주의 정책 때문에 더욱 빨라진 셈이다.

구스타프 로젠펠더는 제2차 세계대전이 끝난 다음에도 중절모를 만드는 데 쓸 짐승털을 스텟슨(Stetson) 모자회사에 팔아가며 몇 년 동안 회사를 경영했다. 그러나 합성 모피 따위가 천연 가죽을 몰아내기 시작했고, 모피 의류나 모자도 패션에서 사라졌다. 1940년대 말 경쟁업체들에게 팔리면서 이 회사는 문을 닫았다. 모피업계에서 가문의 명예를 부활시켜 보려는 움직임이 마지막으로 딱 한 번 더 있었다. 1947년 구스타프의 두 사촌 쿠르트(Kurt)와 프레드 초픽(Fred Tschopik)이 로스앤젤레스의 '스펜서 래빗 컴퍼니'(Spencer Rabbit Company)를 사들였다. 이 회사는 토끼를 도축해, 말린 가죽과 고기를 팔았다. 그러나 1953년 이들마저 가죽업계에서 손을 떼고 말았다. 그 뒤 쿠르트는 부동산 중개업자가, 초픽은 대학 교수가 되었다. 오늘날 사무엘 로젠펠더의 후손들은 지구 전역에 퍼져 살고 있다. 이들 중 세 대륙에서 네 세대를 주름잡았던 가업을 계속하는 사람은 하나도 없다. '로젠펠더 운트 손'은 국제 시장과 세계사라는 거대한 물결에 쓸려 산산이 쪼개져 버렸다. 그렇게 오랫동안 무엇보다 귀중한 자산 노릇을 해줬던 핏줄과 인종적 유대는 한 가문의 가업을 몰락시켰고, 몇몇 가족의 목숨까지 앗아갔다. 그러나 우리는 기억하고 있다.

6장

표준화와 근대 시장

노란 벽돌길과 도로시의 은구두 | 미터 혁명, 세계를 재다 | 로스차일드, 근대 세계 시장을 주름잡다 | 곡물은 세계로 세계는 곡물로 | 국제 표준시 | 미국의 '메이즈 리그' 입성기 | 국채 시장의 문지기는 누구인가 | 기술이 바꿔놓은 식성 | 옷이 날개? 포장이 날개! | 상표가 뭐길래 | 청결을 앞세운 메시지 마케팅 | 멕시코의 치클레가 미국의 껌이 되기까지 | 코카콜라의 유럽 정복기 | 장자생존? | 필요는 발명의 나쁜 어머니 | 국제법의 허점을 파고드는 위치의 힘

| 진정한 의미의 세계 경제가 탄생하려면 충분한 양의 상품과 자본, 지구를 누비고 다닐 운송 기술 따위와 함께 법과 관습 또한 상식으로 예측할 수 있어야 하고 보편성을 띠고 있어야 했다. 그중에서도 표준화와 비인격적 관계의 등장은 가장 중요한 개념적 변화였다. 자급을 위해 생산을 하고 사용가치 때문에 교환을 하다가, 상품을 만들려고 생산을 하고 이윤 때문에 거래를 하는 시장 주도 체제로 넘어가는 거대한 전환이 일어나기 위해서는 일련의 중요한 변화들이 먼저 있어야 했다. 사람들이 세계 시장을 '자연스러운 것으로' 받아들이고, 그 안에서 물건을 팔고 이윤을 추구하게 만들려면 새로운 국제적 규범과 인식의 혁명이 필요했다. 이 과정에서 지금의 우리들로서는 일상 속에 너무 깊숙이 파고들어 그것들이 없는 세상이나 그것들이 사회적으로 '발명'된 것이라고는 상상도 할 수 없는 개념들이 생겨났다. 이를테면 시간은 상품이고, 금은 만물의 척도라느니, 어디서나 일정하게 환산할 수 있는 도량형, 불가침의 사유 재산, 유한책임회사, 제품 포장, 상표 따위의 개념들이 여기에 해당한다. 불과 200년 전만 해도 대부분의 사람들이 낯설게 받아들였을 이런 것들에는 이데올로기적 개념과 사회적 합의, 정치적 투쟁, 역사적 과정이 녹아들어 있다.

　우리가 지금까지 본 것처럼 화폐가 없던 시절에도 원거리 교역으로 소화되는 재화의 양은 충분할 정도로 많았다. 그러나 국제 무역을 하는 사람들에게 세상을 돌아가게 하는 것이 바로 화폐였던 것 또한 사실이다. 물론 유사 이래 대부분의 기간 동안 도대체 무엇이 돈이냐를 놓고 일반적인 합의가 이루어졌던 적은 거의 없다. 초기의 거래는 브라질의 우에타카(Oueteca) 인디오들의 경우처럼 한 물건과 다른 물건을 직접 교환하는 방식으로 이루어졌다. 가치의 상징으로서 거기에 내재한 고유의 사용가치보다는 그것으로 다른 물건을 살 수 있다는 바로 그 특성이 더 중요한 화

폐는 아주 느리게 발전했다. 미국 북서부 지역 원주민들에게는 자패(cowry) 껍데기가 돈이었고, 아스테카 사람들에게는 카카오 열매가 돈이었다. 러시아 일부 지역에서는 차 꾸러미가 돈 노릇을 했고, 에티오피아와 같이 소금을 화폐로 쓴 지역도 꽤 많았다. 엘살바도르처럼 화폐 경제가 발달하지 않은 곳에서는 비누나 썩은 계란을 썼다는 얘기도 있다(물론 썩은 계란으로 얼마나 많은 부를 축적할 수 있었을지는 알 수 없다). 그러나 조개껍데기를 카카오 열매로 환전할 방법은 없었다.

시간이 흘러 다양한 국가들의 통화를 환산하는 문제가 갈수록 어려워지게 되었고, 결국 두 귀금속 은과 금이 가치의 상징으로서 대표적인 지위를 갖게 되었다. 은과 금에 과연 내재된 가치가 있느냐를 놓고 '그렇다'와 '아니다'로 갈려 심각한 견해 차이를 보이기도 했지만, 아무래도 외양과 쓰임새 때문에 누구나 탐을 내던 상품이었고(마르크스는 이것을 물신숭배라고 불렀다), 또 가치 표시 기능을 갖고 있었기 때문에 국제 교역상들은 은과 금을 인정하기에 이르렀다. 은이나 금을 가치 있게 여겼던 중국과 인도, 아프리카, 유럽, 그리고 아메리카 대륙에서는 일찌감치 국제적인 합의가 이루어졌다.

이 장 1절에서 얘기하는 것처럼 거의 두 세기 동안 멕시코 페소화가 세계에서 가장 강력한 화폐였기 때문에 화폐 가치를 정하는 문제는 상대적으로 간단하게 풀렸다. 멕시코와 페루에서 어마어마한 노다지가 터지면서 전에는 한 번도 없었던 그런 방식으로 국제 교역이 화폐화했다. 아메리카 대륙에서 캐낸 은은 유럽과 아시아, 아프리카로 흘러들었다. 하지만 19세기에 들어 처음에는 캘리포니아에서, 그 다음에는 호주, 남아프리카, 알래스카에서 엄청난 양의 금이 줄지어 발견되자 한 가지 문제가 생겨났다(4장 4절 참조). 금에 대한 은의 상대가치에 합의하고, 이를 여러 통화에 고정시키는 데 반세기가 넘게 걸린 것이다. 그리고 제2차 세계대전 이후에 가서야 금본위제가 폐기되었다.

그러나 돈이 발명되고, 통화 간의 등가성을 확립한 것은 세계 경제 통합으로 가는 길에서 그저 두 단계를 통과했다는 의미일 뿐이다. 도량형을 비롯한 다른 교역 수단들에 대한 합의도 반드시 필요했던 것이다. 이 장 2절에서 다룬 것처럼 19세기의 미터 혁명(metric revolution)은 지역에 따라 달라지지 않는 보편적인 도량법을 만드는 데 결정적인 역할을 했다. 한 지역의 관습이나 영향력의 경계를 표시하던 무수한 지방 도량형들은, 모든 차이를 뭉뚱그려 균질화해 버리는 국제 교역과 국가 권력 앞에서 무릎을 꿇게 되었다. 이제 암스테르담이나 뉴욕의 국제 무역업자들은 페루 현지에서 어떤 도량형을 쓰고 있는지는 몰라도 곧 도착할 구아노의 양을 정확하게 알 수 있게 되었다. 도량형의 통일이야말로 상품화가 자리 잡는 데 가장 중요한 요건이었다. 물건의 특징들을 계량화해 한 물건을 일정량의 다른 물건으로 환산할 수 있어야 상품화가 가능하기 때문이다. 그러나 각 지역의 도량형을 꿰뚫고 있었던 지방 상인들은 도량형의 통일 때문에 애꿎게 피해를 봤다.

상품화 과정에 대해서는 1900년 어간에 국제 곡물 시장이 탄생하는 과정을 소개하면서 좀 더 자세하게 다루었다(이 장 4절 참조). 철도가 등장하고, 그에 따라 곡물 창고와 양곡기가 나타나면서 미국이나 아르헨티나의 무수한 농부들이 기른 밀이 한군데 섞여 화차에 실리게 되었다. 결국 문자 그대로 상품의 균질화가 이루어진 것이다. 또 운송 혁명은 전에는 완전히 따로 놀던 아시아의 쌀 시장들을 통합시키는 구실을 했다. 벼 품종에 따라 쌀의 맛이 다르다는 사실을 신경 쓰지 않는 중요한 소비자(산업용 전분을 사용하는 유럽인)도 등장했다. 이제 쌀을 기르는 지역에 기근이 들면 평소에는 쌀을 먹던 인도 사람들은 쌀보다 싼 밀을 먹을 수 있게 되었다. 처음으로 쌀의 국제 가격이 밀 가격에 영향을 미치게 되었고, 이렇게 해서 연동해 움직이는 국제 곡물 시장이 탄생한 것이다. 사람들은 밀을 이만큼 사려면 쌀이 얼마나 있어야 할지를 생각하게 되었고, 교환 비율도 가늠할 수 있게 되었다. 이에 따라 캐나다 서스캐처원(Saskatchewan) 지역의 밀 작황 여파를 중국 쓰촨성의 논에서도 느끼게 되었다.

19세기의 교통 혁명은 물건의 가격에도 영향을 미쳤고, 거래도 훨씬 손쉽게 만들었다. 그뿐이 아니었다. 그것은 시간 자체에도 변화를 가져왔다. 사람들은 이미 수천 년 동안 시간을 구분해 왔지만, 그것은 각 지방에서 태양의 위치를 보고 결정한 것이었다. 이 때문에 엄청나게 다양한 시간대가 존재했지만, 사람이나 물건의 이동이 느리고, 시간이 아직 돈이 아니었던 시대에는 아무 문제가 없었다. 하지만 1870년이 돼서도 미국에만 300개의 시간대와 80개의 철도 시간이 있었다는 것은 큰 문제가 아닐 수 없었다(이 장 5절 참조). 같은 시간대에 같은 철로의 같은 지점에 두 기차가 있다는 것은 상업적으로 봐서도 전혀 타산이 맞지 않았고 또 대단히 위험하기도 한 일이어서 미국의 철도 회사들은 1883년 공동으로 전국 표준시를 확립하게 된다. 그리고 19세기 후반 유럽에서 국제 철도가 운행을 시작하고 전신이 등장하면서 시간대에 대한 국제적 합의가 필요해졌다.

시간이 단순히 표준화된 것만은 아니었다. 19세기에 선물거래가 시작되면서 이제 곡물이 상품으로도 취급되었던 것이다. 이 장 4절에서 소개한 곡물의 상품화 과정은 이미 수확해 놓은 곡물을 두고 한 얘기였다. 그러나 농부들은 앞으로 수확할 작물을 놓고 돈을 빌리고 싶어 했고, 곡물상들도 급격한 가격 변동에 대비하거나 그에 따른 거래 차익을 노려 투기를 하려고 수확할 곡물들에 대한 권리를 사고팔기 시작했다. 이제 세계 주요 곡물 시장에서 활동하는 곡물상들은 수천 마일 떨어진 곳의 곡물뿐 아니라 아직 존재하지도 않는 곡물을 구매하게 된 것이다.

이처럼 미래의 곡물 소유권을 부여하는 종잇조각들을 사들이는 것이

상인들에게는 별로 낯선 일이 아니었는데, 이들은 이미 오래전부터 기업의 주식 거래를 제도화해 놓고 있었기 때문이다. 5장 7절에서는 이전까지 지배적인 형태였던 합명회사에서 비인격적인 합자회사가 완전히 분리되어 나오는 과정을 다루고 있다. 투자자들은 다른 주주들을 한 번도 만나지 않고서도 한 회사의 주식을 사들이고, 좀 더 나아가 회사를 통째로 인수할 수 있게 되었으며, 사들인 주식을 또 마음대로 팔 수도 있게 되었다. 이에 따라 기업은 각각의 소유자들보다 더 커지게 되었고, 이들보다 더 오래 살아남았다. 주식 소유자의 개인적인 평판이나 약속 따위는 조금도 중요하지 않았다. 주주 한 사람 한 사람은 갖고 있는 주식만큼만 책임을 지면 되었다.

주식회사 같은 비인격적 제도가 성장하는 데 촉매제 역할을 한 것은 역설적이게도 부르주아들이 '사교'를 위해 모여들던 최초의 공공시설이었다. 17세기 런던의 커피 하우스(3장 4절 참조)는 최초의 남성 전용 클럽이었으며, 처음으로 정당들이 조직된 장소이기도 하다. 그리고 나중에는 최초의 증권거래소와 상업거래소, 보험회사 따위로 발전해 갔다. 커피하우스의 '비즈니스'가 비즈니스가 된 셈이다.

그러나 기업들만 법적으로 독립된 실체로 발전해 가고 주식시장에서 거래되었던 것은 아니다. 각종 채권 역시 주식시장에서 나름대로 자리를 확보했다. 물론 돈을 빌려주는 것은 아주 오랫동안 이어진 제도였다. 심지어는 성경에도 나와 있다. 그러나 대출은 보통 상인이나 금융 회사가 개인 채무자나 통치자들에게 돈을 빌려주는 방식으로 이루어져 왔다(이장 3절 참조). 그러다가 채권이 탄생한 것은 19세기였다. 이자와 함께 상환해야 하는 채무의 공유(주식처럼 자산의 공유가 아니라)가 시작된 것이다. 이전의 채무와는 달리 채권은 최초의 거래에 관여하지 않았던 사람들끼리도 사고팔 수 있었다. 보통 정부는 이런 방식의 자금 조달을 선호했다.

채무가 다수의 채권자에게 분산될 뿐만 아니라 그에 따라 채권자들의 입김도 그만큼 약해질 것이기 때문이었다. 아메리카를 비롯한 곳곳의 신흥 정부들이 유럽의 자본 시장을 공략하고 부유한 유럽인들은 이 기회에 위험을 최소화하고 이익을 얻을 방법을 모색하면서 채권은 점점 더 중요성이 커졌다(이 장 7절 참조).

그럼에도 불구하고 채권은 시들해지는 경우가 있었고, 그러다 보면 오래가는 결과를 낳기도 했다. 멕시코의 막시밀리안 황제가 1860년대에 발행한 공채 프티블뢰(petits bleus)가 좋은 예이다. 수요와 공급이라는 시장 메커니즘에 따라 간단하게 문제가 해결되는 대신, 이 공채는 50여 년간 여섯 개 나라들이 개입해 치열한 외교전을 벌인 끝에야 역사에서 퇴장할 수 있었다.

채권 쪽은 오랫동안 대부분 가문 중심의 합명회사였던 국제적 금융 회사들의 놀이터였다. 그러나 프티블뢰의 공채 얘기에서도 분명히 드러나는 것처럼 19세기 말이 되면서 합자은행들이 채권 시장을 슬금슬금 넘보기 시작했다. 한편 국제적 금융 회사들의 클럽을 무너뜨린 것은 새로운 기업들뿐만 아니라 베를린, 뉴욕, 그리고 (훨씬 나중에는) 도쿄 같은 신흥 도시들이었다.

20세기 즈음 국제 금융 쪽에서 그동안 유럽 경쟁자들에 눌려 지내던 미국 은행들이 경쟁에 본격적으로 뛰어들기 시작했다. 프티블뢰의 상환은 미국 자본가들에게 멕시코에 입성할 기회를 열어주었다. 이후 멕시코는 금융 회사들의 깃발 아래 모여들었던 미국 회사들의 실험장이 되고 만다(이 장 6절 참조). 국경 이남에서 성공을 거두고 중국에 발판을 마련한(언제 깨질지 모르기는 했지만) 미국의 은행가들은 제1차 세계대전이 유럽의 금융 시장에 크게 악영향을 끼치자 오히려 이윤을 챙겼다. 1920년 무렵에는 국제 금융의 중심이 뉴욕으로 옮겨졌고, 그 후 뉴욕에서는 수십 년에 걸쳐 다른 방식이 자리 잡았다(이 장 7절 참조).

공사채 같은 가치의 비인격적 표상들도 은행을 비롯한 다른 기업들처럼 별도의 사회적 수명을 가질 수 있게 되었다. 그리고 인격적인 성격을 강하게 띤 물건들, 예를 들면 사람이 노동을 해서 만들어낸 물건들도 생산자로부터 소외되어 더는 생산자의 통제를 받지 않는 것은 물론 생산자의 정체성도 드러내지 않게 되었다. 세계 경제가 발전하고 산업 기술이 등장하면서 무엇이든 가까운 곳에서 만든 것일수록 잘 안다는 생각은 바뀌지 않을 수 없게 되었다. 포장 기술과 광고가 만나자 사람들은 자기가 사는 곳에서 만든 물건보다 먼 곳, 아니 아예 외국에서 만든 물건을 더 친밀하게 여기기 시작했고, 더 믿게 되었다(이 장 9절 참조). 통조림 기술이 발달하고 정부가 품질을 감독하기 시작하면서 사람들은 이웃집에서 만든 음식보다 공장에서 대량 생산한 식료품들이 더 위생적이라고 생각하게 되었다. 여기에 광고업자들까지 나서 아득히 먼 곳의 얘기를 들려주기 시작했다. 그러나 광고가 더 많이 우려먹은 것은 소비자, 바로 소비자의 불안감이었고, 특히 땀은 건전한 노동이 아닌 미개함의 상징이 되었다(이 장 11절 참조).

광고 산업이 처음 발달할 무렵 새로운 게 있었다면 새로운 형태의 가치, 바로 상표가 전면에 부각되었다는 점이다. 이 장 10절에서 말한 대로 상표라는 지적 재산은 19세기의 발명품이었다. 한 회사가 이름을 사고팔고 또 소유할 수도 있으며, 더구나 그 회사를 완전히 다른 사람들 — 종교나 국적, 전문 분야까지 완전히 다른 사람 — 이 소유하게 돼도 소비자들은 그 회사의 이름에 계속 충성을 바친다는 따위의 생각은 과거에는 터무니없는 얘기로 들렸을 것이다. 사람들이 믿었던 것은 물건을 만든 사람이나 포장 속 내용물이었지 상자에 적힌 이름은 아니었기 때문이다. 그러나 사람들이 비인격적인 거대 기업과 점차 강화되어 가던 정부의 감시 능력을 신뢰하게 되면서 이런 인식 혁명이 일어났다.

우리가 상표를 믿게 된 데는 광고를 할 정도로 큰 기업이라면 쓸 만한 제품을 만들 만큼 기술도 뛰어날 것이라는 암묵적인 가정이 부분적으로 깔려 있었기 때문이다. 사회적 다원주의에서 주장하는 '적자생존'의 연장인 셈이다. 즉, 성공한 기업이나 제품들은 그 분야에서 가장 뛰어났기 때문이라는 것이다. 그러나 철도 궤간이든, 비디오 시스템이나 컴퓨터 시스템이든 산업 분야에서 하나의 표준이 군림하게 된 것은 그것이 객관적으로 봐서 조금이라도 앞섰기 때문만은 아니었다. 사실 전 세계 철도가 채택하고 있는 궤간은 크고 빠른 기차를 지탱하기에는 너무 좁다(이 장 14절 참조). 하지만 어쨌든 이게 최초의 궤간이었다. 이 궤간이 표준이 되자 다른 철도나 기관차들은 어쩔 수 없이 좁은 궤간에 맞출 수밖에 없었다. 타자기 자판도 이와 똑같은 경우이다(이 장 14절 참조). '장자생존'의 원리나 최고의 시장 장악력을 갖고 있는 회사가 누구냐에 따라 표준이 결정될 때가 많았던 것이다.

역사적으로 세계 경제가 최적임자에게 그에 걸맞은 보상을 해주지는 않은 것처럼, '필요는 발명의 어머니'라는 말 역시 항상 맞았던 것은 아니다. 이 장 15절은 깡통을 따야 하는 '필요'가 분명히 있었는데도 깡통 따개가 '발명'될 때까지는 아주 긴 시간이 흘러야 했다는 것을 보여주고 있다. 즉, 필요가 곧 발명으로 이어지지는 않았던 것이다. 이 때문에 차선의 해결책들이 동원되기도 했다. 그리고 식기 세척기처럼, 훌륭한 해결책이 '발명'되었는데 사람들이 별로 사용하지 않은 사례도 있다. 이 경우에는 '필요'가 그렇게 크지 않았기 때문이다. 발명은 단순히 필요나 뛰어난 발상으로만 이루어지는 게 아니다. 소비자들이 그 발명품을 사줄 의사가 있느냐 역시 그에 못지않게 중요하기 때문이다.

지난 150년 동안 다양한 비누, 탈취제, 구강 세정제 등이 보편화되었듯,

그전에는 사람들이 필요성을 느끼지 못했다는 사실이 상상되지 않는 무언가가 등장하여 새로운 필요성을 통해 큰 성공을 거두는 경우가 있다. 그러나 사실 이러한 성공은 광고주, 과학자, 선교사("청결은 경건 다음으로 중요하다"), 정부 및 교육자들이 개인위생에 대한 사람들의 개념을 바꾼 덕에 일어난 결과였다. 그리고 그 이면에는 훨씬 더 깊은 차원의 변화가 있었다. 여기서 변화란 사람들이 자신과 관련하여 정보를 구할 때 의존하는 대상이 달라진 것을 의미한다. 광고에서는 입이나 몸에서 냄새가 나면 몸이 아프지는 않겠지만 직장이나 배우자를 잃을 것이고, 친구나 사랑하는 사람조차 그 말하기 불편한 진실을 알려주지는 않을 거라고 했다. 그러나 다행스럽게도 공정한 익명의 '전문가들'과 광고주가 청결 용품들의 절실한 필요를 알려준다는 것이었다(이 장 11절 참조).

광고는 또한 미국 사람들(대부분 남성)에게 껌을 씹는 것은 현대적이고 건강하며 즐거운 활동이라는 확신을 주었다. 이 장 12절에서 언급하듯 도시화에서 마케팅 혁명, 씹는담배 반대 운동까지 19세기 미국에서 일어난 일련의 변화들은 리글리와 애덤스 같은 브랜드에 유명세를 선사했다. 북미에서 껌에 대한 새로운 수요가 생겨나자 껌의 원료인 치클레나무가 자라는 멕시코의 유카탄에서는 치클레에서 수액을 받던 마야인과 토착민들이 전과는 다른, 그리고 전보다 훨씬 덜 유쾌한 결과를 맛보아야 했다.

보다 최근의 일로는 제2차 세계대전 이후 코카콜라 캠페인이 있다. 이 캠페인은 '참고할 사람'에 대한 또 다른 변화를 부채질하며 수백만 명의 유럽 젊은이들에게 그들이 모방해야 할 사람들은 가까운 친구가 아니라 콜라를 마시는 건강한 미국인, 특히 미군이라는 확신을 주었다. 유럽의 부모들은 자녀가 포도주와 맥주 대신 콜라를 마시면서 프랑스인이나 독일인의 정체성이 희석될 것을 우려했다. 콜라는 경쟁을 사양했고 그 후 끝없이 반복되는 전략으로 젊은이들의 시장을 장악했다(이 장 13절 참조).

오늘날에도 수백만 사람들은 뉴욕이나 파리, 도쿄에 가지 않더라도 자신들을 그곳 또는 대중 매체를 통해 상상하는 '그 비슷한 곳'에 어울리는 사람이 되게 할 상품을 '필요로' 한다.

끝으로 세계 경제가 확장되고 상품화가 진전될 수 있었던 데는 인간 중심적 세계관이 일정한 역할을 했다는 사실을 기억해야 한다. 물건들이 상품으로 바뀌어 가면서 사람들은 세계가 자기들의 필요와 욕구를 채워주려고 존재한다고 생각하게 되었다. 자연을 '자연 자원'이나 '생산 요소'로 바꾸고, 이런 것들을 이윤을 얻거나 사람들에게 쓸모 있는 것으로 만드는 데만 온통 매달렸던 것이다. 그 결과 브라질의 대서양림처럼 엄청난 세계가 몽땅 잘려나가 풀 한 포기 키울 수 없는 헐벗은 땅으로 바뀌어 버렸다(4장 1절 참조). 한편 환경 훼손에 대한 저항이 큰 원동력이 되어 무역의 지형을 형성하고 그 피해를 몇 군데로 집중시킨 경우도 있다. 예를 들어 지난 100년 동안 많은 첨단 기술 제품에 사용된 소위 '희토류 금속'은 실제로는 그렇게 귀하지 않다. 그러나 그것들을 추출하고 정제하는 과정은 환경을 크게 훼손하므로 환경 보호 규제가 강력한 곳에서는 수익을 내기가 어려웠다. 이를 비롯한 몇 가지 이유로 희토류 금속을 생산하는 대다수 업체가 현재 내몽골에 위치하고 있다(7장 13절 참조). 피레네산맥에 파묻혀 있는 안도라처럼 역사적으로 중심에서 벗어나 있던 지역들은 공항이나 항구가 없어도 세계 경제에서 중요한 역할을 하게 되었다. 인터넷이 지리적 장벽을 없앴기 때문이다. 반면 파나마 시티는 지협이라는 지리적 이점뿐만 아니라 규제가 없다는 이유로 국제 금융 및 소매의 중심이 되었다(이 장 16절 참조).

누가 뭐래도 교역이 창조해낸 세계 경제는 대단히 복잡한 사회 현상으로, 항상 이익을 최대화했던 것도, 신고전주의 경제학이 가르친 대로 움직였던 것도 아니다.

1 노란 벽돌길과 도로시의 은구두

2007년과 2011년에 경기 대침체가 일어나자 금값은 대략 3배 이상, 은값은 4배 이상 상승했다. 그 뒤 조금 떨어지기는 했지만, 둘의 가격은 여전히 대침체 이전 수준을 훨씬 웃돈다. 그 사이 도널드 트럼프(Donald Trump)와 테드 크루즈(Ted Cruz, 2016년 공화당 경선 2위)는 금본위제로의 회귀를 지지한다고 표명했다. 종이 화폐도 있고 스위치만 한 번 누르면 어마어마한 액수의 전자 화폐를 '채굴' 할 수 있는 세상이 되었지만, 정치를 하고 국제 시장에서 무역을 하는 많은 사람들은 아직도 금과 은에 대한 열망이 식지 않았다. 사람들은 수천 년 전부터 전 세계 곳곳에서 너도나도 금과 은을 갖고 싶어 했다. 그러니 이 귀한 금속을 바라는 마음은 사람의 본능이 아닐까도 싶겠지만, 이것들에 대한 열망을 들여다보면 그것이 다가 아님을 알 수 있다. 사실 금과 은에 대한 열망에서는 정부의 정책 입안자들에 대한 불신 또한 드러난다. 그들은 '황금광(黃金狂, gold bug)', 즉 '금본위제 지지자' 들을 '시장의 보이지 않는 손' 으로 여기며, 생산력을 분배하는 문제에서는 황금광들이 정부 당국보다 훨씬 유능하다고 믿는다. 금본위제와 은본위제는 중상주의를 등지고 자유무역을 반기던 19세기에 국제 무역을 폭발적으로 증가시킨, '자기 조정 시장' 개념의 핵심이었다. 그러나 멕시코(멕시코의 은[銀] 페소는 3세기 이상 세계 무역의 연결고리였으며, 1857년까지 미국의 법정 통화로 쓰였다)와 브라질(18세기에 브라질에서 일어난 골드러시는 영국에서 금본위제가 시작되는 계기가 되었다)이 시도한 통화 정책을 살펴보면, 화폐 확보 차원에서 귀금속을 선택하는 것이 반드시 옳은 것은 아님이 드러난다. 또한 시장이 항상 정부의 재무관보다 유능한 것은 아니고, 수출 경제가 성공하려면 반드시 금화나 은화 같은 동전이 있어야 하는 것도 아니며, 금본위제나 은본위제가 꼭 경제 발전을 촉진하는 것만도 아님을 두 나라의 정책을 통해 알 수 있다. 멕시코와 브라질은 통화와 관련하여 매우 다른 길을 걸었지만, 결국 1914년이 되자 두 나라는 비슷한 시스템에 이르러 있었다.

두 나라 중 먼저 유럽인의 머릿속에 자리 잡은 나라는 멕시코였다. 그리고 얼마 뒤에는 중동과 아프리카, 아시아에서도 멕시코 바람이 분다. 500년 전 세계에는 화폐의 종류가 많지 않았다. 대부분의 거래는 하나를 다른 하나와 바꾸는 물물교환으로 이루어졌다. 그러던 차, 구대륙에 신대륙의 부(富)가 흘러들어왔다. 처음에는 금, 나중에는 은이 크고 작은 스페인 배를 타고 대서양을 건너 포르투갈로 들어왔고, 이로써 교환 수단의 폭이 넓어지고 유럽의 상거래가 활발해졌다. 금과 은은 유럽에서 일어난 가격혁명의 불씨가 되기도 했다. 가격혁명으로 인해 이베리아의 식민지 강대국들보다 북유럽 국가들이 부유해지기 시작했으며, 산업혁명이 시작되었다. 상인과 귀족들이 귀금속을 귀하게 여긴 시간은 천 년에 달했고, 그래서 금과 은은 '덜 귀하지만' 쓸모는 많은 다른 것(곡물, 과일, 포도주 등)들보다 실용성이 떨어졌음에도 '가치 있는 것'의 상징이 되었다. 배를 채울 수 없다는 점은 아쉽지만, 둘은 내구성이 강하고, 무게에 비해 가치가 높으며, 어느 문화에서나 갈망하는 대상이었다. 그러므로 이것들은 세계 시장을 지속하고 확장하는 데 없어서는 안 될 존재였다.

경제사학자 카를로스 마리찰(Carlos Marichal)에 따르면, 17세기에 이르자 뉴 스페인(New Spain: 식민지 시절 멕시코를 부르던 명칭)의 은 페소는 '세계에서 가장 널리 유통되는 화폐'가 되었다. 세계에서 가장 우수하고 믿음직한 기술로 멕시코에서 만들어진 페소는 순도가 높고 무게가 균일하여 전 세계 동전의 표준이 되었다. 페소는 '은 여덟 조각(Pieces of Eight, 페소의 별명, 페소 1개는 그보다 낮은 단위의 화폐인 레알[real] 8개와 같아서 생긴 명칭으로, 실제로 당시에는 페소 하나를 여덟 개로 잘라 쓰기도 했다 — 옮긴이)'을 찾아 나선 카리브해 수천 해적들을 홀렸고, 유럽 역사상 가장 규모가 컸던 군대를 든든하게 뒷받침했다. 홍해와 인도양처럼 멀리 떨어진 곳의 교역상들에게도 페소는 귀했다. 스페인은 페소가 유럽으로 들어가는 길을 지키기 위해 어마어마한 비용을 들여 세계 최대 규모로 해군을 구축하고 역시 세계에서 가장 넓은 지역에 걸쳐 요새를 세웠다. 페소는 멕시코에서 주조됐지만, 대부분은 멕시코에서 쓰이지 않았다. 당시 세계에서 가장 큰 제국에서 쓰이는 비용을 지불하고 본국 스페인과 북유럽을 부유하게 해야 했기 때문이다. 그러는 동안 멕시코에서는 개인이 발행한 임시 지폐가 주로 쓰였으며, 그나마 압도적 다수가 사는 시골에서는 물물교환이 거래의 주를 이뤘다.

페소는 아메리카 대륙을 유럽으로 연결하는 한편, 유럽을 아시아로 연결했다. 역겨운 요리를 먹고 거친 옷을 입었던 유럽인들은 아시아의 향신료와 비단이 간절했다. 그러나 유럽에는 아시아에서 좋아할 만한 것이 없었다. 단, 은은 예외였다. 은은 동양에서 아주 귀하게 치는 물건이었으므로 동양과의 교역에서 지불 수단으로 이용됐다. 실제로 순도가 높고 무게가 균일하여 누구나 탐내던 멕시코 페소는 중국과 인도, 필리핀에서 널리 유통되었고, 지역 화폐로도 많이 쓰였다. 18세기 들어서는 페소의 은 함량이 심각하게 평가 절하되는 일도 있었지만, 오늘날의 달러화 및 유로화처럼 여전히 페소는 전 세계 대부분 지역에서 주요 통화로 기능했다.

브라질은 은이 없었기 때문에 다른 경로를 택해야 했다. 그러나 1695년에 탐험가들과 노예상인들이 한 지역의 강바닥에서 충적된 금을 발견하는 일이 벌어진다. 이 지역은 금이 많이 묻힌 곳이라는 뜻에서 '미나스 제라이스(Minas Gerais: 금광으로 뒤덮인 곳이라는 뜻)'라는 이름을 얻는다. 뒤이어 골드러시가 일어나자 30만 포르투갈 사람들이 아메리카의 식민지를 향해 몰려들었고(그 당시 포르투갈의 인구는 2백만을 살짝 넘었다), 리스본 재무부는 막강한 힘을 얻었다. 18세기의 대부분 기간에 브라질은 전 세계에 가장 많은 금을 공급했다. 그러나 브라질에서는 금화가 주조되지 않았고 사용되는 경우도 드물었다. 농촌의 자급 농업에 기반을 두고 노예 중심 수출 경제를 이룬 브라질은 나라 안에서 통화를 거래할 일이 상대적으로 적었다. 멕시코의 은과 마찬가지로 브라질의 금은 주로 다른 곳의 경제 성장에 활력을 불어넣는 용도로 쓰였다. 미나스의 금은 포르투갈로 가서 거기서 다시 북유럽까지 들어갔으며, 나아가 아프리카로 가서 노예를 사고, 인도양으로 가서 옷과 향신료를 사들이는 데 쓰였다.

멕시코와 브라질은 독립(각각 1821년과 1822년에) 후에도 은본위제와 금본위제를 이어갔다. 그러나 그 주체는 이제 이베리아의 왕들이 아닌 영국의 은행가들이었다. 식민지 때와 달리 스페인과 포르투갈의 중심지만이 아닌 전 세계를 향해 항구를 열고, 19세기 세계 경제의 수도인 영국에서 자유롭게 돈을 빌릴 수 있게 되자, 멕시코와 브라질의 정책 입안자들은 런던의 항구와 도시로 눈을 돌렸다.

멕시코는 독립 후 1세기 동안 은 페소를 주조하고 수출하며 예상에서 크게 벗어나지 않은 길을 걸었고, 은 생산량이 일시적으로 급감했을 때도 크게 방향을 바꾸지는 않았다. 사실 1880년대까지 멕시코는 은괴와 동전 외에 다른 것은 거의 수출하지 않았다. 그러나 곧 신자유주의적 개혁이 일어났고, 지역과 개인은 화폐를 주조하여 멕시코시티의 조폐국과 경쟁을 벌이기 시작했다. 19세기 말에는 전 세계 대부분 지역에서 은본위제 또는 복본위제(금, 은 두 종류의 금속을 본위화폐로서 유통하는 화폐제도 – 옮긴이)를 채택하고 있었기에 이렇게 되면 수출에는 유리했다. 그러나 이 일로 국내에서는 너무 많은 은이 남아도는 바람에 멕시코는 계속하여 재정난에 허덕였고 결국 경제 성장이 저하된다.

브라질은 금 채굴량이 급격히 줄었음에도 금본위제를 고수하려 했다.

1808년부터 1820년 사이에 브라질에 살았던 포르투갈 왕은 처음 브라질에 들어가서 라틴아메리카 최초로 은행을 세웠다. 공공은행인 동시에 민간은행이기도 했던 이 은행의 이름은 '브라질 은행'(Banco do Brasil)으로, 통화를 발행해서 정부에 빌려주는가 하면, 은행의 예비금과 왕이 가진 왕실의 보석을 기반으로 브라질의 지폐인 '헤아우'(real: 왕실이라는 뜻)를 발행하기도 했다. 12년 뒤, 주앙(João) 왕이 은행에 보유하던 금을 가지고 리스본으로 돌아가자, 브라질은 다른 나라들보다 먼저 '교환 불능 통화(국제 수지의 결제에서 금이나 다른 나라 화폐와 바꿀 수 없는 통화 — 옮긴이)'의 길을 열었다. 이때 나온 은행권은 엄밀히 말하면 여전히 금의 가치에 기초했지만, 사실 그 바탕에는 정부가 세금을 걷고 대출을 확보하여 수익을 올릴 수 있으리라는 신뢰가 있었다. 이는 멕시코 모델과 제법 거리가 있었다. 멕시코 모델은 귀금속의 본질적 가치(그리고 무게, '페소'는 무게라는 뜻)가 기반이었고, 페소 같은 동전을 만들었다. 그런데도 이제 '브라질 황제'로 불리게 된 브라질의 새 왕은 여전히 금본위제에 집착했다. 왜냐하면 브라질은 영국의 가까운 정치 동맹국이자 주요 교역국이었기 때문이다. 실제로 브라질은 독립 후 1세기 동안 대영제국의 비공식 일원으로 여겨지곤 했다.

멕시코에서는 은이 풍부하게 생산됐으므로, 이론적으로 멕시코 통화의 가치와 멕시코 정부에 대한 국제 사회의 신뢰는 브라질의 그것들보다 훨씬 더 건고해야 했다. 몇 가지 어려움은 있었지만, 멕시코는 1870년대에 미국에 따라잡히기 전까지는 세계 최대의 은 생산국이었다. 그러나 정통 자유주의 경제학에서는 은광 채굴과 수익, 세금, 무역 흑자 등으로 보유하게 된 은의 양과 관계없이, 마음대로 화폐를 인쇄할 수 있는 은행이나 정부 관리들이 변덕을 부릴 것으로 예측했다. 그런가 하면 고전 경제학자들은, 브라질은 통화의 불확실성 탓에 멕시코보다 훨씬 더 많은 돈을 외국채에 지급하고 훨씬 더 심각하게 인플레이션을 겪으리라고 예상했을 것이다. 그러나 그렇지 않았다.

유럽의 은행가들은 멕시코는 전설적인 은화 보유국이라는 점을 믿고 1824년과 1825년에 이 신흥국에 돈을 빌려주었지만, 빌려준 돈이 돌아오지 않자 멕시코에 등을 돌렸다. 사실 멕시코는 스페인(1829), 프랑스(1838), 텍사스(1836), 북아메리카(1846~1848) 그리고 다시 프랑스와 스페인, 오스트리아(1862~1867)의 침략을 겪은 뒤 십 년 이상 독립전쟁을 치르며 유혈 사태와 여러 파괴적인 상황을 경험했으며, 그런 후 내전과 내부 저항까지 겪은 터라 반세기 동안 경제 파탄을 면치 못하고 있었다. 연방 정부가 1894년에야 처음으로 수지 균형을 맞췄으니 멕시코 재무부가 세계 최장기 모라토리엄(moratorium: 국가 공권력에 의해 일정 기간 채무의 이행을 연기 또는 유예하는 일 - 옮긴이)을 기록하며 외채 상환 시기를 1828년에서 1886년으로 미룬 것도 당연해 보였다. 천연자원으로서의 은을 그렇게 많이 갖고도, 멕시코는 국제적인 따돌림을 피할 수 없었다. 멕시코가 신뢰를 되찾은 것은 19세기 말에 내부의 정치적 평화가 굳어지고 외세의 침략이 중단되면서였다. 이 두 가지 행운은 서유럽과 북아메리카의 자본가들이 1880년 이후 멕시코의 철도, 광산, 목장, 공장에 투자하기 시작하면서 이뤄졌다. 멕시코의 전망이 밝아지자, 1888년에는 독일에서 대규모 통합 융자가 들어와 처리하지 못하던 부채를 상환할 수 있었고, 1898년에는 영국에서도 같은 명목의 융자가 들어왔다. 그러나 멕시코가 부활할 수 있었던 것은 은의 힘이 아니었다. 사실 은의 가치가 급락하고 수출 및 국내 생산에서 은의 역할이 급격히 축소되면서부터 경기는 호황을 누리기 시작했다. 부분적인 이유이지만, 실제로 멕시코는 세계적인 상황 때문에 결국 은본위제를 포기해야 했다. 물론 그 과정에서 분쟁을 피할 수는 없었다.

페소가 쇠퇴하기 시작한 것은 19세기 들어 다른 나라들이 금본위제를 향해 '노란 벽돌길'*을 걸으면서부터였다. 그 선두주자는 영국이었다. 영국은 1821년에 (은화에 기초한) 파운드화를 금화로 바꿨다. 영국이 세계의 지배적인 상업 강국이 되고 런던이 세계 경제의 중심이 되면서, 금 파운드화의 가치는 서서히 올라가기 시작했다. 또한 1840년대와 1850년대에 캘리포니아와 호주에서 일어난 대규모 골드러시를 계기로 은본위제에서 금본위제로 넘어가는 과정은 더욱더 수월해졌다. 1848년과 1873년 사이에는 화폐의 종류가 늘어나면서 세계 무역이 전례 없는 호황을 누렸다. 19세기 후반에는 남아프리카와 알래스카, 유콘에서 금이 발견되고 청화법을 이용해 저품위 광석에서 금을 추출할 수 있게 되면서 더 많은 양의 금이 공급되었다. 20세기가 시작될 무렵 매년 생산된 금은 1493년부터 1600년까지 채굴된 금을 다 합한 것보다 많았다. 금이 많아지자 상대적으로 은값이 올라갔다. 동전의 은 함량은 화폐 가치를 초과했고, 그렇게 되자 동전은 용융을 거쳐 그 가치대로 판매되었다. 19세기의 마지막 삼십 년 동안, 금은 화폐제도의 기초가 되는, 더욱더 믿음직한 금속으로 부상했다.

그러나 모두가 이 상황을 달가워한 것은 아니었다. 몇몇 국가에서는 국제 복본위제 협정을 구축하려고 힘썼다. 나폴레옹 3세는 프랑스의 프랑화에 근거한 협정을 원했다. 그는 파운드화가 무역을 통해 얻은 패권을 외교를 통해 가져가고 싶어 했다. 미국은 1870년대 이후 자국의 은광 업자들이 네바다의 컴스톡 광맥(Comstock Lode)과 로키산맥에서 어마어마

---

* 노란 벽돌길: 소설 《오즈의 마법사》는 19세기 미국의 사회, 경제, 정치 상황이 녹아든 상징적 이야기로 회자되곤 한다. 오즈로 가려면 노란색 벽돌길을 지나야 한다는 의미에서, 흔히 노란색 벽돌길은 [금본위제의] 성공을 향해 가는 과정을 나타내는 말로 쓰인다.

한 은을 생산해내자 그들을 보호하려고 했다. 또한 안정적인 은화를 통해 아시아 무역의 일부를 손에 넣고자 했다.

그러나 영국은 도로시의 은(銀)구두*를 신으려 하지 않았다(새뮤얼 골드윈[Samuel Goldwyn]의 영화 〈오즈의 마법사〉에서는 색채를 부각하기 위해 구두가 빨간색으로 나온다). 런던 금융가는 여전히 금본위제를 고수하려 했고, 국제 복본위제 협정은 성사되지 않았다. 그러나 각국이 요지부동인 상황에서 결국 상황이 바뀌기 시작한다. 국제적으로 은행과 상업이 성장하면서, 안정적이고 단일한 통화 기준의 필요성이 분명해진 것이다. 독일은 1871년 프랑스-프로이센 전쟁에서 승리한 뒤 프랑스 금화를 배상금으로 받고 제일 먼저 상황에 백기를 들었다. 그리고 얼마 뒤 금본위제를 따르기 시작한다. 미국과 다른 유럽 강대국들도 재빨리 뒤를 따랐다. 멕시코와 미국은 더욱더 정교해진 기술로 풍부한 은이 묻힌 새 광맥을 공략하려 했지만, 그러는 사이에 은과 페소에 대한 수요는 극적으로 감소했다. 그리고 1873년에서 1900년 사이에 은값은 절반이 된다.

금에 비해 페소의 가치는 변동이 컸고, 아직 은을 사용하던 아시아 사람들에게 이는 심각한 우려를 불러일으켰다. 유럽의 강대국들이 동양에서의 상거래를 위해 나라마다 금화를 주조하기 시작하자, 아시아에서도 페소화가 사라지기 시작한다. 1869년에 수에즈운하가 개통되면서 유럽과 아시아 사이에서 교역이 가속화되고 운송비는 줄어들면서, 유럽은 전과 달리 은이 아닌 물품으로 값을 치를 수 있게 되었다. 1873년까지도 세계 인구의 절반이 페소를 법정 통화로 여겼지만, 1900년이 되자 페소는 멕시코와 중국에서만 그 기능을 했다. 3세기 동안 세계에서 가치의 지표로 활약하던 페소의 긴 이야기는 1905년을 끝으로 마무리된다. 그 해에 멕시코

---

* 도로시의 은구두:《오즈의 마법사》에서 동쪽의 사악한 마녀를 죽이고 돌아온 도로시가 신고 있던 신발로 은본위제를 의미하는 것으로 해석되곤 한다.

에서는 미국의 노력을 비롯한 여러 요인에 힘입어 통화 개혁이 일어났다. 미국은 멕시코와 중국을 설득하여 미국의 새로운 식민지인 쿠바, 하와이, 파나마, 푸에르토리코, 필리핀과 함께 달러화에 기초한 통화 체계를 사용하게 하려 했다. 멕시코가 페소의 가치에 근거하여 금 달러를 받아들이는 대가로 미국은 은의 국제 상품 가격이 유지되도록 도와주겠다고 했다. 멕시코도 동의했다. 은 페소는 그렇게 조용히 국제 시장에서 자취를 감춘다.

반면 브라질은 완전한 금본위제를 채택한 적이 없었다. 그러나 사실 그럴 필요가 없었다. 브라질 왕가는 1822년부터 1889년까지 66년을 집권하면서 그 대부분 기간에 라틴아메리카에서 가장 큰 신뢰를 받았다. 포르투갈 왕 주앙 4세에서 그의 아들인 브라질 황제 페드루 1세로의 승계 과정은 원활하고 평화롭기까지 한 독립의 과정이었고, 유럽의 은행가들은 이를 두 팔 벌려 환영하는 분위기였다. 여기서 중간 다리 역할을 한 것은 영국이었다. 영국은 포르투갈의 오랜 동맹이기도 했지만, 브라질과의 교역을 간절히 바라고 있었기 때문이다. 브라질은 신흥국으로서 외국의 개입이나 주요 내전을 겪지 않았다(이웃한 파라과이는 지엽적인 유혈 봉기와 큰 전쟁을 경험했다). 그 결과 브라질은 처음에는 커피에, 다음에는 고무에 기반하여 유럽과의 우호 관계 속에서 경제적으로 평화로운 번영을 누렸다. 브라질은 대부분의 주요 유럽 강대국들(많은 브라질 황제와 친척 관계였다)처럼 영국의 동료 군주국이자 가까운 교역 파트너로서 다른 나라들로부터 두텁게 신뢰를 받았다. 정부는 수지의 균형을 맞추고 기한 안에 부채를 상환하며, 통화인 미우헤이스(milreis)의 가치를 유지하는 데 각별히 힘썼다. 사실 브라질은 19세기에 수백만 아프리카 노예를 수입했고, 그 끔찍한 제도를 불법으로 규정하기까지 서반구의 그 어떤 나라에서보다 오래 뜸을 들였다. 그러나 부채를 모두 상환했다는 이유만으로 건실한 신용을 유지했고, 유럽은 여기에 만족했다. 한편 대영제국이 막을 내리기 1년 전인 1888년에는 유럽의 해외 투자가 넘쳐나면서 제국의 법정 통화인 금보다 미우헤이스의 가치가 더 올라갔다. 여기서 은행가 집안인 로스차일드(Rothschild) 가문(이 장 3절 참조)은 브라질의 공식 은행이 되어 열대 제국을 앞세우고 명성을 떨친다.

  1889년에 대영제국이 사라지고 공화국이 들어서자, 금이 아닌 국채가 뒷받침하는 은행 화폐를 만들기 위한 노력이 시작됐다. 1889년에 집권한 공화당은 산업화를 추진하고 커피와 고무에 대한 수출 의존도를 낮추려 했다. 그러나 이러한 시도는 엔실라멘투(Enchilhamento)로 알려진 경제 위기로 이어진다. 브라질은 황제도 없고, 황제가 유럽의 은행들을 만족시킬 셈으로 만들어낸 통화 정책도 없는 상태에서 결국 경제학자들이 예견했던 어려움에 직면했다. 기록적인 인플레이션이 일어났고, 미우헤이스의 가치가 급격히 떨어졌으며, 모라토리엄이 발생했고, 국제 신용도가 흔들렸으며, 외국의 투자는 중단됐다. 그러나 1898년에 로스차일드가 등장하여 같은 해에 멕시코에 나왔던 전환 대출(conversion loan)과 유사한 자금 대출(funding loan)을 고안해 냈고, 이로써 재무장관은 통화의 가치는 올리되 통화 인쇄 통제권은 내려놓게 되는 상황이 연출된다. 1906년에는 국제 커피 가격 보호를 명분으로 한 국가 정책을 지켜내기 위해 카이사 데 콘베르소(Caixa de Conversao)가 창설되어 금으로 뒷받침되는 교환 불능 통화를 추진하며 외국 투자자들을 안심시키려 했다. 그러나 상황은 그렇게만 돌아가지 않았다. 제1차 세계대전이 일어남으로써 교환 가능 통화(금이나 다른 화폐로 바꿀 수 있는 화폐 — 옮긴이) 체제로 돌아갈 길이 막혀 버린 것이다. 금본위제는 역사를 통해 불필요한 체제임이 입증되었음에도 유럽의 은행가들과 정부 당국자들은 금본위제와 교환 가능 통화의 중요성을 역설했고, 브라질의 경제학자들은 계속하여 그들의 말만 경청했다. 그러나 1930년이 되자, 마침내 현실은 경제 이데올로기를 따돌려 버렸고, 브라질은 더 이상 금본위제의 목표가 무엇이었는지조차 입에 담지 못하게 됐다.

두 나라의 이야기는 여기서 끝이 난다. 한 나라는 전 세계에서 우러러 보는 통화의 형태로서 풍부한 은을 보유했던 자유 공화국이었고, 또 한 나라는 자체적으로는 금이나 은이 거의 생산되지 않고 교환 불능 통화도 없는 상태에서 노예제를 유지한 왕정국가였다. 두 나라는 대내외의 정치 체제 및 세계 경제에서 일어난 여러 사건으로 인해 다른 길을 걸었으며, 그 과정에서 금과 은은 중요한 역할을 했다. 그러나 경제를 발전시킬 마법 같은 해결책은 없었다. 두 나라의 이야기에서는 경제 이론은 역사적 현실에 순응할 필요가 있음이 드러날 뿐이다.

2 미터 혁명, 세계를 재다

제1차 세계대전이 끝나고 바로 소련을 방문한 한 프랑스 여행자가 마침내 미터법이 세계 어디서나 사용되고 있다며 미터의 온갖 장점을 늘어놓았다. 러시아인들은 믿을 수 없을 만큼 멍청한 이 외국인을 비웃었다. "그 잘난 센티미터로 우리 러시아의 길들을 모두 잴 수 있다는 게로구먼!" 그것은 프랑스 곡물에서 러시아 보드카를 증류하겠다는 것만큼이나 어리석은 짓이 될 터였다.

사실 우리는 이런 러시아 사람들의 반응을 이해하지 못한다. 오늘날 우리는 무게나 길이를 재는 도량형이 — 이것에 대해 한 번이라도 생각해 본 적이 있다면 — 원래부터 그냥 있던 중립적인 무엇이라고 생각하고 있다. 도량형은 거래나 계산을 쉽게 하려고 사용하는 단순한 범주일 뿐 그것 자체에는 고유한 가치 체계나 이데올로기 따위는 전혀 없다는 것이다.

그러나 도량형에 대한 우리의 이런 생각은 프랑스 여행객을 보고 어이없어 하던 러시아인들은 물론 지금의 대부분의 사람들에게도 대단히 낯설고 혼란스러울 것이다. 도량형은 역사적으로 여러 단계를 거쳐, 상당한 사회적 반대와 저항을 물리치고, 또 사람들의 생각을 혁명적으로 바꾸고서 얻은 결과물이기 때문이다.

대부분의 도량형 단위는 사람의 몸에서 출발했다. 사람들은 팔(길, fathom), 손(뼘, span), 발(feet), 팔꿈치(el) 따위로 길이를 재왔다. 힘이나 시력, 청력 등을 기준으로 삼기도 했다. 다음 오아시스까지 거리가 얼마나에 생사가 달려 있던 사하라 사막 유목민들은 막대기를 던져 날아가는 거리나, 화살이 날아가는 거리, 또는 평지나 낙타 등에서 보이는 거리 따위의 범주를 사용했다. 라트비아(Latvia) 사람들은 황소 우는 소리가 들리는 거리를 길이의 단위로 썼다.

농사를 짓던 곳에서는 땅의 넓이를 추상적인 길이가 아니라 그 땅이 얼마나 쓸모 있는지로 측량했다. 프랑스에서 사용한 아르젱(argent)이라는 단위는 남자 한 명과 소 두 마리가 하루 동안 갈 수 있는 면적을 가리켰다. 당연히 지세나 바위, 나무 따위가 있고 없음에 따라 넓이가 달라졌다. 다른 많은 도량법들도 이와 비슷해서 농사를 지을 수 있게 땅을 준비하는 데 드는 인간 노동력의 양에 비례해 정했다. 자본주의 이전 사회에는 실제로 거래가 이루어지는 토지 시장이 없었기 때문에 이런 방식들이 적절한 계산법이었다.

생산성은 브라질에서 콜롬비아, 프랑스, 이탈리아, 일본에 이르는 지역에서도 중요한 역할을 했다. 이런 곳에서 토지의 기본 단위는 보통 그 땅에서 나는 씨앗의 양에 따라 결정되었다. 따라서 같은 단위를 적용해도 땅의 실제 넓이는 장소에 따라 아주 많은 차이가 날 수 있었고, 해마다 달라질 수도 있었다. 자급농들의 처지에서는 노동력을 투입한 땅의 넓이보다는 수확량이 훨씬 더 중요한 근거가 되었던 것이다.

이런 도량법들은 어쩌다 같은 이름이 붙는 경우도 있었지만 크기에서 엄청나게 많은 차이가 있었다. 프랑스의 한 현(縣)에는 각각 크기가 다른 아르젱이 아홉 개나 있었던 적이 있다. 가장 큰 아르젱은 가장 작은 아르젱보다 다섯 배나 컸다. (그러나 역사적으로는 수수께끼 같은 반례도 있다. 고고학자들은 거의 5,000년 전에 인더스 계곡에서 거리와 무게를 측정하는 데 사용되었던 도구들을 수백 마일 떨어진 두 장소에서 발견했다. 이 두 곳의 도구는 서로 완벽하게 일치하지만, 이곳들이 같은 정부 아래 있었다는 증거는 전혀 없다. 그러나 소위 '자발적 표준화'가 나타나는 사례는 매우 예외적이며 오히려 공동 도량에 대해 지역적인 저항이 나타나는 사례가 더 일반적이다.)

이렇게 무게나 길이를 재는 방법이 무수할 정도로 많아진 것은 교역도 거의 없고 자기 것에 대한 자부심을 갖고 있던 작은 규모의 고립 경제가 그만큼 압도적이었기 때문이다. 한 지역의 도량형은 각각 자기 방식을 앞세우던 사람들이 오랫동안 다툰 끝에 확립된 것으로, 대체로 그 지역에서만 통했으며, 사람들이 자기는 누구고 또 '남'은 누군지를 가리는 기준으로 쓰기도 했다. 따라서 변화는 질서의 파괴로 받아들여졌다. 새로운 도량법을 거기에 익숙하지 않은 생산자나 소비자들을 속이는 수단으로 생각했던 것이다. 당시 대부분의 사람들은 기초적인 셈도 하지 못했고, 같은 수 체계를 사용하고 있었던 것도 아니다. 근대 초만 해도 (손가락과 발가락 개수인) 20에 기초한 수체계가 10을 기본으로 하는 체계보다 더 일반적이었다. 간단한 나눗셈에서 계산이 조금이라도 더 복잡해지면 그저 수수께끼였을 뿐이다. 따라서 한 측량 단위를 다른 단위로 환산하기가 굉장히 어려웠으며, 사람들은 거기에 무슨 속임수가 있다고 생각했다.

그러나 측량법이 이렇게 많았던 것은 단순히 사람들이 지혜로웠기(또는 무지했기) 때문만은 아니다. 수천 년 동안 도량형은 사법과 주권의 기본적인 특징이었다. 권력이란 '눈금'을 정할 힘을 갖고 있다는 의미였다. 그래서 도량 단위를 결정하는 쪽이 세금 징수관이나 무언가를 빌려주는 사람이었을 때는 권한을 남용하는 경우도 많았다. 혁명이 일어나기 전 중국에는 두 개의 도우(斗)가 있었는데, 둘은 3분의 1이 넘게 차이가 났다. 관리들은 농부들한테 빌려준 곡물을 받을 때는 보통 큰 도우를, 곡물을 빌려줄 때는 작은 도우를 사용했다. 봉건제 아래서는 보통 영주가 자기 영지에서 사용할 도량 단위를 정했고, 도량 단위를 놓고 다툼이 생겼을 때는 궁정회의에서 심사를 했다. 그리고 슐레지엔(Silesia)처럼 작은 영지들이 모여 있는 데다 교회와 왕권까지 개입해 각각 다른 도량형을 주장하던 지역에서는 그 복잡함이 더욱 심했다.

가끔씩은 가격 차이를 숨기려고 일부러 도량 단위를 바꾸는 경우도 있었다. 자본주의 이전의 사람들에게 물가가 심하게 오르내리는 것은 큰 걱정거리가 아닐 수 없었다. 그 가격 차이가 바로 죽느냐 사느냐의 차이가 될 수도 있었기 때문이다. 가격이 많이 올라 버리면 당시 사람들은 다른 장사꾼한테 가기보다는 폭동을 일으키는 쪽을 택했다. 이런 사태를 피하려고 장사꾼들은 보통 도량법을 바꿨다. 미터법을 도입하기 전의 유럽에서는 약재상이 쓰던 파운드는 너무 작아 차이를 가늠하기도 어려울 정도였고, 향신료 상인의 파운드는 이것보다 컸으며, 푸줏간 파운드는 조금 더 컸다. 1826년 이탈리아의 피에몬트(Piedmont)주에서는 상인들이 공동 도량 단위로 리브라(libra)를 쓴다는 '기특한' 합의를 본 적이 있었다. 그러나 설탕이나 커피, 식료품을 팔 때는 이 리브라가 12온스였지만, 양초는 14온스, 질 좋은 고기와 치즈는 32온스로 각각 달라졌다. 근대 초 유럽에서 가장 중요했던, 그리고 불붙은 도화선처럼 정치적 긴장을 몰고 다니던 빵은 덩어리로 팔리고 있었다. 빵의 경우 가격은 항상 똑같았지만, 곡물 가격에 따라 덩어리의 크기가 달라졌다. 폴란드의 역사가 비톨드 쿨라

(Witold Kula)가 정확하게 분석한 대로 "이런 전 과정이 시장 상황이 변하면서 야기될 사회적 반응에 대한 얼마간의 안전판 또는 완충제 역할을 했던 것으로 봐야 한다."

도량형을 통일해 보려던 세 차례의 중요한 움직임, 그러니까 그리스인들과 로마인들, 그리고 샤를마뉴(Charlemagne) 대제의 통일 시도는 모두 자신들의 제국을 더 넓히고 통제를 강화하려는 과정에서 나온 부산물이었다. 세금 징수를 확대하려다 보니 결국 도량형을 통일할 필요가 생겨났던 것이다. 그러나 각 지역 주민들의 정서를 반영하지도, 그렇다고 그것을 혁명적으로 바꿔 보려고도 하지 않았기 때문에 대부분의 지역에서 실패하고 말았다.

18세기 말 프랑스 혁명가들이 미터법을 만들어 퍼뜨리고 나서야 비로소 도량형이 통일되었다. 당시까지 사용하던 도량법들이 사람의 몸에서 비롯되었던 것과는 달리, 사람의 느낌 따위에 영향을 받지 않고 따라서 변하지도 않는 천문학상의 계산(1미터는 적도에서 자오선을 따라 극점에 이르는 거리의 1,000만 분의 1이다)에 근거한 미터법이 성공하려면 사람들의 인식에서도 혁명이 일어나야 했다. 우선 모든 인간은 법 앞에서 평등하다는, 즉 법률을 제정하는 사람이나 도량권을 가진 사람들이 분명한 근거도 없이 마음대로 권한을 휘두를 수 없다는 사실을 받아들여야만 했다. 그리고 여기에 상품화가 더 진전되어야 했다. 이제 아주 먼 곳의 시장에 팔려고 물건을 만들게 되면서 개별 생산자나 소비자가 물건에 부여했던 개성이 점차 사라져 갔다. 측량할 수 있는 공통의 특성들을 갖고 있는 대량 생산품의 시대가 온 것이다.

이제 물건들이 상품화되어 가고 측량 가능한 양으로만 그 특성들을 표시하게 되면서, 종류만 같으면 물건들을 서로 대체할 수도 있고 같은 도량 단위로 잴 수도 있게 되었다. 덕분에 농민들은 지방 관리나 상인들의

'장난'에 더는 골탕을 먹을 필요가 없게 되었지만 상당수 국제 무역상들은 장사를 그만둬야 했다. 무역상들만이 그 많은 지방의 서로 다른 도량형들을 알고, 또 환산할 능력을 갖고 있던 시절이 있었다. 그러나 이런 기술들이 더는 필요 없게 되었고, 중간에서 이들이 맡았던 그 중요한 역할은 큰 소비 시장의 대형 수입업자들이 가져가 버렸다. 도량법은 더는 지방의 역사와 전통, 그리고 사람들 사이의 싸움과 승리 따위를 상징하지 않게 되었다. 대신 오늘날 우리가 거의 돌아보지도 않는 상자나 저울 따위가 되어 버렸다.

3 로스차일드, 근대 세계 시장을 주름잡다

프랑스 혁명은 세계 경제의 역사를 완전히 바꿔놓은 것으로 평가되곤 한다. 구체제가 지배하던 봉건 세계와 그에 따른 중상주의 정책을 전복하고, 자유주의, 자유무역을 토대로 한 급속한 성장, 그리고 상대적 평화로 이뤄진 100년을 도래하게 했기 때문이다. 사실 이토록 완벽하고 확실하게 무언가가 무너진다는 것은 흔한 일이 아니다. 시간과 사건은 훨씬 더 디게 움직인다. 19세기에는 유럽 경제를, 그리고 그 뒤에는 세계 경제를 가장 광범위하게 확장한 가문은 구체제에 뿌리를 두고 있었다. 처음에 이 가문이 돈을 모으기 시작한 것은 군주들을 상대로 대부업을 하면서부터였다. 그러나 이 별 볼 일 없던 상인 가문은 독일 프랑크푸르트 암 마인 (Frankfurt am Main) 도성 밖 비좁게 늘어선 유대인 거리에서 시작하여, 결국 전 세계를 무대로 이자를 받고 투자를 하는 거부(巨富)가 되었다. 로스차일드가(家)는 초기에 귀족 중심 구체제와 연결되어 전통적인 경제활동으로 성공을 거뒀고, 이를 발판 삼아 과도기부터는 존재감을 더 크게 드러내기 시작했다. 그러나 이들은 여기에 머물지 않고 새로운 방식들을 만들어냈으며, 세계 시장은 이를 바탕으로 지난 200년간 어마어마한 확장세를 겪었다.

로스차일드가는 19세기 여러 국제 상업 은행의 출발점이던 프랑크푸르트 암 마인에서 시작됐다(유럽 중앙은행이 자리한 프랑크푸르트는 오늘날에도 여전히 금융의 중심지이며, 심지어 '메인하탄[Mainhattan]'이라는 별명도 있다). 이 집안의 가장 마이어 암셸(Mayer Amschel, 1744~1812)은 가족이 유대인 거주 구역 내(內), 문 위에 붉은 표식(roten schild, 당시에는 주소가 아니라 각기 다른 문양과 색의 표식으로 집을 구분했다 – 옮긴이)이 있는 집에서 살았다는 데서 로스차일드(Rothschild)란 이름을 쓰기 시작했다. 마이어도 처음에는 다른 상업 은행가들처럼 물건을 거래해서 돈을 벌었다. 가장 큰 수익은 환전 거래에서 나왔다. 신성 로마 제국이 250개의 공국으로 나뉘어 대부분 각자 다른 재무부를 두고 다른 동전과 법령을 사용하던 그 시기에는 환전으로 제법 큰 이익을 남길 수 있었고, 이로써 시장이 분화되고 경제 체제가 분산되면서 차익 거래의 인기가 높아졌다. 로스차일드가는 나라의 경계를 오가며 자본과 상품을 수송하는 일을 기반으로 재산을 모으며 경제 거래의 속도를 높이고, 많은 투자 자본을 모으고, 그 과정에서 민족 국가들을 통합해 나갔다.

마이어는 자금이 탄탄한 국제 은행을 세우기에는 너무 가난해 보이는 사람이었다. 즉, 재산으로 보아서는 잘해야 하위 중간계급이었고, 교육을 제대로 받은 것도 아니었다. 그러나 그는 '동전'을 잘 알았고, 곧 금융 시장에도 눈을 떴다. 그는 유대인이었으므로 군주들에게 정치적으로 위협을 가할 만한 인물이 아니었다. 그 당시 유대인은 정치적인 권리가 없는 외부인에 불과했다. 실제로 프랑크푸르트에 프랑스 혁명의 기세가 불어닥칠 무렵까지 그는 다른 유대인들처럼 유대인 거주 구역에 살아야 했고 밤이나 일요일, 휴일에는 구역을 떠날 수조차 없었다.

마이어는 후에 작지만 부유한 공국이 된 헤세-카셀(Hesse-Kassel)의 군주와 가까워지면서 입지를 굳히기 시작했다. 헤세-카셀의 부르주아 귀족 빌헬름(Wilhelm) 대공은 투자와 수익, 그리고 동전에 아주 관심이 많았다. 마이어는 갖고 있던 가장 좋은 동전을 시장 가격보다 싸게 팔아서 대공의 환심을 샀다. 그리고 그가 지위가 높아져 (아직은 유럽의 강대국 중 하나였던) 신성 로마 제국의 선거인단이 되자, 처음에는 헤세-카셀의, 나중에는 신성 로마 제국 황제의 궁정 대리인이 되었다. 그 무렵까지도 그는 다른 유대인처럼 반유대주의 법에서 비롯된 결정적 불이익을 피할 셈으로 군주가 베푸는 특권과 보호를 바라던 평범한 '궁정 유대인(court Jew)'에 불과했다.

로스차일드가는 전쟁과 운이 겹치면서 부유해졌다. 빌헬름 대공은 독립 혁명 가운데 미국과 싸우던 영국에 헤센의 군대를 빌려주고 돈을 받았다. 삼십 년 뒤 나폴레옹의 군대가 헤세-카셀에 쳐들어오자, 빌헬름 대공은 재산의 상당 부분을 로스차일드에 맡긴 뒤 피신했고, 로스차일드는 (프랑스 입장에서는 불법으로 보였지만) 그 돈을 종잣돈 삼아 수익을 냈다. 로스차일드가는 나폴레옹을 대적해 싸우는 공국들에 군대를 빌려주면서 막대한 부를 쌓았다. 프랑스 혁명은 새롭고 근대적인 것의 도래를 알렸지만, 프랑크푸르트의 로스차일드가는 이 시점에서 오래되고 보수적인 것의 편을 들었다.

이 일을 계기로 로스차일드가는 유럽 전역으로 퍼져나갔다. 살로만(Saloman)은 비엔나로 가서 메테르니히(Metternich) 수상과 가까이 지내며 전쟁 중인 오스트리아에 자금을 조달했다. 나탄(Nathan)은 먼저 맨체스터로 가서 가족이 벌인 섬유 산업의 수익을 맡아 관리했다. 그런 뒤 런던으로 가서, 영국이 헤센의 군대를 빌린 대가로 빌헬름 대공에게 치른 돈을 투자했다. 용병을 주고서 받은 피 묻은 돈을 근대 자본으로 탈바꿈시킨 것이다. 카를(Karl)은 나폴리로 갔지만, 약 50년 후에 이탈리아가 통일된 뒤 그의 회사는 문을 닫았다. 제임스(James)는 파리에 회사를 세우고 프랑스 금화를 모아서, 나폴레옹 군대와 싸우던 웰링턴(Wellington)에 원조 자금을 보냈다. 안젤름(Anselm)은 프랑크푸르트의 사업을 물려받았다.

1822년, 오스트리아 왕은 프랑스 혁명군을 몰아낸 뒤 로스차일드 가문이 자금을 지원한 데 감사를 표하며 그들 모두에게 남작 지위를 주었다. 니얼 퍼거슨(Niall Ferguson)이 지적했듯, 로스차일드가는 전제 군주들의 부활에 돈을 대면서 '신성 동맹(Holly Alliance)의 최고 협력자'로 알려지게 된다. 그때까지 그들은 귀족에 충성하고 환전과 대부에 집중하면서 중세 상업 은행의 연장선에서 활동하고 있었다. 그러나 곧 이 가문은 유럽만이 아니라 세계에서도 가장 부유한 은행가 집안이 된다.

반대 세력에서는 로스차일드가를 가리켜 프랑스 혁명에 맞서 싸운 '돈 많은 봉건 남작들'이라고 비난을 퍼부었지만, 로스차일드가는 프랑스 혁명의 잿더미 위에 새로운 경제 질서를 구축했다. 유명한 독일 시인이자 급진 자유주의의 옹호자인 하인리히 하이네(Heinrich Heine)는 경제 분야의 혁명가인 로스차일드가가 로베스피에르(Robespierre)와 다르지 않다고 말했다. 왜냐하면 그들은 "국채제도를 최고 권력으로 격상시켜 재산과 소득을 동원한 동시에, 기존에는 토지에 있던 특권을 빼앗아 자본에 부여함으로써 지배 세력을 무너뜨렸기 때문이다." 19세기에 민족 국가가 출현하고 국제주의가 도래한 것은 모두 로스차일드가에 유리하게 작용했다. 이들은 여러 갈래의 사업을 운영하며 지역의 권력자들과 긴밀한 관계를 쌓는 한편, 국제적인 사안에서는 국경을 초월하여 대리인으로 나섰다. 로스차일드가의 형제들은 컨소시엄을 구축해 자금과 정보를 끌어왔다.

유럽 전역에서 알맞은 자본가들을 모아 네트워크를 구축하여, 위험은 줄이고 국제적인 힘은 키웠다. 사실 로스차일드는 누구보다 발 빠르게 나라 밖에서 정보를 얻은 뒤 대륙을 넘나들고 나중에는 세계를 휩쓸며 신속히 반응했고, 그 능력 덕분에 처음에 막대한 부를 쌓았고, 왕의 궁정 대리인이 됐으며, 결국은 내로라하는 산업의 선두 주자들을 상대하는 은행 가문이 되었다.

로스차일드가는 전신이 세상에 나오기 전부터 비둘기를 날리고 고속선을 띄워 신속히 정보를 주고받았다. 웰링턴 군대의 뒤를 대고 워털루에서 나폴레옹의 최후를 목격했던 나탄은 이 수단을 들고 런던 시장을 공략했다. 그리고 이렇게 들어온 수익은 나중에 전신을 확산시키는 재원으로 쓰였다(물론 로스차일드는 사설 전산망을 갖고 있었다). 로스차일드가의 연락망은 빠르고 믿을 수 있고 비밀 보장이 확실했기 때문에 궁정 신하들이 왕의 명을 받고 적이나 경쟁자들에 대응하는 데 사용되기도 했다. 또한 이들은 권력자들과 친밀한 관계를 유지한 덕에 부당 내부 거래를 처벌하는 법률이 없었던 그 당시에 금융계와 상업계를 내부자의 시선으로 바라볼 수 있었다. 로스차일드가에서는 내부에서나 고객을 상대하여 빠르고 안전하게 정보를 전달함으로써 정보 이동에 따르는 비용과 위험을 줄였다. 이런 정보 전달 방식은 대규모 사업에 소규모 투자를 유치하는 데도 도움이 됐다. 자본주의의 부상을 이야기한 유명한 독일 사회학자 베르너 좀바르트(Werner Sombart)는, "양적 측면만이 아니라 질적 측면에서도 현대의 증권거래소는 로스차일드가의 방식을 닮았다."라고 말했다. 왜냐하면 로스차일드가 '유한책임회사법'을 밀어붙인 결과 법인과 법인이 발행하는 주식이 탄생했기 때문이다.

이 유대인 은행가 집안은 국제적으로 금본위제와 은본위제가 확립되는 과정에서도 견인차 구실을 하며, 국제 금융과 상업이 광범위하게 확장된 공을 치하받곤 했다. 나탄은 런던 최초로 파운드화로 지급할 수 있는 채권을 발행한 은행가였다. 그가 있었기에 런던은 거대하게 팽창된 대영제국의 자본주의만이 아니라 세계 금융의 중심지로서 입지를 굳힐 수 있었다. 나탄은 1930년대에 대공황이 닥치기 전까지 파운드화가 지배적인 통화로 기능하도록 힘을 보태기도 했다. 금본위제를 채택하는 나라가 늘어가자, 로스차일드가는 빠르게 상황을 알아차리고 멕시코와 미국, 스페인만이 아니라 대영제국 치하 남아프리카와 호주의 금, 은, 구리, 수은 광산에 거액을 투자했다. 한편 이들은 여러 나라의 은행가들로 컨소시엄을 구축하는 식으로 자금과 무역의 흐름을 가로막는 장벽을 제거했다. 사실 로스차일드가는 국제통화기금(IMF: 오늘날 국가의 신용과 통화를 감독하는 다자간 기관)의 초기 활동을 주도한 셈이다. 19세기 중반에 이르자, 이들은 투자한 자금을 통제하는 역할에서 벗어나 제삼자에 대한 대출과 채권의 '보증인'(underwriter) 역할을 하면서 자금 흐름의 뒤편으로 자리를 옮긴다. 로스차일드가는 본래 고위험 단기 매매 투자를 고안해 냈고 경쟁 은행들은 여전히 그 방식을 선호했지만, 이제 이들은 믿을 수 있는 곳에 큰 금액을 빌려주되 상대적으로 낮은 이자를 받는 편을 선호했다(이 장 7절 참조).

로스차일드는 중상주의에 기반한 왕국의 군주들과 전쟁을 재정적으로 뒷받침하며 시작됐지만, 1830년 무렵에는 민주 공화국을 후원하고 평화와 자유무역을 촉구하는 자유주의자가 되어 있었다. 이들은 여러 나라에서 생활하고 일하는 유대인 가문으로서, 민족 국가의 자금줄이자 국제주의의 핵심 배후 세력이었다. 그러나 보통은 사업의 범위에서 이러한 모순을 교묘하게 처리했고, 사회주의 혁명가들과 그들의 적대 세력, 그리고 반유대주의 민족주의자들에게 증오를 샀다. 사회주의자들은 로스차일드가가 일찍이 이룬 경제적 혁명을 인정하지 않았다. 그들로 인해 자유 방임주의적 자본주의가 탄생했고, 노동자의 운명이나 복지제도에 관해 이야기하려는 낌새만 보이면 물불 가리지 않고 반대하는 분위기가 형성됐기 때문이었다. 사회주의적 시각에서 로스차일드는 반동분자였다. 유럽 사회에서 사회주의 맥락의 변화를 일으키고자 하는 움직임이 보일 때마다 그들은 반기를 들었다.

한편 부유한 자본주의 유대인 은행가들과 헌신적인 반자본주의 유대인 혁명가들(카를 마르크스, 레온 트로츠키, 로사 룩셈부르크 등)은 명백히 관심사가 다르고 노골적으로 서로를 싫어했지만, 그 둘 사이에 광범위하고 국제적인 음모가 있다는 상상 같은 소문이 돌았고, 반유대주의자들은 광분했다. 많은 반유대주의자는 로스차일드가 자금을 조달한 대(大)상인들과 산업주의자들은 이제 밑에서 부리는 노동자들에게보다 옆에서 경쟁하는 자잘한 상대들에게 더 가혹하며, 그들은 여러 오래된 (기독교) 귀족들의 영향력 또한 무력하게 하고 있다는 사실을 모르지 않았다. 그런 점에서 적어도 부분적으로는 하이네가 옳았다. 돈을 땅과 피처럼 귀하게 여기며 공들여 모은다는 것은 혁명적인 일이었다. 물론 사회주의자들이 원하던 혁명과는 무척 거리가 멀었지만 말이다.

로스차일드가는 20세기에도 번영을 이어갔다. 그러나 공공과 민간에서 거대 은행들이 생겨나고 유럽이 더는 전만큼 세계 경제에 동요하지 않자, 로스차일드가의 재정적인 영향력은 상대적으로 감소했다. 초기에 로스차일드가 사용한 성공 공식은 가문이 똘똘 뭉쳐 힘을 합하는 것이었다(이들은 사촌 간에만 결혼 관계를 맺으면서 유대인 친족 회사의 형태를 유지했다). 그들은 이 공식을 사용해 여러 나라로 사업을 확장하고 유지하는 한편, 근대 세계 경제에서 활용할 금융 및 통화 수단과 기술을 구축했다. 이런 전통적인 가족 파트너십과 20세기 및 21세기의 투자 및 운영 방식은 언뜻 모순되게 보이지만, 사실은 아귀가 아주 잘 들어맞았다. 새로운 기업들이 부담을 줄이고 책임을 피하면서 이윤은 극대화하기 위해 정체를 가리고 익명성을 이용할 때, 로스차일드는 사업에서 자신들의 정체성과 윤리를 앞세우고 보다 보수적인 접근 방식을 택했다. 그들은 분명 이로써 치명적인 적을 만들기도 했지만, 그러는 동시에 250년 동안 번창하고 진화할 수 있었다. 로스차일드는 여전히 세계 경제에서 중요한 자리를 차지하는 금융 기관이지만, 이제는 훨씬 더 규모가 큰 은행도 많다. 닷컴 버블(dot-com busts/bubble: 인터넷 관련 분야의 성장으로 인한 거품 경제 현상 − 옮긴이)과 스왑 파생상품(기초자산을 응용하여 다양화한 고위험 고수익 금융 상품, 스왑은 파생상품의 일종 − 옮긴이)처럼 매력적이지만 위험도 큰 투자 방식을 좇다가 경제 위기가 초래되곤 하는 요즘, 과연 지금의 방식이 과거의 방식보다 낫다고 말할 수 있을까?

4 곡물은 세계로 세계는 곡물로

인간은 한곳에 머무르며 보리를 심고, 가꾸고, 수확하기 시작한 지 대략 1만 년이 흐른 1800년대에 '곡물'의 개념을 만들어 냈다. 곡물은 추상적인 상품으로, 지역에 따라 쌀, 밀을 포함한 다양한 전분류로 대표되지만, 결국 하나의 범주로 생각할 수 있다. 세계 시장이라는 큰 틀에서 보면 그것들이 모두 서로 영향을 주고받기 때문이다. 한편 그러는 과정에서 세계 각지의 농업이 구조적으로 달라지면서 수백만 인구의 이동이 일어났고, 주요 산지의 생태계도 크게 변화를 겪는다.

곡물 시장은 두 개의 거대한 흐름이 만들어지면서 탄생했다. 먼저 1840년대에 시작되었지만 19세기가 저물어갈 무렵에야 자리가 잡힌 밀의 이동이 그 첫 번째 흐름이다. 밀은 북아메리카, 아르헨티나, 호주, 러시아 제국에서 출발하여 유럽, 특히 영국으로 갔고, 미국 동부 해안을 포함한 몇몇 도시화된 지역으로도 이동했다. 두 번째 흐름은 더디게 진행되어 1920년경에야 완전히 자리를 잡은 쌀의 이동이다. 버마(미얀마), 시암(태국), 베트남, 대만, 한국, 필리핀, 자바에서 생산된 쌀은 일본, 중국, 인도 등에 있는 아시아 소비자들과 유럽의 산업용 전분 생산자들에게 팔려나갔다. 이 흐름이 각각 완성되고 통합되기까지는 75년에 걸친 경이로울 만큼 복잡한 과정이 있었다.

이 두 가지 흐름은 서로 밀접하게 연관되기도 했지만, 기본적으로 비슷한 역학관계에 놓여 있다. 비록 세계 밀 수출의 신흥 중심지(미국, 캐나다, 아르헨티나, 오스트레일리아, 러시아)는 그 시대의 쌀 수출 신흥 중심지(미얀마, 태국, 베트남)와 비교할 수 없는 사회에 속해 있었지만, 인구 이동, 시장, 환경 변화 같은 기본적인 측면들은 농업의 오랜 중심지와 새로운 중심지에서 밀과 쌀을 재배하는 사람들 사이에 놀라울 정도로 비슷한 영향을 미쳤다. 그러나 이러한 유사성은 정치적인 차이와 고단수 상업 조직의 활약 속에 희미해졌고, 그로 인해 우리는 세계의 농업 지대를 '자작농(farmer)' 지역과 '소작농(peasant)' 지역으로 나누어 인식하게 되었다.

담배와 설탕 같은 농산물은 유럽인들이 식민지를 건설하기 시작한 직후에 대서양을 건너기 시작했지만, 밀은 1800년대 초반까지도 이동량이 극히 적었다. 그러나 1830년대부터 영국의 산업화, 유럽 각지의 도시화, 운송비 감소, 미국의 서부개척 등에 기인하여 정세가 바뀌었고, 1840년대에는 밀 수송량이 폭발적으로 증가했다. 영국은 1846년에 자유무역 체제로 돌아서면서 식량이 넘쳐났다. 한편 대서양 횡단 비용이 저렴해지자 상대적으로 가난했던 수백만 유럽인들은 계약 노동자가 되거나 대출을 받지 않고도 이주비용을 마련할 수 있게 됐다(이는 2장 4절에서 언급한 이야기의 단초가 되었다). 한편 심각한 흉작 속에 아일랜드와 독일 일부 지역을 중심으로 '굶주린 40년대(the hungry '40s)'가 이어지는 가운데 유럽에서도 이민자가 급증했다. 이민자들은 미국 도시지역에 정착하는 경우도 많았지만, 상당수는 농장으로 가서 노동력을 제공했고, 그 덕분에 국내 시장만 바라보던 농장들은 국외 시장에 상품을 출하할 수 있게 되었다.

이 변화는 미국 남북전쟁으로 잠시 중단됐다가 전쟁이 끝난 뒤 훨씬 더 활발히 진행되었다. 대서양 횡단은 더 저렴하고 빨라졌으며, 뉴욕에서 리버풀로 가는 밀의 수송 단가는 1868년부터 1902년 사이에 79퍼센트나 떨어졌다. 철도와 오대호(Great Lakes)의 증기선 또한 내륙 운임 단가에 상당한 영향을 미쳤다. 남북전쟁이 끝나자 미군은 대평원(Great Plains) '평천하'(平天下, pacifying)에 집중하면서 원주민과 들소를 몰아내고 광활한 초원을 '소맥'(小麥, 밀, wheat)이라고 부르는 풀을 기르는 데 적합한 땅으로 바꿔갔다(미국 북방 평원에서 잘 자라는 경질 소맥을 제분하는 기술이 새롭게 개발된 것 또한 이러한 개척 활동에 보탬이 되었으며, 이로써 미니애폴리스는 19세기 말 세계 제분산업의 중심지가 되었다). 캐나다, 오스트레일리아, 아르헨티나 또한 비슷한 길을 걸었다. 아르헨티나는 원주민 배척 정책으로 1870년대 말에 프랑스와 스페인을 합한 만큼 넓은 면적의 영토를 확보한 뒤 그 대부분을 순식간에 농장과 목장으로 전환했다. 러시아 또한 군대를 동원해서 오랫동안 분쟁지역으로 있던 영토를 점령한 뒤 대부분 면적(특히 크림반도)에 밀을 심었다. 사이러스 맥코믹(Cyrus McCormick)이 개발한 기계식 수확기(收穫機)와 존 디어(John Deere)가 개발한 강철 쟁기로 대변되는 신기술은 나중에 트랙터와 콤바인이 개발되는 밑거름이 되었고, 농부들은 대규모 농장을 단위당 전보다 훨씬 적은 노동력으로 경작할 수 있게 됐다. 또한 그 무렵 대규모 농장은 노동집약적 농업을 하는 소규모 농장보다 생산성이 떨어졌는데, 농기구의 발달로 비용이 떨어지면서 생산성 문제가 극복됐고 장거리 수송에 필요한 운임도 확충됐다.

무엇보다 이러한 역학 구조는 선순환 고리를 형성하는 단초가 되었다. 이러한 신기술을 활용하려면 대규모 농장과 상당한 자본이 필요했지만, 유럽이나 미국 동부지역의 농민들은 그 둘을 다 가지고 있지 않았다(대부분의 개척자 또한 자본이 많지 않았지만, 은행이 등장하고 토지의 구획이 정리되면서 넓은 땅이 있는 사람은 비교적 수월하게 자금을 조달할 수 있었다). 그런데 아메리카 대륙과 오스트레일리아에서 밀의 수확량이 증가하고 가격은 내려가자, 유럽에서는 수백만 농민들이 경작을 포기하고 바다를 건넜다. 미국에서는 이들로 인해 더 많은 토지가 개간되었고, 유럽에 남은 농민들은 더 크게 압박을 받았다. 일부 유럽 국가에서는 자국의 농민을 보호하기 위해 수입 농산물에 대해 관세를 올렸지만, 알려진 것과는 달리 그 당시 대부분 농산물에 대한 관세율은 극히 낮았다. 실제로 당시의 관세율은 20세기 대공황 때보다 훨씬 낮았고, 소위 자유무역의 시대라고 하는 오늘날까지도 세계에서 가장 부유한 여러 나라는 대공황 때 수준의 관세를 유지하고 있다. 어찌 되었든 관세만으로는 대세를 막을 도리가 없었다(당시 대부분 국가의 평범한 노동자 가정에서는 식비가 가계 예산의 절반 이상을 차지했으므로, 관세가 급격히 올라가면 제조업체의 고용주는 노동자의 급여를 대폭 올려야 했다. 그러면 이 회사에서 나온 상품은 경쟁력이 떨어지는 것이었다).

수백만 농민이 유럽을 떠나자, 남은 농민 중에는 땅을 더 사서 기계로 경작할 수 있을 만큼 농업의 규모를 확대하는 이들이 있었고, 유럽의 몇몇 밀 농장은 그렇게 해서 위기를 넘겼다. 가령 헝가리의 농장들을 예로 들면, 1863년에는 168대의 증기기관이 사용됐고, 1871년에는 3,000대가 사용됐다. 이렇게 생겨난 대형 농장들은 곧 해외의 농장들과 같은 행보를 걸으며 단위 면적당 적은 노동력을 투입하는 등으로 이웃 국가들을 앞질러 갔다. 헝가리의 수출량은 급증했고, 자급자족형 소규모 농장은 30퍼센트까지 감소했다(폴란드 갈리치아[Galicia]에서는19퍼센트까지 감소했다). 그러나 유럽의 대도시 인근에서는 소규모 농장들이 오히려 번영의 길을 걷기도 했다. 다만 이들은 곡물 재배는 포기하고 채소, 낙농 등 입지와 신선도가 중요한 품목에 주력했다.

물론 큰 틀은 비슷해졌지만 그 안에서 차이도 생겨났다. 예컨대 아르헨티나에서는 소수의 거대지주가 북아메리카나 오스트레일리아는 비교도 안 될 만큼 큰 농장과 목장을 소유할 수 있었으므로 그쪽으로 노동력이 몰렸다. 그런 데다 아르헨티나는 남반구에 있어서 유럽이 겨울을 지내는 동안 밀을 수확했기 때문에 해마다 남유럽(특히 이탈리아)을 왕래하는 단기 이주자들에 대한 노동 의존도가 다른 곳보다 훨씬 더 높았다. 어찌 되었든 전 세계에 새로 만들어진 밀 농업 지역은 서로 아주 닮아 있었고, 이들이 먹여 살린 나라들도 흡사한 점들이 있었다.

벼농사는 현대를 기준으로 봐도 이러한 흐름과 동떨어진 듯 보인다. 벼농사의 생산성을 높이는 가장 좋은 방법은 모판에서 기른 어린 모를 논에 옮겨 심어 재배하는 것이다. 이 과정은 섬세한 작업으로 이뤄져야 하며 기계화가 어렵다(소득 수준이 높은 대만이나 한국조차도 여전히 모내기는 대부분 수작업으로 이루어진다. 자금이 부족해서가 아니라 워낙 섬세한 작업이 필요하기 때문이다. 논에 물을 대기 전에 논바닥의 수평을 정확하게 맞추는 것 역시 섬세한 작업인데, 이때는 정확하게 수평을 맞추기 위해 레이저가 동원되기도 한다). 하지만 밀 이야기와 놀랄 만큼 비슷한 일이 새로운 쌀 농업 지역들에서 일어나기 시작했고, 기존에 벼농사 중심으로 살아가던 지역도 유사한 영향을 받았다.

19세기 중반까지만 해도 세계에서 쌀이 가장 많이 생산되던 곳은 중국과 인도였고, 일본과 자바는 두 나라에 한참 뒤처져 있었다. 한편 중국과 인도는 쌀을 가장 많이 소비하는 나라이기도 했기에 많은 양의 쌀을 수입하거나 수출하지는 않았다. 그러나 내수 물량 자체가 어마어마했으며, 중국 남동해안에서는 시암(태국)으로부터 들여오는 물량이 조금씩 증가하기 시작했다. 그리고 얼마 뒤 세상은 달라졌다.

베트남과 미얀마에 세워진 식민정부는 19세기 중반을 시작으로 메콩강 삼각주와 이라와디(Irrawaddy) 삼각주를 이전의 어느 정권보다 강하게 통제했다. 곧 기술자들을 투입했고, 저지대에 있는 늪에서 물을 뺀 뒤 거대한 농토로 만들었다. 어느 정도 영국의 지배를 받으면서도 독립된 지위를 유지했던 시암도 차오프라야(Chaophraya) 삼각주에서 비슷한 사업을 진행했다(사례로 든 19세기의 세 정권은 모두 선대에서 시도했던 일을 꾸준히 이어간 끝에 훨씬 더 큰 성공을 거뒀다). 밀 경작지를 확장할 때와 마찬가지로 여기서도 원주민은 종종 추방의 대상이 되었다. 또한 대초원을 개간할 때와 마찬가지로(대초원에서는 좀 더 심각했지만), 이 과정을 거치면서도 생태계가 극단적으로 단조로워졌다. 거대한 생태 다양성을 지닌 밀림과 숲이 시야가 미치는 범위 안에서 전부 논으로 변했고, 코끼리, 호랑이 같은 대형 포유류의 서식지가 파괴되었다. 마치 아메리카 대륙에서 들소와 야생마 같은 몸집 큰 동물들이 사라진 것처럼 말이다(오스트레일리아에는 본래 그런 동물이 많지 않았다). 이렇게 '비워진' 땅은 인구 밀도가 높은 지역들로부터 많은 사람을 끌어들였다. 이곳에 정착한 이주민은 주로 미얀마에서 온 인도인이었다. 두 지역 모두 영국의 식민지였기 때문이다. 한편 인구 밀도가 높은 북부 지역과 중국 남동부에서 이주한 사람들도 있었다. 이들이 경작한 쌀의 잉여분은 대부분 인도와 중국의 해안 도시로 넘어갔다. 상해, 광둥, 홍콩, 캘커타, 봄베이 같은 해안의 도시들은 국제 무역량이 증가하면서 급속하게 성장하고 있었다. 그리고 또 여기서 남은 양의 상당량은 동남아의 여러 섬으로 넘어갔다. 이 섬들에는 북대서양 지역의 산업화에 불을 지피던 광산, 농장, 벌목촌이 있었다(양철, 고무, 담배, 금, 커피, 차 등이 생산되는 곳들이었다). 일본은 19세기 후반부터 20세기 초반 사이에 급격한 도시화를 겪으며 주요 쌀 수입국이 되었고, 수입만으로는 수요를 감당할 수 없게 되자 새로운 식민지인 대만과 한국을 쥐어짰다. 앞에서도 언급했듯 벼농사에는 섬세한 노동이 요구되었고 기계화 농법을 적용하기도 어려웠으므로, 밀 농장 기준으로 볼 때 벼 농업 지대의 쌀 농장들은 모두 규모가 아주 작았다. 그러나 새 농장들은 중국 남동부 등지의 농장들보다 규모를 키워 수익을 늘렸고, 다른 면으로 경쟁력을 키웠다.

그리하여 밀만큼은 아니지만 쌀도 어느 정도 선순환 고리를 형성했다. 중국과 인도의 농민들은 신흥 농업 지대에서는 손댈 수 없는 내륙 지역(특히 중국의 경우는 내륙 운송비가 상대적으로 비쌌던 이유도 있었다) 주민들에게 지역의 시장을 통해 쌀을 팔았지만, 인구 밀도가 높은 해안 지방의 수요에 의존하던 농민들은 결국 외부 경쟁의 압력을 느꼈다. 한동안 쌀의 수요가 급증하면서, 은화(당시 중국과 인도에서 은화는 기본 화폐 단위로 쓰였다)를 기준으로 하면 도시 지역 물가가 꾸준히 상승한 셈이었지만, 금화를 기준으로 하면 물가에 변동이 없었다(당시 파운드, 프랑, 달러와 같은 기축 통화의 기준은 금이었다). 그러나 1920년대부터는 어느 기준으로 보나 쌀값은 계속 폭락했다. 1935년에 싱가포르의 쌀 1킬로그램 가격은 은화를 기준으로 할 때 1920년보다 68퍼센트 하락했고, 금화 기준으로는 88퍼센트가 하락했다. 하노이에서는 각각 63퍼센트, 86퍼센트 하락했다. 한편 이러한 압박에 직면한 농민들은 밀 농사를 짓던 유럽의 농민들보다 선택의 여지가 없었다. 도시에는 유럽보다 산업화된 일자리가 많지 않았고, 이들이 희망하던 북아메리카와 오스트레일리아 등의 고용시장은 인종차별 정책 때문에 접근이 어려웠다. 결국 많은 노동자가 수출 호황으로 문제가 커진 지역이나 아시아 연안 다른 지역의 농장, 광산, 부두 등지로 유입되었다.

지정학적 측면과 농민들의 경험(이주 농민이든 본토 농민이든) 측면에서 밀 농사와 벼농사의 순환고리에는 차이보다 유사성이 훨씬 많아 보인다. 그러나 정치 경제 측면에서는 상당한 차이가 있었다.

우선 어느 정도 독립적인 지위를 가졌던 시암을 제외하면, 신흥 쌀 농업 지대는 모두 식민지에 있었다. 식민정권은 일반적으로 농민보다 도시의 쌀 소비자(심지어, 고무 등 전략 물자를 생산하는 농장 노동자이지만 결국은 쌀 소비자인 사람들까지)를 훨씬 중시했다. 또한 실제로 농사일을 하는 사람과 지주가 다른 사람인 경우, 식민정부는 후자를 더 중시했다. 특히 (베트남에서처럼) 지주는 유럽 출신이고 노동자는 쉽게 인력을 들여올 수 있는 아시아 출신일 경우, 그 정도는 더 심했다. 둘째로, 일자리가 적고 이동 거리는 짧았기 때문에 고향으로 돌아가는 이주민들이 훨씬 많았다. 이들은 아르헨티나에서처럼 해마다 양쪽을 오간 것이 아니라 영구 귀국하는 경우가 많았다. 1850년부터 1940년까지 약 2천만 명의 중국인이 동남아로 갔지만 2백만 명을 제외한 나머지 사람들은 결국 중국으로 돌아갔다. 반면 유럽의 경우에는 1846년부터 1940년까지 해외로 나간 5천5백만 명 중 3천5백만 명 이상이 해외에 정착했다. 신흥 밀 재배 지역이 소농들에게는 평등이 보장되는 천국일 리 없었지만, 그래도 이들은 상대적으로 훨씬 더 많은 권리를 가지고 있었다. 그래서 아시아의 소농은 자기 땅을 소유하고 서양 농부처럼 시장에 진출했다 하더라도 '소작농(peasants)'이라고 하는 반면, 신흥 밀 재배지의 농민은 '자작농(farmers)'이라고 부르는 것이다(밀 농사를 짓는 농부들 중에서는 러시아 농민의 권리가 가장 약소했을 것이다. 실제 사정은 농노의 땅이라는 이미지에서 드러나는 것보다 훨씬 복잡했다. 당대 사람들은 물론 역사학자들도 이들을 일반적으로 '소작농'이라고 부르는 것은 우연이 아니다). 사실 이러한 어휘의 차이가 생기기 시작한 것도 이 무렵부터였다. 영어로 'peasant'와 'farmer'는 1930년경만 해도 비슷한 뜻이었고, 중국어에서 의미하는 '농사짓는 사람' 을 영어로 번역하려면 둘 중 어느 쪽을 선택해도 무방했다. 그런데 쌀값이 폭락한 후부터 둘은 의미가 급격히 달라졌고, 1950년대에 이르러서는 'peasant' 가 다섯 배는 더 많이 쓰였다.

  같은 시기에 밀 시장은 쌀 시장보다 훨씬 더 급진적인 변화를 겪었다. 오늘날에도 그렇지만, 그 당시에도 쌀은 일반적으로 도정 후 익히는 것 외에는 농장에서 나오는 것과 크게 다르지 않은 형태로 소비되었다. 반면 밀은 누구도 알곡을 그대로 먹지 않는다. 밀은 가루가 된 뒤 빵, 파스타, 크래커, 비스킷, 시리얼 플레이크 등 다양한 형태로 가공되어 식탁에 오른다. 쌀을 주식으로 하는 소비자들이 쌀의 품종을 금세 알아차릴 수 있는 것은 이런 이유도 있을 것이다. 쌀 소비자들은 선호하는 품종이 뚜렷했고 지금도 그러하다. 그래서 쌀은 장거리 교역이 크게 늘어난 후에도 시장은 분화된 상태를 유지했다. 쌀 소비자들은 곧이어 다룰 한 가지 예외를 제외하고는 저렴하다는 이유만으로 품종을 바꾸지 않는다. 예를 들어 베트남 쌀이 더 저렴해졌다고 해서 태국 쌀 대신 베트남 쌀을 사서 밥을 짓지는 않는다는 뜻이다. 반면 제분공과 제빵사들은 가장 저렴한 밀을 사서 어느 품종으로든 탁월한 실력을 발휘하여 비슷한 모양과 맛을 냈다. 그 결과 밀은 쌀보다 훨씬 더 표준화되고 호환이 수월하며 추상적인 상품이 되었다. 사실 오랜 세월에 걸쳐 다품종의 쌀을 하나의 시장으로 묶는 데 결정적인 역할을 한 것은 접착제, 건축자재 등으로 쓰기 위해 쌀을 가공해서 만든 산업용 전분이다. 아무리 까다로운 사람이라도 산업용 전분을 먹어 볼 일은 없었으므로 산업용 전분 제조업체들은 최저가를 찾는 소비자 집단이 되었다. 그리하여 미얀마에 풍작이 들자 국제적으로 거래되는 쌀의 가격이 전부 영향을 받게 되는 일도 일어났다.

  반면 제분공이 이러한 방식의 표준화를 통해 수익을 창출하는 법을 생각해 내기 한참 전에 밀은 표준화의 길을 걷기 시작했지만, 표준화와 수익 창출의 과정은 결과적으로 자연스럽게 접점을 찾는다. 그 시초는 밀을 운송하는 과정에서 일어났다.

국제 밀 무역이 처음으로 호황을 맞던 시기에, 미국 중서부에서 맨해튼으로 가는 운송 선박들은 농장에서 나온 포대 밀을 그대로 싣고 갔다. 뉴욕항에 도착해서도 포대에는 '존스 밀', '스미스 밀' 같은 이름이 찍혀 있었고, 그때까지는 농부가 포대에 든 밀의 주인이었다. 중개상은 이 과정까지 수수료를 받았다. 뉴욕의 상인들은 밀의 표본을 떠서 평가한 다음에야 농부에게서 밀을 사들였다. 존스와 스미스는 품질에 따라 크게 다른 값을 받았지만 '밀 시세'라는 개념은 존재하지 않았다.

그런데 철도가 모든 것을 바꿔놓았다. 열차는 밀을 싣거나 내리는 동안에도 계속 증기기관을 돌려야 했는데 그 비용이 매우 비쌌고, 그래서 적재와 하역 과정은 빠르게 완료돼야 했다. 따라서 얼마 뒤부터 운송업자들은 포대를 하나하나 끌어서 운반하는 대신 곡물 엘리베이터(지상에서 엘리베이터에 곡물을 담아 상부까지 올려 저장하는 방식 - 옮긴이)를 만들어 화차 안으로 쏟아붓는 방식을 고안해 냈다. 그러나 그렇게 하면 존스 밀과 스미스 밀이 엘리베이터에서 뒤섞이는 수밖에 없었다. 결국 곡물은 농장을 출발해 기차역에 도착하는 시점에서 판매돼야 했고, 한 농장의 생산물은 다른 농장의 생산물과 교환이 수월해졌다.

밀은 계속해서 품질이 평가됐지만, 이제 결과는 몇 가지 등급으로만 표시됐고, 평가에도 표본으로 하역물량 전체의 등급을 추정하는 방식이 쓰였다. '밀'의 개념은 이렇게 탄생했다. 이제 올 봄에 생산된 '2등급 밀' 1톤을 이듬해 동일한 분류의 밀 1톤과 교환할 수 있게 됐으므로 밀 선물거래, 밀 옵션 그리고 시카고 상품 거래소(Chicago Board of Trade, CBT)가 탄생했다(CBT는 1848년에 설립되었고 1865년부터 선물거래를 시작했다). 얼마 후에는 CBT에서 증서로 거래되는 '밀'이 실제로 시카고를 거쳐 가는 밀의 양보다 15배나 많아졌다. 밀을 재배하는 농민의 생각과 관계없이, 이제 세계 어디를 가도 구매자와 은행은 밀을 담보로서 인식하고 신뢰하고 사용했다. 농민들은 주로 가격을 놓고 서로 직접 경쟁했다. 그리고 점점 더 많은 농민이 자신을 '농작물'을 거래하는 상인으로 바라보기 시작했다. 또한 20세기 초반에는 옛말인 '농부'(farmers)보다는 차별성이 있고 현대적 정체성이 들어간 '재배자'(growers)라는 말로 불리기를 선호했다(엇비슷한 시기에 중국 '농부'[farmers]는 '소작농'[peasants]이 되었다).

싱가포르에서 시작된 쌀 거래소와 선물시장 또한 발전하고 있었지만, 속도는 상대적으로 더뎠다. 대체 불가 품종은 더 많아졌고, 그것은 지금도 여전하다. '쌀' 시장은 완전히는 아니지만 통합이 이루어진 측면도 있다. 앞에서 언급했듯, 산업용 전분의 수요 증가로 쌀 품종을 쉽게 바꿔도 상관없는 소비자 계층이 형성된 것이다. 시간이 흐르면서 식량의 이동과 세계화가 진행됨에 따라, 한 지역에서 재배된 쌀은 전통적으로 쌀을 소비하던 지역과 다른 지역에서 팔리게 되었다. 이 소비자들은 가격만 싸다면 품종은 개의치 않았다.

또한 이와 유사한 과정을 통해 마침내 밀과 쌀의 국제 시세가 연동되었다. 물론 기존에도 두 품목을 모두 소비하는 지역, 특히 소비자의 규모가 커서 가격 변동에 민감한 지역에서 밀과 쌀 가격은 항상 서로 연결돼 있었다. 예를 들어 18세기 중국 일부 지방에서는 밀과 쌀의 가격에 상대적인 열량 값이 꽤 일관적으로 반영됐고, 등락의 패턴도 유사했다. 그러나 쌀과 밀을 동시에 소비하던 중국의 이 지방들은 곡물의 수입량이 적고, 수출은 전무했다. '곡물의 세계화'를 위해서는 가격 변동이 발생할 때 국제 시장에서 한 가지 곡물을 사고 다른 한 가지 곡물을 팔 참여자가 필요했다. 다행히도 오늘날에는 인구 이동이 자유롭고, 기업과 정부가 새로운 식품을 홍보하고자 노력하는 덕분에 이러한 참여자가 많아졌다(예를 들어 미국은 제2차 세계대전 이후 일본에 밀 시장을 조성하는 데 상당한 노력을 기울였다). 인도는 이러한 '중재시장'이 최초로 탄생한 곳이다.

지금은 기억하는 사람이 많지 않지만, 19세기에 인도는 세계 주요 곡물 수출국 중 하나였다. 인도가 그렇게 될 수 있었던 이유는 순수 잉여량이 있었다는 것 외에 영국이 소작농과 노동자 계층에 대한 공급량을 줄여 수출을 장려하는 식민 정책을 편 탓이기도 했다. 실제로 인도는 쌀과 밀을 소비하기도 했고 수출하기도 했다. 수백만 명의 인도인들은 두 곡물을 모두 이용한 요리에 익숙했고, 그들은 가격에 따라 먹는 곡물을 바꿔야 할 만큼 가난했다. 따라서 19세기 말에 전 세계적으로 쌀값이 상승하자 인도의 쌀 수출업자들이 이에 반응했다. 인도의 국내 쌀 가격 또한 상승했고, 소비자들은 밀을 택했다. 그러자 런던으로 가야 할 인도산 밀의 물량이 감소했고, 캔자스 농장은 경쟁력이 올라갔다.

사상 최초로 가장 기초적인 상품에 대한 국제 시장이 형성된 것이다. 그리고 다시 최초로, 좋든 싫든 서스캐처원(Saskatchewan)의 밀 수확량이 싱가포르의 거래시장에 영향을 미쳤다. 싱가포르에서는 아무도 밀을 먹지 않았지만 말이다. 수십 년에 걸친 격변은 강력하지만 눈에 잘 띄지 않는 연결고리와 함께 역시 강력하고도 대단히 눈에 띄는 차이도 함께 만들어냈다.

5 국제 표준시

한 번쯤은 근사한 호텔 로비에 앉아 벽에 걸린 시계들을 본 적이 있을 것이다. 뉴욕은 밤 열두 시고, 런던은 새벽 다섯 시, 파리는 새벽 여섯 시, 도쿄는 벌써 다음 날이다. 이런 시차는 너무 자연스러워 보이고, 너무 논리적이어서 해가 지고 새벽이 오는 것처럼 자연의 일부라고까지 생각하게 마련이다.

그러나 표준시는 자연과는 조금도 상관이 없다. 지금도 세계 몇몇 지역에서는 표준시를 따르지 않고 있다. 중국에서는 대륙 전체가 베이징 시간에 맞춰 움직인다. 따라서 베이징에 동이 터서 라디오에서는 새벽을 알리고 사람들이 공원에 나와 태극권을 하고 있을 때도 서쪽, 이를테면 우루무치는 아직도 깜깜한 밤중이다.

19세기 마지막 25년이 시작될 때까지도 세계 대부분의 지역에서 표준시간대니, 수도의 시간 제국주의니 하는 것은 찾아볼 수 없었다. 사람들은 태양을 보고 대충 시간을 맞췄다. 여행을 해도 보통 걷거나 말을 탔기 때문에 거리도 짧았을 뿐더러 그나마도 자주 있는 일은 아니었다. 지방 라디오나 텔레비전 방송국은 물론 없었다. 이웃 도시보다 15분쯤 시간이 느리다고 해서 큰일 날 것도 없었다.

철도가 모든 것을 바꿔 버렸다. 철도가 등장하면서 여행과 화물 운송이 훨씬 빨라졌고, 넓은 지역을 통합하는 문제가 점점 중요해졌다. 1840~50년대 철도 회사들이 하나둘씩 생겨났고, 이 회사들은 여러 개의 시간대 때문에 골치를 앓기 시작했다. 도시마다 시간대가 다른데 도대체 어떻게 기차 시간표를 조정하고, 또 시간에 딱 맞게 기차를 측선(側線)에 대서 연료를 새로 채운단 말인가? 문제는 분명했지만 해결은 간단하지 않았다. 태양이 정오를 가리킬 때 시간을 맞췄기 때문에 도시마다 자기네 시간이 정확하다고 생각들을 하고 있었다. 시간을 결정하는 데서만큼은 모든 도시가 우주의 중심이었던 셈인데, 다른 도시의 시간 앞에 숙이고 들어가는 일은 대부분의 도시에서 상상도 할 수 없었다. 시민으로서 자존심이 걸린 중대한 문제였던 것이다.

지역의 지도자들을 찾아다니며 특정 시간대에 맞춰 달라고 설득하는 대신 철도 회사들은 자기들끼리 합의를 봤다. 과학이나 정치가 아니라 사업 쪽에서 먼저 시간을 통일했던 것이다. 같은 철도 노선상에 있던 도시들에서는 철도시에 시간을 맞췄다. 그러나 여러 노선의 철도가 지나는 도시들에서는 이런 방식이 문제를 해결하기는커녕 더 복잡하게 만들었다. 예를 들어 브라질에서 제일 번잡스러웠던 상파울루시(市) 역에는 시계가 세 개 있었는데, 각각 다른 시간에 맞춰져 있었다. 하나는 리우데자네이루에서 도착하는 기차용이었고, 하나는 상파울루주(州) 안에서만 운행하는 열차, 세 번째 시계는 산토스(Santos)항에서 오는 기차의 시간을 맞추기 위한 것이었다. 미국에서는 혼란이 더 컸을 것이다. 버펄로(Buffalo) 역에는 시간이 각각 다른 시계가 세 개가 있었고, 피츠버그(Pittsburgh) 역에는 여섯 개나 있었으니까!

처음 철도를 건설한 영국은 1842년 그리니치(Greenwich) 시간에 맞춰 표준 철도시를 만들면서 또 한 번 최초를 기록했다. 반면 땅이 훨씬 넓은 미국은 영국보다 느렸다. 1870년에도 미국에는 서로 다른 지방 시간대가 300개, 철도시도 8개나 있었다. 서부 확장이 계속되면서 장거리 운송도 점점 많아졌고, 철도가 지나야 하는 지방 시간대도 더 늘어났다. 1870~80년대에 합병 바람이 분 뒤 철도망들의 덩치는 이전과는 비교할 수 없을 정도로 커졌고, 시간대 통일은 더 시급한 문제가 되었다. 또 그것이 가능한 환경도 조성되었다. 1883년 11월 18일은 "정오가 두 번 있던 날"로 불리게 된다. 드디어 전국 철도 표준시를 만들려고 이날 정오에 각 시간대의 동쪽 지역에서 시계를 다시 뒤로 돌려놓았기 때문이다. 미국 정부는 철도 회사들보다 더 느리게 움직였다. 미국을 네 개의 시간대로 나누는 데만 6년이 걸렸고, 1918년에 가서야 표준시가 법적으로 인정되었다.

그러나 이것만으로 파리나 도쿄가 어떻게 이와 비슷한 합의에 이르게 되었는지 설명할 수는 없다. 철도가 그렇게 넓은 지역까지 연장되지는 않았기 때문이다. 결국 정치적 합의밖에 해결책이 없었는데, 민족주의라는 암초에 걸려 수십 년 동안 표류만 계속했다. 이미 지구의 크기는 밝혀졌고 경도라는 개념도 대체로 받아들이고 있었다. 따라서 세계를 스물네 개의 시간대로 나누는 것까지는 어렵지 않았다. 문제는 기준 시간을 어디에 두느냐 하는 것이었는데, 사실 여기가 제일 어려운 대목이었다. 합의가 힘들었던 것은 어떤 의미에서는 이것이 어느 지점이 나머지 세계의 기준이 되느냐 하는 문제였기 때문이다. 19세기 도량형 표준화에 상당한 노력을 기울였던 프랑스 — 사실 미터와 킬로야말로 가장 높이 평가받을 만한 프랑스의 성과였다 — 는 당연히 파리가 세계의 중심이 되기를 원했다. 하지만 그 무렵 세계에서 가장 강력한 나라였던 대영제국은 잉글랜드, 그중에서도 그리니치를 주장하고 있었다. 19세기 내내 그리고 20세기로 넘어와서도 이 문제를 해결하려고 꽤 여러 차례 국제회의가 열렸다. 그러나 몇 나라, 주로 프랑스와 브라질은 제1차 세계대전 직전까지도 회의에 참여하지 않았다.

결국 회의 참여를 거부하던 나라들은 이 때문에 제법 심각한 문제들에 부딪치게 된다. 브라질에서는 제1차 세계대전 어름에 이루어진 한 연구 결과, 모든 주도(州都)가 사실상 같은 시간대에 속해 있을 텐데도 주도마다 시간이 조금씩 차이가 난다는 사실이 밝혀졌다. 대체로 그 차이는 크지 않았다. 리우데자네이루주의 주도 니테로이(Niteroi)는 과나바라만 건너 10마일쯤 떨어진 리우데자네이루시와 1분 정도밖에 차이가 나지 않았다. 그러나 이보다 차이가 큰 경우도 적지 않았다. 한 번은 연방의원 선거에 나선 후보가 출마지인 내륙의 외딴 지역까지 지지자들을 데리고 갔는데 투표가 이미 끝나 버린 일도 있었다. 이 지역이 수도 브라질리아보다 세 시간 빨랐던 것이다. 브라질 경제가 세계 경제에 점차 결합되어 가면서 경제 쪽에서도 예상치 못했던 중요한 문제들이 꼬리를 물었다.

물론 우리는 이런 문제들이 쉽지는 않았지만 결국에는 어떻게 어떻게 해결되었다는 것을 알고 있다. 그나마 19세기였으니까 그만큼이라도 쉽게 문제가 풀린 셈이었다. 국제 표준시의 채택에는 합리주의뿐만 아니라 제국주의도 큰 기여를 했던 것이다. 유럽 강국들은 사실 아시아나 아프리카의 경우 국제 교역이나 운송에 상대적으로 덜 통합되어 있었기 때문에 굳이 표준시가 필요하지 않았는데도 이 지역의 지도자들이 표준시를 받아들이도록 설득할 수 있었다. 그것은 이들의 상당수가 식민지 총독들이었기 때문에 가능했던 것이다. 1870년에서 1914년 사이에 지구의 4분의 1이 유럽과 북미 강대국들의 손아귀에 들어갔다. 강대국들은 표준시를 채택하면 자신들이 조금 더 유리한 자리를 차지할 수 있다는 사실을 깨달았고, 그래서 나머지 세계에 표준시를 강요했다. 유럽의 고상한 회견실에서 내린 결정들이 중앙아프리카 원주민 부락 사람들이나 안데스산맥의 고원지대까지 두루 스며드는 데는 꽤 긴 시간이 걸렸다. 세계 경제는 서서히 세계의 오지들에까지 손을 뻗쳤고, 결국 이 지역들도 표준시 안으로 끌려들어 왔다. 시간이 돈이라는 사실은 우리 모두 잘 알고 있다. 하지만 그 시간이 그리 멀지 않은 과거에 사업가들이 만들어낸 발명품이라는 점은 별로 알지 못하고 있다.

6 미국의 '메이즈 리그' 입성기

오늘날 미국을 국제 금융 시장의 큰손으로 생각하는 것은 당연하다. 실제로 1980년대까지 미국은 세계 최대의 자본 수출국이었다. 그러나 미국은 20세기에 들어서야 대규모로 자본을 수출하기 시작했을 뿐이다. 19세기 아니 1914년까지도 미국은 세계 최대 규모의 무역 적자국이었다. 여기에는 미국이 세계 최대의 투자 유치국이었다는 점도 어느 정도는 작용했다 (무역 적자가 생기면 외국인이 손에 달러를 쥐게 된다. 달러를 가진 외국인이 지금 미국 상품을 사고 싶지 않다면, 그 달러는 나중에 더 많은 소득을 올릴 수 있는 자산을 사는 데로 들어갈 것이다).

대체로 역사가들은 제1차 세계대전을 전환점으로 보고 있다. 1차 대전 당시 미국이 연합국의 전쟁 비용을 대면서 사상 처음으로 채권국이 되었다는 것이다. 그러나 전쟁이 일어나기 전부터도 양키 자본가들은 해외에서 자기 자리를 굳혀가고 있었다.

미국 기업들이 처음으로 보조를 맞춰 외국에 진출한 곳이 바로 멕시코였다. 사실 멕시코는 새로운 형태의 산업 통합과 국제 협정들을 위한 일종의 실험실이 되어 있었다. 물론 멕시코는 오래전부터 미국에게는 중요한 나라였다. 그리고 1857년까지 멕시코 페소가 미국에서 법화로 사용되었기 때문에 멕시코의 은광들은 미국인들의 마음을 사로잡아 왔다.

그러나 1830~40년대 텍사스 독립전쟁과 멕시코-미국 전쟁을 거치면서 미국이 멕시코 영토의 절반가량을 차지했는데도 투자가 남쪽으로 내려가는 데는 꽤 시간이 걸렸다. 1900년까지도 투자액으로 본다면 영국의 자본이 미국의 '금'을 훨씬 앞지르고 있었다. 대규모 철도 노선이 몇 개 뚫린 것을 빼면 액수가 적은 개인 직접 투자가 압도적이었다.

하지만 1890년대의 대공황이 끝나고 미국에서 가장 중요한, 그리고 전에는 해외 투자를 거의 하지 않던 대기업가 중 몇몇이 멕시코에 투자를 하기 시작하면서 모든 게 바뀌었다. 공황 중에는 대부를 제한했던 미국 은행들이 이제는 눈이 벌게서 돈 빌려갈 사람들을 찾고 있었고, 마침 미국 경제를 재편해 가고 있던 기업가들이 눈에 들어왔다. 이렇게 유동성이 풍부해지면서 일어난 일 중 가장 유명한 것이 바로 대합병 바람이었다. J.

P. 모건 같은 금융업자들은 한쪽에서는 자본이 넘쳐나고, 한쪽에서는 아직도 대공황 때문에 비틀거리는 기업들이 널려 있는 상황을 이용해 미국 역사상 최대 규모의 기업들을 만들어 냈다. 미국철강(United States Steel)을 탄생시킨 기업합병의 경우 경제 규모 대비로 보면 아직도 가장 큰 기업합병 중 하나로 꼽히고 있다.

이렇게 미국 기업사를 다시 쓰고 있던 금융업자와 인수합병업자들은 점차 멕시코로 눈을 돌렸다. 모건(J. P. Morgan), '쿤, 로브 앤 컴퍼니'(Kuhn, Loeb and Co.)의 사장 야콥 시프(Jacob Schiff), 제임스 스페이어(James Speyer), 윌리엄 록펠러(William Rockefeller), 해리먼(E. H. Harriman)과 구겐하임(Guggenheim) 가문 등은 영국 및 독일 자본 시장과 맺고 있던 탄탄한 관계(보통 혈연관계였다)에, 드디어 서서히 기지개를 켜고 있던 미국 자본 시장에 대한 자신들의 장악력을 결합해 어마어마한 자금을 끌어 모았다. 이들의 '멕시코 프로젝트'는 자신들이 하나씩 기초를 놓아가던 세계적 차원의 거대한 구상과 긴밀하게 연결되어 있었다. 해리먼은 미국과 남아메리카, 그리고 아시아를 연결하게 될 철도와 해운 네트워크를 계획하고 있었다. 그는 이를 염두에 두고 멕시코 철도의 대부분을 손에 넣으려고 했다. 몇몇 분야에서 해리먼과 손을 잡았던 윌리엄 록펠러는 광물이 풍부한 멕시코 북부의 교통과 제련업을 장악해 멕시코를 자신의 석유·구리 제국에 편입시키려고 했다. 그는 멕시코 최대의 광산을 접수했고, 광활한 유전 지대에서 옵션을 사들였다. 얼마 지나지 않아 전 세계 은의 대부분을 제련하게 되고 납과 구리 제련 쪽에서도 손꼽히는 기업으로 자리 잡게 될 구겐하임 가의 아사코(ASARCO, American Smelting and Refining Company)는 멕시코산 광석 제련을 장악했다.

이 대부호들이 남쪽 국경 너머 품고 있던 야심 덕분에 제1차 세계대전이 일어날 때까지 15년 동안 미국의 대 멕시코 투자액은 네 배나 늘어나 다른 모든 나라의 해외 투자를 훨씬 웃돌고 있었다. 1914년이면 10억 달러에 이르는 미국 자본이 멕시코에 투자되어 있었는데, 이는 미국 해외 투자 총액의 절반쯤 되는 액수였다. 그러나 멕시코가 중요했던 것은 단순히 직접 투자가 계속 늘어나고, 이곳에서 초기 형태의 다국적기업이 생겨나던 때문만은 아니었다. 미국 금융업자들이 멕시코 투자에 관여하면서 국제 자본 시장에서 미국의 역할도 덩달아 바뀌었기 때문이다. 결국 사상 처음으로 월스트리트의 금융업자들이 유럽 쪽 자금을 해외에서 굴리기 시작했고, 권한을 위임받아 의결권까지 행사하고 있었다. 스페이어와 '쿤, 로브 앤 컴퍼니'는 유럽 대륙과 미국의 자금으로 멕시코의 주요 철도 회사들의 주식을 사들여 경영권을 장악했다. 스페이어는 외국에서는 최초로 멕시코에 미국인이 경영권을 가진 은행을 설립했다. 이 두 상업 금융회사는 1904년 다른 대형 금융회사들과 공동으로 멕시코 정부에 4,000만 달러를 빌려주게 된다. 이것은 달러로 표시된 최초의 외국채 중 하나였다. 유럽에서 빠르게 팔려나간 이 회사채는 파리 증권거래소에 상장된 최초의 미국 회사채로 기록되었다. 이로써 '국제 금융에서 새 시대가 열렸다'고 평가한 신문도 있었다. 4년 뒤 스페이어가 주도한 컨소시엄이 5억 달러 상당의 멕시코 철도(Mexican National Railways) 회사채를 발행하는데, 이 역시 1920년대까지는 미국 역사상 최대 규모의 회사채 발행으로 남아 있었다.

미국 기업들이 움직이는 자본이 어마어마한 규모로 멕시코에 파고들면서 미국은 국제 경제에서 헤게모니를 장악하게 된다. 이 분야는 기존의 강대국들에게서 미국이 빼앗을 수 있었던 첫 번째 중요 분야가 된 것이다. 사실 영국과 독일, 프랑스도 모두 멕시코에 상당액을 투자하고 있었다. 그러나 1910년이 되면 이들 국가는 당시 독일 장관의 말처럼 미국인들이 (멕시코에서) "사실상의 섭정 노릇을 하게 되었다"는 사실을 인정할 수밖에 없게 된다. 양키들은 이미 광업과 철도 같은 핵심 분야를 장악했고, 멕시코 영토의 5분의 1을 완전히 소유하고 있었다. 또 미국의 정책 자문관들이 멕시코의 통화·금융·철도 개혁을 사실상 이끌고 있었다. 문화적으로도 멕시코는 미국화되어 갔다. 맥주가 데킬라를, 야구와 권투가 투우를 대신하기 시작한 것이다.

1900년대가 시작되고 몇 년이 지나지 않아 독일과 프랑스는 이제 멕시코에서는 경제나 정치 쪽에서 미국의 힘에 눌려 별 볼 일 없는 신세가 되었음을 인정해야 했다. 뉴욕이 국제 금융의 새 중심지로서 런던에 도전하기 시작하면서 영국 투자가들조차 멕시코에서는 상당액을 미국 금융회사들을 통해 투자하고 있었다. 사실 유럽인들은 오래전부터 북미의 이 신생 공화국이 엄청난 잠재력을 갖고 있으며, 언젠가는 자신들이 쌓아온 아성을 위협할 것이라는 불안감을 갖고 있었다. 세기의 전환점에 멕시코에서 그 가능성이 처음으로 현실화되었던 것이다. 예의 독일 장관은 이렇게 경고하고 있었다. "미국의 위협은 유령이 아니라 실체다."

7 국채 시장의 문지기는 누구인가

현대의 모든 정부는 빚을 진다. 우선, 시장이 잘 발달한 부유한 나라의 정부는 대부분 자국민에게서 돈을 빌린다(미국 국채를 보유한 국외자본에 대해 말이 많지만, 미국이 발행한 외채의 3분의 2 이상은 미국인 소유다. 그러나 세계 경제에서 독특한 입지를 차지하는 미국이 장기간 심각한 무역 적자를 기록하면서, 해외에서는 넘쳐나는 달러를 재투자할 곳을 찾고 있다). 게다가 부유한 국가의 정부들은 큰 도움 없이도 국채를 팔 수 있다. 전문가가 아닌 사람들조차 미국, 독일, 일본, 프랑스 국채의 이점을 대략은 아는 정도라, 여기서 중개인의 역할은 아주 미미해진다.

그러나 과거나 지금이나 그만큼 부유하지 않은 나라들의 정부에서는 외국의 자본이 필요하다. 상환 능력은 확신할 수 없지만, 정부란 중요한 정보를 비밀로 간직한 기관이라는 사실을 아는 사람들의 돈 말이다. 기본적으로 이 문제에 대한 해결책은 세 가지이다.

먼저, 여러 나라에서 가장 오랫동안 써 온 방법은 통치자가 은행 또는 은행단과 협약을 맺는 것이다. 그러면 은행 또는 은행단이 국가의 회계장부(또는 그 비슷한 것)를 은밀히 살펴본 뒤에 돈을 빌려준다. 훨씬 더 큰 자본을 활용할 수 있는 두 번째 방법은 정부가 19세기의 로스차일드(Rothschild's)나 베어링스(Baring's), 20세기의 J. P. 모건(J. P. Morgan) 같은 신뢰할 만한 보증사들에 해당 국가가 돈을 빌릴 만큼 신용이 양호하다는 점을 납득시키는 것이다. 이렇게 하여 보증사의 서명이 들어가면 충분한 수의 투자자를 설득해서 국채를 전부 매각할 수 있었다. 만일 그렇지 못하더라도 보증사가 잔량을 사들여 자신들의 판단이 옳다는 것을 입증했다. 제2차 세계대전 이후 더욱 중요해진 세 번째 방법은 중립적 주체가 투자자들을 안심시키는 것이다. 이 주체는 국제통화기금(International Monetary Fund) 같은 준정부 국제기관일 수도 있고, 무디스(Moody's)나 스탠더드 앤 푸어스(Standard and Poor's) 같은 민간 신용 평가 기관일 수도 있다.

가장 현대적이고 합리적이고 투명하고 객관적으로 보이는 것은 마지막 방법일 것이다. 누군들 국채가 팔리도록 힘쓰는 일에서 직업인 쪽보다 정보 제공을 전문으로 하는 쪽을 더 신뢰하지 않겠는가? 그러나 역사를 보면 국제 금융이 과연 '발전'을 향해 나아온 것인지 의문이 든다. 오늘날의 제도는 신생 은행과 휘청거리는 정부 모두에 더 많은 기회를 제공하고 자본가들에게도 더 큰 이윤을 돌려준다는 점에서 더 경쟁력이 있지만,

그러는 과정에서 세계 경제에 더 큰 위험을 안기기도 하기 때문이다.

금융 사학자 마크 플랜드로(Marc Flandreau)와 그의 공저자들의 말을 빌려 이번 이야기의 핵심을 요약하자면, '체납의 역설(the default paradox)'이다. 1815년부터 1930년까지 국제 주요 국채 시장(런던, 파리, 나중에는 뉴욕)은 소수의 보증사들 위주로 돌아갔다. 가장 큰 세 회사는 항상 시장의 50퍼센트를 나눠 가졌고, 그 점유율은 75퍼센트까지 커지기도 했다. 그러나 채무불이행 위기 때도 이 세 회사는 비교적 큰 피해를 보지 않았다. 로스차일드는 신생국(대부분 라틴아메리카)들이 발행한 채권을 절반 가까이 단독으로 보증했는데, 거품이 꺼진 뒤에도 채무를 이행하지 않은 국가는 한 곳도 없었다. 19세기 중반에 다시 국가 부도 위기가 닥쳤지만, 시장의 60퍼센트를 점유하던 상위 두 회사의 채무 회수율은 95퍼센트에 달했다. 1920년대와 1930년대는 더욱 혼란이 가중된 시기였지만, 이 회사들은 60퍼센트에 육박하는 국채를 보증하고 75퍼센트의 회수율을 기록했다. 투자자들은 이들이 보증한 국채는 위험성이 낮다는 사실을 사전에 인지하고 있었다. 이 회사의 고객들에게는 평균적으로 더 낮은 이자율이 적용됐기 때문이다. 그러므로 로스차일드나 베어링스, 모건을 끼면 구매자도 판매자도 이득이었다. 보증사들도 마찬가지였다. 그들은 큰 지지 기반을 등에 업고 오늘날의 보증사들보다 훨씬 높은 수수료를 부과할 수 있었다.

역설적인 것은 이렇게 유용한 계층화(보증사의 서명을 통해 수반된 위험이 명확히 드러나는 방식)가 사라져 버렸다는 사실이다. 국제 채권 거래에서 보증사를 두는 관행은 대공황 시기에 대폭 축소되었고, 그 관행이 다시 나타나기까지는 수십 년이 걸렸다. 그러는 동안 부유한 국가들은 직접 채권을 판매했고, 탈식민지 이후 나타난 신흥국들을 포함한 빈곤 국가들은 은행과 국제기관을 통해 직접 차입하는 추세였다. 국채 보증 관례가 다시 나타난 것은 1980년대였다. 회수하지 못한 채권이 많아진 데다, 채권 발행국들은 (더 싸게) 채무를 갚고 은행은 대차대조표에서 부실 채권을 소각시키기 위해 국제적으로 보증된 채권이 필요했기 때문이었다.

오늘날은 그 어느 때보다 시장이 확대됐지만, 전과는 모양새가 아주 다르다. 가장 큰 세 보증사의 점유율은 40퍼센트에 미치지 못하고, 이 회사들이 보증하는 국채에는 다른 회사들과 동일한 이자율이 적용된다. 또한 회사마다 채권 회수율도 비슷하다. 어떤 보증사도 '질'에 대해 믿을 만한 신호를 주지 않기 때문에 돈을 빌리는 쪽은 최선을 모색하며 이리저리 보증사를 자주 갈아탄다(전에는 제일 좋은 보증사를 옆에 두었다면 절대 이 회사를 떠나서는 안 됐다. 앞서 보았듯 그런 회사들은 수수료를 높게 부과했지만, 수수료가 상쇄될 만큼 이자율이 낮았다). 또한 수수료가 낮아지면서 보증사들이 수익을 확보하려면 보증하는 '양'을 늘려야 했다.

다시 말해 문지기가 사라지고 사기꾼만 남은 결과, 시스템은 더 큰 위험을 떠안는 상황이 됐다. 1920년부터 1930년까지, 평가 기관들은 뉴욕에서 팔린 국채의 10퍼센트 정도를 '투기 등급'으로 분류했다. 1993년부터 2007년 사이에는 60퍼센트 이상이 같은 등급을 받았다. 심지어 이때는 분류 기준이 더 관대했는데도 말이다(무디스는 2009년 12월 말까지도 그리스 국채의 등급을 '투기' 수준으로 낮추지 않았다. 그리스에 금융 위기가 닥치고, 아테네에서 폭동이 일어나고, 그리스가 수년에 걸쳐 일어난 자국 정부의 분식회계를 인정하고도 한참이 지날 때까지 말이다). 한편 그래도 분명한 건 한 가지다. 또다시 채무불이행의 물결이 닥치면, 상승세 속에서 이득을 보았던 쪽만 고통스러워지는 건 아니리라는 것이다.

그렇다면 우리는 어떻게 이토록 과거보다 분명히 못한 시스템에 이르게 됐을까? 우선, 과거의 방식도 완벽하지는 않았다. 분쟁은 주기적으로 대혼란을 초래했고, 특히 1930년대에는 "더 안 좋을 수도 있었다"라는 말로는 위로되지 않을 만큼 상황이 좋지 않았다. 유럽의 제국들이 해체되면서 주권 국가의 수가 어마어마하게 늘어난 데다, '개발도상국'들이 훨씬 더 야심 차고 비용이 많이 드는 의제들을 내놓자 다소 편협하고 시대에 뒤떨어진 구체제는 압도됐을 것이다. 재건을 위한 공동의 노력이 있었더라도 말이다. 구체제의 정신 또한 1930년대 및 이후의 은행 개혁을 움직였던, 더 평등하고 투명한 시대정신과 충돌하기는 마찬가지였다. 일류 보증사들은 신생 보증사는 규제가 필요하지만 자신들은 지금까지처럼 스스로를 감시할 수 있어야 한다고 주장하려 했지만, 가망 없는 제안이었다. J. P. 모건에 영향력 있는 '친구들'을 따로 모은 '선호 명단'이 있는데, 그들이 헐값에 주식을 매입했다는 것, 내셔널시티은행(National City Bank)이 라틴아메리카의 부실 채권을 멋모르는 투자자들에게 떠넘기듯 팔아 치웠다는 것 등이 국회 청문회에서 폭로됐고, 규제에서 제외될 자격이 있다고 했던 일류 기업들의 주장은 의심스러워질 수밖에 없었다. 어쨌든 이런 이분법적 계급 체계는 뉴딜 포퓰리즘에 역행하는 일이었다. 그러는 사이에 신용 평가사(credit-rating-agencies, 이하 CRA)들이 부상하자, 좀 더 나은 해결책이 보이는 것 같기도 했다. 그리고 한동안은 분명 그러했다.

주요 CRA인 무디스와 스탠더드 앤 푸어스, 피치(Fitch)는 채권을 발행하는 기업에 대해 공개적으로 이용할 수 있는 정보를 수집한 뒤 채권을 구매할 잠재 고객이 편리하게 찾아볼 수 있도록 자료집을 만드는 서비스를 운영하면서 시작됐다. 그리고 1910년경부터는 자료를 분석하여 등급을 매김으로써 해당 채권의 위험성에 대한 전반적인 척도를 제공하기 시작했다. 처음에 그들은 기업의 재산(유가증권)을 다루었지만, 곧 지방 채권 같은 공공 재산을 다루며 영역을 확장했고, 1920년대부터는 외국 정부의 부채에도 등급을 매기기 시작했다. 한편 1930년대에 개혁이 시작되자, 은행들은 의무적으로 자산의 일정 비율을 평판 있는 기관들이 안전하다고 여기는 상품으로 보유해야 했다('평판 있는 기관'의 정의는 1970년대까지도 명확하지 않았다). 연금 기금, 자선기금을 비롯한 여러 기관에서는 곧 각자의 운용 정책에 비슷한 요건을 추가했고, 이로써 등급 평가를 사고파는 강력한 시장이 생겨났다.

공적인 정보에 의지하는 CRA는 일류 보증사만큼 신뢰를 받기는 어려웠을지 모른다. 왜냐하면 일류 보증사는 채권을 팔기 전에 대출자에 대해 비공개 정보를 요구할 수 있었기 때문이다. 그러나 일반적으로 CRA가 보유한 정보는 매우 훌륭했다. 누구든 쉽게 그들이 매긴 등급을 알 수 있었고, 일류 보증사들을 거치는 채권을 포함해 시장에 나온 거의 모든 채권이 그들에게서 등급을 받았다. 결정적으로 무디스와 스탠더드 앤 푸어스는 채권을 발행하는 측이 아니라 정보를 사는 측으로부터 돈을 받았다. 그들은 이렇게 함으로써 해당 채권을 실제보다 관대하게 평가하게 될 동기를 일찌감치 제거할 수 있었다.

대부분의 투자자는 CRA 등급에 의존하는 한 안전하다고 느꼈고(신탁 관리자는 책임에서 벗어났고), 문제가 발생할 경우 채무불이행을 막기 위해 (그리고 회사의 명예를 지키기 위해) 모든 수단을 동원할 로스차일드 같은 보증사가 들어갈 시장은 좁아져 갔다. 또한 이로써 이류 보증사가 서명한 채권을 살 때의 위험도 줄어들었다. CRA의 평가만 좋다면 말이다. 그리고 결국, 기관 투자자들은 주어진 등급의 상품들 안에서 최고의 수익을 노리며 더 편안하게 채권을 매입할 수 있게 되었다(AAA 등급을 받았던 채권이 사실은 거기에 못 미치는 등급이었다면, 신용 평가사를 상대로 소송을 벌일 수 있다).

따라서 안전장치가 마련된 좋은 시스템으로 보였던 환경이 사실은 보증사와 투자자 모두에게 더 위험한 행동을 허용한 셈이었다(물론 그래도 아주 위험한 것은 아니었고, 모든 위험이 나쁜 것도 아니었다). 한편 CRA도 변화하고 있었다. 1970년대 초반의 몇 년 사이에 미국 달러는 금과의 연결 고리를 끊었고, 석유 수출국 기구(Organization of Petroleum Exporting Countries, 이하 OPEC)가 부상하고 미국의 무역 적자가 심각해지면서 '페트로 달러(중동 국가들이 석유를 수출하고 벌어들인 달러 자금으로, 오일 머니[oil money]라고도 한다 − 옮긴이)' 및 '유로 달러(유럽의 은행에 예치된 달러 자금 − 옮긴이)'로 불리는 거대한 달러 자금이 해외에 형성됐다. 미국에서는 은행과 증권회사들에 대한 규제가 완화되기 시작했다. 미국만큼 부유하지 않은 많은 나라는 (OPEC가 카르텔의 성공적인 본보기를 보여주었고 천연자원은 유한하다는 인식이 높아졌으므로) 앞으로 원자재 가격이 상승하리라는 전망을 믿고 훨씬 더 큰 규모로 차입을 시작했다. 이는 더 많고 다양한 투자 상품이 등급이 매겨지기를 기다리는 상황이 됐다는 뜻이었다. 그런가 하면 CRA는 계속해서 정보를 묶어 출판하지만, 정보를 싸게 복제할 수 있고 새로운 기술도 등장한 탓에 사람들은 돈을 써 가면서까지 CRA가 내놓는 정보를 구독하지는 않으려고 했다. 얼마 뒤 모든 CRA는 증권을 발행하고 등급을 받으려 하는 모든 고객에게 수수료를 부담시키기 시작했다. 이는 무디스의 설립자가 정도(正道) 경영 원칙에 금이 갈 것을 우려하며 절대 하지 않도록 경고한 일이었다. 증권을 발행하는 측에서 수수료를 받아야 하는데 그쪽에서 높은 등급을 원한다면, 위험을 덮어 버리고 더 높은 등급을 매기게 되는 유혹을 거부하기가 어려울 테니 말이다. 주택 담보 증권 시장 등을 통해 알려졌듯, 이런 느슨한 감시는 자주 있는 일이었다.

그리하여 국제 채권 시장에서 보증사를 두던 세계, 로스차일드와 모건의 세계로 돌아가는 일은 일어나지 않았다. 위험한 행동에 제한을 두기 위해 만들어졌던 이 기관들은 자유분방한 시스템 속에서 점점 세력을 잃어갔다. 또한 1980년대부터 2008년까지 우리가 줄곧 들어왔던 '주장', 즉 현대의 금융 기관들은 과거의 금융 기관들보다 훨씬 규모가 크고 정교해서 더 복잡하고 변덕스러운 세상도 끄떡없이 헤쳐나갈 수 있다는 확신은 결국 허상이었음이 드러났다. 새로운 보증 시스템도 장점은 있다. 가난한 나라들이 더 쉽게 신용을 얻을 수 있고, 그것을 잘 이용해 온 나라들도 있다. 또한 세계적인 대출 붐이 새로 시작된 이래 채무불이행과 구조조정이 끊일 날이 없지만(인도네시아, 러시아, 브라질, 아르헨티나, 나이지리아, 폴란드, 멕시코 등지에서), 1930년대와 같은 위기를 일으킨 나라는 아직 없다. 그러나 그것은 발전이라기보다는 행운에 가깝다. 그리고 행운은 영원히 계속되지 않는다.

8 기술이 바꿔놓은 식성

할로윈이면 꼬마들은 이웃집에서 주는 과일이나 음식을 잘못 먹으면 배탈이 나니까 조심하라고 주의를 받곤 한다. 차라리 비닐로 포장하거나 상자에 든 사탕이 훨씬 안전하다는 것이다. 이제 이런 말은 너무 많이 들어서 거의 상식처럼 되어 버렸다. 그러나 19세기 이전에는 누구든, 그리고 우리와 같은 시대를 사는 중에도 제법 많은 사람들은 먼 곳의 이름도 모르는 낯선 사람이 (어쩌면 국적이나 인종, 심지어 종교도 다를지 모르는 그런 사람이) 공장에서 만든 음식이 이웃집에서 만든 음식보다 더 안전하다는 말에 무슨 얼빠진 소리냐며 웃을지도 모른다. 우리가 어떻게 하다가 멀리 있는 생산자들을 이렇게 굳게 믿게 되었을까?

인류가 등장한 이래로 '대부분의' 시대, '대부분의' 사람들은 직접 죽이거나 수확한 것만 먹었다. 어쩌다 다른 사람한테서 음식을 구했다고 해도, 그것은 얼굴을 맞대고 하는 물물교환을 통해서 얻은 것이고 그 음식을 만든 사람도 개인적으로 알고 있었다. 먼 곳에서 온 식료품은 흔하지 않았다. 그리고 그런 것들은 대부분 쌀이나 밀 따위였기 때문에 가공하지 않은 원재료 상태로 구입했다. 따라서 음식 재료가 뭔지 당연히 알고 있었고, 직접 자기 손으로 가공까지 했다. 물론 빵 굽는 사람처럼 음식을 만들어 파는 사람들이 있긴 했지만 품질을 책임지기 위해 길드가 엄격하게 감독하고 있었다. 냉장 보관이 등장하기 전에는 가까울수록 신선했고, 신선할수록 좋은 것이었다.

그러나 19세기는 신선함을 둘러싼 전통적인 관념들을 하나하나 땅속에 파묻어 버렸다. 여기에 사용된 도구는 급격한 인구 증가, 교통 혁명, 국제 교역의 폭발 따위였다. 곡물 같은 기본 식료품들을 대량 생산하고, 고기를 먼 곳으로 운반할 수 있게 되면서 국제적 차원의 노동 전문화가 가능해졌다. 수입 식품들 때문에 상당히 격렬한 반발과 충돌이 있기는 했지만, 먼 곳의 생산자들을 미심쩍어하던 소비자들도 싼값 때문에 이제는 어느 정도 마음을 돌리게 되었다. 국내 농부들은 농산물을 보호하려고 관세를 이용했고, 육류 생산자들은 외국 고기가 흘러드는 것을 제한하려고 소비자들의 구제역 불안감을 자극하기도 했다.

발달된 기술 역시 복잡한 원거리 식품 교역이 성장하는 데 얼마간의 역할을 했다. 소금에 절이거나 말린 음식들은 오래전부터 알려져 있었다. 하지만 쇠고기 육포 같은 염장 식품들은, 물론 먹으려면 먹었겠지만, 대부분의 사람들이 역겨워해서 노예나 카우보이들 정도만 먹고 있었다. 그러나 19세기 통조림 기술이 발명되면서 이제 식료품은 원거리 운송에도 적합한 산업용 원료로 바뀌게 되었다. 프랑스 발명가 니콜라 아페르(Nicholas Appert)가 음식을 깡통에 넣어 팔기 시작한 것은 1810년경이었는데, 음식을 너무 많이 익힌 탓에 먹으려는 사람은 거의 없었다. 나중에 음식 농축액이 등장했을 때도, 실험실 기니피그 노릇을 하게 될 군인들

― 카우보이나 노예들과 신분이 같았던 ― 이 통조림의 첫 소비자가 된 것은 사실 놀랄 일도 아니다. 그리고 남북전쟁은 (그 와중에 진공 조리법이 개선되고 주석 깡통을 사용하기 시작하면서) 19세기 말 대형 통조림 제조업체들을 낳는 계기가 되었다. 바로 하인즈(Heinz Company)나 캠벨 수프(Campbell's Soup), 프랑코-아메리칸(Franco-American Company), 보든(Borden) 등이 남북전쟁을 모태로 삼았던 기업들이다.

냉동 기술은 먼 곳의 식료품을 부엌까지 가져오는 데도 아주 중요한 역할을 했다. 물론 사람들은 얼음을 거의 천 년 넘게 사용해 왔지만, 증기선이나 철도가 없었을 때는 얼음이 너무 빨리 녹아 장거리 운송에는 쓸 수가 없었다. 또한 1890년이 되면 산업 국가들에서는 상업용 냉장고가 널리 보급되어 있었지만 무게가 5톤이나 나갔기 때문에 운송용으로는 별 쓸모가 없었다. 그러나 제1차 세계대전 중 프리지데어(Frigidaire)와 켈비네이터(Kelvinator)가 미국에서 최초로 가정용 냉장고를 팔았고, 1940년이면 미국 전체 가구의 절반가량이 기계식 냉장고를 갖게 되었다. 가까운 곳에서 최근에 생산한 음식이 신선하다는 공식은 이제 완전히 바뀌게 된 것이다.

그렇다고 기술의 발전만으로 먼 곳에서 만든 음식이 곧장 우리 입속으로 들어올 수 있게 된 것은 아니다. 보존 기술이 한결 나아진 뒤에도 전염병이나 불순물 따위가 여전히 다른 사람이 만든 음식을 위협했다. 아무런 규제도 없던 당시의 식료품 시장은 또한 불결한 시장이기도 했다. 초기의 식료품 공장들은 업튼 싱클레어(Upton Sinclair)의 소설 『밀림』(Jungle)에 묘사된 것처럼 끈적거리고 구역질이 날 정도로 더러운 굴속 같았다. 오늘날 흔히 볼 수 있는 것처럼 반짝반짝 윤이 나고 먼지 한 점 없는 위생적인 실험실 같은 공장들은 찾아보기 힘들었다. 이 대목에서 주정부, 그 다음에 연방정부가 개입했다. 1880년대의 영국 식품 관련 법률들을 본떠 미국 정부 기관들이 식료품의 생산과 운송, 판매를 감독하기 시작했다. 그리고 1906년 '식품의약청결법'(The Pure Food and Drug Act)에 따라 대량 생산한 식료품에 미국 농무부의 인증서를 붙일 수 있게 되었다. 미국 소비자들은 과학의 권위를 인정하고 있었고, 식품 검사관들이 정직하다고 믿었기 때문에 아무 거리낌 없이 가공 식품들을 점점 더 많이 먹게 되었다.

도시화가 진행되고 슈퍼마켓이 늘어나면서 이런 경향은 더욱 빨라졌다. 도시로 몰려든 사람들은 무언가를 기를 수 있는 땅을 가질 수 없었다. 그러나 1950년대를 넘어서면서 통조림 제조업체에서 만든 제품들을 잔뜩 쌓아놓은 거대한 슈퍼마켓들이 동네 근처에 들어섰다. 손님들을 일일이 다 알고, 깡통이 아니라 큰 통에 들어 있던 식료품의 품질을 자기 이름으로 보증한다며 자부심을 갖고 있던 동네 식료품상들은 사람 냄새가 나지 않는 거대한, 하지만 값은 싼, 그리고 점점 수가 늘고 있던 도시 외곽 주민들이 자가용으로 쉽게 갈 수 있는 슈퍼마켓들에 밀려 설자리를 잃게 되었다. 결국 상대적으로 소수의 기업들이 엄청난 돈을 들여 브랜드를 키우고, 이를 앞세워 물건들을 팔고 있었다. 이렇게 해서 가공 식품 시장은 몇몇의 손에 집중되는데, 슈퍼마켓이 이를 가능하게 했던 것이다. 그리고 이런 브랜드들은 광고를 통해 사람들에게 더욱 익숙해지게 되었다.

이렇게 해서 200여 년 전의 세계는 완전히 뒤집어졌다. 광고 때문에 멀리 떨어진 곳은 친숙해졌고, 가까운 곳은 잘 모르는 시대가 온 것이다. 공장에서 만들어 셀로판지로 포장한 음식들은 위생적이고, 손으로 만든 음식들은 그냥 먹기에는 좀 찝찝한 것이 되었다. 가까이에 사는 이웃의 음식 솜씨가 깔끔하다는 평판보다는 감독 기관의 인증이 훨씬 더 믿음직스러워졌다. 그래서 미국의 꼬마들은 이웃집 아줌마가 구운 쿠키는 내팽개치고 사탕 포장지를 벗기고 있는 것이다.

9 옷이 날개? 포장이 날개!

표지만 보고 책을 판단해서는 안 된다는 말을 들어봤을 것이다. 중요한 건 내용이지 내용을 싼 포장이 아니라고 한다. 포장이란 말에는 부정적인 뜻이 들어가 있는 것도 사실이다. 정치에서 후보자를 '포장'한다고 하면, 그 사람을 매력적으로 보이게 하되 있는 그대로를 드러낸다는 의미는 아니다. 상자는 보통 내용물을 속이고 감추고 왜곡하며 엄청난 폐기물을 만들어낸다고 여겨진다. 분명 포장은 쓰레기를 더한다.

그러나 장거리 무역이 생겨나고 대량 상품 시장이 유지되는 데 포장은 핵심적인 역할을 했다. 포장은 무해한 부산품일 뿐만 아니라, 많은 상품의 생산 공정에서 필수적이며, 운송 과정을 돕고, 상품을 보존하며, 홍보한다. 포장은 브랜드에 이름이 생기고 슈퍼마켓과 편의품(구매자가 최소한의 구매 노력을 기울이는 상대적으로 저렴하고 자주 구입하는 제품 - 옮긴이)이 등장한 것과 밀접하게 연결된다.

포장의 사용이 대폭 증가한 것은 지난 100년 동안의 일이지만, 어떤 형태로든 포장이 존재한 시간은 1,000년에 달한다. 자연은 씨앗과 과일의 형태로 생명을 지키기 위해 포장을 만들어낸다. 알과 오렌지, 코코넛, 바나나는 모두 자연이 만든 포장이다. 그러나 이것들의 목적은 보통 소비자를 끌어당기기 위한 것이 아니라 씨앗이 성숙할 때까지 소비자를 밀어내기 위한 것이다. 곤충과 동물은 껍질 때문에 안에 든 내용물을 먹지 못한다. 그러나 씨앗이 성숙을 마치면 껍질의 역할은 달라진다. 이제부터 껍질은 소비자를 자극해서 씨앗을 퍼트리게 하여 종의 생존 가능성을 높여야 한다. 알의 경우, 포장 역할을 하는 껍질은 성숙한 병아리가 깨고 나올 수 있을 만큼 부서지기 쉬워야 한다.

사람이 만든 최초의 포장은 유기농 재료를 쓴 수제품으로, 특별한 목적이 있을 때를 위해 맞춤 제작됐다. 동물의 가죽이나 실로 짠 섬유는 시장에서 주로 팔리는 '상품'이 되기 오래전부터 상품을 나르고 운반하는 용도로 쓰였다. 도자기는 상품을 저장하는 데만이 아니라 제조하는 데도 유용했다. 이란의 서쪽 지방에 남아 있는 5천 년 된 포도주 단지와 맥주 항아리가 그 증거인데, 이것들은 발효 과정에서 아주 중요하게 사용됐을 것이다. 용기는 만들기가 어려웠으므로 거듭 재활용되는 수공예품이었다. 용기는 사람이 소유한 가장 중요한 물건 중 하나가 되었다. 도예가들은 용기를 만든 뒤 자기만의 표식을 찍었고, 인류학자들과 고고학자들은 당대에 나온 용기를 보고 집단의 문화를 분류한다.

19세기에 산업혁명이 일어나 포장재로 새로운 재료들이 주로 쓰이면서 포장의 본질과 역할에는 변화가 생긴다. 기계가 도입되면서 용기를 대량으로 생산할 수 있게 됐고, 이제 이것은 가능하기만 한 일이 아니라 필수적인 일이 되었다. 상품의 생산이 급격히 증가하면서 그것들을 보존, 저장, 운송할 필요성도 커진 탓이었다.

19세기 초반에는 필수품보다는 사치품을 위해 포장이 발달했다. 주로 대롱을 불어 만든 아름다운 수제 유리병들은 향수와 약품, 포도주를 담고 자태를 뽐냈다. 그러나 이것들을 대량으로 만들고 운송하려면 비용이 너무 많이 들어서 지역의 물 시장에서도 유리병은 사용할 수 없었다. 하물며 탄산수인 이탈리아의 펠리그리노(Pelegrino)나 프랑스의 페리에(Perrier)를 병에 담아 전 세계로 실어 나른다는 건 미친 짓이었을 것이다.

19세기에 일어난 발명과 혁신은 포장의 혁명으로 이어졌다. 기계로 상품을 대량 생산하게 됐고, 철도와 증기선으로 많은 양의 상품을 빠르게 운송하게 됐으며, 도시화로 인해 상품을 대량으로 소비할 대중이 생겨난 것이다. 그리고 무엇보다, 새로운 기술과 기계가 도입되어 유리병과 깡통, 종이봉투, 판지를 만들 수 있게 되었다. 한편 20세기에 이르러서는 플라스틱 혁명으로 다양한 모양과 크기의 용기들이 홍수처럼 쏟아져 나왔다.

용기의 역할은 상품의 저장과 운송에 그치지 않았다. 상품을 포장하는 사람은 곧 공급하는 사람이기도 했는데, 이 일을 하는 사람은 용기를 통해 제품의 목적과 매력, 용도의 범위를 나름대로 정할 수 있었다. 상품은 봉투나 깡통, 상자 속에 들어 있는데, 소비자는 상품을 보거나 만져보지 못하며 그것의 냄새조차 맡아 보지 못한 채 낯선 사람에게서 상품을 사야 했으므로, 포장된 상품의 질과 상태를 예측할 수 있게 하는 것은 중요한 일이었다. 그래서 얼굴도 이름도 모르는 먼 지역의 생산자와 포장자가 익숙하고 믿을 수 있는 상대로 인식되도록 만든 것이 '브랜드명'(brand name)이었다. 그리고 이렇게 되자, 최종 판매액에서 가공, 포장, 운송, 공급을 맡은 사람들에게 돌아가는 금액은 그 어느 때보다 많아졌고, 농부와 목장주에게 돌아가는 금액은 그 어느 때보다 적어졌다.

20세기 들어 슈퍼마켓이 떠오르면서 이 추세는 더욱 가속화되었다. 퀘이커의 오트밀과 캠벨의 수프부터 텔레비전 앞에서 포장만 뜯고 먹을 수 있는 식사와 냉동 피자까지, 소비자는 점점 더 가공을 많이 거치고 브랜드화된 음식을 구매하게 되었다. 공장에서는 주방에서보다 점점 더 많은 일이 이뤄졌고, 포장하는 사람들은 준비된 음식이 망가지지 않도록 보호해야 했다.

포장은 단순히 브랜드의 상품을 담아내거나 그 상품이 특정 브랜드의 것임을 나타내는 역할을 넘어서서 상품을 판촉하는 역할도 하게 됐다. 곱상한 상자와 반짝이는 포장지, 맵시 있는 병은 주인이 나서지 않아도 소비자를 끌 수 있는, '상점의 엔진'이었다. 소비자는 점원의 도움을 받는 대신 상품을 광고하는 갖가지 포장에 이끌려 상점의 통로와 통로를 돌아다녔다. 상품을 생산하고 포장하는 사람들은 포장을 통해 소비자를 직접 자극할 수 있었다. 호랑이 토니가 그려진 켈로그의 시리얼과 헌츠의 케첩

병은 주방 식탁을 지키며 한 집의 친구이자 가족이 되었다. 호랑이 토니는 멀리 떨어진 상점에 있는, 갈 때마다 달라지는 점원보다 훨씬 친밀한 존재였다. 이처럼 포장에는 아이들에게 시리얼로 아침을 먹어 보라고 하는 '다정한 호랑이' 같은 모순된 개념이 내포되는가 하면, 그런 점이 쉽게 무시되기도 했다.

이 점은 '유통기한'(shelf life)과 같은 맥락에서 이해할 수 있다. 유통기한은 포장에 활기를 불어넣는 생생한 '광고'가 되기 위한 것이지 상자 속 내용물이 살아 있다는 것을 알리기 위한 것이 아니다. 실제로 소비자들은 상자에 든 내용물이 한때는 살아 있었던 것이기를 바라지만(유기농 음식이 그렇지 않은 음식보다 인기가 많은 것도 그런 이유다), 그것이 캔이나 박스 속에 아직까지 살아 있기를 바라지는 않는다.

우리는 소비자로서 자율권이 있다. 적어도 대부분의 미국인에게 자유란 원하는 것을 산다는 의미이다. 그러나 사람들이 원하는 것을 규정짓는 것은 제품을 담은 포장이다. 포장은 쓰레기 처리라는 사회적 관점에서 보면 낭비일 수 있지만, 현대의 세계 경제를 창조하는 과정에서는 핵심적인 역할을 했다. 포장은 현대 대량 소비 사회의 열쇠다. 아름답지 않을 수 있지만, 분명 중요하다. 때로는 표지를 보고 책을 판단해야 할 필요도 있다.

10 상표가 뭐길래

사랑에 깊이 빠진 줄리엣. 로미오의 성이 몬태규라는 걸 알고는 심란해서 혼자 중얼거린다. "이름에 뭐가 있담? 장미꽃은 다른 이름으로 불러도 똑같이 향기로울 게 아닌가? 로미오, 역시 로미오란 이름이 아니라도 그 이름과 관계없이 본래의 미덕은 그대로 남을 게 아닌가." 지난 500년 동안 사랑하는 사람들은 이름보다는 본질이 더 중요하다는 데 줄리엣과 생각을 같이해 왔다. 그러나 저작권법 전문 변호사들의 충고는 이와는 사뭇 다를 것이다. 본질이 아니라 이름 그 자체가 보호받아야 할 법적 재산이라고. 실제로 몇몇 경우에는 이름이 그것이 상징하는 것보다 더 중요해지기도 했다. 지난 다섯 세기 사이에 뭔가 아주 중요한 변화가 있었던 것은 분명한데, 그렇다고 우리의 연애 감정이 변했느냐 하면 그것은 또 아니다. 그 '뭔가'는 바로 기업과 상표의 등장이다. 경제사가 마이러 윌킨스(Mira Wilkins)는 상표와 기업의 등장은 긴밀히 연결되어 있다는 주장을 펴기도 했다.

옛날에는, 여기서는 19세기로 넘어오기 전이면 어느 때든 다 옛날인데, 브랜드(brand)라는 개념이 전혀 없었다. 물론 옛날에도 드레스를 예쁘게 만드는 걸로 유명한 여자 재봉사가 있을 수 있었고, 맛있는 음식으로 알려진 요리사나, 탐스러운 토마토나 품종 좋은 소를 길러 인정을 받던 농부도 있었을 것이다. 그러나 이렇게 만든 사람의 이름을 들으면 그 물건이 생각나는 것은 그 지방에서나 통하는 얘기였다. 도자기가 일단 중국을 떠나면 그건 그저 '차이나'였을 뿐이다. 뒤집어서 쓸 수도 있는 시리아산 식탁보는 '다마스크'(damask)로, 코르도바산 염소 가죽은 그냥 '코도반'(cordovan)으로 알려졌다. 농산물도 원산지 이름으로 구별되는 경우가 있었다. 예멘의 모카(Mocha)항을 통해 팔려나가던 커피에는 모카, 그리고 스페인의 발렌시아(Valencia)산 오렌지에는 발렌시아라는 이름이 붙었다. 포도주 같은 반제품들도 같은 방식을 따랐다. 포르투갈의 오포르토(Oporto) 지역에서 만든 달콤한 포도주는 포트(port), 스페인 헤레스(Jerez)에서 만든 것은 셰리(sherry), 프랑스 샹파뉴(Champagne)의 거품 나는 포도주는 샴페인이라고 불렸다. 이런 명칭들은 원산지를 표시할 뿐 물건을 만든 회사나 사람을 가리키는 것도 아니었고, 물건을 연상시키는

'향취'나 '풍미' 같은 특질을 나타내는 것은 더더욱 아니었다. 그리고 이렇게 지명이 붙은 경우는 사실 예외적이었다. 대부분의 제품들은 일단 '고향'을 떠나고 나면 이름에서 '출생지'를 알아볼 수 있는 흔적들은 모두 없어져 버리는 게 보통이었다.

한 물건을 다른 물건과 구별해주는 특징(당도나 독특한 맛, 고유의 향기 따위)들은 물건 그 자체에 내재해 있었다. 포장을 해서 파는 제품은 얼마 없었고, 광고를 하는 제품은 아예 없었다. 제품의 명성은 입소문이나 새로운 시장을 개척하는 상인들을 통해 퍼졌을 뿐이다.

상표는 물론 소비자를 위한 법적 보호 장치도 없었다. **카베아트 엠프터** (caveat emptor)라는 원칙이 지배하던 세계, 즉 '물건의 품질을 따져볼 책임이 사는 사람에게 있는' 그런 세계에서는 제품의 품질을 보증해주는 것은 판매인의 개인적 평판이나 물건을 보는 소비자의 안목뿐이었다. 판매량은 많지 않았고, 판매자와 구매자의 관계는 인격적이었다.

이런 상황은 이제 규모가 커진 회사들이 대량 소비 시장을 겨냥해 제품을 제조하고, 마케팅 및 광고망을 구축하게 되면서 변하기 시작했다. 19세기 산업화의 진전으로 아주 똑같은 물건들을 대량으로 생산할 수 있는 회사들이 등장했다. 실제로 물건을 만드는 사람은 이름 없는 노동자들이었고, 정작 자기 이름을 내건 것은 기업들이었다. 운송 효율성이 개선돼 먼 곳까지 비사치품을 가져다 팔아도 수지가 맞게 되면서 소비자들이 전보다 훨씬 넓은 지역에 퍼져 있는 시대가 되었다. 그리고 같은 기업이 여러 지역에 공장을 세우면서 한 제품이 특정 지역과 연결되는 일도 없어졌다.

당연히 생산자와 소비자 사이의 인격적 관계는 없어졌고, 생산자가 아니라 기업의 이름으로 제품을 선택하는 시대가 되었다. 대량 소비 시장은 각각의 거래에서 발생하는 이윤이 적다는 것을 의미했고, 결국 기업들은 반복 구매에 승부를 걸게 되었다. 한 번 만족한 소비자들은 계속 같은 제품을 구입할 것이기 때문이다. 그러나 이를 위해서는 제품이 좋고 가격도 적당해야 했지만, 제품들의 질도 표준화되어야만 했다(존 록펠러가 자기 회사에 '스탠더드' 오일이라는 이름을 붙인 것도, 또 상당수 초기 복합기업들이 '스탠더드'니 '제너럴'이니 하는 말들을 사용한 것도 다 이 때문이다).

  19세기에 들어 포장과 통조림이 많이 보급되면서 사람들은 내용물을 확인할 수 없는 제품을 많이 사게 되었다. 내용물을 확인하려면 포장에 적힌 제품 정보를, 특히 회사의 이름을 믿을 수밖에 없었다. 따라서 소비자들이 제품의 품질을 믿게 하려면 회사는 위조범이나 불순물을 섞어 파는 사람들로부터 회사의 이름을 보호해야만 했다. 결국 비인격적 거래 관계는 익명이면서(제품을 누가 만들었는지 알 길이 없기 때문에) 동시에 아주 익숙해져서 회사를 금방 생각나게 해 주는 브랜드를 가진 생산자를 믿도록 만들었다. 다른 말로 하면 기업들의 등장으로 실제 생산자의 이름은 사실상 아무런 의미가 없어졌고, 대신 회사의 이름이 다른 무엇보다 중요해진 것이다.

  그러나 유감스럽게도 초기의 대규모 제조업체 중에서 남보다 빨리 브랜드를 알린 몇몇의 경우 평판이 전적으로 훌륭했던 것만은 아니었다. 특허의약품들 중에는 간혹 사람에게 치명적인 성분인데도 기발한 이름을 붙이고, 그럴싸한 병에 담아 파는 경우가 있었다. 결국 제품보다는 나을 수 있다는 희망을 판 셈이다. 이런 약품을 팔기 위해 벌이던 약장수들의 공연은 광고 캠페인의 초기 형태라고 할 수 있다. 그리고 이런 약들 중에는 꽤 많이 알려져 큰돈을 벌게 해준 것들도 있었다. 그러나 이런 약을 만들던 회사는 보통 뜨내기 업체였다. 자기들이 만든 제품이 욕을 먹기 시작할 때쯤이면 다른 곳에서, 다른 이름으로 회사를 차리면 그뿐이었다.

  하지만 자본재에 거액을 투자해야 하는 대형 제조업체들은 브랜드를 쉽게 내팽개치는 '사치'를 누릴 수 없었다. 그들은 브랜드를 보호해야만 했다. 일반적으로 이들 자유 기업의 거인들이 경쟁자들에게서 브랜드를 보호하려면 주정부에 의존해야만 했다. 가장 빨랐던 주들에서는 1840년대부터 상표를 보호하기 시작했고, 1870년에는 헌법을 근거로 연방정부에 상표를 보호할 법적인 권한을 부여하는 연방 차원의 상표법이 통과되었다. 그러나 미국 대법원은 상표가 저작물이나 특허권과는 다르다며 이 법안을 각하했다.

"통상적인 상표는 발명 또는 발견과 필연적인 관계가 없으며 …… 관습법에 따르면 상표에 대한 배타적인 권리는 그것의 단순한 채택이 아니라 사용에서 발생한다. 즉, '고안이나 발명, 발견 또는 두뇌의 창작물'이 아니라고 봐야 할 것이다. 상표에 대한 권리는 단순히 선점에 기초해 있는 것이다." 따라서 상표는 발명에 근거한 것이 아니라 관습, 즉 구체적인 제품에 회사의 마크를 관습적으로 사용한 데서 비롯된 것일 뿐이다. 그 결과 미국 내에서는 특허청(Patent Office)에, 그리고 다른 나라에서는 이와 비슷한 기관에 상표를 등록하긴 했지만 상표권을 둘러싼 다툼은 대부분 법정까지 가서야 해결되었다.

그래도 미 연방정부는 헌법의 다른 조항을 근거로 1880년에는 국제 교역에서, 1905년에는 국내 교역에서 상표를 보호하는 법안을 통과시켰다. 이 같은 보호 조치는 특허권의 경우처럼 발명을 촉진하려는 것이 아니라 재산권, 그러니까 무형자산을 보호하기 위한 것이었다.

통상의 규모가 커지고, 그 범위도 전 지구를 포괄하게 되면서 한 제품이 많이 알려질수록 그에 따르는 잠재 이익도 엄청나게 커졌다. 이제 기업들은 두 가지 과제를 안게 되었다. 우선 제품 수요를 자극해야만 했다. 여기에는 어마어마한 광고비가 들어갔다. 광고의 내용은 대중을 상대로 제품의 사용법이나 성분을 교육하던 데서 제품의 차별화로 옮겨가게 되는데, 느낌이나 의미가 제품과는 아무 관계가 없는 물건들이 자주 등장하게 된다. 펩시 세대(Pepsi Generation)나 말보로 맨(Marlboro Man), 버드와이저 맥주 광고에 사용한 개구리 따위가 이런 예들이다. 브랜드에 대한 소비자들의 충성도가 높아지면서 제품 가격에도 프리미엄이 붙게 되었다. 슈퍼마켓에서 유명 브랜드 제품과 브랜드 이름이 없는 제품을 비교해 본 적이 있다면 쉽게 이해가 갈 것이다.

기업들의 두 번째 과제는 제품이 너무 유명해져서 상표가 일반명사가 되어 버리는 사태를 막는 것이었다. 바이엘(Bayer)에 바로 이런 일이 생겨 한때 완전히 장악했던 아스피린 시장을 결국에는 나눠 먹어야 했다. 클리넥스(Kleenex), 제록스(Xerox), 코카콜라(Coca-Cola)도 사람들이 자기 상표를 제품의 종류를 가리키는 데 사용하는 것을 막으려고 무던히도 애를 써야 했다(코카콜라는 '코크'[Coke]는 건졌지만, 콜라까지 살릴 수는 없었다).

보통 브랜드의 '가치'는 회사의 가장 중요한 자산이 되곤 했다. 소비자들에게 샌더스 대령(Colonel Sanders)*이 '켄터키 프라이드 치킨'과 오랫동안 아무 관계도 갖지 않았다거나, '배스킨 라빈스'(Baskin-Robbins)의 주인이 바뀐 따위는 아무런 문제가 되지 않는다. 그들은 계속 똑같은 제품을 먹고 있다고 생각하기 때문이다. 상표 덕분에 기업들은 총판권을 가질 수 있게 되었고, 거대 복합기업들의 수중에 여러 분야의 사업이 집중되었다. 전문성을 전혀 갖고 있지 않은 기업도 유명 브랜드를 사들이기만 하면 쉽게 한 분야에 진입할 수 있게 된 것이다.

상표가 유용한 것은 거기에 역사가 있기 때문이다. 다시 말해 소비자들이 친밀감을 갖고 있기 때문이다. 그러나 오래된 친구와는 달리, 브랜드는 자본의 요구에 충실히 따르는 비인격적인 자산일 뿐이다. 장미에 다른 이름을 붙여도 여전히 그 향기는 감미로울 테지만, 사실 장미를 다른 이

---

* 샌더스 대령(Colonel Sanders, 1890~1980): 켄터키 프라이드 치킨의 설립자.

름으로 부르게 되면 전에는 생각하지 못했던 다른 이미지들이 떠오를 것이고, 그러면 회사의 자산으로서는 별 쓸모가 없어질 것이다. 이름이 도대체 뭐냐고? "이름은 손도, 발도, 팔도 그리고 얼굴도 아니다." 그러나 기업에 이윤을 가져다주는 것이라는 점만은 분명하다.

11 청결을 앞세운 메시지 마케팅

지금 사람들은 대부분 비누를 필수품으로 여기지만, 100년 전 사람들은 그렇지 않았다. 지난 100년 동안, 위생 관련 용품은 전 세계에서 가장 공들여 만든 창의적인 광고들의 주인공이었다. 비누를 산 뒤 포장지를 벗겨서 가져가면 경품을 준다고 했고, 치약을 사고 돈을 내면 그 일부가 자선단체로 들어간다고 했다. 전에 없던 광고였다. 게다가 라디오와 텔레비전에도 '소프 오페라(soap[비누] opera: 드라마를 부르는 말 – 옮긴이)'가 등장했다. 왜 그랬을까? 그 이유는 비누를 '많이' 써야 한다고 생각하는 사람이 부족했기 때문이었다.

사람들은 항상 몸을 씻었지만, 비누를 쓰는 경우는 드물었다. 19세기에 유럽과 미국에서는 화학적인 공정을 거쳐 싼값에 비누를 만들었고, 그 무렵에 세균이 질병을 일으킨다는 이론이 등장하면서 비누 사용의 필요성에 힘이 실리기도 했다. 효과적인 항생제가 없다면(항생제가 나오기까지는 수십 년이 더 흘러야 했다) 많이 문질러 씻는 것이 최선의 방어책으로 보였기 때문이다. 그러나 모두가 그 말을 믿지는 않았기에, 과학적으로 접근하는 방식보다 사회적으로 호소하는 방식이 더 두드러지기 시작했다.

1887년 영국 잡지에 실린 피어스(Pear's)의 비누 광고가 그 예다. 광고에는 해변으로 밀려온 비누 상자 하나가 벌어져 있고, 가릴 곳만 가린 흑인 '원주민'이 비누 하나를 받아 들고 있다(여분으로 하나를 더 챙겼다). 이 광고의 제목은 '문명의 탄생'이다. 아래쪽에 자세한 설명도 있다. "비누의 소비는 부와 문명, 건강, 순수의 척도입니다." 피어스는 상상 속에나 나올 듯한 '아프리카'를 배경으로 많은 광고를 냈다. 아프리카에서 무언가를 제대로 팔기까지는 훨씬 오랜 시간이 걸렸지만 말이다. 피어스가 목표로 하는 소비자는 상류층에 들어가지 못한 영국인들로, 광고에서는 그들에게 '미개인'과는 거리를 두고 더 나은 사람들(그리고 위대한 대영제국)과 발맞추는 법을 알려주고 있었다. 미국에서 나온 광고 중에는 지저분한 이민자로 보이는 사람들이 아프리카인들을 대신했지만, 메시지는 비슷했다. 문명화된 사람들은 피부, 머리, 그릇, 옷에 적절한 비누를 사용한다는 것이었다.

비누의 수요는 멀리서부터, 예컨대 아프리카 식민지 같은 곳에서부터 두드러지게 형성되었다. 20세기 상인들에 이어, 청결은 경건 다음으로 중요하다고 말하는 선교사들과 서구식 위생을 강조하는 식민지 학교들이 나타났다. 서구인들은 자신들이 원주민의 '더러움'을 해결할 첫 번째 대안을 들여갔다고 확신했지만, 여기에 대해서는 그 선조들이 더 잘 알았던 것 같다. 1870년 이전에 남아프리카에 들어갔던 유럽인들은 원주민이 더럽다고 생각하지 않았다. 오히려 그들은 원주민들이 기름, 지방, 진흙 등으로 그 땅의 합리적이고 효과적인 여러 세정법을 사용한다는 데 주목했다. '더러운 아프리카인'이 새로운 상품으로 씻겨야 할 문젯거리가 된 것은 식민주의가 더욱 발달한(그리고 많은 원주민이 강제로 거처를 옮겨 다니는 생활 방식을 그만둔) 후였다. 특히 여자들은 집안의 남자들이 잘되려면 여자가 잘해야 한다는 말을 들어야 했다. 남자들은 옷과 몸, 머리, 치아는 물론 입에서 나는 냄새와 아내까지도 유럽의 기준에 맞아야 좋은 일자리를 얻고 승진할 수 있다고 했다. 또한 광고에서는, 여자들이 적절한 제품을

'백인 남자의 짐'을 나타낸 피어스의 비누 광고

쓰지 않으면 남자들이 낙오되고 도태되더라도 다가와서 그래서 그렇게 됐다고 말해주는 사람이 없을 거라고 했다. 신분에 대한 오래된 지표는 사라져 가고 새로운 지표도 아직은 혼란스러운 상황에서 충분히 걱정스러운 메시지였다. 이 전략은 차츰 효과가 나타났다. 1970년대에 이르자, 아프리카의 대부분 지역에서는 유명 브랜드의 비누를 대량으로 사들이는 사람을 흔히 볼 수 있었다.

서로 다른 문화 간에 이뤄지는 마케팅만 문제가 아니었다. 다들 잊고 있지만, 미국에 '위기'의 그림자가 닥친 적이 있었다. 제1차 세계대전 이후 미국에서는 비누 과잉에 대한 두려움이 일었다. 전쟁 중에 확보한 해외 시장은 물론 국내 시장도 위협을 받았다. 흙길이 포장되고, 말 대신 자동차가 다니고, 석탄 대신 가스로 밥을 하고, 기름등잔 대신 전구가 집을 밝히자 제조업체들은 비누의 필요성이 줄어들지 않을까 겁을 먹었다. 그들은 개별 브랜드를 밀어붙이는 대신 다 같이 힘을 모아 미국인들을 설득하려 했다. 환경은 달라졌지만, 사실 지금은 그 어느 때보다 청결을 걱정할 때라고 말이다.

그런 노력의 결과 중 하나로 탄생한 것이 비누 산업의 후원을 받는 '청결 연구소'(Cleanliness Institute)였다. 이 연구소는 몇 가지 독특한 운동(악수를 삼가자는 것을 포함해서)과 더불어 특히 어리고 젊은 층에서 비누를 더 많이 사용하게 하도록 힘쓰며 성공을 거두기 시작했다. 학교에서는 손을 자주 씻도록 권장했다. 화장실 감시원을 두는 학교들도 있었는데, 학생들은 감시원의 확인증이 있어야 학교 식당에 들어갈 수 있었다. 여성은 당연히 비누를 제일 많이 살 만한 소비층이었을 것이다. "봄이 오면 울새가 지저귀고 보드라운 크로커스 잎이 돋아나지만, 그보다 더 분명하게 봄을 알리는 신호는 여자들의 마음속에 불어오는, 다락방부터 지하실까지 집을 청소하고 싶어지는 충동이지요." 한 청결 연구소에서 나온 말이다.

또 다른 청결 연구소에서는 냉장고를 문질러 닦는 것은 아주 좋은 운동이라며, 그것은 마치 "미(美)와 건강의 제단 앞에 무릎을 꿇는 것"과 같은 일이라고 부추겼다. 새로운 골칫거리가 나타나고 전통적인 치료법은 잊혀 갔다. 입에서 나는 냄새에는 '구취' 라는 이름이 붙었고, (본래 상처를 소독하는 데 썼던) 리스테린(Listerine)으로 입을 헹구는 것은 파슬리를 먹는 등의 전통적인 입 냄새 제거법(지금도 식당에서 음식에 파슬리를 곁들여 내는 이유는 그래서일 것이다)을 밀어냈다. 1920년대에는 거의 알려지지도 않았던 구강 세정제가 1930년대 중반에는 누구나 사용하는 물건이 되어 있었다. 치약과 데오도란트를 쓰는 사람도 많아졌다. 미국 사람을 겨냥한 비듬, 구강 세정제, 탈취제 광고에서는 그런 것들을 제대로 쓰지 않으면 직장과 애인, 배우자를 잃을 것이고 누구도 그 이유를 말해주지 않을 거라고 했다. 그런가 하면 저 나이에 뭘 알까 싶은 어린 조카가 사람은 좋지만 짝이 없는 이모한테 와서 냄새가 난다고 말하는 광고도 있었다. 하지만 누구에게나 필요한 순간에 이런 조카가 나타날 수는 없으므로, 이 광고에서 전하는 더 큰 메시지는 제대로 깨끗해지려면 전문가, 즉 청결 연구소 직원들을 믿으라는 것이었다. 그리고 '전문가들'은 광고를 통해 한 번에 모두에게 말할 수 있으므로, 최선의 전략은 다른 모든 사람이 사는 것과 똑같은 세정제를 구입하고 사용하는 것이었다.

비누를 쓰는 것은 사소하지만 분명 좋은 습관이다. 그러나 무엇이 용인되는가를 배우기 위해 지금 옆에 있는 사람들이 아닌 광고 속 낯선 사람에게 의지하는 법을 배워가는 동안, 더 큰 원리가 사회적, 경제적, 심리적으로 엄청난 결과를 초래했다. 서로 어떻게 보고, 말하고, 판단하고, 경쟁할 것인가에 관해 우리가 듣는 메시지는 식민지 시대의 메시지보다는 강하지 않을지 모르지만, 여전히 영향력이 있다. 사실 비누보다 훨씬 더 많이 팔리는 것이 그런 메시지이다.

12 멕시코의 치클레가 미국의 껌이 되기까지

1893년, 콜럼버스가 신대륙에 도착한 지 400주년을 기념하며 시카고 만국박람회(Chicago World's Fair: 콜럼버스 박람회로도 알려졌다)가 열렸다. 박람회에는 2,700만 방문객이 모여들었고, 그들은 거기서 미국의 상징적인 간식으로 자리매김할 새로운 먹거리를 처음으로 입에 넣었다. 이번 이야기의 주인공은 리글리(Wrigley's)의 '쥬시 프룻 껌'(Juicy Fruit Gum)이다.

멕시코 유카탄반도의 오랜 관습에서 유래한 껌은 만국박람회가 열리기 25년 전부터 미국에서 인기몰이를 했다. 그 당시 제일 유명했던 껌 브랜드는 치클릿(Chiclets)을 만든 애덤스(Adams)였다. 그러나 껌이 미국 주류 문화에(그리고 학교 교실에 놓인 수백만 개의 의자와 책상에) 확실히 뿌리내리고 폭넓은 인기를 구가하게 된 것은 리글리의 공이 컸다. 미국에서 공장과 도시가 빠르게 팽창하던 시기에 이렇게 대량으로 생산되고 판매되며, 저렴한 데다 민주적이기까지 한 즐거움은 근대성에 대한 새로운 정의이자, 미국인의 정체성을 이루는 한 축이 되었다. 영양가는 없이 단맛만 나는 이 먹거리를 보면, 미국의 도시 인구가 무섭게 성장하던 환경에서 이들을 겨냥한 상품을 제조하고 공급하고 광고하기 위해 사용된 새로운 수단에 관해 알 수 있었다.

한편 리글리가 한 일은 미국인의 정체성과 관련된 제품을 브랜드화한 것이었다. (나는 어린 시절을 비엔나에서 보냈는데, 내가 껌을 씹을 때마다 오스트리아 사람들이 거슬려하는 것을 보고 충격을 받았다. 비엔나를 비롯해 유럽에 사는 많은 사람에게 껌은 추하고 무례한 미국 사람들이나 씹는 것이었다.) 마이클 레드클리프트(Michael Redclift)는 껌은 '미국의 상징'이라고 했다. 껌이 이런 지위를 얻기까지는 포장에 미국인의 취미를 상징하는 야구 카드가 들어가고(리글리는 시카고 컵스[Chicago Cups] 야구팀을 사들이고 2016년 월드 시리즈 챔피언 결정전을 개최한 리글리 구장을 지으면서 회사를 야구와 더 끈끈하게 연결시켰다), 빠른 공급과 광고의 혁신을 도모하며 최초의 자판기(야구공 모양의 껌이 나왔다) 같은 현대적 물품이 나오는 과정이 있었다. 거기에 건물과 야구장, 전차에 화려하고 기발한 광고판이 큼지막하게 나붙고, 광고판에 조명이 설치되는가 하면, 껌 제조사가 라디오 방송을 후원하며 광고(라디오에서 나온 최초의 광고 음악 중 하나가 껌을 주제로 한 것이었다)까지 내보내자 이 분위기는 더욱 고조되었다.

껌에 담긴 미국적인 성질은 주요 성분인 치코사포테(chicozapote: 사포딜라 나무)의 라텍스나 치클레(chicle)나무의 원산지를 지워버림으로써 더 강화되었다. 가령 리글리는 스피어민트 껌의 초기 광고에서 핵심 소비자들을 향해 다음과 같이 말했다. "완벽한 껌, 오래가는 향, 혀 밑에서 굴려 보세요. 진짜 박하 향이 날 거예요. 박하즙을 짜서 만들었으니까요!" 껌에 역사가 있다거나 이국적인 재료가 들어갔다는 암시는 어디에도 없었다. 애덤스에서 나온 '캘리포니아 프룻'(California Fruit) 껌은 본격적으로 그 맛의 근원을 자랑했지만, 껌이 유래한 곳은 언급하지 않았다. 광고에는 리글리의 제품(그리고 그 이전에 나왔던 제품들)이 박람회까지 오게 된 놀라운 이야기는 없었다. 사실 리글리의 껌은 아주 다른 환경과 사회, 작업 방식 사이에서 이뤄진 대륙 간 교류를 통해 박람회장에 나왔으며, 그러는 과정에서 지정학적 폭력이 개입되기도 했다.

그러나 소비자들에게 쥬시 프룻과 스피어민트는 역사 따위는 없이 리글리 사의 공장에서 튀어나온 제품이었다. 이렇게 믿기가 상대적으로 쉬웠던 이유는 고무와 비슷한 치클레는 탄성만 있을 뿐 뚜렷하게 멕시코에서 온 듯한 맛이나 향이 없기 때문이었다. 게다가 마야나 유카탄반도에서는 수 세기를 넘어 천 년 가까이 치클레를 씹었는데도 치클레가 그런 곳과 연관돼 있다는 것을 아는 사람은 많지 않았다. 또한 유카탄반도는 19세기 후반기가 다 지나가도록 '카스트 전쟁'(Caste War)으로 알려진 민족 간 내전에 휘말려 있었으므로, 광고주들은 광고에서 유카탄의 이국적인 매력을 강조한다는 데 당연히 회의적이었다. 그보다는 미국의 미덕을 강조하는 편이 나았다.

그러나 사실 멕시코와 중앙아메리카, 북아메리카에서는 의식에서 지위를 나타내기 위해 다양한 껌을 씹었고, 이 관습은 천 년까지는 아니더라도 수백 년간 이어졌다(마야에서는 어른들이 공공장소에서 껌을 씹으면 눈총을 받았다). 치클레 제조법은 간단했다. 아스테카에서는 야생 치코사포테 또는 치클레나무의 수액을 받아서 원하는 농도가 될 때까지 끓였다(북아메리카 인디언들은 가문비나무 수액에서 나온 수지를 씹었다). 토착민들은 개인적인 용도로만 껌을 만들었다. 19세기 이전까지 껌, 스페인어로 '치클레'(chicle)는 자연에서 나온 산물이지 상품이 아니었다.

그런데 1860년대에 전혀 어울릴 것 같지 않은 사람과 사건, 시장 세력이 만나면서 상황은 변화를 맞이한다. 안토니오 로페스 데 산타 안나(Antonio López de Santa Anna) 장군은 19세기 전반기에 어두운 그림자처럼 멕시코를 장악했다. 그는 장군에서 대통령, 사업가로 변신하며 스페인과 프랑스의 군대를 상대하여 멕시코군을 승리로 이끌었지만, 텍사스와 미국의 군대를 만나서는 어이없는 패배를 맛봤다. 그는 멕시코의 자유당과 보수당을 넘나들며 열한 차례 대통령직에 올랐으며, 그 과정에서 여러 정부를 지키기도 하고 무너뜨리기도 했다. 그리고 1869년, 그가 멕시코에서 축출된 뒤 뉴욕 스태튼섬에 망명해 있을 때였다. 산타 안나는 대통령직을 되찾고자 자금을 모으던 차에 고군분투 중인 발명가 한 명을 만나게 된다. 토머스 애덤스(Tomas Adams)라고 하는 이 발명가는 성공 경험은 적지만 꿈이 큰 사람이었다. 산타 안나는 애덤스에게 치클레 견본을 주었다. 둘은 치클레가 고무를 대신할 수 있기 바랐다. 그 당시 가공을 거친 고무는 막 호황을 타며 방수복과 방수 신발, 자전거 타이어 등에 쓰이는 원자재로 주목받고 있었다. 1844년에 찰스 굿이어(Charles Goodyear)가 가황처리법을 개발하여 온도에 따라 고무를 늘리고 굳힐 수 있게 된 덕분이었다(4장 2절 참조). 그러나 치클레는 열대 나무의 수액에서 나왔다는 점에서 고무와 닮긴 했으나 의복이나 타이어에는 쓰일 수 없었으므로, 산타 안나는 부족한 자금을 들고 멕시코로 돌아간다. 치클레는 산타 안나가 군대를 꾸리는 데는 도움이 되지 않았지만, 유카탄반도의 다른 반군들에게는 자금줄이 되었고, 제2차 세계대전 중에도 중요한 전략 물자로 쓰였다. 미군들은 배급품 속에서나 미군 기지의 상점에서 껌이 보이면 떨 듯이 기뻐했다.

산타 안나의 이야기는 여기서 끝나지만, 실망한 애덤스는 결국 이 이국적인 재료의 또 다른 쓰임새를 발견한다. 그가 치클레의 다른 용도에 대해 실마리를 얻은 것은 '커티스 화이트 마운틴 껌'(Curtis White Mountain Gum: 석유 부산물인 파라핀 왁스로 만들었다)을 씹던 여자아이를 보고서였다. 실험을 거듭한 끝에, 애덤스는 치클레 성형 과정을 산업화하고 치클레에 감초나 바닐라 같은 맛을 더하는 법을 알아냈다. 사람들은 싼값에 누릴 수 있는 즐거움에 점점 더 열광했고, 그 사이 애덤스는 수요를 감당하느라 공장을 짓고 또 지었다.

애덤스는 운 좋게 시기를 잘 만났다. 미국이 급속히 도시화하고 있었고, 산업화를 이끄는 노동 인구의 구매력도 커지고 있었다. 미국 내 수송 시스템은 그 어느 때보다 넓은 지역에 들어가 있었고, 치클레에 풍미를 더하는 데 없어서는 안 될 설탕도 싼값에 널리 사용되고 있었다(7장 1절 참조).

그뿐 아니었다. 새로운 문화적 유행 역시 애덤스와 리글리를 비롯해 급증하는 수요를 충족하기 위해 나타난 여러 제조사에 힘이 되었다. 20세기 초까지 껌은 단순히 기쁨을 주는 사탕의 일종으로만이 아니라, 만병통치약 개념의 건강한 음식으로도 소비됐다. 광고에서는 껌을 씹으면 신경이 안정되고(19세기 후반에는 '신경쇠약'이 흔한 병이었다), 갈증(주류 소비를 줄이고자 하는, 금주 권장 사회의 주요 관심사)이 해소되고, 허기가 잦아들며, 구취와 충치가 치료되고, 인후염이 완화된다고 했다.

과거에는 껌을 씹는 것이 잘해야 필요악에 분명 버릇없고 불쾌한 행위로 인식됐지만, 유명한 작가 호레이스 플레처(Horace Fletcher)는 이를 건강과 소화의 필수 요소로 격상시켰다. 그는 사람들에게 껌 한 조각을 30초 동안 씹으라고 권했다. 이제 껌을 씹는 것은 무례하기는커녕 건강에 좋은 일이었고, 비만에도 도움이 된다고들 생각했다. 왜냐하면 껌은 영양가가 없으며 칼로리라고는 재료로 들어간 설탕에서 나온 것만큼이 다였기 때문이다. 사람들이 껌을 소화시키려고 씹는 건 아니었지만, 그 행위 자체는 점점 더 널리 용인되었다. 특히 노동자 계층과 시골 지역에서 더 그랬다. 유명한 매너 전문가 에밀리 포스트(Emily Post)는 1922년에 쓴 에티켓 안내서에서 예의 바른 사회에서는 껌을 씹는 것이 적절하지 않다며 이렇게 말했다. "누군가 껌 씹는 모습을 보면 …… 소가 되새김질하는 걸 보는 것 같다."

그러나 치클레는 주요 경쟁 상대인 담배의 대체물로 각광 받았다. 특히 남부와 서부의 남자들은 씹는담배를 좋아했다. 담배를 연구한 한 역사가에 따르면, 19세기에 미국에서 담배를 소비하는 남자의 90퍼센트가 담배를 피우지 않고 씹었다고 한다. 담배를 씹는 것은 아주 미국적인 관습으로, 해외에서 미국에 온 사람들은 이걸 보고 눈살을 찌푸리곤 했다. 유명한 영국 소설가 찰스 디킨스(Charles Dickens)는 1842년에 미국을 여행한 뒤 이렇게 썼다. "미국의 공공장소에 가면 거기가 어디든 이 지저분한 관습을 쉽게 볼 수 있다. 법정에서는 판사가 타구(唾具: 침 뱉는 데 쓰던 그릇

— 옮긴이)를 앞에 두고 재판을 한다. …… 공공기관에 가면, 제발 씹고 남은 담배 찌꺼기는 대리석 기둥 밑이 아니라 마련된 타구에 뱉어 달라는 호소를 들어야 한다."

미국 남자들에게 '씹는' 행위는 남성적인 것을 의미했다. 그러나 여자들은 여기에 항상 동의하지는 않았다. 담배는 치아만이 아니라 닿는 모든 곳에 누르스름한 색을 입혔다. 바닥과 벽을 더럽혔으며, 그럴 땐 '타구' 조차도 무용지물이었다. 게다가 씹는담배는 구강암을 일으키기도 했다. 그러므로 금주를 주장한 사람들이 독한 술 대신 코카콜라와 '청량음료' 를 받아들인 것처럼, 건강하고 깨끗한 음식을 주장하는 사람들(에밀리 포스트만이 아니었다)은 유럽 사람들 생각과 달리 껌은 더럽고 지저분한 것이 아니라 긍정적인 진보의 결과라고 생각했다.

한편 껌 선호와 관련된 인구학적, 사회적 흐름에 따라 수십 개의 새로운 회사들이 생겨났다. 이들은 생산과 포장, 운송을 기계화했고, 껌에 (멕시코와는 전혀 관계없는 것으로) 기발한 이름을 붙였으며, 포장과 광고판, 경품을 만들어 새로운 소비자를 끌어당겼다. 껌은 날개 돋친 듯 팔렸다. 토머스 애덤스는 1905년에 사망할 당시 백만장자가 되어 있었고, 그 당시 백만장자란 정말로 큰 부자를 뜻했다. 윌리엄 리글리는 기존에 팔던 베이킹파우더에 증정품으로 곁들여 껌을 알리기 시작했는데, 머지않아 나라에서 제일가는 껌 회사의 주인이 되었다. 애덤스에게 껌을 개발할 능력이 있었다면, 리글리에게는 새로운 형태의 광고와 포장을 사용해 껌을 판매할 능력이 있었다. 리글리는 껌을 만드는 건 누구나 할 수 있는 단순한 일이지만, "껌을 파는 건 쉽지 않은 일"이라고 했다. 그러나 그는 그 쉽지 않은 일에 대한 해결책을 찾았다. 윌리엄 리글리는 1932년에 미국의 십 대 부자 중 한 명으로 세상을 떠났다(현재 그의 증손자는 억만장자이다).

껌을 만들고 판매하는 법을 아는 것도 매우 중요했지만, 치클레를 충분히 확보하는 것도 그만큼 중요했다. 여기에는 예상치 못했던 또 다른 멕시코 세력이 힘을 보탰다. 치클레가 가장 많이 나오던 곳은 오늘날의 유카탄(Ukatan)과 킨타나 로오(Quintana Roo)주였는데, 그 당시에는 둘 다 유망한 지역이 아니었다. 사람이라고는 소수의 마야인뿐이고 교통은 불편하기 짝이 없으며 열대 기후는 혹독하기 그지없어서, 여기서 야생 치클레나무의 수액을 받아낼 일꾼을 찾기란 어느 때고 쉽지 않았다. 19세기 후반에는 50년간 계속된 카스트 전쟁으로 마야인과 스페인 출신 지주들(멕시코에서는 크리올[Creoles]로 알려져 있다) 사이에 갈등이 생겨 상황은 더 어려워 보였다. 그러던 중에 식민지 이전, 가톨릭 이전의 지방 자치권을 되찾기 위한 천년왕국운동이 일어나고, 사탕수수에서 용설란으로 갈아탄 유카탄 플랜테이션의 숨 막히는 노동 환경 때문에 반란까지 일어나자, 전쟁은 이 시골 지역을 뒤흔들며 약 20만 명의 목숨을 앗아갔다.

개중에는 전쟁을 잘 이용한 사람들도 있었다. 지역의 마야인 카시케(cacique, 추장)들은 반란에 동원할 무기를 사기 위해 부족민들을 독려해 치클레를 수확하고 수출하게 했다. 장군들은 치클레 공급책을 맡았다. 치클레나무가 무리 지어 자라는 유카탄 남서쪽에는 영국령 온두라스(오늘날의 벨리즈)가 있었다. 영국은 멕시코 땅 전체를 점령하거나 그럴 수 없다면 최소한 전쟁에서 얻는 것은 있어야 한다고 생각했기에 반란군에게 무기를 팔고 치클레를 유카탄 밖으로 내보냈다.

그러나 역사가 앨런 웰스(Allen Wells)가 말했듯, 대통령이자 장군이었던 포르피리오 디아스(Porfirio Díaz)의 독재 정권은 결국 연방군을 배치하고 미국의 투자자들과 멕시코의 지식인들에게 대규모 토지를 할당한 뒤 치클레 같은 작물을 착취하게 함으로써 반란을 진압했다. 또한 디아스는 킨타나 로오를 유카탄에서 분리하여 연방이 효과적으로 통제할 수 있는 지역으로 만들었다. 1902년에 카스트 전쟁이 끝나자 치클레 수출이 늘기 시작했고, 때마침 미국의 치클레 수요도 무섭게 늘고 있었다. 미국에서 치클레 시장이 커지고 껌 값이 오르자 미국에 인접한 여러 주와 중앙아메리카, 카리브해에서 노동자가 들어오고 심지어 한국에서까지 계약 노동자가 들어왔다. 그리하여 유카탄반도에서는 대략 6천 명의 치클레로(chicleros)가 생겨났다. 이들은 유목 생활을 하며 계절에 따라 노동을 제공했고, 빚이 있으면 한 곳에 묶여 있기도 했다. 치클레는 이제 분명히 미국을 주요 시장으로 하지만, 대부분은 마야인이 아닌 사람들이 만들어내는 상품이었다.

이주자들은 킨타나 로오와 유카탄의 밀림에서 치클레나무에 십자로 금을 그은 뒤 줄기를 따라 유액이 흘러나오기를 기다리는 식으로 수액을 받았다. 고무나무에서 수액을 받는 것과 같은 방식이었다. 노동자들은 나무에 낸 상처에서 수액이 나올 때까지 하염없이 기다려야 했고, 같은 나무에서는 5년에 한 번만 수액을 받을 수 있었으므로 자연이 정한 시간에 따라 일했다. 그들은 야생 치클레나무를 찾아 밀림에 길을 냈고, 수확물은 노새나 손수레로 운반했다. 그런데 이 공급망의 반대편 모습은 사뭇 달랐다. 애덤스 사의 블랙잭(Black Jack)과 치클릿(Chiclets), 리글리의 쥬시 프룻(Juicy Fruit)은 북아메리카에서 20세기 초의 최첨단 기술을 통해 만들어졌다. 제조사들은 기계로 정한 시간에 따라 생산과 공급, 판매를 강행하며 엄청난 수익을 올렸다.

멕시코에서 치클레로들의 여건이 나아진 것은 제1차 세계대전이 끝나갈 무렵 유카탄에 멕시코 혁명이 불어닥치고서였다. 사회적인 문제에 관심이 많았던 두 지도자는 노동자들을 보호하고 임금을 개선하기 위해 1920년대에 노동법을 통과시켰다. 무엇보다 중요한 것은 라사로 카르데나스(Lazaro Cardenas, 1934~1940) 대통령이 추진한 토지 개혁과 노동조합의 설립이 거국적인 차원에서 현실화된 것이었다. 제2차 세계대전 중에 미군에 훨씬 더 많은 껌이 보급되면서, 멕시코의 치클레 무역은 잠시 호황을 누렸다. 그러나 곧 껌의 수요는 치클레로들과 치클레나무의 생산력이 감당하지 못할 정도로 커졌다. 치클레로들은 늘어난 수요를 감당하느라 전보다 자주 수액을 채취했고, 많은 치클레나무가 칼자국을 입은 채 죽어갔다. 그런데 역설적으로 멕시코 노동자들이 전쟁물자로 만든 저렴한 껌은 미군들을 통해 유럽으로 들어가 유럽 어린이들 사이에서 인기를 끌었다. 그리고 껌을 씹는다는 것은 정말로 미국적이라는 인상을 그들에게 남겼다.

전쟁이 끝나자 껌은 결국 시작 지점으로 돌아가 있었다. 본래 애덤스는 합성 원료(파라핀 왁스)를 천연 원료(치클레)로 대체하는 역사적으로도 드문 작업을 성공시킨 바 있었다. 한편 또 다른 껌 제조사인 플리어(Fleer)에서는 1905년부터 풍선껌을 만들어 보려고 했지만 치클레로는 풍선이 불리지 않았다. 제대로 풍선껌을 만들려면 합성 물질이 필요했고, 시행착오도 거쳐야 했다. 이렇게 해서 처음 나온 제품은 맛도 괜찮고 풍선도 잘 불렸다. 하지만 풍선이 터져 얼굴에 묻으면 석유에서 나온 트레빈유(turpentine油)가 있어야 껌을 제거할 수 있었다. 특히 그 당시에는 많은 남자들이 턱수염이나 콧수염을 길렀는데, 수염에 붙은 껌을 제거하는 과정은 결코 유쾌하지 않았다. 치클레를 대신할 합성 원료로 얼굴이나 머리카락에 들러붙지 않는 적절한 베이스를 만들어낸 것은 1928년이었다. 그리고도 풍선껌은 대공황과 제2차 세계대전이 끝나고 나서야 제대로 유행을 탔고, 그러자 천연 치클레 시장은 사양길을 걷기 시작한다. 1950년대 후반에는 껌 소비가 사상 최고치에 달했음에도 천연 치클레 시장은 더욱 규모가 줄어 있었다. 오늘날에는 지속가능한 천연 재료를 선호하는 사람들을 겨냥하는 소수의 소규모 업체들만 치클레를 생산한다. 그 외에는 대부분 파라핀처럼 석유에서 나온 비닐 수지나 미결정 왁스를 쓴다.

1893년 시카고 박람회에 갔던 사람들이 미국의 상징을 입에 넣고 씹었던 순간이나, 그전에 벌써 애덤스 사의 껌을 사고 즐겼던 사람들은 어느새 국제 교류와 첨예하게 다른 사회 및 경제의 시스템, 기술의 변화, 우연한 기회, 그리고 역사의 한 부분이 되었다. 지방 자치권을 지킬 무기를 사기 위해 치클레를 팔았던 마야인들이 살아 있었더라면, 오늘날 킨타나 로오주가 멕시코에 단단히 자리 잡고 있음을 확인할 수 있었을 것이다. 이제는 멕시코 안팎의 수십만 관광객이 칸쿤과 마야 리비에라의 해변, 그리고 고대 마야의 유적지를 찾아 이곳에 모여든다. 미국에서는 아직도 껌을 많이 씹지만, 껌은 멕시코에서 온, 마야의 유산이라는 사실은 다들 모른 척한다. 1893년 시카고 콜럼버스 박람회에 갔던 사람들은 그때 입에 넣고 씹었던 달콤하고 끈적끈적한 작은 덩어리가 앞으로 어떤 드라마를 만들어낼지 상상조차 못 했을 것이다.

13 코카콜라의 유럽 정복기

코카콜라(Coca-Cola)만큼 분명하고 성공적으로 '미국적' 정체성을 드러내는 브랜드명은 없을 것이다. 하지만 처음 유럽에 간 콜라는 이름값을 제대로 하기 어려울 만큼 어려운 상황들을 만났다. 코카콜라가 지난 60년 동안 세계의 무역과 문화의 상황을 바꾸고 규범을 세우는 데는 전쟁과 외교적 개입, 그리고 약간의 영리한 마케팅이 필요했다.

1880년대에 미국에서 처음으로 콜라가 판매되기 시작했을 때, 사람들은 콜라를 건강에 좋은 음료로 생각했다. 알코올이 들어가지 않으므로 술을 대신하기 좋다는 것은 콜라의 매력 중 하나였다. 그러나 콜라는 1920년대에 유럽으로 진출하는 과정에서 '건강에 좋은 음료'라는 점을 의심

받기 시작했다. 특히 젊은 층을 공략하는 콜라는 결국 설탕과 카페인 덩어리인 데다 회사가 밝히기 꺼리는 알 수 없는 재료도 함유하고 있었다. 규제기관과 의료협회는 의심의 눈길을 보냈고, 미국과 달리 유럽에서는 콜라가 술의 대안이라는 주장에 마음이 동하는 사람이 많지 않았다.

 사실 술의 대안이라는 점은 콜라에 도움이 되지 않았다. 의사들의 논박이 쏟아져 나온 건 물론이고, 여기에 포도주와 맥주를 제조하고 판매하는 사람들에게서 나온 보호무역주의의 압력이 더해졌을 뿐이다. (적어도 프랑스의 포도주 제조사들은 좀 더 논리적인 주장을 내놨다. 미국 세관이 포도주를 비롯한 주류 수입을 규제하니 콜라도 프랑스의 음료 규제를 따라야 한다면서 말이다. 코카콜라는 이 규제를 거부했다.) 상황은 거기서 끝나지 않았다. 조금 더 모호하지만 중요한 부분을 건드린 것이다. '신토불이'를 외치던 국수주의자들은 젊은 층이 포도주와 맥주 대신 콜라를 마시면서 프랑스인이나 독일인의 정체성이 희석될 것을 우려했다. 결국 콜라는 1939년까지도 유럽에서 크게 인기를 끌지 못했다(라틴아메리카에서는 좀 더 나았다). 그러나 1945년에 전쟁이 끝나고 멈췄던 세상이 다시 돌아가기 시작하자 상황은 크게 달라지기 시작했다.

 한편으로 냉전은 공격적인 미국 회사들이 새로운 의혹을 받게 되리라는 것을 의미했다. 특히 정치적 좌파의 움직임이 심상치 않았다. 공산당과 언론 일각에서는 듣지도 보지도 못한 주장이 나왔다. 콜라에 독이 있고, 콜라 판매 사원들은 스파이 네트워크의 일부를 담당하며, 콜라병 공장은 언제든 원자폭탄 공장이 될 수 있다고 했다. 프랑스에서는 종말론적인 성격은 덜하지만 여전히 모욕적인 소문이 나왔다. 코카콜라가 노트르담 성당 정면에 광고를 걸려고 한다는 것이었다. 전후에는 대부분 정부에서 외국의 투자(식품 및 음료의 내용물과 함께)를 규제했으므로, 콜라에 대해 적대적인 정치 세력을 더하는 것은 중요한 일이었다. 덴마크에서는 잠시 콜라가 금지됐고, 벨기에와 스위스에서는 건강 관련 소송으로 콜라의 판매량이 주춤했다. 또한 비밀 성분을 밝히지 않고서는 프랑스의 규제를 통과할 수 없었다.

반면 전후 세계에서는 미국의 영향력이 막강했고, 워싱턴 정계에서는 애틀랜타의 사회주의자들을 강하게 몰아세우고 있었다. 거기에 미국을 반대하는 데 가장 적극적인 것은 공산주의 세력이라는 사실은 자연스럽게 미국의 결단을 강화했다. 유럽의 정부들은 콜라를 금지한 뒤 눈에 띄거나 띄지 않는 방식으로 위협을 받았다. 프랑스 외무부는 마셜 플랜에서 원조를 받지 못하게 될지 몰라 좌불안석이었다. 유럽의 정부들은 이 상황이 미국화의 무서운 흐름 속 한 자락임을 겁내면서도, 결국 일이 너무 커지지 않기를 바라며 반대를 철회했다.

다른 여러 회사와 마찬가지로 코카콜라는 미국 정부와 긴밀한 관계를 유지하며 큰 이익을 챙겼다. 사실 둘의 관계가 굳건해진 가장 큰 계기는 전쟁이었다. 코카콜라는 미군에 저렴하게 탄산음료를 공급하기 위해 어마어마한 돈을 들였다. 심지어 서유럽 일부 지역이 해방되자 재빨리 병 제조 공장을 그쪽으로 옮길 정도였다. 병은 중요했다. 병만 보면 그것이 코카콜라라는 걸 알 수 있었기 때문이다. 그 상징적인 모양의 병 덕분에, 해방을 맞이한 사람들은 그들을 해방시킨 사람들이 대체 무엇을 마시는지 가까이서 들여다볼 필요가 없었다(영어를 알 필요도 없었다).

코카콜라가 군대에 그렇게 많은 돈을 들인 것은 애국심 덕이기도 하고 국내에서의 관계를 의식한 탓이기도 했겠지만, 결과적으로 콜라는 그 덕분에 유럽 시장에 진출할 수 있었다. 코카콜라가 유럽을 구하러 간 미군에 돈을 들였다는 사실은 미국이 유럽에 아주 긍정적인 영향을 미쳤다는 점과 연결됐으며, 건강에 대한 염려도 가라앉혔다. 서유럽에서 히틀러를 몰아낸(그리고 분명 역사상 가장 잘 먹으며 전쟁을 치른 건강한) 군인들이 그렇게 많이 마셨다는데, 그렇다면 콜라는 해로운 음료가 아닐 것 같았다. 이런 개연성이 의도적인 결과든 우발적인 결과든, 회사는 곧 여기서 나온 이점을 최대한 활용했다. 과거에 해외를 겨냥해서 식품을 팔려고 했던 회사들은 현지의 브랜드를 앞세우고 외국 원산지는 숨기는 일이 많았지만(신선하지 않을 수 있다는 불안을 누그러뜨리고 '신토불이'의 개념에 발맞춰야 했으므로), 코카콜라는 콜라와 '미국식 생활방식', 그리고 미국의 승리주의를 연결 짓고 이를 열렬히 과시했다. 1952년에 헬싱키 올림픽이 다가오자, 코카콜라는 올림픽 개최일 'D-day' 조형물을 만들어 배에 싣고 바다를 건너 헬싱키 항구로 갔다. 배에는 군인이 아니라 72만 병의 코카콜라와 다양한 홍보물이 들어 있었다. 양키(Yanks)들이 다시 유럽으로 오고 있었다.

일각에서는 노골적인 미국주의에 등을 돌린 사람들도 있었지만, 유럽을 겨냥한 코카콜라 광고는 큰 성공을 거뒀다. 좋든 나쁘든, 그것은 새로운 종류의 마케팅으로 이어졌다. 사실, 맥주 대신 콜라를 마시면 독일인의 정체성이 약해지지 않을까 걱정하던 사람들의 말도 어느 정도는 맞았다. 이제 나라의 경계를 넘어서는 소비문화가 떠오르고 있었고(특히 젊은 층에서), 유럽인들은 '멋진(cool) 소비 습관을 지닌 친구들을 찾아 점점 더 해외로(특히 미국으로) 눈을 돌렸다. 그리고 그 수백만이 찾은 답이 바로 코카콜라였다.

14 장자생존?

경제에서는 경쟁이 언제나 적자생존으로 이어졌던 것은 아니다. 오히려 단순히 '장자생존'을 낳은 경우도 많았다. 능력 있는 쪽보다 먼저 등장한

쪽의 손을 들어준 것이다. 그리고 처음 등장한 상품이 한 시장에서 다른 제품들을 누른 뒤 그 여세를 몰아 세계 시장까지 장악해 버린 경우도 종종 있었다.

근대의 가장 위대한 기술적 도약인 철도가 좋은 예다. 대영제국에서 기관차가 처음으로 화차를 끌기 시작하던 1825년 무렵에는 기차가 궤간이 서로 다른 철도 위를 달려야 했다. 회사마다 궤간을 마음대로 정해 철도를 놓을 수 있었기 때문이다. 이렇게 되자 한 노선에서 다른 노선으로 옮겨갈 때마다 비용이 만만치 않았기 때문에 여간 골칫거리가 아니었다. 그 결과 뒤를 이은 다른 나라들에서도 철로의 폭은 영국만큼이나 '다채로웠다.' 시간이 흐르면서 혼란은 끝나고 한 궤간이 승리를 거두었다. 그러나 승자가 짐이나 여객들을 실어 나르는 데 기술적으로 가장 적당했기 때문에 경쟁자들을 물리칠 수 있었던 것은 아니다.

최초의 철도는 4피트 8인치 반의 좁은 궤간을 사용했다. 이 간격은 효율성이라는 기술적 범주에 근거해서 선택된 것은 아니었다. 선례가 결정적인 역할을 했던 것이다. 바로 근처에 있던 석탄 광산들에서 말이 끌던 석탄 수레에 오랫동안 4피트 8인치 반의 궤간을 사용해 왔기 때문이다. 심지어는 이 석탄 수레의 궤간이 거의 2천여 년 전 영국에 바퀴 자국을 남기고 간 로마 전차의 바퀴 간격에서 나온 것이라는 주장도 있다. 관습 때문에 고대의 표준이 산업시대까지 그 긴 시간을 건너온 것이다. 최초의 증기철도 '스탁턴 앤드 달링턴'(Stockton and Darlington)은 주로 광산에서 항구까지 석탄을 나르는 데 사용됐다. 이 철도의 영업 허가에는 광산에서 말이 끄는 수레를 철로에서도 그대로 사용할 수 있어야 한다는 조건이 딸려 있었다. 이렇게 해서 좁은 궤간이 마력은 물론 증기력의 시대에도 계속 살아남을 수 있었다. 그리고 최초의 상품 및 여객 운송용 철도를 설계했던 조지 스티븐슨(George Stephenson) 역시 궤간만은 그대로 베끼게 된다.

하지만 다른 철도들은 훨씬 크고 높은 화차들도 쉽게 지탱하고, 그에 따라 기관차를 좀 더 크게 만들 수 있도록 철도의 궤간을 더 넓게 하려고 했다. 기술적으로는 어떤 면에서도 스티븐슨의 협궤가 최선의 선택은 아니었다. 그러나 중요한 두 가지 이유 때문에 협궤가 마지막 승자가 될 수 있었다.

먼저, 모든 철도 회사들이 얼마 가지 않아 철도가 규격화되어야만 각 노선들이 광대한 철도망으로 쉽게 통합될 수 있다는 점을 인정하게 되었다. 특히 영국의 경우 영토가 워낙 좁고 철도가 밀집돼 있었기 때문에 아주 일찍부터 이 문제와 씨름을 해야 했다. 스티븐슨 궤간이라는 선례가 있었기 때문에 이 노선과 연결하고 싶어 하던 다른 노선들은 같은 궤간을 채택했다. '장자'의 이점은 철도망이 커져 가면서 계속 늘어만 갔다. 그렇지만 경쟁도 계속되었다. 넓은 궤간을 쓰던 '그레이트 웨스턴 레일로드'(Great Western Railroad)는 실제 주행 시험에서 넓은 궤간이 더 뛰어나다는 것을 증명해 보이기도 했다. 그런데도 영국 정부는 넓은 궤간이 승객들을 나르는 데는 훨씬 우수하지만, 그것이 철도망 통합에 따르는 이점보다는 중요하지 않다고 결론을 내렸다. 결국 좁은 궤간 쪽으로 줄을 선 노선들이 압도적으로 많았기 때문에 영국 정부는 신설되는 노선은 좁은 궤간을 채택해야 한다는 법령을 공포하기에 이른다.

석탄 수레 궤간이 승리할 수 있었던 두 번째 이유는 시간이 지나면서 좁은 궤간에 기술이 적응해 갔기 때문이다. 기술에 맞춰 철도가 바뀌는 일은 일어나지 않았다. 기관차와 차량들은 점점 커졌지만 좁은 철도에서도 더 빨리, 더 많이, 더 무거운 짐을 실어 나를 수 있도록 완충 장치와 차축, 바퀴 따위도 갈수록 정교해진 것이다.

미국에서는 문제가 영국과는 약간 달랐다. 일단 영국은 상대가 안 될 정도로 땅이 넓었고, 지역별 철도망이 자리를 잡아가고 있었기 때문에 상당수의 노선들이 자기네 구역에서는 독점체제를 구축하려고 일부러 다른 노선에서 사용하지 않는 궤간을 채택했다. 이런 상황은 남북전쟁이 끝나고서도 계속되었다. 하지만 사람들이 점점 더 서쪽으로 퍼져 나갔고, 철도 때문에 장거리 교역 수요도 많이 늘어나자 물량만으로도 이윤을 낼 수 있는 가능성도 같이 커져 갔다. 비로소 궤간을 표준화할 만한 힘이 모이기 시작했다. 19세기의 마지막 10년 동안 미국의 거의 모든 철도는 영국식 궤간을 채택하게 된다.

실제로 19세기 말이 되면 영국 표준이 실질적인 세계 표준으로 자리 잡게 된다. 유럽은 천천히 영국 궤간을 따라갔다. 프랑스-스페인 국경 같은 몇몇 경우에는 국가 방위의 수단으로 서로 다른 궤간을 쓰기는 했지만, 다른 곳에서는 표준화가 훨씬 쉬웠다. 우선 영국이 기술에서 다른 나라들을 훨씬 앞지르고 있었고, 영국의 광대한 식민지와 제삼 세계 나머지 지역에서 막 시작되고 있던 철도 건설에 영국의 막대한 해외 투자가 집중되면서 영국은 몇 개 대륙에다가 하나의 발자국만을 찍을 수 있게 된 것이다. 말이 끄는 수레에서 증기기관차, 디젤기관차 그리고 오늘날의 고속철도에 이르기까지 궤간은 거의 변하지 않고 그대로다. 이 표준 궤간은 그것이 최고여서가 아니라 관습이었기 때문에 사용되었다. 그 결과 원자 시대에도 가장 세련된 축에 드는 탈것이 아직도 로마와 영국의 석탄 수레와 같은 4피트 8인치 반 위에서 달리고 있는 것이다.

15 필요는 발명의 나쁜 어머니

필요는 발명의 어머니다. 물론 그렇다. 하도 많이 들어서 어린 나이에도 우리는 이 비유를 자연스럽고 자명한 것으로 받아들였다. 그러나 이 말을 한번 곱씹어 보자. 뭐가 언제 필요할지, 누가 결정할까? 진짜로 필요가 만들어낸 발명품은 뭔가? 역사를 보면 이 문제는 생각만큼 간단하지도 않았고, 필요와 발명의 '혈연관계'가 그렇게 만족스러울 만큼 분명하지도 않았다.

간단한 깡통을 한번 예로 들어보자. 영국에 깡통이 처음 등장한 것은 1810년으로, '국왕 폐하'의 해군들을 먹여 적을 죽이게 하기 위해서였다. 깡통에 든 군용 식량은 그때까지 수병들이 먹었던, 양과 질 모두 형편없고 심지어 벌레까지 득실거리던 음식에 비하면 크게 나아졌던 것만은 분명하다. 그러나 모든 해결책은 나름대로 문제를 안고 있게 마련이다. 이 경우 가장 먼저 해결해야 할 문제는 당연히 깡통을 따는 것이었다. 누가 보더라도 확실히 이 대목에서 필요가 생겨났다. 그러나 쓸 만한 깡통따개가 나올 때까지 무려 반세기나 기다려야 했다!

그렇다고 그 깡통들이 누군가가 따줄 때까지 50년이나 그냥 쌓여 있었던 것은 아니다. 처음에 수병들은 나이프나 총검, 망치, 끌 따위를 썼다. 아주 깔끔했던 것은 아니지만 그럭저럭 깡통을 딸 수는 있었다. 문제는 누구도 이런 상황을 개선하는 데 관심을 두지 않았다는 것이다. 그 이유는 부분적으로 초기의 깡통은 두꺼운 쇠로 아주 크고 무겁게 만들어졌던 데 있었다. 전쟁의 도구로서 깡통은 대단히 위험한 조건에서도 견뎌내야 했고, 수병 여러 명이 같이 먹을 수 있도록 양도 많아야 했기 때문이다. 다행히 당시의 '고객들'은 대개 칼을 가지고 다녔다. 더구나 이들은 칼을 깡통에 찔러 넣거나, 망치로 끌을 두드릴 수 있는 사람들이었다.

좀 더 편리한 깡통따개가 필요하다는 생각을 하기 위해서는 두 가지가 바뀌어야 했다. 먼저 야금술이 발달해 훨씬 가벼운 주석 도금의 강철 깡통을 만들 수 있어야 했다. 그리고 포장기술이 개선돼 식중독의 염려 없이 다양한 식품들을 깡통에 담을 수 있어야 했다. 두 가지 문제가 해결되자 점점 더 많은 주부들이 통조림을 사게 되었다. 그러나 총검이나 망치, 끌 따위를 옆에 두고 있는 주부들은 별로 없었고, 설사 그렇더라도 그것들을 써보고 싶어 조바심 내던 주부들은 그보다 더 적었다. 드디어 1870년 미국의 발명가 윌리엄 라이먼(William W. Lyman)이 식료품 판매 사업에 혁명을 일으킬 장치, 즉 깡통따개를 발명해 냈다.

어떤 경우에는 해결책이 필요보다 먼저 제시되기도 했다. 1880년대 일리노이주에 살던 조세핀 카크레인(Josephine Cochrane)은 하녀가 설거지를 하면서 그렇게 아끼던 자기들을 자주 깨먹는 통에 미쳐 버릴 지경이었다. 카크레인은 아예 식기 세척기를 발명해 버렸다. 큰 구리 보일러에 금속 칸막이가 달린 커다란 바퀴를 설치해서 접시 위로 물을 뿜어주는 장치였다. 이 식기 세척기는 꽤 쓸 만했다.

하지만 주부들은 이 새 발명품을 사려 들지 않았다. 확실히 기술적인 문제들이 아직 남아 있었다. 상당수의 가정에서는 이 기계를 돌릴 만큼 뜨거운 물이 충분치 않았고, 그나마 너무 센물이었기 때문에 접시를 닦아낼 정도로 비누 거품이 나지 않았던 것이다. 그러나 여기에는 중요한 문화적 장벽도 있었는데, 아마 기술적인 문제들보다는 이 장벽이 '필요'의 등장을 늦추는 데 더 중요한 역할을 했을 것이다. 여자들이 손으로 설거지를 하는 것에 별 거부감을 느끼지 않았던 것이다. 대규모로 노동시장에 편입되기 전까지, 대부분의 여성들은 직장과 집에서 두 가지 일을 동시에 할 필요가 없었다. 더욱이 설거지는 하루의 끝 무렵에 보통 온 가족이 모여 느긋하게 쉬면서 같이 할 수 있는 '친목 도모용' 허드렛일쯤으로 여겨졌다. 1950년대 여성들이 노동시장에 진입하고 식기 세척기를 살 만한 여윳돈이 생기고 나서야, 카크레인 부인의 발명품은 비로소 '필요'가 되었다.

필요 때문에 빨리, 그러나 형편없는 해결책으로 제시되었다가 실제 쓸

모보다 장수를 누린 발명품들도 있다. 타자기 자판이 바로 이런 경우인데, 사실 기능만을 놓고 보면 지금의 자판은 진작 폐기 처분해야 마땅했지만 처음 발명되었다는 이유만으로 목숨을 부지하고 있는 것이다. 최초의 타자기는 1829년 윌리엄 버트(William Burt)라는 사람이 발명했다. 그러나 이 기계는 느렸다. 이 타자기에는 피아노 건반의 원리가 적용되었는데, 모양은 원통이었고 다루기가 쉽지 않았다. 그리고 1853년 1분에 30단어를 써서 제일 빠른 수기 기록을 세웠던 사람보다 빠르지 않았다. 이제 전신이 등장해 손으로는 받아 적을 수 없을 정도로 빨리 메시지를 주고받게 되자 이는 심각한 문제로 떠올랐다. 1872년 크리스토퍼 숄스(Christopher Sholes)라는 사람이 '타이프-라이터'(type-writer)라고 부르는 기계를 만들어냈는데, 먼젓번 것보다 한결 빨리 칠 수 있었다. 단점은 딱 한 가지뿐이었다. 빨리 칠 때면 글쇠들이 서로 걸린다는 것. 이 기계들을 테스트했던 첫 속기사는 발명가의 인내심까지 테스트해 가면서 초기 모델들을 줄줄이 고장 냈다. 아무리 문제를 풀려고 해 봐도, 기계를 갖다 놓고 이런저런 꾀를 짜 봐도 글쇠끼리 걸리지 않게 할 방법을 찾아낼 수 없었다. 마침내 그가 생각해낸 해결책은 상당히 논리적이었다. 기계 속도를 올릴 수 없으면 타이피스트의 속도도 느려질 것이었다. 한동안 실험이 계속되고 드디어 지금 우리가 쓰고 있는 자판을 만들어낼 수 있었다. 글쇠들이 대단히 비논리적으로, 찾기 어려운 자리에 놓여 있었기 때문에 예의 그 속기사는 타자기를 빨리 칠 수 없었고, 타자기도 꼬이지 않았다. 그 뒤 몇 차례 개선이 이어져 글쇠가 꼬이는 문제는 해결되었다. 그러나 글쇠의 위치는 변하지 않았다. 결국 전동 타자기나 요즘의 컴퓨터들도 다름 아닌 관습 때문에 일부러 불편하고 일에 방해가 되도록 만든 자판을 채택한 것이다. 타이피스트에 자판을 맞추지 않은 결과 수백만 명의 타이피스트들이 'b'나 'e' 아니면 'i'를 찾느라 몇 시간을 더 잡아먹게 된 것이다.

오호라, 필요는 좋은 어머니가 아니었던 것이다. 어떨 때는 불임이었다가, 어떨 때는 변덕스러웠다가, 어떨 때는 조산을 하기도 했다. 문제와 해결책, 발명가, 고객 등은 모두 공생관계에 놓여 상호작용을 하다가 상황을 이러저러한 방향으로 밀고 나가기도 하고, 아예 발을 묶어 버리기도 했다.

16 국제법의 허점을 파고드는 위치의 힘

자원이 아닌 위치에 힘입어 세계 경제의 중심으로 들어간 지역들이 있었다. 그러나 그 '위치'는 단순히 지리적인 문제가 아니었다. 전에는 무시되던 지역들도 기술과 법 제도 덕분에 거리가 멀다는 한계를 극복하고 국제적으로 중요한 의미를 띠는 시장이 될 수 있었다. 그런 지역은 힘이 있고 안정적이어서가 아니라, 지도자들이 국제법상의 허점(중간 영역, 이도 저도 아닌 애매한 부분)을 잘 이용한 덕분에 중요한 지역으로 거듭날 수 있었다.

  안도라(Andorra)가 그 예다. 프랑스와 스페인의 국경에는 피레네산맥이 걸쳐 있는데, 이 산맥 가파른 봉우리의 꼭대기에 자리 잡은 작은 나라가 바로 안도라이다. 이 나라는 20세기가 다 저물도록 세계 경제에서 소외돼 있었다. 그런데 인터넷이 상황을 바꿔놓았다. 반면 파나마(panama)는 중심에 있다는 이유만으로 많은 것을 얻었다. 뜨겁고 습한 기후는 농업이 아닌 해충과 독사가 번지기에 더 유리했고 주요 광물 자원도 없었지만, 파나마지협은 20세기 후반까지 작고 좁아서, 그리고 그냥 거기에 있어서 중요한 지역이었다.

안도라

세계의 지붕 위로 밀려나 있고 역사의 조류에서도 무시된 듯한 작은 공국은 어떻게 중세에서 포스트모던으로, 봉건주의에서 국제주의로 바로 갈 수 있었을까? 어떻게 근대와 민족주의를 거치지 않을 수 있었을까? 항구도, 공항도, 철도도 없고 오직 몇 안 되는 좁디좁은 길을 통해서만 바깥세상과 연결되는 중세의 샹그릴라(Shangrila)* 같은 곳이 어떻게 국제 무역과 상업의 중심지로 거듭났을까?

안도라는 오래된 지역이다. 이 180제곱마일(약 466제곱킬로미터) 땅에는 5~8천 년 전에도 사람이 살았다. 바스크인(Basques)들이 살던 작은 땅이 공국의 지위를 얻게 된 것은 전쟁이 지나가면서였다. 이곳은 이슬람 무어인들(Moors: 중세 이베리아반도에 거주하던 이슬람들 – 옮긴이)이 이베리아반도를 정복하면서 마지막으로 차지한 지역 중 하나였지만, 제일 먼저 떠난 지역 중 하나이기도 했다. 안도라에서는 아직도 국가(國歌)를 통해 크게 존경받는 샤를마뉴(Charlemagne) 대제는 안도라를 여러 완충국(march state) 중 한 곳으로 정하고 이슬람 세계와 기독교 세계의 충돌을 차단하게 했다. 안도라는 독립을 맞이했고, 맹렬한 목자들과 전사들은 잘못 이용되지 않도록 단단히 길을 막았다. 그 결과 역사는 안도라를 피해서 흘렀고, 안도라는 유일하게 남은 완충국이 되었다.

안도라가 "중세의 관습과 제도를 그대로 간직하고 있다"라는 사실이 밝혀진 것은 1900년대 후반, 외부 사람 하나가 이곳에 들어가면서였다. 안도라에는 5,600명의 사람들이 여전히 농사를 짓고 가축을 치며 살아가고 있었다. 이 외부인에 따르면, "이 지역에서는 가장 원시적인 종류의 산업이 이뤄지며 중세 시대처럼 거래는 국내에서만" 이뤄졌다. 이 고립된

---

* 샹그릴라(Shangrila): 제임스 힐턴(James Hilton)의 소설 『잃어버린 지평선』에서 '지상낙원'으로 묘사된 마을로 이상향을 의미한다.

6장 _ 표준화와 근대 시장 519

공국의 사람들은 자본과 석탄, 소통의 부족을 겪으며 유럽 대륙 한가운데서 섬나라 생활을 하고 있었다. 하나뿐인 지방도로와 몇 개의 수송로는 수레도 못 다닐 만큼 비좁았고, 몇 가지 수입품이 이 도로들을 통해 노새에 실려 들어오곤 했다.

안도라에는 주권 국가의 일반적인 특성이 거의 존재하지 않았다. 1954년까지는 예산도 없었고, 관세 외에는 세금도 없었으며, 자국의 통화도 없었다. 최근에 유로화가 들어가기 전까지는 프랑스의 프랑과 스페인의 페세타가 법정 화폐로 사용됐다. 게다가 안도라는 전사들이 일군 땅임에도 제대로 된 군대가 없었다. 미국 가수 말비나 레이놀즈(Malvina Reynolds)는 1960년대에 발표한 포크송에서 안도라를 통해 반전(反戰) 메시지를 전할 정도였다. 안도라에는 6명의 직업 군인 외에 자원자로 구성된 민병대가 있기는 했다. 그러나 700년 동안 전쟁을 치르지 않았으므로 문제가 되지는 않았다. 프랑스와 스페인은 안도라를 방어할 책임이 있었다. 그러나 그렇지 않아도 좁은 땅에서 경작지로 쓸 수 있는 면적은 2퍼센트에 불과하고 천연자원도 없는 안도라는 욕심나지 않는 땅이었다. 이웃한 두 나라는 안도라에 상당한 자치를 허용했고, 남쪽의 인접 지역에서 차용한 카탈로니아어를 국어로 사용하도록 내버려 뒀다.

그러나 안도라 사람도 아닌 두 명의 군주가 공동으로 안도라의 통치권을 갖는다는 건 이상한 일이었다. 안도라의 통치권은 1278년에 프랑스의 푸아(Fiox) 백작과(나중에는 프랑스의 왕, 그리고 지금은 프랑스 대통령)과 스페인의 세우두르젤(Seud'Urgell) 주교 사이에서 갈라진 이래로 계속 두 나라가 공동으로 행사하는 형태로 유지되었다. 안도라 사람들은 두 군주의 종주권을 인정하며 양쪽에 매년 징표처럼 세금을 냈다. 이 공동 군주들은 아직도 안도라의 국제 조약에 대한 최종 결정권을 갖는다.

안도라 사람들은 근래에 와서야 시민으로서 권리를 확대하기 시작했다. 여자들은 1970년에야 선거권을 받았다. 헌법은 1993년에야 제정됐고, 그러자 마침내 합법적으로 정당이 생기고, 의회가 선출됐으며, 노동조합이 구성됐다. 이 무렵 안도라는 이미 바깥세상에 합류해 있었다.

  1954년에 안도라의 인구는 5,800명이었지만, 2011년에는 84,825명으로 증가했으며(이 중 4분의 1만 법적인 시민이고 나머지는 단순 거주자이다), 땅값도 급등했다. 그러나 그보다 중요한 것은 좁고, 구불구불하며, 위험하기 짝이 없는 길을 따라 공국으로 들어오는 연간 관광객이 9백만 명(공국 전체 인구의 100배)에 이른다는 사실이다. 안도라 라 벨라(Andorra la Vella)를 비롯한 여러 마을에서는 전에 없이 길이 막히기 시작했고, 경찰은 30배로 인력을 늘려 도로 교통을 관리했다. 이렇게 지리적인 어려움도 있고 천연자원도 귀한 곳에서는 밀려오는 사람들에게 무엇을 줘야 할까?

  프랑스와 스페인이 자잘하게 밀수를 벌이는 동안 오랫동안 통로 역할을 했던 안도라는 자유로운 창구이자 밀수의 중심지가 되었다. 안도라는 생산하는 상품이 거의 없기도 했지만, 힘이 없으니 상품에 대해 세금을 조금만 부과하거나, 아예 부과할 수 없었다. 세금이 감면된다는 점은 관광 산업이 성장하는 발판이 됐다. 중세의 공동 재산 개념과 관습화된 카탈로니아 법 같은 고유의 전통이 있었지만, 이웃 국가들의 묵인이 있으면 비과세 상품들이 산을 넘을 수 있었다. 결국 현재 안도라의 도로는 프랑스와 스페인이 관리한다. 프랑스와 스페인의 경찰들은 안도라에서 나오는 자동차가 있으면 밀수품, 특히 담배가 숨어 있을지 몰라 검문을 한다.

  안도라는 세금을 감면하여 국제 은행과 금융의 중심이 되려고 하면서 국제적인 명성의 필요성이 높아졌다. 그리하여 소비재에 대한 세금이 관세를 대체했고, 소득세의 필요성은 사라졌다. 안도라 전체 인구의 4분의 3은 투표권이 없는 단순 거주자인데, 이들은 깨끗한 공기와 스키가 아니라 감세 혜택을 누리러 온 사람들이다.

안도라 공국은 국제 사회, 특히 조세정책 단일화를 추진하던 유럽 연합(EU)의 일원이 되기 위해 헌법 초안을 작성했다. 그리고 마침내 1993년, 처음으로 해외에서 외교 무대에 나서며 국제주의의 새로운 중요성을 표명했다. 안도라가 외교 무대를 시작한 곳은 다른 나라가 아닌 UN이었다. 2년 뒤인 1995년에는 미국과 국교를 수립했지만, 안도라 미국 대사는 안도라에서 몇 시간 떨어진 스페인 바르셀로나에 주재해야 했다.

대사가 멀리 떨어져 있다는 것은 가상 같기도 하고 현실 같기도 한 안도라의 상업적 존재를 반영한다. 예컨대 캘리포니아 대학교 내 전체 도서관에는 안도라 관련 서적이 772권뿐이다. 그러나 인터넷에는 8,380만 개의 안도라 관련 웹사이트가 존재한다! 이 사이트들은 대부분 상업, 금융, 관광과 관련된 것들이다. 안도라는 신용카드 사기 중심지로도 알려져 있다.

오래된 것과 요즘 것, 지역적인 것과 국제적인 것이 뒤섞여 있다는 점은 안도라 사람들에게 큰 도움이 된다. 안도라는 산업이 발달한 나라는 아니지만, 16세 이상 인구 중에는 문맹인 사람이 없다. 1인당 연간 소득은 4만6천 달러이며, 기대 수명은 세계에서 가장 높은 80세 이상이다. 영아 사망률은 1천 명당 3.8명으로 매우 낮다.

안도라는 공항도 철도도 항구도 없지만 인터넷이 있고, 국제적으로 인정받는 나라다. 그리고 무엇보다 지리적 위치가 무마될 만한 세법을 장착했다. 머나먼 땅 안도라는 이제 세계의 중심이 되었다.

파나마
안도라와 달리 파나마는 무시되던 지역이 아니라 주목받던 지역이었다. 왜냐하면 스페인이 소유권을 주장하며 이곳을 발판 삼아 대서양 및 아시아 세계로 진출하려 했기 때문이다. 사실 그전에 있었던 콜럼버스 이전의 남미 문명과 메소아메리카(Mesoamerica)* 문명은 파나마지협의 호락호락하지 않은 환경 탓에 세간의 관심에서 벗어나 있었고, 무역과 이주가 활발하게 이뤄지던 곳도 아니었다.

처음에 파나마가 자원이 아닌 지리적 위치를 이유로 중요하게 부각되기 시작한 것은 1513년에 바스코 발보아(Vasco Nunez de Balboa)가 한 무리의 스페인 사람들과 토착 동맹군을 이끌고 '남쪽 바다'(Southern Sea)라는 곳을 살피러 지협을 건너오면서였다. 스페인이 남아메리카를 정복하는 과정에서 파나마 시티(Panama City)는 교두보 역할을 했다. 그러나 이때 스페인에서 온 무리는 현지 주민들 사이에서 크게 돈 될 만한 것을 찾지 못했던지라, 이 전초기지는 곧 정착지로서는 의미 없는 지역이 됐다. 그리고 1536년, 프란시스코 피사로(Francisco Pizarro)가 다른 스페인 무리를 이끌고 잉카 정복을 꿈꾸며 남쪽 탐험 길에 올랐다. 그렇게 탐험가들이 페루에 숨겨진 부를 좇아 남쪽으로 내려가면서 파나마의 작은 식민지는 빈털터리가 된다. 은을 비롯해 페루에서 나오는 귀한 물자들은 비좁고 위험천만한 파나마지협을 건너다녔기에 파나마는 이 물자들이 지나가는 중간 기착지 역할을 계속했지만, 지역 자체는 그리 중요하지 않았다. 파나마는 카리브해의 포르토벨로에서 임시 박람회를 열기도 했지만, 다른 부유한 식민지들을 챙기느라 바빴던 스페인 관리들은 파나마의 박람회 따위는 기억도 못 했다. 파나마에서 가장 크게 파장을 일으킨 외국 세력은 프랜시스 드레이크(Francis Drake) 같은 영국 해적들이었다. 프랜시스 드레이크는 1572년에 놈브레 데 디오스(Nombre de Dios)를 약탈해 불을 질렀고, 헨리 모건(Henry Morgan)은 1671년에 파나마 시티에 불을 질렀다. 이런 일이 이어지자 파나마는 외세를 막기 위해 요새를 짓고 도시를 성벽으로 둘러쌌다.

---

* 메소아메리카(Mesoamerica): 멕시코, 과테말라, 영국령 온두라스, 엘살바도르, 온두라스, 니카라과의 서반과 코스타리카 북서부를 포함하는 영역.

존재감 없던 파나마는 맨 마지막으로 겨우 누에보 그라나다 공화국 (Nuevo Granada)*에 합류했고, 1824년에 독립한 뒤에는 콜롬비아의 한 주(州)가 되었다. 그런데 멀리 떨어진 캘리포니아에서 금이 발견되자(4장 3절과 4절 참조) 1852년에 처음으로 지협을 가로지르는 대륙 간 철도가 생기면서 다시 파나마로 이목이 쏠린다. 그 당시에는 미국을 가로지르던 철도가 없었으므로 육로로 미국을 횡단하는 것은 선로(船路)를 이용하는 것보다 훨씬 느리고 위험하며 비용도 많이 들었다. 그래서 이민자들은 뉴욕이나 보스턴에서 배를 타고 파나마지협까지 가서 거기서부터 샌프란시스코까지 기차를 타는 편을 선호했다. 물론 그렇게 가는 길은 뉴욕에서 캘리포니아까지 육로로 갈 때보다 수천 마일을 돌아가는 셈이었다(하지만 배를 타고 남아메리카 최남단 케이프 혼[Cape Horn]까지 갔다가 캘리포니아로 가는 사람들도 있었다). 캘리포니아에서는 호황 초기에 대부분의 물자를 수입했는데, 물자를 싣고 캘리포니아로 들어가는 대부분의 운송업자도 파나마지협을 이용했다. 그러나 생활을 꾸릴 목적으로 찌는 듯한 열대 지방에 들어가는 사람은 없었다.

파나마는 1903년에 독립했지만, 외부 세력은 여전히 이곳에서 영향력을 과시했다. 콜롬비아 해군이 파나마에서 일어난 소규모 독립운동을 진압하려고 하자, 미군 함정이 콜롬비아 해군을 막아섰다. 시어도어 루즈벨트(Theodore Roosevelt) 대통령은 "내가 파나마를 점령했다"라고 자부했다. 그 뒤 발달된 공학과 의학, 북아메리카의 자본을 바탕으로 카리브해에서 온 수만 명의 이주 노동자를 동원하여 파나마운하가 건설된다. 파나마운하는 그때까지 미국 정부에서 추진한 가장 값비싼 건설 프로젝트였

---

* 누에보 그라나다 공화국(Nuevo Granada): 콜롬비아 공화국의 전신으로 콜롬비아를 기반으로 하여 현재의 에콰도르, 베네수엘라의 일부 지역, 파나마, 코스타리카, 니카라과의 모든 부분을 차지한 거대한 연방이었다.

파나마운하에서 건설 중인 가툰(Gatun) 갑문
출처: 린다 홀(Linda Hall) 과학, 공학 및 기술 도서관 제공

다. 1914년에 이 항구가 전 세계를 잇는 교통의 요지로서 문을 열자, 파나마 사람들은 그제야 자신들이 통치의 주체를 콜롬비아에서 미국으로 바꿨을 뿐이라는 사실을 깨달았다. 파나마는 1999년부터 파나마가 운하 통제권을 갖는 쪽으로 협상을 벌이며 1977년에야 독립을 주장하기 시작했다. 그러나 1989년에 미군이 들어와 수백, 수천 파나마인의 목숨을 앗아가면서 독립은 허상이었음이 드러났다. 미국이 이렇게 한 것은 파나마의 대통령이자 독재자였던 마누엘 노리에가(Manuel Noriega)를 체포하기 위해서였다. 공식적인 혐의는 대통령이 마약 밀매업자들과 손잡았다는 것이었지만, 그 이면에는 그가 독립적 외교 정책을 주장한 사실이 있었다(노리에가는 2011년에 파나마로 돌아간 뒤 다른 혐의로 파나마에 수감되었다).

오늘날 파나마는 관광객이든 해적이든 외국인을 환영하는 나라다. 파나마 시티에 가는 사람은 높이 솟은 상업 건물과 주거용 아파트를 보고 입을 다물지 못한다. 여기에는 1천 개 객실을 자랑하는 70층짜리 트럼프

오션 클럽(Trump Ocean Club)도 있다. 이제 파나마는 인상적인 건축 공간을 자랑하는 곳이다. 교통 체증은 좀 있지만 널찍한 도로가 펼쳐져 있고, 지하철도 들어서는 중이며, (돈만 많으면) 냉방 시설도 누릴 수 있다. 그러나 파나마는 여전히 네버랜드처럼 모호한 지역이다. 파나마도 안도라처럼 역외 면세 지역이자 자유항구로서의 입지 덕분에 번영을 누리게 됐다. 이곳은 수상쩍은 외국 자본 — 아마도 콜롬비아 마약왕이나 탈세범과의 만족스러운 거래 끝에 나왔을 — 이 조세회피처의 이점을 누릴 줄 아는 주요 국제 은행과 기업에 의해 돈세탁을 거치는 곳이다. 2015년부터 2016년에 《파나마 페이퍼스(Panama Papers)》는 한 법률회사의 문서를 유출하여 200여 개국 정·재계 인사와 유명인들의 진실을 폭로한 바 있다. 이런 유명인 중에는 영국의 현임 수상과 전임 수상 5명, 각국의 현임, 전임 국왕과 대통령, 수상들의 가까운 친척 61명도 포함됐다. 이 법률회사는 고객들이 규제기관과 세무 징수관, 본국의 사법 당국을 피해 파나마에 자금을 은닉하도록 도모했다. 이들보다는 평범하지만 여전히 부유층이라고 할 수 있는 미국과 유럽의 은퇴자들은 세금 없이 아파트를 사고 엄청난 세금 혜택을 누린다. 파나마에서는 미국 달러가 법정 통화로 쓰이므로, 투자자들은 자국민에게 유리한 파나마의 법규나 물가상승으로부터 자유롭다. 경제에 대한 통제는 대부분 현지인의 손에서 벗어나 있다.

정부의 규제가 적다는 점 또한 파나마의 거대한 면세점과 카지노, 합법적 성매매로 수십만 외국인 관광객을 끌어들인다. 외국의 선주들은 파나마 이름을 달고 세계를 다닌다. 파나마에서 배를 등록하기가 다른 곳에서보다 쉽고 저렴하기 때문이다. 덕분에 파나마는 세계 최고의 선박 등록국이 되었다. 사실상 파나마 선적에 대해 보호가 이뤄지는 목적은 돈벌이이다.

여러 강대국은 자국의 수익이 남쪽으로 흘러가는데도 개의치 않는다.

그런 나라들은 역외 기관이 벌어들인 수익에 대해 지금껏 과세를 거부했다. 그러나 공식적으로든 비공식적으로든 해당 정부의 암묵적인 허용이 없다면 이런 일들은 일어날 수 없다. 세계 무역의 주역은 실물 교환이다. 그러나 가상과 다름없는 나라들에서 제정한 교묘한 법률 또한 세계 무역 안에서 상업의 흐름과 부의 분배를 움직인다. 언뜻 보면 전혀 닮지 않은 것 같은 안도라와 파나마는 모두 지리적인 측면을 강화하기도 하고 무시하기도 하는 국제법의 허점을 통해 똑같이 수혜를 입었다. 두 나라는 고전경제학자들이 말하는 '시장 결함'(market imperfection)이 세계 경제의 어느 한쪽에는 원동력이 되기도 한다는 사실을 여실히 드러낸다.

7장

국제 교역과 산업화

세계 최초의 공장은? | 사치품 교역의 확대와 보통사람들 | 면화와 산업혁명 | 목화를 찾아서 | 황금 거위 죽이기 | 설탕 붐의 명암 | 봄베이의 역설 | 농부들이 만든 근대 일본 | 운 좋은 식민지, 뉴잉글랜드 | 석탄에서 석유로 가는 굽은 길 | 아메리카를 흐르는 석유의 역사 | 모래밭에서 일어나 석유로 달리다 | 희토류는 어떻게 중국의 무기가 됐을까? | 상점과 공장의 동상이몽

| 이미 100여 년 전에 역사가 존 클래펌(J. H. Clapham)은 산업혁명은 '세 번 짜낸 오렌지'라고, 즉 더 짜낼 것이 별로 없는 주제라고 말했다. 그러고 나서도 그는 산업혁명을 주제로 책 한 권을 더 썼고, 여기서 또 새로운 논쟁이 시작되었다. 지금도 정확히 어떻게 산업혁명 ― 농업과 어업, 임업 분야의 노동력 대부분이 기계 장치로 사물을 변형시키는 직종으로 옮겨간 ― 이 일어났고, 이 거대한 전환에서 교역이 어떤 역할을 했는지에 대해서는 일반적인 합의가 거의 없는 상태다. 산업화된 지역과 아직도 농업이 지배적이던 지역 사이의 교역이 어떤 결과를 가져왔는지, 특히 어떤 조건들 때문에 한 곳에서는 교역이 '덜 발전된' 교역 상대의 산업화를 촉진하고, 다른 곳에서는 방해했는지 하는 문제는 더 많은 논쟁거리를 안고 있다. 사실 오늘날 잘사는 나라의 거의 대부분은 산업(또는 후기산업) 국가들이라는 점에서 이런 질문은 좀 더 근본적인 문제를 내포하고 있다. 국제 교역에 참여하면 정말 모든 당사자들이 이득을 볼 수 있는가, 아니면 반대로 부와 힘의 불평등 때문에 몇몇 참가자들은 손해를 볼 따름인가. 이 문제는 역사적으로 상당히 복잡한 양상을 띠었는데, 그것은 부분적으로 기초 경제 이론의 조언을 그대로 따라 그 이론이 실제로 옳았다는 것을 증명해 보인 국가가 거의 없다는 사실에서 비롯된다. '다른 모든 나라와 자유무역을 제도화하라. 상대적인 발전 단계는 신경 쓰지 말고'라는 명제의 타당성은 아직 검증되지 않은 셈이다. 따라서 몇몇 사람들 ― 어쩌면 모든 사람들 ― 이 이런 질문을 앞에 놓고 꽤나 혼란스러워할 것이다.

산업화와 교역의 영향

사실 사람들이 이런저런 물건들을 만들어 온 것은 어제오늘의 일이 아니다. 그러면 언제 '산업화'가 시작되었을까? 많은 수의 일꾼들을 한데 모아놓고 일을 시키던 워크숍(workshop)만 해도 벌써 수 세기를 거슬러 올라간다. 주로 왕실이나 제국 정부가 관리하던 다양한 워크숍에서는 무기나 제복을 비롯해 왕실이 독점한 사치품 따위를 만들었다. 대부분의 작업 공정에서는 사람과 동물의 근육('매뉴팩처'[manufacture], 즉 '기계를 이용해 물건을 만든다'는 이 말은 한때 '손으로 만든다'는 뜻을 갖고 있었다)이 유일한 동력이었다. 그렇지만 수력이나 석탄, 그리고 다른 기계적, 화학적 동력원에 대해 몰랐던 것은 아니다. 중국 쓰촨성의 제염소들에서는 이미 거의 2천 년 전에 천연가스를 태워 동력을 얻었다. 그러나 많은 수의 노동자들이 대단히 집약적이면서도 통합된 방식으로(그러니까 독립적인 작업 방식이 아닌), 또 연료 집약적 생산 과정을 염두에 두고 작성된 작업 계획에 따라 표준화된 제품을 생산하던 최초의 장소, 즉 근대적 공장의 원형은 사실은 조금 엉뚱한 지역에서 등장했다. 아마 라틴아메리카에 있던 사탕수수 압착소가 최초의 공장일 텐데, 여기에서는 사탕수수(빨리 처리하지 않으면 금방 상해 버리는)를 분쇄한 다음 끓여서, 대서양을 건너가기에 적합한 형태로 만들었다(이 장 1절 참조). 이 경우를 놓고 보면 공장은 유럽 바깥에서 처음 생겼고, 공장 생활에 적응해야 했던 첫 노동자들은 임노동자가 아니라 노예들이었으며, 그것도 유럽인이 아니라 아프리카인들이었다.

　이와는 대조적으로 서유럽 노동자들은 노예가 아니었고 그래서 강요만으로는 더 오래 더 열심히 일하게 할 수가 없었다. 그러나 산업화가 시작되기 전 몇 세기 동안 서유럽과 동아시아의 일부 지역을 비롯한 여러 곳에서 상당수의 자유인들이 더 오래, 더 열심히, 더 집중적으로 일했다는 사실은 여러 증거로 뒷받침된다. 이러한 사회는 그만큼 산업화 세계에 미리 적응해 있었다고 볼 수 있었다. 그러나 그들 중 상당수가 산업화에 도달하기까지는 꽤 오랜 시간이 걸렸다.

　이러한 변화에는 여러 가지 이유가 있지만 그중에서도 중요한 한 가지는 커피나 담배, 차, 설탕, 술은 물론 보석, 값싼 오락품 등 집에서 만들 수는 없지만 소량으로 저렴하게 구할 수 있는 일상적인 탐닉 거리에 대한 수요가 증가했기 때문인 것 같다. 이 상품들은 지위를 과시하는 역할을 했고, 종종 사교를 수월하게 했으며, 일 자체의 고통을 덜어주는 경우도 있었다. 즉, 그것들은 여가를 조금 포기하거나 가족에게 들어갈 시간을 조금 버린다 해도 아깝지 않을 만큼 가치가 있었다. 그리고 지금쯤 이 책의 독자들은 알고 있겠지만 이러한 상품의 대부분은 수입품이었다. 따라서 집에서는 만들 수 없었고 그것들을 얻으려면 돈을 벌어야 했다.

좀 더 전통적인 시각에서 접근하는 이론들은 산업화를 영국의 직물 산업과 연결시키는데, 사실은 여기서 교역이 꽤 중요한 역을 맡았다. 영국에서 생산한 최초의 면직물은 인도 직물의 모조품이었다. 한동안 인도산 직물은 세계 표준으로 군림했고, 특히 전략적으로 엄청나게 중요했던 시장, 즉 노예와 직물이 교환되던 아프리카 시장에서 각광을 받았다. 영국의 초기 방적 공장들은 대부분의 제품을 해외 시장에 내다팔고 있었다. 이런 해외 수출은 적어도 두 가지 측면에서 제국주의와 연결돼 있었다. 첫째로, 대부분의 나라들이 외국 제품이 들어와 경쟁하지 못하도록 국내 및 식민지 시장을 굳게 보호하고 있던 당시, 막강한 전력을 자랑하던 영국 해군은 전 세계(특히 아메리카 대륙에서) 시장을 열어젖히는 데 결정적인 역할을 했다. 우선 막강한 영국 해군은 (부분적으로는 해적들을 소탕해) 먼 곳의 시장까지 제품을 운송하는 비용을 줄여주었고, 한편으로는 다른 나라 상인들이 영국 식민지에서 영국 상인들과 경쟁하지 못하게 막아주었던 것이다. 두 번째로, 영국의 인도(특히 직물 수출의 선두주자이자 인도에서 영국이 제일 처음으로 지배한 곳 벵골) 지배는 영국이 다른 나라 시장을 공략하는 최고의 무기가 되었다. 영국이 오스만 제국과 페르시아, 동남아시아 그리고 아프리카의 여러 지역에서 현지의 직물 시장에 진입할 발판을 처음으로 마련해준 것이 바로 인도 직물이었다. 그 후 기계화가 진전되면서 인도산 직물을 자기들이 만든 직물로 대체하려고 애를 쓰던 영국 방적업자들은 큰 원군을 얻게 되었다. 동인도회사의 여러 정책 덕에 예상 외로 일이 수월해졌던 것이다. 사실 동인도회사는 인도 직조공들이 자신들에게만, 그것도 아주 싸게 직물을 팔게 만들려고 했을 뿐인데, 이 조치가 당시까지 오랫동안 수출용 직물을 짜던 상당수의 벵골 직조공들이 아예 직종을 바꾸도록 몰아가고 만 것이다(이 장 5절 참조). 19세기 후반 영국 직물이 세계 대부분의 지역에서 경쟁력 우위를 잃게 되자, 인도는 거대한, 그것도 대영제국이 다른 나라의 진입을 막아주는 시장이 되어주었다. 랭커셔가 그나마 명맥을 유지할 수 있었던 것은 바로 이 인도 시장이 있었기 때문이다.

그리고 마지막으로 교역이 영국의 산업화에 핵심적인 역할을 했다. 직물 혁명의 주역이었던 면화를 국내에서는 기를 수 없어 모두 수입해야 했기 때문이다. 면화가 이렇게 중요한 배역을 맡았던 데는 기존의 아마와 양모의 경우 방직의 기계화가 면화보다 늦게 이루어졌던 사정도 어느 정도 작용했다. 그러나 더 중요한 이유는 면화로는 직물 생산을 충분히 늘릴 수 있었지만, 양모나 아마는 무슨 수를 쓰더라도 면화만큼 공급을 늘릴 길이 없었다는 점이다. 아마는 극도로 노동집약적이었고, 토양에도 너무 많은 부담을 주었다. 이 때문에 서유럽에서는 재배 규모가 작아 주로 정원에서나 기를 정도였다. 영국 의회가 두 세기가 넘게 영국 제도와 북미 식민지에서 아마 재배를 늘려 보려고 보조금까지 지급해 가며 참으로 많은 시도를 해 봤지만 결과는 아주 보잘것없었다. 양모는 사정이 더 안 좋았다. 영국이 1830년(이 무렵이면 아직 산업화 시대의 초반이었다) 한 해에 수입한 면화를 양모로 대체할 수 있을 정도로 양을 기르려면 영국은 물론 북아일랜드의 농지와 목초지를 모두 합친 것보다 더 넓은 땅이 있어야 했다(이 장 2절 참조).

물론 초기 산업화 시대라고 직물만 있었던 것은 아니다. 그러나 거의 모든 측면에서 면화가 산업화에서 결정적으로 중요한 분야였다는 점은 부정할 수 없다. 그리고 가끔 제대로 평가를 못 받는 경우가 있기는 하지만 대외 교역을 빼 버리면 산업혁명을 이야기할 수 없는 것 또한 사실이다. 다른 분야로 눈을 돌려봐도 1차 산품의 수입이 대단히 중요했던 경우를 자주 발견하게 된다.

훨씬 더 기본적인 차원에서 보더라도, 한 사회 — 특정한 한 분야와 반대되는 의미에서 — 를 산업화하려면 다른 제품들도 엄청나게 수입해야만 한다는 점을 기억해야 한다. 비농업 인구가 빨리 늘어나는 만큼 농업 생산성도 빨리 늘어나지 않을 때, 식량 수입을 늘리지 않으면 노동자들을 먹일 수 없다. 식량도 수입이 안 되는데 (모두 얼마간의 원자재를 포함하는) 소비재들을 충분히 수입할 수 있을 리 없다. 하지만 노동자들이 그나마 낯선, 종종 가혹하기도 한 작업환경이나 아직도 거북스럽기만 한 산업사회의 일상을 받아들일 거의 유일한 동기가 되어주는 (그 결과 산업화에 필요한 노동력을 제공해주는 — 옮긴이) 것이 바로 이 소비재들이다. 따라서 (이 책의 4장 상품화를 다룬 부분에서 좀 더 자세하게 설명한 것처럼) 산업화는 거의 항상 교역의 급격한 증가를 동반했다. 결국 다양한 물건들을 사려는 수요는 훨씬 많이 늘어났는데도 공급이 부족해졌기 때문에 수급 불균형이 생겨났고, 상인들은 대용품을 찾으려고 전 세계를 뒤지고 다녔다. 전력이 사용되기 시작하면서 동선(銅線)의 수요가 급증한 것이 그 한 예다. 이 이야기는 오늘날 다시 등장하여, 새로운 곳에 전력이 사용되면서 폐쇄됐던 광산이 다시 문을 열었고 전자기기의 혁명으로 소위 희토류 광물에 대한 수요가 급증했다. 20세기 들어서는 석유가 국제적으로 거래되어 전 세계 산업화의 원동력(말 그대로)이 되었고, 석유는 생산과 소비를 획기적으로 변화시켰다(이 장 9절, 10절, 11절 참조). 그 후 소위 "산업화 이후"의 경제라고 불리는 우리의 경제는 컴퓨터에 크게 의존하고 있는데, 바꿔 말하면 우리는 '희토류' 금속에 의존한 경제를 기반으로 살아가는 셈이다. 그리고 중국을 제외한 모든 곳에서 최첨단 기술 상품을 생산하는 업체들은 무역을 통해 희토류를 사들인다. 희토류는 어느 나라에서나 생산되는 재료가 아니다(이 장 13절 참조).

어떤 한 가지 수입품, 아니 제품군이라고 해도 수입품에 대한 의존은 일시적일 수도 있었다. 예를 들어 1830년에서 1950년 사이에 유례없이 많은 양의 식량을 수입했던 유럽은 제2차 세계대전 이후 어느 정도는 식량을 자급하게 되었다. 그러나 어떤 물건이 되었든 수입 그 자체는 꽤 긴 기간에 필수 불가결했던 사례가 많이 있다. 여기서 조금 다른 종류의 의문이 생겨난다. 이를테면 몇몇 다른 나라들이 농산품과 임산품을 비롯한 원료 수출국으로만 남아 있으려 하는 바람에, 이미 산업화된(그래서 보통은 강대국이었던) 나라들이 이런 나라들의 산업화를 막으려고 했던 적은 없었을까? 만약 그렇다면 그런 조치들은 효과가 있었을까? 아니면 반대로 이미 산업화된 나라들과 관계를 맺음으로써 다른 곳의 산업화가 오히려 빨라진 적은 없었을까? 적어도 **국내에서는** 특별히 심각한 장애가 없었던 나라들에서라도 말이다.

산업화에 대한 두 가지 질문

다른 나라로 산업 기술이 확산되는 과정에서 국제 교역이 한 역할을 따져 보는 문제는 훨씬 더 복잡하다. 곰곰이 생각해 보아야 할 서로 다른 사례들이 워낙 많기 때문이다. 그러나 이런 질문들을 두 개의 포괄적인 제목 아래 묶어볼 수는 있다.

우선 산업화를 위한 경제적 여건 조성에 교역이 어떤 영향을 미쳤는지를 생각해 볼 수 있다. 값을 최고로 쳐줄 수 있는 산업국에 1차 산품을 수출하면, 과연 수출국의 산업화에 필요한 자본 축적이 이루어질 수 있을까? 거꾸로 공산품의 수입은 산업화를 막는 것이 아닐까? 공장을 지어도 내수시장이라도 확보할 수 있을지조차 불투명해질 테니까 말이다. 또 이렇게 공산품을 수입할 경우 수공 숙련자들, 그러니까 농산물을 수출해 이득을 보는 지주들보다 적극적으로 초기 산업화에 참여했을 숙련공들을 빈곤 속으로 몰아넣은 것은 아닐까?

두 번째 그룹에 속하는 질문들은 산업 기술 자체에 관한 것이다. 처음에는 기술이 확산되는 데 국제 교역이 분명 긍정적인 역할을 하는 것처럼 보인다. 이미 누군가가 어떤 기술을 알고 있다고 해서 다른 사람이 그 기술을 또 개발할 확률이 줄어드는 것은 아니다. 여기에 그 기술을 다른 곳에서 배울 경우까지 생각하면, 사람들이 그 기술을 획득할 확률은 높아져야만 한다. 그러나 일이 그렇게 간단하지는 않다. 최소한 일단 강제력을 갖는 특허권이 확립되어, 다른 사람이 먼저 발명한 제조법 따위를 사용하는 행위를 불법으로 만들고 나면 말이다. 스스로 그 제조법을 깨우치게 되더라도 사정은 마찬가지다. 좀 더 구체적으로 들어가면 국제 교역이 여러 시대와 지역에 걸쳐 당대 최고의 제조 기술을 **확산시키는 데** 어떤 영향을 미쳤는지를 살펴보는 것이 아주 중요하다. 지식을 전파하거나 경쟁을 자극함으로써 제조법 따위가 확산되었을 수도 있고, 아니면 첨단 기술을 독점하거나 아니면 기존의 독점을 유지하려는 기업 또는 국가들의 의도적인 정책 때문에 기술 확산이 방해를 받았을 수도 있다. 기술의 확산(또는 비확산)이 이루어진 방식, 그리고 그 결과는 꽤 다양했다. 그것은 주로 사람들이 장악하고 싶어 했던 기술의 성격이 변했기 때문이다. 이런 문제에 대해서는 이 장의 마지막 부분에서 다시 생각해 볼 것이다.

교역과 국제 노동 분업

자기 이익을 추구하는 두 당사자가, 그것도 부와 권력의 양에서 엄청난 차이가 있는 두 당사자가 맺은 거래 조건이 대부분 약한 쪽에 불리하게 작용할 것이라는 점을, 그래서 약자를 더 뒤처지게 할 것이라는 점을 상상하기는 어렵지 않다. 그러나 애덤 스미스와 데이비드 리카도 시대부터 경제학은 국제 교역 분야에서는 이런 우려가 부질없는 짓이라고 설교해 왔다. 자유무역은 거래 당사자들이 자신들에게 가장 많은 이윤이 돌아가는 분야에만 집중하게 함으로써, 창출되는 부의 총량은 극대화되고 양쪽 모두가 이득을 보게 된다는 것이다. 결국 일부 국가들은 꽤 오랜 기간 1차 산품의 생산에만 매달려야 한다는 이야기가 되는데, 이것은 이들에게 이득이 돌아갈 때만 가능한 일이기도 하다. 그리고 상황이 바뀌어 산업화를 하는 쪽이 더 유리해지면 이런 식의 '전문화'에서 언제라도 벗어날 수 있어야 한다. 리카도가 영국과 포르투갈 사이의 포도주와 양모 교역을 예로 들었던 것은 잘 알려진 사실이다. 리카도는 두 나라가 교역을 한 덕분에 두 상품 모두를 직접 생산하려고 했을 때보다 훨씬 더 큰 이득을 볼 수 있었다고 주장했다. 물론 칠판 위에서는 한 나라가 다른 나라보다 심지어 모든 분야에서 훨씬 효율적일 때조차 리카도의 주장대로 일이 돌아간다. 뒤처진 나라는 그나마 덜 뒤떨어진 분야(들)에 집중하고 나머지는 수입함으로써, 그것들을 자급했을 때보다 더 많은 부를 쌓을 수 있기 때문이다. 이처럼 추상적인 세계에서는 보호무역주의가 들어설 자리가 하나도 없다.

하지만 실제는 항상 그렇게 무 자르듯 단순명료하지는 않다. 리카도의 예에서조차 이런 질문을 끌어낼 수 있기 때문이다. '그러면 포르투갈은 영국과 자유무역을 했던 몇 세기 동안 얼마나 재미를 봤을까? 만약 자유무역을 하지 않았더라면 포르투갈로서는 그나마 상황이 더 나빠졌을 것이라고 확신할 수 있는가? 그리고 '순수한' 자유무역(또는 순수한 자급)만으로 성공적인 산업화를 이룬 사례가 거의 하나도 없다는 사실까지 감안하면 문제는 더욱 복잡해진다. 이른바 자유무역의 전성기에도 미국과 독일은 높은 관세 장벽 뒤에 숨어 19세기 말과 20세기 초의 그 놀라운 경제 성장을 이뤄냈고, 다른 많은 나라도 얼마간의 보호 장치를 갖고 있었다.

영국의 과거도 깨끗한 것만은 아니다. 19세기의 대부분 동안 영국은 자유무역만이 살길이라며 다른 나라들을 다그쳤지만, 정작 자국의 직물 산업은 17세기와 18세기 내내 대략 100퍼센트라는 높은 관세의 보호를 받아가며 값싸게 수입된 인도산 직물의 공세를 버텨냈다. 세계 제일의 효율적인 직물 생산국이 되고 난 다음에야 영국은 이 장벽들을 헐어 버렸다. 그리고 19세기 말 자유무역의 절정기에도 영국의 식민지 인도만은 중요한 예외로 남아, 인도의 다양한 시장은 비영국인에게 사실상 닫혀 있었다. 그리고 미국과 독일에 밀려 영국 산업이 경쟁력 우위를 잃기 시작하면서, 이 확실한 시장은 한층 더 중요해졌다(이 장 6절, 3장 7절, 2장 9절 참조).

반면 농산물과 원자재의 수출이 산업 성장을 거의 완벽하게 밀어준 사례도 있는데, 일본이 바로 그런 경우로서 사실 우리의 예상을 조금 벗어난 일이다(이 장 7절 참조). 별로 자원이 풍부한 나라는 아니었지만, 일본은 19세기 말 상당한 양의 은을, 그리고 그보다 더 많은 양의 비단을 수출했다. 병충해로 유럽의 누에 농사가 거덜 나고, 벼 농사철과 누에 농사철이 전보다 덜 겹치도록 (누에고칫간에 난방을 해서 누에가 조금 더 일찍, 그러니까 쌀농사가 바쁘지 않은 때 알을 까도록) 농법을 자체 개선함으로써 일본 농부들은 세계 시장 점유율을 엄청나게 늘릴 수 있었다. 실제로 비단은 당시 일본 수출 물량의 대부분을 차지하고 있었다. 결국 농부들이 낸 높은 소작료는 지주들이 방적 공장을 차리는 자본금이 되었고, 세금은 일본 정부가 산업 기반 시설(주로 중공업)을 확충하는 재원 노릇을 했다. 따라서 최근의 경험만으로 일본(과 한국, 타이완)의 농업을 강력한 산업 분야에서 나오는 보조금으로 연명하는 비효율적인 과거의 유물처럼 여기는 것이 사실이지만, 20세기 초만 해도 사정은 오히려 그 반대였다. 우리가 1945년 이전의 '일본의 기적'에 대해 뭐라고 얘기하든, 이 기적은 동아시아의 전형적인 발전 경로로 여겨지고 있는 1945년 이후의 패턴과는 매우 달라 보인다. (이 기적은 1945년 이전의 일본 경제에서 중공업이, 바로 일본 정부와 가장 밀착되어 있던 그 중공업 분야가 경제적으로는 가장 시원찮았다는 점에서도 전쟁 이후의 패턴과 다르다. 물론 일본의 가공할 전쟁 무기를 만들어낸 것이 중공업이라는 점은 감안해야 하지만, 사실 경제적으로 성공을 거뒀던 것은 정부의 '귀여움'을 별로 받지 못했던 경공업 분야였다.)

그러나 일본보다 훨씬 많이 농산품을 수출했는데도 산업화의 기반을 닦는 데 실패한 경우가 많다. 이 장 5절에서 다룬 필리핀의 경험은 극단적일 수 있지만, 유일한 사례는 결코 아니다. 이 사례에서, 영국 영사 니컬러스 로우니(Nicholas Loney)의 원래 목적은 필리핀의 수공 직물 산업을 **파괴하고**, 영국 직물이 진출할 시장을 열어 보겠다는 것이었다. 설탕 플랜테이션이 더 성장하게 된 것은 일종의 부산물일 뿐이고, 애초 그가 플랜테이션 개발에 나선 것은 영국 직물을 싣고 온 화물선이 싣고 갈 다른 제품을 마련하기 위해서였다. 어쨌든 이렇게 해서 설탕 플랜테이션이 생겨났고, 그에 따라 노동 인구도 늘어났지만 이들이 받던 보수는 형편없었다. 그리고 소수의 토지 소유 엘리트들은 국산품보다는 유럽 물건을 더 좋아했다. 그나마 상대적으로 수가 많았고 수입도 올라간 집단(예컨대 부두 노동자)은 대부분 독신 남성들이어서 유흥업이나 서비스업 쪽에서만 주로 돈을 써댔다. 로우니가 필리핀에 도착하기 전만 해도 소득 수준이 훨씬 높았던 여성 직조공들이 가정 소비를 떠받쳤던 것과는 상당히 대조되는 대목이다. 이런 상황을 염두에 두면, 수출로 벌어들이는 돈이 순식간에 엄청나게 늘어났는데도 산업화를 촉진하는 데는 아무런 도움도 되지 않은 것은, 아니 오히려 산업화를 더 늦춘 것은 당연해 보이기까지 한다. 교역이 국민총소득에 어떤 영향을 미쳤느냐도 중요하지만, 그 소득을 어떻게 분배했느냐 역시 그에 못지않게 중요했던 것이다. 강력하고 엄격한 규칙은 없지만, 노동력과 자원이 많이 들어가며 소유권이 분산된 상품(일본의 비단처럼 '자연 자원'이라기보다는 경공업 제품에 가까운 상품 또는 스칸디나비아의 목재 등)의 수출 호황이 소수에 소유권이 집중된 자원의 호황보다 장기적인 개발을 위한 조건을 만드는 데는 더 유리한 것으로 보인다.

  1차 산품의 수출이 정부에 미치는 영향은 더 클 수 있지만, 쉽게 예측할 수는 없다. 석유에서 막대한 수익을 얻는 여러 정부는 자국민에 세금을 부과하여 재정을 충당할 필요성은 줄고, 외국의 회사 및 핵심 노동자 집단과의 관계 맺기가 더 중요해졌다. 그 결과는 포퓰리즘 정치와 산업화 보조 및 보호(예: 멕시코. 이 장 10절 참조)부터 복지 혜택은 많으나 정치적 권리는 없는 체제, 쉽게 해체되고 마는 '손님 같은 노동자들', 엄청난 양으로 수입되는 외국의 제조품들, 그리고 자국의 제한된 산업화(예: 사우디아라비아. 이 장 12절 참조)에 이르도록 다양하게 나타난다. 광물을 수출해서 어마어마한 사용료를 벌어들이는 나라들은 자국민보다 산업화된 나라의 고객들과 관심사 면에서 더 큰 동질감을 느낄 수 있다. 특히 그 외국의 고객들이 광물 수출국에 군사적 안보를 제공하고 있다면 더욱더 그러하다. 그런가 하면 이러한 나라들은 산업에 꼭 들어가야 할 상품을 생산함으로써 이해관계가 다르다고 생각되는 외국의 나라들과 어깨를 나란히 할 수 있다고 생각할 수도 있다. 혼란스럽긴 하지만, 대부분의 경우에 이 두 가지 중 한 가지 성향이 영향을 미치고 있다.

기술 확산과 산업화
국제 경제에 참여했다고 해서 산업화에 쓸 재원이나 이를 추진할 경제적

보상책이 반드시 늘어나는 것은 아니다. 그러나 여러 기술을 새로 알게 되는 것만큼은 분명하다. 물론 무언가 다른 기술을 배웠다고 꼭 그 방법을 써먹는 것은 아니다. 새 기술이 별로 유리하지 않은 것일 때는 그렇다. 예를 들어 노동력을 절감시켜 주는 값비싼 기계 설비는 노동력이 아주 싼 나라에서는 오히려 비생산적일 수 있다. 노동조합이 조직되지 않은 경우에는 노동자의 어려움과 건강은 무시되는 경우가 많다. 19세기 말 미국을 비롯해 산업화된 여러 나라에서는 '전기 혁명'으로 밤이 밝아지고 기계들에 동력이 공급됐지만, 이 혁명을 뒷받침하는 전선용 구리를 캐던 캘리포니아 바하의 광부들은 초를 켜고 몸의 근육을 사용해 일해야 했다. 새 기술이 경제적으로는 효율적일지 모르지만 다른 측면에서는 해가 되는 경우도 있었다. 또 대부분의 사람들이 도움이 될 거라고 생각했던 기술조차 항상 채택된 것은 아니었다. 개인 투자자들과 정부의 기획자들은 새로운 기술에 필요한 원자재나 인적 기술이 있더라도 결정적인 순간에 쓸 수 없게 될지 모른다는 두려움 때문에 그것들을 포기하는 경우가 있다. 때로는 석탄에서 석유로의 전환과 같이 돌이켜 보면 당연한 개선책으로 보이는 것들조차 지역의 아주 특수한 사항들이 뒷받침하여 어렵게 만들어진 결과였다(이 장 10절 참조).

작업장의 문화와 구조의 차이 때문에 산업 기술의 이전이 초기에는 쉽지 않았다. 그리고 훨씬 앞선 기술을 이전할 때는 법적인 문제나 자금 문제 때문에 일이 꼬이는 경우도 자주 있었다. 초기 산업 기술은 기계 자체에 구현되기도 했지만 사람만이 가질 수 있는 수공 지식을 내포하고 있을 때가 많았다. 이런 상황에서는 기계 설비의 건설(상당수 기계는 정말로 '건설'한다는 말이 맞을 정도였다) 비용이 기술을 모방하는 데 별로 큰 부담이 되지 않았다. 특허권 보호 역시 서류상으로는 분명히 존재했지만 (특히 국경을 넘어서면) 거의 실효가 없었다. 기계 쪽을 꿰고 있는 수공 기술자라면 보통 도면 하나 없이 필요한 장비를 만들 수 있었기 때문이다. 그리고 특히 영국에서는 '기계공'의 해외 이주를 금지하려고도 해 봤지만 그것을 강제하기는 불가능했다. 상당수의 기계공들이 보상만 충분하다면 어디라도(유럽 대륙이든, 아메리카 대륙이든, 심지어는 아시아 몇몇 지역에도) 갔고, 그 결과 이런 법률은 휴지조각이 되어 버렸다.

필요한 조건이 모두 갖추어졌는데도 기술 이전이 완전히 마무리되지 못한 사례도 있었다. 역사가 존 해리스(John Harris)는 상대적으로 비슷한 상황의 두 나라 사이에서도 기술 이전이 실패했던 예를 놀랄 만큼 자세하게 발굴해 냈다. 이 두 나라는 영국과 프랑스다. 18세기에서 19세기 초에 프랑스 사람들은 영국인들이 석탄을 때서 쇠나 유리 등의 기초 재료를 만들던 용광로를 아주 세밀한 부분 하나하나까지 그대로 베껴 만들었다. 그러나 거의 수십 년 동안 새로운 이 시설은 실패만을 거듭했다. 나중에 그 이유가 밝혀졌는데, 용광로 그런 재료를 만들려면 엄청나게 중요한 지식부터 아주 사소한 귀동냥에 이르기까지 종이에 옮기는 것이 거의 불가능한 잡다한 것들을 알고 있어야 했던 것이다. 즉, 어떻게 하면 보고 듣기만 해도 유리가 불 속에 충분히 오래 있었는지를 알 수 있는지, 유리봉은 어떤 각도로 들어야 하고, 얼마나 천천히 돌려야 하는지, 또 뭐가 잘못 되었을 때는 어떤 소리가 나는지 따위를 알고 있어야 했던 것이다. 그러나 프랑스의 수공 기술자들이 사용한 용광로는 나무를 때는 것이었기 때문에 이런 작으면서도 중요한 차이들이 석탄을 때는 영국의 것과는 완전히 달랐다. 이 때문에 상당한 공력을 가진 영국 기술자들로서도 도대체 어떤 기술을 프랑스 사람들에게 설명해주어야 할지 가늠하기조차 어려웠던 것이다. 1830년 이후 용광로에서 일하던 기술자들 전부가 프랑스로 건너오고서야 기술이 완전히 이전될 수 있었다. 그 짧은 영국 해협을 사이에 두고도 이 정도로 커뮤니케이션이 잘 안 되었는데, 지리적으로나 문화적으로나 차이가 훨씬 큰 지역 사이에서 기술 이전이 숱하게 실패했던 것은 어쩌면 당연한 일이다. 이 기간의 기술 이전 성격은 대체로 초라하기 짝이 없었는데, 그것은 아마 '앞선' 나라들이 일부러 기술을 독점하려고 해서가 아니라 이전 과정 자체의 특성이 이전을 가로막았던 때가 많았기 때문일 것이다.

기술에 따라 다니던 이처럼 특별한 형태의 '생래적 고착성'과 국가나 개인이 독점적으로 누리던 기술 우위는 산업화가 진행되면서 점점 부차적이 되어 갔다. 이제 같은 기술 언어를 사용하는 사람들, 그리고 전통적인 수공 쪽 계보에 속하지 않은 사람들이 고안해 내는 기계와 제조법이 갈수록 많아졌다. 이런 기계들을 다루는 데 필요한 수공 지식은 점점 더 줄어들었다. 실제로 보수는 남보다 많이 받으면서도 다른 사람의 통제를 달가워하지 않던 수공 기술자들을 아무런 사전 지식이 없는 사람들로 갈아치울 목적으로 설계된 기계도 있었다. 물론 대부분의 새 장비들 역시 조작에 많은 기술이 요구되었다. 그러나 이런 기술은 쉽게 배울 수 있도록 새로 고안된, 책으로 되어 있어 비밀로 하기가 아예 불가능한 그런 기술이었다. 기술 이전을 가로막던 기존의 장벽은 하나씩 무너져 갔지만, 결국 다른 장벽이 그 자리에 들어서고 있었다.

무엇보다 기술이라고 하는 것이 고가의 거대한 기계로 구현되는 경우가 많아지다 보니 다른 나라들을 따라잡아 보려는 후발국들에게는 갈수록 부담이 커졌다. 그리고 엄청난 비용이 들어갈 수도 있는 다양한 종류의 네트워크에 맞물려야 하는 기술도 늘어 갔다(컴퓨터나 모뎀은 상대적으로 값이 쌀 수도 있겠지만 전기를 안정적으로 공급하고 잡음 없는 전화선을 까는 것은 얘기가 다르다).

추상적인 기술이 아니라 구체적인 장비로 이루어진 경우 발명품으로 정의하기가 쉬웠고, 따라서 특허를 설정하기도 한결 쉬웠다. 그리고 문제가 되는 물건의 제작비용과 잠재 시장이 동시에 늘어나면서 특허는 일단 따놓을 만한 가치가 있는 권리로 자리를 잡아 갔다(18세기 말까지만 해도 상당수의 발명가들은 굳이 발명품에 특허를 설정하려 들지 않았다. 영국에서도 말이다). 또 정보를 저장하거나 보내는 것이 한결 쉬워지고, 지적 재산권 관련 법률들이 점차 수렴되어 가면서(어떨 때는 사람들의 태도가 바뀌면서, 어떤 때는 부자 나라들의 압력을 받아서) 특허권을 보호받기가 훨씬 쉬워졌다. 이제 의식적인 계획과 투자('연구개발' 예산은 19세기 말에 처음 등장한 개념이다)에 따라 기술 변화가 이루어지게 되면서, 특허권 획득과 보호가 전 세계 모든 나라와 기업의 정책 목표가 되었다. 끊임없이 기술 혁신을 추구하는 한편, 후발국들이 충분한 대가를 치르지 않고 기술을 가져가거나 흉내 내는 것을 막는 조치들을 취하는 시대가 온 것이다.

꽤 오랫동안 세계 대부분의 지역에서 기술 이전을 더 복잡하게 만들었던 것은 바로 식민주의였다. 영국 제국주의 때문에 인도에서는 이상할 정도로 일찍 철도가 건설되었고(2장 9절 참조), 아시아 최초의 기계화된 방적 공장이 생겨났다. 그러나 이 같은 기술 이전에 따라 촉진되었을 법한 관련 산업의 성장 따위는 없었다. 인도 철도는 영국 기술자들이 순전히 영국 장비로만 건설했고, 심지어는 석탄조차 대부분 영국에서 들여다 썼기 때문이다. 결국 철도가 생겼어도 다른 산업들의 발전을 자극하지도, 새로운 기술들이 많이 이전되지도 않은 것이다. 봄베이의 방적 공장들도, 조금 늦게 생겨난 오사카와 상하이의 방적 공장들과 마찬가지로, 제1차 세계대전 중 뱃길이 거의 끊겨 유럽 제품이 들어오지 못하자 한동안 대단한 호황을 누렸다(이 장 7절 참조). 그러나 뱃길이 끊겼다는 것은 동시에 완전 가동 중인 방적 공장들이 기계의 부품은 물론이거니와 생산 능력을 올릴 기계 설비도 들여올 수 없었다는 의미다. 하지만 국방 때문에 제강소와 군수 공장을 건설, 유지해 왔던 중국과 (특히) 일본에서는 이 경쟁력 없던 기업들이 구세주가 되었다. 제강소나 군수 공장에서 배출한 기계 제작 기술자와 수리공, 기계 기사들이 방적기와 직조기를 직접 만들게 되면서 위기가 오히려 기회가 되었던 것이다. 게다가 이 과정에서 국내 자본재 생산 분야도 태어나게 되었다. 그러나 식민지였던 인도에는 이런 자원들이 없었고, 결국 이 좋은 기회를 그냥 놓쳐 버렸다. 세계 대부분의 지역이 산업 국가들과 교역을 시작하던 무렵이 역시 세계 대부분의 지역이 산업 국가들에게 정치적으로 종속되어 있던 시기와 일치하기 때문에, 제국주의를 등에 업지 않고 순수하게 산업 때문에 늘어난 교역이 얼마나 되고, 또 이 교역을 통해 다른 곳에서는 얼마나 산업이 발전했는지를 알아내기란 거의 불가능하다.

하지만 때때로 산업 발전을 방해하려고 **짜낸** 조치들이 적어도 장기적으로는 반대의 결과를 가져온 곳도 있었다. 아직 영국 식민지였던 시절, 뉴잉글랜드는 겨울이 아주 길어 수공업이 성장할 완벽한 환경이 조성되어 있었지만 영국의 중상주의 법률 때문에 수공업이 발전할 수 없었다. 그 결과 농사만으로는 생계를 꾸릴 수 없었던 사람들은 다른 곳(주로 토질 좋은 땅이 많이 남아 있던 뉴욕의 벽지)으로 떠나거나, 그나마 법률이 허용하고 있던 상업이나 해운, 선박 건조 쪽으로 옮겨갔다. 독립혁명이 일어나자, 이러한 분야에서 알게 된 연줄이나 조선소 등에서 배운 기술은 초기에 공장을 건설하고 시장을 개척하는 데 아주 큰 도움이 되었다. 더구나 수공업이 발달하지 못했기 때문에 당시의 공장들은 저임 경쟁자들도 없었다. 여기에 풍부한 수력과 영국인들에게서 훔친 공장과 기계 설계도들이 가세하면서 뉴잉글랜드는 금방 다른 지역들을 제치고 미국 최초의 산업 중심지로 떠올랐다.

마지막으로 우리는 현재 새롭게 일어나고 있는 '탈산업화'라는 중요한 흐름에 주목해야 한다. 지난 몇 년간 세계에서 경제적으로 가장 부유한 지역들에서는 대부분의 노동력이 빠르게 서비스 산업으로 옮겨갔다. 그러면서 제조업은 소득 수준 중간 이하의 나라들로 넘어갔는데, 이런 나라들은 임금이 낮고 환경 규제는 약하지만 (고속도로나 전력망 같은) 사회 기반 시설은 제법 갖춰지는 중일 때가 많다. 현재 미국에서는 전체 고용 인구 중 제조업 종사자가 10퍼센트도 채 되지 않는다.

이 흐름은 정확하게 짚어볼 필요가 있다. 사실 상당수의 제조업은 아직도 부유한 국가들에 집중되어 있다. 특히 기술적으로 가장 발달했고 보통 가장 큰 이윤을 내는 분야일수록 더 그러하다. 게다가 그러한 나라들은 단순 제조업 상품에 대한 소비를 포기하지도 않았다. 포기했다 해도 산업화 과정에서 농산물 소비를 조금 줄인 정도를 넘어서진 않는다. 절대적인 측면에서 미국과 독일, 일본의 제조업 생산은 고용이 감소했음에도 불구하고 2008년 경기 침체 때까지 증가 추세를 유지했다.

극적인 탈산업화는 선진국의 경우 과거에 활발했던 제조업종과 관련이 있고, 그 외의 지역의 경우(특히 중국) 성장 중인 산업 영역과 관련이 있다. 또한 컴퓨터 기술의 도움으로 산업 자동화를 통해 생산량은 유지하거나 증가한 반면 산업 현장의 근로자 수는 감소했다. 한마디로 대부분의 '선진' 국가에서 축소된 것은 산업 자체가 아니라 산업 고용이다. 그러나 이는 또한 세계에서 가장 오래된 몇몇 민주주의 국가에 정치, 사회적인 격변을 일으키기에 충분했으며 이는 앞으로도 더 많이 발생할 가능성이 높다(예를 들어 급여가 꽤 높은 생산직 노동자들에게 무인 자동차가 어떤 의미를 가질지 생각해 보라).

정부 정책이 이러한 추세에 어느 정도 기여했는지, 그리고 어느 정도 저항해야 하는지에 대해서는 뜨거운 논쟁이 지속되고 있다. 이 질문들에 대해 어떻게 생각하든지, 우리는 19세기에 겪었던 수공업의 위기를 지금과 진지하게 비교하며 염두에 두어야 한다. 이 장 14절에서 언급하는 미국 중앙정부와 주정부의 정책은 18세기 후반과 19세기에 인도의 산업에 악영향을 주었던 영국의 정책처럼 외부에서 유발된 것이 아니다. 이러한 미국의 정책이 제조업에 준 부정적인 영향(동아시아의 제조회사들에는 큰 선물)은 내수 시장을 보호하기 위한 노력의 부작용이었고, 미국 소비자들이 이 정책을 선호한다는 이유로 이 정책은 지금도 유지되고 있다.

요약하자면, 탈산업화는 과거나 현재에 모두 적용할 수 있는 용어이고 이로 인해 가정과 사회가 느끼는 고통은 과거에 숙련공들이 대규모로 겪었던 고용 변화와 어느 정도 중요한 유사성을 갖고 있다. 그러나 한편으로는 전반적인 상황이 일치하는 것은 아니다. 에너지 집약적이고 대규모 자본이 투자되며 빠른 속도로 제품을 생산하는 제조업은 200년 전에 급속히 사라졌던 수공업이 당연하게 겪었던 운명을 피해 가고 있다. 이러한 제품들은 우리에게 그 어느 때보다 중요하며, (지역에 따라 영향의 정도는 다르지만) 지구에 미치는 영향 또한 막대하다. 그러나 산업 분야에서 사회, 정치, 문화의 영역은 실로 급속히 변하고 있고, 이로 인한 결과가 여기에 밀접하게 엮인 인류에게 초래하는 영향 또한 대단하다. 아무도 그 결과를 정확히 예측할 수 없지만 에필로그에서 몇 가지 가능성을 언급하며 역사는 이를 어떻게 검증할지 이야기할 것이다.

1 세계 최초의 공장은?

최초의 공장이라고 하면 보통 유럽, 그중에서도 영국의 공장을 생각하기 마련이다. 어쨌거나 공장은 근대의 상징이었고, 유럽은 근대화의 맨 앞줄에 서 있었으니까. 이 때문에 우리는 자본과 기계, 노동력을 결합해 유례없이 효율적인 생산 방식을 만들어낸 유럽에서 처음으로 공장이 건설되었을 것으로 생각하고 있다. 유럽인들의 독창성과 기업가 정신이 당시까지 축적된 자본, 그리고 막 싹을 틔우던 시장과 결합해 산업화를 이뤄냈고, 이것이 유럽이 몇 세기가 넘게 세계 경제를 지배해온 비결이라는 것이다. 이 얘기대로라면 지구는 산업화된 유럽, 그리고 나중에 합류한 미국과 농산물이나 수출하던 나머지 세계로 나눠진다. 이런 국제적 노동 분업 때문에 농업 국가들은 아주 느지막이 산업화되었다. 그러나 이런 주장을 완전히 뒤집어야 하는 이유가 있는데, 사실 최초의 공장들은 수출을 주로 하던 식민지 세계에서 제일 처음 등장했기 때문이다.

신세계 식민지들이 산업의 등장에 상당히 중요한 역할을 했다는 점은 아주 오래전부터 지적돼 왔다. 카를 마르크스는 이미 한 세기 반 전에 이렇게 얘기했다. "노골적인 노예제는 기계나 신용만큼이나 오늘날의 산업화에 결정적인 역할을 하고 있다. 노예제가 없으면 면화도 없고, 면화가 없으면 근대 산업도 없다. 노예제는 식민지를 가치 있게 만든 주인공이고, 이 식민지들이 세계 교역을 창조해냈다. 그리고 세계 교역은 대규모 기계 산업이 성장하는 데 반드시 필요한 조건이었다." 훨씬 최근에는 쿠바 출신 역사학자 마누엘 모레노 프라기날스(Manuel Moreno Fraginals)가 같은 견해를 밝혔다. "설탕은 자본주의의 발전으로부터 강력한 자극을 받았고, 동시에 자본주의 발전에 강력한 추진력이 되었다. 설탕은 영국 산업이 더욱 빠르게 성장하는 데 없어서는 안 될 거대한 원동기였다." 이 주장을 따르면 거꾸로 식민지들이 자본과 시장을 제공함으로써 **영국의** 산업화를 일으킨 셈이 된다.

사실 최초의 산업화된 공장은 카리브해에 있던 사탕수수 압착소였다고 주장해도 아무런 문제가 없다. 따라서 웹스터 사전이 '공장'을 설명하면서 직접 식민지를 언급하고 있는 것은 당연하다. "수수료를 받는 대리인이 주재하면서 고용주를 대신해 사무를 처리하는 곳으로 영국 상인들이 식민지에 건설했던 팩토리가 이에 해당한다." 그러나 식민지에는 좀 더 일반적인 정의에 맞는 공장도 분명히 있었다. 즉, "물건을 제조하는 장소로 필요한 건물과 기계 설비를 갖추고 있는 곳." 우리는 보통 물건의 제조라고 하면 대규모 기계 설비와 노동 분업을 통해 원재료에서 완제품을 만들어내는 과정이라고 생각한다.

여기서 가장 핵심적인 것은 바로 노동 분업이다. 고대부터 큰 제조소(workshop)가 있었던 것은 분명한 사실이다. 수십 명의 구두장이나 재단사, 무기 제조공들이 한곳에 모여 연장을 써서 원재료를 완제품으로 만들던 그런 곳 말이다. 그러나 그들의 노동은 분화되지 않았다. 한 구두장이가 신발 한 켤레를 혼자서 다 만들었지, 노동의 분업 같은 것은 없었다. 한 노동자가 제품을 만들면서 옆에 있는 노동자의 노동에 의존하지 않았던 것이다.

일반적으로 공장의 등장에는 산업화 시대가 요구하는 좀 더 복잡한 기술을 완전히 익힌 임노동자의 존재가 반드시 필요했다고 생각해 왔다. 카를 마르크스는 산업화와 자본주의는 동시에 진행된 것이라고 봤다. 그러나 사실 최초의 공장은 상투메 같은 대서양의 섬들, 그 다음에는 카리브해 연안에 건설된 사탕수수 압착소들이었다고 할 수 있다. 하지만 이 사탕수수 압착소들은 국내 시장을 겨냥해 생산된 제품을 팔아 자연스럽게 자본을 축적하는 과정에서 생겨난 것도 아니고, 임노동을 많이 사용하지도 않았을뿐더러, 전문 노동자들을 많이 필요로 하지도 않았다. 실제로는 유럽으로 수출하려고 거대한 노예 노동력을 동원해 설탕을 제조했던 것이다.

이미 17세기에 설탕 플랜테이션에서는 200여 명의 노예와 자유 노동자가 일하고 있었고, 여기에 사탕수수 압착기, 보일러 하우스, 당밀 분리기, 럼주 증류기, 창고 따위가 딸려 있었다. 설탕 플랜테이션에서 사용했던 제조 기법들은 당시로는 최첨단이었고, 또 상당한 규모의 노동력과 수천 파운드에 이르는 투자도 뒤따라야 했다.

물론 노동력의 10분의 9 정도는 사탕수수밭에서 고된 노동을 하는 밭일꾼들이었다. 그러나 사탕수수를 분쇄해 즙을 끓이고, 증류 기계를 다루던 나머지 10퍼센트는 대단히 전문적인 노동자들이었다. 하지만 사탕수수 압착소를 최초의 공장으로 볼 수 있게 만든 것은 무엇보다 그 규모와 작업의 복잡성, 노동 조직 따위였다. 설탕 제조 과정에서는 시간이 무자비한 역을 맡았다. 일단 수확을 한 사탕수수는 설탕 성분이 조금이라도 빠져나가기 전에 최대한 빨리 압착기로 가져가야 했다. 또 압착소, 특히 큰 압착소에서는 세심한 온도 관리가 필수적이었고, 따라서 보일러에 계속 불을 지펴야 했다. 액체 상태의 설탕을 탕관에서 탕관으로 옮기면서 적당한 때 불순물을 걸러냈는데, 이때 불필요한 결정이 생겨서는 안 되기 때문이다. 불순물을 제거하고 나면 신속하게 분리기로 옮겨 당밀을 분리해야 했다. 사탕수수에서 얻는 설탕의 품질은 아주 다양했는데, 설탕 제조 과정에서 나오는 부산물인 당밀과 럼주 역시 질이 천차만별이었다. 정제에 신경을 쓰면 쓸수록 최종 생산품은 좋아졌고, 그만큼 이윤도 커졌다.

공장이라고 하면 노동력을 절감해주는 기계 설비들을 떠올리게 된다. 실제로 16세기 이래 계속된 기술 발전의 결과 사탕수수 압착기에 매달리는 노동력은 훨씬 줄어든 반면 압착기가 처리하는 설탕은 훨씬 많아지게 되었다. 그러나 압착기를 돌리는 비용이 엄청나게 늘어나고, 압착기의 식욕이 게걸스러워졌다는 것은 이 설탕 괴물을 먹이기 위해 많은 수의 노예들이 하루에 스무 시간을 일해야 한다는 의미였다. 기술이 발전하자 규율이 잘 잡힌 노동력이 오히려 더 많이 필요해졌다. 설탕 제조업은 열대에서 한가롭게 돌아가는 사업이 결코 아니었다. 1700년 바베이도스(Barbados)의 한 식민지 개척자는 사탕수수 압착소를 이렇게 묘사하고 있다. "간단히 말해, 끊임없는 소음 속에서 항상 서두르며 살아야 했다. …… 하인들(실은 노예들)이 밤이고 낮이고 거대한 보일러 하우스를 지키고 있는데, 6~7개쯤 되는 커다란 구리 보일러나 화덕에는 불이 꺼지는 날이 없다. …… 설탕을 만드는 기간 내내 압착소의 어디에선가는 밤낮을 가리지 않고 설탕이 돌고 있다."

19세기에는 기술적 변화와 정치적 변화가 결합하면서 그 어느 때보다 세계 경제를 긴밀하게 연결했으며 '가진' 경제와 '못 가진' 경제 사이에서 부와 정치권력 면으로 유례없는 차이를 만들어 냈다. 1800년에 세계 영토의 약 35퍼센트를 지배했던 유럽인과 그 후손들은 1900년에 세계 영토의 약 85퍼센트를 지배했으며, 세계에서 가장 번성했던 무역로는 대부분 서유럽 항구를 통과했다. 그러나 기계화 산업과 국제 금융의 다른 경로들도 발전하고 있었다. 20세기 후반에는 매년 훨씬 더 많은 무역량이 대서양보다는 태평양을 건너게 된다.

바로 이런 점들 때문에 사탕수수 압착소는 산업시대의 엄격한 노동 통제가 이루어지던 최초의 공장이 되었던 것이다. 이곳에서는 각각 한 가지 작업에 숙련된 노동자들의 노동이 착착 맞아 돌아가야만 했다. 사탕수수가 제대로 익으면 재빨리 베어내야 했고, 수레를 끄는 사람들은 압착소로 사탕수수를 실어 날라야 했다. 항상 배가 고픈 분쇄기는 사탕수수를 아귀적아귀적 먹어치웠다. 즙을 짜낸 사탕수수대, 그러니까 찌끼는 보일러 하우스로 실려가 땔감으로 활용되었다. 설탕 생산 과정에서는 시간을 지키는 것이 지상 과제였기 때문에 노예들은 기름이 잘 먹은 기계의 부품들처럼 서로 맞물려 일해야만 했다. 효율성과 노예제, 노동력 절감과 노동 집약이 한곳에서 결합된 것이다.

이런 방식으로 어마어마한 양의 설탕을 만들게 되자 설탕 가격은 가히 현기증이 날 정도로 곤두박질쳤고, 한때 사치스런 향신료나 약품으로서 고급스런 대접을 받던 설탕은 보통사람들도 먹는 음식으로, 급기야는 식품 첨가제로 지위가 떨어졌다. 영국의 산업화 초기에 해당하는 1650년에서 1830년 사이 빵과 육류, 낙농 제품 등의 소비는 제자리걸음을 한 데 비해 일인당 설탕 소비량만은 올라갔다. 설탕은 단순히 산업혁명의 연료가 된 것에 머물지 않고 열량 공급원으로서 유럽의 산업 노동자들에게도 하루하루를 버틸 힘을 불어넣어 주었다.

우리가 여유나 즐거움 따위와 한묶음으로 생각하는, 그래서 상상만 해도 박하향이 날 것 같은 마냥 느긋하기만 한 카리브해의 섬에서 들여온 수입품 정도로만 알고 있는 설탕은 사실 산업적 방식으로 생산한 최초의 제품이었고, 유럽인들에게 달콤한 맛을 선사하기 위해 고된 노동을 해야 했던 수십만 명의 노예들에게는 아주 잔인한 주인이었다. 마르크스는 이렇게 갈파했다. "유럽 노동자들의 베일에 가린 노예제는 그 밑바닥에 순수하고도 노골적인 신세계의 노예제를 필요로 했다." 어쩌면 마르크스는 카리브해의 공장들이 거울을 들고 서 있었다는 말을 덧붙이고 싶었는지도 모른다. 유럽이 산업화된 자신의 미래를 볼 수 있게.

2 사치품 교역의 확대와 보통사람들

오늘날 사람들은 보수만 잘 쳐준다면 몇 시간 더 일하는 것쯤이야 큰일이 아닐 것이다. 시간당 수당이 10달러일 때보다 25달러일 때 초과 근무를 자원하는 사람은 많아진다. 그러나 일을 거절할 수 있을 만큼 평소 주머니 사정이 여유롭다면, 더 길게 일할 마음이 생기기는 좀처럼 쉽지 않다. 주머니 사정이 '여유롭다'라고 말할 수 있는 기준은 두 가지이다. 첫 번째는 얼마를 버는가이다(기본급이 낮으면 몇 시간 초과 근무를 더 기꺼이 받아

19세기 후반과 20세기 초반의 세계 경제

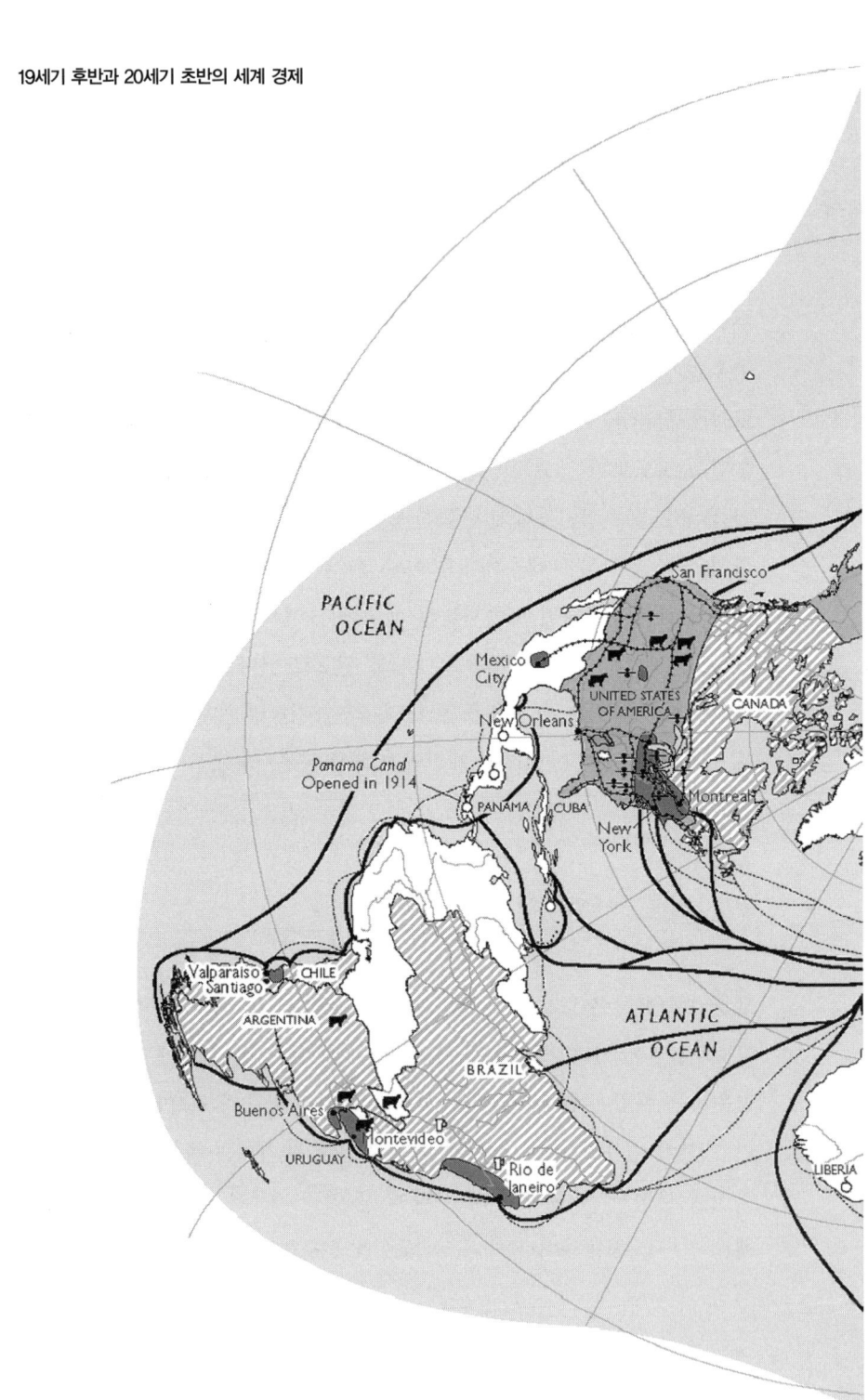

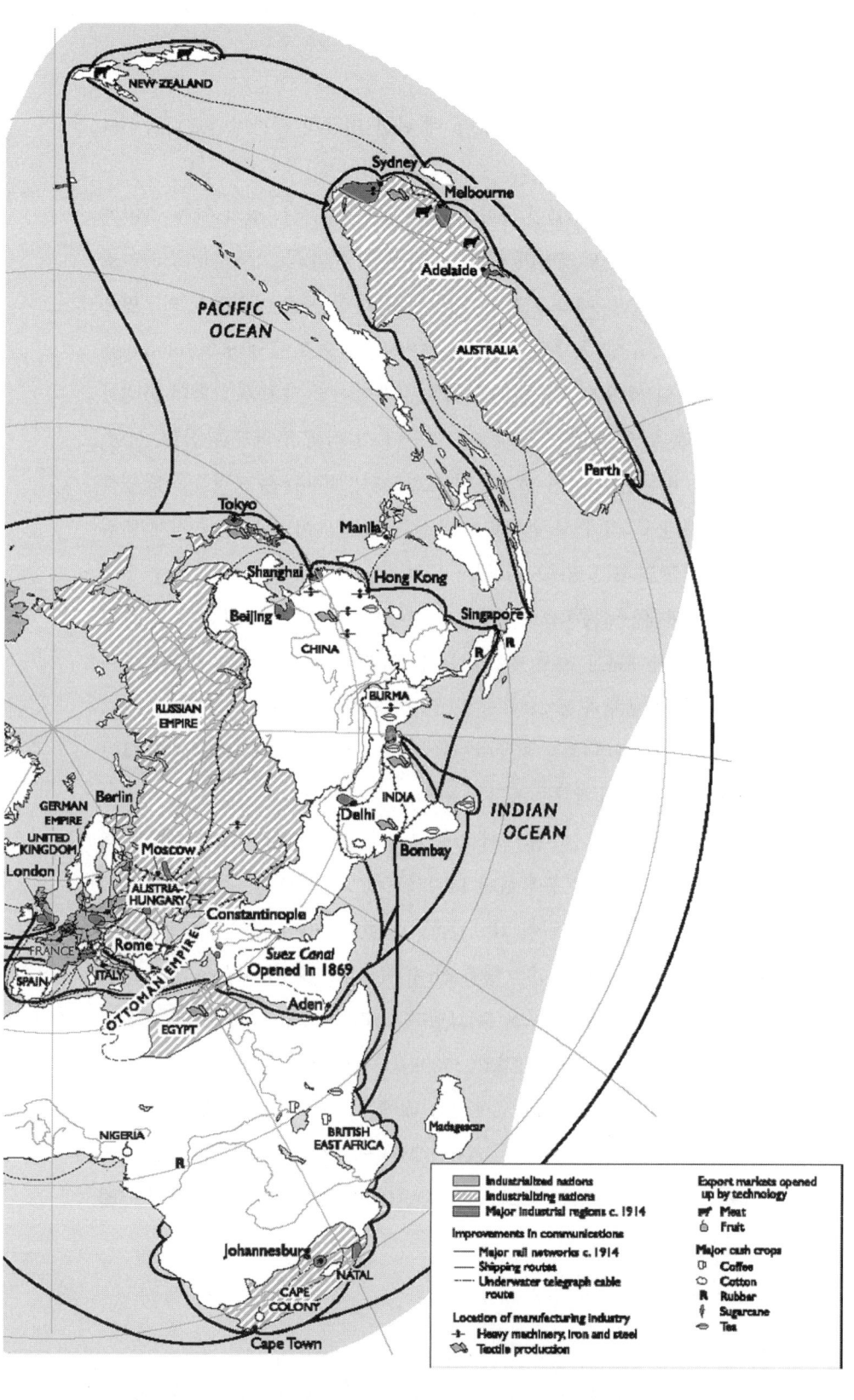

들일 것이다). 두 번째는 '여유롭다'에 관한 지극히 주관적인(문화에 따라 달라지는) 정의이다.

사실 1400년부터 1800년 사이에 전 세계 곳곳에서는 일과 여가, 소비에 대한 태도가 크게 달라졌다. 우리는 이것을 두 개의 역사적 미스터리로 이야기할 수 있다. 제목을 붙이자면, "부유한 빈곤층 미스터리"와 "필요의 확대 미스터리"다. 두 이야기에서는 공통적으로 콜럼버스(Columbus)와 바스코 다 가마(Vasco da Gama)로부터 이어진 사치품 교역의 확대와 보통사람들 간의 놀라운 관계가 드러난다. 멀리서 모피와 향신료, 설탕, 귀금속을 비롯한 이국적 물자들이 도착하면, 부자들은 그것들을 당연하게 이용했다. 그러나 사치품에 아주 살짝 노출만 됐을 뿐인데 경제 행위가 완전히 달라지는 경우도 있었다.

1400년대에는 식품이 사람들의 소비에서 압도적으로 큰 비율을 차지했다. 직접 재배하든 사서 먹든, 식비는 일 가구 예산의 80퍼센트를 차지했다(1800년경 유럽과 동아시아의 빈곤층 가정에서는 곡류를 사는 데만 지출의 50퍼센트가 들어갔다. 중동 지방과 인도에서는 그보다 더했을 것이다). 게다가 유라시아의 양극단에서는 노동자가 일당을 받아서 살 수 있는 식품의 양(구매력)이 몇백 년 사이에 서서히 줄고 있었다. 유럽에서는 흑사병 이후 노동자는 줄고 토지는 풍부했던 1400년경에 노동자(농장 노동자와 도시 기능공 모두)의 임금 구매력이 최고치를 기록했다. 30~40시간을 일하면 4인 가족이 한 달 동안 먹을 만큼 빵을 살 수 있었고, 50~100시간을 일하면 한 달 동안 쓸 생필품을 모두 살 수 있었다. 그러나 1400년대 후반과 1500년대에는 점차 인구가 회복되었고, 1700년대 들어서는 전례 없는 수준으로 인구가 많아졌다. 결과적으로 1700년대에는 100시간을 일해야 네 명이 먹을 만큼 빵을 살 수 있었고, 1800년대에는 그 시간이 200시간으로 늘어났다. 1300년대 후반과 비교하면 1700년대에는 2.5배, 1800년대에는 5배가량 더 일해야 하는 셈이었다. 한 시간 단순 노동을 기준으로 1300년대 후반의 구매력이 회복된 것은 1930년대 들어서였다. 노동자들이 가장 좋아하는 사치품인 고기(고기는 칼로리당 가격이 빵보다 11배 비쌌다. 동물은 1파운드를 찌우기 위해 훨씬 더 많은 무게의 곡물이 필요하므로 당연한 이치일지 모른다)로 계산하면, 노동자들의 상황은 더 안 좋아지고 있었다는 것 또한 알 수 있다. 가령 1300년대~1800년 사이 독일에서는 인구 한 명당 육류 소비량이 80퍼센트가량 감소했던 것으로 보이며, 살 수 있는 고기의 질도 떨어졌다. 인구가 많아지자 먼 지역에서 가져오는 고기가 더 많아졌기 때문이다. 그러자면 고기는 신선도가 떨어졌고, 엄청난 소금을 뿌리고 훈연 과정을 거쳐 정상적이지 않은 방법으로 보존해야 했다.

유라시아 반대편에서도 유사한 경향이 나타나는 예가 제법 있었다. 중국의 경우, 쌀값을 기준으로 노동자의 임금을 살펴보면, 노동자가 가장 풍요로웠던 시기는 1100년경이었던 것으로 보인다(우연일 수도 있지만, 이 시기는 인구 대비 경작지의 비율이 가장 높았던 시기와 맞물린다). 그 뒤 20세기가 한창일 때까지 임금은 계속 떨어졌다(떨어지는 속도가 아주 느리고 가끔은 다시 오르기도 했지만).

흔히 기본적인 칼로리를 채우기만도 힘들 만큼 생활이 어렵다면 불필요한 물건에 대한 소비는 줄이거나, 적어도 늘리지는 않을 것으로 생각할 것이다. 그런데 예상과 아주 다른 일이 일어났다. 일부 역사가들(얀 드 브리스[Jan de Vries]와 아키라 하야미[速水融] 등)이 '근면 혁명'(the industrious revolution)이라고 부른 상황이 일어난 것이다.

역사가들은 사람이 죽을 때 남기는 물건들을 연구해 왔다. 적어도 서유럽의 경우를 보면, 1550년(혹은 그 이전부터)을 기점으로 평범한 사람들(소농, 대장장이 등)이 남기는 물건의 숫자가 늘기 시작했고, 이 추세는 오늘날까지 이어지고 있다. 가장 먼저 는 것은 옷이었다. 전에는 가족 한 명당

한두 벌의 옷밖에 없었지만, 점차 일상복이 여러 벌로 늘었고 특별한 때 입는 옷도 생겼다. 가난한 사람들도 마찬가지였다. 다음으로 는 것은 가구(옷보다 훨씬 고가의 물건)였다. 전에는 (온 가족이 같이 자는) 침대가 집안의 유일한 가구였다면, 1500년경에는 두어 개의 긴 의자와 식탁도 있었다. 평범한 소농 가정에는 침대와 의자의 개수가 늘었고, 서랍 등도 생겼다. 냄비와 팬도 여러 개가 되었고, 먹을 때 손을 쓰는 사람들이 줄면서 칼과 포크도 여러 벌로 늘었다. 1600년대 네덜란드의 부농들은 린넨으로 된 식탁보와 벽에 걸 그림 같은 자잘한 사치품도 구입했다.

물론 작은 농장이나 상점을 갖고 일한다면 그렇게 가난하다고 할 수 없었고, 정말로 가난한 사람들은 소유물이 늘었다 해도 미미한 정도였다. 예컨대 중국의 극빈층 노동자들이 그랬다. 그들은 대부분 결혼하지 않았고, 한 곳에 안착해서 가정을 꾸리는 일도 드물었다(여자 아기는 태어나자마자 죽이는 일이 다반사였고 부유한 남자들은 처, 첩을 다 둘 수 있었으므로 결혼할 수 있는 여자도 귀했다). 그러나 사회적으로 가장 낮은 계급에서도 '소소한 사치품'을 가진 사람은 급격히 늘었다. 그런 사치품들은 1500년 이후 인도양과 대서양 건너편에서 교역이 확대되면서 나온 결과물인 경우가 많았다. 그중에는 은으로 된 허리띠 버클이나 머리핀처럼 오래가는 물건도 있었지만, 누군가의 말처럼 '중독성 식품'이 대부분이었다. 이를테면 담배, 커피, 설탕, 초콜릿, 차 같은 것들 말이다. 처음에 이것들은 빈곤층 사람들 사이에서 아주 특별한 경우에 쓸 목적으로 소비됐지만, 점차 사용층이 확대되면서 적은 양이라도 이런 사치품을 사용하는 사람이 많아졌다. 그 이유를 정확히 들자면, 이러한 물자는 특별한 행사에 쓰였는데, 이것들을 공유하고 대접하는 것이 사교의 측면에서 중요해졌기 때문이었다('중독성 식품'으로는 그 당시 사람들에게 더 익숙했던 술도 오랫동안 같은 위치에 있었으며, 점점 더 많은 양이 소비되었다. 그러나 이것은 번영의 신호인 동시에 절망의 신호일 수도 있었다).

 이 가운데 커피와 초콜릿 같은 것들은 동아시아에서는 큰 영향을 미치지 않았다. 여기에 관해서는 정확한 기록이 없고, 있다 해도 그 수가 많지 않다. 그러나 일반적으로는 비슷한 흐름이 보인다. 예컨대, 특히 1700년대에 중국 빈곤층 사람들은 은으로 된 머리핀과 촛대를 저당 잡히곤 했다(맡길 물건이 있었다는 뜻)는 기록이 여러 곳에 존재한다. 또한 이들은 더 많은 옷감(비단 포함)을 소비하고 약초를 판매했다. 근대 초기 일본에서는 화장품을 사는 사람이 정말 많았는데, 소작농 가정의 여자들도 구매층에 들어갔다. 가구를 사는 사람도 많았다(유럽에서보다는 적었겠지만). 그리고 중국과 일본의 모든 사회 계층에서 설탕과 차, 담배의 소비가 크게 늘었다(18세기 후반에 중국에 간 유럽인들은 중국에 흡연 인구가 그렇게 많은 것을 보고 깜짝 놀랐다). 또한 적어도 중국에서는 극빈층 사람들조차 결혼식이나 장례식 같은 의례와 성지 방문 같은 종교 활동에 전보다 훨씬 큰돈을 들였음을 알 수 있다. 1500년대 후반이 되자, 여러 세기 동안 유명한 곳으로 관광을 다녀 본 상류층 사람들은 난데없이 '서민' 인구가 너무 많다며 불평을 했다. 그 무렵에는 저가의 패키지여행 상품을 판매하는 조직들이 있었으며 여관과 식당, 찻집 같은 곳이 흔해지면서 모든 계층에 서비스를 제공했다.

 그렇다면 적어도 두 가지 명백한 질문이 생긴다. 먹을 것만 충분히 사기도 점점 더 어려워지던 때, 사람들은 왜 이런 불필요한 것들을 사들였을까? 그것들을 살 돈은 어떻게 마련했을까?

 부분적으로 답이 될 수 있는 한 가지는, '필요'는 구매자의 눈(혹은 손)에서 비롯된다는 것이다. 설탕, 카페인 음료 그리고 무엇보다 담배는 한 번 입에 대기 시작하면 끊기가 쉽지 않다('중독성 식품'이란 말은 괜히 나오지 않았다). 이런 것들은 허기를 채워주고, 추위를 잊게 하며, 에너지를 주는 등 생리적인 효과를 낸다. 그러나 여기서 그보다 더 중요한 사실은 이것들이 신체적인 필요 이상을 만족시킨다는 점이다. 사람들은 상품을 통해 특정 집단의 일원임을 나타내고 친구, 애인, 가족, 사업 파트너, 동업자 그리고 적이 될 수 있는 사람들에게 신호를 보낸다. 사람들은 상품을 통해 내가 누구인지를 알리고, 일을 해낸다. 예컨대 노끈보다는 은 버클이 달린 허리띠가 바지를 허리에 고정하기는 더 좋다. 그러나 은 버클 허리띠는 그 기능만이 아니라 아주 다른 메시지를 전하는 기능도 있어서, 이 허리띠를 한 사람은 일자리와 대출, 애인, 배우자를 얻을 가능성이 올라간다. 특히 그런 신호가 아니라면 알려지기 어려운 상황에서는 신호의 중요성이 더 커진다. 그러므로 바라는 상태에 어울리는 상품을 가지고 자신을 나타내고 싶다면, 낯선 사람이 가득한 도시로 옮겨가는 것이 유리했다.

사회적 유동성(위로도 아래로도)이 커지는 데서도 비슷한 효과가 나타났다. 타고나는 사회적 지위(사는 곳, 하는 일, 결혼 상대, 위기에 처했을 때 도와줄 사람)의 의미가 약해지자, 모피로 장식된 모자를 쓰거나 다른 사람과 차를 마시며 정체성과 지위를 후천적으로 정립해 나가는 일이 더 중요해진 것이다(반면 빵과 쌀은 주로 가족처럼 이미 관계가 맺어진 사람들이 함께 먹었다).

마찬가지로 중요한 것은 새로운 소비재에는 '나는 …한 사람이 아니다'라는 메시지가 담겨 있었다는 점이다. 이 메시지는 다른 사람뿐 아니라 나를 위한 것이기도 했다. 가령 18세기 작센의 시골 리본공들은 기능공 중에서도 가장 가난한 계층이었는데, 그들은 부유한 시골 사람들의 패션이 아니라 도시의 패션을 모방했다. 자신들을 깔보는 이웃 지주들의 코를 납작하게 하기 위한 나름의 방법이었을 것이다. 더 일반적으로, 유럽 시골의 기능공들은 수익의 가장 높은 비율을 담배나 은 버클 같은 '일상의 사치품'을 사는 데 썼다는 증거가 있다. 1700년대에 나온 한 연감에 따르면, 이들은 "먹을 것도 충분하지 않았다." 그러나 뒤에는 이런 내용이 이어진다. "그들은 아침에 커피와 설탕을 먹지 않으면 인간다운 생활을 하지 못하고 있다고 생각할 것이다." 일본에서 (비율상) 돈을 가장 많이 썼던 축은 시골에 새로 생긴 교역에 발을 담그고 하루아침에 부자가 된 농민들과, 오래된 무사 계급의 가장 가난한 사람들이었던 것 같다. 공교롭게도 이 두 부류에는 공통점이 있다. 그들은 모두 경제 상황이 격변하던 시기에 살았고, 지위가 끊임없이 달라졌으며, 소유한 토지(리본공의 경우는 소유하지 못한 토지)에 의한 전통적 지표에서보다 높은 지위를 원했다.

새 소비재라고 전부 이국적인 장소에서 온 것은 아니었지만, 우연히도 대다수는 그랬다. 먼 곳에서 온 낯선 상품들은 기존에는 존재하지 않았다는 이유로 특히 투자가 수월했다(일부 나라에는 사치 금지법이 있어서 특정 물품은 소유가 규제됐는데, 이국적인 상품은 그 지역에 없던 물건이라 규제 대상으로 명시되지 않았으므로 시장에서 중요도가 올라갔다). 또한 때로는 이국적이라는 점이 상품의 매력이 되기도 했다. 낭만적인 장소와 알 수 없는 힘을 연상케 했기 때문이다(지금은 흔하디흔한 감자4장 12절 참조도 처음에 유럽에 들어갔을 때는 강력한 정력제로 입소문이 났고, 지금보다 훨씬 값도 비쌌다). 유럽과 아시아 사회에서 점점 더 지위 경쟁이 치열해졌다는 것은 새로운 소비재가 수입되는 직접적인 원인으로 보다는 이것들이 빠르게 현지에 받아들여지는 계기로 작용했다. 이 상품들은 경쟁에 참여하려는 사람들에게 분명 완벽한 도구가 되어 주었다.

새로운 소비재는 이러한 이유로 많은 사람을 사로잡았다. 한편 이런 소비재를 집에서 만들어낼 수 있는 사람은 없었다. 작물은 특정 토양과 기후에서 자랐고, 털 달린 동물도 사는 곳이 따로 있었으며, 혹여 뒤뜰에서 은을 캘 수 있는 사람이 있다면 그 사람은 지위를 걱정할 필요가 없었다. 그러므로 (예컨대 밭에서 기른 여분의 채소나 집에서 짠 옷과 달리) 이런 소비재는 돈이 있어야만 살 수 있었다.

"필요의 확대 미스터리"에 관해 살펴봤으니, 이제부터는 "부유한 빈곤층 미스터리"에 관해 이야기해 보자. 전과 달리 하루 번 돈으로는 빵(또는 쌀이나 국수)도 충분히 살 수 없는 상황에서, 사람들은 어떻게 사치품을 살 수 있었을까?

먼저 간단한 답부터 얘기해 보자. 사람들은 사치품을 사기 위해 더 오래 일했다. 유럽에서는 16세기부터 18세기 사이에 점진적으로 휴일이 사라졌다. 중세 이탈리아의 여러 도시에는 1년이면 100일의 성자의 날(기독교 성자들의 묘지에 찾아가 성자들을 기리던 날 − 옮긴이)이 있었지만 2, 3세기 사이에 성자의 날은 20일가량으로 줄었다. 개신교를 신봉하고 성자 숭배를 거부하는 나라들에서는 이런 휴일이 훨씬 더 빨리 사라졌다. 그리고 주말을 길게 보내는 등(영국에서는 우스갯소리로 '성(聖) 월요일'을 지키느라 일요일에 이어 월요일을 쉰다는 말이 있었다) 여가에 집중하던 관습 또한 상대적으로 더디기는 했지만 축소됐다.

단정하기 더 어렵기는 하지만 중국, 일본, 한국에서도 시간이 가면서 휴일이 줄었을 것이다. 분명한 것은 적어도 중국에서는 정부에서 정한 공휴일이 몇 세기에 걸쳐 점진적으로 줄었다는 사실이다. 그리고 훨씬 더 많은 사람에게 영향을 미친 더 중요한 변화가 있었으니, 중국과 일본에서 일 년에 한 가지가 아니라 두 가지 작물을 재배하는 지역이 곳곳으로 확대됐다는 점이다. 이는 농민들의 일 년이 더 길어졌다는 의미였다. 그뿐만 아니라, 오래된 작물 대신 단위 면적당 노동이 더 많이 들어가는(그러나 더 많은 수익을 남기는) 새로운 작물이 재배되기 시작했다. 인구가 늘면서 경작지의 평균 면적은 줄었지만 사람들은 더 강도 높게 일했고, 특히 잡초를 제거하고 땅을 비옥하게 하는 데 전보다 많은 공을 들였다. 그리하여 농민들은 소유한 토지에 빈틈없이 작물을 심어 남김없이 거두는 한편, 좋은 토양을 유지하기 위해 정성을 들였다.

한편 유럽과 중국, 일본 곳곳에서는 시장을 염두에 두고 일하는 남자와 여자, 어린이가 늘어갔다. 사람들은 다양한 수공예품을 만들고 다른 집에 가서 서비스를 제공했다. 여기서 새로운 점은 일 자체가 아니라, 그 일을 가족을 위해 하는 경우는 줄고 남을 위해 전문적으로 하는 경우는 늘었다는 사실일 터다. 즉, 한 집에서 옷과 초, 피클을 다 만드는 대신 그중 하나를 더 많이 만들어서 팔고 나머지 두 가지는 다른 집에서 사는 것이었다. 이렇게 일이 전문화되자 가사에 들어가는 시간을 줄일 수 있었지만, 그렇다고 아주 많은 시간이 줄었다고는 말할 수 없다. 전반적으로는 오히려 가사 시간이 거의 확실히 증가했다고 봐야 한다.

게다가 유럽 많은 지역(중국이나 일본에서는 아니었지만)에서는 시장을 위해 일하는 시간이 늘어나면서 한 가지만이 아니라 두 가지 악순환이 일어났다. 우선, 일하는 여자와 아이들이 늘어나자 하위 계층으로 갈수록 임금에 대한 압박이 커졌다. 일자리를 놓고 경쟁하는 사람이 는다는 것은 임금이 준다는 것을 뜻했다. 다음으로, 고용되어 일하며 생계를 꾸리는 젊은 층이 늘면서(가족의 농장이나 상점에서 일하는 대신) 재산을 상속받을 때까지 결혼을 미룰 이유가 줄었다. 평균 결혼 연령이 낮아졌고, 그러자 부부당 출산율이 올라갔으며, 경제적 압박은 더 커졌다(좋든 싫든 동아시아에서는 부모가 자녀의 미래를 더 강하게 통제했다). 이것은 가장 '발달된' (상업화된) 경제 안에서 극도로 긴 시간을 일해야 함을 뜻했다. 한 학자는 영국에서 평균 노동 시간이 가장 길었던 때는 1800년대로, 이때 사람들은 일인당 일 년(일주일에 60~70시간, 일 년에 52주)에 3,300~3,600시간을 일해야 했다고 밝혔다. 그러나 노동자의 생활 수준은 반세기가 지날 때까지 거의 달라지지 않았다.

그러나 '근면성'의 확대는 시간에 국한된 문제가 아니었다. 전체 일에서 (직접적으로든 간접적으로든) 수입을 목적으로 하는 한 가지 업무의 비중이 커지고 다양한 집안일의 비중이 작아지자, '근무 시간'과 '휴식 시간'의 경계는 이전보다 훨씬 명확해졌다(오늘날 우리의 모습과 훨씬 비슷해졌다). 그러자 하루 중에 잡담을 하고, 차를 마시고, 느긋하게 점심을 먹고, 농담을 하느라 업무를 멈추는(업무의 속도를 늦추는) 시간이 줄었고, 저녁이면 칼같이 업무를 마치는 경우가 많아졌다. 적어도 이제 집 밖에서 일하는 사람들에게는 그랬다. 이런 미묘한 부분은 정확하게 입증하기가 쉽지 않지만, 유럽 기능공들이 쓴 여러 회고록에서 이런 사실을 뒷받침하는 부분을 찾아볼 수 있고(비교할 만한 동아시아의 자료는 많지 않았다), 고용주들이 쓴 몇 편의 글에서도 업무 시간의 편차를 줄이는 것이 그들의 목표였음을 알 수 있다.

원인이 무엇이든지, 새로운 '노동 의식'으로 인해 사람들의 노동 강도는 더 높아졌다. 직접적인 감독 없이 들에서 일하는 사람들도 마찬가지였다. 가령 1500~1800년 사이에 영국의 지주들이 추정한 값에 따르면, 밀 1에이커를 수확하는 데 걸리는 시간은 점점 짧아졌다. 노동을 덜어줄 새로운 농기구가 도입되기 전이었는데도 말이다. 멀리 중국에서는 쌀 1에이커를 재배하는 데 걸리는 시간을 추정할 때 그 값이 항상 비슷했다. 그러나 에이커당 모종과 비료의 양, 쌀 수확량은 어마어마하게 증가한 것으로 보아 여기서도 어마어마한 노동이 투입됐음을 알 수 있다.

이런 자잘한 사실들을 모두 모아 보면 큰 흐름이 나타난다. 돈을 벌고자 하는 사람은 많아졌고, 자기가 쓸 용도로 상품을 만드는 사람은 줄었으며, 일은 전문화됐다. 또한 사람들은 생존에 필요한 물건만 사지 않았고, 먼 이국땅에서 온 그 이상의 물건들을 동경했다. 그러려면 여가는 줄여야 했고 훨씬 더 엄한 규율이 필요해졌지만 말이다. 또한 일과 일을 통해 얻는 상품으로 사회적 입지가 커진다고 생각하는 사람이 늘었다. 듣기는 불편할 수 있지만, 어쩐지 우리에게도 익숙한 말이다.

3 면화와 산업혁명

'산업혁명을 얘기하는 사람은 사실 면화 얘기를 하고 있는 것'이라는 말이 있다. 아닌 게 아니라 면직물은 근대적 형태의 공장에서 생산한 제품 중 하나이기는 하다. 그러나 얘기가 좀 더 진행되면 보통은 섬유가 아니라 기계 설비로 초점이 옮겨간다. 유럽의 주요 섬유 작물이 바뀌던 무렵에 공장이 탄생한 것은 우연처럼 보이기도 한다. 하지만 사실은 정반대다. 만약 아시아 대부분의 지역에서 오랫동안 섬유 작물이었던 면화가 유럽의 주요 의류 원료로서 아마나 양모를 대체하지 않았다면 산업혁명이 우리가 알고 있는 방식으로 진행되지는 않았을 것이다. 그리고 유럽인들이 신세계 플랜테이션에서가 아니라 자기네 땅에서 직접 목화를 길렀다면 땅이나 물, 노동력 부족으로 산업혁명 과정 자체를 망쳐 버렸을 수도 있다.

인도에서는 면화가 이미 2,000여 년 전부터 알려져 있었고(근대적인 씨아와 매우 비슷한 기계도 이 무렵에 벌써 사용하기 시작했다), 여기서 서서히 동쪽, 북쪽, 서쪽으로 퍼져 갔다. 면화는 삼보다 실을 잣기가 쉬웠고, 옷을 만들어 입어도 훨씬 편했다. 대략 1300년경이면 면화는 서아프리카에서 일본까지 보급된다. 유럽에서는 면화를 기르지 않았지만 면화를 알고는 있었다. 중세에 양모가 부족해지자 베네치아 상인들은 알레포(Aleppo: 지금의 시리아)에서 새 섬유를 들여오게 된다. 당시 알레포에서는 면화에 양모를 섞어 퍼스티언(fustian)이라는 대용 작물을 짜고 있었다. 그러나 퍼스티언은 그렇게 많이 수입되지 않았다. 그 뒤 400년간 면화는 아프리카와 아시아를 정복해 나갔지만 유럽만은 대체로 비켜갔다(남아메리카에서도 별도의 면화 품종이 재배되었다).

중국에서는 점차 거의 모든 계층의 사람들이 면으로 만든 옷을 입게 되었다. 농민들은 주로 질이 떨어지는 거친 면옷을 입었고, 대단한 부자들도 가끔씩은 비단옷 대신 면옷을 입었다. 면의 품질은 (물론 가격 역시) 엄청나게 다양했다. 18세기의 한 문서는 불교 의식에 사용했던 면 의류는 1야드당 가격이 대부분의 보통사람들이 입던 면 의류보다 200배나 더 비쌌다고 전하고 있다. 인도에서는 거의 모든 등급의 면화를 구할 수 있었을 뿐 아니라 면과 비단을 섞어 짠 혼방 직물도 꽤 다양하게 선택할 수 있었다. 인도의 혼방 직물은 구세계 전역에 걸쳐 이른바 명품의 표준으로 자리 잡을 정도였다. 상인들은 동남아시아는 물론, 서아프리카처럼 멀리 떨어진 곳까지 가서 구매자가 원하는 무늬를 받아 인도로 돌아왔다. 그러면 상인들과 연줄이 있는(보통은 간접적인 관계였다) 마을에서 다음 교역 철까지 주문대로 직물을 짜놓게 된다. 1600~1700년대가 되면 유럽인들도 면직물 교역에 뛰어들게 되는데, 좋은 품질의 인도산 면직물을 싼값에 워낙 많이 수입해 오는 바람에 양모를 만드는 영국 직공들이 폭동을 일으키고 영국 의회가 잇따라 보호 법안을 제정했을 정도였다.

그러나 비단과는 달리 — 사실 유럽인들은 누에고치에서 실 뽑는 방법을 배워 보려고 무던히도 애를 썼다 — 목화나무가 제법 큰 규모로 유럽에 수입된 적은 한 번도 없었다. 사실 유럽으로서는 다행스런 일이 아닐 수 없는데, 이미 아시아의 여러 지역에서는 면섬유를 자급하는 대가로 상당한 생태학적 비용을 치렀기 때문이다. 중국 양쯔강 하류 지역(지금의 상하이 근처)에서는 양분을 다 빨린 토양의 지력을 회복시키려고 엄청난 양의 비지 비료를(주로 만주 지역에서) 들여와야만 했다. 18세기 후반 비료로 사용했던 콩을 사람에게 먹였더라면 1년간 300만 명이 배를 채울 수 있었을 것이다.

일본에서는 목화 재배 지역의 생태적 압박을 바다가 풀어주었다. 18세기와 19세기 초 일본 어업은 어로 구역을 엄청나게 늘렸는데, 주로 사할린섬 쪽에 집중됐었다(이 때문에 일본은 동쪽으로 진출하던 러시아인들과 여러 차례 갈등을 빚기도 했다). 그러나 잡힌 물고기의 대부분은 사람이 먹는 대신 주로 비료로, 그것도 주로 목화를 기르던 땅의 비료로 사용되었다.

더구나 목화 재배에는 상당한 양의 물이 필요했다. 그래서 19세기 초 중국 북부에서 목화를 재배하던 농민들은 거의 모든 우물을 더 깊이 파야 하는 상황까지 내몰렸다. 지하수면이 갈수록 내려갔기 때문이다. 오늘날 이 지역의 지하수 부족은 거의 위기 수준에까지 이르렀다.

반면 유럽 사람들은 18세기 중반까지도 면화보다는 아마나 양모를 훨씬 더 많이 사용하고 있었다. 영국의 경우 17~18세기 대부분의 기간에 원면을 좀 더 많이 확보하는 대신 아마 생산을 늘리는 쪽을 선택해, 의회가 계속해서 특별 보조금 지급을 통과시켰던 것도 원인 중 하나였다(하지만 실효는 거의 없었다). 그러나 밀접하게 연관된 두 가지의 거대한 변화, 즉 산업화와 인구 증가 때문에 아마나 양모로만 버티기에는 어쨌든 불가능한 지경이 된다. 때마침 18세기에 새로운 기계가 잇따라 발명되면서, 기계로 면사를 뽑아내 기계로 옷감을 짤 수 있게 되었다. 결과는 놀라웠다. 채 몇십 년이 지나지 않아 한 시간에 짤 수 있는 면사의 양이 무려 100배가량 늘어났다. 나중에 해결되기는 했지만, 기름기 많고 질긴 아마에서 실을 뽑아낼 방법을 찾아내는 데는 면화보다 엄청나게 오랜 시간이 걸렸다.

양모의 경우에는 기계로 실을 잣고 옷감을 짜는 방법을 아마보다 훨씬 빨리(비록 면화보다 빨랐던 것은 아니지만) 알아냈다. 그러나 양모에는 다른 문제가 있었다. 무엇보다도 유럽인들이 장기적인 전략 아래 공략하고 있던 상당수 주요 시장에서 양모의 인기가 신통치 않았던 것이다. 특히 열대 지방에서는 문제가 더 심각했다. 그도 그럴 것이 양모 의류와 노예를 교환하던 곳이 열대인 아프리카였고, 노예들에게 양모로 만든 옷을 입혀야 했던 곳도 열대인 아메리카 대륙의 식민지였기 때문이다. 설상가상으로 양모 생산은 심각한 생태적 한계에 직면해 있었다. 양을 기르는 경우 1파운드의 섬유를 얻으려면 섬유 작물보다 훨씬 많은 땅이 필요했다. 하지만 인구가 늘어나면서 이렇게 사용 면적당 이윤이 상대적으로 낮은 용도로 사용할 땅을 충분히 확보할 수 없었던 것이다. 사실 1830년에 영국이 수입한 면화를 양모로 대체하려면 2,300만 에이커의 땅이 필요했다. 이는 영국 전체 농지와 목초지를 합한 것보다 넓은 면적이었다! 그리고 1815년에서 1900년 사이에 영국의 면화 수입이 20배나 뛴 점을 생각하면, 이 문제는 시간이 흐르면서 악화되기만 했을 것이다.

해결책은 신세계에서, 특히 미국 남부 지역에서 들여온 면화였다. 힘든 농사일은 아프리카에서 수입한 노예들이 했고, 유럽 농촌에서 쫓겨난 일꾼들이 공장일을 맡았다. 면화가 땅이 감당하기에 너무 드센 작물이기는 했지만 신세계의 땅은 끝이 없어 보였다. 이제 영국의 새 방적 공장들은 새로운 경제적 시대의 도래를 예고하는 듯 부산하게 움직이고 있었다. 그러나 자기 옷을 해 입으려고 자기 땅에서 목화를 기르던 사람들은 온갖 문제들과 씨름을 해야 했다. 생태계가 붕괴되고 땅과 물이 부족해지는데도 베틀과 가락을 놀리지 않으려고 농업 노동력을 늘려야 하는 삼중, 사중고와 싸워야 했던 것이다.

4 목화를 찾아서

세계 최대 산업 강국인 이 나라는 (그 외 대부분 국가도 그렇지만) 수입을 통해 들여오는 한 가지 필수 원자재를 산업의 기반으로 삼는다. 이 원자재는 전체 생산량의 대부분이 한 지역에서 나오는데, 이곳은 정치적으로 불안정한 지역이다. 상황이 더 나빠지기 전에, 세계를 선도하는 이 나라는 대체 자원 개발 계획에 착수한다.

미국과 중동의 석유를 말하는 것일까? 아니다. 위 이야기는 1850년대 영국의 상황이다. 당시 영국은 미국에서 벌어지는 남북전쟁 때문에 목화 공급에 큰 차질이 생길 가능성을 재고 있었다. 이 프로젝트는 어떤 면에서 석유의 대체 자원을 찾는 것보다는 쉬운 문제였다. 목화는 다른 지역에 심으면 되지만, 석유는 수백만 년 전 우연히 생성되기 시작한 그 지점에서만 추출될 수 있으니 말이다. 영국은 여러 해에 걸쳐 계획을 완성하여 노력을 집중했음에도, '목화 기근'을 완전히 피하지는 못했다. 그 이유를 살펴보면 19세기 세계와 지금 우리가 사는 세계의 차이점을 알 수 있다.

1850년, 영국은 목화 공급을 늘리기 위해 상당한 노력을 기울이기 시작했다. 그러나 최근 몇십 년 동안의 미국과 달리(미국은 수압 파쇄법을 도입하고 신재생 에너지를 개발함으로써 국내 에너지 생산량을 상당히 증가시켰고, 다른 몇 개국에도 이를 장려했다), 그 당시 영국은 목화의 해외 재배량을 늘리는 것만이 유일한 해결책이었다. 또한 몇 가지 계획을 비중 있게 마련했음에도 불구하고, "목화의 공급은 … 절대 유동적으로 이뤄지지 못했다."

영국이 집중하여 공략한 나라는 인도였다. 1850년대에 식민 정부는 '목화를 중심으로 한 영토 합병 및 철도 건설 정책'을 추진하며, 전도유망한 '목화의 땅'을 정복할 셈으로 막대한 수송비를 투자했다. 그러나 처음 10년 동안은 별다른 성과를 거두지 못했다. 목화 수출이 급격히 는 것은 1861년이었는데, 그 가장 큰 원인은 생산량을 늘리기보다는 국내 소비량과 중국 수출량을 줄였기 때문이었다. 그러나 1861년까지도 인도에서 영국으로 간 목화는 미국에서 영국으로 간 목화의 절반에 미치지 못했다. 게다가 그 후로도 수출량은 겨우 8.6퍼센트 상승했을 뿐이었다. 그 무렵 북부에서 남부의 항구들에 대해 봉쇄령을 발효했다. 목화 값이 급등했는데도 말이다.

한편 이집트에서는 큰 노력을 들이지 않고도 상대적으로 성공적인 결과가 나왔다. 이것은 이집트 정부가 개혁가 모하메드 알리(Mohammed Ali) 시절인 19세기 초부터 목화 생산을 늘리기 위해 자체적으로 노력을 기울인 덕분이었다. 이집트는 알리가 건설하게 했던 공장들의 경쟁력이 떨어지자 목화 수출로 눈을 돌렸다. 목화 수출은 1821년에 시작됐고, 수출량은 1824년에는 2천7백만 파운드(약 1만2천 톤), 1850년대에는 5천만 파운드(약 22만 톤)에 이르렀다. 그러나 랭커서(Lancashire)의 성공에 고무된 주(州)에서는 주 정부를 등에 업은 지주들이 경작자들에게 압력을 가했음에도 성과가 크지 않았다. 1850년대 이집트의 목화 생산량은 엘리 휘트니(Eli Whitney)가 조면기(繰綿機: 목화에서 씨를 빼내는 기계 — 옮긴이)를 발명한 시점에서 10년이 지난 1803년도 미국의 목화 생산량과 같은 수준이었다. 사실 1860년대까지도 목화는 모하메드 알리의 후손과 그 친족들이 가진 땅 안에서만 재배됐다. 이집트는 미국에서 남북전쟁이 일어났던 시기에 목화를 많이 재배했는데, 그때도 수출량은 겨우 2억 파운드(약 9만 톤, 1860년대 미국 목화 수출량의 12퍼센트)에 그쳤고, 미국산 목화보다 가격은 더 비쌌다. 게다가 이집트의 생산력은 그 정도 수준도 꾸준히 유지할 가능성이 없었다. 물론, 확장력은 그보다 떨어졌다.

미국에서 남북 전쟁이 일어나던 기간에는 나일강 삼각주의 40퍼센트에서 4계절 내내 목화가 재배되고 있었다. 또한 1863년부터 1865년 사이에는 윤작(輪作)을 통해 삼각주 어디서나 목화가 재배됐을 것으로 보인다.

이집트에는 제대로 물을 댈 수 있는 땅이 제한돼 있었으므로, 그 정도면 20세기의 대형 프로젝트를 통해 관개시설이 탄생하기 전 상황으로서 최대치의 땅을 사용했던 것이라 할 수 있다. 그러나 이런 땅에서조차 재배 비용은 무섭게 올라갔고, 목화 값이 정점에 달했던 1864년쯤은 돼야 목화를 재배해서 수익을 봤다고 이야기할 수 있었다. 그리고 그 기준에서도 (사실 가격이 더 낮았던 1862년 기준으로 보아도) 생(生)목화가 굵은실보다 값이 더 나갔다.

영국은 브라질, 서아프리카, 퀸즐랜드, 미얀마 등 다른 유망지에서는 수출을 촉진하는 데 힘을 들이지 않았고, 그 결과 목화 값이 급등하던 시기에도 그런 지역에서는 거의 수익을 내지 못했다. 따라서 미국산 목화의 수송이 중단됐던 기간은 3년에 불과했지만(1862년 중반에 봉쇄령이 발효됐고, 1865년에 남북전쟁이 끝났다), 1861년과 1862년 사이에 영국의 목화 소비량은 55퍼센트가 감소했다. 양모 대비 목화의 가격은 1860년부터 1864년 사이에 3배 이상 올랐다. 공장 노동자의 수는 1862년에 대략 절반으로 떨어졌고, 총 근로 시간은 80퍼센트 가까이 감소했다. 많은 회사가 파산을 면치 못했다.

강력한 노력에도 불구하고 결과가 그렇게 빈약했던 이유는 무엇일까? 그 한 가지는, 미국이 세계의 다른 목화 수출국들에 긴 그림자를 드리웠기 때문이었다. 미국에서 생산하는 목화가 세계 시장을 벗어날 일은 없었으므로, 목화를 재배하지 않던 지역에서 대규모 고정투자(이를테면 관개)를 시작하면서까지 재배 작물을 목화로 바꾼다는 건 말이 안 됐다. 다음으로, 시장 의존도가 높아지는 것에 대해 농민들이 상당히 회의적이었다는 사실이다. 곡물 운송이 가능하고 거래소가 존재했던 지역에서도 사람들은 과연 목화를 팔아서 번 돈으로 곡물을 충분히 확보할 수 있을지 항상 의구심을 품었다. 한편 목화 재배를 장려하는 영국인의 공격적인 전술은 역효과를 낳기도 했다. 영국인들이 인도에서 새롭게 목화를 재배하려는 땅은 대부분 숲에 있었는데, 갑작스럽게 숲이 없어지기 시작하자 인도인의 저항이 잦아졌다. 또한 더 많은 목화를 얻기 위한 시도 속에 철도망이 빠르게 연장됐고, 이는 1857년에 일어난 '세포이 항쟁'의 가장 큰 발단으로 작용했다. 20세기 이전 아대륙(亞大陸) 인도에서 일어난 사건 가운데 세포이 항쟁만큼 영국에 위협이 된 사건은 없었다.

결국 그 모든 근대적 요소에도 불구하고 19세기의 산업은 여전히 자연 상태에 가까웠다. 영국은 더 많은 목화가 재배되도록 상황을 밀어붙일 부와 힘은 있었지만, 아직 인공 섬유를 만들어낼 과학 기술은 없었다. 아직 영국에는 새로운 지역에서 자라기 알맞은 품종을 만들거나, 세계의 대부분 지역에서 자라는 '섬유가 짧은 품종'을 방적기에 쓰기 좋은 '섬유가 긴 품종'으로 대체할 기술이 없었다. 한동안 산업은 산업에 필요한 과학이 따라잡을 수 없을 만큼 빠르게 성장했다.

결국 20세기 들어 새로운 품종이 등장하고 값싼 동력을 이용해 멀리서부터 물을 끌어오면서 문제는 해결됐다. 그러면서 중국과 인도에서는 목화 재배 양식에 변화가 생겼고, 캘리포니아와 애리조나에서도 목화를 재배할 수 있게 됐다(1850년대에 미국 남서부로 목화 재배를 확대하고 그에 따라 노예제 또한 확대됐다면, 남북전쟁의 시작은 완전히 양상이 달랐을 것이다). 새로 나온 다양한 품종을 거슬러 올라가 보면 그 끝에는 이집트에 목화 붐이 불었을 당시 많이 재배되던 품종들이 있었다. 실패로 끝나 버린 듯했던 이야기가 오래오래 미루다 터트린 후일담이라고나 할까.

5 황금 거위 죽이기

1498년 인도 캘리컷(코지코드)에 도착한 바스코 다가마는 북아프리카 출신 무슬림 몇 명을 통역으로 고용했다. 이들은 이 도시에 제법 오래 있었고 돌아가는 사정도 잘 알고 있었다. 전하는 얘기에 따르면 이들은 다가마를 한쪽으로 데리고 가 항구 관리들한테 다가마가 준 선물은 하도 생뚱맞아 비웃음을 살 정도였다며 다음번에는 금을 가져다주는 게 좋을 거라고 조언을 해주었다는 것이다. 다가마가 물었다. 어떻게 금을 구하느냐고. 아프리카 동쪽 해안의 킬와(Kilwa) 왕국으로 가라고 통역관들이 일러줬다. 그리고 인도 북서부의 직물 생산지 구자라트에서 만든 직물들을 가져오는 것도 잊지 말라고 했다.

물론 오래 지나지 않아 유럽인들은 라틴아메리카에서 킬와와는 비교도 안 되는 엄청난 양의 귀금속을 발견했다. 그러나 다가마가 다녀가고 한 세기가 지나 몰루카 제도(인도네시아)에 도착한 네덜란드인들은 신세계에서 약탈해 온 귀금속으로는 자신들이 원하는 향신료를 구할 수 없다는 것을 알게 되었다. 현지 귀족들과 상인들은 귀금속 대신 인도 동부의 코로만델(Coromandel)에서 만든 직물로 대금을 받고 싶어 했다. 얼마 안 가 네덜란드 동인도회사는 동남아시아에서 계속 향료를 조달하려면 코로만델에 교역 거점을 확보하고 있어야 한다는 점을 깨닫게 된다. 그 뒤 200년 동안(1800년까지 줄곧) 유럽 강대국들은 아프리카에서 노예를 사는 데는 인도산 직물만큼 좋은 지불수단이 없다는 것을 거듭 확인하게 된다. 프랑스 무역상들이(1775년과 1788년) 2년 동안 노예와 교환한 물건 중 절반가량이 인도 직물일 정도였다. 온전히 기록으로 남아 있는 것은 이 두 해뿐이지만 다른 때도 사정은 많이 다르지 않았을 것이다. 한 프랑스인은 프랑스어를 하는 카리브해의 플랜테이션 소유자들에게는 프랑스 제품을 강제로 떠넘기고 설탕을 가져올 수 있는데, 아프리카의 노예무역상들은 최상의 직물을 요구하며 까다롭게 군다고 짐짓 한탄조로 읊조렸다. 영국 기술자들이 마침내 아프리카 상인도 속아 넘어갈 정도로 인도 직물과 똑같은 모조품을 만들게 되는 20세기 후반까지는 영국도 아프리카에서는 프랑스와 별로 다를 게 없었다. (미국 중심적 입장에서 기술한 고등학교 교과서들은 보통 노예무역을 '당밀과 럼주, 노예'의 삼각무역이라는 식으로 서술하고 있지만, 사실 아프리카의 추장들은 유럽과 미국 사람들이 내놓은 유해한 물건들에 별 매력을 느끼지 않았다. 오히려 정교한 직물이나 가구 따위를 더 좋아했다. 영국인들이 노예와 맞바꾼 물건들 중 알코올은 4퍼센트만을 차지했고, 총은 5퍼센트였다.)

세계 대부분의 지역에서 인도 직물은 돈보다도 훨씬 뛰어난 유동성을 갖고 있었다. 아마 전 세계에 시장을 확보했던 최초의 산업 생산품 역시 인도산 직물이었을 것이다. 이렇게 뛰어난 품질을 자랑하던 인도 직물은 동남아시아와 아프리카에서만 인기가 있었던 것은 아니다. 1700년대에는 오스만 제국의 비단 산업을 벼랑까지 밀어붙였고, 페르시아를 점령했으며, 유럽 시장의 상당 부분을 장악했다. 그리고 1697년 방적업자들이 폭동을 일으켜 정부가 모든 종류의 인도 직물에 대해 엄격한 수입 할당제를 적용하고 높은 관세 장벽을 둘러치지만 않았다면 영국 방적 산업도 쓸어버렸을 것이다. (대니얼 디포조차, 자유무역과 이를 통해 욱일승천하던 당시 영국 상인 계급의 선언문으로까지 취급되는 소설 『로빈슨 크루소』의 작가인 그 디포조차 보호무역주의자들이 수입 직물에 반대하는 팸플릿을 내는 데 자신의 재능을 빌려주었을 정도였다[5장 5절 참조].) 18세기에 인도 직물로 치장하지 않은 유일한 궁정이 있었다면 그것은 중국 황제의 궁궐 정도였을 것이다. 인도 직물 중 조금 질이 떨어졌던 것들도 여기저기 팔려 나가기는 마찬가지였다. 동남아시아에서 북미 대륙에 이르는 지역의 노동자들이 이런 직물들로 옷을 해 입었고, 특히 북미 지역에서 이런 옷을 걸치던 사람 중에는 고급 인도 직물에 팔려온 노예도 상당수 포함되어 있었다. (고급 직물이 그랬던 것처럼 유럽의 이등급 면시장 역시 거물급 중상주의자들과 각국 의회가 인도 직물의 시장 잠식을 제한하려고 개입할 무렵에는 거의 함락 직전에 놓여 있었다.) 당시 인도는 세계 직물의 25퍼센트를 생산하고 있었다. (잘해야 1800년 현재 세계 인구의 15퍼센트 정도를 차지하던) 인도인들은 가난했던 데다 주로 더운 지역에 살았기 때문에 그 25퍼센트 중에서 3분의 2는 수출했을 것으로 추정된다.

이처럼 놀라운 성공을 어떻게 설명할 수 있을까? 부분적으로는 소비자들의 취향 변화를 세심하게 추적했던 덕분이었다. 이미 1400년대에 새 도안을 가지고 동남아시아에서 돌아오는 인도 상인들을 흔히 볼 수 있었다. 이 도안은 현지의 교역 파트너가 다음 해의 직물 생산에 사용하라고 건네준 것이다. 또 한편으로는 어마어마한 양의 고급 면화를 구하기 쉬웠던 사정도 작용했다. 중국을 제외하면, 독립 이후 미국에서 면화 재배 붐이 일기 전까지 인도만큼 면화가 많이 났던 곳은 어디에도 없었다. 그러나 무엇보다 인도에는 고도로 숙련된 노동력이 있었다. 게다가 이 노동력은 대부분 엄청나게 쌌다.

인도 직조공들이 받던 보수는 대체로 중국이나 일본, 서유럽 직조공들이 받던 보수보다 낮았을 것이다. 그리고 쌀이 많이 남아돌아 먹을 것이 쌌던 벵골 지역에서는 명목 임금이 더 낮았다. (실제로 인도를 비롯한 다른 나라의 상인들은 이등급 직물의 경우 상당량의 주문을 인도 서부 해안의 구자라트에서 벵골 지방으로 돌리게 되는데, 그것은 17세기 말에서 18세기를 지나면서 두 지역의 식료품 가격 차이가 점점 벌어졌기 때문이다.) 직조공이라는 포괄적인 범주로 뭉뚱그리기는 했지만 그 안에는 그냥 직조공과는 수준이 다른 장인도 섞여 있었는데, 비용에 민감할 수밖에 없는 상인들에게는 이들이 특히 골칫거리였다.

  이등급 직물을 짜던 직조공들은 대부분 직조일과 농사를 겸했던 데 반해 고급 직물을 만들던 사람들은 대체로 전업 직조공으로 몇몇 대도시나 그 주변 지역에 살고 있었다(특히 오늘날 방글라데시의 수도인 다카[Dacca]에 많이 살았다). 거의 모든 직조공들은 상인들한테서 선금을 받았다. 일부는 옷감을 짜는 데 들어가는 재료비였고, 나머지는 직물을 완성해 상인에게 넘길 때까지 드는 직조공의 생활비였다. 당연히 상인은 선금을 빌미로 직조공을 마음대로 휘두르려고 했다. 실제로 상당수의 직조공들은 평생 벗어날 수 없는 빚쟁이 신세가 되어 협상력을 완전히 상실하기도 했다. 그러나 기술이 훨씬 뛰어난 직조공들의 경우 워낙 일을 시키려는 사람들이 많아 후환을 두려워하지 않고 선금을 받을 수 있었다. 필요한 경우 이들은 직물을 사줄 사람들을 어렵지 않게 새로 찾을 수 있었고, 이렇게 해서 터무니없는 요구를 하는 상인들에게 받은 선금을 돌려줄 수도 있었다. 더운이 좋은 경우에는 선금을 돌려주지 않고 계약을 깨버려도 자신을 보호해줄 새로운 후원자를 만나기도 했다. 하지만 이급 직조공들은 막판에 다른 상인에게 자신이 짠 직물을 팔 수 있을 것이라고 확신할 수가 없었다. 수확철에 일손이 너무 달릴 때는 직물을 팽개치고 전업농으로 돌아가는 사람들도 있었다. 품삯이 한참 비쌀 때는 일꾼을 쓰기가 어려웠기 때문이다. 이런 상황에서는 정치적 연줄이 있는 상인들도 직조공들을 항상 잡아두기가 힘들었다. 실제로 18세기 유럽 상인들이 주고받은 편지들은 선금을 떼였다는 불평으로 가득 차 있었다.

  그러면 인도 직물의 지배에 종지부를 찍은 것은 무엇이었을까? 아프리카와 아메리카의 시장을 염두에 두고 인도 면직물의 모조품 생산에 매달려온 영국에서 시작된 산업혁명일 것이다. 그러나 이미 산업혁명 이전부터, 인도에 진출해 있던 영국인들은 랭커셔 면공업의 도전을 따돌려 보려다가 황금알을 낳던 거위를 죽여가고 있었다. 영국 동인도회사는 1750년대 벵골 지방을 점령하자마자 갖가지 차별적인 조치들을 동원해 다른 상인들의 발을 묶어 버렸다. 동인도회사에서 선금을 받은 일이 아직 끝나지 않았는데 또 다른 사람한테서 일을 받았을 때는 누구든 형사범으로 처벌할 수 있는 새로운 법을 제정했던 것이다(두 가지 일을 기한 안에 다 끝냈을 때도 처벌을 받는 것은 같았다). 동인도회사의 직원들에게는 그들과 계약을 맺은 직조공들의 집에 경비를 세울 수 있는 권한까지 부여되었다. 이 회사는 직조공들에게 다른 상인들보다 15퍼센트에서 40퍼센트 정도 적게 보수를 주고 있다는 점을 인정하면서도, 이런 조치들이 자기들이 원하는 만큼의 직물을 얻는 데 도움이 될 것이라고 기대하고 있었다. 동인도회사의 한 간부는 1766년 영국 의회에 출석해 이제 벵골을 지배하게 되었으니까 동인도회사는 몇 년 안에 직물 수출이 두 배로 늘어날 것으로 기대한다고 말했다.

이제 인도 직조공들은 사실상 국가가 구매를 독점해 버린 당시의 상황에 저항할 수 있는 유일한 길을 선택하게 된다. 아예 베틀을 놓아 버린 것이다. 다른 곳으로 이주하거나 농업 노동자가 된 것이다. 채 한 세대가 지나기도 전에 다카 주위에 형성돼 있던 전문 직조공 공동체는 완전히 사라졌고, 도시 역시 원래의 몇 분의 일도 안 되는 크기로 쪼그라들었다. 농부의 집 안에서 한때 수출용 직물을 짜던 그 많은 베틀은 결국 같은 마을 사람들이 입을 옷감이나 만들 뿐이었다. 사실 동인도회사가 추구했던 목표도 어떤 측면에서는 오래전부터 직물 교역을 해온 다른 상인들을 항상 자극했던 목표와 별로 다르지 않았다. 그러나 그 목표를 훨씬 무자비하고 일관성 있게 추구하다가 불가능해 보였던 일을 '해내고야' 만 것이다. 바로 당대 최고의 산업을 구해보려다 그것을 파괴하는 것 말이다.

6 설탕 붐의 명암

출발치고 썩 조짐이 좋았던 건 아니다. 니컬러스 로우니라는 한 국제 교역상이 1856년 7월 31일 필리핀 중부 파나이(Panay)섬의 주도(主都) 일로일로(Iloilo)에 도착했다. 그러나 마닐라에서 오기로 되어 있던 그의 마차는 다음 해 2월까지도 소식이 없었다. 일 년에 한 번씩 닥치는 계절풍 때문에 도로는 다닐 수 없을 지경이었고, 그렇다고 바다로 오기에는 너무 위험했던 것이다. 그가 부두를 만들려고 했던 곳은 악어들이 득시글대는 늪이었다.

그렇다고 끝이 좋았던 것도 아니다. 13년 뒤 로우니는 열에 들떠 떨다가 죽었다. 말라리아였다. 한 장례식 참석자에 따르면 100대의 마차와 '물소가 끄는 수레'가 그를 묘지까지 운구했다. 이 무렵이면 국제 교역이 이 지역을 빠르게 바꿔가고 있었다. 한때 이 지역 여성의 절반가량을 고용했던 토착 직물 산업은 로우니를 현지 대리인으로 내세운 맨체스터 방적업체의 저가 공세에 밀려 죽어가고 있었다. 로우니는 직물을 싣고 온 화물선이 빈손으로 돌아가지 않게 하려고 다른 분야에도 손을 댔는데, 얼마 지나지 않아 이쪽이 직물 교역보다 규모가 훨씬 커지게 된다. 근처의 네그로스 옥시덴탈(Negros Occidental)주에서 생산하던 설탕을 수출하기 시작한 것이다. 이 부업은 네그로스의 설탕 플랜테이션 소유주들을 부자로 만들었고, 이들은 지금도 필리핀의 교역을 장악하고 있다. 그리고 이 지역에서 아직도 로우니를 기억하는 이유도 바로 설탕 무역 때문이다. 그러나 일로일로시의 처지에서 보면 이 기억이 좋기만 한 것은 아니었다.

스페인이 모든 대외 교역이 마닐라를 경유하도록 한 법률의 효력을 잠시 정지시키고 바로 몇 달 뒤, 로우니가 일로일로의 첫 영국 영사로 부임했다. 그는 몇몇 영국 직물 회사의 현지 대리인이었으며, 스스로도 한 무역 상사의 출자 조합원으로서 자기 회사를 대표하고 있었다. 당시에는 그렇게 강력했던 대영제국조차 공무원을 많이 두지 못했다. 따라서 이렇게 먼 곳에서 기꺼이 살려고 하는 사업가가 있을 경우에는 한꺼번에 감투 두 개를 쓰는 일이 흔했다. 그러나 로우니는 몇 개를 더 쓰고 있었다. 한동안 이 지역에서 한 명뿐이었던 '앵글로-색슨'으로서 그는 몇 개의 미국 업체들을 위해서도 일했고, 당시 책을 쓰고 있던 홍콩 총독을 대신해 조사 작업을 해주기도 했다. 심지어는 한 영국 인류학자의 부탁을 받고 현지 공동묘지에서 두개골 세 개를 '조달'하는 일까지 맡았다.

그가 탐험하고, 결국에는 바꿔 버린 이 지역은 이해하기 힘든 여러 극단들이 뒤섞여 있는 곳이었다. 한편으로 로우니는 종종 감동에 겨워 일로일로를 '에덴동산'에 비유하고, 주민들을 때 묻지 않은 '야만인들'로 묘사했다. 확실히 스페인 관리나 신부보다는 원주민들을 더 좋아했던 것 같다. 그러나 다른 한편으로 일로일로에는 한 세기 전쯤의 영국을 생각나게 하는 것들도 많았다. 거의 모든 집에 베틀이 하나씩은 있었고, 심지어 여섯 대까지 있는 집들도 있었다. 수천 명의 여자들이 베틀에 앉아 '생산비용이 엄청나서 유럽에서는 도저히 모조가 불가능한, 탄복할 정도로 아름다운' 직물을 짜내고 있었다. 중국 남자 무역상과 현지 여성 사이에서 태어난 혼혈 무역상들이 면사나 잠사 따위를 공급하면서, 몇 달치 선금을 미끼로 이들을 '사실상 노예처럼' 부려먹고 있었다. 이들이 짠 직물은 먼저 마닐라로 갔다가 배편으로 동남아시아와 중국, 그리고 유럽과 아메리카 대륙까지 실려 갔다.

사실 원주민들이 짠 직물이 워낙 뛰어나 로우니는 '감히' 상류층의 고급 직물 시장을 차지하는 일은 일찌감치 포기해 버렸다. 하지만 '노동 계층'에게는 값싼 영국 직물이 먹혀들 수 있으리라고 판단했다. 운송비 문제를 해결해줄 '무언가'가 있다면 말이다. 하지만 그러려면 몇 세기 동안

이 지역의 교역품을 운반해 온 섬들 사이를 오가며 해안 가까이 얕은 바다도 항해할 수 있었던 작은 배들을 대신해 원양을 항해하는 증기선들을 직접 일로일로까지 불러들여야 했다. 또 그러려면 거대한 화물선이 돌아가는 길에 싣고 갈 '무언가'를 찾아내야만 했다.

아마추어 박물학자였던(나중에 그의 목숨을 앗아갈 말라리아에 걸린 것도 이 지역의 화산을 탐사하던 도중이었다) 로우니는 마침내 그 '무언가'를 찾아냈다. 사람이 별로 살지 않던 근처의 네그로스주가 사탕수수를 재배하기에 완벽한 장소임을 알아낸 것이다. 일부 섬에서는 이미 내수용으로 사탕수수를 기르고 있었다. 로우니의 강력한 요청에 따라 영국과 미국 기업들이 설탕 플랜테이션 개발과 일로일로 부두 건설에 필요한 돈을 빌려주었다. 이제 일로일로는 이 지역의 적화항(積貨港)으로 자리 잡게 된다. 로우니가 끌어들인 배들은 열국에서 건조한 증기선이었는데, 미리 짜놓은 운항 일정을 보고 대충 언제쯤 짬을 내 일로일로에 기항할 수 있겠노라고 알려오는 식이었다. 직물 교역상들한테는 별로 심각한 문제가 아니었지만 쉽게 못쓰게 돼는 설탕의 경우에는 큰 문제가 아닐 수 없었다. 당시에는 로우니가 투자한 회사를 비롯해 그를 대리인으로 삼고 있던 다른 기업들이 설탕을 사서 오스트레일리아와 유럽, 미국에 팔고 있었다.

이 회사들은 영국과 미국에서 짠 직물도 들여왔는데, 이 직물이 일로일로의 직물 시장을 장악해 버리는 바람에 그토록 강력했던 현지 직물 산업이 완전히 붕괴해 버렸다. 여자들의 직조 일과 소규모 농사로 근근이 살아가고 있던 현지 원주민들은 이제 불황에 허덕이는 직조촌을 떠나기 시작했다. 그러나 네그로스에서 이들은 또 다른 채무 노예 신세로 전락하게 된다. 이곳의 플랜테이션 소유주들 ― 이들은 보통 전에는 직물 교역상들이었다 ― 은 새 삶을 찾아 나선 농부들을 땅이 없는 막일꾼으로 만들려고 (관리들에게) 정기적으로 뇌물을 먹이거나 직위를 사칭했고, 때로는 사기 대출도 서슴지 않았다. 더욱이 십장들은 이 반항적인 일꾼들에게 채찍으로 '버릇'을 가르쳤다. 로우니는 신용 관련 법안을 개혁하는 데 앞장을 서기도 했다. 일로일로의 경제를 근대화하기 위해서였다는 것이 그의 변이었다. 그러나 새 신용법은 농민들이 빚에서 헤어나기 더 어렵게 만들었고, 결국 준봉건적 노동관계가 더욱 공고해졌다. 하지만 1932년에는 무려 천만 톤이 훨씬 넘는 설탕을 수출해 가며 네그로스의 경제는 대단한 활황을 누리고 있었다. 지금도 네그로스는 — 필리핀의 대외 교역품 중 상당량을 생산하고 있으며, 설탕 역시 여전히 — 필리핀에서 가장 돈이 많고 유력한 권문세가들의 돈줄이 되고 있다.

그러나 일로일로에는 이 호시절조차 좋기만 한 것은 아니었다. 이곳의 직물 산업이 살아 있을 때는 일꾼들이 받는 보수가 형편없긴 했어도 가족들을 계속 하나로 묶어주기는 했다. 여자들은 세금을 내기에는 충분한 현금을 벌어들였고, 덕분에 남자들은 식량 생산에만 전념할 수 있었다. 하지만 로우니가 부두를 지으면서 이 도시는 다른 냄새를 풍기기 시작했다. 이제 일로일로는 새벽 다섯 시면 일감을 구하려는 건장한 젊은이들이 모여드는 거칠고 난폭한 곳이 되어 버렸다. 이들은 일당을 받았고, 모자에 던져주는 쌀밥과 채소 몇 가지가 이들의 점심이었다. 일로일로는 이런 노동자들의 문화 때문에 전국적으로 유명해졌다. 노동자들은 거의 매일 바나 음식점, 쇼 공연장 따위를 찾았고, 가정을 꾸릴 만큼 돈을 모을 수 없었기 때문에 사창가에도 드나들었다. 그러다가 1920~30년대에 부두노동조합이 강력해지면서 운송업자들은 일로일로를 거치지 않고 설탕 플랜테이션에서 바로 설탕을 실어가기 시작했다. 로우니의 계획은 처음에는 직물 산업을, 다음에는 부두를 말아먹었다. 그런데도 일로일로에 가면 그의 이름을 딴, 한때는 늪지였던 부두 근처에 아직도 그의 기념비가 서 있다. 교역이 야만인들을 교화시키는 소명을 이루게 해줄 수단이라고 믿었던 사람으로서, 그는 아마도 이 기념비가 꽤나 자랑스러웠을 것이다.

7 봄베이의 역설

한 번 찍어보자. 아시아 최초로 기계화된 직물 공장이 들어선 도시는? 오사카, 상하이, 아니면 봄베이(뭄바이)? 정답은 봄베이다. 오사카보다 대략 20년이 앞섰다. 그리고 1914년경 인도 면직물 산업은 세계 네 번째 규모를 자랑하게 된다. 그러면 1910년 아시아 대륙 철도의 85퍼센트를 갖고 있던 나라는? 영국령 인도가 그 답인데, 세계에서 세 번째로 큰 철도망을 갖고 있었다. 따라서 제1차 세계대전 때문에 잠깐 동안 서양인들이 아시아 시장에 발을 들여놓지 않고 있어서 새로운 수출 기회가 열리던 무렵, 약삭빠른 장사꾼이라면 이런 호기를 최대한 활용하기에는 봄베이만 한 곳이 없다고 일찌감치 점찍어 놓고 있었을지도 모른다. 그러면 오사카가 그렇게 거대한 산업적 도약을 이뤄내고, 상하이는 미래의 성장에 발판이 될 만큼 탄탄한 기반을 마련했는데 왜 봄베이에서는 평화가 찾아오자 거품 꺼지는 소리만 들리게 되었을까?

세 도시 모두에서 1차 대전을 지나면서 짧은 기간에 산업적으로 엄청난 이윤을 챙길 수 있었다. 그러나 전쟁이 끝나자 봄베이와 극동의 두 도시는 다른 길을 걷게 된다. 전쟁 중에, 그리고 전쟁이 끝나고 몇 년 사이에 오사카와 상하이에 있던 근대적 방적 공장들의 생산능력은 국내 수요가 충분히 늘어나면서 엄청난 속도로 성장해, 수입이 갑자기 줄어든 데 따른 부족분을 메우고도 남을 정도가 되었다. 하지만 봄베이의 경우 전쟁 중 방적기의 수는 거의 늘지 않았고, 기계로 짠 직물의 국내 수요도 20퍼센트나 줄어들었다.

아마 더 중요했던 것은 중국에서는 몇몇, 일본에서는 상당수 기업들이 수입 직물이 부족해지면서 직조기 수요가 늘어났던 당시의 상황을 십분 활용해 국내에서 직조기를 직접 생산하기 시작했다는 점일 것이다. 그리고 최소한 이들 중 몇몇 기업은 끝까지 살아남아 새로운 자본재 생산업체들 중에서도 핵심적인 기업으로 자리 잡았다. 그러나 인도에서는 이와 비슷한 일도 벌어지지 않았다. 그리고 전 세계가 전쟁 뒤 경기 후퇴를 경험하고 있을 때도, 오사카와 상하이는 1914년에서 1918년 어간보다 조금 느려졌을 뿐 계속 성장하고 있었다. 그러나 봄베이의 방적 공장들은 생산량이 전쟁 이전 수준으로 뒷걸음질 쳤고, 시장 점유율 역시 1913년 수준에 훨씬 못 미칠 정도로 떨어졌다.

왜 이런 차이가 생겨났을까? 몇몇 영국인들은 기업가 정신이 부족했기 때문이라고 진단했다. 그러나 조리에 맞는 말은 아니다. 봄베이 방적 공장을 경영하는 사람들은 앞선 수십 년 동안 영국산 면사가 인도는 물론 동아시아 시장의 말단에도 발을 들여놓지 못하게 했던 바로 그 사람들이었기 때문이다. 그리고 인도는 결코 면화가 부족해 어려움을 겪지도, 일하려는 노동자가 없어서 애를 먹지도 않았다.

이 같은 봄베이의 역설은 대체로 한 가지 뿌리에서 비롯되었다고 할 수 있다. 봄베이는 독립 국가가 아니라 식민지의 일부였던 것이다. 우선 대영제국이 정한 관세 정책 때문에 봄베이의 방적 공장들은 오랫동안 주로 아시아의 다른 시장을 겨냥해 거친 면사만 뽑아내고 있었다. 그 사이 좀 더 수지가 맞던 국내 시장은 맨체스터에 고스란히 넘겨주고 있었다. 이 때문에 전시 수입 대체 생산이 불가피했을 때 봄베이 방적 공장들은 꽤 까다로운 적응 과정을 거쳐야 했다. 그러나 상하이와 오사카는 이 이행 과정을 깔끔하게 통과했다. 식민지 신세가 어떻게 봄베이의 발목을 잡았는지는 처음에 우리가 이점이라고 생각했던 것들의 이면을 들여다보면 분명해진다. 특히 어떻게 해서 인도가 인도의 전반적인 수준보다 웃자란 철도망을 갖게 되었는지, 또 중국과 일본에서처럼 무장을 위해 비경쟁 체제 아래서 일찌감치 육성해 놓은 중공업이 없었던 것이 어떤 결과를 가져왔는지를 잘 살펴봐야 한다.

물론 영국이 군대를 빠르게 이동시키고 싶어 했던 것이 부분적인 이유가 되기는 했지만, 어떤 면에서 보면 인도는 영국의 지배 '덕분에', 철도를 놓아도 이문을 남길 수 있을 만큼 상업 화물이 많지 않았던 때부터 거대한 철도망을 가질 수 있었다. (반면 독립국으로 계속 남아 있기는 했지만 무수한 외국의 간섭 때문에 고통을 받았던 중국은 같은 이점을 영국과는 다른 각도에서 바라봤다. 중국인들은 대체로 철도 건설에 저항했는데, 그것은 철도를 놓으면 외국 군대가 빠르게 먼 거리를 이동할 수 있게 될 것이라고 생각했기 때문이다.)

그러나 인도가 영국의 식민지였다는 바로 그 점 때문에 영국은 모든 철도 장비와 기술자, 철강 따위를 영국에서 수입할 수 있었다. 사실 영국 자본재 제조업체(와 투자자)에게 시장을 제공하려던 것이 영국이 철도 건설을 밀어붙인 중요한 또 하나의 이유였다. 하지만 모든 것을 수입했기 때문에, 훗날 봄베이에서 근대적 방적기나 직조기가 필요하게 되었을 때 이 수요를 채워줄 제철소와 기계 제작소 따위가 성장할 수 없었던 것이다.

또한 식민지였기 때문에 인도는 방위 산업 육성 계획에 따라 정부 보조를 받는 군수 공장이나 여기에 필요한 석탄 광산, 제강소 같은 것들을 하나도 건설하지 못했다. 그러나 일본과 중국은 달랐다. 물론 단기 이익 측면에서 보자면 이게 오히려 인도에 이득이 되었다고 볼 수도 있다. 군수 공장은 돈을 엄청나게 말아먹었고, 심지어 일본의 제철·제강 산업조차 2차 대전 이후까지 국제적으로 경쟁력이 없었기 때문이다(중국은 1990년대까지도 그랬다). 그래도 이 흰 코끼리들*은 1914년에서 1918년 사이에 중국과 일본에 엄청난 이익을 가져다주었다. 봄베이에서는 서구에서 만든 자본재가 부족해지자 해소하기 힘든 병목현상이 생긴 데 반해, 중국과 일본의 군수 공장에서 길러낸 기계 제작자나 기계 기사, 그 밖의 다른 기술자들은 상하이와 오사카의 방적 공장과 성냥 공장, 기타 경공업 기업들 쪽에서 같은 문제에 부딪치자 팔을 걷어붙이고 나섰다. 그리고 이런 기계들을 국산 철강으로 만들 경우 비용이 꽤 들기는 했지만 최소한 아예 없는 것보다는 훨씬 나았다. (한편 일본 군수업체들은 다른 방법도 동원해 가며 알아서 이 자금을 조달했다. 이웃 나라의 땅에서 광물을 채취하기도 하고, 전쟁 배상금을 현금으로 뜯어내기도 하면서 말이다. 물론 이런 짓들 때문에 1940년대 재앙이 닥치기 전까지는.) 그리고 전쟁으로 외국 경쟁자들이 사라지자, 생산에 상당한 비용이 들어도 더 좋은 기술 개발에 투자할 만큼은 이윤이 남았다. 덕분에 방적 공장들은 시장 점유율을 높이고 전쟁이 끝난 뒤에도 이를 계속 지킬 수 있었다. 실제로 상하이에서 산업 투자가 가장 많았던 때는 경쟁이 갈수록 심해지던 1918년에서 1923년 사이였다. 그러나 봄베이의 방적 공장들은 전쟁 중에 기계 설비를 늘리기보다는 노동자를 더 고용했고 수입 면사와 직물이 다시 들어왔을 때는 노동력을 줄이는(그리고 임금도 깎는) 식의 대응밖에 할 수 없었다. 방적 공장 소유자 한 사람 한 사람의 처지에서 보면 '완벽하게' 합리적인 결정이었겠지만, 전체를 놓고 보면 면방적 분야에서 선두가 될 수도 있었을 그 좋은 기회를 놓친 셈이 되었다. 그리고 그 기회는 지금까지 다시 찾아오지 않고 있다.

---

* 흰 코끼리(white elephant): 쓸데도 없고 그렇다고 버릴 수도 없으면서 유지비는 많이 드는 물건을 가리킨다. 옛날 시암 왕국의 왕들이 사이가 좋지 않은 나라에 흰 코끼리를 선물로 보내 관리비 때문에 골탕을 먹게 했다는 얘기에서 비롯된 말이다.

8 농부들이 만든 근대 일본

요즘 일본 농업을 얘기할 때면 제일 먼저 '경쟁력'이 **없다거나**, '수출 지향적'이지 **않고**, '산업 성장을 지원하지' **않는다**는 따위의 말들이 떠오른다. 요즘의 우리는 일본 경제가 지금처럼 강력해진 데는 산업 쪽에서 괄목할 만한 성공을 거뒀기 때문이라는 점을 잘 알고 있기 때문에 일본 산업의 성공 신화를 너무 오래전으로까지 밀고 올라가는 경향이 있다. 사실 일본이 서구 문호를 개방한 1850년대부터 제2차 세계대전까지 일본 수출 물량의 대부분을 공급해주고, 본격적인 발전 단계에 들어선 도시들을 값싸게 먹이고, 사회 기반 시설을 구축할 수 있도록 세금을 내준 것은 바로 일본 농업이었다. 그리고 국가의 보호를 받으며 비경쟁 체제 아래서 농사를 지을 수 있었던 후손들과는 달리 19세기 말에서 20세기 초의 일본 농부들은 근대 일본을 건설하는 데 따르는 짐을 거의 고스란히 짊어지느라 실로 고단한 시절을 보내야 했다.

1차 대전까지 산업 생산품이 일본 수출에서 차지하던 비중은 4분의 1 정도밖에 되지 않았다. 여기에 은과 목재가 조금 힘을 보탰고, 대부분은 농산품이었다. 그리고 일본이 처음 60년 동안 들여온 기계류 따위 근대적 수입품(여기에는 장차 1920년대 일본 직물 산업이 국제 경쟁력을 갖는 직물을 수출할 수 있게 해준 직조 기계들도 포함돼 있었다)의 결제 대금을 마련해준 것도 바로 비단이었다. 1900년까지 이 비단 한 품목이 일본 수출에서 평균 40퍼센트를 차지할 정도였다. 그리고 제2차 세계대전 직전까지도 여전히 30퍼센트를 웃돌고 있었다. 그러는 사이 일본 인구는 두 배로 늘어났지만 쌀 수입이 전체 쌀 소비의 20퍼센트를 넘은 적은 한 번도 없었다. 이처럼 놀라운 일을 해내면서도 일본의 농업 인구는 거의 늘어나지 않았다. 어떻게 이런 일이 가능했을까?

물론 몇몇 새로운 '자본 투입' — 주로 1920년대 이후 사용하기 시작한 화학 비료 — 이 얼마간 역할을 하기는 했지만, 주된 이유는 사실 농부들이 더 열심히 일했고, 또 여기에 기술 혁신 및 몇 가지가 뒤따른 덕분이었다. 우선 모판에서 논으로 모를 옮겨 심을 때, 즉 모내기를 할 때 훨씬 더 노동집약적인 농법들이 등장했고, 수확을 하고 나면 좀 더 부지런을 떨어 바로 쌀겨를 모아 태워 버렸기 때문에 — 앞 세대의 농부들은 축제를 벌이느라 며칠 정도 쉰 다음 일을 했다 — 해충들이 알을 까지 못했다. 이런 큰 변화 말고도 여러 가지 자잘한 농법 개선이 이어지면서 1870년에서 1940년 사이에 에이커당 쌀 소출이 두 배나 늘었다. 그러나 더 중요한 것은 항상 현금이 부족했던 농민들 — 높은 세금과 계속 오르기만 하는 소작료(1878년에는 평균 수확량의 58퍼센트를 차지하던 소작료가 1917년에는 68퍼센트까지 올라갔다), 그리고 이런저런 지출들이 이들을 짓누르고 있었다 — 이 쌀과 비단을 동시에 생산할 수 있는 방법을 찾아낸 것이었다.

누에치기와 쌀농사는 둘 다 단위면적당 소출이 많기 때문에 인구가 많은 일본의 처지에는 딱 맞는 미덕을 갖고 있었다. 하지만 누에치기와 쌀농사는 함께 하기 어려운 문제가 있었다. 이 둘은 엄청나게 손이 많이 갔는데, 공교롭게도 한참 일손이 필요한 때가 상당 부분 겹쳤던 것이다. 봄이 되어 논에 물이 차면, 며칠 안으로 간격을 정확히 맞춰 모를 다 심어야만 했다. 이 무렵에는 쌀농사를 조금밖에 안 짓는 농가에서도 할 수 있는 한 오래 논일을 해야 했다.

농번기에는 누에치기가 벼농사보다 더 살이 내렸다. 누에는 다 클 때가 되면 하루에 여덟 번 먹이를 줘야 했고(고치를 지을 때까지 제 몸무게의 3만 배를 먹어치운다), 누에를 기르던 쟁반은 적어도 하루 세 번은 청소를 해야 했다. 일을 더 힘들게 했던 건 새로 딴 뽕잎만 먹여야 하는 점이다. 이 때문에 누에를 많이 기르지 않아도 농번기에는 하루 24시간 누군가는 항상 일을 해야 했다. 그리고 누에 역시 자연의 섭리를 따라 4월에서 6월 사이에 알을 까고 명주실을 뽑아냈다. 모내기를 하는 때와 정확하게 맞아떨어진 것이다. 따라서 일본 농가에서는 아주 오래전부터 누에치기나 벼농사를 해 왔지만, 그렇다고 두 가지 농사를 다 지을 수 있었던 농가는 얼마 없었다. 결국 누에치기는 산을 개간해 쌀이 아닌 다른 작물을 기르던 농가에서 주로 했다.

그러나 19세기 초가 되면서 사정이 조금씩 달라지기 시작했다. 누군지는 정확히 알 수 없지만 누에고칫간의 온도를 일정하게 유지하면 누에가 좀 더 일찍 알을 까고 더 빨리 뽕잎을 먹게 할 수 있다는 사실을 발견한 것이다. 그 결과 몇 주 동안은 더 눈코 뜰 새 없이 바빠졌고, 그만큼 실패할 위험도 커졌다. 장작으로 불을 때고, 온도계도 없던 시절에 온도를 조절하는 일이 결코 만만치 않았던 것이다. 그리고 자칫 온도를 잘못 맞추면 (대부분의 농민들이 꾼 돈으로 기르던) 누에를 전부 죽여 버릴 수도 있었다. 그러나 제대로만 되면 최소한 쌀농사와 누에철이 겹치는 기간을 줄일 수 있었고, 운이 더 좋으면 집안 여자들이(여자들은 정말로 바쁠 때만 두 가지 일을 했다) 동시에 두 가지 농사를 짓지 않도록 할 수도 있었다. 그러면서 점차 벼를 기르던 농가들이 두 가지 농사를 같이 짓기 시작했다. 그리고 1870년 이후에는 확실한 돌파구가 열렸다. 새로운 누에 품종이 개발된 것이다. 이 누에는 적당하게 관리해주고 몇 가지 화학 약품들을 쓰면 알 까는 때를 7월에서 9월 사이로 늦출 수 있었다. 싸지도 않고, 쉽지도 않았지만 어쨌든 효과는 있었다. 1880년에서 1930년 사이에 비단 생산은 무려 열 배나 뛰어올랐다. 그리고 농부가 한 해 평균 일하는 날짜는 45퍼센트가량 늘어났다.

그러면 더 열심히, 더 머리를 써서 일한 대가로 농민들은 무얼 얻었을까? 사실 그렇게 많지는 않았다. 실질 가치로 보면 쌀값은 1880년 무렵 상한가를 쳤는데, 1930년이 되면 거의 3분의 1쯤 가격이 떨어진 것으로 나타난다. 농부들이 내다파는 쌀은 두 배쯤 늘어났지만 비료나 살충제 따위를 사느라 (특히 1900년 이후에는) 돈을 더 많이 들여야 했던 것이다. 생산이 늘어나면서 쌀 소비자들은 꽤 큰 이득을 봤지만, 정작 쌀농사가 농민들의 총수익 증대에 기여한 것은 하나도 없었다. 그리고 단위 시간당 투입 노동력에 따른 수익은 오히려 더 줄어들었다. 한동안은 비단이 쌀농사에서 본 손해를 벌충해주었지만 이 역시 조만간 한계에 부딪치게 된다. 대공황을 지나면서 미국의 실크스타킹 수요가 곤두박질치자 일본의 비단도 같은 꼴이 되었다. 더구나 얼마 안 가 인조견사(rayon)가 발명되면서 마침내 비단 수출은 숨통이 끊어졌다. 어떤 기준을 들이대도 2차 대전 직전의 일본 농부들이 그들보다 75년 먼저 살았던 농부들보다 더 잘살았다고 말하기는 힘들다. 이들이 그렇게 힘들게 일해 얻어야 할 대가는 뒤에 온 세대들에게 돌아갔다. 새로 들어선 공장에 일자리를 얻은 사람이나, 사람들이 몰려들던 교외로 가려고 농지를 팔아버린 사람이나, 아니면 얼마 되지는 않지만 아직도 농사를 짓는 사람들 모두 조상들이 땀 흘려 건설한 이른바 근대적 부문 덕분에 먹고살고 있는 것이다.

9 운 좋은 식민지, 뉴잉글랜드

유럽인들이 북미 대륙을 '발견하고' 난 뒤 빨리 부자가 되고 싶었던 사람들은 남부나 뉴욕, 필라델피아로 갔다. 뉴잉글랜드(New England)*는 호사스런 생활보다는 '경건한' 삶에 더 관심이 많았던 사람들을 위한 땅이

---

* 뉴잉글랜드: 매사추세츠주와 메인, 뉴햄프셔, 로드아일랜드, 버몬트, 코네티컷 등 여섯 개 주를 포괄하는 지역.

었다. 물론 다른 지역에서라면 뉴잉글랜드처럼 자원이 별로 없던 곳도 산업으로 부를 쌓을 수 있었다. 그러나 이곳 뉴잉글랜드에는 사람이 쳐놓은 장벽이 있었다. 영국의 식민정책은 그 바탕에 식민지는 원료를 공급하고 공산품을 수입하는 곳이라는 원칙을 깔고 있었던 것이다. 그러면 어떻게 뉴잉글랜드가 영국을 제외하면 최초로 기계식 면방적에서 금속 기구 생산에 이르는 분야까지 신기술을 완벽하게 익힌 지역이 될 수 있었을까? 이곳의 넉넉하지 않은 자연 환경과 본국이 강요한 불리한 조건이야말로 아무 전망도 없는 '공장 이전(以前)' 수공업에 매달리지 않게 '막아주었고', 부분적으로는 이것이 신기술 습득의 한 요인이었다.

애초 뉴잉글랜드는 얼마간의 변경 정착민들이 자급하며 살아갈 수는 있었지만 더 많은 사람들을 먹여 살릴 수는 없을 것처럼 보였다. 작물을 기를 수 있는 기간이 길지 않았고 땅은 바위투성이였다. 그리고 서쪽의 산악 지대와 산림 지대는 사람이 살 만한 곳이 아니었다. 석탄과 철광석도 부족했다. 이주자들은 이곳 원주민의 농사법에 자신들이 알고 있던 것을 덧붙여 건강하게 살아갈 수 있을 만큼의 작물을 길렀다. 사실 생각했던 것보다는 수확이 많은 편이었다. 게다가 이 지역은 구세계의 전염병이나 남쪽 식민지들에서 기승을 부리던, 모기가 옮기는 역병들도 없었다. 덕분에 1600년대 말이 되면 뉴잉글랜드 사람들은 세계에서 가장 긴 평균 수명을 누리게 된다(이 분야에서 유일한 경쟁자들은 일본에 있었다). 그리고 신통하게도 인구가 엄청나게 늘어나기까지 했다. 1660년에 3만3천 명이었던 것이 1780년에는 대략 70만 명으로 치솟은 것이다.

그러나 인구가 이렇게 빠르게 늘어났다는 것은 사치나 안락함 따위는 누릴 수 없었다는 뜻이기도 했다. 사실 처음 몇 차례 엄격한 청교도들이 몰려들고 난 다음 뉴잉글랜드는 사람들을 많이 끌어들이지 못했다. 이곳에서는 장수할 수 있다는 사실도 별로 매력적이지 않았던 것 같다. 1790

년 당시 인구의 90퍼센트 이상은 1660년경까지 뉴잉글랜드로 이주했던 사람들의 직계 후손이었다. (대서양에 닿아 있는 중부 식민지로 가는 이주민이 훨씬 많았던 것이다. 물론 잘 알고 있는 것처럼 남부는 엄청난 수의 비자발적 이주민이 모여들고 있었다.) 아주 일찍부터 뉴잉글랜드 지역 주민들은 자신들의 농토에서는 자신들이 먹을 것을 빼면 별로 잉여가 나지 않는다는 사실을 깨닫고 있었다. 결국 다른 물건을 많이 사들이기가 어려웠던 것이다. 이미 1646년 매사추세츠주 의회는 주민들에게 옷가지나 신발, 장화, 유리 제품, 철물 따위를 쓸 만큼만 만들지 말고 조금 더 만들어달라고 호소하고 있었다. 영국에서 수입한 물건의 대금을 치르려면 무언가를 팔아야 했는데 그것이 충분하지 않았기 때문이다. (당시 남부에서는 담배를 팔고 있었으며, 더 지나면 면화를 팔게 된다. 중부 식민지들은 수확이 남부보다 더 많아 서인도 제도의 플랜테이션에서 일하던 노예들까지 먹이고 있었다.)

사실 매사추세츠주 의회의 계획대로만 일이 풀렸다면, 뉴잉글랜드에도 당시 대부분의 서유럽 지역(그리고 아시아의 상당수 지역)에서 경치를 바꿔가던 것과 같은 종류의 '초기 산업'들이 생겨났을 것이다. 마을마다 상당수 가구가 생계를 유지할 만한 땅도 없어서, (보통 이들에게 연장과 재료를 빌려주던 상인들의 감독 아래) **시장에 내다팔기 위해** 실을 잣거나 옷감을 짜고, 지붕 기와 따위를 만들어 부족한 수입을 채우고 얼마간의 식료품을 사는 그런 '초기 산업' 말이다. 사실 뉴잉글랜드의 겨울은 꽤 길었기 때문에 이런 경제 활동이 딱 맞았을 수도 있다.

하지만 두 가지 중요한 요인 때문에 이 전략은 먹혀들지 않았다. 우선 비록 아주 인기가 많았던 것은 아니지만 서쪽에 주인 없는 땅이 있었기 때문에 사람들은 이 지역(특히 나중에 뉴욕이 될 지역)으로 이주하는 쪽을 선택했다. 둘째로, 영국 의회가 식민지에서는 거의 모든 상업 목적의 물건 제조를 금지하고 있었다. 더구나 (면화에서 철까지) 필요한 원료를 수입해야만 했기 때문에 이 금지령을 집행하기가 놀랄 만큼 쉬웠다. 뉴잉글랜드의 농부들도 물론 나무를 깎아 물건을 만들고 옷감을 짜기도 했지만, 그것은 직접 쓰려고, 그래서 지출을 줄여 보려던 것이었을 뿐이다. 결국 판매를 목적으로 하는 농촌 제조업 같은 것은 시작도 할 수 없었다. 그러나 세대가 지나면서 이런 상황은 문제가 되기 시작했다. 부모가 물려준 농장 하나로는, 물론 부모들이 먹을 곡식을 기르는 데는 충분했지만, 형제들이 가정을 꾸렸을 때 그 식구를 다 부양할 만큼의 소출이 나지 않았기 때문이다.

이런 압박을 풀어줄 해결책은 삼림과 바다에 있었다. 선박 건조는 영국이 식민지에서 가져갔으면 하고 바라던 몇 안 되는 사업 중 하나였다. 1600년대가 되면서 영국에서는 나무를 너무 많이 베어내 자국의 선박 수요도 맞추지 못하는 지경이었기 때문이다. 뉴잉글랜드에는 나무뿐만 아니라, 통나무를 운반하고 제재소를 돌려줄 강도 아주 많았다. 또 배를 만드는 사람이 동시에 배를 타는 사람이 되었다. 이제 어부가 된 뉴잉글랜드 사람들은 오래전부터 유럽 사람들을 끌어들였던 자기들 해안의 대구 어장 대부분을 넘겨받았다. (무엇보다 보관이 쉬웠기 때문에 대구는 유럽에서 중요한 단백질 공급원으로 자리를 잡아가던 참이었다. 당시 유럽에서는 노는 땅이 많지 않아 육류 가격이 갈수록 오르고 있었다.) 일단 배를 필요한 만큼 확보하고, 어로 기술까지 익히고 나자 뉴잉글랜드 사람들은 포경과 상업 해운 쪽으로도 진출하게 된다.

그렇다고 이들이 직물 짜는 일이나 다른 수공일보다 이런 일들을 더 좋아했던 것은 아니다. 적어도 수공업을 하면 가족과 친구들 곁에 더 가까이 있을 수 있었을 테니까. 그러나 어쩔 수 없이 하게 된 일이기는 했지만, 이런 일들은 질그릇 모양을 하고 찾아온 화수분이었다. 독립으로 영국의 식민 정책이 힘을 잃게 되자 뉴잉글랜드 사람들은 자유롭게 제조업을 시작할 수 있었고, 마음대로 쓸 수 있는 빈 칠판 하나를 갖게 되었다. 독립혁명이 일어나고 몇 년이 지나지 않아 이 지역에 영국인들의 특허권을 도용한 방적 공장이 처음으로 건설되었다. 다른 곳에 들어섰던 초기 방적 공장과는 달리 뉴잉글랜드의 공장들은 '경제적'으로는 경쟁이 전혀 없었고, 농촌 지역에 흩어져 손으로 실을 잣고 옷감을 짜던 저임금 노동력들로부터 '정치적' 저항도 받지 않았다. 보스턴과 프로비던스(Providence), 뉴헤이븐(New Haven)은 조만간 배후지의 산업 제품 시장을 완전히 장악하게 된다. 그리고 이 지역의 도시는 공장이 생기는 바람에 생계 수단을 잃게 된 농촌 주민이 몰려들어 골치를 앓는 사태도 겪지 않고 순조롭게 성장해 갔다. 독립 이전부터 해운업 따위를 하면서 다른 나라들과 접촉을 해온 덕분에 원료를 구하고 시장을 개척하기가 한결 수월했다. 교역에서 생긴 이득은 창업 자본이 되었다. 이전에 조선소에서 기술을 익힌 목수들은 초기 공장 설비를 모방하는 데도 탁월한 능력을 발휘했다. 아주 짧은 기간에 뉴잉글랜드는 꽤 많은 제조업 분야에서 영국과 경쟁하게 된다. 이용할 수 있는 수력(水力)이 훨씬 적었던 뉴욕은 이제 저만치 뒤처졌고, 남부는 아예 보이지도 않는 지경이 되었다. 시간이 지나면서 분명해진 것처럼, 척박한 자연환경과 손발을 묶었던 식민지 법률 따위의 '핸디캡' 덕분에 뉴잉글랜드는 초기 산업혁명이 낳은 대부분의 성과를 고스란히 베끼기에 완벽한 자리에 있었던 것이다.

10 석탄에서 석유로 가는 굽은 길

새로운 에너지 시스템이 필요하다는 사실을 의심하는 사람은 거의 없다. 사람들은 시스템과 더불어 동력원도 바꾸고, 동력기관(엔진)도 거기에 맞취 달라져야 한다고 말한다. 그러나 여기서 합일점을 찾기 어려운 여러 질문이 등장한다. 새로운 동력원이란 어떤 것이어야 할까? 전환 속도는 어느 정도가 적당할까? 중간에는 어떤 단계가 필요할까? 예컨대, 탄소세를 부과해야 할까, 연구비용을 지원해야 할까, 아니면 시장만으로 충분할까? 에너지 사용량도 줄여야 하는 건 아닐까? 그러나 이렇게 의견이 분분한 가운데서도 새로운 시스템의 기본적인 필요성에 관해서만은 크게 공감대가 형성된 분위기다.

그러니 에너지 전환 과정의 초기 단계를 살펴보면 정신이 번쩍 들 지경이다. 새로운 시스템이 기존의 시스템보다 월등히 좋아 보여도 새로운 것으로 바꾸지 않을 이유는 수도 없이 많다. 변화를 겁내는 누군가는 화석 연료를 잔뜩 보유했을 수도 있고, 화석 연료에 기반한 일을 하고 있을 수도 있으며, 이에 최적화된 기술과 장비를 가졌을 수도 있다. 아니면 에너지가 전환되기 전에 해결해야 할 실질적인 문제들과 가상의 시나리오들이 있을지도 모른다. 영국에서 석탄이 목재보다 비중 있는 연료로 쓰이게 된 지 200년은 지났을 1876년에도, 미국에서는 여전히 석탄보다 목재를 두 배 이상 많이 사용하고 있었다. 미국은 목재만큼 석탄도 풍부했는데 말이다. 그러나 전환점에 도달하자 급격한 변화가 일어났다. 1900년경 미국에서는 석탄이 목재보다 세 배 이상 많이 쓰였다. 여전히 현재진행형인 석탄에서의 석유로의 전환 과정을 살펴보면, 전환점에 이르기까지의 놀라운 과정이 특히 두드러지게 나타난다.

기술적인 측면만 놓고 보면 석유는 석탄보다 훨씬 장점이 많다. 1톤당 발생시키는 에너지가 두 배에 달하므로 더 적은 양만 충전하면 되고 저장 공간도 덜 차지한다(선박으로 운송할 때 특히 중요한 문제다). 엔진에 연료를 주입할 때, 액체인 석유는 배관을 사용할 수 있고 힘들게 삽질을 할 필요도 없다. 게다가 고체 연료와 달리 액체 연료는 내연기관에서도 사용할 수 있다. 내연기관은 펜실베이니아에서 최초의 상업용 유전이 발견된 지 약 1년 만인 1860년경 처음으로 시장에 소개되었다. 내연기관은 증기기관보다 훨씬 효율이 높을 뿐 아니라 크기도 작았기 때문에 자동차부터 오토바이, 전기톱에 이르기까지 증기기관으로는 구현할 수 없는 수많은 장치를 사용할 수 있게 되는 열쇠가 되었다.

그러나 1925년까지만 해도 상업용 에너지원 가운데 석유를 사용하는 비율이 20퍼센트 수준에 도달한 나라는 멕시코와 소련 단 두 나라뿐이었다. 석유가 풍부하고 자동차를 사랑한다고 하는 미국은 11퍼센트, 산업화를 자랑하는 서유럽도 5퍼센트를 한참 밑돌았다. 영국은 1953년이 될 때까지 석유가 연료 소비에서 차지하는 비율이 10퍼센트에 못 미쳤지만, 1973년 무렵에는 절반 수준으로 많이 증가해 있었다.

에너지원이 전환되는 과정에서 이토록 관성이 크게 작용한 이유는 무엇일까? 그리고 관성은 어떻게 극복됐을까?

우선, 지역마다 특성이 다르다는 점이 큰 요인으로 작용했다. 펜실베이니아에서 유전이 발견됐을 때 사람들이 가장 기대했던 것은 등유였다. 조명용 연료로서의 석유는 왁스와 수지 양초(tallow candle: 동물의 기름으로 만든 양초 - 옮긴이)를 빠르게 대체했고, 그 수요는 전 세계적으로 급증했다(1930년대 소설이자 영화인 『중국을 밝히는 석유』[Oil for the Lamps of China]는 등유를 판매하던 미국인 영업 사원에 대한 이야기이다. 소설과 영화 모두 펄 벅[Pearl S. Buck]의 『대지』만큼 선풍적인 인기를 끌었다). 다행히 펜실베이니아산 원유는 비중이 낮았으므로 70퍼센트가량을 등유로 정제할 수 있었다. 이보다 비중이 약간 높은 제품은 윤활유로 제조할 수 있었다. 비중이 더 높은 부분은 연료로 적합했지만, 인근에서 대량으로 생산되는 석탄에 비해 경쟁력이 떨어졌다. 그래서 등유로 정제하고 남은 석유는 거대한 구덩이에 한데 모아서 태워 없앴다. 석유가 본격적인 동력원으로 쓰이기 시작한 것은 카스피해 인근의 바쿠(Baku: 아제르바이잔의 수도 - 옮긴이)에서 세계에서 두 번째로 유전이 발견되면서였다. 러시아산 원유는 비중이 높아서 70퍼센트 이상을 연료로 사용할 수 있었다. 그리고 바쿠는 산림이 크게 훼손된 상태라 목재는 쓸 수 없었고, 석탄 산지와도 수백 마일 떨어져 있었다. 이런 특성 때문에 이 지역에는 연료용 석유 시장이 발달했고, 시장은 반(半) 고립지라는 특성 덕분에 외부로부터 보호되었다. 그리고 이런 점에 매력을 느낀 투자가와 발명가들이 모여들면서, 바쿠에서는 최초로 연료용 석유산업이 싹을 틔우기 시작했다. 루드비히 노벨과 로버트 노벨(Ludwig and Robert Nobel: 다이너마이트를 발명했고 노벨상을 제정한 알프레드 노벨의 형들)은 약간의 행운을 타고 이곳에 들어왔다. 이들은 바쿠 최초로 현대식 정유 공장을 짓고, 세계 최초로 송유관을 건설했으며, 세계 최초로 저유탱크를 포함한 여러 혁신 기술들을 도입했다. 몇 년 후(1878년) 러시아 군대가 오스만을 정복하면서 바쿠에서 흑해까지 철도가 놓이자, 현지 시장만 겨냥하던 투자자들은 바쿠의 석유산업이 세계로 뻗어 나가기를 기대하며 최첨단 기술에 돈을 들였다. 이후 한동안 바쿠에서는 세계 석유 생산량의 50퍼센트에 육박하는 석유가 생산됐다.

처음에 연료용 석유는 등유보다 채산성이 낮은 부산물 정도로 취급되었다. 그러나 바쿠에서 생산되는 이 '부산물'의 양을 따져 보니 러시아산 등유의 경쟁력을 키우려면 이것을 내다팔 더 큰 시장을 찾는 것이 최선이었다. 한편 세기의 전환점에서 캘리포니아, 오클라호마, 텍사스, 멕시코 등지에서도 대규모 중질유(heavy oil) 유전이 발견되자, 이곳의 회사들도 석유를 경쟁력 있는 연료로 만들기 위한 노력에 합세했다. 다시 말하지만 지역 시장은 정복이 쉬웠다. 대량 생산은 저렴한 가격을 의미했고 바쿠에서처럼(펜실베이니아에서는 사정이 달랐지만) 인근에서 생산되는 석탄은 석유와 경쟁이 안 됐다. 그러나 시장이 커지면 얘기가 달라졌다. 같은 양으로 낼 수 있는 열량을 기준으로 할 때, 미국에서는 1920년대 후반까지도 석유가 석탄보다 항상 싸기만 했던 건 아니었다.

이처럼 석유는 가격이 불안정했고 고갈될 수 있다는 두려움도 끊이지 않았다. 그런 이유로, 액체 연료를 사용하는 내연기관이 아무리 우수하다 해도 여기에 투자하려는 사람은 좀처럼 나타나지 않았다. 대신 증기기관을 개조하여 연료의 가격에 따라 석탄과 석유를 바꿔가며 쓸 수 있는 하이브리드 기관이 나오면서, 석유는 기존의 연료 시장에서 영역을 확대하기 시작했다. 예를 들어 하이브리드 기관을 적용한 선박은 대부분 석유를 연료로 사용하며 무게와 공간을 절약했고, 기관사의 숫자도 줄일 수 있었다. 한편 선박에 석유를 사용하면 속력이 빨라지고 매연도 덜 나오므로 (적에게 노출될 염려가 적어지므로) 해군 군함에서도 연료로는 석유를 선호했다. 게다가 하이브리드 선박은 석유가 바닥나더라도 석탄으로 바꿔 쓰면 그만이었다. 이러한 장점은 (자국에서 석유가 나지 않는) 영국, 독일, 일본 해군에 특히 매력적이었지만, 미국의 정책에도 영향을 미쳤다. 미국은 연료 중 석유의 비중을 높여가며 군함의 역량을 강화한 끝에 석유를 단독으로 사용하기 시작했으며, 경쟁국들 또한 미국과 비슷한 수준으로 전투력을 유지하기 위해 같은 행보를 따랐다.

그러나 상선(商船), 철도, 공용 설비 등 대형 증기기관을 사용하는 곳에서는 앞서 수치로 언급했듯 여전히 전환의 속도가 더뎠다. 여기서 역사적으로 중요한 역할을 한 것이 하이브리드 증기기관이었다. 하이브리드 증기기관은 연료용 석유 시장을 성장시켰고, 석유 채취와 정제 그리고 그 활용 방안의 연구를 촉진했으며, 석유 연소 기관(engine)을 익숙하게 다루는 기술자 집단을 양성하는 데도 기여했다. 한편 (특히 산유국에서) 공장이 신설되고 내연기관이 필요한 새로운 기술(자동차 제조 등)이 개발된 것 또한 더디기는 하지만 전환이 이뤄지는 과정에서 빼놓을 수 없는 역할을 했다.

하지만 석윳값이 석탄값보다 낮아진 후에도 전환의 속도는 좀처럼 빨라지지 않았으며, 여기서 시장 외적 요소가 상당한 영향을 미쳤다는 점은 놀랍기만 하다. 해군은 에너지원 전환 과정에서 개척자 역할을 했지만, 연료의 가격에는 별 관심이 없었다. 그때나 지금이나 군대는 성능만 따질 뿐 가격에는 둔한 집단이다. 1920년대 초반에 소련은 연료용 석유를 사용하던 하이브리드 기관에서 벗어나, 금세 휘발유를 생산하여 내연기관에 사용하는 쪽으로 방향을 바꾼다. 이러한 변화는 부분적으로는 트랙터와 트럭이 대량으로 생산되면서 그 여파로 일어난 일이기도 하지만, 휘발유가 절대적으로 우월한 연료라는 판단하에 정부의 입안자들이 하향식(Top-Down)으로 내린 결정이 그대로 드러난 결과이기도 하다. 그런데 이상한 일은 시장 지향적인 미국에서도 이와 유사한 일이 일어났다는 점이다. 1924년에 설립된 연방석유보존위원회(Federal Oil Conservation Board)는 휘발유를 석유 제품 중 가장 우수하고 효율적인 연료로 규정하고, (신기술을 도입하여) 하이브리드 기관을 석유만 사용하는 기관으로 교체하도록 강하게 밀어붙였다.

한편 서유럽과 일본이 본격적으로 에너지원 전환을 추진하면서, 다시 한번 정치의 역할이 부각된다. 1930년대에 아라비아반도에서 대규모 유전이 발견되고 냉전 기간에 미국(및 해군)과 석유국의 동맹이 결성되면서, 이제는 자국에 석유가 나지 않는 나라들도 안보에 대한 두려움을 떨칠 수 있게 되었다. 마셜플랜(Marshall Plan)이 추진되는 동안 미국은 적극적으로 유럽에 석유 사용을 늘리도록 권장했고, 마셜플랜 원조금의 10퍼센트 이상이 석유를 수입하는 데 쓰였다. 그 결과 파괴된 탄광을 다시 가동하는 대신 석유를 빨리 들여올 수 있었고, 미국의 동맹국들은 러시아산 석유에 의존할 필요가 없어졌다(이들 국가는 한때 러시아산 석유에 의존했었고,

냉전이 해빙기를 맞았던 1970년대에 다시 한번 이 상황은 반복되었다). 이는 또한 폭력적인 좌익 탄광노조가 득세하는 것을 막는 데도 도움이 되었다. 한편 시간이 흘러 자동차와 비행기 등 석탄을 쓸 수 없는 기술이 더욱 널리 확대된다. 또한 환경오염에 대한 고민이 커지면서, 대량의 연료를 사용하던 유럽의 회사들(특히 에너지 회사들)은 석탄과 거리를 두기 시작한다(석탄의 대안으로 석유가 아닌 원자력을 이용하는 경우도 생겼다).

요약하면, 석유가 석탄을 대체하는 데는 여러 요인이 영향을 미쳤다. 새로운 기술 개발, 기존 방식과 새로운 방식의 융합(하이브리드), 지정학적 압력, 지역 특성에 맞추어 태동한 산업들, 특수한 요구와 막대한 예산을 가진 해군의 혁신, 환경오염에 대한 우려, 정부의 규제 등이 이러한 요인에 해당한다. 단지 연료가 우수하거나 동력기관이 효율적이라는 점은 신속한 전환의 이유가 될 수 없었고, 그것은 지금도 마찬가지다. 미국의 많은 에너지 회사들은 여전히 석탄을 사용하며, 21세기 초반에 석유 가격이 급등하자, 일부 유럽 기업들도 다시 석탄을 사용한 바 있다. 그리고 이 책의 이 부분을 쓰고 있는 현재, 새로 집권한 미국 행정부는 심지어 석탄 생산을 늘리겠다고 공언하는 참이다. 끝까지 유지하기는 어려운 공약 같지만, 이것만 보더라도 에너지 전환이라는 당연한 과업이 얼마나 실현되기 어려운 일인지 새삼 실감하게 된다.

11 아메리카를 흐르는 석유의 역사

석유는 20세기 국제 세계에서 거래된 재화 중 가장 가치 있는 상품이었다. 그래서 1900년대는 '석유의 시대'로 불리곤 한다. 석유는 19세기에 의약품, 조명, 난방, 건축 자재, 윤활유의 용도로 쓰이기 시작해서, 20세기에는 내연기관의 연료, 플라스틱과 비료의 원료로 주로 사용되었다. 오늘날에는 석유라고 하면 먼저 중동을 떠올리지만, 석유가 상품으로 등장한 처음 1세기 동안 석유의 주 무대는 아메리카였다. 미국은 석유를 방대하게 생산하고 소비하는 나라였고, 멕시코와 베네수엘라는 주요 산유국이었기 때문이다. 이 세 나라에는 석유를 중심으로 복잡하게 얽힌 드라마가 있다.

잘 알다시피, 이 드라마를 연출한 장본인은 스탠더드 오일(Standard Oil)을 창업한 미국인 존 디 록펠러(John D. Rockefeller)와 로열 더치 셸(Royal Dutch Shell)을 설립한 네덜란드의 헨리 디터딩(Henri Deterding) 같은 영웅적인 기업가들이었다. 이들은 '세븐 시스터즈'(Seven Sisters: 20세기 중반 한때 전 세계 석유 생산량의 85퍼센트를 차지하던 일곱 개의 석유회사들을 지칭)의 다른 다국적 기업들과 함께 처음 반세기 동안 세계 원유 생산을 독점했다. 일반적인 시각에서 이들이 정부의 도움이나 간섭을 최소화하면서 전 세계를 그들의 무대로 만들었다. 멕시코와 베네수엘라는 단순히 지리적인 관점의 원유 산지였을 뿐, 이 드라마의 주인공은 아니었다. 주인공은 각국의 정부와 석유 노동자들이었다. 이 산업에서 비롯된 의사결정과 이익은 수요와 공급 또는 이익과 손실만 따져서 나온 결과가 아니었다. 석유는 산업혁명의 원동력이던 석탄을 대체한 뒤, '검은 금광'으로 부각되는 데 그치지 않고 현대적인 것의 상징이 되었다. 한편 국가의 주권과 위상, 개발, 국방, 빈부격차는 석유산업과 세계 경제의 성장을 촉진하는 수익 창출 논리와 갈등을 빚었다.

석유의 존재가 알려져 사용하기 시작한 것은 기원전 3000년경 중동 지역, 특히 이라크에서였다. 그러나 현대에 다시 석유의 역사가 쓰이기 시작한 것은 1859년 에드윈 엘 드레이크(Edwin L. Drake)가 미국 펜실베이니아 타이터스빌(Titusville)에서 대량의 석유를 뽑아내고 부자가 되면서였다. 이어서 남북전쟁이 끝난 뒤 존 디 록펠러가 오하이오주에 스탠더드 오일을 설립하면서 석유산업은 확산되기 시작했다. 처음에 많이 쓰인 것은 등유였다. 주로 급증하는 도시 인구의 필요를 충족하기 위해서였다. 그런데 1870년대와 1880년대 무렵에 등유는 대부분 수출로 이어졌고, 곧 미국의 수출 품목 중 네 번째로 큰 비중을 차지하기에 이르렀다. 1900년에는 텍사스 동부 스핀들톱(Spindletop)에서 유전이 발견됐다.

멕시코는 스탠더드 오일의 자회사와 텍사스의 걸프(Gulf), 텍사코(Texaco) 같은 회사에서 등유를 수입하면서 석유 시대로 진입했다. 네덜란드와 영국이 합작한 로열 더치 셸 또한 빠르게 성장하는 멕시코 시장을 공략했다. 포르피리오 디아스(Porfirio Díaz, 1876~1911) 정권은 빠르게 성장하는 철도망에 보조금을 지원하고, 외국인 투자자를 보호하며, 자국민 노동자를 탄압하고, 스페인 식민 정권 이후 정부가 독점하던 심토층 소유권을 민영화하는 등의 정책을 펼치며 외자를 유치하려고 했다. 디아스는 제국주의가 이어지는 동안 외부 의존을 다각화함으로써 주권을 유지하려 했다. 그리고 유럽과 미국의 자본 사이에서 그 어느 나라보다 가장 경쟁이 뜨거운 지역이 되었다(6장 6절 참조). 석유가 국제 경쟁의 주요 무대로 떠오른 것은 캘리포니아의 석유 사업가 에드워드 도헤니(Edward Doheny)가 멕시코 탐피코(Tampico)에서 원유를 발견하면서였다. 이어서 여러 대기업과 군소회사들이 석유 탐사에 뛰어들었다. 멕시코 정부는 난감해하기 시작했다. 철도가 연결되면서 상업적으로 긴밀한 관계가 된 미국과 거리를 적당히 두고, 산업적으로나 재정적으로 미국 경제에 종속되지 않기 위해 디아스 정권은 위트먼 피어슨(Weetman Pearson)이 이끄는 영국 건설회사에 대규모 이권을 넘긴다. 피어슨은 그 보답으로 상당한 지분을 로열 더치 셸에 양도했다. 곧이어 미국 회사들은 팽창하는 멕시코 시장을 염두에 두고 유정에 투자하고 석유를 정제했다. 생산량이 국내 소비량을 앞지르는 데는 오랜 시간이 걸리지 않았다. 미국 지질조사국이 자국의 원유가 곧 고갈될 것이라 오판할 무렵인 1921년, 멕시코는 세계 2위의 산유국으로서 그 어느 때보다 큰 관심을 받았다.

멕시코는 하루아침에 주요 산유국으로 등극했다. 놀라운 것은 멕시코에서 석유가 쏟아져 나온 시기가 20세기를 통틀어 가장 잔혹한 유혈 혁명이 멕시코를 휩쓸던 시기와 일치한다는 점이다. 석유회사들은 엄청난 이윤을 남기는 집단이었으므로 경비를 세우고, 정부 관료를 매수하며, 혁명가들에게 뇌물을 제공했다. 석유 수출량 통계치만 봐서는 멕시코가 얼마나 심각한 상황인지 알 길이 없었다.

그러나 외국 자본이 소유한 대부분의 석유회사 또한 혁명의 물결을 피할 수는 없었다. 멕시코 혁명의 원인과 목적에 대해서는 논란이 많지만, 적어도 민족주의와 사회 정의를 위해 투쟁을 불사한 혁명가들이 있었다는 사실은 분명하다. 1917년 헌법은 이러한 목표를 제27조에 공표하고 광물에 대한 권리를 정부에 귀속시켰다. 그러자 위기를 느낀 미국의 석유업자들은 새로운 헌법을 뒤집기 위해 멕시코 침공을 주장했다. 그렇게 무력 충돌이 일어날 뻔했지만, 기존의 채유권(採油權)은 유지하되 신규 허가는 발행하지 않기로 하고 상황은 무마되었다. 외국계 석유회사들 입장에서는 아직 탐사하지 못한 지역이 많은데 유가가 상승하여 기존의 유전에서 수익이 급증하고 있었기 때문이다. 그렇게 전쟁은 피한 셈이었다.

그러나 멕시코의 민족주의는 식을 줄을 몰랐다. 미국인과 네덜란드인은 상대적으로 높은 임금과 혜택을 누리며 관리 직종을 차지한 상황이었고, 여기에 텍사스, 오클라호마, 캘리포니아 등지에서의 경험을 통해 학습된 외국인 혐오까지 더해지자, 유전지대는 급진주의의 산실이 되었다. 이러한 급진주의는 같은 시기에 러시아의 바쿠(Baku) 유전에서 스탈린의 지지로 결속한 노동자들을 주축으로 일어난 상황과 유사했다. 멕시코 혁명 이후 확산된 민족주의는 부분적으로 미국의 침공으로 인해 자극된 면도 있었다. 미국은 1914년에 처음으로 베라크루스(Vera Cruz)의 항구를 공격했고, 다음으로 1914년에 퍼싱(Pershing) 장군을 보내 혁명 영웅인 판초 비야(Pancho Villa)를 찾아내려 했지만 실패했다. 그런데 이렇게 이어진 민족주의의 불길은 외국인보다 멕시코 노동자를 우대하는 법안으로 이어졌다. 남부 유럽을 휩쓸던 가톨릭의 협동조합주의자들은, 노동자를 위협으로 여기는 대신 그들을 조직하고 그들과 협업하여 정권의 기초로 활용하라며 멕시코 지도자들을 설득했다. 정부의 후원을 받은 노동조합들은 멕시코 노동자들의 위상을 강화했고, 노동자들은 산업 전반에 걸쳐 요직을 차지하게 됐다. 그리고 다국적기업들에 더 많은 세금이 부과되었다.

'노동 쟁의'와 함께, 소련이 러시아 지역의 막대한 석유 자원을 국유화하면서 태동한 '국가의 급진주의'는 외국계 석유회사들이 가장 두려워하는 대상이었다. 이와 더불어 멕시코의 가장 큰 유전들이 고갈되고 생산량이 감소하자, 스탠더드와 셸은 1920년대부터 베네수엘라를 주목하기 시작했다. 이 양대 회사와의 협상이 껄끄러웠던 멕시코 대통령 라사로 카르데나스(Lazaro Cardenas)는 1983년에 석유산업을 국유화한 후 국영 석유회사인 페멕스(Pemex)를 설립했다. 한편 이 무렵에 '세븐 시스터즈'는 멕시코를 보이콧하려 했지만, 석유에 굶주렸던 나치 독일이 미국 대신 멕시코에서 석유를 수입하자 이 시도는 수포가 되었다. 멕시코는 절묘한 타이밍에 북방 이웃의 위협에 맞서 석유 자치권을 확립한 셈이었다.

멕시코의 석유 수출량은 1930년대와 1940년대를 거치면서 꾸준히 감소했다. 여기에 대해 스탠더드 오일의 경영진이 즐겨 주장하는 원인은 미국이나 유럽 기술자들의 도움이 없어서 멕시코인들이 석유산업을 제대로 운영하지 못했기 때문이라는 것이다. 그러나 이렇게 수출량이 감소한 것은 부분적으로는 멕시코 정부의 수입 대체 산업화 정책이 어느 정도 성공함으로써 일어난 결과였다. 실제로 처음에는 석유 생산량이 감소하는 듯했지만, 나중에는 오히려 호황기 수준을 넘어섰다. 그러나 가격은 정부가 보조금을 지원하는 산업을 고려하여 국제 시세보다 낮게 책정된다. 페멕스는 특히 1970년대에 타바스코(Tabasco)와 캄페체(Campeche) 유전이 발견된 후로 세계에서 가장 큰 석유회사들과 어깨를 나란히 하게 된다. 21세기 초에 멕시코는 세계에서 다섯 번째로 큰 산유국이었고, 페멕스는 세계에서 두 번째로 큰 석유회사였다. 멕시코 정부는 페멕스 석유 판매 수익의 3분의 1을 가져갔다.

멕시코의 민족주의 때문에 골치 아파하던 다국적 에너지 기업들에 베네수엘라는 잠시나마 위안이 되었다. 일단 멕시코의 민족주의 교육가이자 작가인 호세 바스콘셀로스(José Vasconcelos)가 '베네수엘라의 포르피리오 디아스'라고 불렀던 장기 집권 독재자 빈센테 고메즈(Vincente Gómez) 장군이 외국 기업들에 큰 이권을 넘기면서, 베네수엘라는 매력적인 나라가 되었다. 1928년 무렵까지 스탠더드, 셸, 걸프는 베네수엘라를 멕시코를 능가하는 세계적인 산유국으로 만들었다. 1948년이 되자, 이들은 국제 시장에서 거래되는 원유의 절반가량을 생산하며 그 대부분을 미국과 서유럽에 수출했다.

석유회사들은 멕시코에서 고안했던 정책들을 베네수엘라에도 들여갔다. 이 상황을 지켜본 누군가가 말했듯, 베네수엘라에는 '미국인 직원들을 위한 컨트리클럽과 나머지를 위한 열대 판자촌'이 있었다. 고메즈 장군은 잠재적 정적을 매수하는 데 필요한 돈이 석유에서 나왔으니 만족스러워했다. 그러나 1935년에 그가 사망하자, 그의 후계자는 다국적기업들과 친밀한 관계를 맺고 있었음에도 이제는 대세가 되어 버린 민족주의 물결을 무시할 수 없었다. 카르데나스(Cárdenas)가 주도한 멕시코 석유의 국유화는 전 세계적으로 큰 반향을 일으켰다. 관리자와 기술자뿐 아니라 노동자와 노동조합의 지도부 또한 멕시코에서 베네수엘라로 넘어왔고, 멕시코 유전에서 사용되던 경멸적인 호칭 중에는 베네수엘라 유전에서 일하는 외국인들에게 그대로 사용되는 것들도 있었다. 아르헨티나, 볼리비아, 쿠바 또한 석유산업을 국유화했으므로 석유회사들에 대한 증세와 노동자 처우 개선에 대한 요구를 더는 무시할 수 없었다. 보수적인 군부 지도자들마저도 국가 주권에 대한 우려와 정부 재정 강화를 이유로 이에 동조했다. 냉전 시대에 미국을 지지했던 베네수엘라는 지난 우정에 대해 점점 더 높은 대가를 요구했다. 정부는 석유산업을 점점 더 강하게 통제했으며, 마침내 1976년에는 국영 독점 석유회사인 페트롤레오스 데 베네수엘라(Petroleos de Venezuela, PDVSA)가 설립되었다.

멕시코의 본보기에서 영감을 받은 베네수엘라는 이제 한술 더 떠서 중동의 경쟁국들에 국제 석유 시장을 주무르자고 제안했다. 그리고 1960년에 이들은 함께 석유수출국기구(Organization of Petroleum Exporting Countries, OPEC)를 결성했다. 이 국가들은 1973년까지 가장 높은 수익성을 자랑하는 무역 상품을 장악했으며, 20세기가 끝나도록 이 흐름은 계속되었다. 2000년 무렵에는 세계 10대 석유회사 중 6개가 국영 기업이었다. 페멕스와 PDVSA는 각각 세계 2, 3대 석유회사로서, 멕시코와 베네수엘라 정부 재정의 기둥 역할을 했다. 이제는 '위대한 기업가'가 아닌 정부의 지도자들이 세계 석유산업을 진두지휘하고 있다. 그러나 이들이 항상 국가의 복리를 최우선으로 생각하는 공무원으로서만 움직였던 것은 아니다. 멕시코는 '국가 안의 국가'가 아닌 공공의 이익을 위해 이 회사들을 운영하며 많은 저항을 겪었고, 우고 차베스(Hugo Chávez) 대통령의 통치 하에 21세기를 시작했던 베네수엘라는 대규모 파업과 갈등을 겪었다.

마무리하자면, 풍부한 석유 자원이 반드시 수출 경제로만 이어진 것은 아니었다. 브라질과 멕시코는 세계 최고의 경제 대국이자 주요 자동차 생산국이 되었다(다만 브라질의 경우, 주요 유전의 발견보다 반세기 앞서간 자동차 산업이 바이오 연료 산업 활성화에 기여했다). 미국, 유럽, 일본의 자동차 제조사들은 연간 백만 대 이상을 생산하는 대규모 공장들을 설립하면서 브라질과 멕시코를 각각 세계 7대, 10대 자동차 제조국으로 만들었다. 2002년, 브라질 국민은 자동차 공장에서 시작하여 노동운동을 조직했던 노동당 사회민주주의자인 이나시우 룰라 다 시우바(Ignacio Lula da Silva)를 대통령으로 선출했다. 그러나 그는 세계 경제에서 강력한 영향력을 행사하는 주요 민영 석유회사들과 결탁한 국제 은행들의 위협으로, 대개혁을 시도하고도 번번이 좌절을 경험했다.

아메리카 대륙의 석유는 역동적인 역사를 거치며, 20세기 초 미국과 유럽의 투자가들은 전혀 예측하지 못하던 방향으로 흘러갔다. 이러한 굴곡 탓에 미래를 예측하기는 더욱더 어렵다. 그러나 적어도 향후 수십 년 동안 석유가 세계 무역의 중심을 벗어날 일은 없을 것이다.

12 모래밭에서 일어나 석유로 달리다

석탄, 철도, 증기선이 19세기를 이끌었다면 석유, 자동차, 항공은 20세기를 이끌었다. 석유와 자동차, 항공은 곧 권력의 중추이자 발전(그리고 공포)의 상징이다. 사실 1965년까지는 전 세계 석유 소비량이 석탄 소비량에 못 미쳤으며, 세계에서 가장 큰 비중을 차지하는 에너지 자원은 석유가 아니라 석탄이었다. 그러나 석유는 세계의 주 연료로 사용되기 한참 전에 석탄은 절대 하지 못한 일을 해냈다. 바로, 국가를 만든 것이다!

여러 '석유국'(아무도 '석탄국'이란 말은 쓰지 않는다) 가운데 가장 중요한 위치를 차지하는 나라는 사우디아라비아이다. 사우디아라비아만큼 흥미로운 이야깃거리가 많은 나라도 없을 것이다.

아라비아반도에서 통일 국가가 탄생하리라는 것은 200년 전(혹은 그 이전)부터 자명한 사실이었다. 홍해와 인접한 반도의 서쪽 해안에 이어진 히자즈(Hijaz)는 이슬람교의 성지인 메카와 메디나를 품은, 인구가 가장 많은 지역이었다. 두 번째 후보지는 반도 동쪽에 위치한 하사(Hasa)로, 부유한 인도양 상인들이 사는 지역이 여기 있었다. 알 사우드(Al Sa'ud) 부족의 근거지 디리야(Dir'iyyah)가 있는 반도의 중앙부는 극도로 건조하고 가난한 지역으로, 여기서 통일 국가가 탄생할 가능성은 매우 낮아 보였다.

사실 오스만 제국은 이 영토를 차지하고도 이곳을 지배하기 위해 구체적인 노력을 들이지는 않았다. 아라비아에서는 부를 창출할 가능성이 거의 없었기 때문이다. 오스만이 이 땅에 적극적으로 관심을 보인 것은 사우드 빈 압둘아지즈(Sa'ud bin 'Abdul-'Aziz)가 와하비(Wahhabi)라는 지역에서 온 금욕적 이슬람 종파와 동맹을 결성하여 1803년에 베두인 군사들을 이끌고 메카로 들어오면서였다. 이들은 이슬람의 근본을 위협할 듯한 (그러나 대다수 이슬람 사람들에게는 평범한 종교적 관습에 불과했던) '혁신'을 모조리 금하고 오스만의 성지 수호 역할에 이의를 제기했다. 그러나 인적 측면과 물적 측면에서 모두 훨씬 앞서 있었던 이집트 출신 오스만 군대는 어렵지 않게 이들을 몰아내고 사우드의 고향을 무너뜨렸다. 사우드-와하비 동맹은 두 번째로 영토 확장을 시도하며 이번에는 동쪽을 공격했지만, 1891년에 패배한 뒤 축출되었다. 한편, 그 당시 세계는 장기적으로 볼 때 인구가 폭발하고 있었고, 유목보다는 농업과 도시화를 통해 토지의 활용도가 올라가 있었다. 그런 상황에서 사우드의 시대가 도래하는 것은 그저 요원한 일로만 보였을 것이다.

얼마 뒤 영국은 두둑하게 돈을 들고 이 땅에 들어왔는데, 오스만 영역의 변방에 있던 통치자들에게 보조금을 쥐어주며 그와 비슷한 생각을 했던 것 같다. 영국은 우선 카타르, 쿠웨이트, 바레인을 비롯한 해안의 나라들을 눈여겨보면서, 제1차 세계대전(영화 〈아라비아의 로렌스(Lawrence of Arabia)〉의 배경이 됐던 시대)이 닥칠 때까지는 내륙에 큰 관심을 두지 않았다. 그러나 쿠웨이트로 추방되었다가 1902년에 고향으로 돌아온 이븐 사우드(Ibn Sa'ud, 1880~1953)는 군사적, 정치적 수완을 발휘하여 얼마 안 되는 영국의 보조금과 오스만의 몰락을 둘러싼 정치적 혼란을 최대한 활용하며, 메카를 포함해 그의 조상들이 백여 년 전에 잠시 차지했던 땅을 1925년에 재점령했다. 그는 이라크와 요르단에서 영국에 더 중요한 이익이 되는 부분들을 위협하지 않겠다고 약속하고, 이듬해에 영국으로부터 자신의 왕국을 인정받고 주요 권력을 획득했다.

그러나 사우디의 통치는 1803년만큼이나 위태로운 면이 있었다. 사우디는 민족주의를 피해 '와하비 이슬람'(Wahhabi Islam)이라는 이름 아래 군주들이 통치하는 나라였고, 종교 지도자들은 지지받지 못했으며, 이븐 사우드의 베두인 부대에서는 반란이 일어나기도 했다(이 반란을 종식한 것은 영국 공군이었다. 영국군은 비행기를 이용해서 사막에 주둔하던 기마병들의 진로를 차단했고, 기마병들은 1930년에 이븐 사우드가 아닌 영국에 항복했다). 한편 영국은 이븐 사우드에게 지급하던 보조금을 철회하고 메카로 들어오는 순례자와 상인들에게 부과하는 세금만 이븐 사우드의 주 수입원으로 인정하기로 했다. 그런데 대공황이 일어나 연간 순례자의 수가 80퍼센트 감소하는 상황이 벌어진다. 새로운 정권은 파산이 코앞이었지만, 그때까지 이 문제를 다룰 행정 조직조차 존재하지 않았다. 세수는 대부분 왕족 앞으로 갔고, 왕족의 주요 추종 세력에 돌리는 하사품으로도 상당한 금액이 들어갔다. 그리고 더는 하사품을 돌릴 수 없게 되자, 왕국은 몰락할 위기에 놓인다.

그런데 이때 엄청난 행운이 찾아왔다. 1911년, 영국은 사우디아라비아 지다(Jiddah, 혹은 제다[Jeddah])에 세계 최초로 담수화 공장을 건설했다. 소금물을 담수로 바꿔서, 홍해와 수에즈운하를 순찰하는 영국 해군 선박에 공급할 목적이었다. 메카와 가장 가까운 항구인 지다를 통해 들어오는 순례자들도 이 공장에서 나오는 물을 이용했다.

한편 사우디인들이 순례자의 규모를 늘리려고 하면서, 이 물은 대단히 중요한 역할을 했다. 순례자가 많아진다는 것은 종교적인 신념이 커진다는 의미이기도 했지만, 세수가 늘고 위상이 높아진다는 의미이기도 했다. 지금까지 보았듯, 사우디는 영국과의 협력을 부정적으로 여기지는 않았지만, 그렇다고 지나치게 영국에 의존하려고 하지도 않았다. 1920년대에 이븐 사우드가 자신의 권력을 강화하고 지하수를 찾기 위해 미국 회사를 고용한 것이 그 예다. 이 회사는 물을 찾지는 못했지만, 대신 엄청난 양이 매장된 유전을 발견했다. 이 사건은 전혀 놀랄 일이 아니었다. 사실 전에도 사우디아라비아에서 석유가 발견된 적은 있었다. 이 탐사에 참여한 미국 지질학자 칼 트위첼(Karl Twitchell)은 여기서 물을 찾다 보면 석유가 나올 수도 있겠다고 생각했던 터다. 하지만 트위첼이 발견한 유전은 판도를 완전히 바꿀 만한 규모였다. 더구나 이제 사우디는 영국을 상대할 외국 동반자가 생긴 셈이었다(영국도 이전에 소규모 유전들을 발견하는 데 기여하기는 했다).

세계 석유 시장이 수요와 공급 측면에서 대전환을 맞이할 무렵 일어난 이 일은 사우디아라비아에 호재로 작용했다. 공장, 철도, 선박에서는 여전히 석탄을 주 연료로 썼지만, 자동차, 비행기, 그리고 크고 빠른 해군 함정에서는 석유가 주 연료였다. 즉, 석유는 군사적인 용도로 쓰일 수 있었다. 1920년경 캘리포니아의 석유 생산량이 감소하기 시작하자, 미 지질조사국(Geological Survey)은 머지않아 석유 공급이 부족해질 것을 경고했다. 석유 탐사가 대대적으로 실시되면서, 캘리포니아 스탠더드 오일(Standard Oil of California)과 앵글로 페르시아 석유 회사(Anglo-Persian Oil Company)는 석유 발견 소식을 입수하고 사우디아라비아 유전 개발권을 따내려고 했다. 그리고 1933년, 이븐 사우드는 더 많은 선수금을 내놓은 미국에 개발권을 주었다. 상업적으로 석유가 생산되기 시작한 것은 1938년이었고, 그 뒤 제2차 세계대전이 일어나자 미국은 사우디왕국을 철벽 방어했다. 1945년이 되자, 사우디는 국가 재정이 900퍼센트 증가해 있었다. 거의 석유에만 의존한 결과였다. 이후로도 자금은 계속 유입되었고, 1945년을 기점으로 강대국으로 등극한 미국은 이후로도 사우디아라비아의 안보를 책임졌다(미국은 1970년대까지는 중동산 석유를 거의 사용하지 않았다. 오히려 이곳의 석유를 대량으로 사용한 나라는 미국의 우방인 서유럽 국가들과 일본이었다).

그리하여 자금(영국의 보조금으로 시작해서 순례자들이 낸 세금, 그리고 석유 회사의 투자까지)과 인지도, 군사 지원, 노동력(주요 유전을 비롯한 모든 곳에서)까지 거의 전적으로 외국에서 온 것들을 기반으로 하여, 제법 오래 가는 국가가 탄생했다. 사우디아라비아는 지금도 자국민에게 세금을 부과하지 않으며, 오히려 상당수의 국민은 정부 보조금을 받는다. 또한 노동자의 절반 이상이 외국인이다.

국가는 국민의 노동을 기반으로 해야 한다고 말하는 사람도 있을 텐데, 그 논리에 비추어 생각하면 놀랍기만 한 상황이다. 1950년대 초에 미국 국적의 아라비아-아메리카 석유회사(Arabian American Oil Company, ARAMCO[아람코])는 사우디 정부보다 무려 다섯 배 많은 노동 인력을 보유했었다. 외국인 노동자들은 캘리포니아 베이커스필드(Bakersfield)를 본떠서 건설한 '아메리칸 캠프'(American Camp)에 거주했고, 사우디 국민과는 거의 접촉하지 않았다. 이렇게만 한다면 미국인들은 엄격한 와하비 규범과 충돌하지 않고 편안하게 생활할 수 있으리라는 생각에서였다(그러나 사실 이 가상의 장벽에는 구멍이 많았다. 일례로, 아람코는 사우디인의 접근이 차단된 자체 방송국을 운영하면서 인기 방송들을 내보냈는데, 지역 주민들은 용케 방송의 신호를 잡아냈다. 더 심각한 것은 '아메리칸 캠프'와, 인접한 '사우디 캠프'의 극단적인 환경 차로 분노하는 사람이 많아졌다는 점이다). 게다가 사우디 국민은 정부의 재정, 노동력, 안보 측면에서 핵심적인 기능을 하지 못했기 때문에 지도자들은 국민에게 정치적 권리를 부여해야 한다는 압력을 거의 받지 않았다. 세금을 안 내면 할 말도 없다고 말할 수도 있겠다.

1971년 이후 세계적으로 유가 등락이 반복되면서 처음에는 이러한 상황이 더욱 극단적으로 나타났지만, 나중에는 변화가 일어났다. 사우디아라비아는 유가 급등에 힘입어 1971년부터 1974년 사이에 국내 총생산(GDP)이 5배 증가했고, 1960년대에 구상하기 시작한 여러 야심 찬 경제개발계획을 실천에 옮겼다. 인구가 급증하고 교육을 비롯한 여러 혜택도 크게 늘었으며, 와하비즘이 강조하는 검소함과 동떨어진 고가의 수입품들이 쏟아져 들어왔다. 왕국은 상당한 정치적 영향력을 갖게 됐으며, 정치에 관심을 두기 시작한 대중 또한 새로운 요구를 내놓기 시작했다. 석유산업은 국유화되었다. 그러나 1980년대 들어 유가가 폭락하면서 1970년대에 누리던 사치와 복지는 고질적인 예산 부족의 원인이 되었다(물 부족이 점점 더 심각해지는 것 또한 왕국의 고민거리였다. 사우디 석유 생산량의 약 15퍼센트는 담수화 공장을 돌리는 데 사용된다. 한 세기 전 영국이 지다에 세웠던 공장보다 효율이 훨씬 높은데도 말이다). 문화적 갈등이 고조되고, 인접 지역에서 전쟁이 잦아지며, 미국에 대한 혐오가 커지는 등의 상황을 생각하면, 사우디아라비아는 '평범한 나라', 즉 국민이 재정과 국방을 책임지는 나라가 되기에는 갈 길이 멀어 보인다. 하지만 그들이 사랑하는 외국인과 화석원료는 여전히 건재하며, 앞으로도 계속 경이로운 일들이 펼쳐질 가능성은 이 나라에 아직 충분하다.

13 희토류는 어떻게 중국의 무기가 됐을까?

2010년 중국 정부는 기존의 계약을 무시하고 일본에 '희토류(希土類)' 금속을 출하하지 않겠다고 선언했다. 희토류 금속이란 휴대전화, GPS 기기, 레이저, 하드디스크 드라이브, 제트엔진, 미사일 유도체 등 최첨단 기술을 자랑하는 제품에 널리 사용되는, 유달리 유연하고 내열성이 강하며 전도성이 좋은 물질을 말한다. 이때 중국은 여러 해 동안 유지하던 수출 한도량도 대폭 축소했다. 중국은 세계 희토류 금속 생산량의 90퍼센트 이상을 독점하고 있었으므로 일부 희토류는 가격이 2,000퍼센트나 급등했고, 시장은 공포에 휩싸였다. 몇몇 국가는 중국을 WTO에 제소했고(결국 승소했다), 여러 정치인, 언론인, 국가 안보 전문가들은 이 상황을 심각한 위험으로 인식했다. 하지만 여기서 대다수 일반인은 이렇게 질문하지 않을 수 없었다. "도대체 희토류가 뭔데? 어쩌다 중국이 그런 걸 독점하게 된 거야?"

사실 첫 번째 질문에는 대답하기조차 난감하다. 희토류 중에는 말 그대로 희귀한 것들도 있지만, 디스프로슘(dysprosium), 터븀(terbium), 스칸듐(scandium) 등 듣지도 보지도 못한 여러 원소는 구리나 납보다도 흔하다. 게다가 희토류는 풍부한 다른 소재를 이용해 합금을 만들 때 극소량만 첨가되는 정도로 쓰인다(지난해에 희토류 1톤당 철광석 채굴량은 25,000톤에 달했다). 따라서 수요가 급증하더라도 불가피할 정도로 공급이 부족해지는 상황은 발생하지 않는다. 반면 공정당, 또는 제품당 사용되는 양이 워낙 적어서 가격이 급등하더라도 수요에 크게 타격이 가지는 않는다(어떤 희토류의 가격이 제품가의 1퍼센트를 차지한다면, 그 희토류의 단가가 세 배로 뛰더라도 제품가를 2퍼센트만 인상하면 원가 상승분을 만회할 수 있다). 대신 희토류가 매장된 광산이 신규로 가동되거나, 그럴 위협이 생기면 가격은 다시 원위치로 돌아가곤 한다.

하지만 희토류가 집중적으로 매장된 곳은 많지 않다. 희토류는 대부분 소량이 다른 성분들과 섞인 채 암반에 광범위하게 분포돼 있다. 게다가 혼재한 다른 원소들 속에서 추출하기가 어렵고, 그 혼재한 원소들이 방사성 물질인 경우도 많다. 이는 희토류를 추출하는 과정에서 특히 환경에 악영향이 생기리라는 점을 의미한다. 소량의 희토류를 얻으려면 대량의 암석을 움직인 뒤 고열과 강산(强酸)을 각각 또는 함께 사용하는 처리 과정을 거쳐야 하므로 맹독성 폐기물이 대량으로 발생한다. 따라서 희토류가 매장돼 있더라도 환경문제를 생각하면 추출할 수 없는 지역이 많다(최근에는 기술이 좋아져서 이러한 영향을 대폭 줄일 수 있지만, 대신 원가가 크게 상승한다). 중국의 희토류 산지는 대부분 중국의 정책으로 인해 인구 밀도가 낮아진 내몽골에 위치한다. 미국에서는 여러 해 동안 캘리포니아에서 한참 동부로 들어간 곳에서 희토류를 생산했지만, 이 광산 또한 환경표준을 충족하지 못했다. 2010년 이후 희토류 가격이 폭등하자, 미국의 투자가와 정부 관계자들은 달에서까지 희토류를 채굴할 계획을 세운다.

희토류 중에는 1700년대에 발견된 것들도 있으나, 그것들은 1880년대까지도 거의 사용되지 않았다. 그런데 비엔나의 화학자인 칼 아우어 폰 벨스바흐(Carl Auer von Welsbach)가 희토류 금속인 세륨(cerium)을 섬유에 흡착시키면 빛을 낼 수 있다는 사실을 밝혀낸다. 이 섬유에 열을 가하면 연소 후 세라믹이 남는데, 이것을 재가열하면 아주 적은 에너지로도 강한 빛을 낼 수 있었다. 폰 벨스바흐가 발명한 '가스등 그물망'(gas mantle)은 얼마 후 전 세계로 퍼져 가로등에 사용되었다. 이 방식의 가로등은 1930년대까지 50억 개가 팔렸고 일부는 오늘날까지 사용되고 있다. 벨스바흐는 빛을 만들고 남은 세륨에 철을 결합하면 거의 완벽한 부싯돌이 된다는 사실도 알아냈다. 이 합금은 오늘날에도 담배 라이터부터 자동차 점화 스위치에 이르는 많은 것에 사용된다.

그 뒤 희토류의 용도는 무기류까지 확대되었다. 격렬하게 연소하는 원소는 퓨즈로 딱 좋았고(핵폭탄에도 사용됐다), 내열성이 우수한 원소들은 발사체, 제트엔진 등에 이상적이었다. 그러나 희토류가 더욱 주목받기 시작한 것은 1980년대부터였다. 일부 희토류 원소의 독특한 성질이 가볍지만 강한 자성 물질을 필요로 하는 전자기기에 적합하다는 것이 알려진 것이다. 오늘날 우리는 이러한 제품들 속에서 살고 있고, 세계는 매년 1960년대보다 약 20배 많은 희토류 금속을 사용하고 있다.

초기에는 희토류 금속의 산지가 세계 곳곳에 흩어져 있었으므로 다국적기업이 생산에 눈독을 들일 것 같았다. 예를 들어 세계 최대 토륨 광산들은 영국령 인도에 있었는데, 거의 모든 가공 절차는 제1차 세계대전 직전까지 독일에서 이루어졌다. 넓게 보아 1914년부터 1945년 사이에는 전략적 경쟁이 더욱 치열해지면서 이러한 원료의 주도권을 갖기 위한 노력이 강화되었고, 이 현상은 냉전 시대까지 이어졌다. 일례로 미국은 핵폭탄(또는 핵에너지) 생산과 관련된 몇몇 희토류 금속을 포함하여 모든 광물에 대한 통제권을 획득하기 위해 한동안 노력을 기울이기도 했다.

중국은 1920년대에 내몽골의 바얀 오보(Bayan Obo)에서 처음으로 희토류 생산기지의 문을 열었다. 외국과의 공동 탐사를 통해 다양한 전략적 금속 원소가 발견되던 시점이었다(공룡 뼈와 원생 인류에서 나온 것으로 보이는 유물도 함께 발견됐다). 개발은 독일 지질학자와 기술자들의 협력 속에서 1930년대까지 계속됐다. 중국의 민족주의 정부는 기술과 재정 측면에서 독일의 원조를 받았고 독일은 재무장을 추진하는 데 유용하게 쓸 수 있는 광물을 얻었다. 광산이 개발되자 지역에는 순식간에 중국인 정착민이 증가했고(몽골 유목민들은 쫓겨났고), 일본이 지원하던 몽골의 독립운동은 힘이 꺾였다.

1949년에는 공산당의 승리로 소련 연방이 중국의 손을 잡고 바얀 오보 개발에 참여했다(1945~1949년에는 독일 자리를 미국이 잠시 차지했었다). 생산은 급격히 증가했지만, 군수용 중공업 우선 육성 정책은 기본적으로 계속되었다. 전략적 요충지인 바얀 오보는 정부에서 상당한 혜택을 받으며 숙련된 노동자들을 우선 배정받았다. 소비재 산업과 달리 엄격한 품질 관리가 요구되는 분야였기 때문이다. 한편 환경 파괴 문제는 대부분 무시됐다. 이러한 패턴은 1950년대 말 소련 기술자들이 철수하면서 더욱 뿌리 깊게 자리 잡았고, 그러는 사이에 중국의 핵무기 제조 계획에서 바얀 오보의 광물은 더 중요한 입지에 오르게 됐다(중화인민공화국은 1964년에 첫 번째 원자폭탄을 터트렸다).

1980년대에는 개인용 컴퓨터를 비롯해 희토류가 들어가는 새로운 기기들이 등장하면서 태평양을 사이에 둔 국가들의 정책에 변화가 생겼고, 중국의 희토류 독점은 더욱 심화되었다. 한편 중국은 마오쩌둥 이후에 개혁을 추진하면서, 국영기업들은 수익성에 집중하게 하고 다수의 중공업 위주 방위산업체에는 보조금을 축소했다(그 결과 북경 외곽의 극비 로켓 제조 기지였던 '798' 단지가 폐쇄되었는데, 뜻밖에도 오늘날 이곳은 스튜디오와 갤러리가 즐비한 도시의 예술 구역이 되었다). 마오쩌둥 이후에, 정권은 개발을 염두에 두고 외국의 지원을 바라면서도 통제권에 대한 타협은 꺼렸다. 이렇게 등장한 새로운 정책에 따라, 중국은 외국의 투자와 기술 이전은 장려하면서 기초 자원에 대한 소유권은 유지하려고 했다.

한편 희토류를 채굴하고 정제하던 일부 미국 기업들은 환경 기준을 충족하는 데 어려움을 겪었다. 유독성 폐수를 이송하는 배관이 자주 파손된 것이 그 한 예다. 이들은 희토류 정제 공정을 위탁하는 편이 낫겠다고 판단하고, 한동안 캘리포니아에서 광석을 추출한 뒤 중국으로 보냈다. 미국이 모든 희토류 광산을 닫기까지 이 과정은 계속됐다(1971년에 미-중 관계를 회복한 닉슨 대통령의 동생 에드워드가 이 거래에서 중요한 역할을 했다. 묘하게도, 워터게이트 사건의 특검을 맡았던 검사의 아들인 아치볼드 콕스 주니어도 여기에 힘을 보탰다).

시간이 흐르자, 희토류 금속을 기반으로 자석을 생산하는 공정도 중국에 위탁되는 경우가 늘고 있었다. 그런데 이런 식으로 중국에 눈을 돌린 나라는 미국만이 아니었다. 부유한 나라들은 이런 식으로 어느 정도까지는 환경문제를 해결했지만, 문제를 완전히 없애지는 못했다. 중국의 희토류 생산기지는 1980년대부터 1990년대까지 확장을 거듭하면서도 누적되는 환경문제에는 관심을 두지 않았다. 1997년 바얀 오보의 암 사망률은 중국 서부 지역의 평균보다 일곱 배 이상 높았다. (다양한 정제 공정에서 사용되는) 독성 물질인 비소는 지역의 상수원을 오염시켰고 각종 심각한 질병을 유발했다. 게다가 희토류 생산 과정에서 발생한 독성 폐수가 누출되어 황하(黃河) 인근의 지류로 흘러 들어가는 일도 발생했다. 바얀 오보 거주민과 함께 황하에서 식수를 얻는 2억 인구도 큰 희생을 치르게 됐다.

이후 중국 기업들은 경쟁력을 갖추고 희토류가 들어간 전자제품을 더 많이 생산해 냈다. 중국 정부의 정책 입안자들은 이 흐름이 생산 사슬의 첨단 기술 부분들까지 이어지도록 지원을 아끼지 않았다. 2004년에는 상대적으로 수익성이 높은 후방산업의 경쟁력을 강화하기 위해 원자재에 대한 수출세 환급을 대폭 축소했다. 광물 생산 및 수출에 대해서는 할당제가 도입되었으며 중앙정부는 지방정부 소유의 소규모 광산들을 통합하는 데 주력했다. 사실 2010년에 중국이 할당제를 도입한 것은 외국 구매자들의 심기를 상당히 불편하게 했지만, 여기에는 환경오염에 관심이 없는(이들은 국영기업만큼 자금 사정이 좋지 않고, 장기적인 안목이 없다는 것이 부분적인 원인이었다) 민영 광산들에 대해 통제를 강화하려는 목적도 있었다. 그러나 여러 지방정부는 고용시장의 안정을 위해 민영 광산(민영 광산에서 나오는 저렴한 광석을 사용해 수익을 보는 다른 기업들도 함께)을 보호하려 했으므로, 광산에 대한 통제권을 강화하려 한 중앙정부의 노력은 오랫동안 실효성이 크지 않았다.

하지만 특히 계속 수요가 증가하는 상황에서, 이러한 노력은 한동안 공포와 탐욕을 동시에 불러일으킬 만큼 효과가 컸다. 캘리포니아 동부에 있던 폐광산들이 가동을 재개했고, 여러 지역에서 새로운 매장지가 발견됐다. 또한 이미 알려져 있었지만 접근이 곤란했던 (그리고 환경에 피해가 우려됐던) 여러 광산층에 대한 탐사 계획도 수립되었다. 여기에는 아마존 상류, 그린란드, 심해층, 심지어 달도 포함된다. 이러한 프로젝트 중 일부는 투자 붐을 일으켰고 서류상으로는 막대한 수익을 창출했지만, 대부분은 아직 의미 있는 실적을 거두지 못하고 있다(적어도 지금까지는 그렇다).

사실 오늘날 희토류 산업은 2010년 이전과 같이 '정상'적인 상태로 되돌아갔다. 대부분의 희토류는 2009년 가격보다 약간 높은 수준에서 거래되고 있지만, 물량은 오히려 감소했다. (미국의 모든 광산을 포함해서) 중국 외 지역의 광산은 다시 문을 닫았고, 몇몇 주요 기업들은 파산했다(미국 몰리코프[MolyCorp] 사의 주가는 한때 80불 가까이 올라갔으나 파산 직전에는 36센트까지 내려갔다). 전만큼은 아니지만, 중국은 여전히 세계 시장을 독식하고 있다. 중국 안을 들여다보면, 마구잡이로 파헤쳐지는 광산들이 환경만이 아니라 작업자의 안전을 위협하고 국유 광산의 수익을 위협하므로 정부는 이 광산들을 폐쇄하려고 시도한다. 희토류 구매자들은 필요하다면 세계 어느 곳에서나 생산량을 늘릴 수 있다는 사실을 알면서도, 실제로 그렇게까지 할 필요는 없다고 본다. 닥치는 대로 채굴하는 광산업자와 밀수업자들 덕분에 가격은 낮게 유지되고 있고, 이들이 존재하는 한 종종 공포스럽기까지 한 중국의 '독점' 국영기업들은 큰 이윤을 챙기지 못할 것이기 때문이다. 필수적이지만 소량만 생산되고, 그래서 '희소성'이 있으면서도 보기에 따라 꼭 그렇다고만 할 수는 없는 제품들에서는 이런 특성이 나타나곤 한다.

14 상점과 공장의 동상이몽

50년 전 미국의 노동 인구를 살펴보면, 소매업 종사자가 한 명이라면 제조업 종사자는 네 명꼴이었다. 그러나 현재는 소매업 종사자의 비율이 제조업 종사자의 비율을 훨씬 넘어선다. 미국에서 가장 큰 회사라고 하는 월마트(Walmart)도 소매업체다. 월마트 창업자 가족 여섯 명의 재산은 미국인 소득 기준 하위 9천2백만 명의 재산을 모두 합한 것보다 많다. 애플, 나이키, 델, 갭처럼 잘 알려진 다수의 미국 브랜드들은 국내외 어느 곳에서도 제조공장을 운영하지 않는다. 이 회사들은 디자인과 마케팅만 한다. 한편 동아시아는 세계에서 가장 거대한 제조 기지가 되었다.

이러한 변화에는 많은 뒷얘기가 숨어 있는데, 여기서 가장 놀라운 이야기에는 법이 얽혀 있다. 언뜻 보기에 미국의 제조업을 보호하기 위해 제정된 듯한 이 법은 결과적으로 미국의 대형 소매업체와 동아시아의 종합상사 및 제조업체가 손잡는 과정에서 촉진제로 작용했다. 더 재미있는 사실은 이 법의 이름이 '공정무역'(fair trade)법이라는 것이다. 오늘날에는 ('자유무역 [free trade] 협정을 수정하여) 특정 제조품의 수입을 규제하는 법안에 찬성하는 사람들이 똑같이 사용하는 용어인데 말이다.

공정무역법이 등장하자 제조업체들은 자사 제품의 최저 소매가를 결정할 수 있었고, 매장에서는 이보다 더 낮은 가격에는 물건을 팔 수 없게 됐다. 캘리포니아는 1931년에 이 법의 초기 조항들이 통과됐고, 이 법의 개념은 대공황 시기에 출혈 경쟁과 디플레이션의 압박을 제한하는 유용한 수단으로 자리매김했다. 일부 대형 할인 매장들은 반독점법을 들어 이 법을 반대했지만, 연방법원은 공정무역법은 제조업을 보호하기 위한 수단이라며 1936년에 그 합법성을 인정했다. 이듬해에 의회는 모호한 점들을 완전히 해소하기 위해 독점금지법을 개정하며 공정무역법과 결을 같이했다.

사법부는 공정무역법이 제조업을 지원하기 위한 법이라고 이야기했지만, 입법부는 소매업체를 보호하는 문제도 꽤 신경이 쓰였을 것이다. 염려스러운 시나리오는 다음과 같았다. 먼저, 울워스(Woolworth's) 같은 가맹점이 할인가를 허용한다는 약속하에 한 제조업체의 토스터를 창고에 잔뜩 쌓아 놓는다. 상품을 진열대에 올려야 하는 제조사는 여기에 동의하고, 그러면 울워스는 조스 어플라이언스(Joe's Appliances)는 절대 경쟁할 수 없는 가격으로 토스터를 팔 수 있는 것이다.

사실 대공황처럼 특별한 시기가 아니었다면, 당시 대부분의 미국 제조업체는 이런 보호가 필요하지 않았을 것이다. 일반적으로 이들은 거래하는 소매업체들보다 규모가 컸고, 대부분 업종에서는 소수의 대기업에 주도권이 있었다. 극단적으로, 자동차 시장의 점유율을 보면 제너럴 모터스(General Motors)가 45퍼센트를 가져갔고, 포드(Ford)와 크라이슬러(Chrysler)가 나머지의 대부분을 나눠 가졌다. 각 회사는 직접 관리하는 딜러망도 있었다. 한편 전자 제품 시장에서는 제너럴 일렉트릭(General Electric)과 RCA, 웨스팅하우스(Westinghouse) 같은 몇몇 대형 제조업체들이 대부분의 상품을 생산했다(이들은 직영 대리점들도 있었다). 경제학자들이 집중도(concentration rations)라고 부르는 상위 4, 8, 20, 50개 회사의 시장 점유율은 어느 분야에서든 소매업에서보다 제조업에서 훨씬 높게 나타났다.

그러나 1950년대 들어서는 소매업에서 집중도가 높아지기 시작했다. 이는 공용차 시장이 꾸준히 성장하고, 주(州)와 주 사이에 고속도로가 건설되며, 교외화(郊外化, suburbanization: 도시의 인구 중심 밀집지에서 주민과 생산, 소비 활동의 대부분이 교외로 이전하는 현상 – 옮긴이)가 진행되고, 세법 개정으로 소매업 투자가 촉진되며, 쇼핑몰이 부상하면서 일어난 현상이었다. 그리하여 1953년에 미국에 10개뿐이던 대형 쇼핑몰은 1964년에는 440개로 늘어 있었다(소규모 쇼핑센터까지 더하면 7,600개까지 늘었다고 볼 수 있다). 이런 쇼핑몰들은 대부분 시어스(Sears), 페니(Penny's), 몽고메리 워드(Montgomery Ward) 같은 유명 백화점을 들이고 싶어 했다. 그런데 성장하는 소매 가맹점들이 규모의 경제를 추구하면서, 쇼핑몰 입장에서는 공정무역법의 규제가 과하게 보였다. 몇몇 업체는 이 법을 폐지하기 위해 주 차원에서 소송을 제기하고 로비를 벌여 어느 정도 성공을 거두긴 했지만, 공정무역법의 대부분 조항은 1970년대까지 그대로 유지됐다. 그러는 가운데 일부 가맹점은 이 법을 피해 가는 방법을 고안해 냈는데, 바로 '매장 브랜드'(store brand)를 활용하는 것이었다.

예를 들어 공정무역법에 따르면 시어스는 GE나 웨스팅하우스 제품을 특가로 판매할 수 없었다. 그러나 자사 브랜드인 켄모어(Kenmore)의 제품은 마음대로 가격을 정할 수 있었다. 여기서 필요한 것은 제품을 생산해줄 누군가와, 공정무역법의 틀 밖에서 협상에 나서줄 누군가, 그리고 미국의 대형 제조업체가 정한 가격을 신경 쓰지 않을 누군가였다. 그래서 이들은 이제 주로 해외로 눈을 돌린다.

제2차 세계대전 후 국가 재건을 모색하던 일본에 이것은 황금 같은 기회였다. 지금은 아무도 기억하지 못하지만, 전쟁 전 일본 회사들이 만든 소비재는 대부분 경쟁력이 없었다. 크리스마스트리에 쓰는 장식품이나 싸구려 장난감처럼 노동집약적인 상품은 예외였지만 말이다. 서구 시장의 평판에 따르면 일본산 제품은 품질이 떨어졌고 전쟁 기간에 쌓인 적개심도 문제였다(1947년, 훗날 국무장관이 된 존 포스터 덜레스[John Foster Dulles]는 전후 일본이 어떤 물건을 미국에 팔 수 있을지를 묻자 실크 셔츠, 잠옷, 소형 냅킨 정도라고 대답했다). 그러나 일본은 미국의 매장 브랜드와 공급 계약을 체결하면서 마케팅에 큰돈을 들이지 않고도 세계 최대 시장으로 진출할 문으로 들어서게 되었다. 미국인들은 시어스나 페니 같은 탄탄한 회사가 판매한다면 어떤 제품이든 별생각 없이 구매했다. 누가 만들었는지는 알 필요도 없었다. 미국 업체들은 가격은 후려치면서 품질은 까다롭게 요구했기 때문에 (당시 일본의 임금이 상당히 낮았는데도) 이윤은 얼마 남지 않았다. 그러나 시장에 관해 배우고, (종종 소매업체들의 도움으로) 제조 기술을 향상하며, 생산 규모를 확장할 절호의 기회를 놓칠 수는 없었다. 사실 미국에서 들어오는 주문은 규모가 너무 커서 일본 업체 하나가 단독으로 감당할 수 있는 경우는 많지 않았다. 그래서 미국인들은 주로 미쓰이(Mitsui) 같은 일본의 대형 종합상사와 거래했고, 종합상사는 다시 여러 회사에 주문을 나눠 맡겼다.

물론 얼마 지나지 않아 많은 일본 회사는 자사의 이름을 달고 서구 시장을 파고들었고, 일본에서 임금이 상승하자 미국 매장 브랜드와의 헐값 계약은 매력이 떨어졌다. 일본의 종합상사들은 한국, 대만 등의 업체들에 계약을 주선하기 시작했고, 1970년대 중반이 되자 이 나라들도 직접 계약을 체결할 수 있는 상사들을 보유하게 된다. 또한 미국의 소매업체들은 타이베이, 서울 등지에 지사를 설립하기 시작한다. 한편 백화점을 제외하고 특정 제품군을 취급하는 미국 회사들은 이러한 전략에서 새로운 기회를 발견했다. 이윤이 큰 제품 디자인과 마케팅만 유지하고, 제조는 다른 회사에 넘기면 어떨까? 소비자가 신뢰하는 건 브랜드의 이름이고, 자사의 요구 조건에 맞는 제품을 생산할 만한 회사는 널리고 널린 이상, 그렇게 하면 공급사보다 협상력을 올릴 수 있다. 게다가 직접 투자하지 않고도 효율적이고 저렴하게 제조된 제품을 얻을 수 있지 않은가. 이 방법은 제품의 유행 주기가 짧아서 대량생산보다는 유연한 생산이 성공의 열쇠인 경우에 특히 유효했다. 그럴 때는 여러 소규모 업체에 주문을 넣은 다음, 소매업체의 조건에 충족되지 못한 제품을 생산한 업체는 퇴출하면 그만이었다. 대략 1880년대부터 1960년대까지는 대형 제조업체들이 소매업체를 쥐락펴락했지만, 이제는 상황이 역전된 것이다. 한 의류업체 임원은 이 상황을 이렇게 묘사했다. "월마트에 판매가를 제시하지 마세요. 월마트가 결정한 가격에 팔아야 합니다." 공정무역법이 금했던 일이 그대로 일어나고 있었다. 혹여 그럴 힘이 있을지 모르는 흔치 않은 소매업체라도 예외는 아니었는데 말이다.

최근에는 상당수의 생산기지가 중국으로 옮겨갔지만, 각자의 역할과 역학관계는 크게 달라지지 않았다. 월마트가 중국 제품을 대량으로 구매하기 시작하자, 한 기업의 임원은 이러한 변화가 전혀 불편하지 않다고 이야기했다. 그 회사는 대만에 있는 공급업체와 거래를 유지하고 있었고, 중국 본토에서 일이 잘 돌아가도록 방법을 궁리하는 것도 미국인이 아니라 대만인이었기 때문이었다(현재 월마트가 중국에서 수입하는 물량은 영국과 러시아가 중국에서 수입하는 물량을 합친 것보다 많다).

물론 매장 브랜드는 동아시아 제조업체들이 미국 시장에 진출한 유일한 통로도 아니었고, 그렇게 해서 힘을 얻은 회사들에도 절대적으로 필요한 존재는 아니었다. 소니와 삼성 같은 회사들은 성공적으로 자사의 브랜드를 만들어 냈다. 삼성처럼 디자인부터 마케팅, 제조를 전부 도맡아 하는 회사는 애플보다는 예전의 GM이나 웨스팅하우스에 가깝다. 반면 애플, HP, 소니, 델 등 여러 회사의 브랜드 제품을 생산하지만 잘 알려지지는 않은, 대만의 폭스콘(Foxconn) 같은 회사도 있다. 이 회사는 2011년에 애플보다 약간 높은 매출액을 달성했지만, 직원은 15배 많았고 수익은 10분의 1 이하였다. 다시 말해, 멋진 회사가 열심히 일하는 회사보다 나은지 모른다(적어도 돈이 된다).

미국만 보더라도 소매업이 제조업보다 더 잘 나가는 이유를 한 가지 논리로 설명하기에는 너무 많은 변화가 동시다발적으로 일어나고 있었다. 그러나 미국의 소매업체, 매장 브랜드, 외주 제조업체를 살펴보면, 정부의 정책과 이에 대한 민간 업체의 반응이 상당히 놀라운 결과를 만들어냈다는 것은 어느 정도 분명해진다. 입법자들은 대형 소매업체들이 국내 대기업 제조사들의 제품 가격을 깎지 못하게 했다. 그러나 그래서 소매업체들이 해외로 눈을 돌릴 것이라는 생각은 하지 못했고, 이로 인해 안방에서는 제조업 일자리가 빠르게 사라져 버렸다. 반면 그들은 그토록 중소기업을 보호하려고 했지만, 중소기업의 경쟁력을 잃게 만든 '소매 혁명'(retail revolution)에 대해서는 손도 쓰지 못했다. 물론 승자도 있었다. 그러나 승자들은 대부분 태평양 건너편에 있었다.

에필로그
21세기의 세계 경제

지난 판의 에필로그를 쓰던 2012년 초에는 점점 더 경계가 무너져가는 것은 불가피한 현실이라는 이야기가 일상적으로 회자되고 있었다. 책에서 그동안 '세계화'가 어떤 식으로 과장되었고, 앞으로 어떤 식으로 지연되거나 역전될 수 있는지를 이야기했던 우리는 마치 다수의 의견에 온몸으로 저항이라도 하는 듯한 기분이었다. 그런데 2017년 초에 이번 개정판을 마무리하다 보니, 물론 우리가 지금의 현실을 모두 예견했다고 할 수는 없지만, 그 경고가 확실히 입증된 듯하다(이런 상황을 긍정적으로 생각한 것은 아니었다). 여러 나라에서는 경계를 훨씬 더 강화하겠다고 약속한 정치인들이 권력을 잡았고, 다른 나라들도 그 전철을 밟을 가능성이 커 보인다. 그러나 그들 중 누구도 세계무역과 이주를 통제할 성공적 대안 시스템은 윤곽조차 잡지 못했다. 사실 그러한 지도자 중에는 자신들이 비판하는 제도가 얼마나 복잡한지는 애써 모른 척하는 이들도 있는 것 같다.

그런데 그런 나라를 적대시하는 국가들도 상품과 사람, 자본, 사상이 국경을 넘나드는 것은 여전히 필요악이라고들 한다. 인간이 인간 자신과 환경을 완전히 파괴하지 않는 한 세계, 국가, 지역 세력의 상호작용은 계속될 수밖에 없다. 그리고 어떤 곳에서는 그러한 상호작용이 이뤄지는 구체적인 방식으로 인해 계속하여 수백만 명이 생사의 기로에 놓일 것이다. 우리는 스스로 '큰 그림(the big picture)'을 안다고 생각할지 모르지만 그 속에는 무관할 수 없는 여러 작은 그림이 존재할 것이고, 그러면서도 큰 그림을 대체할 수 있는 작은 그림들은 전보다 훨씬 더 줄어든 상황이다. 이 책에 실린 글들은 이러한 논의를 시작하려는 용도이지 마치려는 용도가 아니다.

사람들은 대부분 우리가 여전히 '세계화' 시대에 살고 있다는 데 동의하지만(물론 여기에 대한 반대도 상당하다), 세계화라는 말의 의미에 대해서는 의견이 분분하다. 여기서 이 문제를 깔끔하게 해결하려는 의도는 없다. 그러나 최근에 지역 간 연결이 강화되는 현상을 초기 세계화의 맥락에서 살펴보면, 그동안 세계화가 아닌 것은 무엇이었는지 정도는 분명히 알 수 있을 것이다. 더불어 무엇이 세계화인지에 대한 어느 정도의 통찰도 얻을 수 있으리라 믿는다. 즉각적인 만족과 커뮤니케이션, 덧없는 유행, 하룻밤 사이에 영웅이 된 가수들, 그리고 이미지가 전부인 광고의 세계에 사는 오늘날의 학생들(부유한 계층은 더욱더)은 단기간에 눈에 띄는 유행과 논란에 휩쓸리기 쉽다. 이 책은 이런 '포스트모던' 시대에도 '서서히 진화하는 구조'를 이해할 여지가 있다는 가정에 기초한다. 사회와 경제의 변화, 그러한 변화 국면의 주기, 그리고 사건이 끊이지 않는 더 흥미롭고 분주한 세계를 뒷받침하는 구조 말이다. 우리는 현재가 이뤄진 과정을 이해하기 위해 지난 500년 동안 전 세계에 일어난 사건들을 다룬 갖가지 분석을 취합하고자 했으며, 이는 결국 좋든 나쁘든 미래의 가능성에 대한 실마리를 제공하게 될 것이다.

그렇다면 '세계화'가 아닌 것은 무엇일까? 첫째, 경제학은 항상 정치, 문화, 종교적 우려를 끌어와 이야기를 만들어 가는데, 그러한 과정은 세계화가 아니다. 물질을 얻는 것이 주요한 관심사는 아니었던 선교사와 전사, 과학자 등이 과거에 종종 국제적 상호 연결을 강화하곤 했듯, 국제앰네스티(Amnesty International)와 적십자, 적신월사, 국경없는의사회, 파룬궁, 알카에다는 비교적 새로운 지역 간('세계적' 까지는 아니더라도) 네트워크를 대표하며, 이들은 모두 이윤 추구의 동기가 거의 없는 집단들이다. 그러나 이들이 지역 간 관계를 강화하거나 억제하는 데 중요한 도구 역할을 하는 것은 분명하다. 이윤을 추구하는 기업들은 시장 지향적이지 않은 조직과 충돌하면 그런 조직의 영향력을 무조건 무시할 수만은 없다. 예컨대 아파르트헤이트 시대에 남아프리카 공화국을 보이콧하려 했던 국제적인 움직임으로 인해 세계에서 가장 힘 있는 다국적기업들이 실질적인 비용을 부담하게 됐고, 결국 그 악랄한 관행은 폐지됐다. 미국에서 시작되어 선진국을 휩쓸었던 금연 운동은 담배 회사들이 광고에 어마어마한 돈을 쏟아붓고 엄청난 숫자로 변호사와 '전문가'를 동원했음에도 불구하고 큰 성공을 거두었다. 또한 구소련 일부 지역부터 중앙아프리카까지 자원만 놓고 보면 매력적으로 보이지만(천연자원이 풍부하고 교육 수준이 높은 값싼 노동력이 풍부하다는 이유 등으로) 외국인의 투자는 제한된 여러 지역을 보면 지역의 기관들 역시 좋게든 나쁘게든 세계적 네트워크만큼 강하게 영향력을 미친다는 것을 알 수 있다. 그러므로 경제력은 다른 모든 힘과 달리 별개의 이야기가 되었다.

둘째, 앞선 사례들에서 알 수 있듯 세계화는 이전에 예상했던 것과 달리 국가와 공공 영역이 거침없이 확장된 상태도 아니고, 요즘 사람들이 더 기대하는(꿈꾸는) 것과 달리 국가가 시들어 버린 상태도 아니다. 실제로 한 대학교수가 말했듯, 국가가 정말로 시들어가는 유일한 곳은 일부 정치학자들의 마음속일 것이다. 개개의 중앙은행은 원하는 대로 금리를 설정할 수 없다. 아주 잠깐 그렇게 할 수 있었던 시절도 있었지만, 어쨌든 그것은 일부 국가에서만 일어났던 일이다. 이미 반세기 전부터 강력한 입지를 자랑하던 국가들도 인터넷과 유전학 같은 새로운 분야에서 지적 재산권을 행사하는 등 새롭고 확장된 많은 능력을 발휘한다. 이미 존재하거나 현실화되고 있는 감시 기술은 사회와 시장에 더 강한 통제가 이뤄질 수 있다는 우려를 제기한다. 개개인의 재정 상태 및 SNS 게시물 내용에 따라 모든 자국민에게 '사회 신용 점수'를 부여하겠다는 중국의 새로운 계획은 특히 놀라운 사례이다. 그러나 대부분 지역에서 사람들은 정보를 '무료'로 교환하며, 그들을 알고 조종하려는 정부, 기업, 저작권 침해자들에게 자기도 모르는 사이에 속마음을 보여주게 된다(이 상황을 특히 회의적으로 여기는 한 논객은 이렇게 말했다. "돈을 내지 않고 제품을 사려는 사람은 결국 스스로 제품이 되고 만다"). 한편, 무인 드론이 있으면 지휘 센터에서 수천 마일 떨어진 곳의 적을 조준(처형)할 수 있다. 오늘날의 지도자들은 여론 조사와 데이터 마이닝(data mining, 대규모 자료를 토대로 새로운 정보를 찾아내는 것 - 옮긴이)을 통해 루스벨트와 처칠, 스탈린보다 더 쉽게 시민들의 생각을 읽고 그들을 설득할 새로운 아이디어와 명분을 알아낸다(지도자들이 그런 도구를 능숙하게 사용할 수 있는지, 그 도구를 공익을 위해 사용하는지는 별개의 문제이다). 또한 한두 세대 전에는 힘이 없었던(혹은 존재하지 않았던) 국가들을 생각해 보면, 국가의 힘이 커지면 시민의 삶에 두드러지게 영향력을 행사하는 일이 많음을 알 수 있다. 제2차 세계대전 이후 식민지 상태를 벗어난 나라의 어린이들은 대부분 의무적으로 초등교육을 받았고, 중등교육까지 의무로 받게 되는 경우도 많았다. 아직 남아 있던 상당수의 유목민은 정착하여 생활하며 국경과 사유지를 침범하지 않을 것을 강요받았다. 또한 오지에서 댐 건설 등의 정부 지원 프로젝트가 진행될 때면 이동을 강제 받기도 했다.

그뿐만 아니라 최근에도 국가들은 세계 경제와의 교류가 늘어나면서 강해지기도 하고 약해지기도 한다. 반면 석유 자본을 바탕으로 정부가 주도하여 국가를 건설할 수 있게 될 때까지는 자국민에게 세금을 부과할 수단도, 달리 국민들에게 영향을 미칠 방법도 없었던 석유 왕국들을 생각해 보자. 일례로 사우디아라비아는 1970년만 해도 정부가 자국의 인구조차 정확히 파악하지 못할 정도였지만, 오늘날에는 세계에서 가장 발달한 형태의 군사 및 경찰 기술을 보유한 국가이다. 두바이와 아부다비 같은 아랍에미리트 국가들도 석유 자본(또는 석유를 생산하는 인근 국가들에 서비스를 제공해서 얻은 수익)을 통해 소수의 시민에게 상대적으로 높은 생활수준을 보장해주면서, 어마어마한 숫자로 노동자를 수입하여 임시로 거주하게 하면서 권리는 제한하고 힘들고 지저분한 일은 몰아준다. 그러나 바레인에서 일어난 격렬한 갈등이 말해주듯, 이는 잠시 숨죽이고 있을 뿐인 국민에 대한 확실한 해결책이 아니다. 가장 희한한 역설은 이라크 전쟁 중에 악명을 떨쳤고 미국에서도 다양한 법적 문제에 부딪혔던 민간 경호 기업 블랙워터(Blackwater)의 설립자 에릭 프린스(Erik Prince)가 나중에 아부다비에 기반을 둔 경호 회사를 새로 설립하여 테러부터 외국인 계약 노동자들의 불만에 이르는 모든 위협으로부터 정권을 보호하기 시작했다는 사실이다. 물론 이 회사의 용병들은 특수요원이기는 하지만 결국 이들도 외국인 계약 노동자였다. 대부분의 일반 사병은 콜롬비아 출신(콜롬비아 현지에서 마약 전쟁을 벌였던)이었고, 남아프리카 출신도 있었다. 이들은 주로 미국과 유럽의 특수 부대 출신인 교관들에게서 훈련을 받았다(무슬림은 무슬림을 쏘지 못할 것 같으므로 정책상 고용하지 않으려 하는 모양새다). 나중에 프린스는 이 회사를 팔고 이번에는 홍콩을 기반으로 다시 새로운 회사를 설립하여 투자를 유치하고 아프리카 각지에 경호 서비스를 제공했으며, 이러한 프로젝트를 위해 중국 정보부와 협력한다는 소문도 있었다. 학교 민영화의 열렬한 지지자인 프린스 일가는 도널드 트럼프의 대선 운동 또한 열심히 지지했다. 프린스는 세이셸에서 있었던 블라디미르 푸틴 비선과의 회동에서 트럼프를 대변한 것으로 보이며, 그의 여동생 벳시 드보스는 트럼프 행정부의 교육부 장관이 됐다.

　이렇게 세계화가 가속화되면서 파생한 결과로 인해 국가는 국내 유권자를 무시할 만큼 강해지기도 하고 자유로워지기도 한다. 반면 국제적인 신용을 얻는 대가로 '구조 조정' 정책을 받아들인 여러 나라가 복지 제도를 서서히 폐지해야만 했던 사실을 떠올려 보자. 이러한 국가에서는 국민의 충성심이 국가로부터 멀어져 민족 종교 운동(중동, 중앙아시아, 북아프리카의 이슬람 근본주의 단체, 인도의 힌두 민족주의 단체, 아메리카의 개신교 복음주의 단체 등)으로 옮겨가는 양상이 자주 일어났다. 이러한 민족 종교는 일부 기본 의료와 교육을 비롯해 더는 국가가 제공하지 못하는 서비스를 제공했다. 콜롬비아와 엘살바도르, 과테말라, 멕시코만이 아니라 미국의 일부 도시에서는 마약 카르텔과 거리의 폭력 조직이 복지 및 치안 기능을 담당한다. 그러나 이러한 경우에도 국가는 재산을 보호하고 일반적인 공공질서를 유지하는 역할은 해야만 한다. 실제로 복지 국가의 안전망이 심각하게 허물어지는 상황에서는 국가의 경찰 역할이 다시 강조되는 경우가 많았다. 가령 이라크, 시리아, 아프가니스탄 같은 나라에서는 국가가 다른 어느 조직보다 더 잘할 수 있는 유일한 일이 '폭력 행사'로 여겨졌다. 그러나 외부인인 우리는 세계 경제의 압력에 휘둘리는 정부와 압력에서 힘을 얻는 정부를 항상 정확하게 구별할 수는 없다는 점 때문에 상황은 복잡해진다. (증명하기는 어렵지만) 기득권을 가진 계층은 "은행 때문에 어쩔 수 없다"라고 핑계를 대며 빈곤층으로 돌아가는 혜택을 줄이고 한때 힘 있던 조직을 약화할 기회를 환영한다며 의심의 눈길을 보내는 사람도 있다. 요지는, 전반적으로 '세계화'의 영향은 복잡하며 절대 투명하지 않다.

　셋째, '세계화'는 일방적인 '서구화'가 아니며 '미국화'는 더욱더 아님을 깨달아야 한다. 지난 40년 동안 경제가 가장 빠르게 성장한 지역은 동아시아와 동남아시아였고 최근에는 남아시아에서도 같은 현상이 일어나고 있음은 잘 알려진 사실이다. 그러나 이러한 성장은 서구와 아시아 사이의 무역만큼 아시아 내 무역이 증가한 결과라는 것은 좀처럼 알려지지 않았다. 실제로 1870년대 이후 거의 전 기간 아시아권 무역은 세계무역보다 빠르게 성장하고 있다. 문화적으로 볼 때 전 세계 어디를 가도 사람들이 미키 마우스를 알아보는 것은 확실하지만, 국가의 경계를 넘어선 대중문화의 성장은 많은 부분 지역적으로 이뤄진다. 예컨대 중국과 일본에 들어간 대만과 한국의 대중문화, 라틴아메리카와 남유럽 여러 국가 간의 텔레노벨라(telenovela, 스페인 연속극 — 옮긴이) 교류, 아시아에서 광범위한 인기를 누리는 인도 영화, 그리고 아프리카와 아메리카 일부 지역에 들어간 나이지리아 영화가 그 예다. 또한 카레와 초밥, 만화에 이르는 모든 것의 성공이 말하듯, 서구는 문화를 만들어 내보내기도 했지만 다른 곳에서 만들어진 문화의 영향을 받기도 했다. 사실 우리는 문화와 문화가 신속하게 통합되어 뒤섞이는 과정을 경험하고 있으며, 이 과정을 살펴보면 '서구적'이란 말의 의미에 대해 의구심이 든다.

　이러한 점에 비추어 현시대의 '세계화' 역학은 생각과 달리 수십 년 전수 세기 전 우리가 이야기하던 흐름을 그대로 이어가는 것으로 보이지만, 그 결과는 더 불확실하다. 예를 들어 근대 초기 세계 경제에서 중요한 비중을 차지했지만 일반적으로 인정되지 않는 분야로서 우리가 언급한 마약 거래는 오늘날까지 국제 상업에서 가장 비중 있는 분야 중 하나로 남아 있다. 인터넷과 공해상에서의 해적 행위와 육상에서의 수탈 행위는 여전히 널리 퍼져 있으며, 그것들은 노예 및 강제 노역의 형태로 유지되고 있다(절대적인 숫자로 나타내면, 어떻게 정의하느냐에 따라 달라지겠지만 19세기 노예 해방 이전보다 오늘날 노예가 더 많을 것이다). 그러나 500년 이상 계속하여 '세계화'가 누적된 결과, 분명 지금의 세계는 1492년의 세계와 아주 다른 곳이 되었다. 많은 경우에 변화는 세계 경제의 성장과 침투를 바탕으로 이뤄졌다. 그렇다면 지금 가장 달라진 것은 무엇일까?

첫째, 지구상에는 분명히 훨씬 더 사람이 많아졌다. 1800년경 전 세계의 인구는 10억을 조금 웃도는 정도였다. 그런데 20억이 되는 데는 120년가량이 걸렸고, 그 후 85년 동안 세계 인구는 70억까지 치솟았다! 세계의 대부분 지역에서는 100년 사이에 사람의 기대 수명이 두 배로 늘었고, 그래서 사람은 훨씬 더 오랫동안 공간을 차지하고 살아가게 되었다. 세계무역은 각 단계에서 인구를 확장하는 역할을 했다. 무역을 통해 아프리카와 유럽의 농민들은 옥수수와 감자를 얻었고, 그다음 세대의 경작자들은 구아노 같은 비료를 얻었다. 19세기에는 넓은 지역에서 밀과 쌀을 수출하게 되었고, 20세기에는 녹색혁명 기술과 새로운 의료기술이 확산됐다.

그와 동시에 인구당 소비량이 폭발적으로 증가하면서 개인이 환경에 미치는 영향도 무섭게 커졌다. 사람들은 개인 및 집단의 소득을 극대화하기 위해 명나라 관료와 스페인 탐험가, 다호메이의 추장, 500년 전 아스테카의 전사들은 상상도 못 할 만큼 강력하게 지구상의 동식물을 지배했다. 인류가 최초로 지구에 나타난 이래 사용한 에너지의 절반 이상이 1900년 이후에 사용되었다. 매년 지구상 모든 생명체가 쓰는 에너지의 40퍼센트 가까이를 인간이 사용한다. 우주에 있는 인공위성이 GPS의 위치를 계산하고 심해 관측 잠수정이 해저를 탐사하고 있으므로 지구는 구석구석까지 다 알려진 셈이다. 그러나 파키스탄과 아프가니스탄, 아마존의 반란군들은 여전히 행적이 묘연하다.

사람들이 지면 곳곳에 퍼지면서 자연과 재산의 경계는 지워지고 있다. 인간은 생물과 식물을 길들이고 말살하는 동시에 그 어느 때보다 많은 생명체에 대해 소유권을 주장하고 특허를 취득하며, 그것들을 이용하고 복제한다. 사람들은 게놈과 합성품을 얻으려 하면서, 과거처럼 자연에서 생산을 늘리고 자연의 열매를 즐기는 데 그치지 않고 자연을 통제하고 대체하려고 한다. 일부 유전자 변형 종자는 1세대가 지나면 퇴화하는 탓에 올해 작물에서는 내년에 쓸 종자를 구할 수 없으므로, 농부는 다국적 종자 회사에서 매년 씨앗을 새로 사야만 한다. 꿀 생산을 늘리기 위해 외래종 꿀벌(아프리카 벌)을 들여오고, 수로를 청소하기 위해 메기 같은 외래어종을 풀어놓고, 동물의 사료용으로 칡 같은 외래 식물을 키우는 등의 여러 대안은 돌이킬 수 없는 문제를 야기한다. 세계는 점점 더 정원이나 논밭 이상의 거대한 시장이 되어간다. 본래 자연에 존재했다기보다 사람이 구축하고 고안한 재산권이 끊임없이 개발되고 확장된다. 이미 존재하는 식물과 가축, 그리고 지구상 여러 지역에 대한 소유권 외에도 재산의 개념은 점점 더 창의적인 것이 돼 간다. 거대 선물 시장은 예상 생산량에 내기를 걸고, 프로 스포츠팀은 다른 팀으로 이적할 자유를 말소하는 계약서에 서명한 선수와 계약할 권리를 사고판다. 회사들은 일정 분량으로 환경을 오염시킬 수 있는 권리를 거래한다. 오염물질을 덜 배출하는 타지역의 회사가 환경을 보호한 미덕을 팔아 오염을 허락해준 덕분에, 기업들은 생산이 이뤄지는 지역의 환경을 오염시킬 수 있다. 웹사이트의 도메인도 사고 팔 수 있다. 청소년들은 온라인 컴퓨터 게임에 사용하기 위해 가상의 사이버 공간에서 정체성(ID)과 게임 도구를 구입한다. 중국의 시골 주민들(또 전해진 바에 의하면 중국의 수용자들)은 몇 시간이고 '월드 오브 워크래프트'를 비롯한 온라인 게임을 해서 게임 크레딧을 모아 짧은 시간에 게임의 단계를 올리고 싶어 하는 중국인과 외국인 이용자들에게 돈을 받고 판다.

간단히 말해, 새로운 형태의 재산(물리적 측면보다는 아이디어 측면의)이 창출되면서 이익과 갈등을 일으키는 새로운 원천이 되었다. 한편 2007년부터 2008년 사이에 일어난 경기 대침체 이후 알게 되었듯, 새로운 합성부채부담보증권(Synthetic CDO ― 비우량주택담보대출[서브프라임모기지]을 기초자산으로 한 CDO 투자상품은 2007년 금융위기의 발단이 됨 ― 옮긴이) 같은 금융 수단과 헤지펀드 같은 비규제 기관은 수익과 번영을 가져올 수 있는 만큼 파괴적으로 작용할 위험도 크다. 다양한 종류의 권리를 시장에서 거래할 수 있는 상품으로 만드는 것은 가치 있는 자산을 창출하고 신중하게 관리하도록 장려하고 미래에 대한 보장을 강화할 수 있지만, 반대 효과를 낼 수도 있다. 예컨대 인재를 데려다 도박의 전략을 연구하게 하고, 저축, 주택 그리고 기타 자산의 가치를 도박에 의해 달라지게 할 수 있는 것이다.

상품화가 난무하는 가장 이상한 경우 중 하나는 태평양의 섬 나우루(Nauru)가 처음에는 조금씩 영토를 팔다가 더 팔 영토가 없어지자 독립국으로서의 특권을 팔기 시작한 것이다. 우선 나우루는 인광석 채굴권을 팔고 해외에 자산을 쌓아 국민들에게 지급함으로써 수년 동안 번영을 누렸다. 시민들이 받은 돈이 중요해진 것은 인광석 채굴로 인해 대부분의 영토가 사라져가면서였다. 현재 나우루섬의 90퍼센트는 황무지이고, 나우루는 기본적으로 뉴욕과 런던, 멜버른에 있는 자산의 집합과 그 자산을 소유한 국민들로 이뤄진 나라가 되었다. 그리고 이 자산이 관리 부실로 흔들리자, 나우루는 국가의 존속을 상품화함으로써 회복을 꾀하는 추상적 단계로 한 번 더 도약을 시도했다. 외국인이 섬을 방문하지 않고도 '나우루' 은행을 설립할 수 있도록 허용함으로써 (러시아 마피아를 비롯한 여러 집단을 위한) 돈세탁과 탈세의 중심지가 된 것이다. 또한 나우루는 미국 정보기관이 다양한 업무를 처리할 수 있도록 중국에 '대사관'을 설치해주겠다고 제안하며 수수료를 요구하기도 했다. 이렇게 극단적이지는 않지만, 페르시아만의 산유국들 또한 고갈되는 자원에 대해 무역을 추진하고 외국의 은행에 부를 축적한다.

　오늘날 세계 경제가 그 어느 때보다 제약(국가, 탐욕에 대한 문화적 한계, 그리고 정복되지 않은 자연에 의한)으로부터 자유롭다고 주장하는 사람들이 있다. 그러나 그런 주장의 동력은 또 다른 사람들에게는 우리 경제가 그러한 제약들과의 추악한 충돌을 향해 나아가고 있는 것은 아닌지 의심하게 되는 이유가 되기도 한다. 이러한 주장은 전부 헤아릴 수도 없을 만큼 다양하지만 크게 세 부류로 정리할 수 있다. 우선, '불평등'을 이야기하며 이를 억제하지 않으면 소비 부족 및 정치적 반대가 커지는 위기를 초래할 수 있다고 예측하는 부류이다. 다음으로, '문화'를 이야기하며 상업 문화의 획일화 경향에 대한 저항에서 비롯된 반작용의 가능성을 지적하는 부류가 있다. 그리고 마지막으로 '자연'을 언급하며 핵심 자원의 공급에는 한계가 있다는 점이나 치명적인 오염 때문에 지구가 인간이 활동하기 덜 쾌적한 곳이 되어가고 있다는 점을 지적하는 부류도 있다. 예측은 내려놓고 각 부류를 하나씩 간략히 짚어 보면서, 현대의 세계 경제는 우리가 이전에 봐온 것과 얼마나 다른지 알아보도록 하자.

　장기적으로 보아 불평등이 커지고 있음은 분명한 사실이다. 1800년대에는 가장 부유한 나라와 가장 가난한 나라의 1인당 소득을 비교하면 그 비율이 3~4대 1에 불과했던 것으로 추정된다. 그러나 1900년에는 그 비율이 12~15대 1이 되었고, 2002년에는 50대 1이 되었다.

　물론 국가마다 사정은 다르다. 1988년의 추산에 따르면 재산 상위 5퍼센트 사람들과 하위 5퍼센트 사람들의 수입 비율은 57:1이었다. 몇 년이 지난 1993년에는 그 비율이 114:1로 치솟았다. 심지어 민주적인 중산층 문화를 자랑하는 미국에서도 2000년대가 시작될 무렵 마이크로소프트의 창업자인 빌 게이츠 개인의 순자산은 미국의 소득수준 하위 1억 명의 순자산을 다 합친 것보다 클 것으로 추산되었다. 또한 월마트의 주인 월튼가(家)의 재산을 모두 합치면 게이츠의 재산보다 많다. 이렇게 두드러진 불평등은 2011년부터 2012년까지 '반(反)월가 시위(Occupy Wall Street)'로 이어졌고, 이 운동은 상위 1퍼센트 인구의 특권적 지위를 비난하는 한편 나머지 99퍼센트의 (상대적으로) 가난한 사람들을 암묵적으로 한데 뭉치게 했다. 부의 집중은 서로 연결된(꼭 그런 것은 아니지만) 소수의 거대 기업들 안에서 이뤄지는데, 석유, 에너지, 전자, 항공, 자동차처럼 세계 경제에서 가장 수익성 높은 분야에만 집중되지 않고 은행과 보험 같은 서비스 분야로까지 옮겨가 월마트 같은 국제적 체인을 만들어내기에 이르렀다. 중국에서 미국으로 수입되는 내구소비재(자동차, 텔레비전 등과 같이 한 번 사면 비교적 오래 쓰는 물품 – 옮긴이)의 3분의 1이 모두 월마트로 들어간다. 소수의 기업이 언론과 라디오, 텔레비전, 출판 및 통신을 통제한다. 지금껏 이렇게 적은 수의 사람이 이렇게 많은 사람을 이토록 친밀한 방식으로 통제한 적은 없었다.

그러나 150년 전 카를 마르크스가 예측했던 자본주의의 위기는 그가 예측했던 형태로 일어나지 않았다. 1930년대의 대공황과 1970년대의 오일 쇼크, 1980년대의 금융 버블 붕괴, 그리고 1990년대에 성층권까지 치솟은 듯한 일본의 급부상은 세계 경제를 위협했다. 그러나 '과소소비'의 시나리오는 일어나지 않았다. 이렇게 된 이유는 여러 가지가 있지만, 우선 신용카드와 현금지급기 같은 새로운 금융 수단이 발명된 것이 그중 하나이다. 이러한 수단은 부유한 사람들 사이에서 소비와 부채를 촉진했다. 가난한 사람들의 집단행동도 이유로 작용했을 것이다. 이들의 집단행동 덕분에 빈곤한 사람 중에서도 적어도 소수는 세계의 부에 더 가깝게 접근할 수 있었다. 한편 몇몇 가난한 나라(인도, 중국, 브라질, 멕시코 등)의 경우처럼, 전체 사회는 계속해서 침체기를 겪고 있음에도 불구하고 소비에서 큰 비중을 차지하는 '중산층'은 여전히 발전해 왔다는 것 또한 주목할 만한 이유이다. 또한 북미에서 집값이 급격히 상승하면서 북미 사람들의 현금 자산이 계속하여 불어났다는 것도 한 가지 이유로 작용했다. 최근에도 북미에서는 개인 소득은 대체로 침체된 상황이지만 소비는 계속 늘고 있다. 간접적으로 보면 그들이 쓰는 돈의 일부는 동아시아에서 저축한 돈에서 나온 셈이다. 예컨대 중국에서는 정부의 정책 탓에 저축의 상당 부분이 비자발적으로 이뤄졌다. 특히 외국인들이 잉여 자금을 미국 국채에 투자하자 미국 정부는 그만큼 지출을 줄이지 않고도 세금을 삭감할 수 있었다. 주택 버블 붕괴 이후 미국 민간 부채는 감소하기 시작했고 이로 인한 수요의 위축은 정부 부채가 추가로 증가하면서 일부 상쇄되었다. '디피싯 호크'(deficit hawks, 정부 예산을 강력히 통제해야 한다고 주장하는 사람들을 가리키는 속어 - 옮긴이)들이 실제로 정부의 차입을 빠르고 성공적으로 줄인다면 어떤 일이 벌어질까? 확실친 않지만 그리 아름다울 것 같진 않다.

이 설명에서 알 수 있듯, 우리는 매우 불확실한 세계를 살아가며 이 책의 이번 판을 마무리하고 있다. 국제적 위기는 선진국의 심화하는 불평등을 훨씬 더 가시화했다. 경기 대침체로 수백만 인구가 집을 담보로 돈을 빌리고 수천 개의 공장과 상점이 문을 닫고 공공 서비스는 대폭 축소됐지만, 진짜 부자인 개인과 기업들은 수십 년 만에 처음으로 가장 낮은 세율을 적용받는 경우가 많다. 그 와중에 아마도 가장 분명하게 발전한 것은 이러한 정체 상태에 대한 불만의 정도와 성격일 것이다. 정체를 벗어날 처방은 매우 다양하다. 이를테면 (보통 서비스를 줄이고 공무원 임금을 삭감함으로써) 정부의 적자를 줄이면 투자 및 소비 수요가 모두 촉진될 것(경제학자 폴 크루그먼은 이를 가리켜 "신뢰의 요정에 의존하는 것"이라고 말한다)이라고 주장하는 사람들부터 케인스식 자극을 강화하자는 사람, 금융 거래에 대해 새로운 세금을 부과하고 규제를 가하자는 사람, 정치에서 돈의 역할을 줄이는 것을 목표로 정치를 개혁(특히 미국에서 확대되고 있다)하자는 사람, 재산권 및 노동 시장 등의 본질이 근본적으로 변화해야 한다며 보다 급진적인 요구를 주장하는 사람들까지 그야말로 각양각색의 해결책이 존재한다. 그런가 하면 제국주의 시대에 고전적 자유주의자들이 그랬던 것처럼 그냥 '체제'(어떤 체제든)가 바로잡히기를 기다리면 된다고 생각하는 사람은 거의 없는 것 같다.

한편 소비 및 총 소비 수준의 조정에 대한 논의는 부유한 국가에서 특히 그 어느 때보다 경제 분야의 핵심 의제가 되었다. 지난 30여 년 동안 정책 분석가들과 정치인들은 특정 종류의 생산을 독려하기 위해 정부가 '산업 정책'을 고안하는 것이 맞는지 점점 더 많은 의구심을 표명해 왔다(물론 정부는 계속하여 그러한 정책을 고안해내는 중이다. 미국 세법의 여러 조항에서도 그 점은 잘 드러난다). 예를 들어 많은 부유한 국가의 정부들은 비군사적 연구에 대한 지원을 대폭 줄이고 '자유무역'(적어도 이론적으로는)을 강조해 왔기 때문에 특정 제품이 특정 지역에서 생산되어야 한다는 정책을 공개적으로 지지하기가 어려워졌다(지구 온난화로 논란의 여지가 없을 것 같은 청정에너지 기술도 대부분의 부유한 국가에서 상대적으로 지원을 덜 받고 있으며, 그 지원도 생산 자체보다는 기술[태양 전지판 등]의 구매를 보조하는 데 그치는 경우가 많다). 한국과 중국처럼 비교적 나중에 최첨단 산업에 뛰어든 국가들은 특정 산업을 진흥하기 위해 공공 정책에 집중하는 경향이 더 강했고, 기존의 산업 국가들 가운데도 그렇게 해 온 곳들이 있었다. 2009년 미국이 시도한 자동차 산업 살리기와 영국이 시도한 (서비스업과 제조업 사이의) '재균형' 논의가 대표적인 예다. 그러나 여전히 가장 많이 공론화되는 주제는 정부가 수요를 관리해야 할 것인가, 하지 말아야 할 것인가이다. 인프라를 구축하고 유지하기 위한 법률을 제정하는 것은 오랫동안 정부가 해야 할 일로 간주되었지만, 미국에서는 이러한 법률을 제정하는 것조차 어려워졌다. 물론 거의 모든 정치인은 어떤 형태로든 이러한 노력을 지지한다고 말한다.

한편 민간 부분(이번에도 특히 부유한 국가의 경우)도 수요 관리에 점점 더 집중하고 있는데, 이 경우에는 무조건 수요를 늘리겠다는 쪽이다(적어도 정부는 인플레이션을 막기 위해 수요를 줄이려고 하는 때가 있다). 넘쳐나는 수익으로 재투자할 곳을 찾다 보니 너도나도 고성능 기계를 들여놓아 다 팔리지 않을 만큼 대량으로 제품을 쏟아내던 과거의 악몽에 대한 두려움은 이제 한 세대 전보다 훨씬 덜 하다. 이렇게 된 부분적인 이유는 최근 몇 십 년 사이에 급속하게 퍼진 대부분의 기술(텔레비전, 컴퓨터, 핸드폰 등)이 사물이 아닌 말과 이미지를 생산했기 때문이다. 이러한 기술들은 광고를 매개로 그 어느 때보다 열광적인 소비자를 만들고 그 소비자를 위해 완전히 새로운 서비스와 경험을 창출한다. 이 책의 두 번째 판이 출간될 때만 해도 스타트업 기업에 불과했던 페이스북은 이제 전 세계에 10억이 넘는 사용자를 두고 있으며 시장 가치는 4천억 달러가 넘는다. 더욱이 페이스북을 비롯한 소셜미디어들은 사용자들을 광고에 더 많이 노출시키는데, 이러한 광고는 사용자들이 앱을 사용하면서 드러낸 독특한 선호에 맞춰 더욱더 정밀하게 계산된 것들일 수 있다. 다시 말해, 최근까지 현대의 세계 경제는 더 많은 상품만이 아니라 더 많은 욕구를 생산해 낸 것으로 보인다. 이는 사람들에게서 불만족스러운 감정을 만들어내기 위해 그들에게 '없는 것'을 강조함으로써 가능해진 일이었다. 자본가와 상인, 행정가들은 점점 더 커지는 소비자의 욕구를 만족시키기 위해 쉽게 돈을 빌리는 수단을 만들어 냈다. 1950년대와 1960년대 미국의 정부 보조 주택 자금 융자의 경우에서처럼 덜 부유한 사람들은 그렇게 돈을 빌려서 투자를 할 수 있고, 그러면 결국 빈부격차가 줄어드는 결과가 생길 수 있다. 그러나 값싼 신용은 부채와 불평등을 확대할 우려가 있었다. 그리고 그 후 많은 사람들은 그렇게 빌린 돈이 제대로 된 구실을 하지 못함을 알게 되었다. (공립대학에 대한 정부 지원이 감소하고 정부와 조직이 지원하던 직업 훈련 기회가 줄어들면서 필요하게 된) 학자금 대출이 고소득 일자리로 이어지지 못하고, 2007년에 산 집이 여전히 이전의 가치를 회복하지 못하는 것이 그 예다.

사람들의 삶에서 소비와 광고의 역할이 계속 커지고 있다는 점을 바탕으로 문화를 궁극적인 시각에서 들여다보는 비평가들도 있다. 또 비상업적인 가치(종교, 환경 등)에 강하게 연결된 집단의 저항이 다양한 종류의 상업화 탓에 위협받고 있다고 지적하는 사람들도 있다. 한편 지나치게 성적인 광고를 반대하고, 젊은이들로 하여금 그 사회의 어른들이 아닌 세계의 다른 곳에 있는 또래들을 따라 하도록 부추기는 시장의 방식을 반대하는 사람들도 있다. 멕시코 테오티와칸의 2천 년 된 엄숙한 피라미드 그늘 아래 월마트가 들어갔을 때처럼 소매업자들은 문화적 신성모독을 이유로 비난받기도 한다. 또 어떤 글쟁이들은 여가 활동이 강조됨으로써 직업윤리가 약화되고 사회에는 소극적이고 뚱뚱한 방관자가 늘어간다고 지적하기도 했다. 휴대폰과 컴퓨터는 혼자이기를 두려워하는 산만한 멀티태스커를 낳고, 소통(잡담)의 윤리가 직업윤리를 대체했다. 그러나 지속적인 관계 맺음과 아이디어의 '크라우드 소싱(crowd sourcing, 대중[crowd]과 아웃소싱[out sourcing]의 합성어로 대중의 참여를 통해 해결책을 얻는 것을 가리킨다 – 옮긴이)'에 최적화된 사람들이 미래 혁신의 귀한 토대라고 말하는 사람들도 있다.

한편 생태에 관심을 둔 집단에서는 다른 생물과 생태계에 대한 인간의 부채와 의무를 강조한다. 그들은 우리가 더럽히는 이곳은 우리만의 터전이 아니라고 말한다. 깨끗한 공기, 깨끗한 물, 오염되지 않은 바다, 살기 좋은 기후, 오염되지 않은 토양처럼 가장 귀한 상품은 집합적이며 시장 밖에 있어야 한다고 주장한다. 그러나 다양한 정치적 관점을 가진 또 다른 비평가들은 세계 경제가 경제학 개론에 나오는 '합리적 행위자(rational actor)'로서 자신의 이익에만 집중하는 사람들을 만들어냄으로써, 사회의 기능을 가능하게 하는 경제 외 기관(가족, 국가 등)을 약화시켜 소비주의가 지나친 성공을 거두게 될 것을 두려워한다. 개개인의 이익이 최우선인 시장의 효율성과 자율성을 입이 닳도록 강조하는 신자유주의자들조차도 공동체가 삶을 이어가는 데 필요한 애국심과 공동체주의, 종교적 도덕을 강조하곤 한다. 결국 모든 시장은 경쟁만큼 협동도 필요하다.

분명 오늘날에는 문화적 갈등이 흔하게 벌어지지만, 이 책에서 드러나듯 그것은 어제오늘의 일이 아니다. 판매자와 소비자는 모두 그들이 살아가는 특정 문화를 거부하기보다는 담아냄으로써, 대량 생산된 상품의 가치에 대한 인식을 높이기 위해 계속 시장을 이용한다. 아이팟에 크리스천 록(Christian rock, 기독교 신앙을 주제로 한 가사가 들어가는 록 음악의 형태 ― 옮긴이)이 다운로드 되고, 비자카드를 쓰면 모교 등 개인이 선호하는 명분에 수익이 돌아가고, 중국 서민들이 전통적인 선물 증정 의식의 틀에 새로운 소비재를 끼워 넣는 것(그러는 과정에서 공동체 속 자신의 위치를 다시 확인하게 된다) 등은 모두 이러한 경향의 예이다. 어떻게 보면 세계 경제는 통일성을 향해 나아가고 있지만, 사람들은 계속해서 차별화되고 차이를 주장할 방법을 찾고 있다. 사실 가장 성공적인 기업 중 다수가 그렇게 크게 성공하는 비결은 그들이 이러한 차이에 발맞추고 있기 때문이기도 하다. 무슬림이 많은 곳의 맥도날드 지점에서는 라마단 쿠키를 선보이며 낮동안 단식이 이어지는 기간에는 늦게까지 문을 닫지 않는다. 인도의 맥도날드에서는 소고기가 들어간 품목을 판매하지 않는다. 또한 젊은이들이 모일 장소가 많지 않은 사회에서는 맥도날드가 젊은이들의 아지트가 되곤 하는데, 이런 곳의 지점들은 고객들에게 매장에 더 머물기를 권하며 '패스트푸드' 식당 이상이 되려고 한다.

문화에 관해 널리 퍼진 또 다른 우려는 더욱 미묘한 문제를 야기한다.

그 우려란, 모든 사람이 점점 더 소비자의 역할에만 집중하면서 사회적으로 중요한 다른 역할들을 맡을 능력은 잃게 되리라는 것이다. 시장의 모델이 다른 영역을 침범하며 '시민' 같은 용어의 내용을 바꾸고 있는 것은 사실이다. 예컨대 현재 미국의 각급 정부들이 '고객'을 만족시킨다는 말을 자주 한다는 사실은 놀라운 일이다. 지구 반대편 중국에서는 언론 캠페인에서 소매업 종사자들을 향해 군인 겸 문화 대혁명기의 영웅이던 레이펑(雷鋒)의 정신을 이어받도록 독려한다. 레이펑이 '민중을 위해 봉사' 하기 위해 살았다고 말한 것은 사실이지만, 그는 소비 행위를 자극하고 북돋우려는 목적에서가 아니라 그보다 훨씬 더 혁신적인 의미에서 그 말을 한 것이었다. 많은 나라에서는 세금을 통해 집단 재화에 돈을 들일 의지가 줄고 있는데, 위와 같은 추세가 그러한 현상과 얼마나 관련이 있는지는 단정 짓기 어려우며 이 추세가 얼마나 계속될지는 더욱더 말하기 어렵다. 사회학자 대니얼 벨이 말한 '자본주의의 문화적 모순'은 충분히 현실적이며 지속적인 쟁점을 양산할 수밖에 없다. 세계화라는 열차는 무서운 속도로 달려가고 있지만, 이러한 쟁점은 머지않아 몇 년 안에 이 열차를 탈선시킬지 모른다. 마르크스와 엥겔스는 상황을 더 급진적으로 예측한 바 있다. 거의 모든 것을 상품화해 버림으로써 의미 있게 이뤄지던 투자의 다른 방식은 대부분 파괴될 것이며, 그 결과 그러한 반란이 일어나리라는 것이었다. 또한 "자신을 위한 벌거벗은 이익 외에 사람과 사람 사이의 유대는 하나도 남지 않을 것"이며, 그래서 노동자에 대한 착취가 모습을 드러낼 것이라고 했다. 그러나 그러한 예측이 현실로 이어질 것 같지는 않다. 하지만 중동과 북아프리카에서 있었던 '아랍의 봄'과 라틴아메리카의 사회민주주의에서 영감 받은 '레드 타이드'(Red Tide: 냉전 시대 공산주의 물결을 뜻하는 말 - 옮긴이)처럼 종교를 구심점으로 정부의 폭정에 반대하며 일어난 운동들은 최근 들어 규제 없는 시장과 '경제적으로 합리적'인 남성들의 승리에 도전하고 있다. 그러나 현재로서 성공 가능성은 작아 보인다. 또한 현재 러시아, 헝가리, 인도, 미국, 영국, 필리핀 등지에서는 점점 더 호전적이고 때로는 폭력적인 민족주의가 우세하게 떠오르는 가운데 반세계화의 움직임 또한 볼 수 있다.

때로는 새로 맞이한 국면이 초국가적인 이윤 추구 조직이 더 침투해 들어온 결과인지, 혹은 그 반대의 결과인지 구분조차 어려운 경우가 있다. 심지어 그것 때문에 공동체가 의존하는 신뢰가 어느 정도는 훼손됐음이 명백하더라도 말이다. 예컨대 2016년 미국 대선 당시 가짜 뉴스를 홍보하고 돈을 벌었던 마케도니아 등의 외국 기업가들을 생각해 보자. 대부분은 이데올로기보다는 탐욕 때문에 그 일에 가담했던 것으로 보이지만, 그들은 결국 외국 정부(러시아)와 초국가 비영리 활동 에이전시 단체(위키리크스, Wikileaks)의 노력을 강화하여 '미국 제일주의'를 주창하는 반세계주의 대통령의 당선을 도왔다.

유럽 연합(EU)이 유럽 곳곳으로 영역을 확장하고 미국이 주변국들을 '자유무역' 지대로 끌어들이려 하면서 진행되었던, 자본이 자유롭게 국경을 넘나드는 세계 시장으로의 행진은 불과 몇 년 전보다 힘이 빠져 보인다. 우선 여기에는 예기치 못한 극적인 사건이 영향을 미쳤다. 이 사건은 2001년 9월 11일 세계무역센터가 무너진 이상으로 파급력이 컸다. (사회 이론가이자 역사가인 칼 폴라니[Karl Polanyi]가 나폴레옹의 패망과 제1차 세계대전 발발 사이의 100년을 가리켜 말한) 새로운 '평화의 세기'에 대한 꿈은 산산조각 나 버렸다. 그러자 갑자기 세계 경제 안에서는 흐름에 역행하는 움직임이 두드러졌다. 이러한 움직임은 9·11 폭탄 테러보다는 덜 자극적이지만 구조적으로는 더 중요했고, 세계화를 향한 추진력을 일부 제한할 가능성도 더 컸다. 2011년 일본 일부 지역을 초토화한 쓰나미와 이로 인해 발생한 원전 사고는 세계 경제의 상호의존성을 부각하며 일부 첨단 제품 생산자에 대한 과도한 의존의 위험성을 경계하게 했다. 또한 꾸준히 제기된 질문, 즉 공공 부문을 규제하는 당국이나 민간 기업이 산업 기술의 위험과 부작용을 적절히 고려하고 있는지를 우리가 판단할 수 있을지도 다시 한번 생각하게 했다.

자본과 상품(사람은 아니지만)이 거침없이 움직일 수 있는 체제를 추진하는 면에서 가장 중요한 정치적 행위자였던 미국은 현재 사상 최고의 무역 적자를 기록하고 있다. 이로 인해 세계적 신자유주의에 대한 미국의 지지가 막을 내리게 될지는 확실하지 않지만, 가능성은 분명하다. 남부의 국경을 감시하는 민병대들은(적어도 몇몇 주정부의 암묵적 묵인하에) 미국 초기의 극적인 대항 운동(countermovement: 어떤 사회운동이 출현했을 때 이에 대한 반작용으로 혹은 이에 대응하여 등장하는 운동 — 옮긴이)을 대표하는 사례 중 하나였다. 우리가 이 글을 쓰는 지금, 반이민 반무역 플랫폼으로 선출된 미국 행정부는 집권 두 달째에 접어드는 중이며 정책이 그 두 영역에서 얼마나 많이 얼마나 오랫동안 영향을 미칠지를 판단하기는 아직 이르다(지금까지는 반이민 정책이 반무역 정책보다 훨씬 빠르게 진행되고 있다).

여러 국가를 지역을 초월한 거대 공동체로 묶어버린 유럽도 세계화에 관해 적어도 똑같이 모순된 입장을 보인다. 2005년 프랑스가 유럽 연합(EU)을 구성하는 새로운 헌법에 대해 반대표를 던졌을 때, 프랑스 같은 나라들이 '국가를 초월한 제한 없는 자본주의에 대한 반대'를 '반대'의 이유로 밝힌 것은 당연한 일이었는지 모른다. 놀라운 것은 '찬성' 의사를 밝힌 상당수 국가들도 '초국가적 자본에 대한 반대'를 '찬성'의 이유로 밝혔다는 점이다. 그러면서 그들은 더 강한 유럽만이 오늘날의 세계 경제에서 인간의 사회 계약(시민과 국가 사이의 책임과 권리에 관해 국가 내부에서 통용되는 암묵적 동의 — 옮긴이)을 보호할 수 있다고 주장했다. 이제 EU에서도 상대적으로 더 부유한 국가들은 EU를 유지하는 데 반대 목소리를 내고 있으며, 영국은 (가까스로) EU 탈퇴 표를 던졌다. EU의 부유한 국가들은 또한 말하기를 자신들이 유지하고 싶은 EU는 그리스, 아일랜드, 스페인, 포르투갈 같은 가난한 회원국들로부터 더 많은 양보를 끌어내는 EU뿐이라고 한다. 한편 그러한 가난한 나라들에서 EU에 반대하는 사람들은 유로 지역에 남는 대가가 더 빈곤해지는 것이라면 EU를 떠나야 한다고 주장한다. 또 다른 이들은 확대된 EU는 존속해야 하고 충분히 그 형태로 기능할 수 있지만, 이는 더 긴밀한 통합을 통해서만 가능하다고 말한다. 그들은 다른 영역(재정 정책 등)에 대한 더 큰 조율 없이 단일 화폐를 쓴 것이 현재의 문제를 야기했다고 주장한다. EU가 더 긴밀히 통합돼야 한다고 주장하는 사람들은 현재 방어적인 입장을 취하고 있으며 '더 큰 조율'의 의미를 두고 의견이 갈린다. 그러나 지난 몇 년 동안 우리가 배운 것이 있다면 그것은 갑작스러운 정치적 반전이 일어날 수 있다는 사실일 것이다. 간단히 말해 하나의 세계(One World)를 향한 움직임은 현재 가장 부유한 국가들에서 점점 더 크게 논란을 일으키고 있다. 이러한 흐름 중 일부는 지난 개정판이 출간되면서 명백해졌지만, 그 시점에서 그것은 가장 눈에 띄는 '주변부'에서 나온 불만일 뿐이었다. 동남아시아의 무규제 통화 거래의 피해자들, 대형 광산이나 에너지 사업을 위해 근거지에서 밀려난 사람들, 외국의 무기를 도입해 힘을 얻은 정권에서 시민권을 박탈당한 사람 등이 그 주변부를 이루는 사람들이다.

한편 빈곤국들이 자국의 이익을 보호하기 위해 들인 노력은 '친(親)세계화'로 불리든지 '반(反)세계화'로 불리든지 역시 복잡한 문제가 있다. 2003년 칸쿤에서 있었던 세계무역기구(WTO) 글로벌 무역 협상은 (인도, 중국, 브라질, 남아프리카공화국을 선두로 한) 후진국들이 (자유무역의 미덕을 가장 많이 설파하는) 세계에서 가장 부유한 경제를 이끄는 지도자들에 대해 전세를 역전시키며 결렬됐다. 빈곤국들은 부유한 국가들의 탄탄한 농업 보조금과 가난한 나라들의 경쟁을 가로막는 무역 장벽을 당혹스러울 만큼 부각했다. 그 당시 선진국들이 자국 농민들에게 지급하는 보조금은 몇 년 사이 크게 감축된 개발도상국 보조금의 몇 배에 달했다. 본래 이 보조금은 빈곤국에 혜택이 돌아가게 하는 개방으로 가는 조치였으나 감축을 되돌릴 가능성은 없어 보인다.

지역적 차원에서는 농민과 소수민족들이 세계화의 결과라고 인식하는 것들에 대해 저항하기 시작했다. 볼리비아의 아미마라족과 케추아족, 칠레의 마푸체족과 멕시코 마야족 등 여러 원주민 부족은 외국의 투자와 자국의 상품화에 반발해 왔다. 민족주의라는 말로 나타나는 이러한 저항은 중국과 일본, 프랑스와 알제리, 한국과 일본, 러시아와 구소련을 구성했던 국가들 사이에서 케케묵은 긴장감을 되살리고 강화하곤 한다. 특히 중동 지역의 경우 이러한 긴장감은 반미 감정이라는 보다 일반화된 형태로도 나타난다.

세계화에 대한 저항은 소수의 가장 강력한 국가들이 가장 힘 있게 장악했으리라고 예상할 수 있는 영역, 즉 군사력 면에서도 나타난다. 소수 국가의 영향력 안에 전례 없이 파괴력이 집중되던 현상은 정교한 무기를 팔아서 이익을 챙기던 국제 무기상뿐만 아니라 비교적 단순한 폭발물을 급조하는 지역의 자살 테러범들 때문에도 약화되었고, 그러자 다양한 형태의 반란군도 더 큰 세력을 무너뜨릴 수 있게 되었다. 값싼 무기를 든 무장 세력은 이라크 같은 나라에서는 주요 국가가 원하는 수출 증대를 방해하고 있고, 콜롬비아, 아프가니스탄, 멕시코 같은 나라에서는 강대국들이 중단하고 싶어 하는 불법 거래를 보호해왔다. 또한 세계무역과의 연결고리가 미미한데도 불구하고 문화적 세계화에 대한 저항과 국제 원조에 의존하는 비인기 정부들에 대한 저항은 매우 커 보일 때가 많다.

인간과 정보는 놀랍도록 빠르게 이동하고 순환함에도 불구하고 세계의 여러 지역은 이러한 회로에 부분적으로만 연결되어 있다는 사실 또한 기억해야 한다. 세계 인구의 절반은 전화를 걸어본 적조차 없다는 흔한 주장은 분명 과장된 면이 있지만, 그 수치가 4분의 1로 바뀐다면 타당한 말이 된다. 이런 사람들은 세계가 연결되는 현상으로부터 무관하다는 말이 아니다. 사실 그들은 세계 시장의 상품 가격이나 환율이 변동될 때 가장 크게 영향을 받는 사람들일지 모른다. 왜냐하면 그런 사람들은 주변과 가장 가까이서 생활하는 경향이 있기 때문이다. 그러나 지난 5세기 동안 그러했듯, '주변'은 지역적으로 뿌리내린 무엇과 우리 세계를 형성하지 않은 무엇 사이의 상호작용이 이뤄지는 곳이다.

이러한 상호작용은 여러 변화의 원인을 어느 한 가지로 꼽기 어렵게 한다. 국가 안에서 불평등이 커지고 세계적으로 인구가 증가함에도 불구하고, 지난 25년 동안 일어난 경제 성장은 (적어도 세계은행의 기준에 따르면) 극빈층 숫자를 대략 10억 정도로 감소시켰다. 단연코 그 감소의 가장 큰 부분은 중국에서 일어났다. 그렇다면 이 점이 시사하는 바는 무엇일까? 확실히 중국은 이 기간에 세계 경제를 향해 극적인 개방을 이어갔다. 1990년대에 1.9퍼센트였던 세계 시장 상품 수출 비율은 2014년에 18퍼센트까지 치솟았다. 중국에서 빈곤이 감소한 것은 무역의 영향이 크다. 더 자세히 말하면, 수출을 통해 일자리와 소득이 창출되었기 때문만이 아니라 원자재와 농산물이 수입되면서 1차 제품의 가격 상승이 억제되었기 때문이라고 할 수 있다(수입이 아니었더라면 번영으로 수요가 늘면서 1차 제품의 품귀 현상을 낳았을 것이다). 그와 동시에 중국은 여러 정책을 도입했다. 통화를 통제했고, 케인스식으로 정부 지출을 확대하여 수요를 자극했으며, 투자 결정 시 국가가 적극적으로 개입했고(자동차부터 청정에너지 영역까지), 여러 사업에서 다양한 형태로 전체 혹은 부분에 대해 국가의 소유권(지역적으로도 전국적으로도)을 행사했다. 즉, 중국은 경제를 시장에만 맡기지 않았다. 게다가 중국은 인구 성장을 억제하고 내부 이주를 통제하기 위해 (모든 의미에서) 매우 공격적인 개입을 마다치 않았다. 사람들이 이러한 정책의 득실을 어떻게 생각하든지, 적어도 그 일부는 최근 몇 년 동안 급속히 이루어진 자본의 축적과 관련이 있을 것으로 추정되며 이것은 국가가 시들어가는 상태와는 분명 거리가 있다. 더욱이 비교적 폐쇄적이었던 마오쩌둥 시대를 보면, 당시에는 인구당 경제 성장률이 훨씬 낮았고 사람을 대상으로 끔찍한 사건이 일어났음에도 불구하고 평균 수명, 문맹률, 건강 면에서는 놀라운 성장이 일어났다. 1945년 이후 전 세계 평균 수명이 50퍼센트 가까이 향상됐음을 말하는 것으로 충분할 것이다. 그러나 이는 '중국의 기적'을 1978년 이후의 시장화 덕으로만 돌리는 것을 어렵게 만들며, 중국이 세계화와 시장에 반대하던 시절에 형성된 인적 자본이 세계화 시대의 번영에 어떻게 기여했는지를 말하기 또한 어렵게 만든다.

물론 세계무역의 성장에 따른 승자와 패자는 인간에게만 국한되지 않는다. 다른 종들 역시 어마어마한 영향을 받았다. 많은 종이 지구상에서 사라지거나 숫자가 줄었다(이 가운데는 또 다른 글로벌 네트워크 덕분에 보존되는 종도 있다). 반면 소와 닭 등은 개체 수는 훨씬 더 많아졌지만 한 세기 전 농장이 덜 산업화되었을 때 살았던 그 조상들(더 거리가 있는 야생의 조상들에 대해서는 말할 것도 없다)과는 전혀 다른 방식의 삶을 산다. 과거와 현재의 가축들은 거의 다른 생명체로 보일 정도다. 지난 100년 사이에 줄어버린 생물학적 다양성은 10억 년의 기간을 놓고 보아도 눈에 띌 정도로 심각해졌다. 한 가지만 예로 들면, 생물권 역사에서 육지 척추동물의 다양성은 1880년 이후에 전체의 절반 이상이 손실됐다. 이러한 손실은 일반적으로 토지 이용 강화와 그에 따른 서식지 감소로 인한 것이며, 사냥의 증가가 원인이 되는 경우는 확연히 줄었다. 물론 두 가지 원인은 모두 인구 증가, 생활수준 상승, 시장 확대와 관련이 있다.

우리 환경의 미래, 그리고 성장하는 세계 경제 속 환경의 지속 가능성은 특히 예측하기 어려운 문제다. 여기에는 인간의 활동이 계속하여 지구 온난화를 악화할 경우 지구가 일반적으로 겪게 될 영향에 관한 질문과 우리가 여러 활동에 사용하는 자원의 한정된 공급에 관한 질문이 모두 포함된다. 에너지 공급에 관한 우려는 여기서 가장 눈에 띄는 문제이다. 석유와 가스는 아직 양은 많지만(엄청난 양의 석탄도 마찬가지다) 문제는 그중 많은 양이 환경 면에서 위험한 곳에 있으며(2010년에 일어난 딥워터 호라이즌 유출 사고는 심해 시추 지역에서 일어났다. 훨씬 더 거친 바다에서 위험한 방식으로 시추가 이뤄지는 경우도 있다), 특히 지저분한 추출 과정을 거쳐야 하고(석유 추출에 역청사를 이용하고 천연가스 추출에 수압 파쇄법을 이용하는 등), 환경적으로만큼 정치적으로도 민감한 자원(예: 아마존 일부 지역 또는 나이저 델타에서의 시추)이라는 것이다. 한편, 산업 문명에서는 여전히 석탄과 석유의 부산물을 (지력을 대체하는) 비료와 (금속, 섬유 등을 대체하는) 플라스틱, 그리고 당연히 동력으로 바꾸어 사용한다. 지금 우리는 분명히 인류사 그 어느 때보다 더 경계와 가까운 지점에서 곡예를 하고 있지만, 그렇다고 해서 앞에 무엇이 있는지를 확실히 볼 수 있는 것은 아니다. 한편 세계를 배경으로 이뤄지는 생산과 소비의 지속적 성장에 대해 예측된 결과를 완화할 기술적 변화가 있을 수도 있다. 재생 에너지 기술 면에서 최근에 일어난 발전은 분명 조짐이 좋기는 하지만, 석탄에서 석유로 가는 과정에 관한 우리의 논의(7장 10절 참조)에서 알 수 있듯 새로운 기술을 얼마나 빠르게, 혹은 느리게 채택할지를 결정하는 데는 많은 요소가 작용한다. 반면에 환경의 변화는 어느 날 갑자기 훨씬 더 빠르게 일어날 수 있다. 과학자들은 자연에서 느리고 꾸준하게 일어나는 듯하던 변화도 아직 알려지지 않은 특정 티핑 포인트(tipping point: 작은 변화들이 기간을 두고 쌓여 작은 변화만 일어나도 갑자기 큰 영향을 초래할 수 있는 상태가 된 단계 — 옮긴이)들이 만나면 갑자기 가속력이 붙을 수 있다고 경고한다. 그러므로 더 친환경적인 기술이 개발되어 특정 기간에 걸쳐 단계적으로 도입될 것이라고 자신할 수 있거나 정치적 선택(일정량의 탄소세 부과 등)이 친환경 기술을 어느 선까지 가속화할 것이라고 장담할 수 있다 해도, 계속되는 성장으로 대표되는 아주 위험한 도박에서 그것들이 안전을 적절히 담보해 줄 수 있을지는 확신할 수 없다(물론 성장 둔화 역시 특히 분배가 그대로라면 상당한 위험을 수반한다).

담수 공급은 이미 압력이 느껴지기 시작한 중대 영역 중 하나이다. 담수 공급은 지난 10년 동안 특히 급속한 변화가 있었다. 지난 1만2천 년 동안의 '사용 가능 담수 공급의 순 감소량'을 살펴보면 그 절반 이상이 1955년 이후에 발생했다. 많은 지역은 한참 전부터 심각한 물 부족을 겪고 있다. 경제 활동은 광범위한 영역에서 물에 의존하고 있으며 물을 더 사용하지 않고는 수백만 인구의 생활수준을 개선하기가 힘들다. 지하 대수층의 변화를 측정할 수 있는 신기술이 나타났다는 것은 중국 북부, 인도 북서부, 파키스탄같이 인구 밀도가 높고 정치적으로 매우 민감한 지역에서 급격하고 무섭게 물이 고갈되고 있음을 나타낸다. 캘리포니아나 카자흐스탄 같은 지역에서는 지표수 공급원의 고갈과 오염이 더욱 뚜렷하게 나타난다. 물이 필요한 많은 영역에서 물을 대체할 다른 자원을 찾기는 어렵다. 또한 적어도 현시점에서는 특히 물 부족 압력이 높은 지역에 담수를 공급하기 위해 대규모로 국제 무역을 벌인다는 것은 실행 불가능한 일이다.

그러나 현재 많은 양의 물이 낭비되고 있는 것도 사실이다. 지금껏 이런 상황에서 일반적으로 나왔던 말은 수도를 민영화하고 수도세를 올림으로써 상수원을 보호하고 물을 효율적으로 공급하자는 것이었다. 그러나 좀 더 장기적인 시각에서 보면, 이 해결책은 지난 몇 세기 동안 상품화된 목재와 땅, 광물 등을 포함하는 '원자재' 상품 목록에 단순히 물 하나를 더하는 것에 지나지 않았다. 그리고 이러한 전통 원자재 상품들에 대해 종종 발생했듯이, 물을 시장에 내놓고자 하는 노력은 볼리비아, 남아프리카, 우루과이, 인도 등지에서 격렬한 저항을 일으키곤 했고, 이러한 저항은 성공으로 이어지는 경우가 많았다. 이러한 저항의 원동력은 가뜩이나 위태로운 안전망에서 줄 한 가닥을 더 빼놓으면서까지 사리사욕을 챙기려는 계산에서 나온 것 같지는 않다. 사람들은 많은 경우에 물을 아주 기본적인 자원으로 생각하며, 물은 생명 그 자체, 그리고 사람이 지구와의 관계에서 느끼는 감정과 밀접하게 연결돼 있으므로 물이 그저 또 하나의 무역 상품이 되도록 내버려 두는 것은 잘못되었다고 확신하며 분개한다. 이 문제는 대부분의 사회에서 농업에 쓰이는 물이 다른 대부분의 영역에서 사용되는 물보다 갤런당 소득에 더 적게 기여한다는 사실(물리적으로 낭비되는 양이 있기 때문이기도 하지만 농작물 가격이 낮기 때문이기도 하다)로 인해 더 어려워지고 있다. 농업에서는 물값이 오르면 분명 물을 사용하지 않는 쪽으로 물 사용을 크게 줄여야 할 것이다. 그러나 농민은 사회의 가장 가난한 구성원에 속하며, 그래서 이들이 물값 상승의 직격탄을 맞는 것은 많은 사람의 눈에 특히 불공평하게 비친다. 게다가 농민이 물 사용을 줄일 수 있는 한 가지 방법은 작물의 재배를 줄이는 것이다. 이 전략이 전 세계에 적용된다면 명백한 문제가 야기될 것이다.

반면 성장하는 사회가 (가격을 올릴 때와 마찬가지로) 물 수요를 억제할 수 없다면, 끔찍한 물 부족에 대한 유일한 대안은 공급을 늘리는 것이다. 그러나 이 방법 역시 위험이 크다. 예컨대 중국은 현재 사상 최대 규모의 건설 프로젝트를 진행하고 있다. 이 프로젝트는 중국 중부와 남서부 지역의 강물을 수백 마일에 걸쳐 세 갈래로 끌어다가 훨씬 건조한 북부까지 연결하는 것이다(Three-prolonged diversion: 남수북조[南水北調]). 이 프로젝트는 환경적, 사회적으로 상당한 위험을 수반하며 제대로 가동되지 못할 가능성도 있다. '취수' 지역 또한 정수 부족 사태의 조짐이 보이는데, 이 프로젝트에 연결된 강뿐 아니라 중국 외 지역 10억 이상의 인구에 절대적인 물 공급원 역할을 하는 티베트의 빙하 또한 급속하게 줄고 있기 때문이다. 그 외에도 대규모 담수화 프로젝트와 같이 물 공급을 늘리기 위한 기술적 대안들도 각기 다른 문제들을 안고 있다. 현재의 담수화 기술에는 에너지가 대규모로 소비되며 유해 폐기물이 발생한다(사우디아라비아는 2천9백만 인구를 위한 담수화 공장의 연료로 석유 생산량의 15퍼센트를 사용한다. 중국과 중국보다 물 부족이 더 심각한 인도는 사우디아라비아보다 인구가 50배 가까이 많다). 이 외에도 여전히 인기 있는 일반적인 전략은 해외의 농지를 구매하면서 수자원에 대한 권리도 확보하는 것이다. 최근 들어 급증한 이러한 거래의 경우, 주로 아프리카와 동남아 지역에서 토지 매각이 이루어지며, 대부분의 구매자는 중동의 산유국과 같이 부유하지만 건조한 지대에 속한 나라들이거나 인구 밀도가 높고 산업 집약적인 중국과 한국 같은 나라들이다. 이 방법은 일부 국가에는 확실히 도움이 되는 해결책이지만 그 외의 국가들에는 더 큰 불안과 분노까지 일으킬 가능성이 있다.

그러므로 우리가 살아가는 세계를 이해하려면 시장 경제(market economy)만이 아니라 도덕 경제(moral economy)도 고려해야 할 것이다. 도덕 경제란 사람들이 공정하다고 인식하는 것, 그리고 그들이 재화와 노동에 부여하는 가치에 영향을 주는 문화적 지향을 의미한다. 어떤 경우에는 문화적 차이로 인해 똑같은 물건이 다른 용도로 쓰이기도 하고 지역마다 가치가 달라지기도 하는데, 그럴 때 시세 차익이 발생하면 교환이 촉진된다. 그런가 하면 역시 문화적 차이로 인해 교환에 대한 반발이 발생하기도 한다. 이 과정은 때로 두 단계에 걸쳐 이뤄진다. 멕시코의 농부들은 1990년대 초반부터 더 효율적이고 (보조금도 지원받으며) 자본 집약적인 미국 중서부 지역과의 나프타(NAFTA) 협정 때문에 자국 내 옥수수 시장에서 밀려나기 시작했다. 시장에서 경쟁력을 잃게 되자 다수의 농민이 꾸리던 소규모 농장은 설 자리를 잃었다. 이러한 농장에서 생산한 곡물은 제값에 팔리지 못하더라도 먹거리는 될 수 있었기에 빈곤층에게는 시장의 보험 같은 역할을 하던 터였다. 그나마 미국산 옥수수가 식품 가격을 낮추는 역할을 하는 듯했지만 미국에서는 정치적으로 금지된 연료인 바이오 에탄올 생산에 대량의 옥수수가 투입되자 옥수수 가격은 오히려 상승하기 시작했다. 다수의 멕시코인들은 직접 재배한 농산물로는 생계를 유지할 수 없다는 점을 알게 됐고 다른 문화의 빵이나 쌀과 같이 문화적 상징이자 주식인 토르티야조차 마음대로 살 수 없는 형편이 되었다.

이렇듯 문화들('들'이라고 한 것에 주목하자)은 여전히 중요하며 종종 놀라운 방식으로 그 역할을 한다. 인간의 욕구와 기술에 철저히 속박될 위기에 처했던 자연(문화의 경우 시장을 통해 같은 위기에 처했다) 또한 다시 무대에 등장했다. 아니 좀 더 정확하게 말하자면 자연은 언제나 무대 위에 있었다는 사실이 재발견된 셈이다. 에너지가 광범위하게 사용돼야 하므로 거의 무엇이든 대체재를 찾아내는 현대 사회는 이제 이러한 대규모 에너지 생산이 지구를 위협하고 자연뿐만 아니라 인류가 세운 문명까지 근본적으로 흔들 수 있다는 사실을 깨닫고 있다. 자연과 문화는 모두 세계 경제의 영향을 지속적으로 받으면서 세계 경제에 대한 경계선 또한 지속적으로 그려내고 있다. 우리는 미래가 다르리라는 것은 알지만, 어떻게 다를지는 알 수 없다. 무역이 창조한 세계(The World That Trade Created, 이 책의 원제 - 옮긴이)의 미래가 어떠할지 알고 싶다면 기다리는 수밖에 없다. 그러나 수동적으로 기다리는 것은 매력적인 선택지가 아니다. 오히려 세계를 이해하고 변화시키고자 하는 노력이야말로 우리 앞에 놓인 미래를 알아가는 과정에서 적이 아닌 동지가 되어줄 것이다.

참고 문헌

Adas, Michael. *Prophets of Rebellion: Millenarian Protest Movements Against the European Colonial Order.* Chapel Hill: University of North Carolina Press, 1979.
Adas, Michael. *Machines as the Measure of Men: Science, Technology and Ideologies of Western Dominance.* Ithaca, NY: Cornell University Press, 1989.
Adejumobi, Saheed. *The History of Ethiopia.* Westport, CT: Greenwood Press, 2007.
Al-Rasheed, Madawi. *A History of Saudi Arabia.* Cambridge, U.K.: Cambridge University Press, 2002.
Andrews, Kenneth. *Trade, Plunder, and Settlement: Maritime Enterprise and the Genesis of the British Empire, 1480-1630.* Cambridge, U.K.: Cambridge University Press, 1984.
Anscombe, Frederic F. *The Ottoman Gulf: The Creation of Kuwait, Saudi Arabia, and Qatar.* New York: Columbia University Press, 1997.
Appadurai, Arjun. *The Social Life of Things: Commodities in Cultural Perspective.* New York: Cambridge University Press, 1986.
Arrighi, Giovanni. *The Long Twentieth Century: Money, Power and the Origins of Our Times.* London: Verso, 1994.
Austin, Gareth. *Labour, Land and Capital in Ghana: From Slavery to Free Labour in Asante, 1808-1956.* Rochester, NY: University of Rochester Press, 2005.
Aveling, Harry, ed. *The Development of Indonesian Society.* New York: St. Martin's Press, 1980.
Baer, Julius B., and Olin Glenn Saxon. *Commodity Exchanges and Futures Trading.* New York: Harper, 1949.
Bairoch, Paul. *The Economic Development of the Third World Since 1900.* Trans. Cynthia Postan. Berkeley: University of California Press, 1977.
Bakewell, Peter John. *Miners of the Red Mountain: Indian Labor at Potosi, 1545-1650.* Albuquerque: University of New Mexico Press, 1984.
Barlow, Colin. *The Natural Rubber Industry: Its Development, Technology, and Economy in Malaysia.* Kuala Lumpur: Oxford University Press, 1978.
Barlow, Colin, Sisira Jayasuriya, and C. Suan Tan. *The World Rubber Industry.* Lon-

don: Routledge, 1994.
Bayly, C.A. *Imperial Meridian: The British Empire and the World, 1780-1840.* London: Longman, 1989.
Beckert, Sven. *Empire of Cotton: A Global History.* New York: Penguin Random House, 2015.
Bennett, Alan Weinberg, and Bonnie K. Bealer. *The World of Caffeine.* London: Routledge, 2001.
Blackburn, Robin. *The Making of New World Slavery.* New York: Verso, 1997.
Blussé, Leonard. *Strange Company: Chinese Settlers, Mestizo Women, and the Dutch in VOC Batavia.* Dordrecht, Holland: Foris, 1986.
Boxer, Charles R. *The Dutch Seaborne Empire, 1600-1800.* London: Hutchinson, 1965.
Braudel, Fernand. *The Structures of Everyday Life.* New York: Harper and Row, 1981.
Braudel, Fernand. *The Wheels of Commerce.* New York: Harper and Row, 1982.
Braudel, Fernand. *The Perspective of the World.* New York: Harper and Row, 1984.
Brook, Timothy, ed. *Opium Regimes: China, Britain, and Japan, 1839-1952.* Berkeley: University of California Press, 2000.
Brook, Timothy. *Vermeer's Hat: The Seventeenth Century and the Dawn of the Global World.* London: Bloomsbury Press, 2008.
Burke, Timothy. *Lifebuoy Men, Lux Women: Commodification, Consumption and Cleanliness in Modern Zimbabwe.* Durham, NC: Duke University Press, 1996.
Chandler, Alfred D., Jr. *The Visible Hand: The Managerial Revolution in American Business.* Cambridge, MA: Belknap Press of Harvard University Press, 1977.
Chaudhuri, K.N. *Trade and Civilization in the Indian Ocean: An Economic History.* New York: Cambridge University Press, 1985.
Chaudhuri, K.N. *Asia Before Europe.* New York: Cambridge University Press, 1990.
Chew, Samuel C. *The Crescent and the Rose: Islam and England During the Renaissance.* New York: Octagon Books, 1965.
Clarence-Smith, William G., and Steven Topik, eds. *The Global Coffee Economy in Africa, Asia and Latin America.* New York: Cambridge University Press, 2003.
Cochran, Sherman G. *Encountering Chinese Networks: Western, Japanese, and Chinese Corporations in China, 1880-1937.* Berkeley: University of California

Press, 2000.
Cooper, Frederick, Thomas C. Holt, and Rebecca J. Scott. *Beyond Slavery: Explorations of Race, Labor, and Citizenship in Postemancipation Societies*. Chapel Hill: University of North Carolina Press, 2000.
Cortes Conde, Roberto. *The First Stages of Modernization in Spanish America*. Trans. Toby Talbot. New York: Harper and Row, 1974.
Cronon, William. *Nature's Metropolis: Chicago and the Great West*. New York: W.W. Norton, 1991.
Crosby, Alfred W., Jr. *The Columbian Exchange: Biological and Cultural Consequences of 1492*. Westport, CT: Greenwood, 1972.
Crosby, Alfred W., Jr. *Ecological Imperialism: The Biological Expansion of Europe, 900-1900*. New York: Cambridge University Press, 1986.
Curtin, Philip D. *The Atlantic Slave Trade: A Census*. Madison: University of Wisconsin Press, 1969.
Curtin, Philip D. *Cross-Cultural Trade in World History*. New York: Cambridge University Press, 1984.
Das Gupta, Ashin and M.N. Pearson, eds. *India and the Indian Ocean 1500-1800*. New Delhi: Oxford University Press, 1987.
Dean, Warren. *With Broadax and Firebrand: The Destruction of the Brazilian Atlantic Forest*. Berkeley: University of California Press, 1995.
Deerr, Noel. *The History of Sugar*. 2 vols. London: Chapman and Hall, 1949-1950.
De Vries, Jan. *The Industrious Revolution: Consumer Behavior and the Household Economy, 1650 to the Present*. Cambridge, U.K.: Cambridge University Press, 2008.
Dillon, Richard. *Captain John Sutter*. Santa Cruz, CA: Western Tanager, 1967.
Earle, Peter. *The World of Defoe*. New York: Atheneum, 1977.
Elvin, Mark. *Pattern of the Chinese Past*. London: Eyre Methuen, 1973.
Enstad, Nan. "To Know Tobacco: Southern Identity in China in the Jim Crow Era," *Southern Cultures* 13, no. 4 (Winter, 2007): 6-23.
Farnie, Douglas A. *The English Cotton Industry and the World Market, 1815-1896*. Oxford: Clarendon Press, 1979.
Farnie, Douglas A., and David J. Jeremy, eds. *The Fibre That Changed the World: The Cotton Industry in International Perspective, 1600-1990s*. Oxford: Oxford University Press, 2004.
Ferguson, Niall. *The House of Rothschild: The World's Bankers, 1849-1999*. New

York: Penguin Books, 2000.

Flandreau, Marc, Juan Flores, Norbert Gaillard, and Sebastian Nieto-Parra. "The End of Gatekeeping: Underwriters and The Quality of Sovereign Bond Markets, 1815-200." *National Bureau of Economic Research Working Paper 15128*, July 2009.

Flynn, Dennis O., and Arturo Giraldez. *Metals and Monies in an Emerging Global Economy*. Brookfield, VT: Variorum, 1997.

Frank, Andre Gunder. *Capitalism and Underdevelopment in Latin America*. New York: Monthly Review Press, 1967.

Gallagher, John, and Ronald Robinson. "The Imperialism of Free Trade." *Economic History Review*, 2nd series, 6, no. 1 (1953): 1-15.

Gardella, Robert. *Harvesting Mountains*. Berkeley: University of California Press, 1994.

Gately, Iain. *Tobacco: A Cultural History of How an Exotic Plant Seduced Civilization*. New York: Grove Press, 2001.

Gerritsen, Jan Willem. *The Control of Fuddle and Flash: A Sociological History of the Regulation of Alcohol and Opiates*. Leiden: E.J. Brill, 2005.

Gerschenkron, Alexander. *Economic Backwardness in Historical Perspective*. Cambridge, MA: Belknap Press of Harvard University Press, 1962.

Gootenberg, Paul. *Between Silver and Guano: Commercial Policy and the State in Post-Independence Peru*. Princeton, NJ: Princeton University Press, 1989.

Gootenberg, Paul. *Andean Cocaine: The Making of a Global Drug*. Chapel Hill: University of North Carolina Press, 2008.

Green, Julie. *The Canal Builders: Making America's Empire at the Panama Canal*. New York: Penguin, 2009.

Gudeman, Stephen. *Economics as Culture: Models and Metaphors of Livelihood*. Boston: Routledge and Kegan Paul, 1986.

Habib, Irfan, and Tapan Raychaudhuri. *Cambridge Economic History of India*. Cambridge, U.K.: Cambridge University Press, 1984.

Hamashita, Takeshi. "The Tribute System and Modern Asia." *Memoirs of the Research Department of the Tōyō Bunko*, no. 46.Tokyo: Tokyo University Press, 1988.

Hamilton, Gary, with Misha Petrovic and Robert C. Feenstra. "Remaking the Global Economy: U.S. Retailers and Asian Manufacturer." In *Commerce and Capitalism in Chinese Societies*, ed. Gary G. Hamilton, 146-183. New York:

Routledge, 2006.

Hattox, Ralph. *Coffee and Coffeehouses: The Origins of a Social Beverage in the Medieval Near East.* Seattle: University of Washington Press, 1985.

Hayami, Yujiro. *The Agricultural Development of Japan: A Century's Perspective.* Tokyo: University of Tokyo Press, 1991.

Hill, Polly. *The Migrant Cocoa-Farmers of Southern Ghana: A Study in Rural Capitalism.* Cambridge, U.K.: Cambridge University Press, 1963.

Hine, Thomas. *The Total Package: The Evolution and Secret Meanings of Boxes, Bottles, Cans, and Tubes.* Boston: Little, Brown, 1995.

Hirschman, Albert. *The Passions and the Interests: Political Arguments for Capitalism Before Its Triumph.* Princeton, NJ: Princeton University Press, 1977.

Hirschman, Albert. *Essays in Trespassing: Economics to Politics and Beyond.* New York: Cambridge University Press, 1981.

Hobsbawm, Eric. *The Age of Capital.* New York: Scribner's, 1975.

Hobsbawm, Eric. *The Age of Empire, 1875-1914.* New York: Pantheon Books, 1987.

Hobsbawm, Eric. *Age of Extremes: The Short Twentieth Century, 1914-1991.* London: Abacus, 1994.

Hobson, John A. *Imperialism: A Study.* London: Allen and Unwin, 1938 [1902].

Hochschild, Adam. *King Leopold's Ghost.* Boston: Houghton Mifflin, 1998.

Holliday, J.S. *Rush for Riches: Gold Fever and the Making of California.* Berkeley: University of California Press, 1999.

Hossain, Hameeda. *The Company Weavers of Bengal.* Delhi: Oxford University Press, 1988.

Israel, Jonathan. *Dutch Primacy in World Trade, 1585-1740.* Oxford: Oxford University Press, 1989.

Kenwood, A.G., and A.L. Lougheed. *The Growth of the International Economy, 1820-1960.* London: Allen and Unwin, 1971.

Kia, Mehrdad. *Daily Life in the Ottoman Empire.* Santa Barbara, CA: Greenwood, 2011.

Kling, Blair. *Partner in Empire: Dwarkanath Tagore and the Age of Enterprise in Eastern India.* Berkeley: University of California Press, 1976.

Klinger, Julie Michelle. *On the Rare Earth Frontier.* Ph.D. dissertation, University of California, Berkeley, 2015.

Kortheuer, Dennis. *Santa Rosalia and Compagnie du Boléo: The Making of a Town and Company in the Porfirian Frontier, 1885-1900.* Ph.D. Dissertation,

University of California, Irvine, 2001.

Kuisel, Richard. *Seducing the French: The Dilemma of Americanization.* Berkeley: University of California Press, 1993.

Kula, Withold. *Measures and Men.* Trans. R. Szreter. Princeton, NJ: Princeton University Press, 1986.

Latham, A.J.H. *The International Economy and the Undeveloped World.* Totowa, NJ: Rowman and Littlefield, 1978.

Latham, A.J.H., and Larry Neal. "The International Market in Rice and Wheat, 1868–1914." *Economic History Review* 36 (1983): 260–280.

Lery, Jean. *History of a Voyage to the Land of Brazil, Otherwise Called America.* Trans. Janet Whatley. Berkeley: University of California Press, 1990.

Lewis, W. Arthur. *Growth and Fluctuations, 1870–1914.* Boston: Allen and Unwin, 1978.

Lichtenstein, Nelson, ed. *Wal-Mart: The Face of Twenty-First-Century Capitalism.* New York: New Press, 2006.

Lu Hanchao. *Beyond the Neon Lights: Everyday Shanghai in the Early Twentieth Century.* Berkeley: University of California Press, 1999.

Machado, Pedro. *Ocean of Trade. South Asian Merchants, Africa and the Indian Ocean, c. 1750–1850.* Cambridge: Cambridge University Press, 2014.

Madureira, Nuno Luis. "Oil in the Age of Steam." *Journal of Global History* 5, no. 1 (March 2010): 75–94.

Marchand, Roland. *Advertising the American Dream: Making Way for Modernity, 1920–1940.* Berkeley: University of California Press, 1985.

Marcus, Harold. *A History of Ethiopia.* Berkeley: University of California Press, 1994.

Marichal, Carlos. *A Century of Debt Crisis in Latin America: From Independence to the Great Depression, 1820–1930.* Princeton, NJ: Princeton University Press, 1989.

Marshall, P.J. *Bengal: The British Bridgehead.* Cambridge, U.K.: Cambridge University Press, 1987.

Marx, Karl. *Capital.* New York: International Publishers, 1996.

McAlpin, Michelle. *Subject to Famine: Food Crises and Economic Change in Western India, 1860–1920.* Princeton, NJ: Princeton University Press, 1983.

McCoy, Alfred W. "A Queen Dies Slowly: The Rise and Decline of Iloilo City." In *Philippine Social History: Global Trade and Local Transformation,* eds. Alfred W. McCoy and Eduard de Jesus, 297–358. Manila: Ateneo de Manila

University Press, 1982.

McCreery, David. *Rural Guatemala, 1760-1940.* Stanford, CA: Stanford University Press, 1994.

McNeill, William. *Plagues and Peoples.* Garden City, NY: Anchor Books, 1976.

McNeill, William. *The Pursuit of Power: Technology, Armed Force and Society Since A.D. 1000.* Chicago: University of Chicago, 1982.

Miller, Joseph C. *Way of Death: Merchant Capitalism and the Angolan Slave Trade, 1730-1830.* Madison: University of Wisconsin Press, 1988.

Mintz, Sidney. *Sweetness and Power: The Place of Sugar in Modern History.* New York: Penguin, 1985.

Mitra, D.B. *The Cotton Weavers of Bengal.* Calcutta: S.P. Ghosh, 1978.

Morris-Suzuki, Tessa. *The Technological Transformation of Japan: From the Seventeenth to the Twenty-first Century.* Cambridge, U.K.: Cambridge University Press.

Netschen, P.M. *History of Colonies Essequebo, Demarary, Berbice.* 1888 reprint Georgetown, British Guiana: "The Daily Chronicle", 1929.

Ng, Chin-keong. *Trade and Society: The Amoy Network on the China Coast, 1683-1735.* Singapore: Singapore University Press, 1983.

Northrup, David. *Indentured Labor in the Age of Imperialism, 1834-1922.* Cambridge, U.K.: Cambridge University Press, 1995.

O'Brien, Patrick K. "The Political Economy of English Taxation." *Economic History Review* 41, no. 1 (February, 1988): 1 32.

Oostindie, Gert. *Paradise Overseas. The Dutch-Caribbean: Colonialism and its Transatlantic Legacies.* Oxford: Macmillan Education, 2005.

Ortiz, Fernando. *Cuban Counterpoint: Tobacco and Sugar.* Durham, NC: Duke University Press, 1995.

Panati, Charles. *Extraordinary Origins of Everyday Things.* New York: Harper and Row, 1987.

Pankhurst, Richard. *Economic History of Ethiopia, 1800-1935.* Addis Ababa: Haile Selassie I University, 1968.

Parker, William. *Europe, America, and the Wider World.* New York: Cambridge University Press, 1984, 1991.

Perlin, Frank. *Invisible City.* Brookfield, VT: Variorum, 1993.

Perlin, Frank. *Unbroken Landscape.* Brookfield, VT: Variorum, 1994.

Platt, D.C.M. *Business Imperialism.* Oxford: Oxford University Press, 1977.

Polanyi, Karl. *The Great Transformation: The Political and Economic Origins of Our Times.* Boston: Beacon Press, 1957.

Pomeranz, Kenneth. *The Making of a Hinterland: State, Society and Economy in Inland North China, 1853-1937.* Berkeley: University of California Press, 1993.

Pomeranz, Kenneth. *The Great Divergence: China, Europe, and the Making of the Modern World Economy.* Princeton, NJ: Princeton University Press, 2000.

Rabb, Theodore. *Enterprise and Empire: Merchant and Gentry Investment in the Expansion of England, 1575-1630.* Cambridge, MA: Harvard University Press, 1967.

Raleigh, Sir Walter. *The Discovery of the Large, Rich, and Beautiful Empire of Guiana.* 1595.

Redclift, Michael. *Chewing Gum: The Fortunes of Taste.* New York: Routledge, 2004.

Reid, Anthony. *Southeast Asia in the Age of Commerce.* New Haven, CT: Yale University Press, 1988 (vol. 1), 1993 (vol. 2).

Richards, John F. The Unending Frontier: An Environmental History of the Early Modern World. Berkeley: University of California Press, 2003.

Rosenberg, Emily. *Financial Missionaries to the World: The Politics and Culture of Dollar Diplomacy, 1900-1930.* Cambridge, MA: Harvard University Press, 1999.

Sahlins, Marshall. *Stone Age Economics.* New York: Aldine Press, 1972.

Sahlins, Marshall. *Culture and Practical Reason.* Chicago: University of Chicago Press, 1976.

Sauer, Carl. *Agricultural Origins and Dispersals.* New York: American Geographical Society, 1952.

Schechter, Relli. *Smoking, Culture and Economy in the Middle East: The Egyptian Tobacco Market, 1850-2000.* London: I.B. Tauris, 2006.

Schivelbusch, Wolfgang. *Tastes of Paradise: A Social History of Spices, Stimulants, and Intoxicants.* Trans. D. Jacobson. New York: Vintage, 1993.

Schottenhammer, Angela, ed. *The Emporium of the World: Maritime Quanzhou, 1000-1400.* Leiden, Netherlands: E.J. Brill, 2001.

Schwartz, Stuart. *Sugar Plantations in the Formation of Brazilian Society: Bahia, 1550-1835.* Cambridge, U.K.: Cambridge University Press, 1985.

Shepherd, James, and Gary Walton. *Shipping, Maritime Trade, and the Economic Development of Colonial North America.* New York: Cambridge University

Press, 1972.
Slatta, Richard. *Gauchos and the Vanishing Frontier.* Lincoln: University of Nebraska Press, 1983.
Smith, David, Dorothy Solinger, and Steven Topik, eds. *State and Sovereignty.* London: Routledge, 1999.
Steensgaard, Niels. *The Asian Trade Revolution of the Seventeenth Century: The East India Companies and the Decline of the Caravan Trade.* Chicago: University of Chicago Press, 1973.
Steensgaard, Niels. "The Dutch East India Company as an Institutional Innovation." In *Dutch Capitalism and World Capitalism,* ed. Maurice Aymard, 235–258. Cambridge, U.K.: Cambridge University Press, 1982.
Stein, Stanley. *Vassouras: A Brazilian Coffee County.* Cambridge, MA: Harvard University Press, 1956.
Stross, Randall. *The Stubborn Earth: American Agriculturalists on Chinese Soil, 1898–1937.* Berkeley: University of California Press, 1986.
Subrahmanyam, Sanjay. *The Political Economy of Commerce: South India, 1500–1650.* Cambridge, U.K.: Cambridge University Press, 1990.
Subrahmanyam, Sanjay. *The Portuguese Empire in Asia, 1500–1700.* New York: Longman, 1993.
Subrahmanyam, Sanjay. *Three Ways to be Alien: Travails & Encounters in the Early Modern World.* Waltham, MA: Brandeis University Press, 2011.
Taussig, Michael T. *The Devil and Commodity Fetishism in South America.* Chapel Hill: University of North Carolina Press, 1980.
Thompson, E.P. *Customs in Common: Studies in Traditional Popular Culture.* New York: New Press, 1993.
Tilly, Charles. "Food Supply and Public Order in Modern Europe." In *The Formation of National States in Western Europe,* ed. Charles Tilly, 380–455. Princeton, NJ: Princeton University Press, 1975.
Tinker Salas, Miguel. *The Enduring Legacy: Oil, Culture, and Society in Venezuela.* Durham, NC: Duke University Press, 2009.
Topik, Steven. *Trade and Gunboats: The United States and Brazil in the Age of Empire.* Stanford, CA: Stanford University Press, 1996.
Topik, Steven, Carlos Marichal, and Zephyr Frank. *From Silver to Cocaine: Latin American Commodity Chains and the Building of the World Economy, 1500–2000.* Durham, NC: Duke University Press, 2006.

Topik, Steven, and Allen Wells. *The Second Conquest of Latin America*. Austin: University of Texas Press, 1998.

Tracy, James D. *The Political Economy of Merchant Empire*. New York: Cambridge University Press, 1991.

Tracy, James D., ed. *The Rise of Merchant Empires: Long Distance Trade in the Early Modern World, 1350-1750*. New York: Cambridge University Press, 1990.

Trouillot, Michel-Rolph. "Motion in the System: Coffee, Color and Slavery in Eighteenth-Century Saint-Domingue." *Review* 5, no. 3 (Winter 1982): 331-388.

Ukers, William H. *All about Coffee*. New York: Tea and Coffee Trade Journal, 1935.

Vinikis, Vincent. *Soft Soap, Hard Sell: American Hygiene in an Age of Advertisement*. Ames: Iowa State University Press, 1992.

Vlastos, Stephen. *Peasant Protests and Uprisings in Tokugawa Japan*. Berkeley: University of California Press, 1986.

Von Glahn, Richard. *Fountain of Fortune: Money and Monetary Policy in China, 1000-1700*. Berkeley: University of California Press, 1996.

Wallerstein, Immanuel. *The Modern World System*. 2 vols. New York: Academic Press, 1974, 1980.

Wells, Allen. *Yucatan's Gilded Age*. Albuquerque: University of New Mexico Press, 1985.

Williams, Eric. *Slavery and Capitalism*. New York: Capricorn Books, 1966.

Wills, John E. "Maritime Asia, 1500-1800: The Interactive Emergence of European Dominance." *American Historical Review* 98, no. 1 (February 1993): 83-105.

Wills, John E. *Mountain of Fame*. Princeton, NJ: Princeton University Press, 1994.

Yergin, Daniel. *The Prize*. New York: Free Press, 1992.

옮긴이의 말

원고를 끝내는 날 아들 부시가 이라크를 침략했다. 고르비가 말려도 '사막의 폭풍'을 일으켰던 자기 아버지처럼 아들 역시 이번에는 세계가 뜯어말리는데도 갈 길을 갔다. 별의별 폭탄이며 미사일을 쏟아붓는 장면을 텔레비전 뉴스로 지켜보며 씁쓸해하다가 이번 이라크 전쟁과 참 비슷한 전쟁 하나가 떠올랐다.

1839년, 영국이 중국을 상대로 전쟁을 시작했다. 지금은 영국이 차를 사가려고 중국에 아편을 팔다가 터진 전쟁으로 알고 있지만, 적어도 개전 당시에는 제법 거창한 명분이 걸려 있었다. 블레어 영국 총리가 그랬던 것처럼 그 무렵 미 하원 외교위원회 위원장 존 퀸시 애덤스는 영국의 손을 확실히 들어줬는데, "영국에게는 정당한 명분이 있다 …… 다른 나라의 자존심을 건드리는 모욕적인 제후-봉신 관계 위에서 나머지 인류와 통상관계를 맺겠다는 거만하면서도 도저히 용납할 수 없는 중국 쪽 주장에 전쟁의 원인이 있"었던 것이다. 고분고분 아편을 사서 피워줄 때는 몰랐는데 이제 보니 건방지기 짝이 없는 '불량국가'가 아닌가 말이다. 한때 생화학무기 원료를 지원해줄 만큼 친했던 '우리 편(our guy)' 후세인이 나중에는 대량살상무기로 평화를 위협하는 악한이 된 것처럼 말이다.

전쟁은 영국의 프리깃함 몇 척에서 함포 사격을 퍼부은 다음 지상군이 마무리를 짓는 식으로 진행됐고, 노쇠한 거인 중국이 1842년 난징조약을 체결하는 것으로 끝났다. 이 전쟁에서 영국군 사상자는 520명이었는데, 중국 쪽은 무려 2만여 명에 이르렀다. 난징조약으로 중국은 주요 항구들,

다시 말하면 국내 시장을 사실상 고스란히 내주고 치욕적인 내정 간섭도 묵묵히 견뎌내야 했다.

'악당'을 응징한다는 이라크 전쟁에 사실은 석유가 꽤 중요한 배경이 됐다는 점에서, 어린아이 손목 비틀 듯이 한쪽이 일방적으로 당했다는 점에서, 또 전후 후세인이 없는 이라크를 서구 자본들이 나눠먹고 있다는 점에서 아편전쟁과 이라크 전쟁은 그 동기와 진행 및 전후 처리에서 무척 비슷하다. 역사는 반복된다고 했던가. 그래도 세계 곳곳에서 반전 시위가 줄을 이었으니 조금은 진보도 했다고 봐야겠지만, 어쨌든 진보가 반복을 막지 못한 것은 분명한데, 그것은 이 책에서 다루고 있는 시대가 아직 끝나지 않았기 때문이다.

이 책은 우리가 보통 지리상의 대발견이라고 부르는 그 무렵부터 오늘날에 이르는 기간을 배경으로 하고 있다. 여기에 5대양 6대주를 무대로 얘기가 펼쳐지고, 배역들도 굉장히 다채롭다. 담배나 커피, 면화, 설탕처럼 고전적인 식민지 작물들에서 깡통따개나 식기 세척기, 타자기처럼 현대적인 냄새를 풍기는 물건들까지. 또 무려 7,800톤급이나 됐던 14세기 중국의 보물선에서 보이지도 않을 만큼 작은 연지벌레까지.

이를테면 스페인은 신대륙에서 인디오 원주민들을 등쳐서 은을 캐내고, 후발 주자인 영국과 네덜란드는 은을 싣고 가던 스페인 갈레온 선단을 털었다거나, 이렇게 은을 캐내던 원주민 노예들이 먹었다는 이유로 감자는 유럽에서 '노예 음식'으로 알려졌고, 결국 영국군의 초토화 작전에 농사가 모두 거덜 난 아일랜드에서야 최초로 주식이 된 얘기들 따위를 경쾌하고 빠른 호흡으로 풀어내고 있다.

그러나 저자들의 문제의식은 제법 진지하다. 이 책에 등장하는 유럽인들은 대개 '할 수 있다'는 것은 곧 '해야 한다'는 것이라고 믿었던 사람들로, 자기들보다 훨씬 앞선 문명을 가진 곳에서도 그럴 수 있었을 때는 항상 폭력적으로 사회를 개조하거나 아예 깔아뭉개 버렸다. 그 결과 미국을 포함한 유럽이 지금의 자리에 서게 됐지만 그것이 꼭 이들이 잘나서라기보다는 폭력을 사용하는 데 조금도 주저하지 않았던 '과감성' 덕분이었음을 이 책은 얘기하고 있다. 역사학자 홉스봄은 '시대' 시리즈로 세계사를 정리했지만 그 시대는 사실 모두 유럽의 시대였다. 그리고 그 시대는 아직 저물지 않고 있다. 따라서 영국이 왜 아편전쟁을 일으켰는지만이 아니라 부시 부자가 왜 이라크를 두들겨대고 있는지에 대해서도 이 책은 얼마간 해답을 제시하고 있다.

하지만 이 책이 비분강개해서 거칠게 유럽인들을 성토하고 있는 것만은 아니다. 오히려 사실을 풍부하게 제시하면서 독자들이 흥미롭게 배우고 역사적 진실의 단편이나마 건져 올리도록 돕고 있다. 이 책의 가장 큰 미덕은 한때 세계의 중심이었던 중국을 비롯한 아시아를 역사 속에서 복권시키고, 그보다 한참 뒤처졌던 유럽인들에게는 제자리를 찾아주며, 주로 유럽인들 때문에 힘한 시절을 보낸, 때로는 멸종까지 당한 원주민들에게는 연대적 이해를 갖게 해줬다는 점이다.

그리고 이 책의 이런 미덕을 제대로 맛보기 위한 조언을 한 마디 해드려야 할 것 같다. 이 책에 실린 얘기들은 원래 저자들이 한 잡지에 실었던 경제사 칼럼들이다. 따라서 처음부터 책을 염두에 두었다기보다는 나중에 반응이 괜찮아 책으로 살아남은 글들이다. 다시 말하면 얘기가 될 만한 소재들을 찾아서 썼던 것이지 끊기지 않는 흐름을 가진 교역사를 쓰려던 것이 아니었다. 이런 사정은 불가피하게 이 책의 체재에도 영향을 미쳤.

먼저 각 장 앞 대목에는 일종의 총론들이 배치돼 있다. 하지만 시간상으로는 제일 나중에 쓴 텍스트라고 할 수 있다. 애초 한 꼭지 한 꼭지를 일관된 흐름에 따라 쓴 것이 아니기 때문에 나중에 한 장으로 묶이게 된 글들을 꿰는 흐름이나 주제를 보여주려는 의도였다고 생각한다. 그러나 이런 배려가 꼭 성공을 했다고 보기는 어려운데, 얘기들이 워낙 시공을 자유롭게 넘나드는 데다 뒤에 올 텍스트에 나오지 않는 얘기들을 총론에서 마구 풀어놓을 수도 없었던 때문으로 보인다.

어쨌든 이런 문제들 때문에 각 장의 총론에서는 언뜻 비약이 눈에 띈다. 논리 전개의 비약이라기보다는 들어가면 좋았을 사실들이 생략된 데 따른 것이기는 하지만 연결이 껄끄러운 것만은 사실이다. 워낙 배움이 얕은 탓도 있겠지만 번역을 하면서 순서대로 총론부터 들어갔다가 뜬구름 잡는 소리가 이어지는 바람에 이내 각론에서 총론으로 순서를 바꿔야 했다. 그렇다고 총론이 분량 채우는 역할만 하고 있는 것은 아니다. 다만 역자가 그랬던 것처럼, 그리고 더 중요하게는 저자들이 그랬던 것처럼 연역적이 아니라 귀납적 방법으로, 그러니까 각론들을 다 읽고 정리 겸 총론을 읽으면 총론과 각론의 맛을 온전히 느끼실 수 있을 것이라 생각한다.

사실 이 책을 번역하면서 애를 많이 먹었다. 다루고 있는 시공간이 만만치 않은 탓도 컸지만, 일할 시간도 충분하지 않았고 환경도 호의적이지 않았다. 그래서 조금만 더 조금만 더 하다가 몇 달을 훌쩍 넘겼는데도, 가끔은 불러내 술까지 사주며 문화선전대 일을 해주신 심산출판사의 최연희 실장께 인사를 드리지 않을 수 없다. 그리고 '초짜'를 믿고 일을 맡겨주신 최원필 대표께도, 또 꼼꼼하게 원고를 손봐주고 실수도 고쳐주신 김병문 씨, 북디자이너 김성아 씨께도 인사를 빠뜨릴 수 없다. 마감 때문에 몸이 단 서방을 지켜보느라 덩달아 아내도 마음고생이 꽤 심했다. 자기도 일을 하면서 힘들었을 텐데 살뜰하게 챙겨준 아내 이현미에게 사랑을 이만큼 담아 보낸다.

_ 박광식

옮긴이의 말

시골 '국민학교' 3학년에 다니던 1990년 초여름, 아침 자습 시간이 끝나가는데 담임 선생님께서 노랗고 길쭉한 무언가를 들고 교실 앞문으로 들어오셨다. "바나나 안 먹어 본 사람 손 들어 보자." 우리는 동그래진 눈으로 선생님이 아니라 선생님이 손에 드신 '바나나'를 바라보았다. 서른 명 중 두어 명을 제외한 거의 모든 아이가 손을 들었다. 선생님은 손 든 아이들을 교탁 앞으로 길게 줄 세우시고 한 명 한 명에게 바나나를 맛보이셨다. 앞에 선 아이들이 앞니로 손톱만큼씩 바나나를 베어 물 때마다 줄 끄트머리 근처에 선 아이들은 차례가 오기 전에 바나나가 사라져 버릴까 싶어 입에 침이 말랐다. 그런데 우리 중 조금 더 용감하고 배짱 좋던 한 녀석이 모두의 불안감을 현실로 만들어 버렸다. 손톱만큼이 아니라 한 입 제대로 바나나를 베어 문 것이다. 바나나 시식은 그렇게 허탈하게 막을 내렸다. 그리고 그 아이는 온종일 친구들의 원성을 들었지만 유일하게 제대로 바나나를 씹어서 삼킨 아이로 기억되었다.

그날 우리 반 아이들은 바나나킥 과자 봉지에서나 보던 바나나를 처음으로 직접 보았다. 먹어 본 아이들 말로는 바삭바삭한 바나나킥 과자와 달리 진짜 바나나는 솜사탕처럼 보드라웠다고 했다. 그날의 바나나는 씹을 새도 없이 목구멍으로 넘어가 버렸을 테지만 바나나 하나를 앞에 두고 스물일고여덟 명의 친구들과 함께 가슴 졸이던 기억은 삼십여 년이 지난 지금도 머릿속에 생생하다. 재밌는 사실은 내가 그날 바나나를 먹었는지 못 먹었는지 기억이 안 난다는 것이다. 그 일이 있은 지 얼마 안 돼서 '우루과이 라운드'가 체결됐고, 바나나는 시골 장터에도 볼 수 있는 흔한 과일이 됐다. 어머니는 5일에 한 번 열리는 황룡장에 가실 때마다 한 손에 3천 원 하는 바나나를 고등어만큼 자주 집으로 들고 오셨다. 내가 아는 바나나의 맛과 향과 식감이 그날 시식에 성공해서 생긴 최초의 기억에서 비롯된 것인지 그 후로 너무 흔하게 먹어서 생긴 습관 같은 기억에서 비롯된 것인지 나는 알지 못한다.

흔하기는 해도 나는 항상 바나나를 좋아했다. 고등학교 때는 시험만 보면 탈이 나던 예민한 속을 달래 준 식사 대용품이었고, 대학교 때는 과도한 자루 없던 기숙사에서 손만 대면 먹을 수 있는 유일한 과일이었다. 미국 생활 중에는 장 보러 가서 친한 척할 수 있는 몇 안 되는 먹거리였고, 어설픈 초보 엄마 시절에는 아이들에게 품 안 들이고 먹일 수 있는 간식이었다. 지금도 나는 배는 고픈데 밥할 힘이 없으면 우선 바나나 하나를 집어 든다.

여기까지가 앞으로도 계속될 나의 바나나 이야기이다. 이 책을 번역하면서 만난 많은 교역품 가운데 바나나는 없었다. 그런데 설탕과 커피, 담배와 콜라, 그리고 그 밖에 흔하지만 이면의 이야기는 알지 못했던 '상품'들의 이야기를 만나면서 나는 줄곧 바나나를 생각했다. 생활 속에 워낙 깊이 침투해 있어서 새삼스럽게 뒷이야기까지는 생각할 이유가 없었던, 혹은 모른 척해도 괜찮았던 모든 것이 나에게는 바나나의 다른 이름처럼 느껴졌다. 사실 나는 내가 누리는 달콤함과 편리함이 무엇의 결과이며 무엇의 원인일 수 있는지는 외면할 때가 많았다. 그러나 짧게나마 이 책과 함께하는 동안 내가 알지 못하거나 알지 않으려 한 그 이야기로 인해 내 바나나 이야기가 달라질 수 있다는 생각이 들기 시작했다. 잘 물러지고 쉽게 상해 버리는 열대의 과일을 대량으로 생산해서 세계 곳곳으로 대량 수송하기까지 일어났을 잔인한 이야기가 더해지면, 천진한 노랑을 띤 내 유년의 이야기가 어쩐지 퇴색돼 버릴 것 같았다. 조금 불편했다.

　이 책은 편리함으로 포장된 결과물들에 대해 포장 전의 아름답지만은 않은 이야기들을 던져 줌으로써 조금은 거리를 두고 불편함을 맛보게 하는 책이다. 의견을 주장하기보다 사실을 전달함으로써 시쳇말로 '팩폭'을 통해 독자들에게 재미만이 아니라 불편함을 선사하는 것이 저자들의 목적이 아니었을까 싶을 정도다. 나는 그 불편함을 뚜렷하게 느꼈고, 혹여 독자들도 그렇게 느끼셨다면 저자들만이 아니라 나도 내 역할을 잘해 낸 것이리라 믿는다.

　시간과 에너지를 들여 불편함을 말하고 쓰는 사람들에 대해 모종의 경외심을 느껴왔지만, 막상 그런 사람들의 말을 전하는 역할을 하게 되고 보니 내가 느꼈던 경외심을 그대로 전달할 수 있을지 매 순간 걱정이 앞섰다. 저자들은 1999년에 미국에서 이 책의 초판을 출간한 뒤 세 차례 더 개정을 거듭해 2017년에 네 번째 개정판을 완성했다. 한국에 출간될 이번 판은 한글로는 두 번째 개정판인 셈이지만 2003년에 나온 한글 초판본 이후 20년 가까운 세월 동안 시간과 에너지 그 이상의 무게가 쌓인 노작이라 할 수 있다. 서문에서 저자들이 밝혔듯, 그 사이 저자들은 시간과 연대기를 확장할 목적으로 열 개 항목을 새로 추가했고 기존에 있던 항목들도 현재 시점을 기준으로 수정을 거듭했다. 나는 이 책을 '두 번째'로 옮긴 사람이다. 초판을 박광식 선생님께서 번역하셨고, 그 뒤 개정판이 나오면서 더해진 부분(3장의 10절, 4장의 3, 5, 13, 14절, 5장의 4, 5, 9, 11절, 6장의 1, 3, 4, 7, 9, 11, 12, 13, 16절, 7장의 2, 4, 10, 11, 12, 13, 14절, 에필로그)과 초판에서 수정되거나 부분적으로 추가된 곳들을 내가 번역했다. 그동안 이 책에 손길을 더한 모든 분의 노력에 경의를 표하며 내 손길이 거기에 조금이라도 더 보탬이 되었기를 소망한다.

마지막으로, 서툰 과정을 꼼꼼하고 탄탄하게 잡아 주신 유난영 편집자님께, 그리고 내가 쓰는 모든 글을 한 문장 한 문장 정성스럽게 읽고 조언해 주는 사랑하는 남편에게 감사를 전한다.

_ 2021년 8월 김정아